THIS BABY DOLL WILL BE A JUNKIE

Edition Angewandte

Buchreihe der
Universität für angewandte Kunst Wien

Herausgegeben von Gerald Bast, Rektor

edition:'angewandte

Ulrike Möntmann

Kunst und Forschung:
Projektbericht über Abhängigkeiten
und Gewalträume

THIS BABY DOLL WILL BE A JUNKIE

DE GRUYTER

Ulrike Möntmann,
Medientheorie,
Universität für angewandte
Kunst Wien, Österreich

Wissenschaftliche Mitarbeit
Nina Glockner

Lektorat
Jutta Kaußen

Project Editor
für den Verlag
Angela Fössl

Korrektorat
Gesa Steinbrink

Fotografie
Luuk Kramer u. a.

Grafische Gestaltung
SJG / Joost Grootens,
Silke Koeck, Julie da Silva

Schriften
Practice
Neue Haas Unica Pro

Papier
Planoplus Offset 90 gr

Druck und Lithografie
drukkerij robstolk bv,
Amsterdam, Niederlande

Projektwebseite
www.outcastregistration.com

Library of Congress
Cataloging-in-Publication
data
A CIP catalog record for this
book has been applied for at
the Library of Congress.

Bibliografische
Information der Deutschen
Nationalbibliothek
Die Deutsche National-
bibliothek verzeichnet diese
Publikation in der Deutschen
Nationalbibliografie;
detaillierte bibliografische
Daten sind im Internet über
http://dnb.dnb.de abrufbar.

Erste Auflage 2018

ISSN 1866-248X
ISBN 978-3-11-054626-2

Dieses Buch ist auch
als E-Book
(ISBN 978-3-11-054790-0)
sowie in englischer
Sprache erschienen
(ISBN 978-3-11-054625-5).

www.degruyter.com

Peter Weibel

In der russischen Literatur des 19. Jahrhunderts wurde mit großer Leidenschaft die Idee des »überflüssigen Menschen« verfolgt. Parallel dazu entstand in der französischen Literatur mit dem Motiv des verfemten Dichters, des poète maudit, ein weiterer Mythos der Verwerfung, der in den USA unter den Namen Outcast bzw. Outsider oder Outlaw firmierte. Wenn auch nicht ausschließlich in der Literatur, so wurde doch ein- und dasselbe künstlerische Medium verwendet, um den Blick von der bürgerlichen Mitte der Gesellschaft auf die Randbereiche zu lenken, wobei zugleich eine paradigmatische Akzentverschiebung stattfand: In Russland nahmen sich die mehr oder minder etablierten bürgerlichen Autoren der Aufgabe an, Menschen in Ausnahmezuständen zu beschreiben, wie Fjodor M. Dostojewski, der selbst einige Jahre spielsüchtig war, zum Beispiel in seinem 1864 erschienenen Kurzroman *Aufzeichnungen aus dem Kellerloch*. Die literarischen Prototypen des »überflüssigen Menschen«—so etwa *Eugen Onegin* (1833) von Alexander S. Puschkin, Pecorin bzw. Petschorin von Michail Lermontow (*Ein Held unserer Zeit*, 1837/40) neben Iwan Gontscharovs *Oblomov* (1859) oder Dostojevskijs Rodion Raskolnikov (*Schuld und Sühne*, 1866)—repräsentieren ein Lebensmodell, das von Passivität, sozialer Isolation und Handlungshemmung geprägt ist und nicht selten von Alkohol, Spielsucht und Drogen bestimmt wird. Diese Menschen, oftmals auch aristokratischer Herkunft, intellektuell, eloquent, dandyhaft und idealistisch, zerbrechen an der Moral der Gesellschaft. Sozial wenig verwertbar, sind diese Menschen überflüssig. Die Schriftsteller selbst waren noch tätig und nicht »überflüssig«: »Überflüssig« waren nur die Menschen, über die sie berichteten.

Die verfemten Dichter Frankreichs hingegen stilisierten sich zu dieser Zeit selbst als die Gescheiterten, als Opfer von Absinth, Trunksucht und Rauschgiften wie etwa in Charles Baudelaires Prosaband *Les paradis artificiels, opium et haschisch* (Die künstlichen Paradiese, 1860). Baudelaire selbst war nicht nur einer der wichtigsten Wegbereiter der literarischen Moderne, sondern gilt auch als ein Vorreiter des Cross-Drugging, der den berauschten Zustand als Teil des künstlerischen Selbstverständnisses propagierte. Er zählte zu den »absintheurs« ebenfalls wie seine Kollegen Paul Verlaine oder Arthur Rimbaud.

Aus der Fremd-Einschätzung des Außenseitertums, die eine negative Emblematik darstellt, geht also die euphemistische Selbst-Darstellung einer hedonistischen Bohème hervor.

In Amerika bildete sich das plakative Bild des Outcasts heraus, mit dem sich weitgreifend unterschiedliche Lebensformen jenseits der bürgerlichen Mitte zu einer sozialen Klasse zusammenfassend bezeichnen ließen. Sowohl in fiktiven Porträts gescheiterter Existenzen, wie etwa in Bret Hartes Kurzgeschichte *The Outcasts of Poker Flat* (1869), die im amerikanischen Westen spielt, oder in den Erzählungen von Trunkenbold-Helden Edgar A. Poes, dem schließlich selbst das Gerücht anhing, opiumsüchtig und Alkoholiker zu sein, und dem übrigens Charles Baudelaires erfolgreiche Übersetzungen in Frankreich zu literarischer Berühmtheit verhalfen, als auch in Schilderungen von *hobos* oder *tramps*—den Obdachlosen, die auf den Straßen und in Zügen lebten,—waren es vornehmlich männliche Outcasts, die in den literarischen Blick genommen wurden. Die ausgestoßenen Frauen der »niederen« sozialen Klassen waren so »überflüssig«, dass sie nicht einmal in der Literatur vorkamen.

Doch in all diesen Narrativen des Außenseitertums des 19. Jahrhunderts wurde ein menschliches Profil bewahrt. Außenseiter kamen nicht vollkommen unter die Räder, heroische Lebensformen wurden ihnen zugestanden – Protestformen, Widerstandsformen gegen die heraufziehende industrielle Disziplinierung und Ausbeutung des Individuums. Outcast und Bohème, wenn auch teilweise negativ belegt, standen noch als ein starkes Symbol für das freie Individuum – boten den Entwurf eines befreiten sozialen Lebens, jenseits von Knechtschaft, Fabrik, Familie und normierter Lebensweise.

Im 20. Jahrhundert erfolgte ein Versachlichungsschub. Der Typus Außenseiter wurde einer wissenschaftlichen Bestimmung unterzogen. Wer Außenseiter und Fremder ist, sollte definiert werden. Finis bedeutet Ende. Definiert zu werden heißt also, einer finalen Lösung, einem Ende, zugeführt zu werden. Die bloße Existenzberechtigung des Außenseiters wurde angezweifelt und schließlich buchstäblich seine Existenz finalisiert. Rassismus, Eugenik und andere Ideologien waren nichts weiter als Legitimationsversuche, um unangepasste Menschen, die sich der staatlichen Ordnung nicht vollkommen zu unterwerfen bereit waren, als überflüssig zu definieren. Überflüssiges Leben war natürlich wertloses bzw. unwertes Leben. Die Rassenhygiene, die wissenschaftliche Pseudodefinitionen für »minderwertiges« Leben lieferte und sogenannte »Krüppel«, Zugehörige zu fremden Rassen, Andersfarbige etc. aussonderte, war die radikale Ausformulierung eines totalitären antihumanen Programms, Menschen mit deviantem Verhalten, das im 19. Jahrhundert zum Teil noch als bohemienhaft glorifiziert wurde, auszulöschen. »Überflüssiges« Leben wurde zu wertlosem und daher auslöschbarem Leben. Ausbruchsfantasien des 19. Jahrhunderts, die Lebenswelten jenseits des industriellen Komplexes aufzeigten, wurden zu Einsperrungsgründen im 20. Jahrhundert. »Schutzhaft« war der pervertierte Name für diese Inhaftierung ohne Ausgang bzw. nur mit tödlichem Ausgang. Das 20. Jahrhundert hat es zuwege gebracht, den »überflüssigen Menschen« als ehemals literarische Metapher nun im Holocaust und anderen Genoziden real für überflüssig zu erklären und zu liquidieren. Diese radikale inhumane Steigerung hat Giorgio Agamben in den Begriff des *homo sacer* gefasst, also dem Bild vom Menschen im Ausnahmezustand, der nichts mehr hat und nichts ist als sein »nacktes Leben«. Das Denken vom »überflüssigen Menschen« lebt in Demokratien des 21. Jahrhunderts weiter. Statt Rassismus gibt es Razzien auf soziale Außenseiter. Aber erst durch diese Razzien werden Mitglieder der Gesellschaft zu Außenseitern der Gesellschaft. Nicht die Aktivitäten des Menschen selbst definieren sein Außenseitertum, sondern das Gesetz definiert die Devianz. »Überflüssige Menschen« sind heute beispielsweise jugendliche Farbige in den USA, die durch die Gewalt weißer Polizisten und unter dem Applaus hysterischer Massen und elitärer Politiker geprügelt oder getötet werden. Die Amerikanische Justiz verurteilt diese rassistische Polizeigewalt nur moderat und lässt im Gegenzug die Menschen, die gegen diese letale Gewalt protestieren, zu gewalttätigen Kriminellen erklären. Zu den wenigen Philosophen, der diese neue Dialektik des Outcast zu verstehen versucht, gehört Zygmunt Bauman (2005): *Verworfenes Leben. Die Ausgegrenzten der Moderne.*

Die im 20. Jahrhundert dialektisch ausformulierte Differenzierung von Randgruppen bildet das allgemein akzeptierte Modell der Verachtung und Verwerfung der Ausgestoßenen aus sozialen Gemeinschaften. *Le sacre du printemps* (Das Frühlingsopfer, 1909) von Igor Strawinsky, dessen Inhalt leider noch von keiner Aufführung der letzten 100 Jahre richtig thematisiert wurde, weil sein Inhalt ein Tabu berührt und daher verdrängt wird, zeigt uns die Mechanismen, wie Randgruppen entstehen, zeigt uns das Massaker, mit dem Gemeinschaften Opfer erzeugen, und zeigt uns die zugrundeliegende Motivation solchen Handelns. Claude Debussy folgerte daher zu Recht, dass der wahre Titel dieses Avantgarde-Balletts eigentlich »Massacre du printemps« wäre. Der Ausschluss, die Exklusion aus einer Gruppe, und die Erzeugung eines Opfers, die Extinktion, sind das Ergebnis eines Prozesses, mit dem die Gruppe für sich selbst eine innere Stabilität erzeugt und für die eigenen Widersprüche einen Sündenbock sucht. Ist der Sündenbock geopfert, die angebliche Ursache der Querelen, befindet sich das System wieder im Gleichgewicht, im Normalzustand.

Der Mensch lebte in einer feindlichen Umwelt, die aus tausenden von Göttern bestand. Der Glaube an die belebte Natur, der Animismus, war die Grundlage des Polytheismus. Der Mensch versuchte, diese Vielzahl von Göttern durch eine Vielzahl von Opferritualen günstig zu stimmen. Die Menschen hielten Rituale ab, um den Göttern zu dienen. Sie bauten Weihestätten, um den Göttern zu huldigen und sie um Schutz, um Hilfe, um Heilung etc. zu bitten. Sie brachten ihnen Opfer von Materialien und Juwelen dar und schließlich opferten sie Menschen selbst, um die Götter um Verzeihung zu bitten und um Verfehlungen und Sünden zu bereuen. Man denke nur an die abscheuliche Geschichte aus dem Alten Testament, die von Abraham erzählt, der bereit ist, angeblich im Auftrage Gottes, seinen eigenen Sohn Isaak zu töten und Gott als Opfer darzubringen. Dieser mystische Animismus herrscht auch noch im christlichen Gründungsgedanken vor, wenn Gott seinen einzigen Sohn Jesus am Kreuze opfert, damit die Menschen von ihren Sünden befreit würden. Das Opfer dient also der Sühne und der Entbindung von Sünde und Schuld. Die Gemeinschaft, die noch sakral strukturiert und noch nicht säkularisiert ist, kann ihre inneren Widersprüche nur durch ein Opfer auflösen. So hat das nationalsozialistische Deutschland ausgerechnet die Juden, die zu den Urhebern der Sündenbocktheorie gehören, zu den Sündenböcken erklärt, welche die Ursache für die sozialen Spannungen sind und die Welt (im Namen einer fiktiven zionistischen Verschwörung) zerstören möchten. Genau davon handelt Strawinskys *Sacre du Printemps*: vom Mord der Masse an einem einzelnen Subjekt. Die schreckliche Bilanz des 20. Jahrhunderts ist es, diese Massaker juristisch legitimiert zu haben. Die daraus resultierenden und noch immer nicht gelösten Problematiken inhumaner Justiz, die Opfer und Randgruppen erzeugt, hinterlässt Spuren im 21. Jahrhundert.

Um so wichtiger ist es, dass es die Freiheit der Kunst und der Wissenschaft gibt, auf deren Grundlage Projekte entwickelt werden können, die jene Spuren in den analytischen Blick nehmen und dabei die notwendige Unterstützung erfahren. Dies manifestiert sich in vorbildlicher Weise in den Untersuchungen, die Ulrike Möntmann seit 1997 in jahrelanger theoretischer und praktischer Recherche geleistet hat, und die vom österreichischen Wissenschaftsfonds, der Universität für Angewandte Kunst (Wien) und dem Mondriaan Fonds (Amsterdam) erhebliche Förderung erfahren haben.

Ulrike Möntmanns größtes Verdienst ist es, die Genderproblematik explizit in den Horizont der Verfemten und Verworfenen zu stellen. Die Menschen in den russischen und amerikanischen Romanen über Outcasts, Outsider, Outlaws, Nonkonformisten, Verweigerer etc. (siehe *Bartleby* von Herman Melville, 1853) waren alle Männer, ebenso die poètes maudits in Frankreich. Möntmann fokussiert erstmals die Aufmerksamkeit der Kunst und Wissenschaft auf die Frauen als Drop-Outs. Ihre Berichte sind empirisch erschütternd. Sie stellen die Literatur des 19. Jahrhunderts in ein neues Licht. Ihre Methode der Konfrontation direkter Selbstaussagen mit Kommentaren von Komplizinnen und Experten liefert neue wissenschaftliche Perspektiven und Erkenntnisse, vor allem Aufbrüche zu einer neuen Humanität. Möntmann hat das Leben »überflüssiger Frauen« recherchiert, um die Biografien von weiblichen Opfern, Drop-Outs und Outcasts zu erfassen und die sozialen Mechanismen darzulegen, die psychische Mechanismen erzeugen, mit denen Menschen zu Opfern und Tätern gemacht werden. Zur sozialen Klasse »überflüssiger Menschen« gehören auf dramatischte Weise Frauen, die sogenannten weiblichen Junkies. Das Tragische ist, dass viele dieser Frauen—deren Alter in der vorliegenden Untersuchung zwischen 16 und 50 Jahren liegt—durch die soziale Misere, in der sie aufgewachsen sind, drogenabhängig werden. Selbstmedikationen, wie etwa der Gebrauch von Heroin, soll Abhängigkeiten und Misshandlungen vergessen machen, soll helfen, den Tag zu überleben. Diese Drogen ruinieren nicht nur ihre Körper. In Fortsetzung der Destruktion im Kindesalter, die im weiteren Leben zur Autodestruktion führt, verkaufen die Frauen ihre Sexdienste, um ihren Drogenkonsum finanzieren zu können, wodurch sie sich systematisch immer wieder aufs Neue ruinieren lassen. Sexuelle Gewalt im Kindesalter wiederholt sich in der darauf folgenden Prostitution. Das sexuelle Elend des Mannes erzeugt und forciert das soziale Elend der Frauen, die von der Gesellschaft auf mehrfache Weise zerstört werden. Da ihr Anteil in den Gefängnissen europaweit »nur« zwischen 4–14% liegt, werden sie juristisch und gesellschaftlich als vernachlässigbares Phänomen charakterisiert.

Ulrike Möntmann hat daher allein durch den Titel ihres Projektes »THIS BABY DOLL WILL BE A JUNKIE« den Zusammenhang zwischen Drogen und Prostitution, zwischen Sexualität und Macht hergestellt. In 18 Biografien aus 5 europäischen Ländern hat sie durch Besuche in Gefängnissen und Therapieeinrichtungen versucht, soziale und psychische Zusammenhänge zu entschlüsseln, die zu dieser sozialen Klasse von »Les Misérables« (Victor Hugo) geführt hat.

In genauer Feldforschung in den Ländern Deutschland, Niederlande, Schweiz, Kroatien und Österreich, im Zusammenwirken mit den sogenannten »Junkies« selbst, und mit PartnerInnen aus Kunst, Wissenschaft und Politik hat Ulrike Möntmann die Bedingungen jener gesellschaftlichen Systeme klargemacht, die Junkies herstellen. Die Ergebnisse dieser Recherchen und Interviews sind im Originalton der Frauen auf Tonträgern gespeichert. Diese Audio-Statements sind in Puppen aus Porzellan eingebaut, die von den Gefängnisinsassinnen selbst hergestellt sind. Jedes dieser Baby Dolls trägt um das Handgelenk ein Label mit dem Hinweis auf das Webarchiv Outcast

Registration. Jede Serie Baby Doll repräsentiert eine vollständige Biografie. Die Baby Dolls werden nicht nur in den kulturellen Institutionen eines Landes ausgestellt, sondern auch im öffentlichen Raum der jeweiligen Stadt »gedroppt«, d. h. an den Orten ausgesetzt, die real oder symbolisch zum Lebens- bzw. Arbeitsbereich der jeweiligen »Junkies« gehören. Diese Baby Dolls repräsentieren das Abgelegte, Liegengelassene, Verlassene, verweisen auf die realen Biografinnen und beziehen sich auf die Möglichkeit jedes einzelnen Passanten, in das vermeintlich Vorbestimmte einzugreifen.

Durch diese künstlerische Intervention fordert Ulrike Möntmann dazu auf, neue Begriffe der Verortung, neue Formen der künstlerischen Praxis, neue Methoden der Moral und der Empathie und neue Formen der Einmischung in gesellschaftliche Fragen zu entwickeln. Die von Ulrike Möntmann organisierten begleitenden Diskussionsforen (Expertenmeetings, »Komplizinnentreffen«) unterstützten diese Handlungsformen der Kunst durch theoretische Beiträge.

Diese Verschränkung von Praxis und Theorie ist typisch für die transgressive, transmediale und transkulturelle Kunst der Zukunft. Wissenschaftliche Forschung im sozialen Feld und künstlerische Beobachtungsperspektiven verweisen auf aggressive Kurven des Wertekonflikts. Zwischen Foucaults Begriffen wie *Parrhesia*, *Biopolitik* und *Heterotopie* einerseits und altmodischer Werte wie Solidarität, Empathie und Humanität andererseits offenbart die Autorin die Klüfte, welche die asozialen Gesellschaften des 21. Jahrhunderts, die »Gesellschaften mit beschränkter Haftung« erzeugen, und in denen zahllose Opfer auf erbarmungswürdige Weise verschwinden. Dieses Verschwinden der sozialen Opfer in verborgenen Räumen der Gesellschaft macht Möntmann wieder öffentlich, in dem sie die geopferten Subjekte zu öffentlichen Angelegenheiten, d.h. mit Mitteln der Kunst zu einer »res publica« macht und für eine Geisteshaltung steht, die den Frauen des Projekts ein Austreten aus der Viktimisierung durch künstlerische Symbolisierungs- und Widerstandsformen ermöglicht. Die Feldforschung, die Ulrike Möntmann in verbannten Räumen des Sozialen betreibt, stößt Räume zu Tabus auf und stößt daher gelegentlich auch auf individuelle und institutionelle Abwehr und Widerstände. Doch die bloße Tatsache, dass sich drogenabhängige und sich prostituierende Frauen nur in vom Staat definierten und kontrollierten Zonen—sogenannten Drop-Zones—bewegen, leben und arbeiten dürfen, zeigt, dass die Gesellschaft in der Tat über den Lebensverlauf jener Mädchen und Frauen entscheidet und sie in das Junkie-Dasein des Drop-Outs entlässt. Dorthin, wo sich der Transit von Drogenkonsum zu Beschaffungskriminalität und Prostitution zu Gefängnis und zurück zu Drogenkonsum—wie durch eine Drehtür—immerfort perpetuiert.

SCHWEINESTALL

Es stinkt
Kein Schwein macht was
Eins hat die Nase voll
und öffnet ein Fenster
Die anderen beißen es tot.

(Weil es zieht)

Rebecca Mertens
Justizvollzugsanstalt für Frauen Niedersachsen, Vechta
13. Mai 2002

1996–2001

PROLOG

IM

ISOLIERTEN RAUM

In dem vorliegenden Buch geht es um die Darstellung der Lebensbedingungen, -auffassungen und -erfahrungen drogenkranker inhaftierter Frauen, wie sie sich innerhalb und außerhalb von Gefängnissen bewegen und verhalten. Ihre individuellen Lebensgeschichten ergeben das kollektive Porträt einer gesellschaftlich marginalisierten Bevölkerungsgruppe.

Obwohl die meisten (ex-)inhaftierten Frauen, bzw. Klientinnen in Therapieinstitutionen ihren eigenen Namen genannt haben wollten, verwende ich im Folgenden Pseudonyme für alle Projektteilnehmerinnen, um deren Privatsphären nicht zu verletzen.

Die aufgeführten Straftaten der Teilnehmerinnen und ihre Sicht auf den Strafvollzug oder die Behandlungsmethoden in Therapieeinrichtungen, haben sie mir während und/oder nach den Projektausführungen selbst aus eigenem Antrieb erzählt. Ich sehe keinen Anlass, den Wahrheitsgehalt ihrer Angaben in Zweifel zu ziehen, erhebe aber dennoch keinen Anspruch auf absolute Richtig- bzw. Vollständigkeit dieser Informationen.

Alle Projektausführungen, die seit 1997 in verschiedenen europäischen Gefängnissen und Therapiestätten stattfanden, wurden durch die Befürwortung und den Einsatz der Anstaltsleitungen und der Bediensteten ermöglicht. Die Namen der Bediensteten einiger Justizanstalten habe ich mit deren damaligen Funktionen im System ersetzt, da es mir weder um das Bloßstellen noch um das Hervorheben einzelner, im Strafvollzugsapparat tätigen Personen geht. Die namentlich genannten Verantwortlichen einiger Justizanstalten und Therapieeinrichtungen haben keine Einwände gegen den Einsatz ihrer Klarnamen.

Meine Beschreibungen der Projektausführungen, Gefängnisse, bzw. Therapieeinrichtungen und Zeitangaben basieren auf Notizen, Projektprotokollen, Korrespondenzen, Angaben ehemaliger Teilnehmerinnen und Mitarbeiterinnen und meiner Erinnerung. Ich habe alle Angaben nach bestem Wissen und Gewissen erstellt und mich bei wenigen, minimalen Zweifelsfällen für die Beschreibung des höchst wahrscheinlichen Ablaufs der Ereignisse entschieden.

Ulrike Möntmann

1996–1999

LÜCKE

Mit 12 Inhaftierten und sechs Angestellten der Justizvollzugsanstalt für Frauen in Vechta, Deutschland

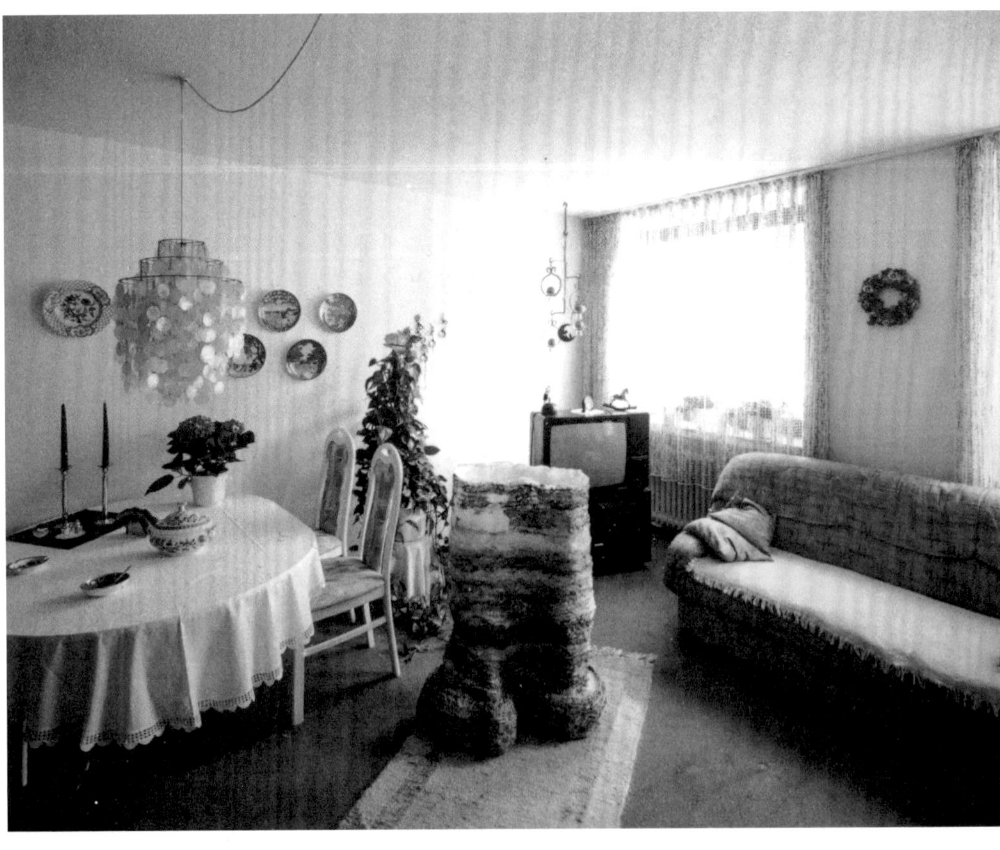

›Lücke‹ nennt Dietrich Bonhoeffer den Raum, der entsteht, wenn wir mit Verlust konfrontiert werden. Kurz vor seiner Exekution schreibt er seinen Liebsten und versucht, sie über seinen bevorstehenden Tod und darüber hinaus zu trösten: »Es gibt nichts, was uns die Abwesenheit eines uns lieben Menschen ersetzen kann und man soll das auch gar nicht versuchen; man muß es einfach aushalten und durchhalten; das klingt zunächst sehr hart, aber es ist doch zugleich ein großer Trost; denn indem die Lücke wirklich unausgefüllt bleibt, bleibt man durch sie miteinander verbunden.«[1]
Ich stelle Gefäße her, die aussehen wie menschhohe Vasen: Mit Tonrollen baue ich eine leere Form auf, fülle diese bis zum Rand mit heißem, flüssigen Microcrystalline Wax[2] und zapfe das Wachs wieder ab, sobald eine dünne Wachslage auf der Tonform haftet. Das Gießen und Zapfen wiederhole ich solange, bis die Wachsschicht stabil genug ist, um ohne Stützkonstruktion zu stehen. Nach der Entfernung der Tonform zeichnet sich auf der äußeren Oberfläche der Wachsform der Rhythmus der Fingerabdrücke ab, die beim Andrücken auf die Tonrollen entstanden sind. In den Zwischenräumen der Abdrücke bleiben Tonreste haften. Die Innenhaut ist glatt und matt glänzend.

1 Aus: Dietrich Bonhoeffer, Auswahl. Kapitel Widerstand und Haft 1940–1945, Brief, datiert Heiligabend 1943. München 1964.

2 Microcrystalline Wax ist ein säurefreies Wachs mit einem höheren Schmelzpunkt als bei traditionellen Wachssorten und ist weniger brüchig als Paraffin-Wachs. Es wird in Bronze-Gießereien u. a. für die Gießtechnik der ›verlorenen Form‹ gebraucht.

LÜCKE IM GEFÄNGNIS

Ich folge der schriftlichen Einladung des Anstaltsleiters in die Justizvollzugsanstalt für Frauen, Niedersachsen. Der Kontakt kommt über meinen Freund Michael Daxner[3] zustande, mit dem die Anstaltsleitung derzeit über eine Hochschulfernausbildung einer Inhaftierten im Gespräch ist. Daxner kündigt meine Kunstpraxis im Allgemeinen—und die Serie LÜCKEN im Besonderen—als eine Erweiterung der Bildungsangebote im Gefängnis an und telefonisch entsteht ein dynamischer Gedankenaustausch zwischen dem Anstaltsleiter und mir: Können meine LÜCKEN in der ARTi.G.[4] ausgestellt werden, einem in der JVA eingerichteten Ausstellungs- und Kommunikationsraum?

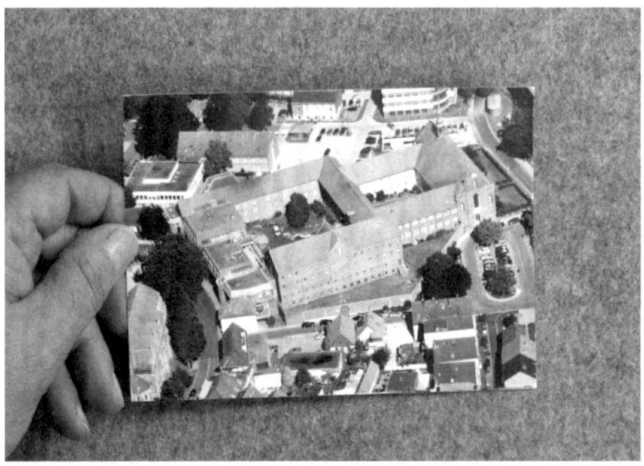

Ansichtskarte Justizvollzugsanstalt für Frauen Niedersachsen, Vechta

3 Prof. Dr. phil. Michael Daxner, Sozialwissenschaftler, ist zu diesem Zeitpunkt Präsident der Carl von Ossietzky Universität (1986–1998) in Oldenburg. Daxner schreibt regelmäßig über meine Arbeit.

4 JVA für Frauen, Niedersachsen, über Kunst im Gefängnis: ›Künstlerische Betätigung gilt in der JVA für Frauen als wichtiger Teil des Behandlungsvollzuges. Die Kunst hat im Frauenvollzug viele Gesichter und ist ohne Unterstützung externer Kooperationspartner nicht möglich. Die Einbindung erfolgt in sehr verschiedener Weise z. B. durch ehrenamtliche oder nebenamtliche Kräfte als festes, regelmäßiges Kursangebot. Seit 1993 gibt es unter der Bezeichnung ARTi.G. (Kunst im Gefängnis) regelmäßig wechselnde Kunstausstellungen. Arbeiten der inhaftierten Frauen werden ebenso gezeigt wie die externer Künstlerinnen und Künstler‹. Auszug: http://www.jva-fuer-frauen.niedersachsen.de/wir_ueber_uns/kunst_und_kultur/kunst-und-kultur-109962.html

JUSTIZVOLLZUGSANSTALT FÜR FRAUEN NIEDERSACHSEN, VECHTA

Die JVA befindet sich in Vechta, 50 km entfernt von meinem Geburtsort Osnabrück.

Vechta ist bekannt als CDU-treue Kleinstadt, die katholische Kirche ist in nahezu allen gemeinnützigen Einrichtungen wie Krankenhaus, Kinderheim, Seniorenwohnheimen, Flüchtlingsbetreuung bis hinein in die Fachhochschulen außerordentlich präsent. Aufgrund der zahlreichen geschlossenen und halboffenen Vechtaer Justizvollzugsanstalten für Männer, Frauen, Mutter-Kind und JungtäterInnen, wird ›Vechta‹ in Niedersachsen als Synonym für ›Knast‹ verstanden: »Pass bloß auf, sonst landest du in Vechta« … »Der sitzt in Vechta« …

Das Frauengefängnis liegt mitten in der Stadt und ist, laut der stellvertretenden Anstaltsleiterin, nicht zu verfehlen. Ich parke und folge dem Verlauf der etwa vier Meter hohen und mindestens 50 Meter langen Mauer, die die JVA umschließt. Die Mauer steht weit genug von dem ehemaligen Franziskanerkloster entfernt, um den Blick auf die Bewohner des Gebäudes zu verhindern; ich sehe nur die obersten zwei der vier Stockwerke des Hauptgebäudes. Daneben befindet sich ein niedrigerer Flügel mit angrenzender Kirche, die direkt in Verbindung mit dem Klostergebäude steht. Zwei weitere Altbauflügel schließen sich lückenlos daran an. Hier gibt es jetzt keine Schilder mehr, die darauf hinweisen, dass es verboten ist, sich der Mauer der JVA zu nähern, hier befinden sich öffentliche Parkplätze. Ich gehe weiter, an einem zweistöckigen Neubau mit unvergitterten Fenstern entlang, bis zu einem großen, geschlossenen Stahltor, durch das LKW ein- und ausfahren können. Dort, wo die alte Mauer unterbrochen ist, befinden sich niedrigere Neubaumauern, oben gesichert mit dicht gewickeltem NATO-Stacheldraht.

Mir fällt Foucault ein, der die Funktion von Mauern rund um Gefängnisse oder geschlossene Anstalten nicht nur als Fluchthinderung von innen nach außen erklärt, sondern sie als Sichtblende bzw. Auseinandersetzungsblockade für die Bevölkerung der Umgebung wertet, die sich so nicht dauernd mit dem Phänomen des Menschen-Wegsperrens beschäftigen muss.

Etwas weiter finde ich neben einem kleineren Einfahrtstor den höher gelegenen Personeneingang und die Pforte. Man kann den Beamten hinter dem getönten Sicherheitsglas kaum erkennen, ich höre seine Anweisungen durch die Wechselsprechanlage. Ich soll meinen Ausweis und mein Telefon in der Stahlschublade ablegen und darf mich nach Überprüfung meiner Identität und der Bestätigung meines Termins beim Anstaltsleiter in die Eingangsschleuse begeben: »Sie werden dann abgeholt.« Jetzt kann ich die schwere, klinkenlose Stahltür aufstoßen und eintreten. Ich warte, bis sich die Außentür hinter mir automatisch schließt und öffne die innere Stahltür. Nun befinde ich mich im Gefängnis, etwa vier Meter entfernt von der nächsten geschlossenen Stahltür ohne Klinke.

Zusammen mit einem Beamten überquere ich zum ersten Mal den Innenhof, der von dem Klosteranbau, von zwei Neubauten und zwei Giebelaltbauten umschlossen ist. Abgesehen von dem Beamten und mir ist der Hof menschenleer. Ich sehe gepflegte Grünflächen und Beete, ein paar behauene Steinblöcke, gepflasterte Pfade, zwei Bänke, Mülleimer, eine Schaukel. Aus den oberen Etagen des Altbaus rechts dringt ein nicht zu verstehendes Durcheinander vieler Stimmen. Dieses Stimmengewirr klingt anders als jenes, das in Menschenansammlungen entsteht, wie z. B. in Jugendherbergen, Hotellobbys, Schulen oder auf Bahnhöfen oder Flughäfen. Hier sind es allein Frauen, die lauter und schneller als gewöhnlich sprechen. Der Ton hat etwas Drängendes, Hektisches, als ob jetzt sofort etwas ausgehandelt und entschieden werden müsste.

Durch das gegenüberliegende Portal, vermutlich der Haupteingang des ehemaligen Klosters, erreichen wir den Verwaltungsflur, in dem sich das Büro des Anstaltsleiters und die Büroräume der Angestellten bzw. BeamtInnen befinden. Dort ist es stiller, das Türenschlagen und die Stimmen hinter den Türen, die Schritte beschäftigter Menschen in den Gängen, hören sich an wie in jedem anderen Betrieb.

Das Gespräch mit dem Anstaltsleiter und seine Führung über mehrere Stunden hinweg geraten zur Blaupause für meinen Lernprozess ›Gefängnis‹. Ich hatte im Vorfeld und trotz der zahlreichen Telefongespräche mit ihm irgendwann aufgehört zu versuchen, mir ›Gefängnis‹ vorzustellen. Er erläutert seine Reformen und Pläne, bruchstückhaft kann ich nun nachvollziehen, wie etwas vorher war, wieso es verändert werden muss und wie es gut wäre, aber leider unrealistisch, und wie es innerhalb der Möglichkeiten etwas besser sein könnte. Ich höre, warum es ihm wichtig ist, die Mädchen auf der Jugendabteilung in Holzbetten anstelle der üblichen Stahldoppelbetten schlafen zu lassen und warum die alten, massiven Klostertüren aus Holz den Stahltüren vorzuziehen seien, warum der enorm lange Korridor, trotz der geringen Anzahl der inhaftierten Mädchen aus vier Bundesländern, mit einer durchgehenden Glaswand geteilt wurde, dass Mädchen ab 14 strafmündig und damit haftfähig seien, dass Mädchen öfter als vor zehn Jahren wegen Gewaltdelikten verurteilt würden, was neu sei am Konzept einer Mutter-Kind Abteilung—eine Mutter sollte ihr Kind nur dann in den geschlossenen Strafvollzug mitnehmen, wenn es bei Haftentlassung nicht älter als drei Jahre sei. Warum es als erstrebenswert gelte, verurteilte Menschen nicht in ihren Heimatstädten einzubuchten, worum es sich genau bei ›Lockerungen‹ und bedingte Entlassungen nach der Hälfte oder zwei Dritteln der Haftstrafe handle, warum es richtig sei, einen Spritzenaustauschautomaten aufzustellen, anstatt sterile Spritzen persönlich auszugeben, wer substituiert würde und womit, warum es im Gefängnis keine Tiere gebe, worin der Unterschied zwischen Unterbringung der Frauen auf Wohnfluren und der Strafhaft-Abteilung bestünde, wieso die Frauen auf den Wohnfluren einen Schlüssel zu ihrer Zelle mit sich trügen und warum Frauen nicht wegliefen–weder aus Situationen noch aus Gefängnissen (was Mauern als Fluchtprävention eigentlich überflüssig macht). Was ein Drehtüreffekt sei und dass bei 100% der inhaftierten drogenabhängigen Frauen von erlebter, sexueller Gewalt im Kindesalter auszugehen sei.

Ich erfahre, dass deutsche, bzw. europäische Haftanstalten für Frauen überwiegend—neben Betrügerinnen, Mörderinnen und Abschiebehäftlingen—von Drogenabhängigen bevölkert seien und dass ein reger Gedankenaustausch zwischen europäischen AnstaltsleiterInnen bestünde, wobei diese JVA in Vechta im Frauenvollzugs-Diskurs als vorbildlich gelte. Und von den Versuchen zu verhindern, dass Nicht-Drogenabhängige im Gefängnis drogenabhängig würden (die Chance ist groß, die Anzahl der Betroffenen wird jedoch nicht offiziell registriert oder weitergegeben).

Inhaftierte Frauen betrachtet der Anstaltsleiter als *Schützlinge*. Er versucht dafür zu sorgen, dass sich die psychische und physische Verfassung der Inhaftierten während der Haftzeit nicht verschlechtert. Der Regierungswechsel in Niedersachsen lässt ihn auf Veränderungen hoffen, die Reform veralteter Systeme und die Beseitigung aktueller Missstände in Haftanstalten stehe an.

Die stellvertretende Anstaltsleiterin ist Diplompädagogin. Zu ihren Aufgabenbereichen gehört die Lehrküche, in der Inhaftierte mit entsprechendem Gesundheitszeugnis eine Ausbildung zur Küchenhilfe absolvieren können. Der Arbeitsplatz in der Küche gilt als der privilegierteste aller Arbeitsbereiche[5], als abwechslungsreich, mit Aussicht auf den Erwerb eines Zertifikates. Täglich zwei Menüs zur Auswahl werden in der Personalkantine den etwa 160 Bediensteten zum Selbstkostenpreis angeboten. Auch die gerade neu eingerichtete Mutter-Kind-Abteilung gehört zum Aufgabenbereich der stellvertretenden Anstaltsleiterin. Außerdem leitet sie ARTi.G. (Kunst im Gefängnis), eine 1993 entstandene Initiative des Fachbereiches Presse- und Öffentlichkeitsarbeit, um Inhaftierten und Gästen die Möglichkeit zu bieten, sich ›über dem Medium Kunst zu begegnen‹ (Zitat der stellvertrenden Anstaltsleiterin).

An dem A4-Stencil an der Wand, auf dem ›ARTi.G.‹ steht und der Name des zur Zeit präsentierten Künstlers mit dem Titel seiner Arbeiten, erkenne ich, dass ich mich nun im Ausstellungsbereich befinde: Ein breiter Korridor des Verwaltungstraktes, rechts gehen Türen zu den Büroräumen ab, links sind Fenster mit Fensterbänken. Die Wände zwischen Türen und Fenstern sind die Ausstellungfläche, der pflegeleichte PVC-Fußboden kann mit Tischen und Sockeln bestellt werden, um 3D-Arbeiten zu präsentieren. Der Korridor liegt günstig, Gäste können von draußen den Ausstellungsbereich betreten, ohne dass sie mit dem geschlossenen Vollzug in Berührung kommen, und Häftlinge kann man hierhin ›Durchschließen‹ oder ›Schließen‹[6], ohne Sicherheitsrisiken einzugehen. Zu jeder Eröffnung einer Ausstellung wird im Raum ein Extratisch aufgestellt und Orangensaft angeboten.

Ich frage, ob die Ausstellungen gut besucht würden. Ja, manche Inhaftierten seien schon interessiert, wobei offen bliebe, ob das an der Kunst läge oder am Gratis-Saft oder an der Abwechslung oder daran, dass die inhaftierten Frauen gerade keinen Bock auf ihre ›Hüttenlinde‹[7] hätten. Und es kämen immer einige ehrenamtliche Mitarbeiterinnen und natürlich Neugierige von draußen … aber dieser Zulauf halte sich in Grenzen, da ohnehin die meisten Vechtaer in irgendeiner Weise im oder für den Strafvollzug arbeiteten und ihre Freizeit lieber woanders verbrächten. Doch es sei ihr wichtig, Kulturelles in den Knast zu bringen.

Ich weiß nicht was ich erwartet hatte, als ich eingeladen wurde, meine LÜCKEN in ARTi.G. auszustellen; ich glaube, dass mir ein zum Gefängniskomplex gehörendes Gebäude oder ein Raum vorschwebte, der losgelöst vom Gefängnisalltag eine gewisse Autonomie ausstrahlen würde. Oder der wie eine Schleuse funktionierte—neutral, ähnlich der Kirche, die trotz Zugehörigkeit zur Gefängnisarchitektur nicht das Gefängnissystem repräsentiert. An Stelle dessen befand ich mich nun in einer Heterotopie[8] inmitten einer Heterotopie: Im Ausstellungsbereich ARTi.G., der hier zum freien Kunstraum erklärt wird und vorgibt, die Außenwelt mit der Innenwelt des Gefängnisses zu verbinden, aber faktisch innerhalb der Abweichungsheterotopie Gefängnis verortet ist, in die ›Individuen, deren Verhalten abweichend ist im Verhältnis zur Norm‹ eingeschlossen werden. Ausstellungsraum wie Gefängnis unterliegen dem gleichen ›System von Öffnungen und Schließungen‹.

Ich will herausfinden, ob und wie hier reelle Bezüge zwischen dem Exponat, dem Betrachter und der Öffentlichkeit hergestellt werden können. Wie die Bestimmung, die Bedeutung des Ausstellungsortes wahrnehmbar werden kann und nicht – wie jetzt – im Versuch der Imitation eines öffentlichen Kunstraumes steckenbleibt.

Im telefonischen Dialog mit dem Anstaltsleiter hatte ich bereits vorsichtig angefragt, ob in der gefängnisinternen Galerie nicht meine LÜCKEN ausgestellt werden könnten, sondern die der inhaftierten Frauen, die wir zusammen produzieren würden. Nur mit von den Insassinnen hergestellten LÜCKEN kann an diesem Ort Trauer über Verlust sinnvoll thematisiert werden. Alles andere, auch nur meine LÜCKEN hier auszustellen, entspräche einer touristischen Unternehmung. Nach der Ausstellung in ARTi.G. könnten die Knast-LÜCKEN durchaus auch anderswo gezeigt werden, an Orten, die in irgendeiner Weise mit ›Lücken‹ zu tun haben.

Im Vorgespräch untertreibe ich natürlich den Aufwand und die Kosten einer solchen Unternehmung an einem Ort, dessen (Un)möglichkeiten ich mir überhaupt noch nicht vorstellen kann. Im Gegensatz zu einer Ausstellung mit nur meinen Arbeiten reizt mich aber diese Art eines LÜCKE-Projektes, und nur durch eine gemeinsame Arbeit mit den Bewohnerinnen würde ich diesen Ort auch von innen kennenlernen.

Der Anstaltsleiter befürwortet meinen Vorschlag und freut sich auf die Realisierung. Die praktische Ausführung des Projektes solle ich dann mit der stellvertretenden Anstaltsleiterin besprechen und organisieren: Wo im Gefängnis kann ein Arbeitsraum für x Personen eingerichtet werden? Beide schlagen den Seilergang als Produktionsort vor und den schauen wir uns gleich an. Auf diesem etwa 25 Meter langen, zwei Meter breiten und sechs Meter hohen Gang schlugen die Mönche früher Seile. Der Gang verbindet das Kloster mit der Kirche und wird lediglich als Transferroute genutzt, um Inhaftierte zum internen Gottesdienst in die Kirche zu schließen. Da die Vechtaer diese Kirche auch zum Gottesdienst besuchen, natürlich niemals gleichzeitig mit den Inhaftierten, muss, wenn er von uns genutzt wird, das Schließsystem angepasst werden: Wenn eine Tür durchschritten worden ist, muss sie erst abgeschlossen werden, bevor die nächste aufgeschlossen werden darf.[9]

Zwar ist der etwas enge, düstere Seilergang mit nur zwei Fenstern nicht gerade ein freundlicher Ort, aber in seiner kargen Beschaffenheit besonders geeignet als neutrales Atelier, nicht eingerichtet und nicht belastet mit Versuchen, über die Möblierung trügerische Gemütlichkeit entstehen zu lassen, die ich in den meisten bisher besichtigten Arbeitsräumen wahrgenommen habe. Der Betonboden ist ausgezeichnet als Untergrund geeignet, um die LÜCKEN in Ton aufzubauen und das Wachs direkt in die hohle Form zu gießen. Ich versuche, mir die Produktionsbedingungen vorzustellen und schätze, dass der schmale Gang maximal 16 Personen jeweils einen knappen Arbeitsplatz bietet. Für das Eingießen und Abzapfen des heißen Wachses muss genügend Raum bleiben, der Strahl des Wachses kann beim Abzapfen anfangs vier, fünf Meter weit schießen, bis sich der Druck durch die sich mindernde Masse reduziert.

Ein zusätzlicher Vorteil des Seilerganges ist der Zugang zum alten Klosterhof, eine von Mauern umschlossene kleine, quadratische Gartenanlage mit

Rasen, Rosenbeeten und Bänken unter freiem Himmel. Fluchtgefahr besteht dort nicht—solange man keine Leiter aufstellt, die bis zum Dach reicht. Er eignet sich bestens als Ergänzung des Arbeitsplatzes im düsteren Innenraum und als Frischluftzufuhr beim Schmelzen des Wachses.

Die Ausstattung der ›Moonlight‹[10] könnte zum Kaffeekochen und zur Toilettenbenutzung dienen—ebenfalls ohne Sicherheitsrisiko während des Produktionsprozesses, vorausgesetzt, dass dort gerade keine Frau untergebracht ist. Bei der Moonlight handelt es sich um eine der drei Absonderungszellen auf dem Isolationsflur D1, nur eine geschlossene Doppeltür entfernt vom Seilergang, was günstig für das Schließen der teilnehmenden Frauen ist. Die Tür am anderen Ende des Flurs ist sowieso verschlossen, der Flur wird kaum als Passierweg von Inhaftierten genutzt. Sonst befinden sich dort nur die Sprechzimmer der Theologin und der Psychologin, die selten besetzt sind.

Wir besichtigen die Moonlight. Sie ist die ›freundliche‹ Variante der Isolationshaft, eine kleine Zelle mit richtigem Bett und einer gewöhnlichen Toilette, einem gewöhnlichen Waschbecken und einer Vorzelle mit Dusche, die unter personeller Bewachung benutzt werden darf, die Fenster sind überdies schwer vergittert. Will man diesen Flur erreichen, muss man sechs gesicherte Türen passieren. Auch die beiden anderen Isolationszellen, ›Bunker‹ genannt, befinden sich auf dem Flur. Deren *facilities* können ebenfalls nur benutzt werden, wenn die Zellen nicht belegt sind, zum Kaffeekochen eignen sie sich weniger. In beiden Zellen liegt eine Kunstleder-Matratze auf dem Betonfußboden, die Wände sind rundum gefliest. In der einen Zelle sind Toilette und Mini-Waschbecken aus rostfreiem Stahl in abgerundeter Form und aus einem Stück gefertigt, sodass die Insassin sich weder verletzen, noch dort Gegenstände verstecken kann. Im anderen Bunker befindet sich keine Toilettenschüssel, sondern ein stählernes Stehklo.

Am Nachmittag trage ich meinen Vorschlag, das LÜCKE-Projekt mit inhaftierten Frauen in der JVA durchzuführen, im wöchentlich stattfindenden ›Frauenkreis‹ der ehrenamtlichen Mitarbeiterinnen, der Psychologin und der Theologin vor. Die katholische Theologin zweifelt an der Zumutbarkeit der Auseinandersetzung mit der schweren Thematik ohne psychologisches Auffangnetz für die Frauen und unterstellt der Kunst, bzw. der Künstlerin, Unverantwortlichkeit: Sie komme daher, konfrontiere die Frauen mit ›Verlust‹ und ginge dann wieder.

Gewiss lässt sich die Bonhoeffer'sche Aufforderung »... wie schwer dieses auch sei ... einfach aushalten und durchhalten ...« nicht simpel auf jede Behandlung des Themas ›Verlust‹ übertragen. Ich möchte die Diskussion jedoch auf die Möglichkeit einer Auseinandersetzung lenken und wegkommen von der Bevormundung, bzw. dem Absprechen der geistigen und körperlichen Fähigkeiten der Inhaftierten und ihrer Selbstbestimmung und -einschätzung.

Die Bewertung des Projektes droht die Runde zu polarisieren. Die Vorstellungen, welcher Aufwand an Arbeit für das Projekt erbracht werden müsse, reichen von einerseits ›Schwerstarbeit‹ bis andererseits ›unverbindlicher Freizeitbeschäftigung‹ mit Kaffee und Kuchen. Natürlich kann ich die Belastbarkeit der inhaftierten Frauen nicht einschätzen, aber instinktiv geht es mir darum, eine Gruppe nicht von vornherein als unfähig zu erklären, eine solche Arbeit leisten zu wollen und zu können.

Meine Erfahrung mit Kooperationen, Gruppenarbeiten, Workshops usw. beschränkt sich zwar auf meine Lehrtätigkeit an Kunsthochschulen, auf Projektausführungen mit KunststudentInnen und KollegInnen, die zweifellos sich selbst oder den Schwierigkeitsgrad einer Aufgabe auch mal falsch einschätzen. Was aber nicht heißen muss, dass Auseinandersetzungen vermieden werden sollten, nur weil es schwierig werden könnte. Ein Problem gelöst zu haben, wird erfahrungsgemäß im Nachhinein als persönlicher Erfolg gewertet. Warum sollte man vergleichbare Erfahrungen diesen Teilnehmerinnen schon im Vorfeld verwehren?

Trotz ihrer Bedenken tendiert die Mehrheit des Frauenkreises zur aktiven Unterstützung meines Vorschlages und die meisten Anwesenden wollen selbst am Projekt teilnehmen, die Theologin sowieso, um den Insassinnen in eventuellen Krisen beistehen zu können. Dieser Gedanke wird festgehalten und es wird entschieden, die Projektteilnahme auch den Bediensteten anzubieten.

5 Weitere Arbeitsbereiche sind die sogenannte ›Plastik‹. Eine Abteilung, in der Auftragsarbeiten aus der Industrie ausgeführt werden, für Mercedes werden Ölfilterdeckel aus Kunststoff hergestellt und für Ikea Stuhl- und Tischbeine mit Kunststoffpfropfen versehen. Die Einkünfte aus der geleisteten Arbeit machen den Vollzug unabhängiger. Die Anstalten sollen und wollen längerfristig die finanzielle Selbstverwaltung einführen, damit die Steuerkassen entlastet werden können. Des Weiteren gibt es die Abteilung ›Textil‹, in der Bett- und Tischwäsche für die JVA in Vechta und auch für Hotels repariert wird. In die Renovierung der JVA-Gebäude werden die Inhaftierten ebenfalls einbezogen, sie führen Maler- und Tischlerhilfsarbeiten aus.

6 Im Gefängnis wird das Begleiten einer Insassin, um von A nach B zu kommen, mit ›Schließen‹ bezeichnet.

7 Die Zellen in Vechta sind meistens mit zwei Frauen belegt. Die Zellgenossin wird ›Hüttenlinde‹ genannt.

8 ›Es gibt gleichfalls—und das wohl in jeder Kultur, in jeder Zivilisation—wirkliche Orte, wirksame Orte, die in die Einrichtung der Gesellschaft hineingezeichnet sind, sozusagen Gegenplatzierungen oder Widerlager, tatsächlich realisierte Utopien, in denen die wirklichen Plätze innerhalb der Kultur gleichzeitig repräsentiert, bestritten und gewendet sind, gewissermaßen Orte außerhalb aller Orte, wiewohl sie tatsächlich geortet werden können. Weil diese Orte ganz andere sind als alle Plätze, die sie reflektieren oder von denen sie sprechen, nenne ich sie im Gegensatz zu den Utopien die Heterotopien.‹ Die bekanntesten von Foucault behandelten Abweichungsheterotopien sind diejenigen, die Psychiatrie und das Gefängnis betreffen. Vgl.: Foucault, Michel, Andere Räume (1967). In: Barck, Karlheinz (Hg), Aisthesis: Wahrnehmung heute oder Perspektiven einer anderen Ästhetik. Leipzig 1993.

9 Die Verantwortung für den reibungslosen Ablauf tragen die beiden JVA-Theologen. Angestellte, gleich welcher Kategorie, also auch Seelsorger, sind immer auch Bewacher und ›Schließer‹, wie die Inhaftierten alle Bediensteten, die einen Schlüssel tragen, nennen. Die Anstaltskirche gilt als Schwachstelle im Sicherheitssystem der JVA. Die Nähe zur Freiheit und das Fehlen einer bewachten Schleuse könnte die Frauen dazu verführen, diese relativ kleine Hürde nach draußen zu überwinden.

10 Diese spezielle Zelle wurde nach einer Gefangenen benannt, deren Name so ähnlich wie ›Moonlight‹ klang. Sie wurde nach anonymen Ankündigungen, jene zu befreien, eingerichtet. Seitdem wird die Zelle genutzt, um Frauen zu isolieren—unter anderem bei Haftstress zur Ruhigstellung. Obwohl die Zelle mehr Raum bietet, ist sie bei den Frauen nicht beliebt, da sich in der Regel auf dem Flur kein Personal aufhält. Die Moonlight und die beiden anderen Isolationszellen sind zwar mit Klingeln ausgestattet, doch dauert es den Insassinnen in der Regel zu lange, bis Bedienstete dort hinkommen, wenn sie sie brauchen.

ORGANISATION UND PROJEKTAUSFÜHRUNG

Die Vorbereitung und Organisation der Projektausführung findet ab jetzt parallel in Vechta und Amsterdam statt. Die LÜCKEN-Produktion mit ±20 Teilnehmerinnen soll im September auf dem Seilergang durchgeführt werden. 1000 kg Ton werden von zwei Ziegelfabriken in der Umgebung von Vechta gesponsert. Das muss reichen. Werkzeuge, Geräte wie Elektroplatten, Töpfe zum Schmelzen des Wachses, riesige Schöpflöffel, Arbeitstische und Plastikfolien werden bereits in der JVA zusammengesucht und bereitgestellt. Je mehr Töpfe und Elektroherde zur Verfügung stehen, desto effektiver kann das Gießen des Wachses erfolgen. Ich frage, ob ich Werkzeuge wie Cuttermesser, Scheren, Schraubenzieher, Feilen, elektrische Bohrmaschinen und Stichsägen, Zangen und ähnliches mit ins Gefängnis bringen darf. »Wieso denn nicht?«, lacht die stellvertretende Anstaltsleiterin.

Sie hat bereits vorab eine Ausstellung im Niedersächsischen Landtag organisiert. Dort, in der Halle vor den Plenarsälen, sollen die LÜCKEN für eine kurze Zeit aufgestellt werden. Also dort, wo auch Vollzugspolitik erörtert und entschieden wird. Ein Ort, an dem zweifellos, in anderer Form, auch Lücken entstehen. Ich werde allerdings nervös bei der Vorstellung, was alles inzwischen von der JVA zugesagt wird, während es noch immer ungeklärt ist, welche und wie viele der Insassinnen am LÜCKEN-Bau teilnehmen wollen. Fünf Bedienstete stehen inzwischen auf der Teilnehmerliste, aber noch keine einzige Inhaftierte. Ich frage, wie und wann wir die Frauen erreichen können, was ich tun könne? »Das kommt schon«, wiederholt sich die stellvertretende Anstaltsleiterin, ohne zu verraten, wie und wann.

In Amsterdam sagt Fotograf Luuk Kramer[11] zu, einen Tag lang den Produktionsprozess und einige der Ausstellungsorte zu fotografieren, an denen die LÜCKEN aufgestellt werden. Luuk Kramer ist bekannt für seine außergewöhnliche Architekturfotografie. Er nähert sich den Gebäuden, Häusern und Siedlungen, als seien es Personen. Jedes seiner Fotos besitzt die Ausstrahlung eines Porträts, gleich, welches Bauwerk es darstellt.

Ich schlage vor, man könne zusätzlich jede der LÜCKEN an den Ort bringen, an den sie dem Gefühl der Macherin nach gehöre, an dem der Verlust entstanden sei. Zu bestimmten Adressen oder Stellen, die die Frauen angäben. In dieser Umgebung sollen sie porträtiert werden.

Ein weiterer, entscheidender Bestandteil der Durchführung ist noch immer offen, nämlich die Frage, wie das kostbare Microcrystalline Wax finanziert werden soll. Dieses bespreche ich erst gar nicht mit der Anstaltsleitung, weil ich befürchte, dass die Ausführung des Projektes in Gefahr gerät, wenn ich Preise nenne. Shell, der Hersteller des Wachses, lehnt ein Sponsoring dankend ab. Ausgehend von 20 LÜCKEN, die innerhalb der eingesetzten Zeit von einer Woche in der JVA produziert werden könnten, benötige ich bei 100 Litern pro LÜCKE mindestens 2000 kg Wachs für 7.000,– Gulden.

11 Luuk Kramer: http://luukkramer.nl/#architectuur

AMSTERDAM, JUNI 1997

FINANZIERUNG

Um eine Subvention in den Niederlanden beim *Amsterdams Fonds voor de Kunst*[12] beantragen zu können, muss ich einen semi-öffentlichen Raum in Amsterdam vorweisen, dessen betreibende Institution bereit ist, das Projekt auszustellen—d. h. meine eigenen acht LÜCKEN plus jene, die in der JVA entstehen sollen.

Nun komme ich nicht darum herum, die LÜCKEN in meine niederländische Kunstproduktion zu integrieren, obwohl sie in Form, Umfang, von der Materialität und Thematik her überhaupt nicht zu meinen in den Niederlanden bekannten Arbeiten passen. Es scheint unmöglich, diese Gebilde, die aussehen wie plumpe Vasen, mit meinen bis dahin geltenden ästhetischen Prinzipien in Einklang zu bringen. Vertraute KollegInnen äußern sich schon im Atelier kritisch zu diesen neuen Objekten. Die Schilderung des geplanten Knastprojektes löst die Frage aus, ob diese Arbeit noch der Kunst zuzurechnen sei oder ob ich nicht lieber umsatteln und als bessere Sozialarbeiterin arbeiten wolle? Mir fehlen die Argumente bzw. das Vokabular, um überzeugend zu begründen, warum ich die Herausforderung annehmen und mich auf ein außerordentliches, nicht-öffentliches Arbeitsfeld begeben will. Alle Aspekte des geplanten LÜCKE-Projekts in einem deutschen Knast entsprechen nicht den Maßstäben, die an Kunst angelegt werden, wie sie mir in den 1980er Jahren in den Niederlanden während meiner Ausbildung an der Gerrit Rietveld Academie, Fachgebiet Bildhauerei, eingetrichtert wurden: Ziel sei das autonome Kunstwerk. Für ein Kunstwerk, das unter der Mitwirkung von anderen (sogar Laien!) entstehe und bei dem eine vorgegebene Methode angewandt würde, könne kein Anspruch auf Autonomie erhoben werden. Bei solchen Fällen handele es sich bestenfalls um Beschäftigungstherapie, bei der es nicht um den autonomen Charakter des Resultates ginge. Die Frage, ob etwas Kunst, bzw. noch Kunst ist, wird also schon negativ beantwortet, wenn das Produkt in Gemeinschaftsarbeit hergestellt worden ist.

In der Einleitung zu ihrem Buch ›But is it Art‹, über den Aktivismus der 1990er Jahre in den USA macht Herausgeberin Nina Felshin[13] deutlich, dass es ihr nicht um eine Re-Definition von Kunst geht, sondern darum, Kunst als eine Möglichkeit zu betrachten, die innerhalb von Gesellschaften wirksamen Grenzen praktisch zu überwinden. Das Überwinden gesellschaftlicher Grenzen findet in meinem Vorhaben in mehrfacher Weise statt: durch das Betreten des isolierten Ortes, an dem eine Auseinandersetzung mit Kunst entsteht, dem Agieren vor Ort und dem Transferieren des Produktes in den öffentlichen Raum. Mir ist bewusst, dass das Gesamtprojekt Missverständnisse über die Zuordnung der Autorschaft und damit der Autonomie verursachen kann, aber das ist schließlich das Wagnis eines jeden Sich-Einlassens auf Andere—wobei offen bleibt, ob es überhaupt zu einem Dialog aller Beteiligten kommt.

Die Suche nach dem Ort, bzw. dem semi-öffentlichen Raum für die Installation der LÜCKEN in Amsterdam, ist eine neue Herausforderung. Ein Missverständnis ist geradezu vorprogrammiert: Wenn die LÜCKEN aus einem deutschen Knast im niederländischen semi-öffentlichen Raum ausgestellt werden, könnte hier absichtlich eine negative nationale Wertung hergestellt und damit Vorurteilen Vorschub geleistet werden. Für das geplante Projekt in Vechta habe ich mir das Beobachten und Agieren innerhalb eines verborgenen gesellschaftlichen Systems vorgenommen, einem, das wir alle nicht kennen und das ich in seinen politischen und kulturellen Zusammenhängen und Auswirkungen erst während der Ausführung kennenlernen werde. Es fühlt sich richtig an, Gesellschaftskritik im Land meiner Herkunft zu entwickeln, zu äußern und in andere Gesellschaften zu bringen. Gewiss habe ich aber nicht vor, unreflektierte Meinungen und Vorurteile allem und allen Deutschen gegenüber zu unterstützen, so wie ich sie in den Niederlanden seit 17 Jahren erlebe[14]. Welches Fazit ich nach meiner Erfahrung in einem deutschen Frauengefängnis ziehen werde, weiß ich noch nicht. Wenn überhaupt, werde ich erst nach der Ausführung und den dort erlebten Bedingungen beurteilen können, ob diese speziell deutsch sind oder generell dem europäischen System eigen, das ich als einen Zusammenschluss von ähnlich organisierten demokratischen Gesellschaften verstehe.

Ich suche in der Stadt und Umgebung Amsterdam nach semi-öffentlichen Einrichtungen, die als Ausstellungsort denkbar wären und ziehe etwas halbherzig Friedhöfe in Betracht. Alle christlich-konfessionellen und nicht-konfessionellen Bestattungsorte quellen über mit Trägern christlicher Symbolik, ein jeder ist dem Gedenken an eine Person gewidmet und dazwischen ist wenig Platz für eine LÜCKE.

Im Stadtteil Zeeburg finde ich im Flevopark die Überreste des einzigen Jüdischen Friedhofes in der Stadt. Hier wurden zwischen 1714 und 1942 ungefähr 100.000 Menschen, vor allem arme Angehörige der *Hoogduits-Joodse Gemeente*[15], begraben. Wegen einer geplanten Straße wurde 1956 der größte Teil der sich dort befindenden Gebeine auf den Jüdischen Friedhof im Stadtteil Diemen umgebettet. Die verbliebenen 200 Grabsteine sind seitdem Teil des Flevoparks, sie stehen dort krumm und schief zwischen Bäumen und Sträuchern im hohen Gras. Ich suche die für den Park Verantwortlichen, mit denen ich über die Gedenkstätte sprechen kann. Die Stadtverwaltung verweist mich an das Joods Historisch Museum (das Jüdische Historische Museum, JHM[16]) am Waterlooplein.

Dort spreche ich mit der Kuratorin Hetty Berg, die mir erklärt, warum die Ruhestätten auf jüdischen Friedhöfen traditionell nicht ›gestaltet‹ werden dürften, warum sie leer bleiben müssten. Der Friedhof als Ausstellungsgelände fällt also weg. Wir diskutieren Gestaltungsbedeutungen und übereinstimmende und unterschiedliche Auffassungen über die Lücke bei Bonhoeffer und der jüdischen Darstellung von Verlust durch Tod.

Hetty Berg und ein weiterer Kurator, Daniel Bouw, kommen und sehen sich die LÜCKEN in meinem Atelier an. Beide arbeiten daran, das Museum stärker nach außen zu öffnen, die Einbeziehung von bildender Kunst betrachten sie als relevanten Bestandteil und geeignetes Mittel der Auseinandersetzung mit jüdischer Kultur und deren Geschichte. Wir sprechen über die Stigmatisierung der Juden als Randgruppe, als nicht der Gesellschaft zugehörig, und dass dies eine Voraussetzung war, sie zu Opfern machen zu können.

Wir beobachten das gleiche Phänomen heutzutage auch bei anderen Teilen der Bevölkerung, die wegen Abweichungen von der Norm aus der Mitte der Gesellschaft ausgeschlossen werden. Auch die inhaftierten Frauen, mit denen zusammen ich im Gefängnis das LÜCKE-Projekt erarbeiten will, gehören zu einer stigmatisierten Gruppe und stehen am Rand der Gesellschaft.

Mein Atelier in Amsterdam befindet sich zu dem Zeitpunkt noch auf dem Nieuwmarkt im ehemaligen Judenviertel. Während der Nazizeit war hier das Judenghetto.

Räumlich gesehen, sind die Kuratoren und ich also Nachbarn und wir treffen uns regelmäßig im Museum oder in meinem Atelier, um unseren Gedankenaustausch fortzusetzen. Die in Vechta geplante Projektausführung interessiert die Kuratoren als Teil des gesamten LÜCKE-Projektes, für sie steht es im Kontext von ›Trauerarbeit‹. Unser Dialog kommt bei der Frage an, ob wir—trotz unterschiedlicher Positionen—die LÜCKEN im JHM ausstellen wollen, können, dürfen.

Die damalige Direktorin des JHM ist nicht gerade begeistert, sich diese Kunst ins Haus zu holen, die sich auf ein Zitat eines protestantischen Theologen bezieht und von einer deutschen *Expatriate* mit den Insassinnen eines deutschen Gefängnisses ausgeführt wird. Es bedarf noch zahlreicher Unterhandlungen mit den Kuratoren, bis ich dem AFK den Ausstellungsraum des Projektes LÜCKE im JHM mitteilen kann: Ich bin die erste nicht-jüdische Künstlerin, die eine Arbeit in der *Sjoelgass*, der ehemaligen portugiesischen Synagoge, ausstellen wird.

12 Amsterdams Fonds voor de Kunst (AFK) subventioniert Kunst im öffentlichen Raum in Amsterdam

13 Nina Felshin (ed.), But is it Art? The Spirit of Art as Activism. Seattle 1995.

14 1997 existiert in den Niederlanden immer noch ein tief verwurzelter Deutschenhass. Nicht nur ich als Nachkriegskind, sondern auch meine Kinder werden regelmäßig mit MOF—dem niederländischen Schimpfwort für alle, die auch nur entfernt deutscher Abstammung sind—tituliert. Dass bisher keine(r) in den Niederlanden, der oder die das Wort MOF gebraucht, mir erklären kann, was es bedeutet, ist symptomatisch für die fehlende (selbst)kritische Aufarbeitung der unseligen, gemeinsamen Geschichte vor und während des 2. Weltkrieges, sowohl in Deutschland, als auch in den Niederlanden. MOF ist die Abkürzung für M*arine* O*hne* F*lotte* und bezieht sich auf den Verlust der deutschen Flotte im 1. Weltkrieg.

15 Der Haupteingang des etwa 15 ha großen jüdischen Friedhofs befindet sich am *Googweg* in Muiderberg. Die relativ große Entfernung zwischen Amsterdam und Muiderberg hatte zur Folge, dass die Gemeinde 1714 den näher gelegenen *Jüdischen Friedhof Zeeburg* anlegte, auf dem vorwiegend Kinder, Arme und kurz vor Feiertagen Verstorbene bestattet wurden.

16 Das *Joods Historisch Museum* wurde 1932 gegründet. Seit 1987 ist das Museum untergebracht im Gebäudekomplex der vier aus dem 17. und 18. Jhd. stammenden Synagogen der osteuropäischen Juden.

JUNKIES[17]

»Was für Frauen brauchen Sie denn?«, fragt die stellvertretende Anstaltsleiterin bei meiner soundsovielsten Nachfrage zum Stand der Teilnehmerliste. Sie reagiert auf meine zögernde Antwort (… jede Insassin ist willkommen … gut wäre es, wenn sensibel, intelligent …) prompt und praktisch: »Dann müssen wir die Junkies nehmen, die sind zwar unzuverlässig und faul, machen nie was zu Ende … aber sie sind sensibel und meistens intelligent.«

Tolle Aussicht, mit fünf Beamtinnen, einer nörgeligen Theologin und faulen Junkies ein Topstressprojekt anzugehen.

Junkies kannte ich als festen Bestandteil des Straßenbildes in meiner direkten Umgebung Nieuwmarkt, *Red Light District* auf den Wallen und dem Zeedijk, wo sich seit den 1960er bis in die späten 80er Jahre hinein laut Statistik die berüchtigtste Drogenszene Europas etabliert hatte. Hier mischten sich zwei Amsterdamer Phänomene: Die selbstverständliche Anwesenheit von Drogenabhängigen und der selbstverständliche Umgang der Bürger mit ›kaputten Menschen‹, die ungeniert öffentlich Heroin spritzten.

Als ich 1980 in die Niederlande kam, war ich von dieser Szenerie überrascht, unterschiedliche Gruppen existierten nebeneinander, tolerierten sich gegenseitig, persönliche Freiheit schien möglich. Man redete nicht von ›Junkies‹ und ›Otto Normal‹, sondern von ›Gebrauchern‹ und ›Nicht-Gebrauchern‹. Und die Grenzen verwischten sich, ganz normale Leute aus der erwerbstätigen Bevölkerung gleich welchen Alters, rauchten zu Hause so selbstverständlich einen Joint wie in Deutschland Bier getrunken wurde. Man konnte einen Amsterdamer Polizisten um Feuer für den Joint bitten, ohne sofort verhaftet zu werden. Dass es ebenso viele ›Coffeeshops‹ wie Bäckereien gab und man in den Shops Haschisch, Marihuana und *Nederwiet* und perfekt gerollte Joints kaufen konnte, hatte sich weltweit herum gesprochen. Der internationale Strom der DrogenkonsumentInnen nach Amsterdam überforderte allerdings spätestens in der Mitte der 1970er Jahre die sozial-medizinischen Kapazitäten der Stadt. Die hohe und stetig steigende Anzahl von Drogentoten wurde zum internationalen Thema, bzw. zum Image-Problem der Niederlande. Der MDHG (*Medisch-sociale Dienst Heroïne Gebruikers*), initiiert von ÄrztInnen und Intellektuellen, der in den 1960er Jahren den Gebrauch von *Soft*- und *Harddrugs* als Kultur und als Mittel zur Bewusstseinserweiterung auffasste, wie auch als Verweigerung der kapitalistischen Leistungsprinzipien und generell als Widerstand gegen das Establishment, führte die Gratisausgabe von Spritzen in bestimmten Apotheken ein, um die Übertragung lebensgefährlicher Infektionskrankheiten zu verhindern. Der ›*Junkie Bond*‹ befestigte Spruchbänder an Häusern, um z. B. vor den Osterfeiertagen die massenhaft anreisenden deutschen DrogentouristInnen vor dem viel stärkeren Amsterdamer Stoff zu warnen: DEUTSCHE JUNKIES, HIER GILT: ERST AMBULANZ, DANN POLIZEI.

Ende der 1970er Jahre entstanden aber auch Bürgerinitiativen gegen die herrschende Drogenpolitik, weil die BewohnerInnen irgendwann genug von der Dominanz herumhängender Junkies in ihrem Stadtteil hatten. Eine dieser Initiativen aus der Nieuwmarkt-Gegend kaufte zwei ausgemusterte Transportschiffe, die am Kopf des Zeedijks vor Anker gingen, um den

GebraucherInnen hier einen alternativen Ort zum Heroinspritzen zu bieten—sozusagen Vorläufer der späteren ›Fixerräume‹.

Historisch gesehen lässt sich das Image der Niederlande als einer offenen Gesellschaft auf den freien Geist einer seefahrenden und handeltreibenden Nation zurückführen, die in erster Linie am Geldverdienen interessiert war. Hier Hindernisse abzubauen und die Gesetzgebung darauf abzustimmen, war Aufgabe des Staates. Was nach außen hin sichtbar war, war das unproblematische Miteinander eines bunten Völkergemisches in den Hafenstädten. Dieses Bild mag mit dazu beigetragen haben, dass die Niederlande wegen ihrer Offenheit weltweit idealisiert wurden. Doch die 1960er und 70er Jahre waren wirklich eine Zeit des Aufbruchs, es wurden neue Formen des Zusammenlebens ausprobiert. Parallel zu der Liberalisierung der Drogenpolitik, entwickelte sich Ende der 1960er Jahre aus der *Provo*- und der *Kabouter*-Bewegung[18] auch die *Kraakbeweging*, eine Bewegung, die das Recht für sich in Anspruch nahm, leerstehende Häuser zu besetzen, um zu verhindern, dass Spekulanten die Grundstücks- und Häuserpreise in die Höhe trieben. Diese und andere Aktionen waren gedeckt durch die speziell niederländische Praxis von ›*gedogen*‹. ›*Gedogen*‹ bedeutet ›Duldung‹ und muss verstanden werden als ein Verfahren, das sich aus Bedarf, Situation und Anpassung ergibt und nicht gesetzlich geregelt ist. In der Grauzone des ›*gedogen*‹ können gesellschaftliche Anliegen wie z. B. Abtreibung oder Sterbehilfe jahrzehntelang verbleiben, bis sich ein Gewohnheitsrecht entwickelt hat. Der Staat geht davon aus, dass die EinwohnerInnen der Niederlande in ethischen Lebensfragen keine Bevormundung wünschen.

Obwohl also die berühmte niederländische Toleranz weniger mit Idealismus zu tun hat als vielmehr mit einem Sinn für das Praktische, ist der Effekt doch der gleiche: Ein Nebeneinander verschiedenster Bevölkerungsgruppen mit entsprechend verschiedenen Interessen ist in diesem Land möglich, praktisch erprobt und hat auch mich geprägt.

Dass in einem Gefängnis extreme Unterschiede in der Beurteilung der Klientel, in diesem Fall der Junkies, sowohl innerhalb der Anstaltsleitung als auch im Stab bestehen—gemeint ist das Personal von BewacherInnen bis hin zu TheologInnen, PsychologInnen und Ehrenamtlichen—ist logisch. Darin unterscheidet sich ein Gefängnis nicht von anderen Zwangsgemeinschaften wie Betrieben oder Schulen. Immerhin sprechen sich ›Schlüssel‹ und ›Knacki‹ gegenseitig mit Herr oder Frau Soundso an, wodurch die natürliche Feindschaft zwischen Bewachern und Bewachten für Außenstehende erst einmal nicht direkt erkennbar ist.

Als nunmehr regelmäßig Anwesende verhalte ich mich möglichst neutral und bemühe mich um eine Position, die mir den höchstmöglichen Einblick in diesen Mikrokosmos gestattet. Als eingeladene Künstlerin gehöre ich zunächst zu denen mit beschränkter Weisungsbefugnis, d. h. ich darf angeben, was ich wann benötige. Allerdings hält sich die Einschätzung von Kunst als einer ernstzunehmenden Tätigkeit bei den meisten Bediensteten in Grenzen. Nach einiger Zeit kann ich meine Akzeptanz bei den Bediensteten an ihrem Schritttempo ablesen, wenn sie mich irgendwohin ›schließen‹ müssen.

Ich besuche die ARTi.G. Ausstellungseröffnungen und andere Veranstaltungen, bei denen ich eine von vielen BesucherInnen bin und endlich auch kleine Einzel- und Gruppengespräche mit den Inhaftierten führen kann. Die meisten wissen, dass ich ›Die aus Amsterdam bin, die hier Kunst machen wird‹. Amsterdam als Wohnort löst hier—wie später in allen Knästen, die ich noch in Europa besuchen werde—sehnsüchtiges Schwärmen aus. Mein Versuch, über aktuelle Veränderungen aufzuklären und die Vorstellungen vom Drogen-Eldorado zu korrigieren, zeigt zwar keinerlei Effekt, eröffnet aber das Gespräch und erbringt einen erstaunlich offenen Kontakt. Ich lerne die Frauen kennen, ich kann ihnen von dem Projekt erzählen, sie persönlich einladen und bekomme so erste direkte Zusagen zur Teilnahme.

Bei den Eröffnungen unterhalte ich mich, scheint mir, nur mit drogenabhängigen Frauen; die 30–40% nicht-drogenabhängigen Inhaftierten erkenne ich nicht, bzw. kann sie nicht von Gästen oder Mitarbeiterinnen unterscheiden. Ich bin enorm erleichtert, endlich in direkten persönlichen Kontakt mit potenziellen Teilnehmerinnen zu kommen. Einen Namen merke ich mir: Anna Leer, die meint, ihr Name verpflichte. Die stellvertretende Anstaltsleiterin nimmt mein Sondieren zur Kenntnis, ohne meinen Enthusiasmus zu teilen.

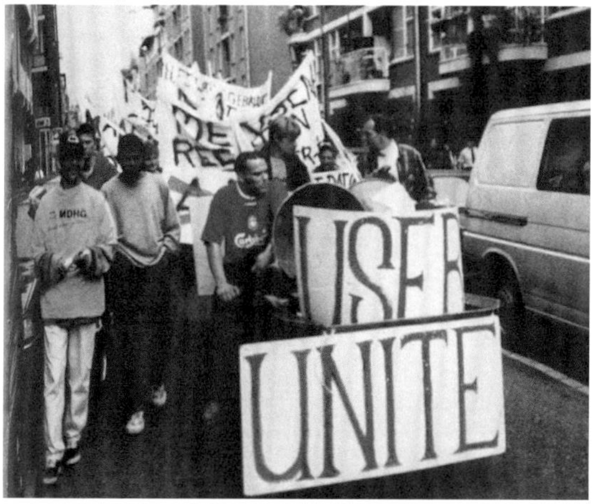

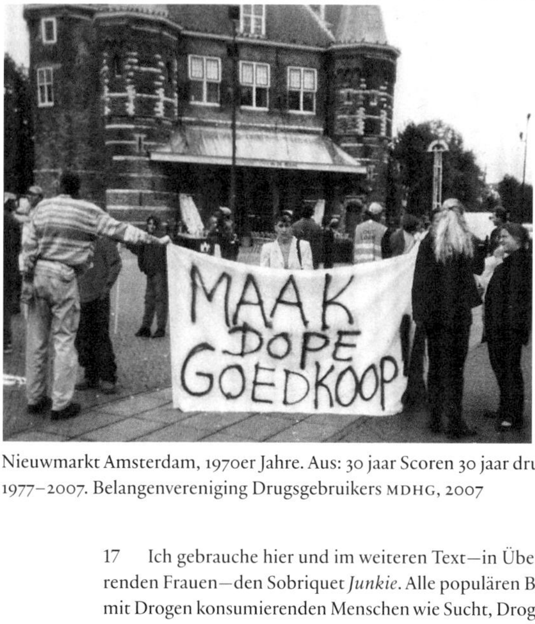

Nieuwmarkt Amsterdam, 1970er Jahre. Aus: 30 jaar Scoren 30 jaar drugsscene 30 jaar MDHG. 1977–2007. Belangenvereniging Drugsgebruikers MDHG, 2007

17 Ich gebrauche hier und im weiteren Text—in Übereinstimmung mit den partizipierenden Frauen—den Sobriquet *Junkie*. Alle populären Bezeichnungen im Zusammenhang mit Drogen konsumierenden Menschen wie Sucht, Drogenabhängigkeit, Drogenkrankheit,

Drogenkonsum, Drogengebrauch, Drogenmissbrauch etc., sind problematisch, da sie meistens suggestiv sind und eine Wertung oder Festlegung enthalten.

18 Provo = Protestbewegung in den 1960er Jahren, deren Ziel es war, durch gewaltlose Aktionen gewalttätige Reaktionen von Behörden und sonstigen Autoritäten zu provozieren. Die Auflösung von Provo 1967 und die Einstellung der Provo-Zeitschrift waren […] eine Folge der Institutionalisierung der kommunalpolitischen Aktivitäten von Provo. Provo hatte bei der letzten Amsterdamer Gemeinderatswahl ein Mandat gewonnen und rief die sogenannten *Weißen Pläne* ins Leben: Der bekannteste davon war der *Weiße Fahrradplan*, aufgrund dessen in ganz Amsterdam weiße Fahrräder zur kostenlosen Benutzung aufgestellt wurden. Wikipedia, U. M., übersetzt, gekürzt und red. bearbeitet.

SCHWICHTELER, SEPTEMBER 1997

VORBEREITUNGSSEMINAR KLOSTER SCHWICHTELER

HILDEGARD HOLKEMANN
CORNELIA KNEIER
BRIGITTE MÖSER
MARLIES SCHRÖDER
KARIN SCHUMACHER
CORNELIA ROSENBERG
BEAMTIN EINS
STELLVERTRETENDE ANSTALTSLEITERIN
THEOLOGIN

Wir planen ein dreitägiges Vorbereitungsseminar im nahegelegenen Kloster in Schwichteler, an denen Frauen mit ›Lockerungen‹[19] teilnehmen dürfen. Sogar substituierte Frauen mit Lockerungen dürfen teilnehmen, weil die stellvertretende Anstaltsleiterin als ausgebildente Apothekenhelferin die Tagesdosen Methadon aus dem Gefängnis mitnehmen und außerhalb verabreichen darf.

Erst kurz vor der Abreise gibt sie bekannt, welche der sich angemeldeten Inhaftierten am Seminar teilnehmen werden; sie meldet, dass Anna Leer und Andrea Bachmeyer ihre Lockerungen verspielt haben. Die also nicht. Dass sich so schnell etwas ändern würde, damit hatte ich nicht gerechnet. Meine Nachfrage bei einer der teilnehmenden Beamtinnen macht deutlich, dass Ausnahmen bei Strafmaßnahmen grundsätzlich nicht diskutiert werden. Und Frau Leer und Frau Bachmeyer haben obendrein noch Einschluss[20].

Primär für die Anstaltsleitung ist die Einhaltung der Regeln und der Ordnung im Gefängnis. Das Projekt ist sekundär. Die stellvertretende Anstaltsleiterin hat in ihrer Führungsposition den Regelverstoß der beiden Frauen konsequent zu ahnden, ohne Rücksicht auf die Konsequenzen der Sanktionen für das Projekt. Von mir als Projektleiterin erwartet sie die gleiche Haltung, ich soll eine Führungsrolle im Sinn der Gefängnisordnung übernehmen. Es ist egal, mit wem ich die LÜCKEN baue, wichtig ist nur, dass ich das Projekt in dieser JVA mit Inhaftierten und BeamtInnen realisiere.

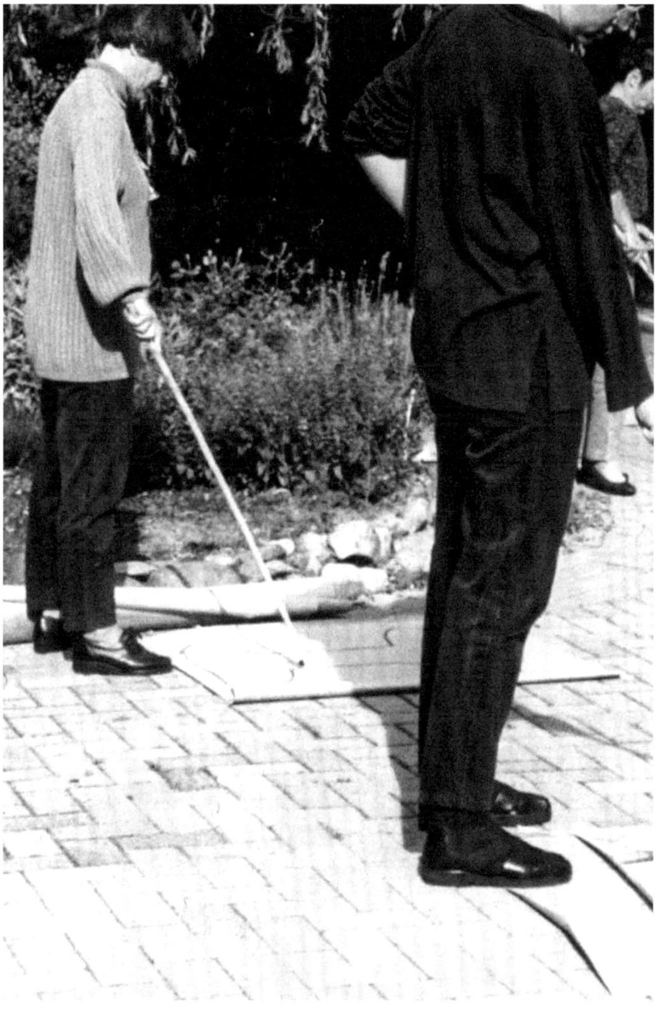

Die Frauen, die mitfahren dürfen, kenne ich alle noch nicht. Eine große, rothaarige Frau kommt laut schimpfend aus der Schleuse, es wurde vergessen, ihre Weste als ihr Eigentum in die Inventarliste aufzunehmen und nun befürchtet sie, dass sie bei der Rückkehr in die JVA Schwierigkeiten wegen des nicht registrierten Kleidungsstückes bekommt und ihr die Weste weggenommen wird. Die Theologin beruhigt die Frau und verspricht, die Angelegenheit mit dem zuständigen Beamten zu klären. Die Anstaltsleiterin verteilt die Frauen über mehrere Autos, ich darf eine Beamtin, die große Rothaarige und noch eine Inhaftierte mitnehmen, die beiden letzteren heißen Cornelia.

Bei der ersten Gesprächsrunde im Kloster stellen sich Marlies Schröder, Hildegard Holkemann, Cornelia Kneier, Cornelia Rosenberg, Karin Schumacher und Brigitte Möser als Inhaftierte vor; mit Ausnahme von Frau Möser sind alle inhaftierten Frauen wegen Drogenbeschaffungsdelikten verurteilt. Aus dem Justizvollzug beteiligen sich Beamtin Eins, die Theologin und die stellvertretende Anstaltsleiterin.

In den nächsten Tagen beschäftigen wir uns theoretisch und praktisch mit dem Thema ›Lücke‹. Der Begriff erweist sich als ideal, um über persönlichen Verlust und über Trauer zu sprechen, ohne dabei allzu viel Privates preiszugeben. Die Theologin schlägt ihr ›Blitzlicht-Verfahren‹ vor, jede soll am Anfang und Ende eines Arbeitstages kurz mitteilen, wie sie sich fühlt, ohne dass die anderen dies kommentieren würden. Die Methode erweist sich als brauchbar, um einander über die Wirkungen des Erarbeiteten zu informieren.

Die Teilnehmerinnen üben sich im Sehen und Ertasten von Oberflächenstrukturen von alltäglichen Dingen im Umfeld des Klosters und des Gartens mittels Frottagen[21].

Schau dir Strukturen an, gebe ich als Aufgabe und Anregung, die eines Gullys ebenso sorgfältig wie die eines Steinweges, eines Blattes, eines Baumstammes, einer Frucht. Das genaue und geduldige Hinschauen und Fokussieren auf Muster sensibilisieren die Wahrnehmung und beeinflussen die Art und Weise, wie später die Tonrollen aufgebaut werden, sodass ein eigener Rhythmus in der Form entstehen kann.

Wie sieht deine LÜCKE aus?, frage ich, Welchen Hohlraum braucht sie, wie hoch, breit oder schmal muss sie sein? Wie dünn oder dick ihre Wand? Wo gehört sie hin, wo soll sie aufgestellt werden? Formen der LÜCKEN werden gezeichnet, 1:1 aus Karton ausgeschnitten und an verschiedenen Stellen in Hof und Garten probeweise aufgestellt. Daneben üben wir das Aufbauen einer Form mit Tonrollen. Im Probewachsguss wird sichtbar, wie unterschiedlich die Rhythmen der Fingerabdrücke sind und wie leicht sie den entsprechenden Personen zugeordnet werden können. Die Konzentration bei den gemeinsamen und individuellen Gesprächen und den daraus abgeleiteten Übungen ist optimal.

MARLIES SCHRÖDER ist mit beinah 40 Jahren ein sogenannter Alt-Junk, hier eine stille Einzelgängerin, die darauf bedacht ist, nichts Privates preiszugeben. Sie erzählt mir, dass das Sorgerecht für ihre achtjährige Tochter auf dem Spiel stehe, dass sie sich keinen weiteren Fehler mehr in ihrem Leben erlauben könne und wolle. In der JVA bewohnt sie bereits ein überwachtes Zimmer im Neubautrakt. Das bedeutet, dass ihre Haftentlassung kurz bevor steht und ihre Führung bisher günstig beurteilt worden ist. Vom Kontakt mit Frauen, die sich in der regulären Strafhaft befinden, rät man ihr ab. Ihre LÜCKE soll in der Neubausiedlung, in der sie mit ihrer Tochter wohnte, aufgestellt werden, vor der roten Backsteinmauer, auf die sie aus ihrem Wohnungsfenster blickte, bevor sie rückfällig wurde.

HILDEGARD HOLKEMANN, die sich selbst ›Hilde die Wilde‹ nennt, ist Mitte 50. Von der Anstaltsleitung wird sie als psychiatrische Patientin bezeichnet, die nur sehr beschränkt ansprechbar sei. Sie lebt in einer Wahnwelt mit Püppchen und einer verstorbenen Katze, aus der sie unzusammenhängend und wolkig erzählt. Sie neigt zu plötzlich auftretenden, extremen Wutanfällen, Anlässe dazu sollen möglichst vermieden werden. Wie, bleibt offen, aber alle lassen sie gewähren und Frau Möser hat sich offenbar die Aufgabe gestellt, Hilde während dieses Seminars ruhig zu halten.

BRIGITTE MÖSER ist Mitte 50. Sie war die Frau eines Offiziers und besteht auf der Wahrung ihrer gesellschaftlichen Position, die sie der gehobenen Mittelklasse zurechnet. Sie kollaboriert am liebsten mit den Beamtinnen, der Theologin und mir, redet von unserem Kunstverständnis, unserer kulturellen Übereinstimmung, unserem entwickelten Bewusstsein usw. Junkies und deren Suchtverhalten sind ihr zuwider, man könne sich doch auch beherrschen! Sie spricht dezent und selbstbewusst über ihren ›Fall‹, der deutschlandweit Aufsehen erregt hat, bei dem umstritten war, ob sie die Tat vorsätzlich begangen hat oder nicht. In ihrem Bemühen, ihre LÜCKE zu definieren, oszilliert sie zwischen der Klärung der Situation und den Folgen ihrer Tat und schont dabei weder sich noch den von ihr getöteten Ehemann vor (selbst)kritischen Beurteilungen. Ihr Mann ist ihre LÜCKE und die soll in den Bunker gestellt und dort fotografiert werden. Sie hat die heftigste aller Zellen als Aufstellungsort ausgesucht, weil ihr Mann ihrer Meinung nach ebenso schuldig an der Tat sei wie sie. Er gehöre auch in den Knast, wenigstens zeitweise.

Als Teilnehmerinnen und Verantwortliche für den guten Ablauf im Seminar, befinden sich die Angestellten der JVA in einer Doppelfunktion. Mir fällt auf, dass alle nett zueinander sind, die Fähigkeit, angepasste Mitteilsamkeit von Offenheit zu unterscheiden, fehlt mir noch.

DIE STELLVERTRETENDE ANSTALTSLEITERIN kommt mit einem ausgearbeiteten Konzept, die Form ihrer LÜCKE steht fest, sie soll ein mega-großer Zylinder werden, den sie in ihrem Elternhaus fotografieren lassen will.

DIE THEOLOGIN ist Anfang 30 und arbeitet in der JVA als katholische Seelsorgerin. Ihre LÜCKE handelt von ihrer familiären Position. Sie hat sehr konkrete Vorstellungen von ihrer LÜCKE. In Zeichnungen und Frottagen sucht sie die Form, die der Kompliziertheit ungleicher Verhältnisse entspricht. Wo ihre LÜCKE aufgestellt werden soll, bleibt vorläufig offen.

BEAMTIN EINS sucht Feinheiten in Struktur und Form. Ihren Einsatz und Beitrag im Projekt belegt sie mit vielen Worten, Fragen und Feststellungen.

Ihre LÜCKE betrifft ihre Familie und schicksalhafte Ereignisse beim Tod ihres Bruders. Das Universum sei der richtige Ort für ihre LÜCKE. Stellvertretend dafür soll sie vor dem Tor des Friedhofes, wo auch ihre Mutter begraben liegt, aufgestellt und fotografiert werden.

KARIN SCHUMACHER ist Anfang 20, als alkoholabhängige Inhaftierte ist sie eine eher unübliche Erscheinung in der JVA-Population. Auffallend sind die Zeichen ihrer aktiven und passiven Automutilation, sie reicht von extremer Hautverwüstung bis zur kompletten Verrottung ihres Gebisses. Sie erzählt mir von ihren vier Kindern, was sie sagen und tun, wenn sie mit ihnen spazieren geht. Die Beamtin klärt mich darüber auf, dass ihr alle Kinder, von denen zwei in der JVA Vechta geboren sind, sofort nach der Geburt weggenommen worden sind. In der Gesprächsrunde ist sie ängstlich und unsicher, die drogenabhängigen Teilnehmerinnen lassen keine Gelegenheit aus, sie herunterzuputzen. Obwohl sie bei jeder Tätigkeit stöhnt, dass sie »sowas nicht kann«, fertigt sie mit kaum sichtbaren Linien eine sensible Zeichnung nach der anderen und baut bedächtig mit ihren Fingerkuppen mit abgekauten Nägeln eine feingliedrige Struktur ihrer LÜCKE in Ton. Ihre LÜCKE soll in einer Zelle im Krankentrakt fotografiert werden. Ihre LÜCKE steht für den Verlust ihrer Kinder.

CORNELIA ROSENBERG ist Mitte 20, Roma und Mutter von drei Kindern. Cornelia arbeitet nicht nur, sie schuftet, und zwar immer, egal, ob es um ihren Beitrag im Projekt oder um das Tischabräumen geht. Sie führt alle Übungen mit Präzision und Ernsthaftigkeit aus, was sich unter anderem an den tiefen Sorgenfalten auf ihrer Stirn ablesen lässt. Ihre LÜCKE soll für ihre Kinder in der JVA-Kirche aufgestellt werden.

CORNELIA KNEIER ist Ende 20 und durch und durch eine *angry young woman*. Sie bleibt während des gesamten Arbeitsprozesses ebenso aktiv wie verzweifelt und so kreativ wie begeistert. Sie erfindet sich sichtbar jeden Tag aufs Neue und grübelt angesichts jeder Herausforderung über optimale Lösungen. Keine Handlung erfolgt automatisch, jeder Arbeitsschritt wird mühsam erarbeitet, bis ein Zwischenresultat Sinn ergibt. Ihre LÜCKE soll auf einer Verkehrsinsel aufgestellt werden. Ihr gefällt die niederländische Übersetzung vluchtheuvel, wörtlich übersetzt: Fluchthügel. Die Ampel soll auf dem Foto weder auf rot noch auf grün, sondern auf gelb stehen.

Die beiden Cornelias machen alles zusammen, arbeiten beinah fanatisch an Form- und Strukturstudien. Beim Aufräumen vermissen sie ihre Frottagen und finden sie im Papiercontainer. Beamtin Eins und ich sehen ihnen zu, wie sie die Riesenformate glattstreichen und wie Trophäen in Sicherheit bringen. Beide Frauen sind im Methadonprogramm, es geht ihnen während dieser drei Tage ausgezeichnet, sie sehen Zukunftsperspektiven und ich merke beiläufig an, dass es mit den beiden doch wohl zu einem guten Ausgang kommen würde— worauf die Beamtin keine Antwort gibt. Die gängige Erwartungshaltung, dass Junkies einmal ein drogenfreies Leben führen könnten bzw. sollten, eröffnet sich mir schlagartig als ›bürgerliche Falle‹ in meinem eigenen Kopf.

19 ›Lockerungen‹ dienen der Erreichung des Vollzugsziels, nämlich der Befähigung, künftig straffrei in sozialer Verantwortung zu leben. Vgl.: StVollzG bzw. NJVollzG. In der Praxis geht es um Hafterleichterungen, die bei einwandfreiem Benehmen gewährt werden. Dieses kann z. B. ein begleiteter Ausgang sein, Teilnahme an Veranstaltungen bis hin zu unbegleitetem Ausgang.

20 ›Einschluss‹ ist eine Sanktion bei Regelverstößen. Die Inhaftierte darf für einen bestimmten Zeitraum ihre Zelle nur für einen einstündigen, beaufsichtigten Aufenthalt im Hof verlassen. Kontakt zu anderen wird dabei untersagt.

21 Die Frottage (frz. *frotter* ›reiben‹) oder Abreibung ist eine alte Drucktechnik. Bei der Frottage wird die Oberflächenstruktur eines Gegenstandes oder Materials durch Abreiben mittels Kreide oder Bleistift auf ein aufgelegtes Papier übertragen.

VECHTA, SEPTEMBER 1997

INTRODUKTION IN DER JVA

Nach dem Seminar habe ich endlich eine konkrete Vorstellung von der Projektausführung im Gefängnis und von den Menschen, mit denen ich zusammenarbeiten werde. Bevor wir anfangen, will ich in der JVA noch eine kurze Einführung, bzw. eine Kurzfassung der erarbeiteten Inhalte geben, damit auch Anna Leer, Andrea Bachmeyer und andere teilnehmende Frauen ohne Lockerungen informiert sind. Wann und wo dieses mit wem stattfinden kann, erweist sich als schwer zu organisieren und wird sogar als lästig empfunden: Verschiedene Bedienstete und Abteilungen müssen die Frauen kurzfristig von ihren Arbeitspflichten freistellen, Abteilungsleiter und Leiter der verschiedenen Arbeitsbereiche müssen dem zustimmen, damit sie das dürfen, muss die Anstaltsleitung sie dazu autorisieren. Wenn dies alles stattgefunden hat, müssen die Bediensteten bestimmt werden, die die Frauen jeweils hin- und zurückschließen.

Schließlich erklärt sich der Drogenberater, der als einziger Mann ebenfalls am Projekt teilnehmen will, dazu bereit, bei einer einstündigen Veranstaltung in einem Raum der JVA-Schulabteilung die Aufsicht zu übernehmen. Dort werden acht Frauen abgeliefert, unter ihnen Anna und Andrea, die stark unter Drogeneinfluss stehen und in besonders schlechter Verfassung sind. Sie sacken immer wieder auf ihren Stühlen zusammen und sind kaum ansprechbar. Andere Frauen wollen wissen, wie während des Projektes die Telefonzeit geregelt sei, die Besuchszeit, das Essen, ihre Einkaufszeit und die Bezahlung.

Ich weiß es nicht und verspreche, diese Fragen vor Beginn zu klären. Die allgemeine Stimmung ist entsetzlich, es herrscht unter den Teilnehmerinnen entweder Aufruhr oder sie sind nicht ansprechbar. Im Gegensatz zum Schwichteler Seminar existiert hier null Konzentration und für praktische Übungen fehlt die Zeit. Ob die später nachgeholt werden können? Meine Projektvorstellung läuft ins Leere und mein Vorhaben kommt mir plötzlich unverhältnismäßig und größenwahnsinnig vor, innerhalb dieser *real life* Situation eines Gefängnisalltages.

Nur der Drogenberater ist positiv, er ignoriert die Unruhe (»Die sind halt heute schlecht drauf«). Er wird zehn Gummihämmer anschaffen, die wir brauchen, um vor dem Projektbeginn den gespendeten, viel zu trockenen Ton aus den Ziegeleien, am Wochenende weichzuklopfen.

Mit der stellvertretenden Anstaltsleiterin und den Verantwortlichen der Arbeitsbereiche kläre ich die Freistellung der Frauen für die Dauer der Projektausführung bei regulärer Bezahlung.

Die Frauen verdienen etwa 150,– DM pro Monat, davon erhalten sie ein Taschengeld von 30,– DM. Damit können sie einmal wöchentlich bargeldlos im mobilen Laden im Anstaltshof einkaufen (Basislebensmittel, Tabak und kosmetische Artikel). Das Taschengeld kann bargeldlos auch für Süßigkeiten aus Automaten auf den Haftfluren ausgegeben werden. Der Besitz von Bargeld ist während der Haftzeit verboten. Der Rest der Vergütung wird auf ein Sparkonto eingezahlt und steht nach der Entlassung aus der JVA als Startkapital zur Verfügung.

Ein- bis zweimal pro Woche dürfen die Frauen angerufen werden oder selbst jemanden anrufen, ›Telefonzeiten‹ genannt. Auf diese sollen die Teilnehmerinnen verzichten, wie auch darauf, ein- bis zweimal wöchentlich Besuch zu empfangen. Wegen der Unruhe, die dieses verursache. Von mir aus könnten diese kleinen, individuellen Unterbrechungen stattfinden. Das Mittagessen soll gemeinsam auf dem Seilergang eingenommen werden, die stellvertretende Anstaltsleiterin will das regeln und schlägt vor, zur Überraschung einmal in der Woche eine Mahlzeit aus der Personalküche kommen zu lassen, richtig schick mit drei Gängen und mit Tischdecke und so.

MATERIAL TON-AUFBEREITUNG IN DER JVA

Das Wochenende vor dem Anfang des LÜCKE-Projektes am Montag müssen wir nutzen, um den viel zu harten Ton weich zu machen. Wir arbeiten vom Seilergang aus und benutzen die Rasenfläche des Klosterhofes zum Wässern des Tons. Alle Teilnehmerinnen sollen helfen, Bedienstete und Inhaftierte. Manche kommen und betrachten düster mit verschränkten Armen die Sachlage: 1000 kg Ton weichklopfen.

Eine Beamtin besorgt Wasserschläuche, Unmengen von Müllsäcken und Tische. Die Schläuche werden in der Moonlight und dem Bunker an Wasserhähne angeschlossen und durch Fenster nach draußen gelegt. Ich mache vor, was zu tun ist: Teile des Tons müssen in Plastiktüten verteilt und solange gewässert werden, bis sie weich sind und mit Brocken von trockenerem Ton im Gewicht von insgesamt 5–10 kg in Plastiksäcke gepackt werden können. Durch beständiges Klopfen mit den Gummihämmern auf die Säcke wird die Masse zu homogenem, geschmeidigen Ton.

Anna und Andrea verziehen sich in eine Ecke des Klosterhofes und finden ihr eigenes System von Wässern und Klopfen. Frau Möser klagt zwar über Rückenschmerzen und wie eklig das alles sei, produziert aber immerhin mit einem Minihammer verarbeitbare Miniportionen. Karin Schumacher jammert ebenfalls und bleibt in der Nähe von Frau Möser. Cornelia Rosenberg arbeitet wieder wie eine Besessene, nun ohne Cornelia Kneier, die sich heute nicht gut fühlt, aber am nächsten Morgen kommen will. Die Bediensteten und die Theologin, die am Wochenende frei haben, lassen sich entschuldigen.

Gegen Nachmittag können wir die ersten Pakete mit gebrauchsfertigem Ton im Seilergang lagern. Für den nächsten Tag wickeln wir Tonbrocken in nasse Tücher und legen sie in improvisierte Becken aus Plastiktüten, sodass der Ton über Nacht das Wasser aufnehmen kann, ohne dabei zu matschig zu werden. Alles mit der *trial-and-error*-Methode, ein Gewinn ist die zunehmende Kenntnis über Materialeigenschaften bei den Teilnehmerinnen.

Am Sonntag wird mir ein 14-jähriges Mädchen von der Jugendabteilung geschickt, das sich Sheila nennt. Ihr Abteilungsleiter findet, sie solle am Projekt teilnehmen. Sie sieht nicht so aus, als ob das auch ihre Meinung sei. Ich nehme sie mit in den Seilergang, erkläre kurz, worum es geht und richte ihr einen Arbeitsplatz ein, damit sie große Formen ihrer LÜCKE zeichnen kann. Ich bitte Marlies Schröder, die auch an diesem Wochenende ziemlich in sich zurückgezogen ihren Beitrag leistet, Sheila das Projekt näher zu erläutern. Marlies schreibt währenddessen das LÜCKE-Zitat mit Holzkohle am langen Stock oben an die hohe Wand des Seilerganges und klebt zusammen mit Sheila die Zeichnungen darunter. Sheila zeichnet toll, mit kräftigen Linien produziert sie ungefähr zehn spannende Formen. Auf die Drecksarbeit mit dem Ton hat sie keinen Bock, macht es trotzdem, stänkert dabei unablässig und provoziert damit die anderen. Ich muss ständig schlichten, um die heutige gute Arbeitsatmosphäre nicht kippen zu lassen.

Bis Sonntagabend haben wir den größten Teil des Tons brauchbar gemacht. Nach Einschluss der Frauen um 18:30 Uhr arbeiten eine Beamtin und ich noch weiter bis Mitternacht und richten den Seilergang ein. Der LÜCKEN-Bau kann morgen früh beginnen.

Die Beamtin und ich werden jeden Morgen die Frauen von den verschiedenen Abteilungen abholen und zur Einschlusszeit zurückbringen. Unser erster Gang heute führt in die Jugendabteilung, wo Sheila ordnungsgemäß bereit zum Abholen sitzt, bzw. im Sessel hängt. Ich stelle sie vor die Wahl, mit positiver Motivation teilzunehmen oder es ganz zu lassen. Sie lässt es, ist erleichtert und hört sofort auf zu schimpfen. Prima, *no hard feelings*.

Zweiter Gang zu Cornelia Kneier in der Strafhaft. Ich spreche allein mit ihr in ihrer Zelle, es gehe ihr immer noch schlecht und sie bittet um einen weiteren Ruhetag. Die große Frau sitzt weinend auf ihrem Bett, von der lautstarken Energie ist nichts mehr übrig. Es tue ihr so leid. Ich versuche zu trösten, versichere ihr, dass sie jederzeit ins Projekt einsteigen könne, sobald sie sich dazu imstande fühle. Sie verspricht, morgen zu kommen.

PROJEKTAUSFÜHRUNG IN DER JVA

SILVIA ALTMANN
ANDREA BACHMEYER
CONNY FREDEMANN
HILDEGARD HOLKEMANN
CORNELIA KNEIER
ANNA LEER
BRIGITTE MÖSER
ANNETTE NOTE
CORNELIA ROSENBERG
KARIN SCHUMACHER
MARLIES SCHRÖDER
ZUZANNA SCHULA
BEAMTIN EINS
BEAMTIN ZWEI
BEAMTIN DREI
DROGENBERATER
STELLVERTRETENDE ANSTALTSLEITERIN
THEOLOGIN

In dieser Woche entstehen im Seilergang 18 LÜCKEN—unter bizarren Umständen und Bedingungen in einer der 184 Justizvollzugsanstalten Deutschlands. Ich lerne die Bewohnerinnen der JVA über ihre Arbeitsweise, ihr Arbeitstempo und ihre Intensität in der Auseinandersetzung mit dem Thema und der Form ihrer LÜCKEN kennen. Ich sehe die Konzentration, mit der sie an die Aufgabe herangehen und die in keiner Weise erkennen lässt, dass sie nichts zu Ende bringen würden, wie im Vorfeld vielfach prophezeit wurde. Die Inhaftierten arbeiten vom frühen Morgen an bis kurz vor Einschluss auf dem Seilergang.

Die Bediensteten unterbrechen—aus unterschiedlichen Gründen—immer wieder ihre Arbeit. Die Inhaftierten assistieren ihnen regelmäßig, der Aufbau der Form mit Tonrollen, das Wachsgießen und -zapfen muss ohne große Unterbrechungen ablaufen, da der Ton nur begrenzt elastisch bleibt, bzw. brauchbar als Gussformmaterial. Wenn der Ton durch die Hitze und das Gewicht des Wachses brüchig wird, verliert die Gussform ihre Stabilität und es strömen unaufhaltsam ± 100 Liter heißes Wachs aus der Form. Vor allem Cornelia Rosenberg arbeitet so schnell, dass sie langsamer arbeitenden Frauen helfen kann, sowohl Bediensteten wie auch Inhaftierten.

Am dritten Tag kommt Cornelia Kneier zurück ins Projekt und realisiert die komplizierte Form, die sie in Schwichteler entworfen hat.
Gegen Ende der Produktion wundere ich mich über die unterschiedlichen Höhen der entstehenden LÜCKEN. Ich ging davon aus, dass, wie bei meinen, die LÜCKEN der Teilnehmerinnen ebenfalls menschhoch ausfallen würden. Weder Zeit- noch Materialmangel erklären die Entscheidung der Frauen, die meisten Formen auf Taillenhöhe enden zu lassen.

Die LÜCKEN aller BeamtInnen und nur vier der 12 inhaftierten Teilnehmerinnen sind annähernd menschhoch oder höher. Bei Nachfrage höre ich, dass es darum gehe, die »... Einsicht in die LÜCKE ... nicht zu verlieren ... und gleichzeitig die eigene Lebenshöhe zu registrieren und darzustellen.«

In den täglichen Blitzlicht-Sessions erfahren wir von den Auswirkungen des Projektes auf die Teilnehmerinnen: Es sei eine mental und körperlich schwere Arbeit, verursache Schlaflosigkeit, werde als Herausforderung, als *eye-opener* und als eine unerwartete Auseinandersetzung mit dem (Un-)Bewussten empfunden. Mir war während der Arbeit am Projekt die starke Fokussierung der Frauen auf ihren Gegenstand, ihre Ernsthaftigkeit in der Auseinandersetzung mit dem Thema und ihr Ehrgeiz, die Arbeit zu meistern, aufgefallen. Im Verlauf der Ausführung hatte sich ein positiverer, wenn nicht sogar ein kollegialer Umgangston entwickelt.

Die Theologin ist unzufrieden mit ihrer Form und sägt eines Nachts mit meiner Säbelsäge die Hälfte ihrer LÜCKE ab.

ANNETTE NOTE, Mitte 20, lerne ich erst am ersten Tag der Projektausführung kennen. Ich weiß nur, dass sie drogenabhängig ist. Sie arbeitet still vor sich hin. Ihre LÜCKE soll im Garten der JVA-Beamtin stehen, die immer so nett zu ihr war.

SILVIA ALTMANN, 18, ist nur vorübergehend auf der Jugendabteilung untergebracht und soll in Kürze in ein anderes Gefängnis verlegt werden, der genaue Zeitpunkt ist ungewiss. Bis dahin will sie gerne an ihrer LÜCKE arbeiten. Sie ist drogenabhängig, ihr Kind lebt in einer Pflegefamilie. Bis zu ihrer Verhaftung lebte sie in einer Sekte. Die Form ihrer LÜCKE ist ein satanisches Symbol ihrer Glaubensgemeinschaft. Sie will sie am liebsten im Keller der JVA fotografieren lassen, in dem es angeblich noch Kerkerkäfige gebe, in denen früher Menschen gemartert worden seien.

CONNY FREDEMANN, Mitte 20, ist drogenabhängig und wurde wegen wiederholtem einfachen Diebstahl verurteilt. Sie arbeitet, ohne viel Aufsehen von sich zu machen, an ihrer LÜCKE, die für immer auf dem Seilergang stehen soll.

ZUZANNA SCHULA ist Anfang 30, kommt aus Polen und ist eine der wenigen Drogenabhängigen mit einer akademischen Ausbildung. Sie ist Übersetzerin und spricht fließend vier Sprachen. Eine Zeitlang hat sie in Griechenland gearbeitet, wo, wie sie sagt, etwas schief gegangen sei. Sie stellt lieber Fragen, als über sich Auskunft zu geben. Sie interessiert sich z. B. für die Herstellermarken der Kleidung, die ich trage. Sie selbst trägt Anstaltskleidung, was mir nur deshalb auffällt, weil sehr unterschiedliche Frauen die gleichen Strickjacken, Jeans und Schuhe tragen. Es fällt schwer, beim Reden nicht dauernd auf die zwei immens großen Narben auf ihrer Halsschlagader zu starren, die sie so gut wie möglich zu verbergen sucht. Zuzanna ist eine entschlossene Arbeiterin, sie weiß genau, wie die Form ihrer LÜCKE werden soll. Als einzige schrubbt sie die Tonreste an der Außenwand ihrer LÜCKE ab und wäscht sie im Klosterhof, bis sie blütenweiß ist. Ihre LÜCKE soll in der Anstaltskirche fotografiert werden.

ANNA LEER ist Mitte 30 und wurde wegen versuchten bewaffneten Überfalls auf eine Tankstelle zu einer mehrjährigen Strafhaft verurteilt. Während der Tatzeit war sie auf Entzug und der Tankwart an der Kasse konnte ihr ganz leicht die Gaspistole abnehmen. Ihre LÜCKE gehört in die ehemalige Drogenszene im Schlosspark in Osnabrück.

ANDREA BACHMEYER ist Anfang 30, Schweißerin und wurde wegen des Versuches, einen Tresor in einem Osnabrücker Autosalon aufzubrechen, zur mehrjährigen Haftstrafe verurteilt. Ihre LÜCKE wird im Wohnzimmer ihrer Mutter fotografiert, bei der Andrea aufgewachsen ist. Mutter und Tochter schwärmen von ihren Ausflügen nach Amsterdam, vor allem über dort Pfannkuchen essen und Drogen kaufen.

CORNELIA ROSENBERG ist Mitte 20 und wegen wiederholtem einfachen Diebstahls verurteilt. Sie hat sich bereits in jungen Jahren von ihrer Familie abgesetzt. Ihre drei kleinen Kinder leben bei ihren Vätern, bzw. deren Familien. Ihre LÜCKE wird in der Anstaltskirche fotografiert.

MARLIES SCHRÖDER ist Mitte 30 und wegen Betruges verurteilt. Sie arbeitet konzentriert und versucht, sich aus den üblichen Kleinstreitereien herauszuhalten, sie bekommt sie jedoch sehr genau mit und hat eine Meinung dazu. Sie ärgert sich sichtbar über das Herumgezicke einiger Teilnehmerinnen. Ihre LÜCKE wird vor einer Backsteinmauer in einer Neubausiedlung in Vechta fotografiert.

CORNELIA KNEIER ist Ende 20 und wegen einfachen Diebstahls zur Strafhaft verurteilt. Ich begegne ihr erst wieder zwei Wochen nach Abschluss des LÜCKEN-Baus, als ein Beamter sie über den Anstaltshof in die Zelle führt. Eine Beamtin, die mich begleitet, ließ mich wissen, sie habe in den Tagen zuvor 80 Tranquilizer genommen und sei daher nicht arbeitsfähig gewesen, was mit Absonderungshaft bestraft wird. Cornelia ist verzweifelt und untröstlich und heult sich an meiner Schulter aus. Nachdem sie abgeführt worden ist, bemerkt die Beamtin neben mir: »Das ist doch alles Bodensatz hier.« Cornelias LÜCKE wird auf einer Verkehrsinsel im Zentrum von Vechta fotografiert.

KARIN SCHUMACHER, Anfang 20, ist verurteilt wegen wiederholtem einfachen Diebstahls und nicht-bezahlten Bußgeldern. Da sie in fast jeder neuen Haftperiode wieder schwanger ist, wird die Möglichkeit der Sterilisation diskutiert. Ihre LÜCKE wird in einem Zimmer der Krankenabteilung der JVA, vergleichbar mit den Räumen, in denen ihre Kinder geboren wurden, fotografiert.

HILDEGARD HOLKEMANN ist Mitte 40, hoch verschuldet und ist ihren Zahlungsterminen nicht nachgekommen. Sie wurde zu weiteren Bußgeldern verurteilt, die sie auch nicht bezahlen konnte. Ihre LÜCKE wird auf dem Seilergang fotografiert.

BRIGITTE MÖSER ist Anfang 50. Die Verurteilung wegen vorsätzlichen Mordes wird nach einer Wiederaufnahme des Verfahrens umgewandelt in drei Jahre Haft wegen Totschlags. Ihre LÜCKE wird im Bunker fotografiert.

BEAMTIN EINS ist Mitte 40. Sie will ihre LÜCKE vor dem Friedhof fotografieren lassen, auf dem ihre Mutter und ihr Bruder begraben liegen.

BEAMTIN ZWEI ist Anfang 40. Die Vollzugsbeamtin in leitender Position wird von den Inhaftierten ›Der bronzene Schlüssel‹ genannt. Sie sucht den Standort sehr sorgfältig aus, ihre LÜCKE steht wie ein Pokal auf der Treppe vor der Doppeltür, die zur Verwaltungsabteilung führt.

BEAMTIN DREI ist Ende 20 und Verwaltungsangestellte. Wie alle Bediensteten nimmt sie, so oft es ihre Freizeit zulässt, an der Produktion teil. Ihre LÜCKE wird vor einem Stadtplan ihrer Heimatstadt Cuxhaven in ihrem Büro fotografiert.

DER DROGENBERATER ist Anfang 40. Seine LÜCKE ist riesig und grob. Sie kann im Anstaltshof fotografiert werden, es ist ihm nicht wichtig, wo sie steht.

DIE STELLVERTRETENDE ANSTALTSLEITERIN ist Anfang 40, während der Projektausführung ist sie schwanger mit ihrem zweiten Kind. Ihre LÜCKE fotografieren wir in ihrer Abwesenheit im Vorgarten ihres Elternhauses, nicht wie geplant im Wohnzimmer.

DIE THEOLOGIN hält ihre LÜCKE für misslungen und will in meinem Atelier zu einem späteren Zeitpunkt eine neue bauen.

Gegen Ende des Projekts beteiligen sich die inhaftierten Frauen Anna Leer, Andrea Bachmeyer, Cornelia Rosenberg, Conny Fredemann, Marlies Schröder, Zuzanna Schula und Beamtin Eins jeweils nach Pflichtarbeitsschluss an den noch nicht abgeschlossenen Arbeitsprozessen.

Anna Leers Abschiedsworte: »Wenn du noch mehr Projekte von dem Kaliber in Gefängnissen planst, musst du entscheiden, mit wem du arbeiten willst, mit uns oder mit denen. Mit beiden geht nicht.«

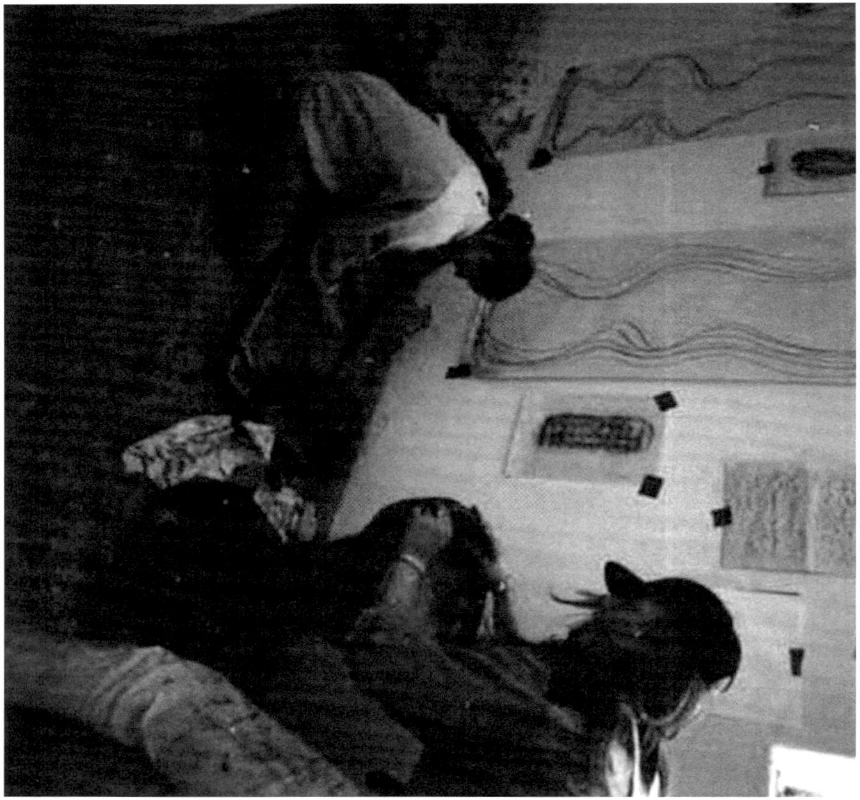

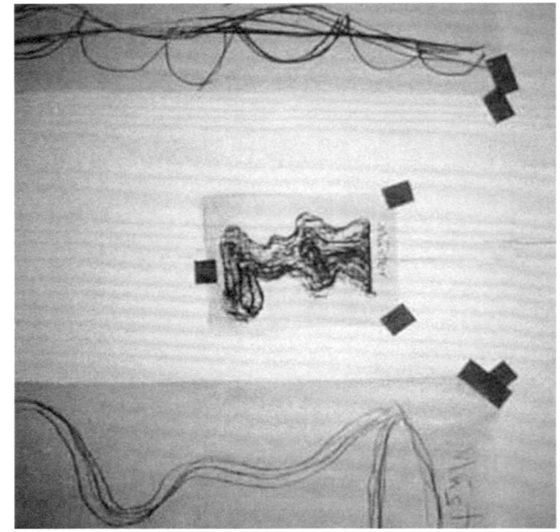

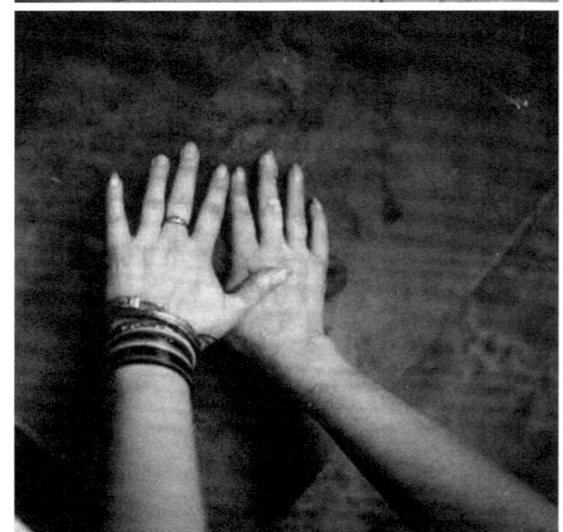

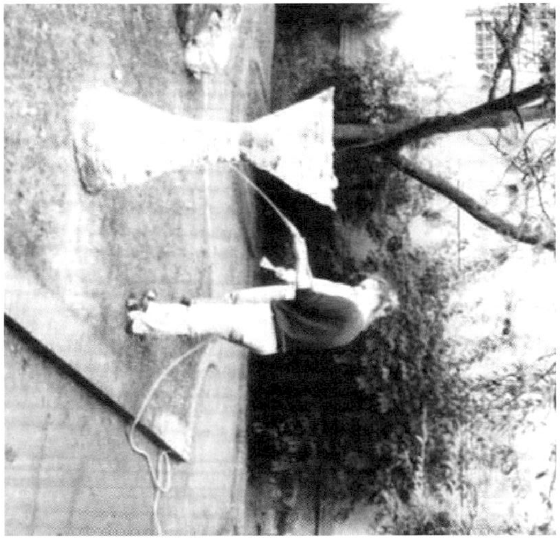

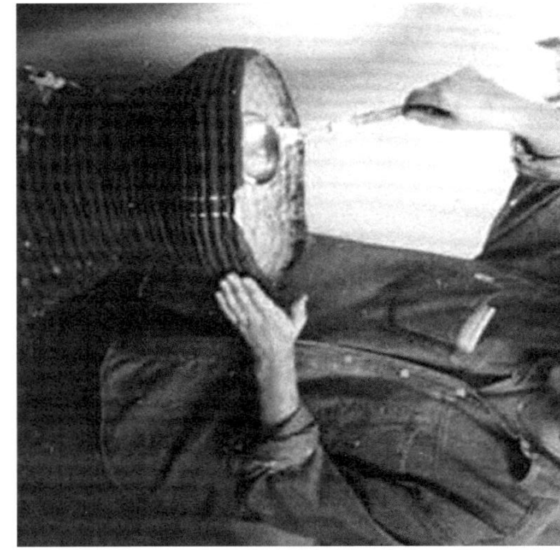

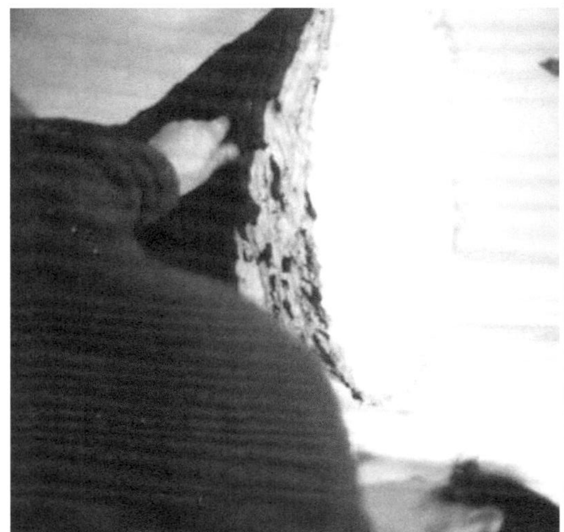

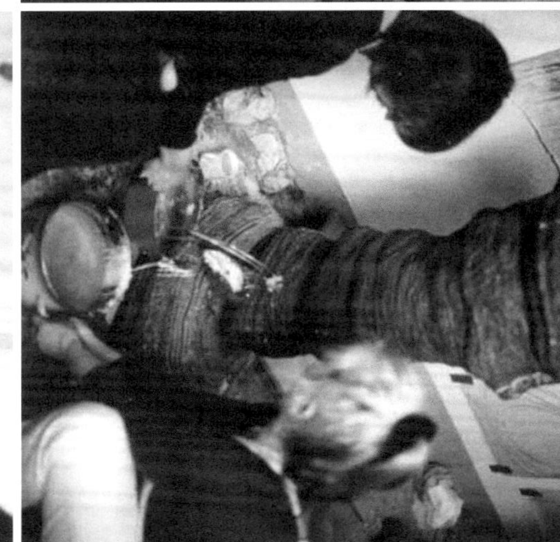

1997

ORTE UND BILDER

Um die LÜCKEN an den Orten zu fotografieren, die die Teilnehmerinnen bestimmt haben, organisiere ich eine dreitägige Shooting-Tour mit mehreren Teams in mehreren Fahrzeugen. Der Fotograf Luuk Kramer will in zwei Tagen alle Objekte vor Ort fotografieren. Teilnehmerinnen mit Lockerungen dürfen mich, eine Beamtin und Amsterdamer Kollegen hierbei begleiten. Am ersten Tag transportieren wir die LÜCKEN im Frachtwagen zu den Privatadressen oder in die Nähe der Bestimmungsorte im öffentlichen Raum in Vechta, Osnabrück, Oldenburg und Umgebung. Am zweiten Tag stellt ein Team die jeweilige LÜCKE auf, die Luuk Kramer mit seinem Team fotografiert. Ein weiteres Team sammelt die LÜCKEN am zweiten und dritten Tag wieder ein und bringt sie in der grünen Minna der JVA zurück in die Anstalt.

Erst in Amsterdam sehe ich die Fotos jeder einzelnen LÜCKE in ihrer ›natürlichen‹ Umgebung. Obwohl ich während der Aufnahmen neben Andrea und ihrer Mutter auf dem Wohnzimmersofa saß und mit den meisten Frauen zusammen in dem Krankenzimmer, der Kirche, der Isolationszelle der JVA oder auf der Straße im öffentlichen Raum stand, sehe ich erst jetzt auf den Fotos den *impact* jeder einzelnen installierten LÜCKE. Die Abbildung erfasst Raum und Objekt, zeigt Verbindung und Nicht-Verbindung; die eine LÜCKE scheint sich in ihre Umgebung einzuloggen, wird Teil der Szenerie, die andere bleibt Fremdkörper in einer nicht-kompatiblen Umgebung. In allen Fällen entstehen Betrachtungs-Wechselwirkungen zwischen dem Ort, dem Moment und dem Gegenstand. Die Teilnehmerinnen bestätigen, ihre Intentionen zur Aufstellung vor Ort in der Aufnahme wiederzufinden.

Sind die In-situ-Aufnahmen somit das eigentliche Resultat des Projektes? Ich vermute, dass deren emotionelle Aufladung in Ausstellungen der autonomen Objekte nicht übertroffen werden kann. Obwohl die Fotografie seit spätestens der 1980er Jahre als Medium der autonomen Kunst etabliert ist, fällt mir Walter Benjamins ›Aura‹[22] als Kriterium der Definition ›des Echten‹ ein. Wo befindet sich nun die Aura, um das Objekt LÜCKE herum, oder in dessen Abbildung, oder ist sie in der Aktion—weil die LÜCKE in einem Gefängnis erzeugt worden, bzw. aus dem Gefängnis in die Welt getragen worden ist? Die Aura würde ich in diesem Fall in den Knast-LÜCKEN selbst verorten, gerade weil die buchstäblich unzähligen Fingerabdrücke der Teilnehmerin diese einzigartige Form geschaffen und individuelle Wahrheiten und Sachverhalte in jeder einzelnen LÜCKE vereinigt haben. Kaum eine andere Körpermetapher wie der Fingerabdruck eines Menschen verweist sowohl im kriminologischen als auch im kunsthistorischen Sinne so nachdrücklich auf die Identität eines Menschen.

›Ausdruck‹ versteht Benjamin 1936 als Medium, als Versuch, die bloße Signifikation durch die ›Nennung des Namens‹ zu übersteigen. Wahrheit gelange durch die Schilderung des Sachverhalts zur Erscheinung und darin läge die eigentliche Provokation der Kunst für die Philosophie, die sich den Inhalten ästhetischer und kunstsoziologischer Arbeiten stelle. Die Auseinandersetzung finde dort statt, wo die Philosophie sich auf die ›Trümmer der Geschichte‹ richte.[23]

Zum Austausch über die Erfahrung mit Gefängnisprojekten besuche ich Wolfgang Zinggl in Wien, den Initiator der ›WochenKlausur‹[24], einer Künstlergruppe, die sich nicht auf die Produktion von Kunstobjekten beschränkt, sondern das Potenzial der Kunst nutzt, um »... kleine, aber sehr konkrete Vorschläge zur Verringerung gesellschaftspolitischer Defizite zu machen und diese Vorschläge auch umzusetzen. Künstlerische Gestaltung wird dabei nicht mehr als formaler Akt, sondern als Eingriff in unsere Gesellschaft gesehen.«

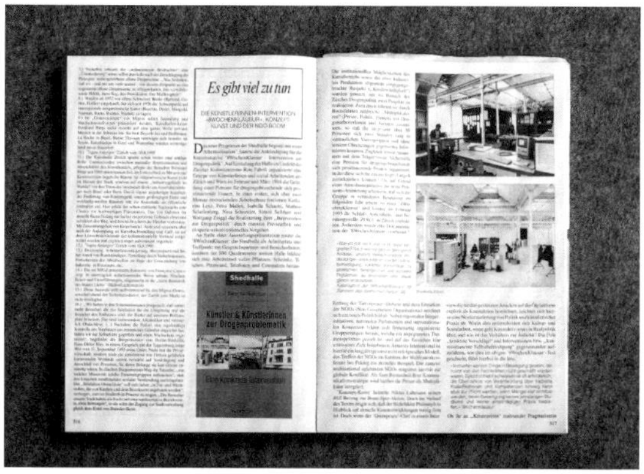
Es gibt viel zu tun
Shedhalle
Künstler & Künstlerinnen zur Drogenproblematik

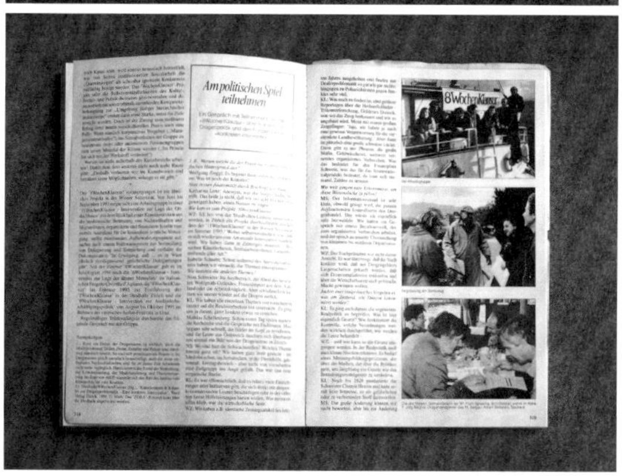
Am politischen Spiel teilnehmen
8WochenKlausur

Jochen Becker: Es gibt viel zu tun. DIE KÜNSTLER/INNEN-INTERVENTION 8WOCHENKLAUSUR, KONZEPT-KUNST UND DER NGO-BOOM. Aus: Kunstforum International, Bd. 132, 1996

1996 eröffnete WochenKlausur »... im Polizeigefangenenhaus Salzburg eine Koordinationsstelle zur sozialen und rechtlichen Betreuung von Schubhaftinsassen. Damit sollten die teilweise unmenschlichen Bedingungen der Schubhaft[25], die wesentlich härter als jede Strafhaft waren, beseitigt werden, was insbesondere auch durch die Einschaltung des evangelischen Flüchtlingsdienstes nachhaltig gelang.« 1994 erreicht WochenKlausur in Zürich »... die Umgestaltung der bestehenden Nacht-Schlafplätze in Tages-Schlafstätten für drogenabhängige Frauen, die ihren Drogenkonsum über Prostitution finanzieren.«

Wir sind uns einig über die Notwendigkeit »... das geschlossene ästhetische Objekt durch offene Zeichen- und Handlungsfelder zu ersetzen, in denen plurale und multiple Beziehungen vom Betrachter selbst erzeugt werden können«, so wie auch Peter Weibel seine Einladung von u. a. den Künstlerformationen WochenKlausur, Christine und Irene Hohenbüchler zum österreichischen Pavillon der 48. Biennale in Venedig begründet. Er versteht das direkte Eingreifen in aktuelle gesellschaftliche Problemstellungen als eine logische Fortsetzung der kritischen Transformationen, die seit den 1960er Jahren in der Kunst stattfinden. Wenn in der neuen Ökonomie die materielle Produktion ab- und die immaterielle Arbeit (Dienstleistung) zunehme, korrespondiere das mit den Künstlerinnen und Künstlern, die sich ebenfalls als Dienstleister verstünden. Die Scheidungsgrenze liege in der Neu-Definierung des Objektbegriffes jenseits der Konzeptkunst. Was nicht heiße, dass Künstler keine Objekte mehr vorweisen dürften, aber die Objektproduktion sei nicht von primärem Interesse.[26]

22 Vgl.: Walter Benjamin, Kleine Geschichte der Photographie, 1931 und Walter Benjamin, Das Kunstwerk im Zeitalter seiner technischen Reproduzierbarkeit. 1936. Verschiedene Ausgaben.

23 Vgl.: Walter Benjamin, Das Passagen-Werk. In: Gesammelte Schriften. Band V in zwei Teilbänden; herausgegeben von Rolf Tiedemann und Hermann Schweppenhäuser, unter Mitwirkung von Theodor W. Adorno und Gershom Scholem. Frankfurt am Main 1982.

24 http://www.wochenklausur.at

25 Zu diesem Zeitpunkt werden Frauen, deren Asylanträge abgewiesen wurden und die ihr Herkunftsland nicht angeben, in österreichischen und deutschen Gefängnissen in einer separaten Abteilung untergebracht. Man versucht, über ihre Sprache die Herkunft zu bestimmen, was zur Folge hat, dass die Frauen kaum sprechen.

26 Peter Weibel in: Ein Museum ist kein Hotel. Von Vitus H. Weh. Auszug: Gespräche mit Ausstellungsmachern, Kunstforum International Bd. 145, 1999.

DOKUMENTATION

Meine Galeristin Maria Chailloux stellt den Kontakt zur Amsterdamer Druckerei Rob Stolk her. Rob ist einer der Begründer der bereits erwähnten *Provo*- und *Kabouter*-Bewegung in den Niederlanden. Er ist bereit, den Druck eines kleinen Ausstellungskataloges zu sponsern und will ihn rechtzeitig zur Ausstellungseröffnung in der JVA liefern.

HANNOVER, VECHTA, AMSTERDAM, DEZEMBER 1997–AUGUST 1999

AUSSTELLUNGEN

Hannover, 8.–12. Dezember 1997

Die erste Ausstellung findet im Niedersächsischen Landtag in Hannover statt. Drei Frauen mit Lockerungen dürfen mich mit einer Beamtin zur Eröffnung am Vormittag begleiten. Die 18 LÜCKEN stehen pontifikal in der immensen Halle vor den Plenarsälen. Ich hatte erwartet, in diesem Zentrum politischer Aktivität viele Menschen bei der Ausübung ihrer Ämter anzutreffen, aber die

Plenarsäle sind leer und außer den Portiers und dem Reinigungspersonal befindet sich anscheinend niemand im Gebäude. Ein paar regionale Journalisten kommen kurz vorbei, machen Fotos von den Frauen und ihren LÜCKEN, stellen auf der Hand liegende Fragen, ohne sich die kritische Rede anzuhören, die Anna Leer vor den ±10 Anwesenden hält.

Vechta, 9. Januar – 6. Februar 1998

Die nächste Ausstellung findet in der JVA statt. Ich bitte den Anstaltsleiter, die LÜCKEN außer auf dem Seilergang und den Fluren der Verwaltungsabteilung—also dem Bereich der ARTi.G.—auch in den Absonderungszellen auszustellen. Trotz meiner seitenlangen Argumentation, warum es wichtig sei, die LÜCKEN auch im Inneren des Gefängnisses zu zeigen, wird mein Vorschlag abgewiesen. Die Isolationszellen müssten frei bleiben, damit sie bei Bedarf sofort belegt werden können.

Ein paar Stunden vor der Eröffnung kommt Michael Daxner in die JVA, um sich die 18 LÜCKEN anzusehen, die wir auf dem Seilergang, dem Isolationszellenflur und in der ARTi.G. aufgestellt haben. In seiner Eröffnungsansprache reagiert er auf Anna Leers Einführung. Sie berichtet dem Publikum von der Bedeutung des Projektes als ihrer ersten, selbstgewählten Arbeit, von praktischen und inhaltlichen Problemen, die dabei entstanden sind und wie sie diese erfahren und gelöst hat. Sie schildert ihr Denken und Fühlen und welchen Einfluss der LÜCKEN-Bau auf ihre ganz persönliche Trauerarbeit hatte.

Daxner ergänzt, dass der Vollzug diesen Wiedereintritt in die Trauer und damit den Schritt vom Überleben zum Leben, nicht angreifen sollte. »Im Strafvollzug setzt der Staat im Namen der menschlichen Gesellschaft seine Regeln durch. Selbst wenn sie akzeptiert werden, sind diese Regeln nur der Rand dessen, was verloren gegangen ist: Würde, Liebe, ein Mensch, ein Bedürfnis, etwas, das wir nicht kennen oder nur zu gut zu kennen meinen.«

Amsterdam, Januar 1998 – August 1999

Die von mir produzierten LÜCKEN werden in der *Sjoelgasse* des Joods Historisch Museums Amsterdam[27] ausgestellt. Die Ausstellungsdauer wurde auf Anfrage des Museums um ein halbes Jahr verlängert.

JANUAR 1998–DEZEMBER 1999

LÜCKEN-REISE

Die zwanzig Holzkisten, die lange vor Beginn des Projektes im Männervollzug als Transportkisten für die LÜCKEN hergestellt worden waren, müssen in mehreren, kleinen Aktionen von den Teilnehmerinnen und mir umgebaut und angepasst werden, weil sie entweder zu klein oder zu unpraktisch groß sind. Wir ersetzen die viel zu schwachen Aluminiumräder unter den Kisten durch massive Gummiräder, gesponsert von einem Beamten der JVA.

In den kommenden Jahren steht der dunkelblaue Frachtwagen der niederländischen Botschaft Berlin mit dem großen Reichswappen der Niederlande regelmäßig im Anstaltshof, um die Kisten ein- oder auszuladen. Die Botschaft sponsert Transporte der Ausstellungsreise kreuz und quer durch Deutschland.

RÜCKBLICK

Der Anstaltsleiter und ich reden über die geleistete Arbeit, spekulieren über Möglichkeiten und Risiken dieses oder künftiger Projekte, darüber, warum die Motivation, bei dem LÜCKE-Projekt mitzumachen, so stark war, über den chaotischen Anfang, über das Tonklopfen, über Hindernisse beim Gießen bis hin zu den nicht einkalkulierten Arbeitsgängen, die nötig waren und freiwillig und unbezahlt nach der Pflichtarbeit geleistet wurden, wie das Umbauen der Kisten und die Schlepperei bei deren Transport. Anders als die teilnehmenden Bediensteten betrachten die meisten Inhaftierten das Projekt auch noch nach der Produktion als ihre Sache, als in ihrer Verantwortung stehend.

Noch im Nachhinein staunt der Anstaltsleiter über die bemerkenswerte Leistungsbereitschaft und -fähigkeit der drogenabhängigen Teilnehmerinnen. Er ignoriert den *running gag* der Bediensteten, die den Enthusiasmus jener im Projekt damit erklären, dass ich die Inhaftierten mit Drogen aus Amsterdam versorgt hätte.

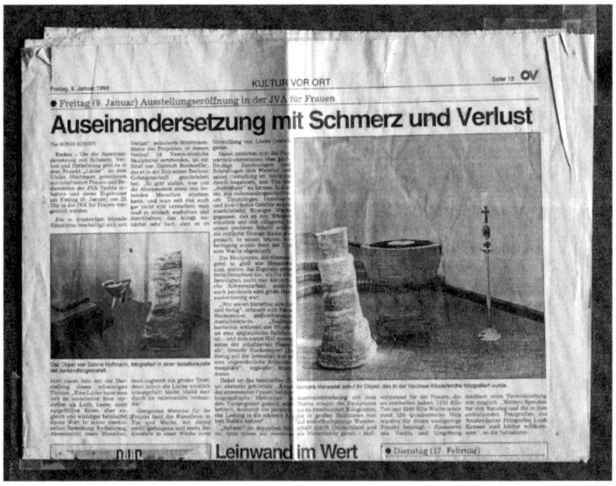
KULTUR VOR ORT

● Freitag (9. Januar) Ausstellungseröffnung in der JVA für Frauen

Auseinandersetzung mit Schmerz und Verlust

Leinwand im Wert

Oldenburgische Volkszeitung, Januar 1998

Ich vergleiche das reguläre Arbeitsangebot in der JVA mit der Vielfältigkeit der Arbeitsprozesse vor, während und nach der Produktion der LÜCKEN. Der Ruf, der den Junkies vorausgeht, faul zu sein, scheint nichts damit zu tun zu haben, dass sie schwere Arbeit scheuten, der Grund dafür liegt meiner Meinung nach eher in der Beziehungslosigkeit zu stereotypen Arbeitsabläufen und deren Produkten. Wenn man mit und durch Arbeit Veränderungen im Leben der drogenabhängigen Frauen bewirken will, müssen für sie Arbeiten gefunden werden, die Herausforderungen darstellen und mit deren Resultaten sie sich identifizieren können. Das könne alles mögliche sein, überlege ich weiter, Bauen, Gärtnern, Kochen, Nähen etc. Ich behaupte, ich könne jede Arbeit mit den Frauen erfolgreich ausführen, solange ich dafür sorgte, dass sie inhaltlich etwas mit ihrem Leben, ihren Vorstellungen und ihren Problemen zu tun habe. Ich könne sogar mit ihnen so etwas Absurdes wie Gefängniskleidung herstellen. »Dann machen Sie mal«, sagt der Anstaltsleiter.

MULTI-AUTORENSCHAFT

Meine Behauptung, dass künstlerisches Arbeiten im Gefängnis einen emanzipatorischen Effekt haben kann, obwohl Sinn und Zweck des Ortes dem zuwiderläuft, hatte sich im LÜCKE-Projekt bestätigt. Dass Bedienstete den Wunsch äußerten, zusammen mit den Inhaftierten ihre LÜCKE bauen zu wollen, war ein interessantes Experiment in einer stark hierarchischen Gefängnisordnung. Die Ergebnisse des Projektes bestehen aus zwölf Inhaftierten- und sechs Personal-LÜCKEN, die im Kollektiv entstanden sind, und meinen acht LÜCKEN. Das gesamte Projekt vereint eine multiple Autorenschaft.

Nach Abschluss der Ausstellungsreise stellt sich das Problem, was nun mit den einzelnen Objekten geschehen, wie mit ihnen umgegangen werden soll. Wie ›gleichgestellt‹ kann und soll mit den Resultaten ›Ungleichgestellter‹ umgegangen werden? Sobald eine Sektion der Teilnehmerinnen ihren Anteil als Privateigentum beansprucht, werden Bestandteile aus dem Kollektiven herausgebrochen. Die Sektion der verurteilten Junkies, in deren Leben es derzeit keine Privatsphäre gibt, sind auf die Unversehrtheit des Gesamten angewiesen, darauf, dass Ausgangspunkte und Zielstellungen des kollektiven Handelns und unserer kollektiven Autorenschaft im gesellschaftlichen Zusammenhang auch fassbar bleiben, dokumentiert und weitergegeben werden können.

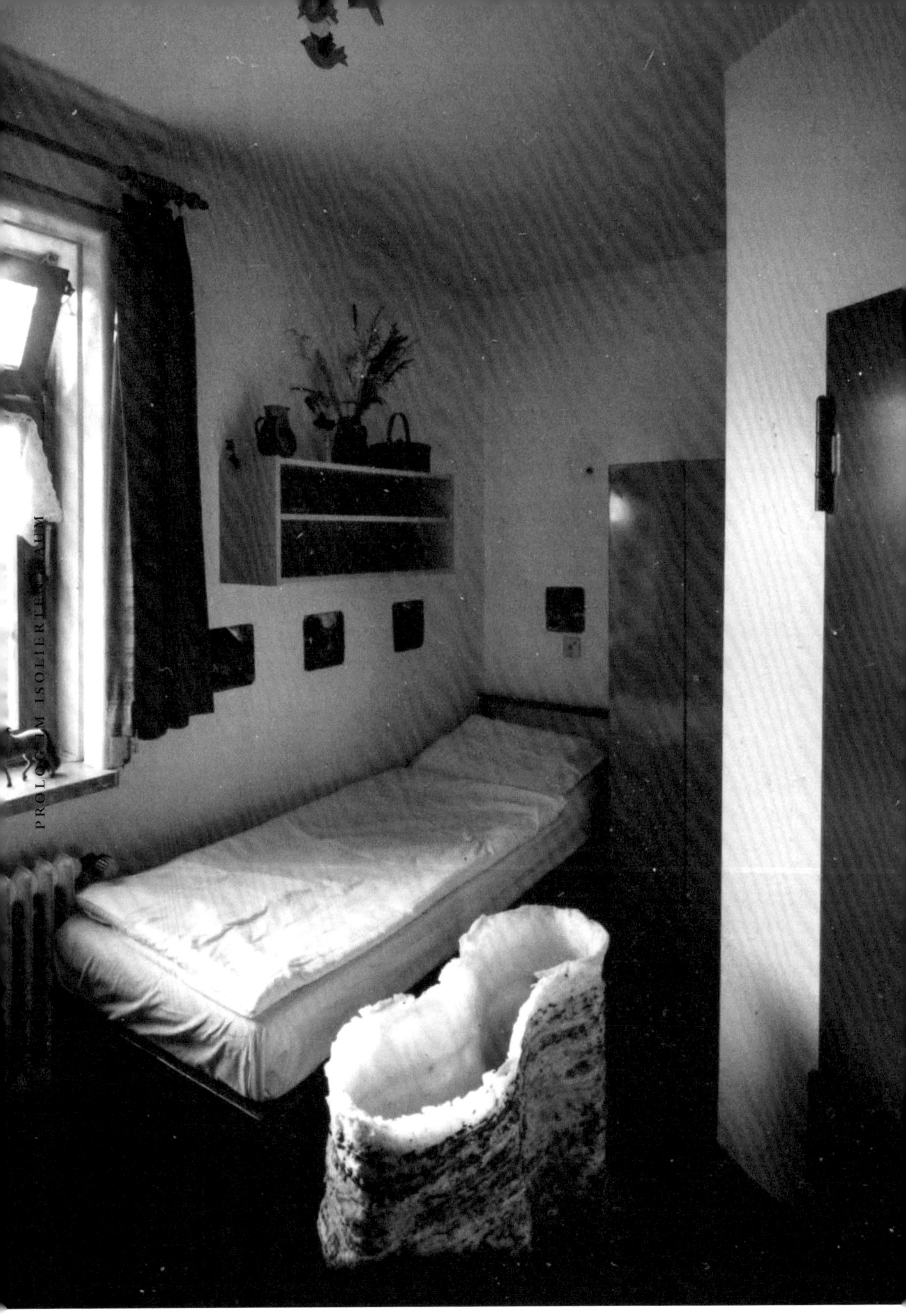

Karin Schumacher, LÜCKE im Krankenzimmer der JVA, Vechta
60 × 90 × 40 cm

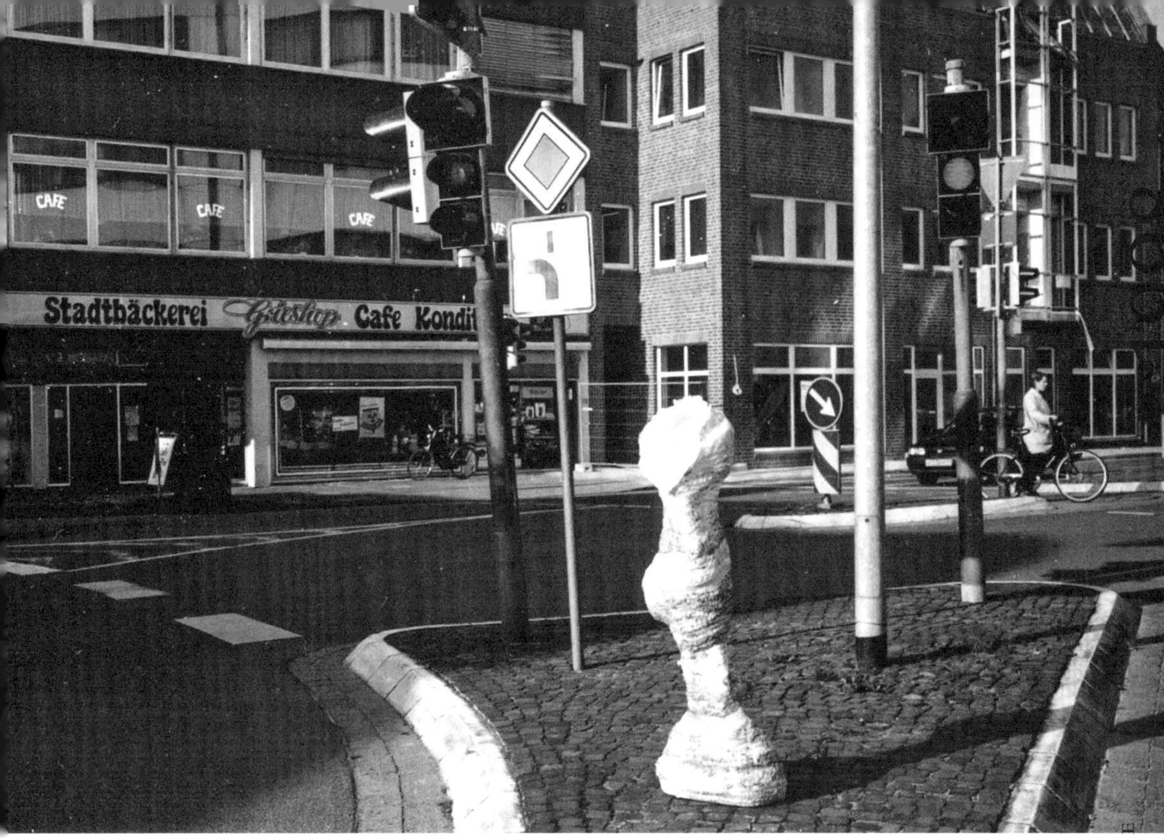

Cornelia Kneier, LÜCKE auf Verkehrsinsel, Vechta
130 × 60 × 50 cm. Fotos LÜCKE: Luuk Kramer

2000–2002

KOLLEKTION GEFÄNGNIS KLEIDUNG–KGK

Zusammenarbeit mit Modedesignerin Anneclaire Kersten und acht Inhaftierten der Justizvollzugsanstalt für Frauen, Vechta, Deutschland.

Das Konzept für die KOLLEKTION GEFÄNGNIS KLEIDUNG (KGK) entwickelt sich aus den Beobachtungen und Fragen, die sich vor, während und nach der Organisation des gesamten LÜCKE-Projektes ergeben haben.
In der folgenden kollektiven Arbeit, der KOLLEKTION GEFÄNGNIS KLEIDUNG, richte ich mich ausschließlich an die drogenabhängigen Inhaftierten und folge so Anna Leers Aufforderung, unterschiedliche Interessensgemeinschaften in einem Projekt zu vermeiden.
Meine Bemerkung, sogar Gefängniskleidung mit den Frauen herstellen zu können, selbst aus den verhassten, kratzigen Knastdecken, war ein spontaner Gedanke, mehr die Illustration meiner Überzeugung: Dass es möglich ist, wenn die Arbeit und das Produkt mit den Lebensinhalten der beteiligten Frauen zu tun hat, selbst unmöglich scheinende Herausforderungen mit komplizierten Arbeitsprozessen zu meistern.
Dies einmal als Projektvorschlag ausgerufen, sehe ich sofort Möglichkeiten, mit den Motiven *Gefängnis* und *Kleidung* meinen Vermutungen über das Gefängnisleben drogenabhängiger Frauen nachzugehen: Wenn jemand eingeschlossen wird, muss dies zu allererst eine körperliche Erfahrung sein. Das Bedürfnis, in Gefangenschaft seine Identität nicht zu verlieren, äußert sich augenscheinlich vor allem in dem Wunsch nach ›Aufmachung‹, styling, wobei die Frauen umsetzen, was vor Ort möglich ist: sich jede Woche die Haare in einer anderen Nuance färben, bei sich selbst und anderen Piercings und

Tattoos anzubringen[28], Schmuck für sich selbst und als Tauschware herzustellen, Kleidung, Schuhe und Accessoires zu ergattern, die an draußen erinnern.

Das Bedürfnis, sich durch eine besondere Aufmachung als Individuum kenntlich zu machen, die Suche nach einem eigenen Image, ist mehr oder weniger allen Menschen eigen. Aber an einem Ort, wo man in besonderem Maße uniform behandelt wird, wo Ess-, Trink-, Arbeits-, Schlaf- und Erholungsrhythmen einem strengen Diktat folgen und wo jede Art von Persönlichkeitsäußerung eher Misstrauen als Befürwortung hervorruft, ist dieses Bedürfnis nahezu körperlich spürbar. Wie sich die Frauen aufmachen, erinnert an Sartres Kriegsgefangenen in *Les chemins de la liberté*[29] (Die Wege der Freiheit), der im Konzentrationslager verbissen versucht, gepflegt zu bleiben, gewaschen, rasiert … während sich um ihn herum Verlotterung ausbreitet. Gäbe er die Sorge um sein Aussehen auf, fühlt er, dass dies einer Kapitulation vor seinen Bewachern und seiner eigenen Verzweiflung gleichkäme. Körperlich eingeschränkt in seiner Freiheit, bleibt ihm nur noch die Wahrung und Pflege seiner äußeren Erscheinung, um die Unabhängigkeit seines Geistes zu demonstrieren, um Identität und Stolz auszustrahlen.[30]

Was in Vechta anno 2000 ›Gefängniskleidung‹ genannt wird, hat überhaupt nichts mit Sträflingsanzügen zu tun, sondern damit, den bei Haftantritt oftmals mittellosen und heruntergekommenen Junkies eine Basisausstattung solider, nützlicher Kleidung zur Verfügung zu stellen. Die wenigen eigenen Kleidungsstücke werden gehegt und gepflegt und nur zu besonderen Anlässen getragen. Frauen mit Lockerungen, die am Vorbereitungsseminar in Schwichteler teilgenommen hatten und uns zu Fotoshootings und zum Einrichten der LÜCKE-Ausstellungen begleiten durften, kleideten sich vollkommen anders als im Gefängnis mit ihren immer gleichen formlosen Hosen, Strickjacken, Schuhen.

Mit dem Entwerfen und der Herstellung einer KOLLEKTION GEFÄNGNIS KLEIDUNG kann das Leben im Gefängnis thematisiert werden.

27 Vgl.: *Project* LÜCKE *1 januari 1998 t/m 1 augustus 1999* http://www.jhm.nl/actueel/tentoonstellingen/archief/project-luecke

28 Sich oder andere im Gefängnis zu piercen und zu tätowieren, ist zwar wegen der Infektionsgefahr verboten, kann aber kaum verhindert werden; die Frauen tätowieren mit selbst hergestellten Farben und selbstfabrizierten Geräten.

29 Jean Paul Sartre, Die Wege der Freiheit. Hamburg-Reinbek 1985.

30 Auszug KGK Katalogtext, Louise Schouwenberg. Amsterdam 2000.

»WAS NICHTS KOSTET, IST NICHTS WERT«

Das LÜCKE-Projekt hatte ich mit Subventionen finanziert, die mir aufgrund meiner künstlerischen Leistung zuerkannt worden waren. Ohne diese hätte die

Arbeit nicht realisiert werden können. Es ging mir um den Versuch, mit den Mitteln der Kunst ›etwas‹ zu erreichen—etwas, das für die Teilnehmerinnen vielleicht als reine Abwechslung vom Knastalltag begonnen hatte, aber im Verlauf zu einer lange nachwirkenden, kollektiven Erfahrung geworden war. Um allen Beteiligten von Anfang an auf der Ebene einer gemeinsamen Arbeit begegnen zu können, informiere ich die Anstaltsleitung vom Finanzierungsaufwand der Unternehmung und vermeide im Vorfeld die Bagatellisierung der Kosten, die im vorigen Projekt zur Fehleinschätzung materieller und künstlerischer Werte geführt hatte. Ich nenne also reelle Kosten, die ich nur teilweise durch niederländische Subventionen des AFK und BKVB[31] decken kann. Der Anstaltsleiter kann und will mich mit allen zur Verfügung stehenden Mitteln unterstützen—angefangen bei der Organisation der Knastdecken (was gar nicht so einfach ist, da der ›uneigentliche‹ Einsatz jedes Staatseigentums begründet und verantwortet werden muss) aus verschiedenen JVAs in Niedersachsen, bis hin zur Unterbringung aller Mitarbeiterinnen im Gästehaus der JVA. Wegen der Honorare für die künstlerische Leitung, für die Mitarbeiterinnen und einem Materialkostenbeitrag wird der Anstaltsleiter mit dem Justizministerium in Verbindung treten.

31 Amsterdams Fonds voor de Kunst, Fonds Beeldende Kunst, Vormgeving en Bouwkunst, Amsterdam, Tijlfonds (Prins Bernhard Culturfonds), Amsterdam

S' HERTOGENBOSCH, OKTOBER 1999–JANUAR 2000

KNEIER IM EKWC

Ich werde meine bevorstehende Residenz im Europees Keramisch Werk Center (EKWC) nutzen, um lebensgroße Figuren herzustellen, die für die Ausführung des Projektes KOLLEKTION GEFÄNGNIS KLEIDUNG als sinnbildliche und tatsächliche Träger der Kleidung fungieren werden.

Das EKWC[32] versteht sich selbst als ein Laboratorium, in dem vielfältig an Möglichkeiten des Einsatzes von Keramik gearbeitet wird. Während eines dreimonatigen Arbeitsaufenthaltes können experimentelle Projekte entwickelt und ausgeführt werden, begleitet von einem hochqualifizierten Expertenteam in perfekt ausgestatteten, großräumigen Werkstätten. Bedürfnisse, Fragen und Probleme erörtern TeilnehmerInnen und MitarbeiterInnen während der täglichen Besprechungen im Atelier.

Bei der Auswahl der internationalen *Artists in Residence* spielen Vorkenntnisse im Fach Keramik keine Rolle, im Gegenteil, man sucht sogar KünstlerInnen anderer Sparten, die mit ihrer Art zu denken neue Anwendungen des Materials entwickeln. Dem EKWC geht es gerade um die Herausforderung, bisher noch nicht dagewesene Werkprozesse in der Keramik anzugehen, sie nach Möglichkeit zu meistern und dabei neues Wissen zu generieren. Mit anderen Worten, dieses Institut steht für die Künstlerische Forschung in der Praxis.

Der mutige Ansatz des EKWC, schöpferischen Menschen ohne spezielle Fachkenntnis Arbeitsplätze zu bieten, an denen sie mit ihnen unbekanntem Material und neuen Arbeitstechniken eigene Produke entwickeln können, hat sich als ein in jeder Hinsicht erfolgreiches Konzept erwiesen, das sowohl den KünstlerInnen als auch der Institution Vorteile bringt. Ich sehe hier Parallelen zu meinen Erfahrungen bei der Zusammenarbeit mit Inhaftierten. Mit zielgerichtet formulierten und dennoch frei interpretierbaren Fragestellungen zu einem Thema und der intensiven Unterstützung von ExpertInnen sind Ergebnisse zu erreichen, zu denen keine der Beteiligten allein gekommen wäre.

32 Das jetzige EKWC wurde als KWC 1969 in Heusden, NL, von dem Keramiker Jan Oosterman und der Kuratorin Bernadine de Neeve (Museums Boijmans Van Beuningen) gegründet. Hier sollte das Wissen über keramische Anwendungen und Arbeitsprozesse, die verloren zu gehen drohten, archiviert werden, junge KeramikkünstlerInnen und -studentInnen sollten Raum und den Beistand von ExpertInnen erhalten, damit sie sich auf ihrem Fachgebiet weiterentwickeln konnten. Der Umzug des Instituts in eine ehemalige Kaffeefabrik in s'Hertogenbosch hatte die Umbenennung des KWC in EKWC zur Folge. Seit 2015 ist das EKWC in Oisterwijk angesiedelt. Es operiert als ein *Artist in Residence* Zentrum, das jährlich 60 Künstlern jeweils drei Monate lang Arbeits- und Wohnraum und vor allem seine hochentwickelte Ausstattung und die Erfahrung des Fachpersonals zur Verfügung stellt. Auszug, U. M., übersetzt und red. gekürzt: https://sundaymorning.ekwc.nl/

PRODUKTION KNEIER 1–4

Zur Arbeitsperiode nehme ich meine antike Prozessionsmadonna, Fotos von Cornelia Kneier und das Konzept KOLLEKTION GEFÄNGNIS KLEIDUNG mit.

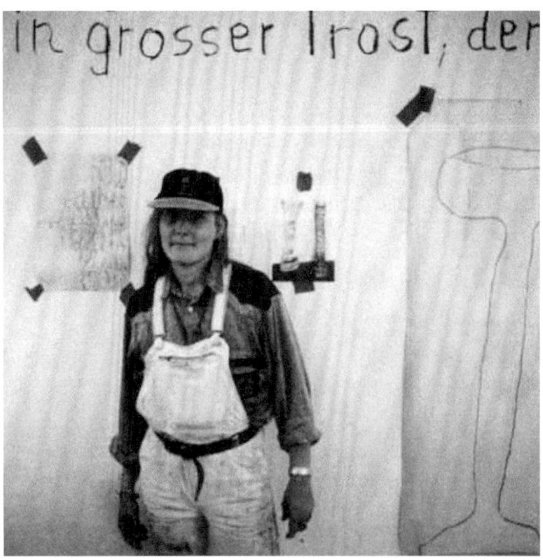

Cornelia Kneier, Seilergang, Justizvollzugsanstalt für Frauen Niedersachsen, Vechta

Eine Prozessionsmadonna wird in katholischen Ländern bei Prozessionen hoch über den Köpfen stundenlang durch Menschenmengen getragen, berühmt sind z. B. die Umzüge in Südfrankreich. Wegen des zu tragenden Gewichtes sind die geschnitzten Holzfiguren innen hohl, überdies kahlköpfig und haben keine fest angebrachten Arme. Die heilige Frau wird für die Prozession feierlich eingekleidet, mit einer Perücke versehen und trägt die Krone einer Königin. Arme werden durch die Ärmel ihres Kleides gesteckt und zum Gruß der Gläubigen mit Stäben bewegt.

PLAN

Ich modelliere nach dem Vorbild meiner eigenen Prozessionsmadonna, die unbekleidet sehr androgyn aussieht, eine überlebensgroße[33] Figur in Ton und gebe ihr die Gesichtszüge von Cornelia Kneier. Somit vereinigt das Abbild die Züge der geachtetsten Frau des Abendlandes mit denen einer der verachtetsten unserer Zeit, einer Junkie. Ich will vier Exemplare der Figur für das Projekt KOLLEKTION GEFÄNGNIS KLEIDUNG anfertigen, drei in der edelsten Tonart Porzellan und eine aus gewöhnlichem Terrakotta.

33 Das sind 2,22 m. Die Porzellanfigur wird reale Kneier-Größe besitzen, ca. 1,85 m, da Porzellan beim Brennvorgang um etwa 15% schrumpft.

AUSFÜHRUNG

Porzellan[34] ist nicht geeignet als plastische Masse für große Oberflächen und für ein solches Volumen, wie ich es mir für die ›Kneiers‹ vorstelle. Im Brand[35] schrumpft Porzellan um etwa 15% und es ist mit Deformationen zu rechnen. Im Gegensatz zum stabilen Ton verhält sich Porzellan im Ofen bei 1260 Grad instabil, wie eine Art Pudding-Kaugummimasse. Da solche großen Objekte aus Porzellan bisher im EKWC noch nicht produziert wurden, probiert das technische Team für mein Vorhaben wochenlang Methoden und Rezepturen aus. Die Porzellanrohmasse wird unter anderem mit Molochite, Flachs und WC-Papier angereichert[36]. Die am besten geeignete Masse stelle ich mit Teigmischmaschinen her, ich brauche 140 kg pro Kneier.

Mit Gips forme ich auf der Figur aus massivem Ton ein großes Eindrück-Negativ aus 18 Teilen. Sie werden verzapft, damit sie fest miteinander verbunden sind. Die Gipsteile müssen dem Positiv so folgen, dass beim Entfernen der Gipsformen das Porzellan weder übergriffig noch untergriffig an einer Eindrückform hängen bleibt.

Im Eindrück-Negativ reproduziere ich die erste Figur mit der Porzellanmasse, beginnend mit dem unteren Rand des Kleides. Das Porzellan muss überall gleich dick angebracht werden und im Übergang zur jeweils nächsten Reihe muss auf den gleichen Feuchtigkeitsgrad in Porzellan und Gips geachtet werden. Gips entzieht dem Porzellan schnell Feuchtigkeit, das Eindrücken muss so schnell wie präzise mit der gleichen Porzellankonsistenz erfolgen. In 12 Stunden drücke ich nonstop 140 kg Porzellan in die Gipsform, mit dem obersten Schädelteil wird sie geschlossen. Die 18 Gipsteile werden zusätzlich mit Spannbändern zusammengehalten.

Das Abnehmen der Gipsteile beginnt in Brusthöhe. Dort, wo sich die Armstümpfe befinden, ist die Gefahr der Untergriffigkeit (des Hängenbleibens des Porzellans an der Gipsform) am größten. Jede Gipsform, die entfernt wird, gibt ein Stück des hellgrauen Porzellans preis und nach zwei Tagen steht Kneier1 in Rohporzellan ohne Stütze in meinem Atelier. Diese Transformation von flüssig zu fest ist faszinierend, es zeigt sich die feine Haut einer Figur, in der das kleinste Detail des Positivs sichtbar ist. Das technische Team[37] ist vorläufig zufrieden mit der Porzellanrezeptur. Kneier1 wird in ein Trockenzelt[38] von dünner Plastikfolie gestellt, damit sie langsam und gleichmäßig trocknet. Ich belasse die Tonreste von jedem Positiv in den Gipsformen. Auf jeder Kneier werden somit Tonreste des vorigen Exemplars sichtbar sein.

Während Kneier1 trocknet, drücke ich Kneier2 in die Gipsform mit Terrakotta (der robuste Ton, der zur Herstellung von Blumentöpfen gebraucht wird). Er haftet gut und schrumpft nur um etwa sechs Prozent. Die Figur kann relativ schnell und einfach ausgepackt werden, keine Übergriffig- oder Untergriffigkeitsprobleme. Bei dieser Kneier entferne ich vorsichtig die Gipsformnähte, jeder Eingriff in die lederharte[39] Tonhaut wird später sichtbar sein. Auch sie wird in ein Trockenzelt gestellt. Im Material der Kneier1 verschwindet mit jedem Tag spür- und sichtbar die rohe, nasse Erde, die Figur wird weißer und reiner, sie ist brennreif.[40]

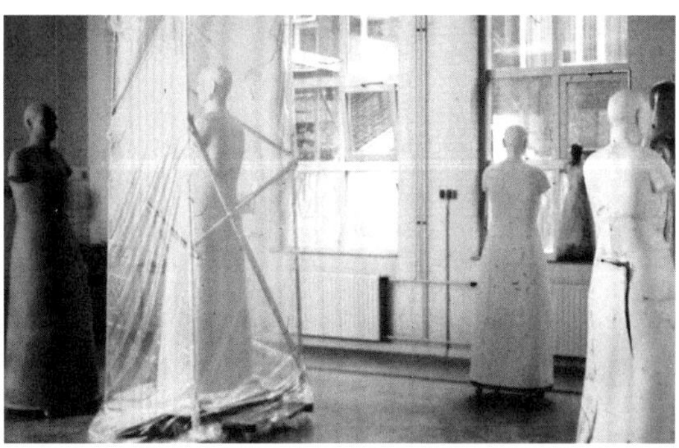

EKWC, s' Hertogenbosch, Kneier 1–4

Auf dem Belegungsplan des größten Ofens in der Halle steht inzwischen KNEIER1, mit vorgesehenem Brenndatum und -programm. Es rührt mich, den Namen ›KNEIER‹ auf einer offiziellen Tafel lesen zu können und dass der Name mittlerweile für jeden zu einem geläufigen Begriff für ein Kunstwerk geworden ist. Ich dokumentiere den Arbeitsprozess und schicke Cornelia Kneier Beschreibungen und Fotos.

Neben dem Ofen stehen bereits Paletten, vollgestapelt mit keramischen Stützelementen. Als Kneier1 mit dem hochsensiblen Gabelstapler im Schneckentempo zum Ofen gefahren wird, stehen das Team und alle

KünstlerkollegInnen daneben, wie bei einer Prozession. Der Ofen wird hydraulisch geöffnet, das Gehäuse nach oben gefahren. Ein spektakulärer, geradezu theatraler Vorgang.

Der Bau des Gerüstes mit den keramischen Stützelementen dauert den ganzen Tag. Seine Konstruktion bezieht das Schrumpfen des Porzellans beim Brennprozess mit ein, Kopf und Armstümpfe müssen nach dem Sinterungsprozess exakt gestützt werden, damit die Pudding-Kaugummimasse nicht einstürzt.

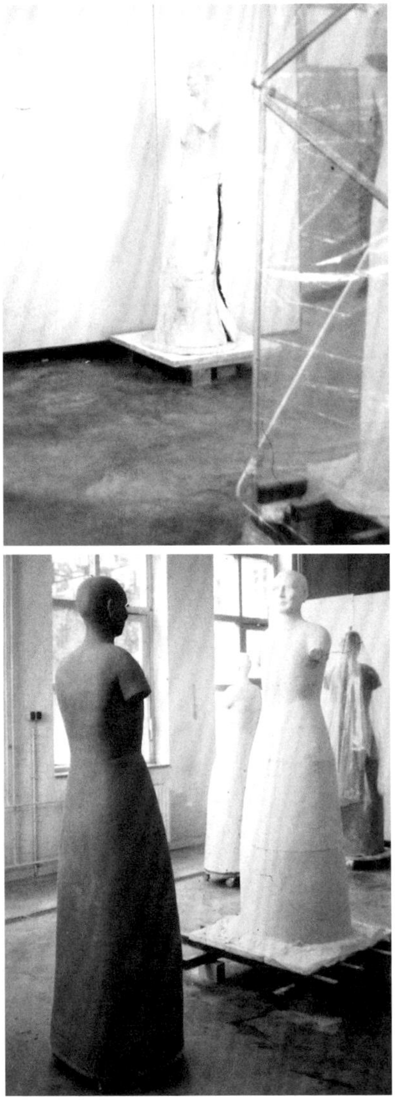

EKWC, s' Hertogenbosch, Kneier 1–4

Zwei Tage später öffnet das Team in meiner Abwesenheit den Ofen, per Telefon teilen mir die KollegInnen mit, dass Kneier1 zwar eine sehr schöne Haut habe, aber etwas beschädigt sei.

Brust und Rock sind gerissen, sehe ich später selbst. Der Kopf hat sich um etwa zehn Grad nach vorne geneigt. Die gebrannte Figur ist ganz anders als die weiche Rohporzellanversion, das Material ist gnadenlos hart und steif.

Peter, einer der Techniker, kommt hinzu und weist mich noch einmal auf die schöne Haut hin. Für Keramiker ist ein beschädigtes Objekt wertlos, kaputt, ein abgesprungenes Scherblein verändert bereits den hellen Klang von Porzellan. Eine Reparatur erwägen erfahrungsgemäß nur Amateure. Peter meint, das gelte hier nicht, ich müsse das Kneier-Projekt als Ganzes sehen und überdenken, ob eine Kneier verletzt sein dürfe oder nicht. »Schau, wie poetisch sie ihren Kopf hält.« Ich tue mich schwer damit, mich auf die gefühlvolle Betrachtung dieses *misbaksel*[41] einzulassen. Matthias, der Experte für die Reproduktionstechnik, rät, die Form schnellstens von innen mit Polyester zu stabilisieren, sonst breche sie in Kürze auseinander. Wir machen das. Sie steht nun stabilisiert als kleinste Figur in meinem Atelier, neben dem massiven Positiv, Kneier2 im Trockenzelt und Kneier3 in Gipsform. Kneier1 darf bleiben wie sie ist, irgendwie ist sie sie selbst.

Kneier2 braucht im Ofen keine Stütze, sie kommt blumentopf-orange mit weißen Porzellanflecken, unbeschädigt und beinah einen Kopf größer als Kneier1 aus dem Brand.

Dem Porzellan für Kneier3 habe ich rotes Pigment beigemischt. Das Gerüst im Ofen wird den neuen Erkenntnissen angepasst. Trotzdem reißt ihre Brustnaht horizontal und vertikal, ein Berechnungsfehler in der Höhe der Armstützen. Die lyrisch anmutende Kopfneigung fehlt.

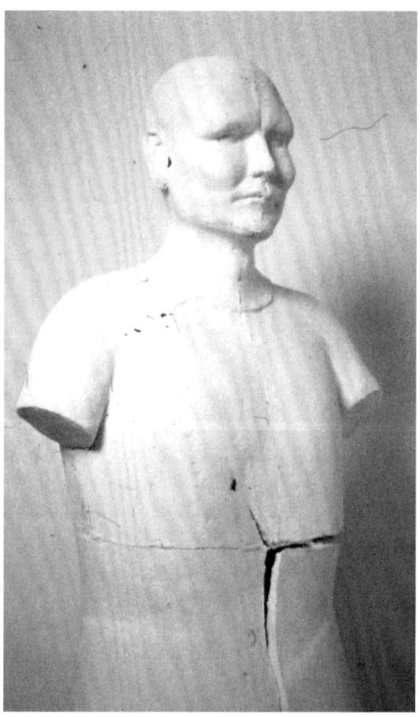

EKWC, s' Hertogenbosch, Kneier3
Alle Fotos EKWC: Peer van der Kruis

Vor dem Einformen der Kneier4 säubere ich die Gipsformen. Sie soll makellos weiß werden. Die neu berechnete Stützkonstruktion müsste nun so stimmen, sagt der Ofenmeister. Er will zusätzlich die Temperatur stark reduzieren auf 1230°C. Kneier4 kommt heil, nicht deformiert und blütenweiß aus dem Brand. Die niedrige Temperatur beeinflusst die Sinterung, wodurch sich die—für Porzellan so typische—Verschmelzung der Mineralien weniger intensiv vollzieht. Leider fehlt damit auch der spezifische Porzellancharakter.

Kneier 1–4 werden einige Monate später im *Super de Luxe* LKW der Kunst-Transport-Firma Gerlach mit extra Luftfederung und Temperaturausgleich für Keramik nach Vechta ins Gefängnis gebracht.

34 Porzellan besteht aus Kaolin, Feldspat und Quarz. Für die Porzellanherstellung ist grundsätzlich eine höhere Brenntemperatur notwendig (1260–1400°C) als für Steingut und Ton. Porzellan bildet eine dichte weiße Scherbe und zeichnet sich durch große Härte, hellen Klang und chemische Beständigkeit aus. Die Sinterung, die bei diesen hohen Brenntemperaturen erfolgt, bewirkt das Aufschmelzen des Porzellanscherbens. Eine Deformation des Porzellans ist während des Sinterungsprozesses möglich.

35 Beim Brennen werden mineralische Ausgangsprodukte so lange erhitzt, bis sie sich in eine wasserunlösliche Substanz umwandeln (Keramik, Porzellan). Die Materialien (Tone), die diese thermischen Prozesse durchlaufen, sind nach der Abkühlung dauerhaft stabil verändert, sie sind wasserfest. Solche Vorgänge, die nicht umkehrbar sind, werden irreversible Prozesse genannt.

36 Molochite ist gebranntes und gemahlenes Kaolin, das der Tonmasse hinzugefügt werden kann. Zusammen mit geringen Mengen fein gerissenen Flachses, Papierfasern aus aufgeweichtem WC-Papier und der Tonart Bentonit entsteht eine bessere Brennqualität der Tonmasse.

37 EKWC Team 1999/2000: Künstlerische und organisatorische Leitung: Xavier Toubes und Joop van Wingaarden. Begleitung Keramik: Anton Reijnders, Peter Oltheten, Brennprozesse: Rob Ruimers, Glasuruntersuchung: Andrea Wach, Reproduktionstechnik: Matthias Keller, Marc Kohlen und MitarbeiterInnen in Hausmanagement, Sekretariat und Bibliothek.

38 Der geformte Ton muss vor dem Brennen langsam trocknen, da in den Hohlräumen zwischen den Tonpartikeln noch viel Wasser eingeschlossen ist. Die Trocknungstemperatur soll möglichst regelmäßig sein, da sich bei inhomogener Trocknung partielle Schwindungen ergeben, die zur Rissbildung führen.

39 Der geformte Ton ist nicht mehr verformbar, kann aber wegen der Restfeuchte noch bearbeitet werden.

40 Als ›brennreif‹ bezeichnet man eine Tonmasse, wenn sie sich trocken und warm anfühlt (reduzierte Wärmeleitfähigkeit).

41 Der niederländische Begriff *misbaksel* stammt aus der Backsteinproduktion. Misslungene Brennresultate werden so bezeichnet. *Misbaksel* gilt aber auch als Schimpfwort für schlechte, bzw. ›missglückte‹ Menschen.

VECHTA, JULI–OKTOBER 2000

HERSTELLUNG DER KOLLEKTION GEFÄNGNIS KLEIDUNG

MAGDA GOMEZ FERRER
NICOLE FRISCH
A. G.
ANGELIKA HUTER
WERONIKA MAZUR
REBECCA MERTENS
MARI NJIE
ELLEN SALZER

Die Teilnehmerinnen entwerfen und produzieren Kleidung mit der Intention, eine Aussage über das Leben im Gefängnis zu machen. Basismaterial sind 60 Knastdecken mit dem JVA-Niedersachsen-Schriftzug, 1000 Meter Klettband und eine Auswahl italienischer Skai- und Seidenstoffe. Die Frauen arbeiten nach Bedarf und Vorstellungen mit der Nähmaschine und manuell, sie stricken, häkeln, smoken, weben mit in Streifen geschnittenen Knastdecken und stricken auf einer überdimensionalen ›Strickliesel‹ mit einem Durchmesser von 60 cm. Schnittmuster stellt Anneclaire Kersten nach Maß her.

Die Kneiers 1–4 dienen den Teilnehmerinnen als überdimensionale Ankleidepuppen, das versetzt sie in die Lage, distanziert vom eigenen Körper und eigener Kleidung zu denken. Kneier1 mit ihrem dramatischen Riss im Brustkorb und der etwas geneigten Kopfhaltung ist das bevorzugte Model.

Als Arbeitsräume fungieren wieder Seilergang und Klosterhof. Die Projektausführung zieht sich über einige Monate hin. Wir bekommen von der Anstaltsleitung keinerlei Auflagen, wann die Produktion abgeschlossen sein muss und wie wir die Ausführung organisieren.

Anneclaire und ich arbeiten jeweils eine, manchmal zwei Wochen mit den Frauen im Knast und fahren zwischendurch für eine Woche zurück nach Amsterdam, von wo aus ich die Präsentation der KGK im Höchsten Gerichtshof Amsterdams, der *Arrondissementsrechtbank*, organisiere, die Realisierung eines Kataloges mit Textbeiträgen mehrerer Kunsttheoretikerinnen vorbereite und Subventionen beantrage.

Während unserer Abwesenheit gehen die Frauen ihrer regulären Arbeit nach, bzw. in die Schule. Zwischenzeitlich empfangen wir Briefe von einigen Teilnehmerinnen, in denen sie über das Gelingen oder Nichtgelingen der Näharbeiten, die sie sich mit in ihre Zellen genommen haben, berichten. Sie machen sich Gedanken zu ihren Kleidungsobjekten, ergänzen, konkretisieren oder verwerfen Zielstellungen oder die Materialverwendung ihrer Entwürfe.

Ein Vollzugsmitarbeiter koordiniert den administrativen Schrift- und Datenverkehr, der den reibungslosen Ablauf der Projektausführung in Etappen ermöglicht. Jede Arbeitsphase wird von seinem Schreibtisch aus mit der Anstaltsleitung, den Abteilungsleitern und der Verwaltung des Gästehauses abgesprochen. Den Teilnehmerinnen und mir gestattet er, unseren Briefwechsel fortan zu faxen und liefert meine Antworten persönlich in den Zellen ab.

Das tägliche Zusammensein unter den festgelegten, immer gleichen Bedingungen führt uns als Arbeitsgemeinschaft zu einer optimalen Konzentration: das Erfinden, Erlernen und Aneignen von Techniken dient dem Entwickeln der individuellen Kleidungsbilder. Aus der Frage, wie durch ein Kleidungsstück Leben im Gefängnis visualisiert werden könne, entstehen direkt und indirekt Darstellungen vom Leben außerhalb des Gefängnisses, vor dem ersten und nach jedem weiteren Gefängnisaufenthalt. Anfängliche Klischeebilder mit Tränen und Gittern verdichten sich zu spezifischeren, stilleren und gewagteren Betrachtungen der Lebensläufe, die ins Gefängnis geführt haben. Im Gefängnis zu sein, akzeptieren beinahe alle Teilnehmerinnen als ihre eigene Schuld; sie erfahren ihre Serie von Gefängnisstrafen weniger als Sanktion ihrer Straftaten, sondern als logische Folge für das Leben, das sie führen und geführt haben. Die Entwürfe entwickeln sich langsam zu einer Suche nach der Verbindung zwischen Leben und Strafe.

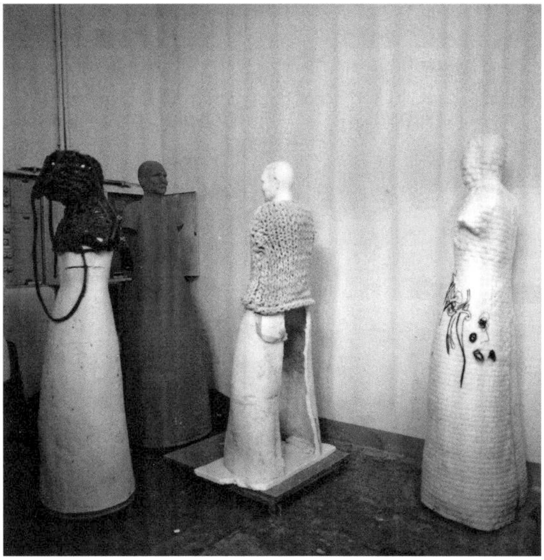

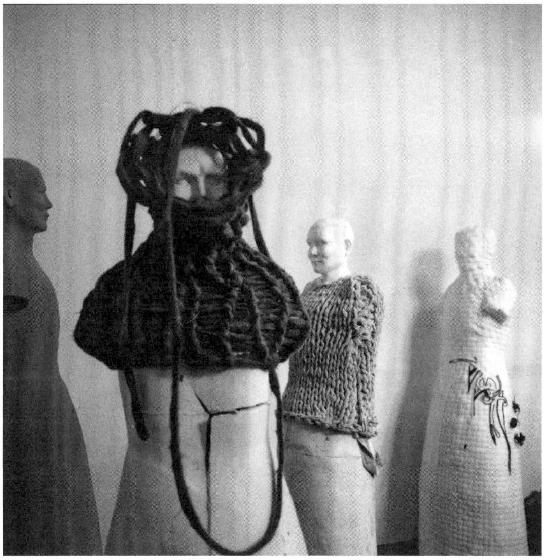

Seilergang, Justizvollzugsanstalt für Frauen Niedersachsen, Kneier 1–4

Wir verbringen den größten Teil der Arbeitszeit im Klosterhof—abgesehen von einer Vollzugsbeamtin—ohne Aufsichtspersonal. Der Blick aus den Fenstern des Verwaltungstraktes, dem Korridor der Strafhaftabteilung und der Abschiebehaft zeigt das ungewöhnlich idyllische Bild nähender und kommunizierender Frauen. Bei einem Besuch des Anstaltsleiters mit ungefähr zehn Abteilungsleitern halten die Frauen selbstbewusst einen Diavortrag über die verschiedenen Entwicklungsphasen der Arbeit, demonstrieren angewandte Techniken, führen Halbfertiges vor und erläutern weitere Arbeitsschritte.

Die Meinungen über die Realisierung eines solchen Projektes sind unter den Bediensteten extrem unterschiedlich. Die allgemeine Befremdung, die das Gros des Personals bei jeder direkten oder indirekten Berührung mit dem Projekt spürbar ausstrahlt, könnte mit einem generellen Misstrauen zu tun haben und der Verunsicherung wegen der fehlenden, gewohnten Eindeutigkeit der Positionen. Junkies, die mit dieser Arbeit, die sie selbstständig und souverän

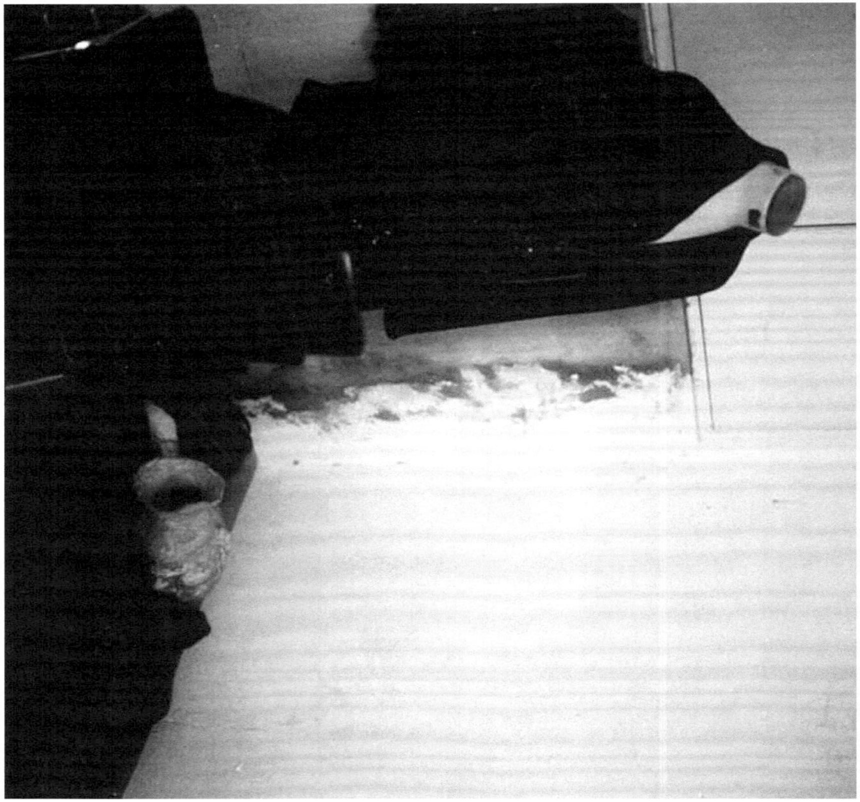

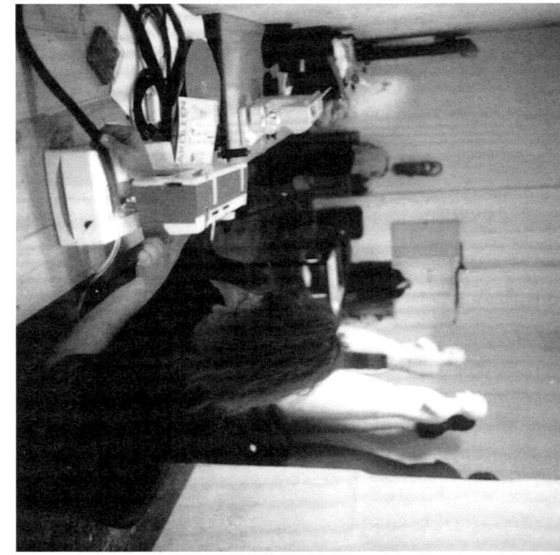

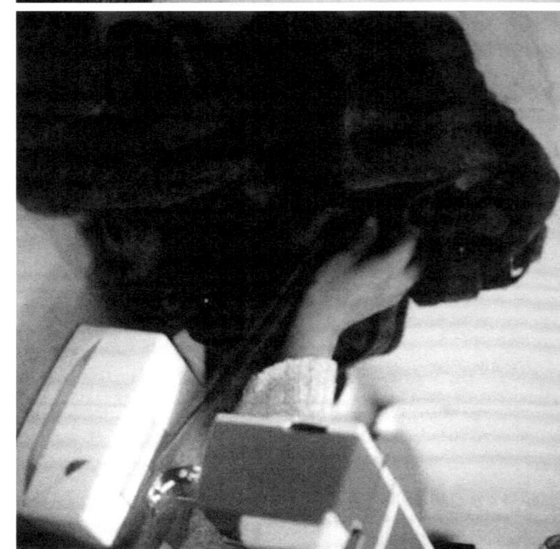

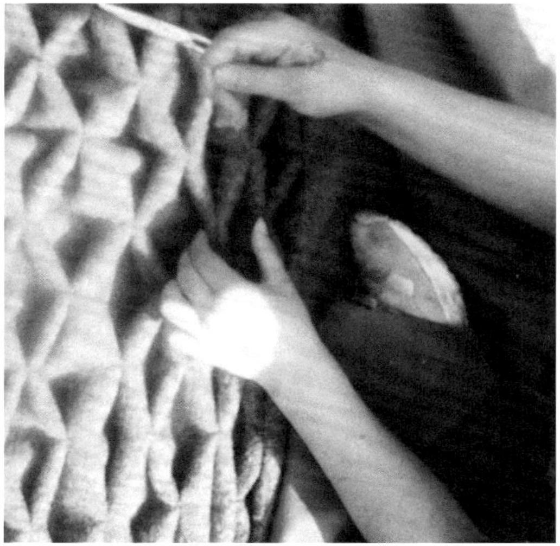

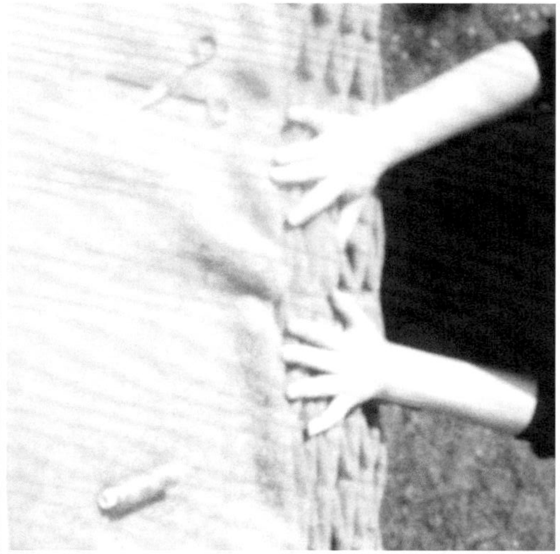

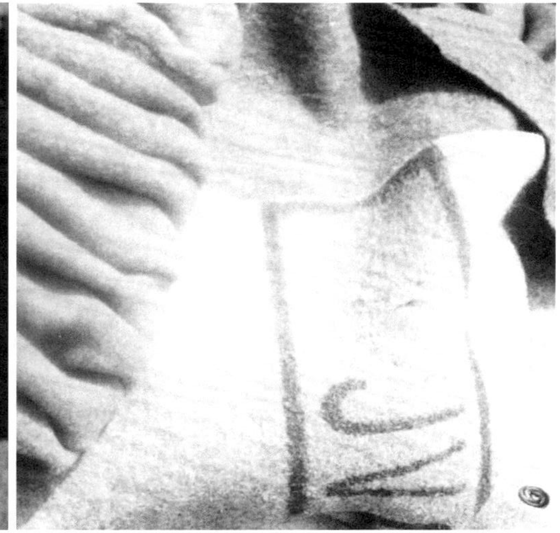

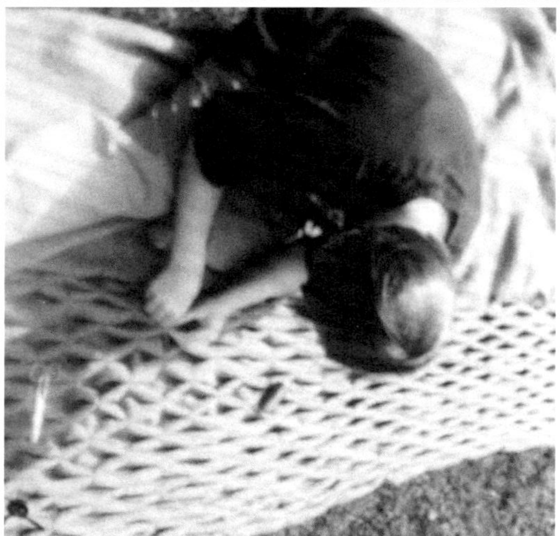

KOLLEKTION GEFÄNGNIS KLEIDUNG—KGK

2000

ausführen, über ihr Leben im Knast nachdenken, scheinen—wenigstens für eine Weile—ihren BewacherInnen die Schlüsselgewalt über ihr Leben zu entziehen.

MAGDA GOMEZ FERRER kommt aus Hannover, ist 42 und gilt in der Gefängnisterminologie als ›Alt-Junk‹. Zum soundsovielsten Mal verurteilt wegen Nicht-Bezahlens von Bußgeldern wegen Verstößen gegen Straßenverbote[42], wegen einfacher Diebstähle und anderer Delikte. Die Kleinbeträge haben sich summiert und müssen nun mit zehn Mark pro Tag abgesessen werden. Sie ist im Methadonprogramm der JVA und beklagt dessen Nebenwirkungen wie Fettwerden, Desinteresse an allem, Antriebslosigkeit bis hin zur Apathie. Sie erlebt jedoch auch eine gewisse Ruhe, weil der Zwang, Drogen zu beschaffen, weggefallen ist. Sie kann nicht mehr spritzen, ihre Adern sind nach 20 Jahren massiven Drogengebrauchs ›zu‹, wie Junkies die durch Heroin entstandene Aderverkalkung nennen.

Magda hat relativ spät begonnen, mit 22 Jahren, Drogen zu konsumieren. Ihre beiden Kinder sind sechs und zwei Jahre alt, als sie abhängig wird und leben seitdem bei Magdas Eltern. ›Gomez Ferrer‹ ist der Name ihres spanischen Mannes und Vaters ihres Sohnes. Nachdem das Paar in Hannover eine Gaststätte eröffnet hatte, gebrauchen beide zunächst gelegentlich Haschisch, LSD, Kokain, Heroin und Tabletten. Ab 1984 ist Magda ›hart drauf‹, sie beginnt Heroin zu spritzen. Ab 1986 wird sie regelmäßig wegen Beschaffungskriminalität inhaftiert, ›kickt‹ im Gefängnis ›kalt ab‹, versucht sich durch Methadon zu stabilisieren, stürzt sich aber nach jeder Entlassung tiefer in den Drogengebrauch. Erst 1997 gelingt es ihr, sich während der langen Haftzeit auf Methadon einstellen zu lassen. Seitdem hat sie zwar chronische Kopfschmerzen, kommt aber mental mehr zur Ruhe. Im Gefängnis ist sie aktiv, nimmt unter anderem an Keramikkursen teil und unterstützt schulpflichtige, inhaftierte Jugendliche in der Anstaltsschule. Sie engagiert sich politisch und initiiert das Erscheinen einer Knastzeitung. Sie schreibt gerne und regelmäßig. In ihren Artikeln thematisiert sie neue JVA-Verordnungen, Abschiebehaft und eine Junkie/Inhaftierten-Gewerkschaft. Und ab und an veröffentlicht sie eines ihrer Gedichte. Ihre inzwischen erwachsenen Kinder wollen nichts mit ihr zu tun haben. Der Sohn sei labil, die Tochter eine erfolgreiche Unternehmerin. Die Eltern berichten ihr über das Leben der Kinder, wenn sie nachfragt.

In ihrem KGK-Beitrag will Magda eine Aussage zur Unterdrückung der Sexualität im Gefängnis machen, in Form von unvollständigen goldenen Skai Menschenfiguren, die an einem Mega-Bettelband hängen. Allen Figuren fehlt etwas Wesentliches: ein Bein, ein Arm, der Kopf. Sie näht mindestens 15 Figuren und alle Glieder der Kette mit Händen, die feinmotorisch gar nicht mehr richtig funktionieren. Hilfe will sie nicht. Nach der Fertigstellung entscheidet sie, dass die Materialwahl für sie falsch ist, Gold passe nicht zu ihr. Sie führt das gleiche nochmals mit Knastdecken als Grundmaterial aus und nun dürfen auch andere Frauen helfen.

Nach Abschluss der ersten Phase KGK soll sie entlassen werden, sie weiß aber nicht, wohin sie gehen soll. Anträge auf Aufnahme in Pflegeanstalten für SeniorInnen sind gestellt, aber ihr graut es vor der Perspektive, als 42-jährige in einer Seniorengemeinschaft zu leben. Sie würde gerne nach Hannover zurückkehren, traut sich aber nicht, ihre Eltern zu belasten.

LÜSA[43] in Unna erklärt sich bereit, sie aufzunehmen. LÜSA ist eine der zwei außergewöhnlichen Einrichtungen in Deutschland, die substituierten und drogenkonsumierenden (Alt)Junks Aufnahme bieten, bis eine dauerhafte Wohn- und Lebenssituation für die Klienten gefunden ist. LÜSA ist die Adresse für austherapierte Junkies, für ›hoffnungslose Fälle‹, wie Magda es interpretiert. Sie bittet den Anstaltsleiter, im Knast bleiben zu dürfen, bis sie selbst etwas gefunden hat. Sozusagen, um prophylaktisch Geldbußen abzusitzen, alles sei besser als ein hoffnungsloser Fall zu sein. Bei unserem nächsten Treffen, Ende Oktober im Knast frage ich Magda, ob sie am 19. Januar die Eröffnungsrede zur KGK-Ausstellung in der JVA halten will. Das will sie sehr gerne und wir verabreden, uns in der kommenden Zeit über Details auszutauschen.

Im Dezember besucht sie die Einrichtung in Unna, sie schreibt

> … es ist eher ein betreutes Wohnen als Therapie. Ich hoffe so sehr, dass ich da meine Probleme aufarbeiten kann, ansonsten auch dort viele Regeln, knappes Geld …

NICOLE FRISCH ist mit 16 Jahren die jüngste Teilnehmerin. Wegen eines Gewaltdeliktes zur Gefängnisstrafe verurteilt, ist sie eine der 12 Insassinnen der geschlossenen Jugendabteilung. Davor hat Nicole auf Initiative der Mutter im Heim gelebt, nachdem das achtjährige Mädchen zu Hause sexuelle Gewalt durch den Bruder erlebt hatte. Im Heim attackiert sie eine Betreuerin mit Fußtritten und verletzt sie schwer am Knie.

Nicole ist klein, vielleicht minderwüchsig. Es wird vermutet, dass Entwicklungsstörungen, wie z. B. beim Wachstum, bei Nicole und bei auffallend vielen Insassinnen mit Gewalterfahrungen und Verwahrlosung in früher Kindheit zu tun hat.

Während der monatelangen Arbeitsphasen im Gefängnis legt Nicole langsam ihr pubertäres Verhalten, bzw. den Widerstand gegen eine Tätigkeit ab. Sie entwickelt einen Plan für ihr Kleidungsobjekt, lernt smoken und fabriziert aus sechs Knastdecken zunächst ein Kleid für Kneier2, das sie später zum Schlafsack erklärt.

Mit über ihre Näharbeit gebeugtem Kopf stellt sie mir während des Nähens Fragen zu meiner Auffassung von Mutterschaft, praktisch und hypothetisch will sie etwas über meine Einstellung zu inhaftierten Kindern wissen. Wenn ich im Klosterhof auf der Grasfläche irgendwelche Handarbeiten ausführe, legt Nicole ihren Kopf einfach auf meinen Schoss und verweilt dort so. Irgendwann stellt sie mir die Frage, die sie am meisten zu quälen scheint: Ob ich meine Kinder im Knast besuchen würde, wenn sie dort säßen. Weder ihre Mutter noch ihr Bruder besuchen sie oder schreiben ihr.

In den Phasen zwischen den Arbeitsperioden schreibt sie mir, was sie so alles an Näharbeiten geschafft hat und dass ich staunen werde, dass ich mich überraschen lassen soll. Sie langweilt sich auf der Jugendabteilung und freut sich auf die nächste Arbeitsphase, in der die letzten Objekte fertiggestellt werden. Sie hatte sich, anfangs schüchtern, mit meiner gleichaltrigen Tochter Saramarie angefreundet, die ich eine Woche mit ins Projekt genommen hatte. Im PS ihres Briefes sagt sie, dass ich nicht vergessen soll, Saramarie zur nächsten Arbeitsrunde mitzubringen.

Kurz nach Beendigung der ersten KGK-Phase soll Nicole in eine Therapie-Wohngruppe für Jugendliche in Braunschweig verlegt werden. Ich hatte sie gebeten, mir zu schreiben, wie die Besichtigung der Wohngruppe war, die sie in Begleitung ihres Abteilungsleiters besucht hat.

Nicole berichtet über ihre Eindrücke und ich kann die Mühe erkennen, die sie sich gegeben haben muss, den Brief in bester Handschrift zu schreiben. Auf dem Faxpapier sehe ich noch die sorgfältig ausradierten Hilfslinien unter jeder Zeile.

A. G. ist 17, ebenfalls Bewohnerin der Jugendabteilung und wegen schwerer Körperverletzung zu vier Jahren Haftstrafe ohne Bewährung im geschlossenen Vollzug verurteilt. Unter Partydrogeneinfluss hat sie in einer Diskothek im Eifersuchtsanfall ihre Freundin mit Messerstichen lebensgefährlich verletzt. Die Schwere der Tat und die fehlende Reue haben zu dieser für Jugendliche extrem langen Haftstrafe geführt. Haftstrafen bei Jugendlichen werden dem Alter entsprechend eigentlich nur auf eine überschaubare Länge erteilt[44].

A. G. hat vor ihrer Tat bereits als Model gearbeitet, gefördert und begleitet von ihrer ambitionierten Mutter, die sie auch jetzt regelmäßig besucht, um ihr haufenweise teure, hippe Kleidungsstücke, Schmuck und Schuhe zu bringen. Der Abteilungsleiter entscheidet dann, was A. G. behalten darf und was in der Kleidungskammer für sie aufbewahrt wird.

Da ihre Tat deutschlandweit durch die Presse ging und sie hofft, nach ihrer Entlassung wieder als Model arbeiten zu können, entscheidet sie sich als einzige, in Publikationen ihren vollen Namen nicht zu nennen und nur ihre Initialen zu verwenden[45].

Für die KGK arbeitet A. G. am liebsten zusammen mit Weronika Mazur. A. G. lernt schnell verschiedene Techniken und beugt sich besonders gerne über arbeitsintensive Handarbeiten. A. G. und Weronika realisieren Weronikas Projekt des ›Goldenen Babys‹ und ein Kletthemden-Paar: Die Oberfläche des einen Hemdes besteht aus aneinander genähten Streifen positiven Klettbandes, die des anderen Hemdes aus den negativen Klettbandstreifen. Die Personen, die die Hemden tragen, können sich ›verkletten‹.

Als ich meine achtjährige Tochter Akke für einen Tag mit ins Projekt nehme, kümmert A. G. sich um sie wie um eine kleine Schwester.

Sie schreibt uns Kartengrüße und Akke einen langen Brief, in dem sie sich nach all den Themen erkundigt, über die sich die beiden unterhalten haben. Im Kontakt zu dem Kind ist sie sehr aufmerksam, im Gegensatz zur Härte und Abgeklärtheit, die sie gegenüber den meisten Erwachsenen an den Tag legt.

Nach Abschluss der ersten Phase KGK wird A. G. in die JVA für Frauen in Alfeld[46] verlegt.

ANGELIKA HUTER ist Anfang 30, verurteilt wegen Beschaffungskriminalität. Sie will unter der Bedingung, nichts über sich mitteilen und sagen zu müssen, am Projekt teilnehmen. Angelika hat eine Tochter, auf die sie sich konzentrieren und die sie so schnell wie möglich zurück haben will. Sie möchte auch kein eigenes Kleidungsobjekt herstellen, sondern Ellen bei der Ausführung ihres Kleides unterstützen. Das macht sie und leistet damit einen wichtigen Beitrag, sowohl mit dem Finden von technischen Lösungen, als auch bei der Produktion. Sie hat vorher in der Textilabteilung gearbeitet und dabei endlos Laken auf der Industrienähmaschine repariert.

Wegen eines Konfliktes mit einer Bediensteten war sie dort herausgeflogen. In der letzten Projektwoche fehlt sie, weil sie wegen eines weiteren Regelverstoßes nicht länger teilnehmen darf.

MARI NJIE ist Mitte 40, zu vier Jahren Haftstrafe wegen Dealens und anderer Verstöße gegen das Betäubungsmittelgesetz (BtMG) verurteilt. Verstöße gegen das BtMG werden höher bestraft als einfache Diebstähle im Zusammenhang mit Drogenbeschaffung. Das Dealen scheint ein Familiengeschäft zu sein und setzt sich in der JVA fort. Mari und ihr Vater werden beim Drogenschmuggel während der Besuchszeit erwischt. Der Vater versteckt Drogen unter einem Verband am Finger, erst nach Monaten fällt dem Aufsichtsbeamten auf, dass sich der Verband manchmal an der linken, manchmal an der rechten Hand befindet. Zu diesem Zeitpunkt warten beide auf die Gerichtsverhandlung.

›Njie‹ ist der Name des afrikanischen Mannes, den Mari gegen Bezahlung geheiratet hat, damit er seine Aufenthaltsgenehmigung in Deutschland behalten kann.

Familie scheint wichtig für Mari zu sein, auch wenn sie im Allgemeinen weder über ihre Eltern noch über ihre Kinder spricht. Auf der Suche nach meiner achtjährigen Tochter treffe ich sie mit ihr im Bunker an, der zur Toilettenbenutzung geöffnet ist. Sie erklärt Akke, wie man mit Kindern umgehen sollte und worum es in der Erziehung geht.

Mari nennt das Projekt konsequent ›Kursus‹, sie sieht keinen wesentlichen Unterschied zwischen ›unserem Projekt‹ und ›diesem Kursus‹. Es ist ihr egal, ob es um die Darstellung ihres Lebens geht oder darum, aufgetragene Aufgaben auszuführen. Letzteres ist ihr lieber.

Sie ist im Methadonprogramm[47]. Die hohe Dosis, die ihr verabreicht wird, macht sie träge und müde. Außerhalb des Projektes liegt sie meistens im Bett, sie ist wegen ihres miserablen Gesundheitszustandes als arbeitsunfähig erklärt worden. In ihrer Abteilung spricht man von ihr als ›Oma‹ und redet sie auch so an. Frauen wie Mari werden von jüngeren Junkies ›Methadonleichen‹ genannt und nicht besonders ernst genommen. Trotz ihrer Trägheit produziert sie ein Kleidungsstück nach dem anderen, sie häkelt und strickt – mit Besenstielen und auf der Mega-Strickliesel – ununterbrochen, solange andere für sie die Knastdecken in Streifen schneiden, weil ihr das zu anstrengend ist.

Ihre Handschrift in ihren Briefen ist kaum zu entziffern und es benötigt viel Vorstellungsvermögen, ihren Gedankensprüngen zu folgen.

ELLEN SALZER ist Mitte 30, wegen Dealens im großen Stil und Verstößen gegen das BtMG zu langer Haftstrafe verurteilt. Sie ist relativ spät drogenabhängig geworden, im Laufe der Beziehung zu ihrem Freund hat sie sich seinem Drogenkonsum angepasst. Im Gegensatz zu ihm sorgt sie durch den Drogenhandel für das Einkommen. Seit einigen Jahren überlässt sie der Schwiegermutter die Sorge für beide Kinder. Sie zeigt mir nach dem eintägigen Besuch von Akke Fotos ihrer Kinder und findet, dass ihre Tochter enorm Pippi Langstrumpf ähnelt. Sie sieht sich als erfolgreiche Geschäftsfrau und legt die entsprechenden Attitüden auch im Knast nicht ab. Sie spritzt sich nicht in die Arme, sondern in die Leiste[48], um die Einstiche vor ihrer Umgebung verborgen zu halten. Sie hat dezidierte, moralische Auffassungen und distanziert sich nachdrücklich von Junkies, die sich zur Finanzierung ihrer Drogen prostituieren und verurteilt lesbische Beziehungen, die im Gefängnis entstehen und ihrer Meinung nach nur wegen akuten Männermangels während der Haftzeit praktiziert werden. Sich selbst sieht sie nicht als Junkie. Ihre Haftstrafe gehöre zu den Berufsrisiken.

Sie will das Kleidungsstück als Aussage über das Leben im Gefängnis sehr wörtlich anlegen, in dem sie ihren Körper direkt in Gitter hüllt. Ellen ist die einzige, die ein Kleid an ihrem eigenen Körper entwirft, alle anderen Teilnehmerinnen bevorzugen die Kneiers als Modell. Der Kontakt zur Außenwelt ist im Gefängnis aufgehoben, die einzige Realität ist der Einschluss hinter Gittern. Die Gitter übersteigen das Maß des Menschen, der sich um sich selbst dreht oder auf einer Stelle steht. Das Gitterkleid ist 2,40 Meter hoch und soll sich langsam im Kreis drehen. Mein Sohn Salan entwirft und baut im Anschluss an seinen Besuch des Projektes ein Drehtableau mit einer Halterung für das Kleid.

Für die Gitter werden schmale Schläuche aus Knastdecken genäht und Miederstäbe eingezogen. Grünes Positiv- und Negativklettband wird auf und unter die Miederschläuche genäht, um das Gitter durch das Aneinanderkletten der vertikalen und horizontalen Stäbe in Körperform zu bringen. Angelika Huter fertigt hochkonzentriert beinah alle Knastdeckenschläuche an.

REBECCA MERTENS ist 24 und zum 14. Mal zu einer Gefängnisstrafe verurteilt. Sie ist seit ihrem 16. Lebensjahr drogenabhängig und seit ihrem 18. regelmäßig inhaftiert in dieser JVA. Beim ersten Mal noch in der Jugendabteilung, aus der sie mit einer selbstgebauten Leiter über die Mauer des Außenhofes geflüchtet ist. Da zu diesem Zeitpunkt für sie noch das Jugendstrafrecht angewendet worden war, sie niemanden in ihre Fluchtpläne einbezogen und auch niemanden bedroht hatte, um ihre Flucht zu bewerkstelligen, wird nach ihrem Ergreifen zehn Wochen später keine neue Anklage erhoben, die die bestehende Jugendstrafhaft von beinah zwei Jahren weiter ausgedehnt hätte.

Obwohl sie – wie die meisten Teilnehmerinnen – keinerlei Affinität zum Nähen besitzt, ist sie wild entschlossen, am Projekt teilzunehmen. Sie hatte vom LÜCKE-Projekt gehört und will während der KGK mit dem Drogengebrauch aufhören. Ihre Offenheit und Ehrlichkeit – jedem gegenüber, auch den Bediensteten – und ihr Bedürfnis, zu verstehen, was mit ihr passiert und dieses so exakt wie möglich wörtlich oder schriftlich mitzuteilen, ist bemerkenswert.

Morgen früh fange ich mit dem Nemexinprogramm an, das heißt für mich, dass es jeze Ernst wird! Jeze liegt's an mir, es zu schaffen! Ich weiß aber, dass ich's kann, weil ich's will!

schreibt sie gleich nach der ersten Arbeitsperiode. Im Laufe der Projektausführung wird sie clean. Nemexin verursacht eine Art biochemische Blockade im Gehirn, es besetzt die Ankopplungsstellen des Heroins, das auf diese Weise nicht wirksam werden kann. Alle drei Tage wird ihr im Beisein des Anstaltsarztes eine Dosis verabreicht, die sie nur einmal nicht schluckt, sondern ausspuckt, weil eine auf der Strafhaft Heroin hat und Rebecca sich offenhalten will, ob sie eine Einladung zum gemeinsamen Gebrauch annehmen möchte.

Sie stellt Anträge zur Aufnahme im Therapiehof Loxstedt[49] und auf Kostenübernahme durch Krankenversicherung und Sozialamt. Bei der Anstaltsleitung beantragt sie, nach dem Absitzen der 2/3-Haft[50], in Therapie gehen zu dürfen.

Mann, Mann, noch zwei Monate, dann ist es endlich so weit. Ein neuer Anfang, für mich der erste überhaupt. Ein wenig Angst habe ich schon, ich meine, ich erwarte sehr viel von der Therapie und von mir selbst natürlich auch.

Ihr erstes Kleidungsstück soll ihr Bedürfnis zum Ausdruck bringen, Denken und Fühlen zusammenzufügen. Im Normalzustand leidet sie an deren Abspaltung. Sie erklärt mir, wie Heroin wirkt und reibt sich mit ihren Händen über die Brust: Heroin macht, dass es hier warm wird.

Als ich zum ersten Mal Heroin gebrauchte, wusste ich gleich: das ist mein Ding, so fällt Fühlen und Denken zusammen.

Rebecca sucht bei der Wahl von Materialen nach Möglichkeiten, ihre Situation zum Ausdruck zu bringen. Sie redet von den verschiedenen ›Lagen‹ in denen sie sich befindet: die äußere Lage aus Knastdecken ist die Ummauerung des Gefängnisses, die innere Lage ihr Leben im Gefängnis. Die innere Lage ist so hochkompliziert, dass sie ihr keine Gestalt geben kann. Mit ihrem Verstand kann sie durchaus nachvollziehen, was mit ihrem Leben geschieht, aber gefühlsmäßig gelingt ihr das nicht. Wir probieren gemeinsam, ihr Thema bildnerisch umzusetzen. So entsteht erst einmal eine Kappe aus Lagen von Knastdecken und rosa Klettband von innen, erinnernd an die Form von Gehirnwindungen. Die Blende der Kappe kann sie herunter- oder hochklappen, je nachdem, ob sie sich der Welt zuwenden oder sich von ihr zurückziehen will.

Ihr Selbstbild repräsentiert das weiße Klettkleid, gewebt auf Kneier4, auf dem sie mit schwarzem Kontra-Klettband ihre Tattoos und Piercings nachzeichnet. Das Kleid ist gefüttert mit rosa Skai. Mit Luuk Kramer, der auch dieses Projekt fotografisch dokumentiert, legt sie es auf den Boden des D1-Flurs, vor eine Zellentür und betrachtet es. Sie will nie mehr auf der Strecke bleiben, sagt sie.

Die beantragte Kostenübernahme für eine stationäre Aufnahme im Therapiehof Loxstedt und ihre vorzeitige Haftentlassung werden bewilligt. Rebecca ist seit wenigen Monaten zum ersten Mal freiwillig clean – mit Ausnahme der Einladung von Ellen, gemeinsam deren Drogen zu gebrauchen, die sie angenommen hat. Rebecca erscheint trotzdem in der letzten Arbeitsperiode und entschuldigt sich später in ihrem folgenden Brief:

Und mir geht es gar nicht gut. Hab ja gleich mal wieder in die Vollen gehauen. Das war mein Abschied von hier, von allem. Leider ist der Zeitpunkt der denkbar schlechteste gewesen. Ich bin traurig.

WERONIKA MAZUR ist 23, stammt aus Polen, ihre Mutter ist Polin, der Vater Deutscher. Die Mutter scheint mit dem Kind überfordert gewesen zu sein, nach der Scheidung schickt sie es mit 13 Jahren zum Vater nach Deutschland. Der Vater setzt sie ab ihrem 13. Lebensjahr als Kokainkurier zwischen Polen und Deutschland ein. Als junges, alleinreisendes Mädchen, dem die Grenzbeamten nicht misstrauen, ist sie darin sehr erfolgreich. Sie beginnt zu kiffen und Kokain zu gebrauchen.

Weronika ist seit sechs Jahren HIV-positiv und im fünften Monat schwanger. Sie erscheint am ersten Tag mit ihrer persönlichen Tasse, an deren Henkel sie einen roten Faden geknotet hat, sodass niemand sich über eine eventuelle Ansteckung Gedanken machen muss. Sie ist clean und braucht keine HIV Medikamente. Sie gehört zu der wachsenden Gruppe HIV-Infizierter, bei denen aus nicht erkennbaren Gründen AIDS bisher nicht ausgebrochen ist. Obwohl ihr Immunsystem einmal weniger als 200 T-Helferzellen[51] aufwies, erholt sie sich wieder nach einer medikamentösen Behandlung. Die Medikamente setzt sie ab, sobald es ihr besser geht.

Ihr erstes, inzwischen fünfjähriges Kind ist gesund. Der Vater hat das alleinige Sorgerecht erzwungen und Weronika hofft inständig, dass das neue Kind bei ihr bleiben darf. Ihr sehnlichster Wunsch ist, trotz Sucht, Krankheit und Gefängnis, ein gesundes Baby zur Welt zu bringen. Das will sie mit ihrem Knastkleid zeigen, ihre Hoffnung auf Glück. Das Thema ist das ›Goldene Baby‹.

Weronika und A. G. nähen am ersten Projekttag ein Baby aus goldenem Skai, das fortan auf dem Rasen des Klosterhofes liegt, wenn nicht gerade jemand damit spielt.

Anneclaire macht das komplizierte Schnittmuster für ein Seidenkleid auf Kneier4. Auf der Vorderseite soll die Wölbung des Bauches einbezogen werden und an der Innenseite die horizontale Öffnung, aus der das goldene Baby – wie bei dem bevorstehenden Kaiserschnitt – genommen werden kann. Weronika scheint dem Gefängnisleben äußerlich weniger abschirmend gegenüber zu stehen als die meisten Frauen. Jede, einschließlich mir selbst, ist immer voll bekleidet; trotz Sommer und gutem Wetter gibt frau sich keine Blöße an diesem Ort. Ich trage Kleider mit langen Ärmeln und lange Hosen, Jacken, Stiefel, Kappen, die Frauen entblößen höchstens ihre Arme und die Beine ab dem Knie. Weronika nicht. Sie kommt in Minirock, Spaghettiträgershirt, bauchfrei, in Sandalen – einem Outfit wie für einen Tag am Strand. Sie ist eine besonders schöne junge Frau und man sieht ihr den Drogengebrauch nicht an. Sie ist die einzige der erwachsenen Teilnehmerinnen, die kein fehlendes, beschädigtes oder künstliches Gebiss hat und auch nicht die typisch graue Hautfarbe der Harddrugs-GebraucherInnen.

Ihre Kleidung entblößt viele Narben. Auf meine Nachfrage hin erzählt sie die Geschichte einer jeden, eine entsetzliche Abfolge von Misshandlungen und Unfällen, anfangs verursacht von der Mutter, später von Partnern, Freiern, Freunden. Wir zählen 86 Narben an ihrem Körper und zeichnen diese in ein Diagramm – Mapping Scars. 70% der Narben befinden sich an der Vorderseite ihres Körpers. Weronika vergisst beinah eine Narbe auf ihrem Kopf, eine große, verborgen unter ihrer Haarmähne. Die stammt auch von ihrer Mutter, die der Fünfjährigen den Absatz eines Stöckelschuhs heftig auf den Kopf geschlagen hatte.

Weronika wird kurz vor dem Abschluss des Projektes an eine HIV/AIDS-Hilfe Organisation in Oldenburg überwiesen, wo sie schon seit Jahren regelmäßig untersucht und behandelt wird. Die Hilfsorganisation sorgt für eine kleine Wohnung und zusätzliche medizinisch-soziale Betreuung, bis sie im achten Monat der Schwangerschaft ins Städtische Krankenhaus, in die Abteilung für HIV-infizierte schwangere, drogenabhängige Frauen aufgenommen werden soll.

Wir schreiben einander. Anneclaire und ich besuchen sie in Oldenburg. Ihre Dreizimmerwohnung ist komplett eingerichtet und mit exotischen Pflanzen dekoriert. Nur das Licht ist noch nicht angeschlossen, deshalb stehen überall Teelichter, selbst auf der Waschmaschine. Weronika hat für uns gekocht, was sie bereits im Knast gerne getan hat. Wir sitzen etwas niedrig auf dem Sofa am Esstisch mit den Tellern auf Augenhöhe. Weronika erzählt, was sie alles in der Wohnung gemacht hat. Die schweren, altdeutschen Möbel stammen von der Heilsarmee, sie hat sich die schönsten ausgesucht. Eine große Wand hat sie in Blautönen als Aquarium bemalt, Wasser, Fische und Muscheln, Wasserpflanzen und Phantasiegebilde. Die Fische haben deshalb keine Augen, weil sie keine passende Farbe mehr hatte. Ich frage mich die ganze Zeit, was mit der gut ausgestatteten Wohnung nicht stimmt, wieso ich mich wie auf einem Filmset fühle. Alles, was eine Wohnung ausmacht, ist vorhanden, und doch erscheint sie unwirklich, als sei sie ein Imitat, ein Ideal, vermittelt von Fernsehwerbung und Zeitschriften.

Luuk Kramer fotografiert während der Projektausführung einige Phasen des Arbeitsprozesses, er porträtiert die Teilnehmerinnen und macht in Absprache mit jeder Teilnehmerin jeweils eine Aufnahme der Kleider an einem von ihnen bestimmten Ort im Gefängnis.

42 Das Aufenthaltsverbot für bestimmte Zonen, Straßen, Plätze einer Stadt ist eine vom Richter auferlegte Verordnung, um das Entstehen von Drogenszenen im öffentlichen Raum zu unterbinden. Die patrouillierende Polizei ist informiert, welche Aufenthaltsverbote welchen Personen auferlegt wurden. Bei Nicht-Beachtung werden Geldbußen erteilt, die bei Nicht-Bezahlung mit Gefängnisstrafe geahndet werden. Die Dauer der Haftstrafe hängt von der Höhe der (sich meistens weiter anhäufenden) Geldbußen ab.

43 In der Einrichtung LÜSA (Langzeit Übergangs- und Stützungsangebot) in Unna leben über 30 schwerstabhängige und chronisch geschädigte drogenabhängige Menschen. Ziel des – bis zu zwei Jahren, im Einzelfall auch länger dauernden – Aufenthalts ist die Wiedereingliederung in die Gesellschaft. Auszug, U. M., red. gekürzt: http://www.luesa.de

44 Für eine 17-Jährige wird aus entwicklungspsychologischer Sicht eine Haftzeit bis zum 21. Lebensjahr als ›unüberschaubar‹ betrachtet, die das Ziel von Strafe als Korrektionsmaßnahme ihrer Tat verfehle. Es wird bezweifelt, dass Langzeitstrafen, wie das Absitzen im geschlossenen Vollzug ohne aktive sozial-medizinische Behandlung und einer Perspektivenentwicklung durch Ausbildung und Sozialtraining, Besserungen bewirken.

45 Alle anderen Teilnehmerinnen bestanden auf der Nennung ihrer Klarnamen und den Abbildungen ihrer Porträts im Ausstellungskatalog. Ihre Arbeit unter eigenem Namen zu veröffentlichen, schien ihnen wichtig und war für mich selbstverständlich. Bei allen späteren Projekten im europäischen Ausland wird von den Justizministerien der Einsatz von Pseudonymen gefordert, obwohl die meisten Teilnehmerinnen ihre Klarnamen bevorzugen würden.

46 In der seit 1994 in Betrieb genommenen sogenannten Teilanstalt Alfeld werden die Straftäterinnen sozialtherapeutisch betreut, um die Frauen zu einem Leben mit sozialer Verantwortung und frei von Straftaten zu befähigen. Die anerkannte Aufgabe des Vollzuges ist es jedoch auch, die Allgemeinheit vor weiteren Straftaten der Delinquentinnen zu schützen. Um all diesen Aufgaben gerecht zu werden, sind zahlreiche MitarbeiterInnen unterschiedlicher Berufsgruppen mit der Behandlung und Betreuung der Strafgefangenen in der JVA Alfeld befasst. Auszug, U. M., red. gekürzt: http://www.jva-fuer-frauen.niedersachsen.de/wir_ueber_uns/sozialtherapeutische_abteilung/die-sozialtherapeutische-abteilung

47 In Justizvollzugsanstalten werden eine beschränkte Anzahl Methadonprogrammplätze (in dieser JVA 30) angeboten, was den Eindruck erweckt, dass die Methadonausgabe eher eine Gunst als eine medizinische Therapie ist.

48 Das exzessive Spritzen in Hauptschlagaderbereiche wie Hals und Leiste ist nicht nur lebensgefährlich wegen der größeren Verblutungsgefahr, sondern auch wegen des erhöhten Infektionsrisikos, das entsteht, wenn die Einstichwunden wegen fehlender Luftzufuhr nicht richtig abheilen können. Alt-Junks spritzen erst in diese Körperbereiche, wenn z. B. die Blutgefäße in den Armen zu verkalkt sind.

49 Hof Loxstedt-Düring, Langzeiteinrichtung zur integrativen Betreuung chronisch Abhängigkeitskranker. http://www.therapiehilfe.de/rl/index.php/therapiehof_loxstedt_duering.html

50 ›2/3-Haft‹ bedeutet, unter bestimmten Voraussetzungen den Strafvollzug vorzeitig zu verlassen und den Rest der Freiheitsstrafe auf Bewährung in Therapie zu verbringen.

51 Anhand der Zahl der Helferzellen (auch CD4-Zellen oder T-Helferzellen genannt) lässt sich feststellen, inwiefern HIV das Immunsystem geschädigt hat. Sie haben eine wichtige Funktion bei der Steuerung der körpereigenen Abwehrkräfte. Je weniger Helferzellen, desto anfälliger wird der Körper für bestimmte Infektionen. In den 1990er Jahren galt unter 200 als Merkmal, dass die Krankheit AIDS ausgebrochen war.

VECHTA, 22. SEPTEMBER 2000

NICOLE FRISCH

Entschuldige, dass ich jetzt erst zurück schreibe, aber ich habe mir deinen Brief ein paar mal durchgelesen damit ich ihn dir gut beantworten kann. Mir geht es so ganz gut! Ja in Braunschweig war es voll geil. Das tut richtig gut hier mal so nen ganzen Tag raus. Die Wohngruppe ist nicht schlecht. Doch, eigentlich ganz gut. Die Leute mit denen ich da zusammen leben werde habe ich noch nicht kennengelernt.
Ich werde da am 4.10. hinziehen. Eher können sie mich noch nicht aufnehmen. Ich weiß aber nicht warum. Aber das ist ja auch egal vielleicht sehen wir uns vorher noch. Ich war so aufgeregt in Braunschweig, da konnte ich nichts essen nur 1 Cola trinken. Ich werde mein Bestes geben. Weil Hunde, die ich nicht kenne, mag ich nicht und möchte ich eigentlich auch nicht in meiner Nähe haben. Aber ich werde versuchen nett zu sein. OK?

Ich hatte Nicole in meinem Brief auch gefragt, wie sie die – für sie letzte – Arbeitsperiode erfahren habe. Durch Unstimmigkeiten zwischen mir und unserer Justizbeamtin, die buchstäblich der Schlüssel unseres Projektes war, wurde die weitere Projektausführung in Frage gestellt. Alle Teilnehmerinnen waren stark verunsichert und wir befanden uns in einem organisatorischen und emotionalen Dilemma, in extrem aufgebrachter Stimmung, die innerhalb eines solchen Mikrosystems wie dem Gefängnis schnell kippen kann und dann für alle Beteiligten bedrohlich wird.

Ich fand die letzte Arbeitsphase gut. Ich finde, wir haben viel geschafft. Die Gruppe war auch richtig gut. Und ich finde, dass das Geweine um die beschissene Situation nicht nervig war. Ich finde es gut, wenn man sein Weinen raus lässt. Aber manche können das und manche nicht. Ja und ich bin halt so ein Mensch, der das nicht so kann. Aber das liegt auch an meiner Vergangenheit. Tja, so ist das.

Ich hatte sie gefragt, wie sie sich nach Abschluss ihrer Teilnahme – und nun zurück auf der Jugendabteilung – fühle.

Ja, sonst gibt es nichts neues, außer, dass ich mit den anderen nicht mehr so viel zu tun habe (von meiner Station)! Weil ich habe keinen Bock mehr auf die Kinderscheiße. Und vor allem lügen sich die meisten hier selber an. Ich sag ja, an dem Spruch ist irgendwas dran: Im Knast findet man keine Freunde! Ach, ich habe meine eigenen Sorgen und deswegen halte ich mich auch zurück.

Nicole bedankt sich für das Foto, um das sie mich gebeten hatte.

In der JVA höre ich, dass sich Nicole, kurz vor dem Verlegen in die Transportzelle, von Mädchen ihrer Abteilung den ersten Heroinschuss hat setzen lassen.

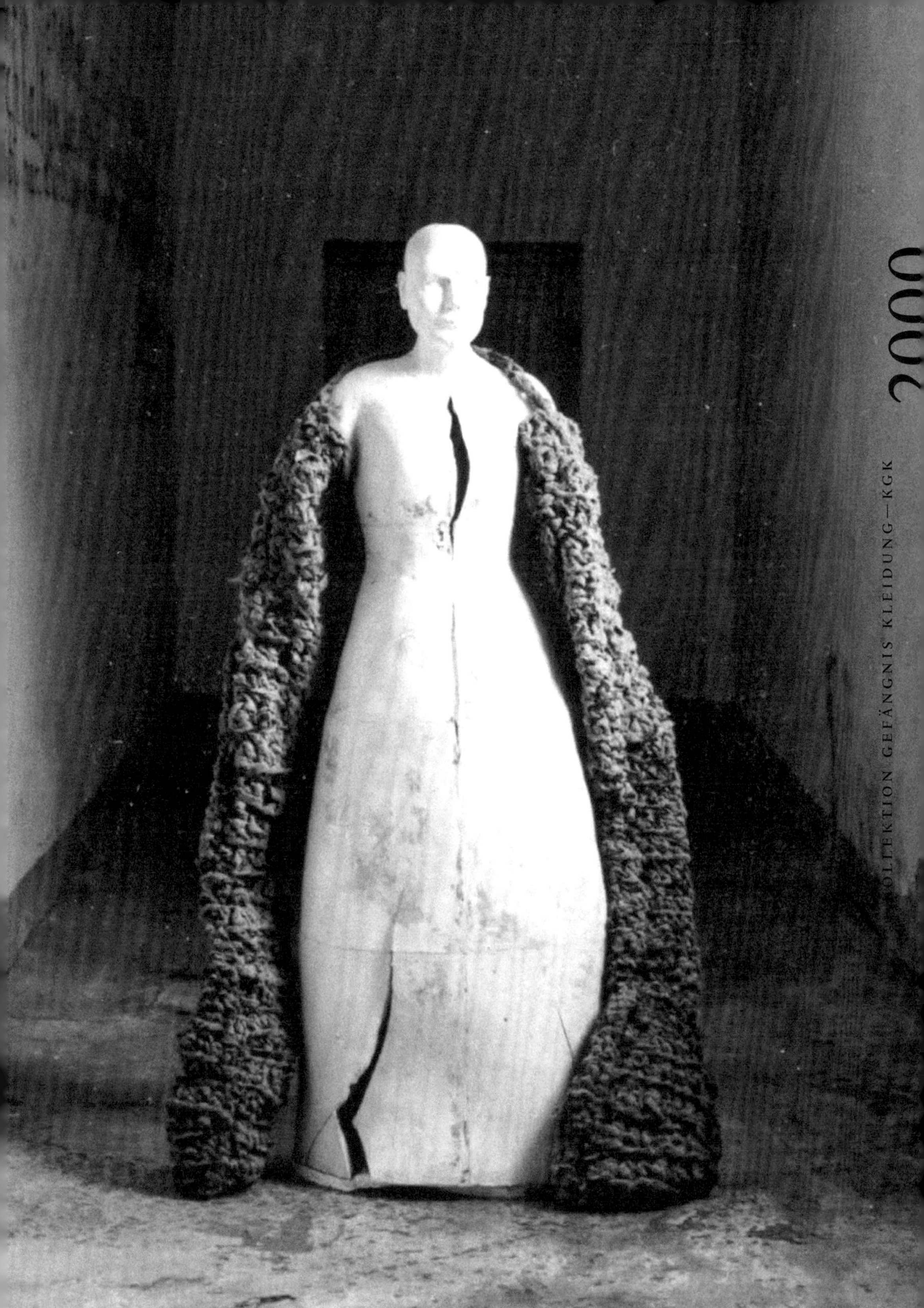

Mari Njie, Arme, gehäkelt. Gefängnisdecken, 170 × 35 × 35 cm, Seilergang

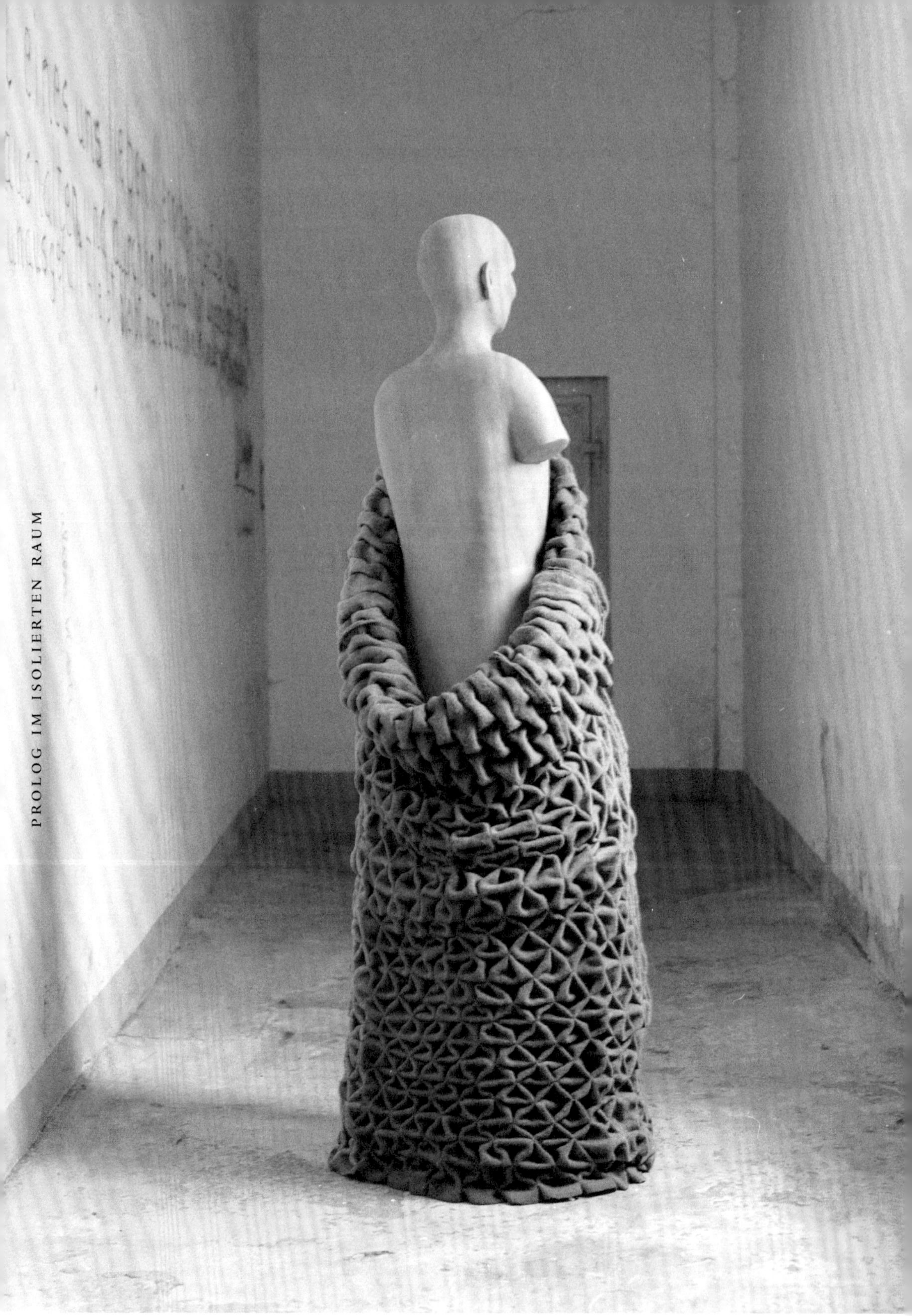

Nicole Frisch, Schlafsack. Gesmokte Gefängnisdecken,
200 cm × 60 × 60 cm, Seilergang

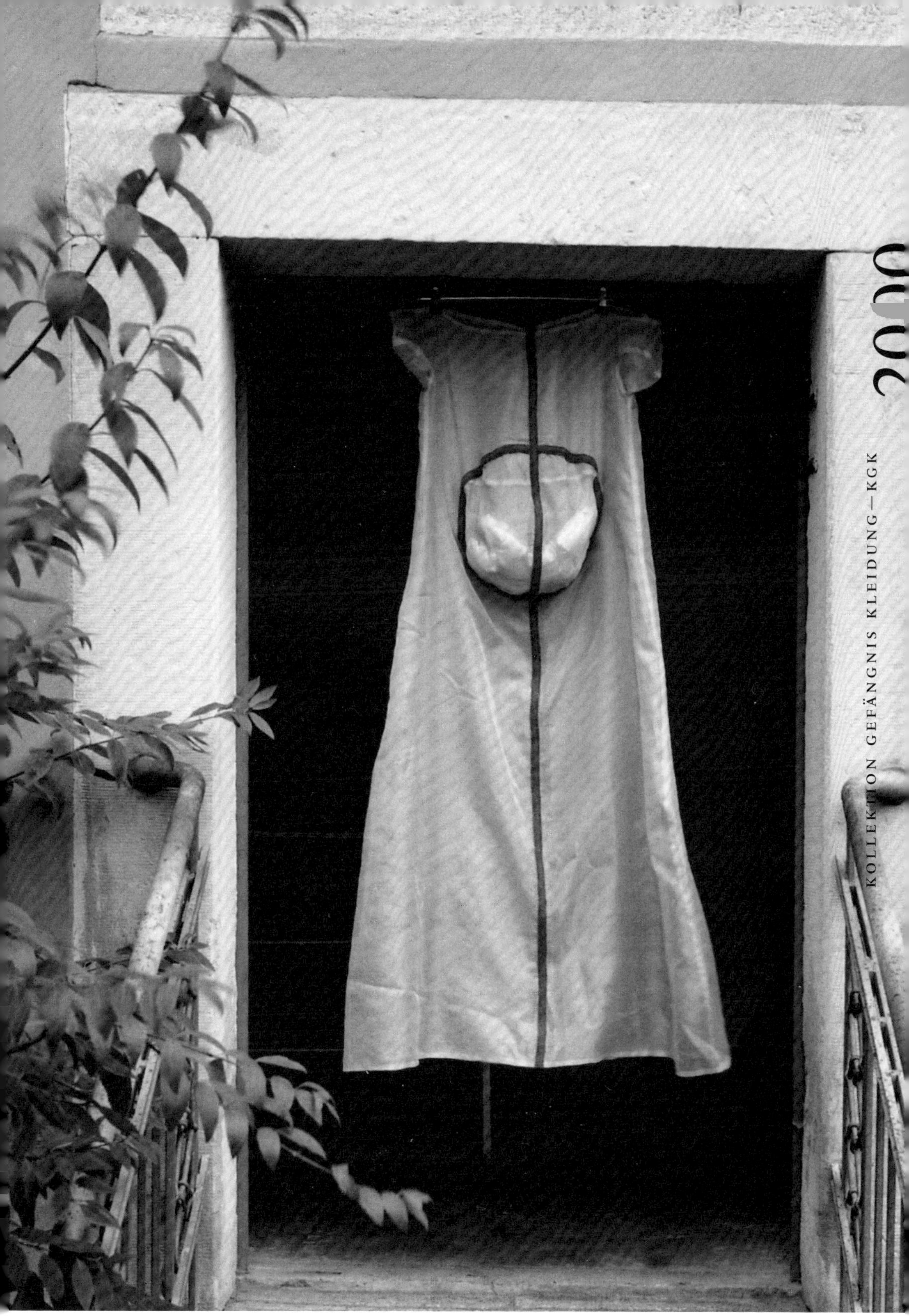

Weronika Mazur, A. G., Kleid *Golden Baby*. Skai, Seide, Gefängnisdecke, 180 × 60 × 70 cm, Seilergang / Klosterhof

Kurz vor ihrer Verlegung kann ich sie unter Beaufsichtigung noch kurz durch die Klappe in der ›Abgangshütte‹[52] sprechen. Da sitzt sie wie ein kleines eingesperrtes Kind. Ich weiß nicht mehr, was wir besprochen haben. Sie weicht meinem Blick aus und versucht möglichst gleichgültig zu wirken, meine Versuche des Mut-Zusprechens beantwortet sie mit

Ja, ja.

Was mich an eines unserer Gespräche am Projektbeginn erinnert, in dem sie mir Knast-Codes im Umgang mit den Bewachern erläutert.

Immer schön ja, ja sagen, dann hast du deine Ruhe. Was heißt: Leck mich am Arsch.

52 Häftlinge, die in eine andere Anstalt oder Institution verlegt werden, verbringen die letzten Tage alleine in der sogenannten Abgangshütte, einer Zelle, die außerhalb der Erreichbarkeit anderer Inhaftierter liegt, um sicher zu gehen, dass sie keine illegalen Stoffe oder Gegenstände zugesteckt bekommen.

BRAUNSCHWEIG, OKTOBER 2000

NICOLE FRISCH

wird vom Leiter der Jugendabteilung der Wohngemeinschaft und Therapie-Einrichtung für gewalttätige Jugendliche in Braunschweig überantwortet. Meine Post, adressiert an die Wohngruppe, kommt zurück. Sie ist weggelaufen und scheint drogenkonsumierend auf der Straße zu leben.

VECHTA, 25. OKTOBER 2000

MARI NJIE

Mari beklagt sich darüber, gerade wieder von den Frauen auf ihrem Wohnflur abgezockt worden zu sein, während sie schlief – Kaffee, Tabak, Zucker, alles weg. Ihre beste Kleidung – weg.

Die seh ich nicht wieder, die wird gleich in Drogen umgesetzt. Alles was mir etwas bedeutet – weg.

Jetzt wird sie ein weiteres Schloss anbringen oder ihre Sachen in der Zelle extra wegschließen. Sie sei ja nur ein Knacki, da sei es egal, wie die behandelt würden, meint sie. Darum sei sie so wütend. Ob ich ihr Baumwollgarn zum Häkeln mitbringen könne. Sie legt einen Prospekt vom Evangelischen Diakonissenring bei mit einem Auszug aus der Bergpredigt. Mari schreibt unter den Titel:

Geht ein durch die enge Pforte – Dies wär schön hier. Sie unterstreicht: Und die Pforte ist eng und der Weg ist schmal, der zum Leben führt, und wenige sind ihrer, die ihn finden.

OLDENBURG, 3. NOVEMBER 2000

WERONIKA MAZUR

Anneclaire hatte für ihre Masterarbeit bei den Teilnehmerinnen eine Umfrage nach dem Besitz von Puppen oder Schmusetieren in der Kindheit gestartet. Weronika war zu dem Zeitpunkt bereits entlassen, darum sollte sie die Fragen per Post beantworten.

Zu Anneclaires Fragebogen: Ich kann nicht viel damit anfangen weil ich kann mich nicht erinnern. Ich glaube, ich hatte gar keine. Das ist mir erst bewusst geworden, als ich die Fragen gelesen habe.

Meine Mutter hatte allerdings so zierliche Porzellanpüppchen in einer Vitrine, aber die durfte ich nie berühren. Zu meinem Vater habe ich keinen Kontakt, ich habe immer noch die Hoffnung, dass er sich bei mir meldet.

PS: Ich habe jetzt ganz süße Hasen.

OLDENBURG, 10. NOVEMBER 2000

WERONIKA MAZUR

Am 10. November 2000 wird Weronikas Baby Marvin mit einem Kaiserschnitt zur Welt gebracht. Sie ruft mich noch an diesem Tag an, um alles zu erzählen. Marvin sei das schönste Baby der Welt. Die drängende Frage, ob er sich im Bauch über das Blut der Mutter angesteckt hat, kann noch nicht beantwortet werden, da die Messung der Blutwerte bei Neugeborenen unzuverlässig sei. Verlässlich könnten Werte bei Kindern eigentlich erst im Alter von zwei Jahren bestimmt werden, sagt Weronika.

Bei der Antwort auf meine Frage, ob sie in guten Händen sei, unterscheidet sie zwischen der sorgfältigen medizinischen Versorgung und der Verachtung des Pflegepersonals, die sie täglich erleben müsse. Dabei sei sie keineswegs zimperlich und an Herabsetzung gewöhnt, aber in dieser Situation erfahre sie die als unerträglich.

Das liegt wahrscheinlich an den Hormonen

sagt sie.

VECHTA, 27. NOVEMBER 2000

REBECCA MERTENS

Ein letzter Gruß aus dem Knast.

Sie sitzt in der Abgangshütte und kann nicht schlafen.

Tja, nun sitze ich hier und bin mir noch nicht schlüssig darüber, was ich fühlen soll. Aufgeregt bin ich und Schiss hab ich auch. Es ist nur so, dass alles auf mich eingebrochen ist: Der Abschied (komisch gefühlsduselig, die besten Wünsche der Schlüssel …), meine Angst, meine Freude und natürlich meine Erwartungen an mich selbst. Die sind verdammt riesengroß.

Gegen 2 Uhr gibt sie das Schlafen auf.

Hast Du eigentlich mal einen Blick in die Abgangshütte geworfen? Der Hammer. Hier stehen immer noch Sachen, die hab ich bei meiner ersten Entlassung Anfang 95 schon gelesen! Habe dem Drang, mich hier zu verewigen aber widerstanden. Ich weiß, dass das dummer Aberglaube ist, aber trotzdem … schließlich hab ich hier ja auch all die Jahre nicht einmal Fenster geputzt. Was es gebracht hat? …

OLDENBURG, 30. NOVEMBER 2000

REBECCA MERTENS

Obwohl Rebecca inzwischen ganz ohne Medikation auskommt, muss sie sich vor der Aufnahme in Loxstedt zur sechswöchigen Entgiftung ins LKH begeben. Ich besuche sie dort, sie ist vollkommen zuversichtlich – beinah euphorisch – im Hinblick auf ihre Zukunft. Sie schreibt, ruft an, zählt jeden Tag ohne Drogen.

VECHTA, DEZEMBER 2000

MAGDA GOMEZ FERRER

Magda faxt ›zum letzten Mal‹ aus Vechta. Sie wird die Überbrückungszeit bis zur Aufnahme in LÜSA bei ihren Eltern in Hannover verbringen, wo sie – nach vielen Jahren – ihre Tochter wiedersieht und ihre Enkeltochter kennenlernt. Sie schreibt, dass sie am liebsten ihrer Tochter nach Australien folgen würde, um für die Kleine zu sorgen, räumt aber ein, sie habe noch einen langen Weg vor sich, ihr Leben in Ordnung zu bringen.

HANNOVER, DEZEMBER 2000

MAGDA GOMEZ FERRER

Ich bin bei meiner Familie ›gut aufgehoben‹, aber man könnte es auch Knast nennen. Das hört sich hart an, aber so fühle ich mich, dabei behüten meine Eltern mich wie ein Küken und meinen es nur gut, aber für mich ist es eine Qual und ich bin froh, wenn ich aus diesem Stillstand fortkomme, ich muss in Bewegung kommen, sonst ist meine Zeit abgelaufen.

Sie befürchtet, dass sie nicht zur Eröffnung in den Knast kommen kann, sie hat plötzlich enorme Probleme mit der Kostenübernahme für ihren LÜSA-Platz. Das Sozialamt hatte seine Zusagen widerrufen, sie solle sich an das Arbeitsamt wenden.

Mich traf der Hammer, ehrlich. Und so langsam habe ich auch keine Kraft mehr. Ich versuche verzweifelt hier draußen klar zu kommen und jetzt das. Mein erster Gedanke war, egal, fahr in die Stadt, knall dir den Kopf zu, um von allem nichts mehr real mitzubekommen. Aber nach ein paar Wut-Hass-Wein-Attacken habe ich alles in Bewegung gesetzt, um eine Lösung zu finden. Die Rettung war die Therapiestelle, ich erzählte denen alles und sie sagten: Ruf in einer Stunde wieder an. Das tat ich, sie meinten, dass das alles doch nicht mit rechten Dingen zugehen kann und dass ich vorbei kommen soll und dass sie dann gemeinsam mit mir alles regeln werden! Ein großer Stein fiel mir vom Herzen, denn ich hätte nicht weiter gewusst, und stell dir vor, zwei Tage vor diesen Ereignissen hatte ich Alpträume, ich sah mich in der Vision ohne Therapie. Erschreckend war das, aber es erschien mir wie ein Zeichen, dass ich zu mir selbst finde und ich hoffe, dass ich in Zukunft erreiche, auf mich zu hören und mir zu vertrauen. Wenn ich das geschafft habe, dann bin ich auf dem Weg der Besserung.

LOXSTEDT-DÜRING, JANUAR 2001

REBECCA MERTENS

Nach der Aufnahme in Loxstedt und der vierwöchigen allgemeinen Kontaktsperre reden wir weiter. Inzwischen habe ich Kontakt zu ihren Therapeutinnen und beantrage, sie zur Eröffnung der KGK Ausstellung in der JVA an diesem Tag abholen zu dürfen. Ich finde es für die Teilnehmerinnen des Projektes wichtig, dass sie die Präsentation ihrer Arbeiten gemeinsam erleben, auch, um zur Abwechslung einmal bei einer erbrachten immensen Leistung den Erfolg zu erleben. Doch Rebecca darf auf gar keinen Fall kommen, wird mir erklärt, jede Nähe, jede Erinnerung an ihre frühere Drogenabhängigkeit wird im kommenden halben Jahr verboten sein. Dazu gehöre auch der Besuch einer Ausstellung im Gefängnis.

VECHTA, 19.—25. JANUAR 2001

AUSSTELLUNG KGK IN DER JVA

Mehr als die Hälfte der Teilnehmerinnen—Weronika, Rebecca, Magda, Nicole, A. G.—sind zum Zeitpunkt der Ausstellungs- und Eröffnungsplanung nicht mehr in der JVA und erstaunlicherweise übernehmen nun die ehemaligen Kritikerinnen und Lautstarken deren Rolle, für die das Näh-Gefriemel-mit-Knastdecken seinerzeit keine Option für ›coole Kleidung‹ gewesen war. Dennoch erschienen sie im Verlauf des Projektes bei jeder Gelegenheit im Seilergang und auf dem Klosterhof, um zu fragen, ob noch Leute gebraucht würden. Weder die Anstaltsleitung noch ich waren grundsätzlich dagegen, dass Teilnehmerinnen auch noch später einsteigen konnten; es waren die Frauen selbst, die die Gruppe als geschlossen betrachteten und keine Nachzüglerinnen haben wollten. Als Besucherinnen und Bewunderinnen der Arbeit waren sie willkommen.

Nun halfen sie bei den Vorbereitungen zur Ausstellung und Ausstellungseröffnung, die ihrer Meinung nach den Knastbetrieb aufrütteln müsse.

Helmut König ist bereit, vor der offiziellen Eröffnungsansprache eine Musik-Performance zu inszenieren. Neben seiner Funktion als Vollzugsabteilungsleiter der Jugendabteilung ist er einer von drei Musikern der Band ›Die 2‹, die seit Jahrzehnten öffentlich auftritt und regelmäßig CDs publiziert. Außerdem organisiert er Auftritte von bekannten und unbekannten Bands im JVA-Hof, die von den Junkies als Highlights aller Veranstaltungen im Gefängnis gefeiert werden.

VECHTA, 19. JANUAR 2001

ERÖFFNUNG JVA

Helmut König demonstriert in ohrenbetäubender Lautstärke auf seiner E-Gitarre, was er zur Eröffnung hinter den geschlossenen Türen des Seilerganges spielen will. Die Frauen finden das ›voll geil‹ und schlagen vor, das Gefühl des Ausgeliefert- und Eingeschlossenseins durch Dunkelheit zu verstärken. Um den Raum zu verdunkeln, wollen sie während der Performance 300 ›Tränensäcke‹ rasend schnell zwischen die Gitterstäbe vor dem Fenster des Seilergangs stapeln. Die ›Tränensäcke‹ waren Nebenprodukte, die aus Knastdeckenresten von allen Teilnehmerinnen handgenäht wurden, wenn sie gerade nicht weiter wussten oder auf das Freiwerden einer Nähmaschine warteten. Trotz meiner Befürchtung, damit in Knast-Klischees abzurutschen, bin ich auf die Aktion der Frauen gespannt. Nach zähen Unterhandlungen mit der Anstaltsleitung erhalten die Frauen die Genehmigung, für die Aktion zwei Leitern in den Seilergang stellen zu dürfen.

Klischee oder nicht, die lautstarke Performance in der Dunkelheit bei der Eröffnung erzeugt beim Publikum Verunsicherung und macht in der Presse Schlagzeilen. Beides sehr zur Freude der Aktionistinnen.

Weronika ist eine der wenigen Teilnehmerinnen, die zur Eröffnung der Kollektion Gefängnis Kleidung in die JVA kommt. Ihr ›Goldenes Baby‹ trägt sie sehr stolz im Tragesack und lässt es von allen Anwesenden bewundern. Die Anstaltspädagogin stellt ihr Büro auf dem D1-Flur zum Baby-Füttern zur Verfügung. Dort finde ich Weronika, als sie Marvin das Fläschchen gibt, daneben stillt meine schwedische Ex-Studentin Malin ihr ebenso junges Baby.

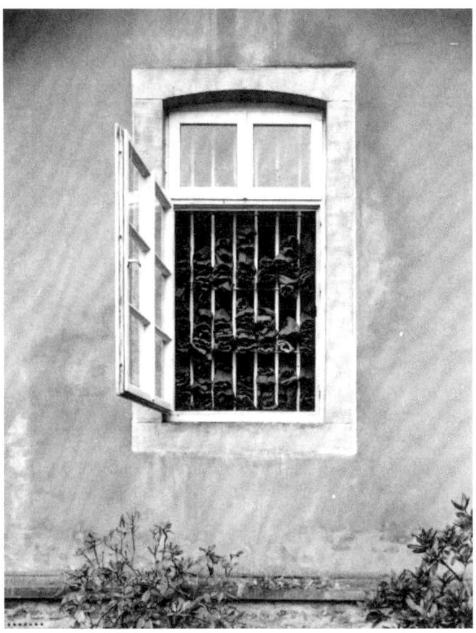

300 Knastdecken-Tränen-Krach-Performance.
Alle Fotos KGK, Justizvollzugsanstalt für Frauen Niedersachsen: Luuk Kramer

UNNA, JANUAR 2001

MAGDA GOMEZ FERRER

Magda berichtet positiv über ihren Einzug ins LÜSA-Haus:

Ich habe mich schon ein bisschen eingelebt, habe meine Freiheit und möchte halt auch das schaffen, was ich mir vorgenommen habe. Ortswechsel ist nie einfach, aber bislang läuft es super.

Magda will die Daten der nächsten Ausstellungen der KGK in Amsterdam wissen. Sie hatte den BewohnerInnen und dem LÜSA-Team die Kataloge der KGK gezeigt und unsere Arbeit erläutert, nun wolle das Team unbedingt die Ausstellung in der Arrondissementsrechtbank besuchen kommen und in dem Fall könnten sie Magda mitnehmen. Ob sie bei mir auf dem Sofa übernachten könne?

Ich frage sie, ob sie ihre Rede, die sie in Vechta nicht halten konnte, nun im Gerichtshof halten möchte. Gerne wolle sie das! Sie fragt, welches Publikum zu erwarten sei, ob eine Rede auf Deutsch ein Problem darstellen würde und bittet um Ratschläge für den Inhalt.

Kurze Zeit später meldet Magda per Fax aufgeregt, dass das Team, bestehend aus der Chefin, ihrer Betreuerin und einem Teamer, mit ihr dann vom 30. bis 31. März tatsächlich kommen würden. Die Chefin schliefe bei einer Kollegin und vielleicht setze sich ihre Betreuerin Tanja noch mit mir in Verbindung wegen einer Schlafstelle.

Wir verständigen uns per Fax über die Themen, die sie gerne in ihrer Ansprache aufnehmen will und trotz meiner wiederholten, herzlichen Einladung fragt sie mich immer wieder, ob es wirklich okay sei, wenn sie bei mir übernachte, sie würde sehr gut verstehen, wenn ich das nicht wolle:

... mir geht es hier gut, es ist ganz anders als eine Therapieeinrichtung, keine Zwänge, zwar auch ein paar kleine Regeln, aber ansonsten habe ich hier all meine Freiheiten und mein Drogenproblem auch so einigermaßen gut im Griff, bin auf jedem Fall nicht einmal rückfällig geworden und darüber brauchst Du Dir auch keine Gedanken zu machen, wenn ich nach Amsterdam komme, ich komme wegen Euch und der Ausstellung.

UNNA, 4. FEBRUAR 2001

MAGDA GOMEZ FERRER

Magda antwortet auf meine Frage zum Stand ihrer Rede:

Wenn ich was Gescheites geschrieben habe (da gefällt mir einiges noch nicht), lasse ich es Dir gleich zukommen. Aber ehrlich, ich bin jetzt schon total aufgeregt und ich nerve die Leute hier. Die müssen sich das die ganze Zeit anhören, damit mir ein bisschen das Lampenfieber genommen wird.

Kurz vor der Ausstellungseröffnung teilt mir Tanja Boecker von LÜSA mit, dass Magda auf einer Treppe gestürzt und mit einem Schädel-Hirn-Trauma ins Krankenhaus gebracht worden sei. Als Folge des Hirntraumas habe sich bei ihr ein Hirnorganisches Psychosyndrom (HOPS) eingestellt, d. h. eine auf körperliche Schäden zurückzuführende Psychose. Ihr physischer und mentaler Zustand verbessere sich nach ihrem Treppensturz nur mäßig.

VECHTA, 17. FEBRUAR 2001

MARI NJIE

Mari bittet mich dringend, ihr zu helfen. Ich müsse ein Schriftstück aufsetzen, in dem stehen solle, dass sie lange für uns im Kursus gearbeitet habe und dass wir sie gut beurteilten.

Ich darf hier nicht raus, weil der Abteilungsleiter nur schlechte Sachen über mich geschrieben hat, sogar Sachen, die – Gott weiß es – gelogen sind, bei mir auf meiner Hütte ist noch nie ein Rauchgerät mit Hasch gefunden worden und dass ich nie gearbeitet habe seit ich hier bin oder war der Kursus keine Arbeit?

Sie habe bereits mit der Richterin gesprochen, die ihr drei Wochen Zeit gebe, eine Reha-Klinik zu suchen, ansonsten wollten der Gefängnisarzt und der Psychiater alles tun, damit sie hier raus komme.

Ich bekomme zur Zeit Mittel, um nicht zu merken, wo ich bin, was gut ist, sonst würde ich durchdrehen, ehrlich.

Ich verstehe, dass es ihr um die vorzeitige Entlassung nach ⅔ der Haftzeit geht, die von der Beurteilung des Abteilungsleiters abhängt. Er zeigt sich nicht beeindruckt von meiner Darstellung ihres immensen Beitrages zum Projekt KGK. Maris Beitrag der letzten Monate dürfte schon vom quantitativen Aspekt aus gesehen mehr als hinreichend gelten, sie hat ohne Unterlass produziert und nur einmal ein außerordentliches Arbeitswochenende verschlafen.

Maris Antrag wird abgewiesen. Das bedeutet ›Endstrafe‹, d. h. sie muss ihre Strafe bis zum letzten Tag absitzen.

AMSTERDAM, MÄRZ 2001–APRIL 2002

ARRONDISSEMENTS-RECHTBANK AMSTERDAM

Der Anstaltsleiter betont in seiner Ansprache zur Eröffnung der Ausstellung KOLLEKTION GEFÄNGNIS KLEIDUNG in der Arrondissementsrechtbank in Amsterdam, »... die Resultate der Projekte bringen uns, dem Gefängnispersonal, den Menschen im Gefängnis näher. Die Unterstützung weiterer Projekte der Künstlerin in der JVA entspricht dem Anliegen der Anstaltsleitung, sich über die künstlerischen Objekte der Klientel mit den Auswirkungen des heutigen Strafvollzuges kritisch auseinanderzusetzen.«

Die Ausstellung in der Arrondissementsrechtbank wird im Oktober 2001 um ein halbes Jahr verlängert.

Kneier1 steht in der zentralen Halle auf einem Drehpodest, ab und zu wechseln wir ihre Kleidung. Sie ist regelmäßig in den niederländischen

Nachrichten im TV zu sehen, denn jedes Mal, wenn der Pressebeauftragte des Gerichtes richterliche Entscheidungen kommentiert, dreht sie sich im Hintergrund gegen den Uhrzeigersinn ganz langsam um ihre eigene Achse.

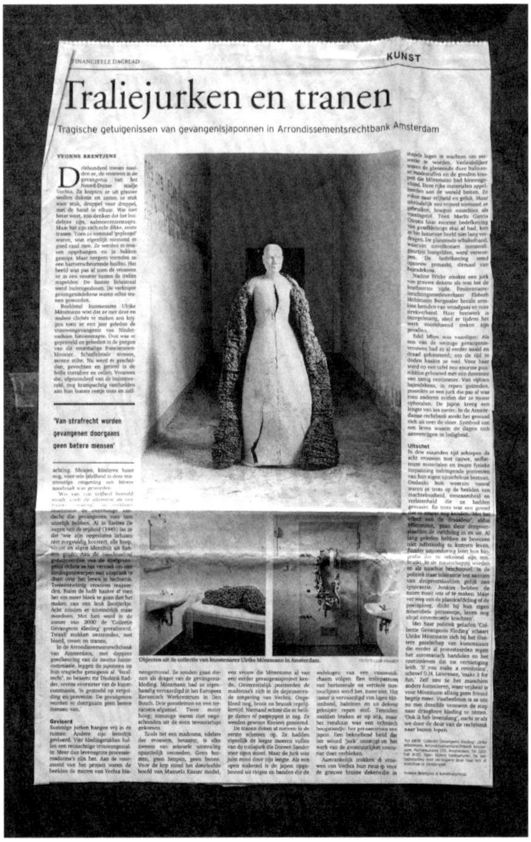

FINANCIEELE DAGBLAD — KUNST

Traliejurken en tranen

Tragische getuigenissen van gevangenisjaponnen in Arrondissementsrechtbank Amsterdam

YVONNE BRENTJENS

'Van strafrecht worden gevangenen doorgaans geen betere mensen'

Objecten uit de collectie van kunstenares Ulrike Möntmann in Amsterdam.

Financieele Dagblad, August 2001

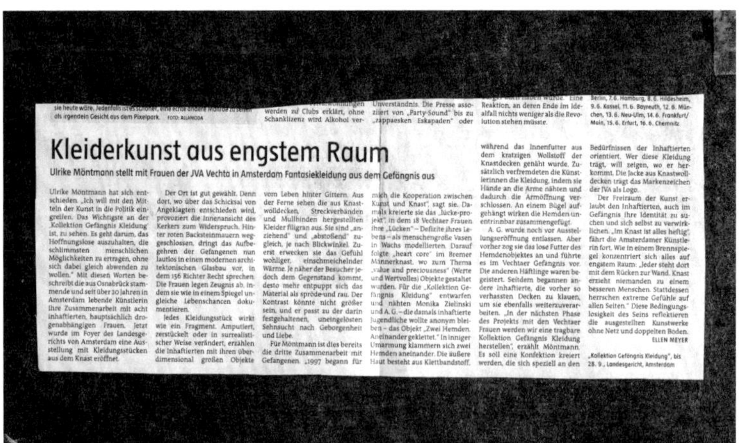

sie heute wäre. Jedenfalls ist es schöner, eine echte andere [illegible] zu sehen als irgendein Gesicht aus dem Pixelpark. FOTO: ALLANODA

Kleiderkunst aus engstem Raum

Ulrike Möntmann stellt mit Frauen der JVA Vechta in Amsterdam Fantasiekleidung aus dem Gefängnis aus

Ulrike Möntmann hat sich entschieden. „Ich will mit den Mitteln der Kunst in die Politik eingreifen. Das Wichtigste an der ‚Kollektion Gefängnis Kleidung' ist, zu sehen. Es geht darum, das Hoffnungslose auszuhalten, die schlimmsten menschlichen Möglichkeiten zu ertragen, ohne sich dabei gleich abwenden zu wollen." Mit diesen Worten beschreibt die aus Osnabrück stammende und seit über 20 Jahren in Amsterdam lebende Künstlerin ihre Zusammenarbeit mit acht inhaftierten, hauptsächlich drogenabhängigen Frauen. Jetzt wurde im Foyer des Landesgerichts von Amsterdam eine Ausstellung mit Kleidungsstücken aus dem Knast eröffnet.

Der Ort ist gut gewählt. Denn dort, wo über das Schicksal von Angeklagten entschieden wird, provoziert die Innenansicht des Kerkers zum Widerspruch. Hinter roten Backsteinmauern weggeschlossen, dringt das Aufbegehren der Gefangenen nun lautlos in einen modernen architektonischen Glasbau vor, in dem 156 Richter Recht sprechen. Die Frauen legen Zeugnis ab, indem sie wie in einem Spiegel ungleiche Lebenschancen dokumentieren.

Jedes Kleidungsstück wirkt wie ein Fragment. Amputiert, zerstückelt oder in surrealistischer Weise verändert, erzählen die Inhaftierten mit ihren überdimensional großen Objekte vom Leben hinter Gittern. Aus der Ferne sehen die aus Knastwolldecken, Streckverbänden und Mullbinden hergestellten Kleider filigran aus. Sie sind „anziehend" und „abstoßend" zugleich, je nach Blickwinkel. Zuerst erwecken sie das Gefühl wohliger, einschmeichelnder Wärme. Je näher der Besucher jedoch dem Gegenstand kommt, desto mehr entpuppt sich das Material als spröde und rau. Der Kontrast könnte nicht größer sein, und er passt zu der darin festgehaltenen, uneingelösten Sehnsucht nach Geborgenheit und Liebe.

Für Möntmann ist dies bereits die dritte Zusammenarbeit mit Gefangenen. „1997 begann für mich die Kooperation zwischen Kunst und Knast", sagt sie. Damals kreierte sie das „lücke-projekt", in dem 18 Vechtaer Frauen ihre „Lücken" – Defizite ihres Lebens – als menschengroße Vasen in Wachs modellierten. Darauf folgte „heart core" im Bremer Männerknast, wo zum Thema „value and preciousness" (Werte und Wertvolles) Objekte gestaltet wurden. Für die „Kollektion Gefängnis Kleidung" entwarfen und nähten Monika Zielinski und A. G. – die damals inhaftierte Jugendliche wollte anonym bleiben – das Objekt „Zwei Hemden. Aneinander geklettet." In inniger Umarmung klammern sich zwei Hemden aneinander. Die äußere Haut besteht aus Klettbandstoff, während das Innenfutter aus dem kratzigen Wollstoff der Knastdecken genäht wurde. Zusätzlich verfremdeten die Künstlerinnen die Kleidung, indem sie Hände an die Arme nähten und dadurch die Armöffnung verschlossen. An einem Bügel aufgehängt wirken die Hemden unentrinnbar zusammengefügt.

A. G. wurde noch vor Ausstellungseröffnung entlassen. Aber vorher zog sie das lose Futter des Hemdenobjektes an und führte es im Vechtaer Gefängnis vor. Die anderen Häftlinge waren begeistert. Seitdem begannen andere Inhaftierte, die vorher so verhassten Decken zu klauen, um sie ebenfalls weiterzuverarbeiten. „In der nächsten Phase des Projekts mit den Vechtaer Frauen werden wir eine tragbare Kollektion Gefängnis Kleidung herstellen", erzählt Möntmann. Es soll eine Konfektion kreiert werden, die sich speziell an den Bedürfnissen der Inhaftierten orientiert. Wer diese Kleidung trägt, will zeigen, wo er herkommt. Die Jacke aus Knastwolldecken trägt das Markenzeichen der JVA als Logo.

Der Freiraum der Kunst erlaubt den Inhaftierten, auch im Gefängnis ihre Identität zu suchen und sich selbst zu verwirklichen. „Im Knast ist alles heftig", fährt die Amsterdamer Künstlerin fort. Wie in einem Brennspiegel konzentriert sich alles auf engstem Raum: „Jeder steht dort mit dem Rücken zur Wand. Knast erzieht niemanden zu einem besseren Menschen. Stattdessen herrschen extreme Gefühle auf allen Seiten." Diese Bedingungslosigkeit des Seins reflektieren die ausgestellten Kunstwerke ohne Netz und doppelten Boden.

ELLEN MEYER

„Kollektion Gefängnis Kleidung", bis 28. 9., Landesgericht, Amsterdam

TAZ Berlin, Juni 2001

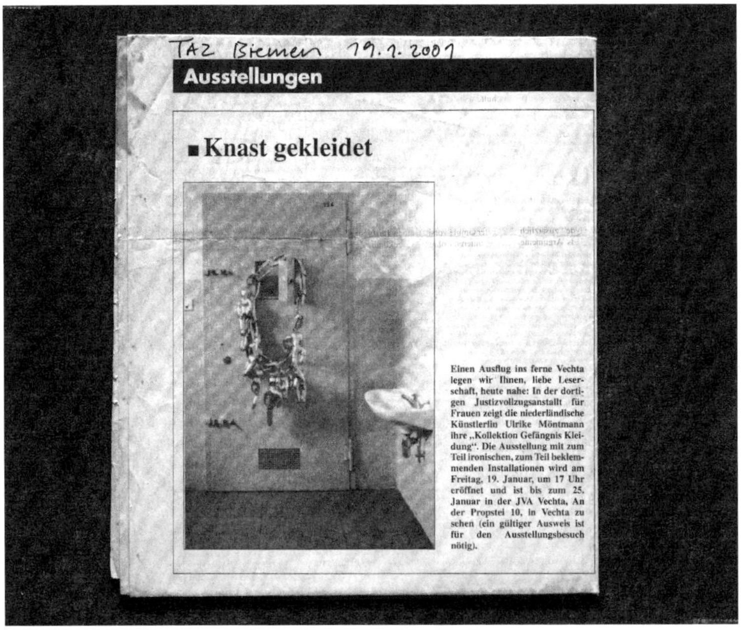

TAZ Bremen 19.1.2001

Ausstellungen

■ Knast gekleidet

Einen Ausflug ins ferne Vechta legen wir Ihnen, liebe Leserschaft, heute nahe: In der dortigen Justizvollzugsanstallt für Frauen zeigt die niederländische Künstlerlin Ulrike Möntmann ihre „Kollektion Gefängnis Kleidung". Die Ausstellung mit zum Teil ironischen, zum Teil beklemmenden Installationen wird am Freitag, 19. Januar, um 17 Uhr eröffnet und ist bis zum 25. Januar in der JVA Vechta, An der Propstei 10, in Vechta zu sehen (ein gültiger Ausweis ist für den Ausstellungsbesuch nötig).

TAZ Bremen, Januar 2001

BRAUNSCHWEIG, MÄRZ 2001

CORNELIA KNEIER

Helmut König teilt mir mit, dass Cornelia Kneier verstorben und erst Tage nach ihrem Tod auf dem Sofa in ihrer Wohnung in Hannover gefunden worden sei. Sie habe eine zeitlang mit ihrer Partnerin zusammengelebt, mit der sie bereits in der JVA ihre Zelle geteilt hatte. Cornelia Kneier sei an einer Überdosis Tabletten gestorben, die sie – nach Angaben der Polizei – vermutlich mit dem Ziel der Selbsttötung eingenommen habe.

BESTIMMUNG KNAST

Dass Häftlinge in den heutigen westeuropäischen Gefängnissen ein lebenswertes Dasein zu führen scheinen—versorgt mit Nahrung und Bett—gilt in der öffentlichen Meinung als eine Schwächung des Sanktionseffektes: Staatsrechtliches Auftreten muss als eine Vergeltungsmaßnahme glaubwürdig wahrnehmbar sein. Seit der Abschaffung der Körperstrafe, öffentlicher Bloßstellung, Züchtigung und Folter in der ersten Hälfte des 19. Jahrhunderts wird bis heute diskutiert, wie denn ohne fühlbare und sichtbare körperliche Gewalt zu strafen sei. Die Antwort wurde von Gabriel Bonnot de Mably schon im 18. Jahrhundert auf erstaunlich simple Weise formuliert: »Weniger Grausamkeit, weniger Leiden, größere Milde, mehr Respekt, mehr ›Menschlichkeit‹ bewirken eine Verschiebung im Ziel der Strafoperation. Das heißt: Wenn der Körper nicht gestraft werden darf, dann muss ein adäquater Ersatz gefunden werden, der das Herz, das Denken, den Willen, die Talente, die Seele trifft.«[53]

Mit dem KGK Projekt bin ich in die Mitte des geschlossenen Vollzugs vorgedrungen. Für eine Bevölkerungsgruppe wie die Junkies fungiert er offenbar als eine Art ›natürlicher Lebensraum‹, in den sie, wie durch eine Drehtür, immer wieder für einen kurzen oder längeren Zeitraum zurückkehren. Auf meine Frage hin, wie oft die Teilnehmerinnen zu Gefängnisstrafen verurteilt worden seien, reagieren die meisten mit In-etwa-Angaben: drei- oder viermal, sechs- oder achtmal. Manche wurden nach 2/3 der Haftzeit vorzeitig entlassen, um dann doch wieder einzufliegen und die Reststrafe abzusitzen.

Auch das Justizpersonal scheint den Drehtüreffekt als Konsequenz ›bestimmter Lebensarten‹ zu erfahren. Was auch immer im Zusammenhang mit diesem Phänomen angesprochen wird, das Adjektiv ›bestimmt‹ taucht jedes Mal an irgendeiner Stelle auf. Dass die Verbesserung bestimmter Lebenssituationen aussichtslos scheint, wird somit zur schicksalhaften ›Bestimmung‹ erklärt.

In der Regel arbeitet ein Justizbeamter 30 Jahre im Vollzug und sieht so tagein, tagaus die Inhaftierten, oftmals dieselben Junkies, in unregelmäßigen Abständen wieder für ein paar Wochen, Monate oder Jahre, für größere oder kleinere Delikte ihre Strafzeit absitzen. Im rigiden System dieser Verwaltung von Menschen scheint beiden, den Bediensteten und den Inhaftierten, der Sinn über die Bedeutung und Wirkung des Strafvollzugs abhanden zu kommen. Bei der Erstaufnahme einer Verurteilten wird von einem Inhaftierungsschock gesprochen; Erstzugänge werden in Vechta einmalig einige Wochen in der Aufnahmeabteilung in etwas größeren Zellen einquartiert, mit angenehmen Tätigkeiten beschäftigt und in Gesprächen mit BetreuerInnen auf ihre psychosozialen Reaktionen hin beobachtet. Auf Grund dieser Einschätzung wird entschieden, ob die Inhaftierte auf der Strafhaft oder auf einem Wohnflur untergebracht wird.

Bedienstete in Ausbildung, ›Lernschlüssel‹ genannt, haben anfangs scheinbar ebenfalls Mühe mit den Bedingungen im Gefängnis. Rebecca Mertens erzählt, dass sie einem Lernschlüssel, der zum ersten Mal den Abendeinschluss auf der Strafhaft machen sollte, stark ermutigen musste, sie tatsächlich einzusperren. Er hatte Schließhemmungen. »Sie schaffen das«, sagte Rebecca, »den Schlüssel einfach umdrehen!« Aber er habe es nicht gekonnt. »Ich drehe mich jetzt mal um, dann klappt das besser.«

Ich diskutiere mit dem Anstaltsleiter, wie in die existierende Praxis des Strafvollzuges, die Bildung und konstruktiven Arbeits- und Wohnbedingungen zuwiderläuft, einzugreifen wäre.

Während der Planung, Vorbereitung und Ausführung der bisherigen Projekte[54] und vor allem bei meinen intensiven Begegnungen mit den inhaftierten

Frauen habe ich einiges Wissen über die negativen sozialen Lebensbedingungen angesammelt, die die Frauen immer wieder ins Gefängnis bringen und die sich dort verschlimmern. Die Projekte im Gefängnis haben gezeigt, dass viele Talente der Frauen brachliegen und dass durch die gestalterische Arbeit an einem Thema, das unmittelbar mit ihnen selbst zu tun hat, ein Prozess der Erkenntnis und Reflexion über ihre Situation in Gang gesetzt werden kann.

Eine Beeinflussung von außen, durch mich oder andere, die zum Ziel hat, die Lebensweise der Frauen zu verändern, wie z. B. sie vom Drogenkonsum abzubringen, ist verfehlt und scheitert zwangsläufig. Die meisten Frauen und Mädchen sind schon früh in eine Spirale geraten, der sie kaum entkommen können. Eine Möglichkeit scheint mir, das, was die Frauen mit ihren Begabungen schaffen können, in ihrem Lebensumfeld sichtbar zu machen und zu integrieren, sowohl innerhalb als auch außerhalb des Gefängnisses.

Ich schlage dem Anstaltsleiter vor, ein Konzept zur Neugestaltung der Jugendabteilung im Gefängnis unter Einbeziehung der Jugendlichen zu entwickeln. Ziel wäre hierbei nicht mehr die Herstellung von Exponaten, sondern das explizite Handeln selbst, das unmittelbare Eingreifen in die Wohnsituation inhaftierter Mädchen. Die Intervention soll den Bedürfnissen inhaftierter Kinder wie Nicole (16), A. G. (17), Sheila (14) und anderen gemäß entwickelt werden.

Das Lebensumfeld der KGK-Teilnehmerinnen verlagert sich gegen Ende des Projektes. Einige begeben sich zwangsweise oder freiwillig in Therapie-Einrichtungen, andere werden so schnell wie möglich ihre vertraute Lebensform fortsetzen. Ich werde ihnen, soweit dieses gewünscht und möglich ist, auf ihren Wegen folgen und neue Kooperationen initiieren, wie das gemeinsame Herstellen einer ›tragbaren‹ Kollektion Gefängnis Kleidung (KGK2).

53 Vgl.: Michel Foucault, Überwachen und Strafen. Die Geburt des Gefängnisses. Frankfurt am Main 1994, S. 25 ff. G. de Mably, De la législation. Œuvres complètes, 1789, Bd. IX, S. 326. Gabriel Bonnot de Mably (1709–1785), auch bekannt als Abbé de Mably, war ein französischer Politiker und Philosoph in der Zeit der Aufklärung.

54 Im Sommer 2000 fand—hier nicht beschrieben—Projekt HEART CORE in Form einer Zusammenarbeit mit acht inhaftierten Männern der JVA Oslebshausen in Bremen und acht Studierenden der Gerrit Rietveld Academie Amsterdam statt.

LOXSTEDT, FEBRUAR 2001

REBECCA MERTENS

Dass Rebecca am Projekt KGK2 mitarbeiten darf, wird nicht ausgeschlossen, es müssen jedoch einige Voraussetzungen in ihrer Therapie erfüllt sein, erklärt mir die Therapieleitung. Ein Termin werde im Laufe des Jahres mitgeteilt.

In den folgenden Monaten telefoniere ich oft mit ihr, sie beschreibt detailliert ihr Leben auf dem Therapiehof. Ich lerne alle Ausdrücke und Abkürzungen für Maßnahmen, Verträge, Regeln, Dienste, Aufgaben, Therapieformen und Sanktionen kennen. Außerdem erfahre ich die Namen der TherapeutInnen, der PatientInnen, der drei Schweine, die auf dem Hof leben und dass die Bauern aus der Umgebung junges Vieh, Kühe, Schweine, Schafe und Ziegen gerne bei den Junkies unterbringen, weil sie durch all die Streicheleinheiten, die sie von ihnen bekommen, zutraulicher und umgänglicher werden.

Es geht Rebecca gut, obwohl sie auch Kritik übt. Die Musik-CDs, um die sie mich gebeten hatte, muss sie – wegen eventueller Drogenverherrlichung – abliefern, sie könnten Drogendruck verursachen. Sie zählt noch immer die cleanen Tage und über die Tage mit Drogendruck spricht sie in der Therapie. Sie schummelt nicht mit Unter- oder Übertreibung, auch nicht, wenn peinliche Fragen gestellt werden.

Nach ein paar Monaten ruft sie zum ersten Mal weinend an, sie hat in der Therapie die sexuelle Gewalt, die an ihr verübt worden ist, aufgedeckt. Von wem ihr die angetan worden ist, kann sie nur vermuten, vielleicht von ihrem schottischen Vater, der zeitweise mit ihrer Mutter gelebt hat und/oder vom Nachbarn, der immer bereit war, auf sie aufzupassen.

Mit den Therapeuten gelingt es ihr, den Zeitraum des Missbrauchs zu rekonstruieren: vom neunten Lebensjahr an, bis sie mit 14 ins Heim gesteckt wurde. Über psychische Reaktionen und Erinnerungen an sich selbst als Kleinkind, kann sie weitere Zusammenhänge herstellen und Schlüsse ziehen.

Bereits im Alter von zwei Jahren wurde sie einige Wochen, später noch einmal mit sieben Jahren, acht Monate lang wegen extremer Unruhe des ›schwer erziehbaren‹ Kindes stationär in verschiedenen Krankenhäusern aufgenommen.

Körperliche Schäden wie die Deformation ihres Brustkorbes weisen darauf hin, dass sie bereits im Säuglingsalter sexuell missbraucht worden sein muss. Ihr Heroingebrauch wird in der Therapie als Selbstmedikation gesehen, die die Persönlichkeitsspaltung erträglich macht, welche sich als eine Art ›natürliche‹ Reaktion auf die sexuelle Gewalt eingestellt hat.

Ein paar Wochen später ruft sie mich an, um zu erzählen, dass die Psychologin aus Vechta mit Loxstedt Kontakt aufgenommen und sie und ihre Therapeutin habe sprechen wollen. Sie habe gefragt, ob es wahr sei, dass eine Vertrauensperson Drogen gegen Sex getauscht habe. Ja, das sei wahr, bestätigt Rebecca. Die Psychologin und der Anstaltsleiter wollen, dass Rebecca Anzeige[55] erstattet, was Rebecca aber entschieden ablehnt. Das mit der Vertrauensperson sei immer ein fairer Deal gewesen.

Rebecca bittet mich, sie auf ihrem ersten Heimatbesuch zu begleiten.

55 Bei meinem folgenden Besuch in der JVA bittet der Anstaltsleiter mich, Rebecca davon zu überzeugen, dass sie die Vertrauensperson anzeigen müsse. Er fragt, was ich von der Sache wisse und nennt Namen von mehreren inhaftierten Frauen, die die sexuellen Übergriffe der Vertrauensperson bei ihnen und anderen bestätigt hätten, doch sie alle wollten ebenfalls keine Anzeige erstatten. Er gehe täglich zur Polizei, aber ohne Anzeige der betroffenen Frauen könne dem Vorwurf nicht nachgegangen werden. Die Vertrauensperson stand zu diesem Zeitpunkt kurz vor der Pensionierung. Nachdem der Anstaltsleiter die Vertrauensperson zur Rede gestellt habe, habe diese die JVA verlassen und sich per Fax bis auf weiteres krank gemeldet, mit dem Zusatz, auf einen offiziellen Abschied zu verzichten. Alle Bemühungen, Rebecca zu einer Anzeige zu bewegen, scheitern.

REBECCA MERTENS

Ich darf Rebecca abholen, um mit ihr ein Wochenende in Osnabrück zu verbringen, unter anderem, um ihre Mutter zu besuchen und dieser Fragen zu Rebeccas Kindheit zu stellen.

In Loxstedt zeigt sie mir ›ihren‹ Hof, ›ihre‹ Tiere, die Umgebung und ihr Zimmer und macht mich mit BegleiterInnen und KollegInnen bekannt.
Wir wohnen in Osnabrück bei meiner Freundin Inge. Ich muss mich an die drogenfreie Rebecca gewöhnen, sie scheint die Regeln und Auflagen des Loxstedter Systems verinnerlicht zu haben. Ich frage sie nach ihren Plänen nach der Therapie. Ausbildung, Arbeit? In solch einem Garten wie dem meiner Freundin, mit Hunden und Haus, müsse das Leben gut sein, meint sie.

Rebeccas Mutter ist extrem nervös, als wir in ihre Wohnung kommen. Sie umarmt Rebecca – die dabei unbeweglich stehen bleibt und mir später erklärt, dass ihre Mutter das noch nie getan habe. Rebecca will wissen, wieso sie als Kleinkind im Krankenhaus behandelt worden sei. Die Mutter spricht mehr mit mir als mit Rebecca, sie sei überfordert gewesen mit dem widerspenstigen Kind und habe nicht mit ihm umgehen können.

2001–2002

HERSTELLUNG EINER TRAGBAREN KOLLEKTION GEFÄNGNIS KLEIDUNG–KGK2

von (Ex-)Gefangenen und für (Ex-)Gefangene nach dem Vorbild FOR US BY US

Mit der Hip-Hop-Bewegung, die ihren Ursprung in den Armenghettos der amerikanischen Großstädte hatte und einen eigenen Musik- und Tanzstil hervorbrachte, entstand gleichzeitig eine eigene Mode: *streat wear* oder *urban fashion*. Über ihre Kleidung stellten die Outcasts ihre Armut aus und thematisierten in ihrer Musik, dem Rap, ihre Welt und ihre Chancenlosigkeit in der Gesellschaft. Die Kriminalitätsrate in den Armenghettos war überdurchschnittlich hoch, einem Mord zum Opfer zu fallen oder in einer gewaltsamen Auseinandersetzung von *street gangs* umzukommen, waren die Haupttodesursachen für junge Männer im Alter von 14 bis 25 Jahren. Sie stellten auch den größten Teil der Gefängnisinsassen. Mit dem Erfolg des Hip Hop im Mainstream veränderte sich das Ansehen der ProtagonistInnen, sie wurden zu Stars und das, was sie trugen, wurde auch in der Mittelklasse zur Mode. Das ging so weit, dass in den späten 1990er Jahren sogar die großen ModedesignerInnen Elemente der *streat wear* in ihre Kollektionen aufnahmen. Die vielen kleinen Modelabels, die sich mehr oder weniger aus dem Leben auf der Straße heraus und im Gefängnis entwickelt hatten, wurden auf dem Markt sehr erfolgreich und erreichten hohe Umsätze. Dass über die Mode die Anliegen der Outcasts in die Gesellschaft transportiert werden konnten, ist ein äußerst bemerkenswertes Phänomen.
Die Ideen und die Leidenschaft der Teilnehmerinnen bei dem Projekt KOLLEKTION GEFÄNGNIS KLEIDUNG bringt uns dazu, den Versuch zu wagen, mit ihnen zusammen nun eine tragbare Kollektion zu entwerfen.

Ihre speziellen Bedürfnisse, ihre Lebensweise, das, was sie als schön oder praktisch empfinden, soll sich darin abzeichnen. Wenn es uns überdies noch gelingt, den einen oder anderen Prototyp zur Marktreife zu bringen, könnten diese in der Textilabteilung im Gefängnis produziert werden, in Arbeitsabläufen, die nicht als zusätzliche Bestrafung erfahren würden, sondern als Bildungsaneignung und als eine Herausforderung an die Intelligenz und Kreativität der Frauen. Die bestehende technische Ausstattung der Textilabteilung könnte für eventuell kommerziell erfolgreiche Arbeiten genutzt werden.

Das Beispiel des afro-amerikanischen *startups* For Us By Us (FUBU)[56], das 1992 begann, seine eigene Kollektion Hip Hop Kleidung[57] zu entwerfen, herzustellen und als *brand* auf den Markt zu bringen, überzeugt den Anstaltsleiter, experimenteller über Produktionsprozesse nachzudenken und den Verwaltungsbeauftragten des Justizministeriums für Arbeit im Gefängnis als Gesprächspartner zu gewinnen.

56 FUBU—For Us By Us. Als Reaktion auf die überteuerten Hip-Hop Kappen aus Wolle, produziert Daymond John in Queens, NY, unterstützt von seiner Mutter, 1992 eine Serie eigener Entwürfe zum halben Preis und verkauft sie erfolgreich. Mit J. Alexander Martin, Keith Perrin und Carlton Brown entstand dann das Unternehmen FUBU, die *streetwear*-Kollektionen entwarf, produzierte und verkaufte. 27 Banken lehnten es ab, den *newcomern* einen Kredit zu gewähren. Nachdem Stars der Szene deren Kleider in ihren Videos trugen, begannen Investoren, sich für die Marke zu interessieren. FUBU wurde zu einer Erfolgsgeschichte und mit kommerziellen und ideellen Auszeichnungen überschüttet. 1998 erreichte das Unternehmen seinen Höhepunkt mit 350 Millionen US-Dollar Umsatz weltweit.

57 Die Hip-Hop-Mode, auch *street fashion* oder *urban fashion* genannt, stammt aus den Ghettos der amerikanischen Großstädte. Die Mode entstand mit der Hip-Hop-Kultur in New York City in den 1970er Jahren und erfuhr in den 1990er Jahren durch den *Gangsta Rap* entscheidende Änderungen, Elemente der charakteristischen Kleidung von Gangstern und Gefängnisinsassen wurden aufgenommen. Die typischen *baggy pants* hatten mit den Regeln in den Gefängnissen zu tun: Gürtel wurden meistens als erstes konfisziert, dementsprechend hingen die Hosen oft sehr tief. Ebenfalls in den 1990er Jahren begann sich die Mode für Frauen und Männer separat zu entwickeln. Vorher trugen Frauen oft das gleiche wie die Männer, nun wurden sehr feminine, farbenfrohe Kleider, bis hin zu auffallender Ballkleidung populär. Der *bling bling ghetto fabulous style* fand Eingang in die Kollektionen der großen Modeschöpfer.

ENTWURF KGK2

Die Herstellung eines Prototypes erfolgt wieder in Zusammenarbeit mit Anneclaire Kersten.

Das Basismaterial für die KGK2 sind filzige, weiße Wolldecken der englischen Marine, in Verbindung mit den bewährten Luxus-Textilien Seide, Skaistoffe und Klettband. Einzelstücke und Serie werden Aspekte des Gefängnislebens aufnehmen und nach außen tragen. Die Prototypen sollen im Obersten Gerichtshof in Amsterdam von AmtsträgerInnen, d. h. RepräsentantInnen der Judikative und Exekutive wie RichterInnen, StaatsanwältInnen, AnwältInnen, SchließerInnen, GefängnisleiterInnen und PolizistInnen, vorgeführt werden. Eine Modeschau in der Arrondissementsrechtbank auf den Laufbrücken in der zentralen Halle, die zu Laufstegen umfunktioniert werden.

Wir organisieren mehrtägige Workshops in verschiedenen Institutionen und arbeiten vor Ort mit den Frauen an Entwürfen und Probestücken, die wir in Amsterdam ausarbeiten werden. Vier der acht Teilnehmerinnen befinden sich außerhalb der JVA Vechta in ambulanten oder stationären Therapieeinrichtungen, im Krankenhaus, in einer JVA mit Therapie-Schwerpunkt. Wie bei unseren abschließenden Gesprächen mit den Teilnehmerinnen vereinbart, folgen wir ihnen in die jeweilige Institution und beantragen bei AnstaltsleiterInnen und TherapeutInnen ihr Einverständnis für die Fortsetzung des Projektes mit einem an die Lebensumstände der Teilnehmerinnen angepassten Arbeitskonzept.

JUSTIZVOLLZUGSANSTALT ALFELD, FEBRUAR 2001

A. G.

Wir erhalten die Erlaubnis, drei Tage mit A. G. im geschlossenen Vollzug der JVA Alfeld in einem der Besucherräume zu arbeiten. Bei unserer Ankunft zeigt uns A. G. viele Entwürfe, die sie bereits gezeichnet hat. Hauptsächlich Partykleider, die sie selbst gerne tragen würde. Das Zeichnen macht ihr Spaß, sie würde später vielleicht auch gerne Modedesignerin werden.

Wir arbeiten zusammen an Entwürfen für Gefängniskleidung, aber wir kommen zu keinen Ergebnissen, die mit dem Thema zu tun haben. A. G. scheint ihr Leben im Gefängnis, ebenso wie ihre Tat, weiterhin auszublenden. Mehr noch als in Vechta kommt sie uns wie ein Kind vor, das sich selbst retten muss. Bei ihrem ersten Freigang flüchtet sie mit ihrem Freund nach Albanien.

HILDESHEIM, 11. MÄRZ 2001

WERONIKA MAZUR

Weronika zieht mit dem Baby um nach Hildesheim. Sie steht zwar dauerhaft unter Aufsicht des Jugendamtes, fühlt sich aber durch deren Betreuung eher unterstützt und ermutigt als misstrauisch kontrolliert. Sie schreibt Briefe und Karten, berichtet über jede Regung, jede Gewichtszunahme, jede Entwicklung des Babys.

Wenn Marvin lacht, geht es mir gut. Er lacht ziemlich oft.

Weronikas Alltag besteht aus Therapien, Amtsgängen und Terminen mit ihren BewährungshelferInnen.

HILDESHEIM, 16. JUNI 2001

WERONIKA MAZUR

Wir besuchen Weronika und Marvin. Weronika freut sich auf unsere neue Zusammenarbeit, sie erwartet uns im Park vor dem Wohnkomplex. Da steht sie, wie immer im Minirock mit bloßen braunen Beinen, Pelzjacke und Sandalen an den Füßen und mit ihrem neuen Haustier auf der Schulter, einem Frettchen.

Marvin ist ein ruhiges Baby, er brabbelt zufrieden vor sich hin und spielt mit großer Ausdauer. Er isst gut und das Jugendamt ist mit seiner Entwicklung zufrieden.

Wegen fehlender Arbeitsflächen in ihrer Wohnung arbeiten wir bei ihrer Freundin Renée am Projekt. Renée ist eine ehemalige Hüttenlinde aus der JVA, die mit ihrer 12-jährigen Tochter in einer großen Wohnung lebt. Sie ist seit Jahren clean und achtet nun auf Weronika; wann immer nötig, passt sie auch auf Marvin auf.

Wir beginnen mit der Planung der Arbeitszeit. Weronika hat in den nächsten Tagen ziemlich viele Termine, beim Arzt und beim Jugend- und Sozialamt. Außerdem ist Kirmes in der Stadt, da müssten wir unbedingt hin, sagt sie, sie jedenfalls will am Abend dort vorbeischauen. Sie habe ein paar nette polnische Kumpels, die sie auf der Kirmes treffen wird.

Wir arbeiten in kleinen Zeitabschnitten. Wie im Knast, bietet die Näharbeit Gelegenheit zum Reden. Ob der polnische Kumpel Marek, von dem sie erzählt, ihr Freund sei? Nee, netter Kerl, er tue alles für sie und sei lieb zu Marvin. Mit Typen, die nervten, wolle sie nichts zu tun haben. Später erzählt sie, dass ein Typ sie letztens auf einer Party zuerst betrunken, beziehungsweise bewusstlos gemacht und sie dann vergewaltigt habe. Ob sie das angezeigt habe? Nee, natürlich nicht, das bringe doch nichts. Wer würde ihr auch schon glauben? Ob wir zusammen zur Polizei gehen sollten? Nee, bloß keinen Ärger, das gebe Stress beim Jugendamt.

Ihr Kleidungsstück soll ein warmer Mantel mit eingenähtem Tragesack für das Baby werden, vom Prinzip her ähnlich wie das Kneier-Seidenkleid. Für sich will sie, passend zum Mantel, eine Maske machen. Sie will die Wolldecken bearbeiten, der Mantel soll schön aussehen. Wir fabrizieren Proben mit verschiedenen Lagen Decken. Sie weiß genau, was sie will und was sie nicht will. Ihr Entwurf entspricht nicht ihrem Kleidungsstil, sie denkt ihn im Sinne der tragbaren Kollektion als Objekt, aus Notwendigkeiten eines Lebens mit einem Baby heraus entwickelt.

Am nächsten Morgen wird Weronika angerufen und erfährt, dass der Kumpel Marek ihren Vergewaltiger nach einem heftigen Streit getötet hat und geflohen ist. Wir beraten gemeinsam, was zu tun sei. Soll Weronika zur Polizei gehen? Nein, auf keinen Fall, dann wird ihr Marvin weggenommen. Was soll der Polizei gesagt werden, wenn sie bei Weronika auftaucht – was gewiss geschehen wird. In jedem Fall berichten, was letzte Woche vorgefallen sei, finde ich und gleichzeitig kann ich mir sehr wohl vorstellen, wie Weronika von der Polizei und dem Jugendamt beurteilt werden wird.

Wenn sie zu Hause nicht angetroffen würde, käme die Polizei automatisch zu ihr, befürchtet die Freundin. Sie ist wütend, weil Weronika es immer wieder schafft, sich selbst und andere in solche Situationen zu bringen.

Weronika befürchtet, dass der Vorfall ihre bevorstehende Verhandlung beeinflussen wird. Während einer Polizeikontrolle hatte sie wegen einer ungerechten Beschuldigung den Polizisten nicht nur mit einer Glasscherbe bedroht, sondern auch damit gedroht, ihn mit HIV anzustecken. Um der Verhaftung zu entgehen, hatte sie ihn im darauffolgenden Gerangel in den Arm gebissen. Ihre spätere Entschuldigung hatte der Beamte nicht akzeptiert:

Er musste drei Monate auf die Ergebnisse seiner Blutuntersuchung warten, die gottseidank HIV-negativ ausfielen.

Wir setzen vorsichtshalber ein Schreiben auf, in dem Weronika festlegt, dass ihre Freundin Renée in Abwesenheit von Weronika für Marvin sorgen soll. Anneclaire und ich bestätigen die Übereinkunft als Zeuginnen.

Bevor wir abreisen hören wir, dass Marek sich der Polizei gestellt hat.

HILDESHEIM, JULI 2001

WERONIKA MAZUR

Bei mir ist alles okay! Besser, besser, jeden Tag … habe mit einem Psychologen gesprochen. Er hat mir sehr geholfen. Medikamentöse Hilfe habe ich auch.
Für ›Goldenbaby‹ habe ich über einen Rucksack nachgedacht.
Die Maske war nicht so toll.

Sie schickt Zeichnungen ihres angepassten Entwurfes.

LOXSTEDT, SEPTEMBER 2001

REBECCA MERTENS

Rebecca kann die Behandlungserfolge vorweisen, die von ihr verlangt werden, damit sie uns für den Workshop einladen darf. Sie wird bald in die halboffene Wohngemeinschaft in Bremen entlassen, um – zunächst begleitet – das Erlernte im richtigen Leben zu praktizieren.

Sie hat unser Projekt technisch und inhaltlich vorbereitet, Arbeitsräume eingerichtet, Tages- und Arbeitsabläufe in die Hausordnung der Einrichtung integriert und nun können wir kommen. Sie hat bereits eine Gruppe von sechs Loxstedt-BewohnerInnen gebildet, die mitarbeiten wollen.

Die Loxstedt-BewohnerInnen sind jung, zwischen 20 und 30 Jahre alt, es sind weniger Frauen als Männer. Rebecca hält die Einführung und erklärt, wie wir im Gefängnis gearbeitet haben. Um die KGK2 entwerfen zu können, beschreiben die TeilnehmerInnen ihre Motivation und ihre Erwartungen an solch eine Kleidungsserie, die von AmtsträgerInnen vorgeführt werden soll. Die meisten haben ihre Erfahrungen mit ihnen gemacht.

In die Entwürfe gehen persönliche Ereignisse ein und der Wunsch, ein ›Statement‹ abzugeben. Der 20-jährige Junge mit den schweren Verletzungen am Arm thematisiert Gewalt auf dem Drogenstrich. Er hat sich prostituiert, um seinen Drogenkonsum zu finanzieren. Dass er nicht schwul sei, wird er nicht müde zu betonen. Die Frauen thematisieren ihre Prostitution weniger oder gar nicht, sie bezeichnen sie als ›Ackern‹. Ihre sexuelle Orientierung spielt dabei kaum eine Rolle. Sich auf manche Stammfreier außerhalb des Drogenstrichs einzulassen oder besser, sich zeitweilig den Luxus einer Gratis-Unterkunft zu leisten, scheint bei den Frauen verbreiteter zu sein als bei den Männern.

Rebecca hatte mir schon im Knast von ihrem jetzigen ›Typen‹ erzählt, ursprünglich ein Stammkunde, der sich auch während der Haftzeit um sie kümmerte. Er rief sie an, besuchte sie und brachte ihr Drogen und Geschenke mit. Ich möchte wissen, in welcher Beziehung sie zu ihm steht. Er störe sie nicht – und damit scheint alles gesagt. Sie müsse aber bald einmal damit aufhören, meint sie noch.

Der Junge entwirft sein ›Hurenhemd‹, wie er es nennt, ein Kleidungsstück, das ihn als verfügbares Objekt auf dem Strich schützt, aber gleichzeitig die Körperteile entblößt, die die Freier anziehen.

Rebecca kann sich kaum auf ihre eigenen Entwürfe konzentrieren, sie ist hyperaktiv und hauptsächlich mit den gruppendynamischen Vorgängen beschäftigt.

UNNA, JUNI 2001

LÜSA— LANGZEIT ÜBERGANGS- UND STÜTZUNGSANGEBOT

Anabela Dias de Oliviera (Ana Dias), die Initiatorin und Leiterin von LÜSA e. V. in Unna, befürwortet nicht nur unseren Antrag, sondern bittet uns, weitere LÜSA-BewohnerInnen in dieses oder ein anderes unserer Projekte einzubeziehen. Unser erster Eindruck bei der Ankunft: die meisten Leute hier sehen so aus, als ob sie gerade aus dem Urlaub kämen, gar nicht so grau wie die Junkies im Knast. Sie scheinen alle ein wenig gebräunt zu sein. Das sind sie aber nicht, ihre gelbbraune Gesichtsfarbe ist auf die fortgeschrittene Leberzirrhose zurückzuführen, erfahre ich.

LÜSA unterscheidet sich von traditionellen Therapieeinrichtungen, deren Ziel die Heilung der Suchtkrankheit ist. LÜSA stellt keine der üblichen Bedingungen an seine BewohnerInnen, sie müssen bei Aufnahme weder clean noch substitutionsfrei sein. Sie werden zwar medizinisch betreut, aber nicht automatisch psychotherapeutisch. Es werden schlicht keine Ziele formuliert, damit nicht wieder Druck aufgebaut wird, an dem schon so viele Junkies gescheitert sind.

Die Hausregeln sind dementsprechend einfach und deutlich:

1 Jede Form von Gewalttätigkeit, auch verbale, wird nicht geduldet. Bei Verstoß wird, je nach Schwere der Gewaltäußerung, eine Warnung erteilt, bei Wiederholung wird Anzeige erstattet und Hausverbot erteilt.
2 Im Haus, in den WGs und Werkstätten werden weder Drogen konsumiert, noch mit auf die Zimmer genommen. Zigaretten gelten als Ausnahme. Im Flur des Hauses befinden sich kleine Schließfächer, in denen die BewohnerInnen ihre Drogen aufbewahren können.

UNNA, JULI 2001

MAGDA GOMEZ FERRER

Ana Dias bestätigt meine Beobachtung, dass Magda zur Zeit besonders depressiv ist, es geht ihr viel schlechter als zum Zeitpunkt ihrer Aufnahme. Neben dem physischen Abbau wegen Erkrankungen an Hepatitis C und anderen fatalen Organschäden nach Infektionen ist die Depression die verbreitetste Krankheit unter Alt-Junks. Nicht erkannte und unbehandelte Depressionen in der Kindheit und Jugend werden inzwischen als (Mit-)Auslöser für den Beginn des Drogenkonsums angenommen, der damit auch als Selbstmedikation zu werten sei. Da Junkies ab einem bestimmten Alter keine Drogen mehr konsumieren können, gibt es wenig Alternativen für die Behandlung von Depressionen – es bleibt allein die Einnahme von Psychopharmaka in extrem hoher Dosierung.

Magda hat wenig Energie, freut sich aber auf eine neue tägliche Zusammenarbeit in kleinem Kreis mit einigen MitbewohnerInnen. Die Aufnahme in das Projekt LÜSA bedeutet für Magda, wie vermutlich auch für die meisten BewohnerInnen, die Konfrontation mit der Unumkehrbarkeit ihrer Situation. MitbewohnerInnen, die es nicht geschafft haben, sich eine andere, private Wohnsituation zu schaffen, sterben hier oder im Hospiz. Die Frage, wer der oder die Nächste ist, stellt sich permanent und ist, wie für jeden Menschen, schwer auszuhalten. Dem Leiden an individueller Einsamkeit und dem Fehlen von Angehörigen und Anteilnahme kann nur begrenzt von den LÜSA-MitarbeiterInnen begegnet werden. Nur wenige können sich noch zu einer neuen, aktiven Lebensphase aufraffen.

Wir lernen während der Projektausführung acht BewohnerInnen im Haus und sechs aus den auswärtigen Wohngemeinschaften kennen. Die Werkstätten, die Druckerei und der Laden, in dem BewohnerInnen beschäftigt sind, konnten kooperativ von LÜSA, der AIDS-Hilfe und dem Sozialamt der Stadt Unna eingerichtet werden.

Die Wohngemeinschaften bieten Perspektiven für jene, die in der medizinischen Versorgung genügend stabilisiert werden konnten, um selbstständiger zu wohnen und zu arbeiten. Wir treffen sogar einen WG-Bewohner, der vor einem Jahr schon in ein Hospiz aufgenommen worden war und der sich selbst daraus entlassen hatte, um weiter zu leben.

Trotz des Interesses von sechs LÜSA-BewohnerInnen, sich an der KGK2 zu beteiligen, arbeiten wir hauptsächlich mit Magda an Entwürfen für tragbare Kleidungsstücke. Die anderen beteiligen sich am Gespräch und diskutieren lebhaft, aus welchen Kleidungsstücken die Kollektion bestehen müsste, machen Zeichnungen, Entwürfe und Materialproben. Anders als im Knast fällt es Magda in dieser Arbeitsgemeinschaft schwer, sich solidarisch zu verhalten. Sie hat einen Erfahrungsvorsprung und in der entschlossenen Umsetzung wird sichtbar, dass sie weiß, wie ein Gedanke zu einem Entwurf führt.

Während die anderen noch suchend skizzieren, weiß Magda nach einem Tag, welches tragbare Kleidungsstück sie braucht: Neue Arme – verborgene Arme, geheilte Arme, versorgte Arme, getröstete Arme. Sie entwirft armlange Handschuhe, die aus weißen Wolldecken genäht werden sollen. Ihre Arme sind nicht nur vernarbt, sondern geradezu verbeult, mit tiefen Gruben und Erhebungen, Folgen ehemals infizierter Einstichwunden und Geschwüren. Wir machen Gipsabdrücke ihrer Arme und gießen die positive Form in Wachs, um mit dem Modell zu arbeiten. Das Kleidungsstück soll nicht die Verletzungen und Schäden verbergen, sondern die körperlichen Defekte nach 20 Jahren Drogenkonsum ausgleichen. Ein Lochmuster an der Innenseite der armlangen Handschuhe erinnert an die Injektionen.

Wir verabreden mit allen TeilnehmerInnen, die gemeinsame Arbeit fortzusetzen, sobald wir die Entwürfe in Amsterdam weiter ausgearbeitet haben. Wir bleiben im Gespräch und schicken Fotos der Handschuhe und anderer Kleidungsstücke.

AUSFÜHRUNG ENTWÜRFE

Im Atelier arbeiten wir die Entwürfe der TeilnehmerInnen aus. Wir inventarisieren Ansätze für Kleidungsentwürfe und Materialanwendungen, folgen den Vorstellungen der TeilnehmerInnen und stellen Materialproben und Schnittmuster her. Dabei beziehen wir unsere Notizen über die Funktion jedes Kleidungstückes ein und prüfen die Tauglichkeit jeder Zeichnung

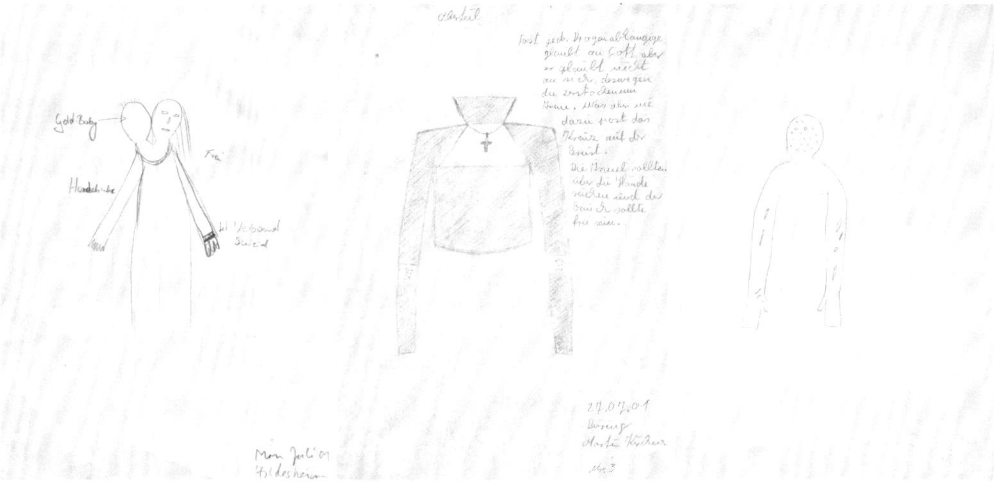

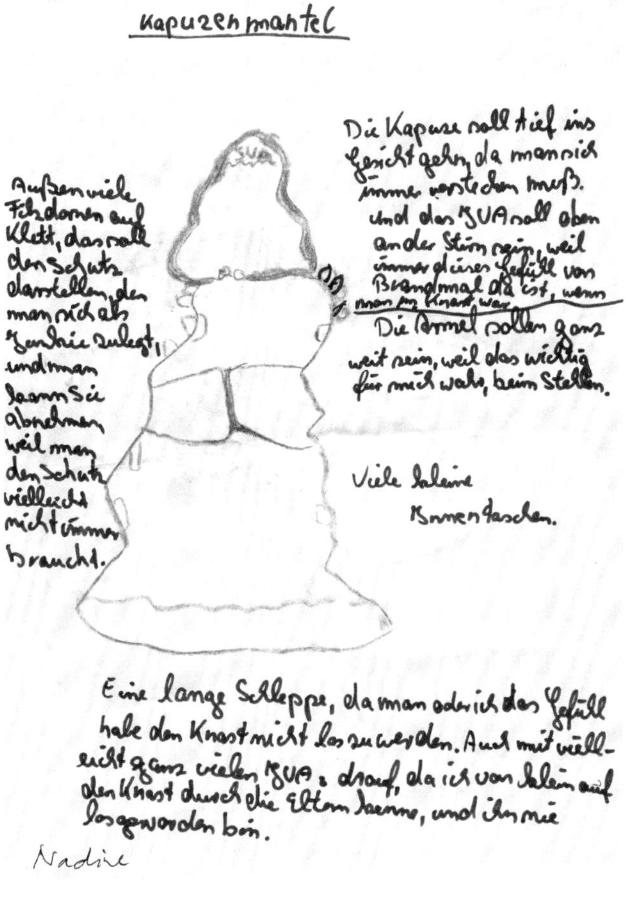

Entwürfe KGK2. Zeichnungen der TeilnehmerInnen, Loxstedt, Juni 2001

als Ausgangspunkt für eine Kollektion, die auch für Außenstehende interessant sein kann. Wir versuchen, die individuellen Entwürfe zu kategorisieren und zu standardisieren, mit dem Ziel, gemeinsame Bedürfnisse in Kleidungsstücke einzubringen.

Nach einigen Monaten bitten wir KollegInnen und den Richter, der unseren Plan in der Rechtbank begleitet, um Anprobetermine und Probeauftritte in der semi-öffentlichen Umgebung ›Het Glazen Huis‹. Luuk Kramer macht Fotos. Die Kleidungsstücke sehen auf dem Laufsteg spektakulär aus, die Fotos lassen Außergewöhnliches vermuten. Der Auftritt der Models gleicht einer Theateraufführung oder einer Performance. Und genau darin liegt das Problem: wir haben das Thema verfehlt. Wir haben uns zu stark in unseren Mutmaßungen über die Bedeutung der Zeichnungen bewegt, haben interpretiert, stärker noch, projiziert. Damit haben wir uns unversehens vom *For Us By Us*-Prinzip entfernt und stattdessen ›Outcast Haute Couture‹ produziert.

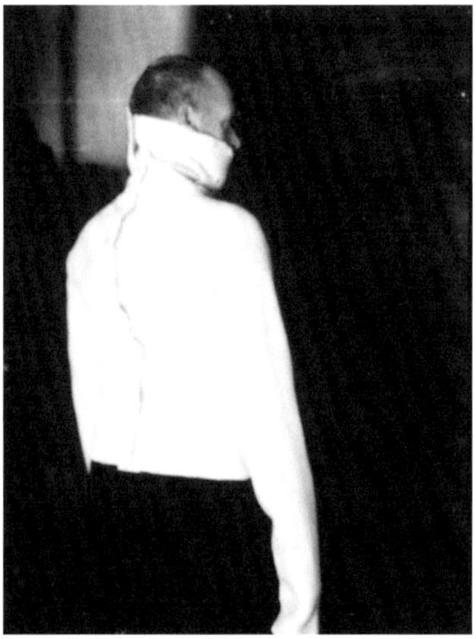

Entwurf KGK2, Het Glazen Huis, Amsterdam

Es braucht einige Zeit, bis wir erkennen, dass nur die gemeinsame, intensive Arbeit mit den TeilnehmerInnen, in der wir uns täglich konzentriert mit den Entwürfen und der Ausführung auseinandersetzen und Ziele hinterfragen, zu einer Spiralbewegung führt, in der sich authentische Resultate entwickeln können. Der Ort und die TeilnehmerInnen hatten während der ersten beiden Projektausführungen die Neu-Definierung des Objektbegriffes bestimmt. Die Tauglichkeit einer Kunst(-form) unter solchen Voraussetzungen ist aber nicht automatisch übertragbar auf andere Situationen, Materialien, Formate. Dass ich ›meinen Junkies‹ aus dem Gefängnis in ihre Lebenssituationen gefolgt bin, hat weder die Wiederholung der Qualität unseres Kontaktes, noch die Qualität der Fragestellung und bewährter Methoden garantiert. Projekt LÜCKE und KGK1 hatten für alle Beteiligten aufklärerisch gewirkt, jetzt aber fehlt der klare Bezug des Objekts zu den TeilnehmerInnen.

UNNA, AUGUST 2001

MAGDA GOMEZ FERRER

Magda bedankt sich für die gemeinsamen Tage, auch im Namen der anderen LÜSA-BewohnerInnen.

Ich wollte Euch in jedem Fall wissen lassen, dass ich fast den ganzen Monat nicht im Haus bin, vielleicht kannst Du den Terminkalender ja noch verändern, falls nicht, dann kommt doch einfach, denn all die, die mitgemacht haben, hatten viel Spaß mit Eurer Zusammenarbeit und freuen sich auf Eure Wiederkehr, echt selten, die Leute für etwas zu begeistern.

Es gehe ihr aber schlecht. Ein zwei- bis dreiwöchiger Krankenhausaufenthalt stehe bevor, erstens zum allgemeinen Check, weil sie sich ständig krank fühle, und zweitens zum Entgiften, da man ihr nicht glaube, dass sie nur eine halbe Oxazepam (Tranquilizer) pro Tag und sonst nichts nehme. Sie klingt mut- und hoffnungslos, erwägt, das Haus zu verlassen und nach Hannover zurückzukehren.

Eine der Teilnehmerinnen, Yvonne, sei leider auch schon wieder in der JVA gelandet.

Ich kann mit meinen bescheidenden Mitteln nicht viel tun, außer in Verbindung bleiben!

BREMEN, OKTOBER 2001

REBECCA MERTENS

Rebecca zieht nach Abschluss ihrer stationären Therapie in Loxstedt in die Wohngemeinschaft ehemaliger DrogenkonsumentInnen nach Bremen, wo sie weitere drei Monate, begleitet von verschiedenen BetreuerInnen, auf ein selbstständiges Leben vorbereitet werden soll. Die praktische Begleitung im Alltag ersetzt Gruppen- und Einzeltherapie. Sie soll lernen, sich ohne Drogenkontrollen und Verhaltensauflagen in der Stadt frei zu bewegen, ohne wieder in frühere Gewohnheiten zu verfallen.

Ich besuche Rebecca in der WG. Sie zeigt mir zuerst ihr Zimmer, in dem sie sich noch nicht eingerichtet, bzw. eingelebt hat. Dann zeigt sie mir Bremen und stellt mich den Leuten vor, mit denen sie umgeht. Sie ist noch unruhiger als bei meinem letzten Besuch in Loxstedt, hin- und hergerissen zwischen dem Wunsch, ein drogenfreies Leben zu führen und dem Verlangen, vertraute Szenen aufzusuchen.

Ich mag die Freaks, die Punks, die schrägen Vögel nun mal

sagt sie wie zur Verteidigung. Und wie ich sehe, wird sie von ihnen gemocht. Zum ersten Mal bittet sie mich beim Abschied um Geld, gibt dringende Gründe an, wozu sie es braucht, sie zahle es bestimmt zurück.

Bei meinem nächsten Anruf erfahre ich, dass Rebecca nicht mehr in der WG wohnt. Weitere Auskunft könne man mir nicht geben.

Die Therapeutin in Loxstedt bestätigt später, dass Rebecca ihre Therapie abgebrochen habe und beantwortet meine Frage, ob man sie zu früh nach Bremen entlassen habe, natürlich nicht. Sie meint nur sehr lapidar, dass Rebecca wohl noch eine Runde Drogen brauche. Ob man sie nach dieser Runde in Loxstedt denn wieder aufnehmen würde? Man werde sehen.

VECHTA, 4. NOVEMBER 2001

REBECCA MERTENS

Rebecca berichtet von ihrem heftigen Rückfall und ihrer Scham, enttäuscht zu haben. Sie habe Vertrauen missbraucht und hoffe auf eine neue Chance.

Wie Du dem Absender sicher schon entnommen hast, bin ich wieder in diesem fiesen, kalten, dunklen und vor allem mit Hass gefülltem Loch ... schrecklich. Besonders nach der Therapie fällt mir dieser menschenverachtende Umgang sehr schwer. Aber das alles muss ich zum Glück nicht sehr lange ertragen. So schnell es geht, gehe ich wieder auf Therapie. Vielleicht gehe ich wieder nach Lox!!! Ich hoffe so sehr, dass sie mich nochmal nehmen, denn jede andere Therapie, wäre sie auch noch so gut, wäre in meinem Herzen 2. Wahl. Ich möchte soooo gerne wieder dorthin, habe aber ein wenig Angst, dass sie nein sagen. Aber auch wenn nicht Lox, auf Therapie gehe ich 100 %ig! Ich habe mich beschissen und feige benommen, da kann ich mir selbst nichts schönreden. Ich glaub, ich muss erst lernen zu pflegen, was mir lieb und teuer ist.

VECHTA, 19. NOVEMBER 2001

REBECCA MERTENS

Rebecca faxt, dass sie bald zu Elrond[58] in Osnabrück geht – zur Überbrückung.

Elrond ist eine Selbsthilfegruppe für Drogenabhängige, die clean, aber eben noch immer süchtig sind.

Wenn sie dort ist, wird ihr eine dreimonatige Kontaktsperre auferlegt.

Keine Briefe, keine Telefonate.

Ich solle mich also nicht sorgen, wenn ich nichts von ihr hörte.

Sonst geht's mir schon wieder viel besser. Sonne in Sicht. Hätte gern mit Dir gesprochen, Dir alles nochmal richtig erklärt!

Wir telefonieren während der regulären Telefonzeiten, ich versuche ihr deutlich zu machen, dass sie sich mir gegenüber ja nicht verantworten müsse. Es sei ihr aber wichtig, erwidert sie, sich mit Verantwortung auseinanderzusetzen, sehr wichtig, wenn man erwarte, dass jemand an einen glaube – inklusive sie selbst. Da ich ohne Sonderrechte[59] in der JVA nicht mehr außerhalb vereinbarter Besuchszeiten ins Gefängnis gelassen werde, sehe ich Rebecca nur 40 Minuten im offiziellen Besucherraum der JVA.

58 http://www.elrond-osnabrueck.de
59 Der Anstaltsleiter war im Herbst dieses Jahres erkrankt und die stellvertretende Anstaltsleiterin wollte meine Projekte nicht unterstützen. Seitens der JVA werde ich weiterhin durch den Sozialpädagogen und Jugendabteilungsleiter Helmut König unterstützt, auch als er später Personalratsvorsitzender der JVA für Frauen, Vechta, wird.

VECHTA, 28. DEZEMBER 2001

REBECCA MERTENS

In ihren folgenden Briefen berichtet Rebecca mit vertrautem Witz unter anderem über das diesjährige Weihnachten im Knast. Mit dem einzigen Fernsehprogramm werde frau

... zum Ertragen vom Weihnachtsmusikantenstadel, Helmut Lottis Classical Christmas!!!! und Filmen wie Vom Winde verweht!!! gezwungen. Es ist somit kein Wunder, dass die Selbstmordrate im Knast zu Weihnachten extrem steigt.

Rebecca wird in ein paar Tagen 26 und ihre größte Sorge betrifft ihre Unfähigkeit

... alles auf eine Reihe zu kriegen. Bald bin ich 30, und dann? Ende ich hier noch wie Mari, strickend? Schluck! Apropos, der geht's übrigens echt gut! Seit sie vom Metha runter ist, ist sie wieder voll da! Hat sich total verändert, echt super. Zeigt mir einmal mehr, was das für ein Dreckszeug ist, und dass ich das nie wieder nehmen möchte!

HILDESHEIM, DEZEMBER 2001

WERONIKA MAZUR

Regelmäßig Briefe und Karten von Weronika. Sie berichtet weiterhin über die Hürden, die sie nehmen muss, um Marvin eine gute Mutter zu sein. Was nicht ganz einfach ist, da sie jeden Tag ein Praktikum absolviert oder zur Schule geht, Therapietermine wahrnimmt und dauernd auf den Ämtern zu tun hat. Sie schickt Weihnachtsgrüße.

2001–2002

KONZEPT
JUGEND WOHN ZIMMER

Während der KGK Projektausführung hatte ich in Begleitung der Beamtin die zwei jugendlichen Teilnehmerinnen A. G. und Nicole Frisch regelmäßig von ihrer Abteilung abgeholt. Ich kann mir vorstellen, mit diesen Mädchen intensiv zusammenzuarbeiten, um den immensen Korridor der Jugendabteilung in ein JUGEND WOHN ZIMMER umzugestalten.

AKTION UND INSTALLATION: UMGESTALTUNG DER JUGENDABTEILUNG DER JVA FÜR FRAUEN, VECHTA

Die ›Aktion‹ besteht aus dem Vorlesen von Geschichten und der Einrichtung einer Bibliothek. Für die ›Installation‹ sollen vorhandene Wohnelemente umgewidmet und mit neuen Möbeln und Gebrauchsgegenständen kombiniert werden. Letztere sollen gemeinsam mit den jugendlichen Häftlingen entworfen und in den Gefängniswerkstätten gebaut werden.
Die Umgestaltung der Jugendabteilung verfolgt zwei Ziele: Die vorgelesenen Geschichten[60] nehmen die Erfahrungen und Sehnsüchte der Bewohnerinnen auf, spiegeln sie wider und / oder machen sie mit anderen Lebensentwürfen vertraut. Während dieser Zeit verändern sie ihre Umgebung in der Form, dass sich darin ihre Bedürfnisse und Absichten abzeichnen und konkrete Gestalt annehmen. Dieser Prozess ist vergleichbar mit dem Aufbau einer Erzählung: Nach dem *setting* und der Charakterisierung der Figuren wird die Handlung zunehmend dynamischer, mit der Abfolge der Ereignisse und der Beschreibung

menschlichen Verhaltens stellt sich bei den Leserinnen allmählich die Identifikation mit den Hauptfiguren und deren Handeln ein. Gleichzeitig wächst bei ihnen eine Vorstellung davon, wie ihre unmittelbare Umgebung aussehen und wie sie darin leben könnten.

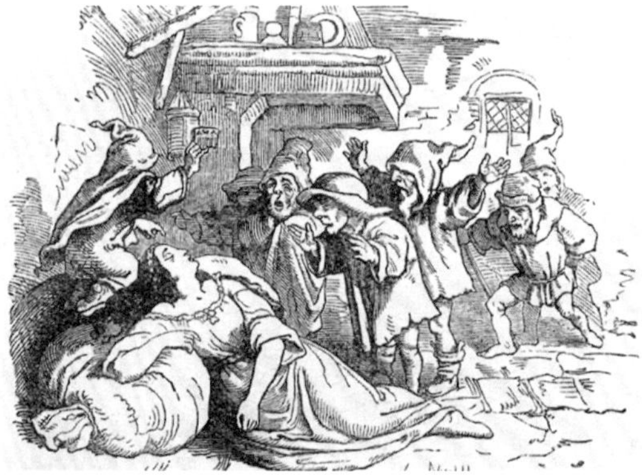

Schneewittchen[61], Illustration von Ludwig Richter, um 1850

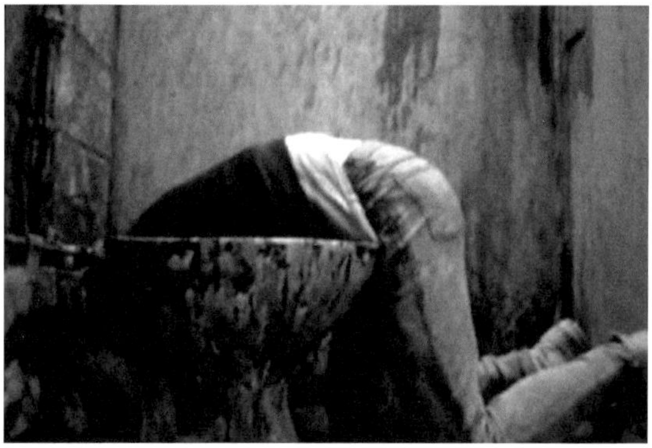

Filmstill aus ›Trainspotting‹ von Danny Boyle, 1996, nach dem gleichnamigen Roman von Irving Welsh[62]

60 Der amerikanische Psychoanalytiker Bruno Bettelheim stellte die These auf, dass Märchen Kindern helfen würden, ›das Chaos in ihrem Unbewussten zu bewältigen‹. Bruno Bettelheim, Kinder brauchen Märchen. Stuttgart 1977.

61 Das Märchen beginnt im Winter, die Geburt einer jungen Prinzessin wird angekündigt. Die magischen Farben schwarz (der Ebenholzrahmen des Fensters), weiß (Schnee) und rot (Blut) repräsentieren die drei Abschnitte im Leben einer Frau: Jugend, Reife, Alter und Tod. In diesen Lebensabschnitten finden Geburt, Lernen, Prüfung (Initiation), (spiritueller) Tod und Auferweckung zu neuem Leben statt. Die Zahl sieben (die sieben Zwerge) verweist unter anderem auf die sieben Tugenden und die sieben Sünden des Menschen. Der Spiegel soll Antwort auf Fragen nach Leben und Tod geben.

62 Buch und Film erzählen die Geschichte eines jungen, drogenabhängigen Vandalen und ›trainspotter‹, Mark Renton, der versucht, clean zu werden und von seinen ›schlechten‹ Freunden loszukommen. Es geht um Sex, Gewalt, Drogen und groben Sprachgebrauch – ohne Idealisierung. ›Trainspotter‹ halten sich an Bahnhöfen oder an Bahnstrecken auf und sammeln die Nummern aller Züge, die an ihnen vorbeifahren. Wenn sie jeden Zug einmal gesehen haben, ist die Sammlung komplett und die Aufgabe erledigt. Das ›Spotten‹ ist zu Ende und verliert als Teil des Alltags seine Bedeutung.

MÄDCHENGEFÄNGNIS

In der Jugendabteilung des Gefängnisses leben etwa zwölf 14- bis 20-jährige Mädchen aus vier benachbarten Bundesländern.

Die Abteilung befindet sich im Erdgeschoß des 1882 als Verwahrhaus errichteten Gebäudeteils der JVA für Frauen. Der etwa sieben Meter breite, fünf Meter hohe und 30 Meter lange Flur ist mit einer gläsernen Wand in zwei Bereiche geteilt, damit Konfliktparteien räumlich getrennt werden können. Die eine Hälfte des Flurs besitzt große Fenster mit Aussicht auf den kleinen Gefängnishof, in dem auch einige Bäume stehen und auf die Mauer des Gefängnisses. Die Sicht auf die Straße hinter der Mauer ist eingeschränkt. Auf der anderen Hälfte des Flurs gibt es keine natürlichen Lichtquellen.

Auf jeder Korridorseite befinden sich sechs Zellen, von denen jeweils vier als Gefängniszelle und zwei als Bewachungs- und Büroräume dienen. Auf jeder Seite sind Gemeinschaftsräume eingerichtet, des Weiteren gibt es eine semi-öffentliche Telefonzelle und eine Gemeinschaftsküche.

Jede Zelle in der Größe von etwa 4 × 2,5 Metern bietet Wohnraum für ein oder zwei Mädchen. Die Zellen richten sie sich selbst im Stil eines Kinder- oder Jugendzimmers ein, soweit sicherheitstechnisch zugelassen, mit Bildern an den Wänden, einem Holzbettgestell, nur einem erlaubten Kuscheltier und, sofern ausreichend Raum zur Verfügung steht, einem Nachttisch zwischen den Betten. Jederzeit einsehbar von den BewacherInnen, gibt es in der Zelle eine Toilette und ein Waschbecken.

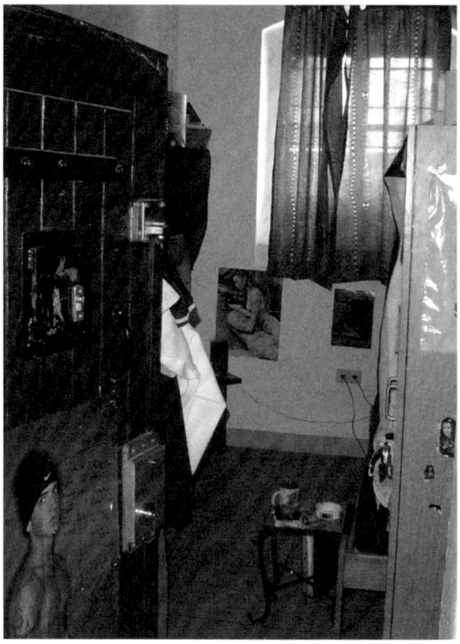

Jugendhaftzellen für ein oder zwei inhaftierte Mädchen in der Justizvollzugsanstalt für Frauen Niedersachsen, Vechta, 2003

Gemeinschaftsraum ist der Flur, er ist mit altmodischen Polstermöbeln eingerichtet, der pflegeleichte PVC-Boden ist allzeit sauber. Hier hängen die jungen Häftlinge in ihrer Freizeit wie Sandsäcke in den Sesseln, an den Füßen klobige ›Buffalo‹-Schuhe mit Megaplateausohle, die sie lässig auf die Beistelltische aus

Eiche legen. Es wird gequatscht und gelacht. Oberflächlich gesehen wirkt ein derartiges Zusammensein wie ein lebhafter sozialer Austausch, aber es herrscht keine Entspannung und erst recht keine Freundlichkeit. Man spricht nicht miteinander, sondern schreit sich an. Es wird nicht gefragt, hinterfragt oder diskutiert, sondern unterstellt, bloßgestellt und ausgelacht, beschimpft und befohlen, beleidigt und gedroht.

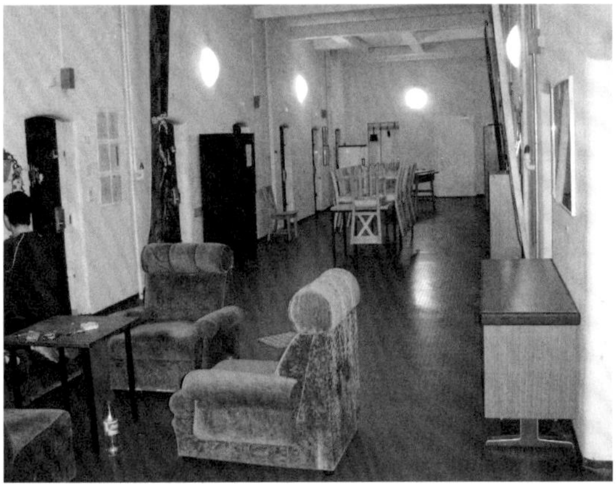

Wohnflur in der Jugendabteilung Justizvollzugsanstalt für Frauen, Niedersachsen, Vechta, 2003

SCHNEEWITTCHEN, PSYCHO BEGBIE UND DIANE (14)

Im Gemüt der jungen Häftlinge spielt ein Phantombild von Unversehrtheit in einem bürgerlichen Leben eine große Rolle: Wie das Leben aussehen könnte, wenn sie nicht in dieser Situation leben würden, müssten—wie es wäre, wenn am Ende alles gut würde; für sie ein märchenhafter und unrealistischer Traum. Die Neueinrichtung des Flurs setzt sich die Entwicklung geistiger Beweglichkeit und die Erfahrung körperlicher Nähe ohne Gefährdung der jungen Frauen zum Ziel.

Die literarische Aktion ist der immaterielle Teil des Projektes. Anfangs konzentriere ich mich auf das Erzählen von Geschichten und deren ständige Wiederholung. Ich bin davon überzeugt, dass ich die Mädchen mit Märchen wie ›Schneewittchen‹ genauso erreichen und fesseln kann, wie mit der Geschichte vom fixenden Psycho Begbie und der 14-jährigen Diane aus ›Trainspotting‹. Vom Traum der schlafenden Prinzessin im gläsernen Sarg und der jungen Frau, die in einem Turm ohne Ausgang eingesperrt ist, bis hin zum Alptraum einer zerstörerischen Umgebung kommt jedes Schicksal vor. Das Leben ist für eine gewisse Zeit suspendiert.

Indem die Jugendlichen über die Geschichten nachdenken und sie reflektieren, entsteht parallel, wie eine Fortsetzung des Gehörten, der Entwurf einer Inneneinrichtung: Wie und wo möchte jede herumhängen, sitzen, liegen, wenn vorgelesen wird?

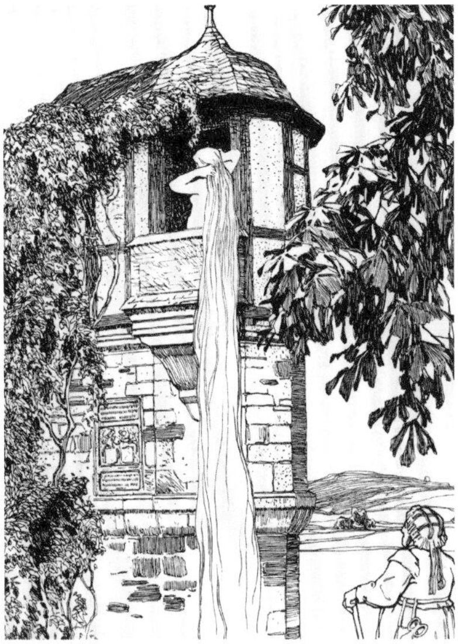

Der Rapunzelturm, Holzschnitt von Otto Ubbelohde,
Illustration der Kinder- und Hausmärchen der Brüder Grimm und sein Vorbild aus dem hessischen Amönau, das Teehäuschen aus dem Jahr 1616, ›Rapunzelhäuschen‹ genannt[63]

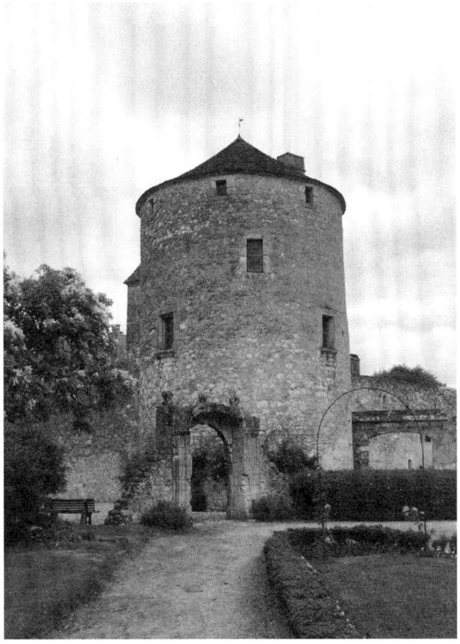

Der Turm von Michel Montaigne[64]

Alle Möbel der Entwürfe werden in den professionell eingerichteten Werkstätten (Holz, Metall, Textil) des Gefängnisses hergestellt. Dabei kommen verschiedene altbekannte, aber auch neue handwerkliche Techniken zum Einsatz. Das Nähen von Polsterbezügen aus Skai, das Filzen von Sitzsacküberzügen und das Steppen von Futons sind z. B. Techniken, die schnell zu erlernen sind und deren Resultate direkt sichtbar werden.

Beide Flurräume erscheinen durch die Glaswand wie ein Raum, werden aber separat eingerichtet. Der vordere, helle Teil mit der großen Fensterfront wird von Farbe und Form her monochrom und geradlinig gehalten, der tageslichtlose Teil neon-farbig und schrill.

Beide werden jeweils mit einer Grundeinrichtung ausgestattet; mit Stühlen und Tischen, die einzeln genutzt werden können oder zusammengestellt für Gemeinschaftsarbeiten. Formgebung, Material und Farbe betonen ihre reine Funktionalität. Dazu kommen komfortable Sitz- und Liegemöbel für das Vorlesen und Erzählen. Auf jeder Seite entsteht eine eigene Bibliothek, die regelmäßig erweitert wird. Das einzige feststehende Objekt ist das Bücherregal, alle anderen Möbel sollen auf Rädern nach Bedarf bewegt werden können. Die vorhandenen Wohnzimmermöbel in ›Gelsenkirchener Barock‹ werden auseinandergenommen und neu zusammengebaut, sodass jeweils ein individuelles Möbelstück bzw. Objekt entsteht. In die Holzteile können Texte und Zeichen, die für die BewohnerInnen von Bedeutung sind, eingeritzt werden.

Im lichtlosen Teil des Flures sollen vor dem Einrichten bautechnische Veränderungen vorgenommen werden, um eine Tageslichtquelle zu erschließen. Im Übrigen wird dieser düstere Raum in einem Stil eingerichtet, der irgendwo zwischen UFO und Prinzessinnen-Suite liegt. Die Basisfarben sind rosa, gelb, hellblau, metallic, das Material Leder, Skai und feine Wolle, gewoben oder gefilzt. Die ›Abhäng-Ecke‹ in diesem Raum besteht aus beweglichen Sitzsäcken, die zusammengestellt einen Kreis mit dem Durchmesser von etwa vier Metern bilden und in jeder Anordnung Komfort und Wärme ausstrahlen. Die Leuchtstoffröhren an den Decken und Wänden werden mit farbigem Skai unterlegt.

Die ›Abhäng-Ecke‹ im hellen Teil des Flures besteht aus mehreren Kasten-Sitzelementen, die variabel aufstellbar sind. Alle Elemente werden mit den verhassten grauen Gefängnisdecken bezogen und wirken plötzlich wie distinguierte Designer-Couchen.

Neben der Einrichtung der Gemeinschaftsräume ist die Verwandlung der TV-Zelle in ein XXS-Kino geplant, in dem Filme zu den vorgelesenen Geschichten gezeigt werden können.

Auch dafür wird ein Archiv in der Abteilung aufgebaut. Die Computerarbeitsplätze werden in den Wohnflur integriert, sie sollen beweglich sein und flexibel im Raum genutzt werden können. Für die Anschaffung von Büchern und DVDs haben engagierte Fachhändler im Bundesland Niedersachsen Hilfe und finanzielle Unterstützung zugesagt.

Die Einrichtung der Jugendabteilung der JVA für Frauen kann, begleitet von den BetreuerInnen, fortgesetzt und regelmäßig aktualisiert werden.

63 Hauptsymbol im Märchen von Rapunzel ist der Turm. ›Rapunzel‹ ist ein Synonym von Feldsalat, der kleine, fädige Wurzeln besitzt, die wie Haare aussehen. Pflanzen wachsen unter und über der Erde, gehören also zwei Sphären an. Das Wohnen in einem Turm symbolisiert in der Märcheninterpretation die Entwicklung des Denkens in einem geschützten Raum, der jedoch zum richtigen Zeitpunkt verlassen werden muss, um am Leben draußen teilnehmen zu können. Kennzeichnend für dieses Märchen ist die aktive Rolle der Frauen bei der Überwindung von Beschränkungen.

64 Michel de Montaigne (1533-1592) zieht sich jahrelang freiwillig in einen Turm seiner Burg zurück, um dort seine ›Essais‹ (Proben) über die Schwächen des Menschen zu schreiben. Seine Vorstellungen entwickelt er am Beispiel von sich selbst, richtet sich jedoch dabei genauso an seine Mitmenschen: Der Mensch ist ein veränderliches Wesen; unfähig, die

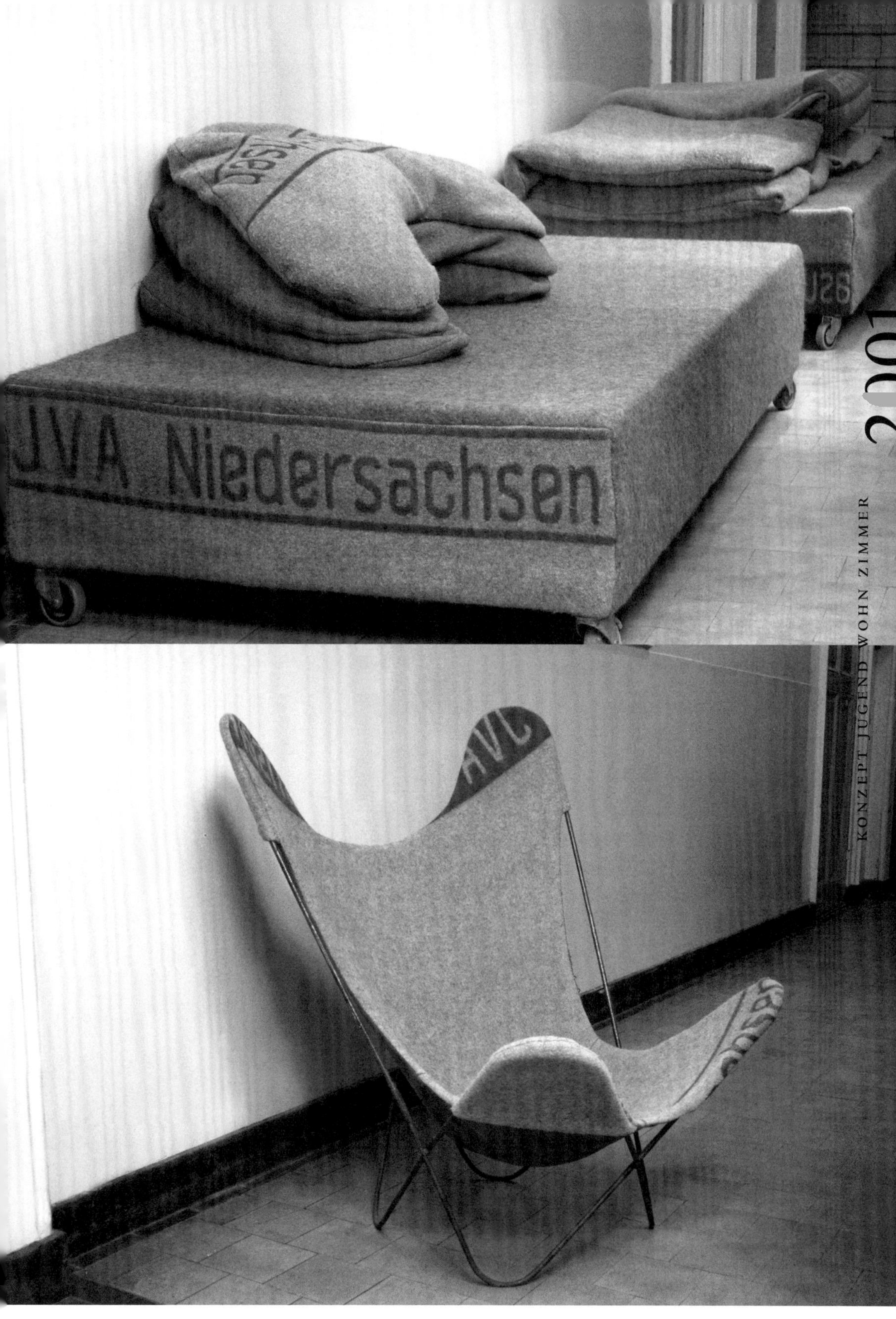

U. M., Beispiele für Sitz- und Liegeobjekte im vorderen Teil des Korridors. Holz, Futon, Bumerangkissen, Gefängnisdecken, 400 × 100 cm, 1998. Fotos: Jeroen Alberts

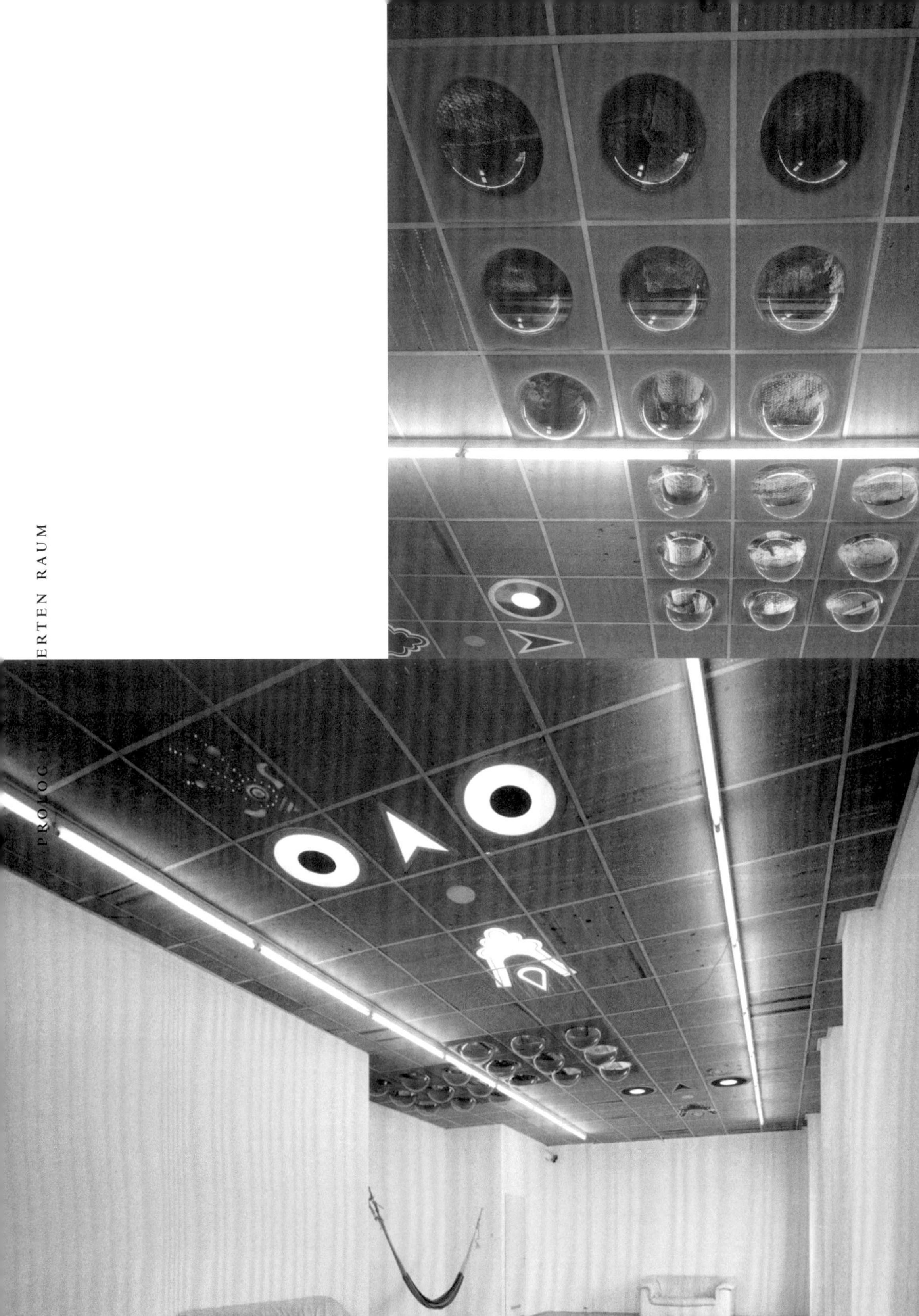

Bastienne Kramer, Installation als Beispiel für die Einrichtung im hinteren Teil des Korridors. Lederbezogene Bänke, Leuchtstoffröhren, Kunststoffelemente, 1996

Wahrheit zu entdecken. Als Sklave seiner Gewohnheiten, Vorurteile, seines Egoismus und Fanatismus ist er ein Opfer der Umstände. In seinen Reflexionen über das Leben schreibt er: ›Ich unterrichte nicht, ich erzähle.‹ Aus: Michel Montaigne, Essais 2. Versuche, Drittes Buch, 1580

REALISIERUNG JWZ

Das Konzept und die Planung für die Arbeitsphase wird von der Anstaltsleitung, den MitarbeiterInnen der Jugendabteilung, dem Justizministerium Niedersachsen und dem Rat der Klostergemeinschaft, der für die Ausführung des Projektes 55.000 Euro reserviert, befürwortet.

Zur Ausführung des Projektes kommt es jedoch auch nach mehrfachen Anläufen nicht, weil der Anstaltsleiter, der stärkste Unterstützer, der die Voraussetzungen dafür hätte schaffen können, schwer erkrankt. Das bereitgestellte Geld wird anderweitig verwendet. In der Jugendabteilung werden zwei neue Küchen eingerichtet und es werden einige neue Ikea-Möbel angeschafft.

Erst dem Nachfolger gelingt es später, die Wohnsituation der Jugendlichen entscheidend zu verändern, indem er sie aus dem geschlossenen Erwachsenenvollzug herausnimmt und in einem separaten Gebäude, in der Nähe des halboffenen Vollzugs, unterbringt.

VECHTA, JANUAR 2002

REBECCA MERTENS

Rebecca schreibt:

Mein 2/3 wurde mir geknickt.

Die neue Abteilungsleiterin habe sie einfach nicht gehen lassen wollen.

War ganz schön fertig, weil ich doch ziemlich damit gerechnet habe.

Ihre Psychologin Martina und sie haben bereits erneut den 35er[65] beantragt.

So wie's aussieht, entscheidet es sich diese Woche. Den Aufnahmetermin in Loxstedt habe ich schon für den 21., der wurde auch schon zur StA gefaxt. Wieder warten! Wenn sie mir den Termin noch mal knicken, geh ich direkt ins Methadonprogramm, na ja, jedenfalls werde ich's versuchen und dann ab auf'n Wohnflur. Mache dann Therapie nach meiner Endstrafe. Ich weiß selber ganz genau, dass das nicht das Nonplusultra ist, aber ich muss dann sehn, dass ich das Jahr so gut wie möglich rum kriege.

Rebecca erzählt, dass ein Bediensteter ihr gesteckt habe, dass hier ein Pilotprojekt starte in Sachen Originalstoffvergabe[66], allerdings sei noch unbekannt, wann. Sie lobt den Anstaltsleiter.

Es ist der letzte Tag von fünf Tagen Einschluss, die verordnet wurden, weil bei der Zellenkontrolle ihr Aufgesetzter[67] entdeckt wurde.

Jammerschade, er hätte nur noch zwei Tage benötigt.

65 Sofern Straftaten im Rahmen von Beschaffungskriminalität von betäubungsmittelabhängigen Straftätern begangen werden, kann die Strafvollstreckung zurückgestellt und stattdessen eine therapeutische Behandlung durchgeführt werden. Der verurteilte Straftäter muss die Strafe nicht in der Vollzugsanstalt absitzen, er kann vielmehr die Zeit nutzen, seine Drogenabhängigkeit behandeln zu lassen. Wird dem Antrag nach § 35 BtMG entsprochen, tritt an die Stelle des regulären Strafvollzugs die Therapie.

66 Bei der Originalstoffsubstitution handelt es sich um die ärztliche Verschreibung von Diacetylmorphin, das auf dem kriminellen Betäubungsmittelmarkt als Heroin gehandelt wird. In Untersuchungen wurde festgestellt, dass sich Langzeit-HeroinkonsumentInnen in einem solchen Zustand der Verwahrlosung befinden können, dass sie nicht mehr für andere, niedrigschwellige Hilfsangebote wie etwa die Methadonvergabe erreichbar sind. Hingegen gibt es das Phänomen des ›Herausreifungsprozesses‹ (maturing out) – der Heroinkonsum kommt nach langjährigem Gebrauch von allein zu einem Ende. Das Überleben der Patienten muss nur bis dahin sichergestellt werden. Ende Mai 2009 wurde im Bundestag über die Aufnahme der diamorphingestützte Substitutionsbehandlung in die Regelversorgung abgestimmt und die Änderung des Betäubungsmittelgesetzes beschlossen.

67 Die Frauen produzieren aus allen Lebensmitteln, die gären und Alkohol bilden, ›Aufgesetzte‹. Sie bevorzugen Äpfel, aber es geht mit allen Obstsorten und mit allem was gärt.

VECHTA, 16. FEBRUAR 2002

REBECCA MERTENS

Rebecca hat endlich den Bescheid des Gerichtes. Sie darf in vier Tagen gehen. Erst müsse sie allerdings für eine Woche in die Entgiftung, wie gehabt. Sie sei total aufgeregt und habe Bammel vor der Aufnahmegruppe. Außer den TherapeutInnen werde sie niemanden kennen, sie könne jetzt schon nicht mehr schlafen.

LOXSTEDT, MÄRZ 2002

REBECCA MERTENS

Nach Ablauf der Kontaktsperre rufe ich in Loxstedt an. Der Mitbewohner am Telefon sagt, Rebecca sei nicht da.

Nee, morgen auch nicht. Sie ist raus.

Natürlich könne er mir nichts Näheres sagen.

HILDESHEIM, MÄRZ 2002

WERONIKA MAZUR

Marvin macht viel Blödsinn, er kann laufen. Ich habe meinen Abschluss geschafft, also ich meine die Vornoten. Die sind gut geworden, könnten aber besser sein.

HILDESHEIM, MAI 2002

WERONIKA MAZUR

Die Schule ist ganz okay, ich hoffe, dass ich sie zu Ende machen kann. Im November mache ich ein Praktikum im Landkreis Hildesheim als Verwaltungsangestellte, da freue ich mich drauf. Ich bin solo und konzentriere mich nur auf die Schule und auf Marvin. Rauchen tue ich nur am Wochenende. Marvin entwickelt sich gut, ich kann sagen, dass es ihm in der Kinderkrippe sehr gut gefällt.

Sie wartet auf ihre Verhandlung.

Es droht mir maximal ein Jahr, damit könnte ich leben. Wenn ich ein psychologisches Gutachten bekomme, kann ich mit einer Bewährungsstrafe davon kommen. In der Hoffnung liegt die Kraft!

Seit ein paar Wochen muss sie Medikamente nehmen.

Wegen der Infektion, 12 Pillen am Tag, schrecklich. Dauernd habe ich Durchfall und Konzentrationsschwierigkeiten.

Außerdem gehe ich, seit ich die Pillen nehme, wenig aus dem Haus, weil ich sehr müde bin.

Marek wurde Gott sei dank ›nur‹ wegen Körperverletzung mit Todesfolge angeklagt, d. h. kein Mord und eine geringere Strafe, ich freu mich für ihn.

Mit Renée bestehe leider kein Kontakt mehr, ihre Tochter käme jedoch ab und zu vorbei.

Am 30. habe ich einen Termin in der Klinik mit Marvin. Wird schon gut gehen. Ich war schon zweimal in der letzten Zeit mit ihm beim Arzt, er hat ein bisschen Fieber 38°C gehabt, aber das ist normal, meinte die Ärztin.

VECHTA, 13. MAI 2002

REBECCA MERTENS

Rebecca schreibt einen kurzen Brief:

Sorry, dass ich mich so lange nicht bei Dir gemeldet hab', war alles nicht so rosig, nee eigentlich war alles ziemlich beschissen! Bin voll abgestürzt! Liege zur Zeit noch auf dem Laza und mir geht's scheisse! Ich weiß, selber schuld!

Sie könne von dort aus weder faxen noch telefonieren, meldet hingegen, unter welcher Nummer sie wann angerufen werden kann.

Weiß nicht, wie lange ich hier noch bleiben muß, hab direkt'n Antrag auf'n Wohnflur gestellt.

Ab dem 9. Juni ist sie auf dem Wohnflur, dem D2. Sie wolle sich aber auf den B1-Flur[68] verlegen lassen,

... unter den ganzen Methapatienten ist nicht so das pralle Leben! Aber es ist viel, viel besser als Strafhaft.

Für die Zeit nach der Haft hat sie sich für eine Therapie bei ›Violetta Clean‹[69] in Berlin entschieden, eine Einrichtung nur für Frauen. Wir hatten des Öfteren über eine Therapie speziell für Frauen gesprochen. Trotz der ›Verträge‹, die die KlientInnen bei Antritt einer Therapie unterschreiben müssen, in denen sie sich verpflichten, untereinander keine sexuellen Beziehungen einzugehen, beginnt Rebecca an jedem Ort Affären mit Klienten (oder im Knast mit Inhaftierten), Frauen oder Männern.

Nur zum Spaß, sagt sie, keine Liebesbeziehungen.

Das Konzept bei Violetta Clean gefalle ihr gut, es sei vergleichbar mit Loxstedt. Die Wohngemeinschaft ist in einer Villa angesiedelt, in der Hildegard Knef früher länger mit ihrer Familie gewohnt hatte.

Vielleicht ist eine reine Frauentherapie wirklich besser für mich.

Sie schreibt auf einem Extrablatt:

Ich hatte einen Traum
einen an den ich mich heute
noch kaum erinnern kann,
es war sehr hell, warm.
Sonnenstrahlen durchfluteten das Grau,
das für gewöhnlich herrschte,
ein angenehmes Licht: Freundlich, voller Liebe
Dann das Erwachen – Dunkelheit, Einsamkeit
(Das erste, was ich je geschrieben hab')
Schweinestall
Es stinkt
Kein Schwein macht was
Eins hat die Nase voll
und öffnet ein Fenster
Die anderen beißen es tot.
(Weil es zieht)

68 Der D2-Flur ist die Strafhaftabteilung, ein geschlossener Zellenblock. Die Abteilung B1 befindet sich im Neubau der JVA. Die Zellen dort ähneln eher Zimmern, dort werden Frauen untergebracht, die sich im Substitutionsprogramm befinden und als stabil gelten.

69 Violetta Clean wurde 1983 als eines der ersten Frauen-Sucht-Projekte bundesweit gegründet und ist eine therapeutische Wohngemeinschaft für Frauen mit Suchtproblemen im Berliner Stadtteil Grunewald in der Trägerschaft von FrauSuchtZukunft-Verein zur Hilfe suchtmittelabhängiger Frauen e. V. http://www.frausuchtzukunft.de/fsz/index.php?page=einrichtungvc

VECHTA 27. MAI 2002

REBECCA MERTENS

Rebecca schickt einen Prospekt von Violetta Clean, weil ich nach dem Programm gefragt hatte. Ihre Briefe klingen langsam wieder ruhiger.

Du fragst, ob ich clean bin. Jep, das bin ich! Und ich bin auch sehr froh darüber. Klar, kiff ich ab und zu mal, aber das ist OK. Es ist auch nicht so, dass ich nur benebelt durch die Gegend laufe – keine Sorge. Momentan geht's mir wirklich gut, bis auf dass ich noch immer keine Arbeit habe. Ey, das fucked mich richtig ab! Und dann auch noch auf'm Wohnflur, total abgekapselt von allem, das ist schon echt heftig und nix für mich.

Sie ist jetzt in der Schreibwerkstatt,

... was recht OK ist. Ein Lehrer der Knast-Schule hat diese Initiative ins Leben gerufen und ein Verleger aus der Umgebung wurde hinzugezogen, sodass das alles ein bisschen professioneller abläuft. Er war auch im Männerknast und hat mit den Knackis dort 'nen Gedichtband herausgebracht. Mit ihm haben wir jeze auch die Zeitung neu ins Leben gerufen, Andrea Bachmeyer ist auch dabei und glaub mir, die wird richtig gut!

Die Zeitung werde ›Catwalk‹ heißen und ab August monatlich erscheinen. Ich könne sie natürlich beim Anstaltsleiter abonnieren. Am kommenden Freitag ist ein Poetry Slam in der Sporthalle angekündigt, auf dem Rebecca ihr erstes selbstgeschriebenes Gedicht vortragen wird. Es sei zwar nur ganz kurz, aber sie habe bereits Kribbeln im Bauch, wenn sie an den Auftritt denke.

Wie es zu dem Absturz gekommen ist, erzähle ich dir, wenn wir uns sehen. Schreiben fällt mir schwer – brauche deine direkten Fragen! Habe aber hier schon angefangen zu eiern – war viel, viel rückfälliger als ich dachte – auch kopfmäßig.

Sie fragt im PS noch, wie es mit der roten Briefträgertasche stehe, die ich ihr mal versprochen hatte. Die große, rote niederländische Ledertasche hatte ich während der Ausführung von KGK1 immer dabei und weil sie Rebecca so gut gefiel, wollte ich sie ihr zum Abschied schenken. Ohne Antrag auf Empfangen eines Geschenkes durfte sie die Tasche jedoch nicht annehmen und immer, wenn ich daran dachte, sie ihr zu schicken, war Rebecca bereits wieder an einem anderen Ort. Nun schickt sie mir eine ›grüne Marke‹, die beantragt werden muss, damit sie von überprüften Absendern ein Paket empfangen darf.

Du weißt ja, ich vergesse nichts.

VECHTA, 5. AUGUST 2002

REBECCA MERTENS

Rebecca klagt, dass sie viele Briefe anfängt, sie aber nicht zu Ende schreibt.

Ein Schreibblock voll mit Fragmenten über das, was in der JVA, insbesondere auf dem Wohnflur so abgeht. Hier auf dem Flur geht's mir nicht wirklich gut! Habe jeze beschlossen, mich aus dem Trubel, der hier so herrscht, zurückzuziehen, mehr auf Hütte zu bleiben und mich wieder mehr auf mich und auf meinen Weg zu besinnen. Ich kann Dir gar nicht – glaub ich – so richtig beschreiben, was hier so abgeht. Ständig ist Stress – nicht mein Stress – ich bin immer zwischendrin und passe auf, dass ich nicht auf ne Miene trete und rede immer weniger – werde also absolut oberflächlich!!!

Aber wenigstens arbeite sie jetzt, in der Küche.

… die Maloche in 'ner Küche ist an sich ganz ok! Schon alleine, weil da zwei Männer sind, herrscht da 'ne ganz andere Atmosphäre. Aber da darf sich nichts anbändeln, sonst fliegt man, bzw. frau raus.

Sie wohnt nun mit Melanie in einer Zelle, das sei okay und tue ihr durchaus gut. Sie zögen sich beide zusammen aus dem ›ganzen Gesülze‹ zurück. Sie habe Glück mit ihrer Hüttenlinde – was sie auch gut gebrauchen könne, da sie in letzter Zeit wenig geregelt kriege, es sei Zeit, mehr nachzudenken – und down to earth zu kommen.

Vor Kurzem habe ein Workshop mit zwei Studentinnen stattgefunden und sie habe eine Skulptur aus Ytong gemacht. Die Ausstellung sei im Freizeitraum präsentiert worden

… mit dem Anstaltsleiter dabei und Presse.

Das Arbeiten im Klosterhof und auf dem Seilergang habe sie schmerzlich an unser Projekt und an ihre jetzige Situation erinnert. Sie würde wahnsinnig gerne wieder mit uns zusammenarbeiten. Ich solle ihr ausführlicher von dem Jugendprojekt erzählen, bittet sie.

Ach ja, hätte ich fast vergessen! Ich wurde heute getauft. War voll das Riesenspektakel in der Kirche, mit Kindern dabei …! Insgesamt wurden 7 people getauft! War ganz ok, bin jeze evangelisch – Amen.

Sie habe keine Briefmarken, um den Brief abzuschicken, ob ich ihr welche schicken könne?

HILDESHEIM, 27. AUGUST 2002

WERONIKA MAZUR

Weronika hat ihren Realschulabschluss mit einem Notendurchschnitt von 2.0 geschafft.

… könnte besser sein. Ab dem 1. 8. arbeite ich in einem Verein für die Dritte Welt als Bürohilfe, die Arbeit macht mir viel Spaß, weil sie so vielseitig ist.

Weronika ist wieder umgezogen, die Wohnung im vierten Stock war mit Kind zu anstrengend und auch zu teuer.

Meine Verhandlung ist auch schon gewesen, leider haben sie mich zu eineinhalb Jahren verurteilt, ich bin in Berufung gegangen. Damit kann ich ein halbes Jahr den Haftantritt verschieben, falls alles schief läuft, gehe ich dann in Revision[70] und wenn das nicht klappt, stelle ich ein Gnadengesuch. Wenn ich trotz allem rein muss, mache ich eine Ausbildung in Vechta. Ich habe einen ziemlich guten Kontakt zum Jugendamt, die reservieren mir einen Platz im Mutter-Kind-Freigang, die Anträge habe ich vorsichtshalber schon gestellt, vor einem halben Jahr. Ich habe geschafft, fast drei Monate nicht zu kiffen, gute Leistung, oder? Seit der Verhandlung rauche ich wieder, aber mit Maß. Sonst läuft alles fast seinen geregelten Gang, nur die Männer machen mir bisschen Stress oder ich mache ihn mir selber!!! Gott sei Dank habe ich nicht so viel Freizeit, so ein geregelter Tagesplan lässt mir nicht so viel Zeit, Blödsinn zu machen.

Marvin ginge bereits aufs Kinderklo, schreibt sie stolz und er sei gerne in der Krippe, die Betreuerinnen fänden nach wie vor, dass er sich gut entwickele. Er sei lieb und frech zugleich.

Die Mitteilungen über Single-Sein und Stress mit Männern wechseln einander ab. Zur Zeit könne sie sich nicht entscheiden zwischen dreien, einem Ex-Freund, einem Holländer (ohne Drogen, er habe jedoch eine Tarantel als Haustier!) und einem Jungen, der sein Medizinstudium gerade abgeschlossen habe; alle seien sehr nett!

70 Im Berufungsverfahren wird die Verhandlung vor dem Landgericht geführt. Alle Tatsachen werden noch einmal überprüft und die Beweisaufnahme wiederholt. Bei einer Revision wird nur geprüft, ob das Urteil Rechtsfehler hat, die Tatsachenfeststellungen können nicht mehr angegriffen werden. Gegen Urteile des Landgerichts kann nur Revision eingelegt werden.

VECHTA, 26. NOVEMBER 2002

REBECCA MERTENS

Rebecca schreibt:

... nur ein paar Zeilen, weiß auch nicht, keinen Bock zum Schreiben – und überhaupt, alles ziemlich beschissen zur Zeit. Was Du ja auch noch nicht weißt: Ich bin wieder auf der Strafhaft! Bin letzte Woche zusammen mit Ellen aus dem G-Bau geflogen. Das ist eine etwas verzwickte Geschichte, erzähl ich Dir besser bei Gelegenheit am Telefon, Du weißt ja, der Feind liest mit. Ansonsten weiß ich gar nicht so recht, was mit mir los ist. Im Moment treibe ich einfach ziellos und ohne jegliche Motivation dahin. Es kotzt mich an, dass ich schon mal viel weiter war als jetzt und es einfach nicht schaffe, da wieder hin zu kommen – Scheiß Psyche! Mir fehlt der Umgang mit Leuten, die was anderes wollen als diesen Scheiß hier, alleine schaffe ich das einfach nicht.

2002–2009

VON GEWALTRÄUMEN

UND

DREHTÜREN

›Einige Menschenleben sind betrauernswert und andere sind es nicht; die ungleichmäßige Verteilung von Betrauernswürdigkeit, die darüber entscheidet, welche Art von Subjekt zu betrauern ist und betrauert werden muss und welche Art nicht betrauert werden darf, dient der Erzeugung und Erhaltung bestimmter ausschließender Vorstellungen, die festlegen, wer der Norm entsprechend menschlich ist: Was zählt als ein lebenswertes Leben und als betrauernswerter Tod?‹[71]

71 Judith Butler, Gefährdetes Leben. Politische Essays. Frankfurt am Main 2005

2002–2003

DUTCH SOUVENIRS

EKWC 's Hertogenbosch, Niederlande

Bei ›Dutch Souvenirs‹ handelt es sich um ein vom EKWC initiiertes Projekt, es soll ein neuer Typus von niederländischen Souvenirs entwickelt werden. In seiner Funktion als Koordinator für Design lädt Matthias Keller 2002 ehemalige ResidenzlerInnen[72] ins EKWC ein, um Ideen und Konzepte für unorthodoxe keramische Souvenirs zu realisieren. Die Prototypen sollen erstmalig auf der Design-Messe in Mailand präsentiert werden.
Mich interessiert, ob Drogenpolitik und meine Erfahrungen mit inhaftierten drogenabhängigen Frauen Gegenstand des Projektes Dutch Souvenirs sein kann.
Ein Souvenir ist ein Gegenstand, mit dem Erinnerungen an etwas oder an jemanden, an einen Ort oder einen Moment verbunden sind. Der Gegenstand repräsentiert etwas außerhalb der vertrauten Umgebung und der Alltäglichkeit Wahrgenommenes, das mit nach Hause genommen werden kann.
Mein Souvenir soll meine Wahrnehmungen und Erfahrungen in der Heterotopie Gefängnis aufnehmen und reflektieren. Wie und in welcher Form können sie in einem Objekt verdichtet werden, dass man es ansieht und sie zurückschauen[73]?
Während der Projektausführung KOLLEKTION GEFÄNGNIS KLEIDUNG in der JVA für Frauen in Vechta lief immer irgendeine Teilnehmerin mit dem ›Goldenen Baby‹ herum, der weichen Puppe aus goldfarbenem Lederimitat, die Bestandteil des Kleidungsobjektes von Weronika Mazur war.
Die schwangere, HIV-infizierte Weronika hegte den innigen Wunsch, ein gesundes Baby zur Welt zu

bringen. Kein anderer Gegenstand der Kollektion bekam annähernd so viel Aufmerksamkeit wie diese Puppe. Puppen, Stoff- und Schmusetiere hatten für die Insassinnen eine Bedeutung—in beinah allen Zellen befanden sich auf den Betten Kuscheltiere und an fast allen Taschen und Schlüsselbünden baumelten kleine Püppchen oder Plüschtieranhänger.

Aus Anneclaire Kerstens Umfrage nach den Puppen oder Stofftieren, die die Frauen als Kinder besessen hatten, ergab sich: Sieben der acht Frauen hatten als Kinder keine Puppen oder Stofftiere, nur A. G. besaß sowohl Puppen als auch Kuscheltiere. Weronika Mazurs Mutter hatte Porzellanpüppchen gesammelt, die Weronika faszinierten, die sie aber nicht berühren durfte.

72 Unter anderen die KünstlerInnen und DesignerInnen: Sigurdur Gudmundsson, Ineke Hans, Jongeriuslab, Hugo Kaagman, Matthias Keller & Simone van Bakel, Manon van Kouswijk, Bastienne Kramer, MNO Design, Ted Noten, Louise Schouwenberg, Studio Job.

73 Frei nach dem englischen Dichter Gerard Manley Hopkins (1844–1889). ›Was man scharf ansieht, scheint einen auch scharf anzusehen, daher die wahre und die falsche Inkraft (instress) der Natur. … Wenn man nicht von Zeit zu Zeit den Geist auffrischt, kann man sich nicht immer daran erinnern oder sich vorstellen, wie tief die Ingestalt (inscape) in den Dingen ist.‹ Die Begriffe ›inscape‹—Patenworte sind ›landscape‹ und ›seascape‹—und ›instress‹ sind Hopkins' eigene Neubildungen. Zitat: Arnfrid Astel, Ingestalt und Inkraft bei Gerard Manley Hopkins. Neue Deutsche Hefte 93, 1963.

REBORN BABIES

Das Souvenir soll eine Porzellanpuppe[74], eine Baby Doll werden. Sie ruft Assoziationen an ein beginnendes Menschenleben, an das Neugeborene hervor, dem schon Eigenschaften und Begabungen von seinen Angehörigen zugesprochen werden, in der Hoffnung auf ein erfülltes Leben innerhalb der Gemeinschaft, in die das Baby hineingeboren wird.

Ich suche eine zeitgemäße Babypuppe, die zur Herstellung einer Gipsgußform geeignet ist. Wie ich in Spielzeugläden feststelle, konzentriert sich die Puppenindustrie immer noch auf Mädchen als Zielgruppe, wobei Hersteller den Ankauf exklusiver Produkte inzwischen mit perfiden Bedingungen verbinden, wie ›Puppenämter‹ wollen sie über die Zukunft ihrer teuren Qualitätspuppen wachen, die nicht nur immer naturalistischer gestaltet—mit den Knautschgesichtern Neugeborener oder Schönheitsfehlern—sondern auch mit einer Audiotechnik ausgestattet werden, die Hunger, Hygiene, Müdigkeit, Wunsch nach Aufmerksamkeit usw. zum Ausdruck bringt—auf Knopfdruck in ± zehn wählbaren Vollsätzen.

Eine solche Puppe kauft man nicht einfach, sondern adoptiert sie. Wie das Kind mit der Puppe umzugehen hat, wird nicht nur als schriftliche Versorgungsanweisung mitgegeben, sondern ist Voraussetzung für den Ankauf. Die zukünftige Puppenbesitzerin unterzeichnet ein Zertifikat mit dem Versprechen, diese Puppe optimal zu versorgen. Der Vertrag wird an den Hersteller retourniert[75].

74 ›Der Werkstoff Porzellan wird für Puppenköpfe etwa ab 1840 populär. [...] Die entscheidende Veränderung in der Gestaltung der Puppe wird eingeleitet durch den sogenannten ›Gelenktäufling‹ (Gelenkgliederkörper), eine, in den Gliedern bewegliche Baby-Puppe, die nur mit einem Hemd bekleidet ist.‹ Vgl.: Susanne Regener, Das verzeichnete Mädchen. Zur Darstellung des bürgerlichen Mädchens in Photographie, Puppe, Text im ausgehenden 19. Jahrhundert. Marburg 1988.

75 Vgl. Beispiel ›Reborn Babies‹, die von den sogenannten ›Rebornern‹ oder ›Reborn Artists‹ hergestellt werden. ›Reborner‹ verstehen sich als Künstler, die sich auf Puppendesign spezialisiert haben und jenes mit einer außergewöhnlichen Detailgenauigkeit und Perfektion ausüben. Diese Puppen kauft man nicht, sondern adoptiert sie. Der Trend zu den ›Reborn Dolls‹ entstand Ende der 1990er Jahre in den USA, als einige ehrgeizige Puppenhersteller versuchten, immer realistischere Abbilder von Babies herzustellen. Deren Bedeutung als Kinderspielzeug trat im Verlauf immer weiter hinter die individuelle Schaffenswut der ›Reborner‹ zurück. Die Massenhersteller von Puppen erkannten die Marktlücke und machten sich die Idee der Exklusivität der ›Reborner‹ zu eigen. Dann statteten sie auch ihre Billigpuppen mit dem entsprechenden Adoptions-Schwulst aus.

EKWC

Als Model für die Baby Doll nehme ich schließlich meine alte Babypuppe aus Plastik, die ›Mama‹ sagen kann. Ich schneide ihr die synthetischen Locken ab, demontiere den Körper und stelle im EKWC die Gussformen für alle Einzelteile her. Nach einigen Versuchen gelingt es mir, brauchbare Porzellanteile zu gießen, die sich nicht im Brand verformen.

Für die Puppengesichter[76] verwende ich Fotoporträts von Weronika Mazur, Rebecca Mertens, Nicole Frisch und Magda Gomez Ferrer. Auf den Puppenrücken perforiere ich im rohen, lederharten Porzellan auf der runden Fläche, wo der Mama-Lautsprecher saß, jeweils einen der vier Namen und das Geburtsjahr. Um der Porzellanpuppe eine Stimme zu geben, untersuche ich mit einem Elektrotechnik-Studenten, wie man ein Mini-Equipment von Lautsprechern und Tonträgern in den Puppenkörper einbauen könnte.

76 ›Die Differenzierung von Körperform und Gesichtszuschnitt führt in den letzten beiden Jahrzehnten des 19. Jahrhunderts zur Kindpuppe. Damit wird ein Typus bezeichnet, der sich aufgrund seines spezifischen Abbildungscharakters assoziativ mit den Vorstellungen über einen mädchenhaften Leib verbinden lässt. Dieser Typus hat sich strukturell gesehen in seinem Formausdruck bis in die Gegenwart erhalten. Der Begriff ›Kindpuppe‹ impliziert theoretisch allerdings nicht die Vorstellung, dass hier ein Mädchen Vorbild für eine quasi-natürliche ›realistische‹ Abbildung fungierte. Vielmehr sind die charakteristischen, zu einem Gesamtbild ›Mädchen-Kind‹ zusammengefügten Formen als Symbol für etwas zu verstehen, was das Mädchen-Sein ideell nach außen hin darstellt.‹ Vgl.: Susanne Regener, Das verzeichnete Mädchen. Marburg 1988.

DEZEMBER 2002

›KALTE BIOGRAFIE‹

Ich versuche vergeblich, Rebecca in der JVA Vechta anzurufen, um sie um ihre Mitarbeit bei Dutch Souvenirs zu bitten. Sie scheint auf eine andere Abteilung verlegt worden zu sein und zunächst ist niemand bereit, mir Auskunft zu erteilen. Von Helmut König erfahre ich schließlich, dass sie in der Absonderung war und nun in die Strafhaft verlegt wurde. Ich hatte seit ihrem Rückfall noch nicht wieder von ihr gehört, bevor ich ihr von dem Konzept und den *Deadlines* erzähle, möchte ich erfahren, wie es ihr geht.

Als wir endlich einander Ende des Jahres sprechen, sagt sie sofort ihre Mitarbeit zu, begeistert über eine neue Zusammenarbeit. Ihr Beitrag wäre zunächst das Erstellen ihrer Biografie in knappen Sätzen, die eine Baby Doll aussprechen könnte. »Na klar, mache ich«, sagt sie.

Anfang Februar 2003 mailt Helmut Rebeccas Sätze.

Ich lese nichts Neues, kenne die Hintergründe eines jeden Satzes, sie hat sie mir während monatelanger Knastarbeit erzählt. Aber nicht in solch einer Kompaktheit, eher hier und da etwas Biografisches, etwas Harmloses, etwas Aktuelles, etwas Hoffnungsvolles. Ihre Aussagen treffen mich anders, stärker. Dabei lässt sie noch vieles außer Acht, wie die körperliche Gewalt, die sie von klein auf an erfahren hat, später das tägliche ›Ackern‹, dem sie sich zur Drogenbeschaffung ausliefert, der Drehtüreffekt: rein in das Gefängnis, raus aus dem Gefängnis, raus, rein und jahrelanges Eingesperrtsein.

UNNA, NOVEMBER 2002

MAGDA GOMEZ FERRER

Magda freut sich, dass die KOLLEKTION GEFÄNGNIS KLEIDUNG in Unna zum Internationalen AIDS-Gedenktag in den Katakomben der früheren Lindenbrauerei und dem heutigen Zentrum für Lichtkunst ausgestellt wird, sie beteiligt sich am Einrichten der Ausstellung und sieht erstmals die Kneiers und die Kleidungsobjekte als Gesamtbild.

Rebecca Mertens [1976]

Als Säugling, bzw. als Kleinkind, werde ich vielleicht sexuell missbraucht

Mit 3 Jahren komme ich das erste Mal in therapeutische Behandlung

Mit 6 Jahren bringt mich die Polizei das erste Mal nach Hause

Mit 9 Jahren fängt mein sexueller Missbrauch an

Mit 10 Jahren fange ich an zu trinken

Mit 12 Jahren schwänze ich regelmäßig die Schule und bleibe nächtelang von Zuhause weg

Mit 14 Jahren muss ich ins Heim

Mit 16 Jahren spritze ich Heroin

Mit 18 Jahren werde ich inhaftiert

Mit 24 Jahren mache ich eine Therapie

Mit 25 Jahren breche ich die Therapie ab und werde rückfällig

VECHTA, 29. DEZEMBER 2002

REBECCA MERTENS

Rebecca will mir die Beschreibung des diesjährigen Weihnachten ersparen.

Fällt mir wirklich nicht so leicht, mich aus meiner (eigentlich hab' ich gar nicht so die Ahnung, was es ist) Krise? rauszuziehen und nicht nur lauter deprimierendes Gefasel von mir zu geben. Dieses ewige Grau drückt mir so aufs Gemüt – fast wäre ich schon aus dem Fenster gesprungen, aber nicht einmal das geht hier an diesem fiesen Ort.

Sie erzählt, dass sie ins Fernsehen komme, in einer Dokumentation über den Strafvollzug in Deutschland. Leider sei sie aus Versehen etwas bekifft gewesen, als das Aufnahmeteam gekommen sei, aber sie hätte schließlich keinen Rückzieher mehr machen können, als das gesamte Fernsehteam vor ihr gestanden habe.

Stecke mitten in den Vorbereitungen für Bremen! Habe nach wie vor den Wunsch, dorthin zurückzukehren. Clean WG + ambulante Therapie. Ich denke, dann werde ich auch wieder Kontakt zu Loxstedt aufnehmen. Will es aber erst 'n Stück weit ›schaffen‹, bevor ich mich da melde. Ich glaube, die Entscheidung, nach Bremen zu gehen, ist richtig. Ich wüsste auch nicht, wo ich sonst hin sollte. Wird Zeit endlich mal 'n Zuhause zu finden, besser gesagt, zu schaffen.

Sie sagt, sie denke manchmal ganz intensiv an unser Projekt, an die Musik, die wir gehört hätten, an die Wärme und die Nähe. Es komme ihr vor, als sei das in einem anderen Leben gewesen.

VECHTA, JANUAR 2003

MARI NJIE

Anfang 2003 beantwortet Mari unsere Briefe und Berichte über den Fortgang der Projekte und erzählt, was sich im letzten Jahr in ihrem Leben verändert hat.

Nun habe ich es bald geschafft bis zum 10. 3. 2003 Endstrafe, Gott sei Dank, war eine lange Zeit hier, bin clean (außer Rauchen, das brauche ich zum Wohlgefühl).

Nicht nur was sie sagt, sondern auch wie sie es sagt, lässt vermuten, dass sie sich aus ihrer Lethargie befreit hat. Ich frage mich, ob sie noch im Methadonprogramm ist; sie klingt, als ob zumindest die Dosis reduziert worden wäre. Sie wohne seit einem Jahr oben im G-Bau, wo es ihr viel besser gehe, sie habe viel abgenommen und arbeite seit langem auf der Plastik-Abteilung, was auch gut gehe.

Ich arbeite ja gerne, wie du weißt!

Sie plant, nach der Entlassung zurück nach Hildesheim oder Salzgitter zu gehen, hat aber noch keine konkrete Vorstellung vom weiteren Verlauf ihres

Lebens, außer, dass sie unbedingt tanzen gehen will.

Sie habe eine Beziehung im Knast, Ina heiße sie, eine junge Frau

... hätte meine Tochter sein können

die in Therapie gegangen sei.

Ich habe die Beziehung beendet, bevor sie ging. Wir haben die letzten Monate nichts als geredet, ich hatte dann einen klaren Moment, dass sie gehen muss, sonst hätte sie noch Jahre hier auf mich warten müssen. Und in der Therapie muss sie frei sein, nicht auf mich warten. Jetzt schreibt sie aus der Therapie, dass wir uns draußen treffen sollen, das wünsche ich mir auch sehr. Häkeln mache ich nicht mehr, ich habe andere Dinge am Kopf, Fernsehen und Kochen tut mir gut. Rebecca ist wieder eingeflogen, aber die sitzt auf der Strafhaft, also sehe ich sie nie, sie kommt auch nicht in die Kirche. Ich geh jeden Sonntag, um zu sehen, wer wieder da ist. Ich hoffe, dass du meine Schrift lesen kannst, Schule war nie so mein Ding.

HILDESHEIM, NOVEMBER 2003

WERONIKA MAZUR

Marvin ist drei Jahre alt geworden. Ich möchte behaupten, dass mein größtes Glück war, damals schwanger zu werden. Ich glaube, wenn ich ihn nicht hätte, würde ich alles nicht schaffen.

Sie hat einen Ausbildungsplatz als Kauffrau in der Bürokommunikation in Braunschweig bekommen und darf einen erweiterten Computerkurs im IT-Bereich machen. Die Kosten übernimmt das Arbeitsamt. Ihre Arbeit als Bürohilfe im Verein für die 3. Welt mache ihr immer noch sehr viel Spaß.

... ich habe einen großen Arbeitsbereich, letzte Woche habe ich mitgewirkt (die Werbung, Tafelgestaltung, Kaffeeservice etc.) bei einer Ausstellung unseres Vereins in der UNI Hildesheim und habe sehr viel nette Leute kennengelernt.

Der Lehrgang in der Volkshochschule in Russisch macht mir Spaß, auch wenn die Leute dort ein bisschen verklemmt sind. Ich habe sozusagen Vollprogramm, ich werde demnächst eine Fortbildung bei der AIDS-Hilfe machen – was das Thema AIDS betrifft.

Natürlich habe ich in der Woche nicht so viel Zeit für Marvin, deshalb widme ich ihm am Wochenende so viel Zeit wie möglich. Marvin ist ein toller Junge, gerissen, schlau und frech, das sind die ersten Worte, die mir auf die Schnelle eingefallen sind.

VECHTA, 9. FEBRUAR 2003

REBECCA MERTENS

Rebecca vermisst vor allem Vanessa, ihre ehemalige Geliebte aus Osnabrück, die nach fünf drogenfreien Jahren, abgeschlossener Ausbildung als Kindergärtnerin und zugesagter Arbeitsstelle im letzten Jahr rückfällig geworden war, kurz darauf in Vechta landete und die vor einigen Tagen zur Entgiftung ins LKH nach Wehnen entlassen wurde. Rebecca erzählt, dass Vanessa anschließend nach Loxstedt geht.

Bin traurig, sehr traurig weil sie nicht mehr bei mir ist, fühle mich ziemlich alleine ohne sie. Was ich richtig beschissen finde, ist, dass ich hier niemanden zum Reden habe – jedenfalls fühlt es sich so an! Hier ist sonst alles beim Alten, passiert ziemlich wenig. Und ohne Arbeit ist es noch ätzender! Habe noch genau 60 Tage, das ist nicht wirklich viel, trotzdem ist es zu viel.

Der ganze Haufen hier kotzt mich einfach nur an – ich will hier weg! Die Frauen hier sind einfach bösartig, suchen deine schwache Stelle und beißen sich daran fest! Ich lebe hier ständig unter einer Maske. Auf Therapie habe ich gelernt, sie Stück für Stück abzunehmen, doch jetzt passt sie wieder wie angegossen! Ich habe in den letzten Tagen so viele Briefe geschrieben wie seit langem nicht mehr. Vielleicht kriege ich ja nun wieder mehr Post …

Ich habe mich übrigens dazu entschieden, nochmal auf Therapie zu gehen – nach Endstrafe. Falls Loxstedt mich nochmal nehmen sollte, will ich dort hin. Falls nicht, gehe ich 3 Monate in die Pyramide, dann 3 Monate Nachsorge in der Carl-Schurz und dann in die Clean-WG und die ambulante Therapie. Na, wie findest Du das? Ich finde, das ist das vernünftigste, was ich machen kann. Ich glaube nicht, dass wenn ich hier einfach rausgehe, ich es schaffe, clean zu bleiben – dazu ist mein Wille zur Zeit einfach zu schwach! Ich brauche Abstand! Irgendwie habe ich in den 10 Monaten hier das feeling fürs Clean-Sein verloren und für mich selbst. Muss wohl wieder ganz vorne anfangen!

Sie habe der Therapeutin Lisa in Loxstedt bereits geschrieben, aber noch nicht gewagt, den Brief abzuschicken. Vielleicht sollte sie Martina (die Psychologin in der JVA) fragen, um erstmal vorzufühlen

… oder besser nicht?

VECHTA, 14. MÄRZ 2003

REBECCA MERTENS

Rebecca schreibt, ihr fehle es, über die gemeinsame Sache zu reden.

Mir geht's eigentlich ganz gut, alles lichtet sich ein wenig, zumindest in Sachen Therapie. Habe mich kopfmäßig ziemlich auf Loxstedt eingestellt. So langsam entwickelt sich auch ein Gefühl dafür. Die Dinge werden langsam klarer und ich fühle mich nicht mehr so dusselig. Mhhh, kann es irgendwie schlecht auf Papier bringen. Die letzten Monate ging's mir ziemlich schlecht, das kann ich jeze gut sehen, es ging auch nur bergab, habe stetig darauf hingearbeitet. Gerade in Sachen Drogen bzw. meinem Verhalten, was das angeht, bin ich Stück für Stück wieder die alte Schiene gefahren. Und habe lauter Sachen gemacht, durch die ich jeze schon wieder bis zum Hals in der Scheisse sitze. Ich bin unverbesserlich, ehrlich. Irgendwie manövriere ich mich immer wo rein, wo ich eigentlich gar nicht hin will, unfähig, Grenzen zu setzen und dann den Mut aufzubringen, das vernünftig zu lösen. Ich bin ein Feigling! Unehrlich zu mir und zu anderen. Was suche ich eigentlich, verdammt noch mal, und was will und brauche ich? Das Leben ist ohne Drogen genauso schwer wie ständig auf Droge zu sein. Ich weiß nicht, ob Du überhaupt verstehst, was ich sagen will. Wohl eher nicht. In meinem Kopf herrscht Chaos. Puuh, genug davon! Von diesem ganzen Beziehungs-Sex-Kuddelmuddel mal abgesehen, geht's eigentlich. Noch 3 Wochen und dann bin ich hier weg. Eine neue Chance, von vorne anzufangen und ein neuer Versuch mich nicht wieder zu verstricken. Aber diesmal weiß ich mehr! Nochmal mache ich auf Therapie nicht dieselben Fehler!

Ich muss einfach aufhören mich selbst zu geben, nur weil mich jemand will. Das ist einer meiner wichtigsten Punkte auf Therapie! Ich vertraue sehr darauf, dass ich diesmal mit Iris zusammenarbeiten kann. Wie Du weißt, konnte ich das mit Alice ja überhaupt nicht. Hab immer alles schön mit mir selber abgemacht und bin dabei heillos untergegangen.

Es wird Zeit, dass ich mich richtig mit mir und meiner Sehnsucht auseinandersetze und nicht ständig nach einer Ersatzbefriedigung suche, die von kurzer Dauer ist und die mich dann immer in Situationen bringt, die nicht erträglich sind. Ich fühle mich, wie ständig auf der Flucht zu sein. Na ja, irgendwie so halt!

Habe gestern Abend aufgehört zu schreiben, war mir alles zu kopflastig und zu durcheinander.

> Ich hatte Rebecca gebeten, ihre Sätze auszusprechen und Helmut König, diese in der JVA aufzunehmen. Auf Deutsch und Englisch, damit das Projekt international verbreitet werden kann. Er habe ihr gestern noch meinen Brief mit der definitiven Version der Biografie gebracht und angekündigt, dass er morgen zur Audio-Aufnahme komme. Sie habe sich auch über meine Zeilen sehr gefreut.

Deine Briefe sind die einzigen, von denen ich das Gefühl habe, dass diese Post wirklich für MICH bestimmt ist.

> Ich könne mir nicht vorstellen, wie viel hohle Post sie bekomme, das sei der Hammer. Wie viele Idioten ihr nach der Sendung der Dokumentation über deutsche Gefängnisse auf RTLII geschrieben hätten. Einer sei schlimmer als der andere. Einer sei dabei gewesen, der sie über alles liebe. Ob das nicht krank sei? Und einer sei der Meinung, dass alles was sie brauche, ein lieber treuer Mann sei, der in dieser schweren Zeit zu ihr halte und dass schließlich die inneren Werte zählten, Äußerlichkeiten seien völlig gleichgültig. Er hätte sie ja gesehen und hätte hinzugefügt, dass sie einen fantastischen Körper habe, bei dem alles zusammenpasse … sie habe sich köstlich amüsiert über ihre Fanpost, die meisten seien aus Männerknästen gekommen. Einer aus der Schweiz von einem Typen, der Biografien schriebe und eventuell an ihrer interessiert sei. Was ich meine, ob sie antworten solle?

Montag werde sie erfahren, ob Loxstedt sie nehme. Lisa sei krank. Entlassen werde sie am 11. April.

Im Zusatz vom nächsten Tag berichtet Rebecca von den Tonaufnahmen mit Helmut, sie gehe davon aus, dass es ganz gut geklappt habe.

AUDIOBIOGRAFIE

Helmut König schickt mir die Kassette mit der Audio-Aufnahme von Rebeccas Biografie. Das Anhören wirkt anders als das stille Lesen der Sätze. Rebecca spricht laut und deutlich ihre Sätze, erst auf Deutsch, dann auf Englisch, ohne jegliche Emotion, so, als handele es sich um das Aufsagen einer Einkaufsliste, mit der sie nichts zu tun hat. Ist es das, was sie meint, wenn sie sagt, Denken und Fühlen nicht zusammenbringen zu können?

Inzwischen beschäftigen sich mehrere Audio-Techniker mit der Entwicklung des Moduls und dessen Standardisierung. Der Porzellanbauch der Baby Doll erweist sich als ausgezeichneter Klangkörper.

Zu den diversen Ausstellungen des Projektes Dutch Souvenirs reisen die vier Baby Dolls als Prototypen der Serie THIS BABY DOLL WILL BE A JUNKIE noch ohne Stimme. Rebeccas Biografie steht gedruckt auf der Verpackung.

TBDWBAJ wird für den feministischen Kunstpreis[77] der niederländischen Frauenstiftung Mama Cash nominiert. Zur Ausstellung produziere ich 11 Baby Dolls. Jede spricht, wenn sie aufgehoben wird, einen Satz der Biografie von Rebecca Mertens.

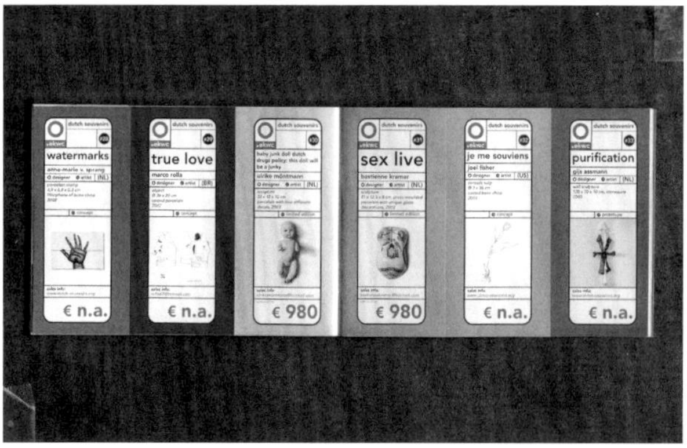

Ausstellungskatalog Dutch Souvenirs, EKWC, s' Hertogenbosch, 2003

77 Die Audio-Installation in den Puppenkörpern wurde von Dirk Stoop und Kees Reedijk (Rijksakademie Amsterdam) entwickelt und produziert. Die erste Serie, bestehend aus 11 sprechenden Baby Dolls, ist 2003 Teil der Ausstellung von acht nominierten Künstlerinnen für den Mama Cash Kunstpreis, Imagine IC, Bijlmer Amsterdam. Die Gewinnerinnen sind Elke Uitentuis und Iratxe Jaio.

AMSTERDAM, MAI 2003

REBECCA MERTENS

Als ich nach der Entgiftung und dem Ablauf der Kontaktsperre in Loxstedt anrufe, teilt man mir mit, dass Rebeccas Aufnahmeantrag abgelehnt wurde.

OSNABRÜCK, 2003–2007

REBECCA MERTENS

Sobald ich in den kommenden Jahren in Osnabrück bin, fahre ich im Schneckentempo durch die Stadt, um den Bahnhof herum, durch alle finsteren Straßen der Bahnhofsgegend und der Industriegebiete, davon überzeugt, dass Rebecca irgendwo in der Nähe sein muss. Einmal steige ich aus, suche den ganzen Bahnhof ab und sehe keine einzige Drogenabhängige. Auch in der Provinz werden Drogenszenen anscheinend ›gesäubert‹. Die neuen Treffpunkte kenne ich nicht. Rebecca mag die Stadt, Osnabrück hatte sie immer als ›ihre ideale Stadt‹ betrachtet. Sie war ihre Drogenmetropole, sie kannte alle ins and outs, Dealer, Junkies, den Drogenstrich, PolizistInnen, RichterInnen, StaatsanwältInnen. Ihre Mutter besuche ich nicht, ich bin mir sicher, dass sie nicht weiß, wo Rebecca gerade lebt – falls sie lebt.

EUROPA PROJEKT: THIS BABY DOLL WILL BE A JUNKIE [TBDWBAJ]

Der Titel suggeriert, dass Drogenabhängigkeit ein zwanghaftes Schicksal ist; eine Unheil verkündende Aussicht auf ein Menschenleben, das kaum begonnen hat. Er widerspricht der gängigen Vorstellung von Chancengleichheit und individueller Unabhängigkeit und dass das Recht des Individuums auf körperliche und geistige Selbstbestimmung für jedes Leben zu realisieren ist.

Rebecca Mertens' biografische Sätze belegen ein Menschenleben, das sich größtenteils auf der Straße, nicht in eigenen Räumen und im Gefängnis abspielt. Rebeccas Offenheit und ihre radikale Art der Selbstbetrachtung sind nicht repräsentativ für die Frauen, die ich bisher in der Justizvollzugsanstalt kennengelernt habe, aber ich vermute, dass ihre biografischen Fakten für Lebensläufe inhaftierter weiblicher Junkies exemplarisch sind. Ihr Statement wird für mich zu einer Art Aufforderung, in Gefängnissen europäischer Nachbarländer die Lebensbedingungen von Frauen vor und nach Beginn ihres Drogengebrauchs weiter zu erforschen und zu registrieren.

KONZEPT TBDWBAJ

Das Nicht-Betrauern derjenigen, denen bereits ein lebenswertes Leben abgesprochen wurde, diskreditiert Verbundenheit, d. h. die Bereitschaft zur Verbundenheit als einer universellen Eigenschaft: Das Zusammenbringen von Gleichheit und Verschiedenheit richtet sich—trotz Unterschieden in Positionen und Haltungen—auf eine gemeinsame Welt.[78]

Die gemeinsame Welt zu betrachten und Gleiches und Verschiedenes zusammenzubringen, ist ein permanenter Prozess, der jeden Menschen individuell und insgesamt alle betrifft. Die friedliche Koexistenz und Verbundenheit von Gleichem und Verschiedenem schließt eine Einteilung der Gemeinschaft in Verlierer und Gewinner aus, beruht nicht auf Mitleid mit den Verlierern oder dem Management zur Eliminierung von Störfaktoren, sondern beginnt damit, die Unterschiedlichkeit und Verschiedenheit der Menschen anzuerkennen und zu integrieren, die zusammen eine pluralistische Gemeinschaft bilden.

Eine Sammlung internationaler Biografien wird Übereinstimmungen und Unterschiede aufweisen, die den Vergleich kultureller, sozialer und politischer Positionen der Frauen in verschiedenen Gesellschaften ermöglichen—nicht nur die der Junkies, sondern die aller Mitglieder einer Gesellschaft.

78 Vgl.: Hannah Arendt: The Human Condition, Chicago 1958. Deutsche Ausgabe, von der Autorin selbst übersetzt: Vita activa oder Vom tätigen Leben, Stuttgart und München 1967.

VOM ISOLIERTEN IN DEN KULTURELLEN RAUM

TBDWBAJ bewegt sich in verschiedenen gesellschaftlichen Räumen, dem isolierten, dem kulturellen, dem öffentlichen und dem virtuellen Raum.

Wenn ich TBDWBAJ im isolierten Raum—dem Gefängnis—herstelle und das Resultat in den kulturellen Raum—zur Ausstellung in Museum, Kunsthalle, Galerie—bringe, betreten und verlassen die Baby Dolls die zwei am weitesten auseinanderliegenden Gesellschaftsräume, deren Population sich im realen Leben vermutlich nicht begegnet—außer absichtslos im öffentlichen Raum. Wo und wie werden über TBDWBAJ Begegnungen von In- und Outcasts stattfinden?

DAS ÖFFENTLICHE GESPRÄCH: *EXPERT MEETING*

Das *Expert Meeting* findet im kulturellen Raum, dem Ausstellungsraum, statt und stellt die Legitimität und die Effektivität der Intervention in gesellschaftliche Bereiche mit den Mitteln der bildenden Kunst zur Diskussion: Kann ein ›Handeln‹, so wie Arendt es definiert, durch Kunst im öffentlichen Raum überhaupt stattfinden, bzw. kann, sollte Kunst sich aus der Beschränkung des bloßen ›Herstellens‹[79] begeben? Verändert die Anwesenheit von TBDWBAJ im Museum, in der Galerie, in der Künstlerinitiative etc. den Kunstraum bereits in einen Handlungsraum, in einen politischen Ort?

Ziel des Gespräches ist der Gedankenaustausch mit Projektteilnehmerinnen und ExpertInnen aus den Bereichen der Kunst und Kunsttheorie, der Philosophie, der Soziologie, der Psychiatrie und Psychologie, der Rechtswissenschaften, des Gefängniswesens, der (Drogen-)Politik, der Hilfsorganisationen.

Im Gespräch sollen keine utopischen Lösungsvorschläge herbeiphantasiert sondern interdisziplinäre Fragestellungen und vielleicht sogar ein Instrumentarium generiert werden: Können aus individuellen Lebensgeschichten einer unbeachteten Bevölkerungsgruppe Erkenntnisse über systemimmanente gesellschaftliche (Macht-)Strukturen gewonnen werden, oder müssen wir sie als Privatangelegenheiten unberücksichtigt lassen? Im Gedankenaustausch kann der Spagat zwischen dem Öffentlichen und dem Privaten, zwischen Bemitleiden und Nicht-Betrauern, zwischen Opferisierung und Täterschaft ermessen werden, um sich so gemeinsam dem Thema ›Gewalt als Umgangsform‹ zu nähern.

79 Hannah Arendt kritisiert die Reduktion tätigen Lebens auf Arbeit und Konsum und insistiert auf dem Freihalten und der Erweiterung der Öffentlichkeit. Sie unterscheidet die menschliche Bedingtheit in der Tätigkeit der Arbeit, des Herstellens und des Handelns. Kunstschaffen denkt sie als ›Herstellen‹, d. h. als Schöpfung, die dem Zeitgeist einer Gesellschaft entsprechend Monumente, Schriften, Gebäude, Gebrauchsgegenstände und Kunstwerke in die Welt bringt. ›Herstellen‹ übersteigt die Tätigkeit der ›Arbeit‹, die lediglich den biologischen Prozessen der kurzfristigen Lebenserhaltung dient. ›Handeln‹ ist die höchst geachtetste menschliche Tätigkeit, die sich im öffentlichen Raum durch die Menschen vollzieht als die einzige gemeinsame Aktivität, in der alle Menschen, unabhängig von ›Arbeit‹ und ›Herstellen‹, einander zeigen, wer sie sind. Das Resultat des ›Handelns‹ ist unvorhersehbar, was entscheidend die Vielfältigkeit und die Freiheit der Gemeinschaft beeinflusst.

ZEIGEN, WER WIR SIND

Inwieweit kann von Öffentlichkeit die Rede sein, wenn Randgruppen einer Gesellschaft hier der Zutritt verwehrt oder sie ausgeschlossen werden und wer ›waltet‹ über diese Öffentlichkeit?

Auffallend ist die permanente Anwesenheit von Gewalt im Leben der bisherigen Projektteilnehmerinnen in der JVA Vechta. Aus ihren Berichten kann auf Gewalt als eine Umgangsform innerhalb unserer Gesellschaft geschlossen werden. Der Begriff ›Gewalt‹ stammt von ›walten‹ und hat die ursprünglich neutrale Bedeutung, etwas bewirken zu können. Im heutigen Sprachgebrauch hingegen hat das Wort eine meist negative Bedeutung. Im Lateinischen wird die negative Form von Gewalt *violentia* von der positiven Gewalt *potestas* unterschieden, was im Englischen mit den Begriffen *violence* und *power* Ausdruck findet. Vor allem im öffentlichen Raum wird das symbiotische Verhältnis von Gewalt und Macht deutlich.

DROP OFF

Das *Drop Off* ist der Akt der Installation von THIS BABY DOLL WILL BE A JUNKIE im öffentlichen Raum. Jede Baby Doll einer Serie soll jeweils von kleinen Gruppen der *Expert Meeting*-TeilnehmerInnen an verschiedenen öffentlichen Orten, die zum Lebensbereich Drogenabhängiger gehören, ausgesetzt—*gedroppt*—und ohne weitere Aufsicht in der Öffentlichkeit zurückgelassen werden.

Die Baby Dolls werden von den BewohnerInnen bzw. BesucherInnen einer Stadt angenommen oder abgewiesen, ignoriert oder zerstört.

Nach dem Verschwinden der Baby Doll aus dem öffentlichen Raum werden die Biografien ins Webarchiv www.thisbabydollwillbeajunkie.com aufgenommen.

AMSTERDAM, 2004

NIEDERLANDE

Ohne eine Empfehlung von Personen mit Einfluss wird meine Kontaktaufnahme zu niederländischen Gefängnissen zu einer einseitigen Unternehmung. Weder die Anstaltsleitungen der Frauengefängnisse[80], noch das Justizministerium antworten auf meine schriftlichen und telefonischen Anfragen.

Ich wende mich an den Amsterdamer *Junkiebond* MDHG[81], an AMOC[82] und andere kleinere Hilfsinitiativen. Bei den kleinen Organisationen kann ich zumindest persönlich vorsprechen, mit MitarbeiterInnen und Klientel reden und lerne Zielstellungen und Programme der jeweiligen Institution kennen. Ich erwäge Projektausführungen innerhalb der Hilfsorganisationen. »Ja, wäre toll …«, sagt Direktorin Willemijn Los, ihre Klientel beim MDHG besteht allerdings hauptsächlich aus Männern, die unregelmäßig auftauchen und wieder verschwinden. Bei AMOC sprechen die hilfesuchenden, vorwiegend jungen Männer und die wenigen jungen Frauen kein Niederländisch oder Englisch.

Die Klientel befindet sich zudem oftmals in einer sehr labilen, bzw. fragilen psychischen und physischen Verfassung, der Aufenthalt in diesem minimalen Schutzraum soll nicht zusätzlich erschwert werden.

Die meisten Hilfsorganisationen haben Kontakte zu den P. I.S und P. I. VS, ihre Klientel geht regelmäßig im Knast ein und aus. Die MitarbeiterInnen nennen mir Namen von Personen, die im Auftrag des Justizministeriums Ex-Inhaftierten den ›Weg in die Normalität‹ weisen sollen. Ich wende mich an ›Toekomst in Balans, een nieuwe uitdaging‹ (Zukunft in Balance, eine neue Herausforderung) in der P.I.V. Ter Peel. Mein Projektvorschlag sei zwar interessant, antwortet eine Mitarbeiterin, sie bezweifle aber, ob sich eine Anstaltsleitung finden ließe, die das Vorhaben unterstützen wolle. Nicht, weil es organisatorisch unmöglich sei, sondern weil es nicht den Zielsetzungen der P.I.V.S entspreche. Ziel sei die praktische Einübung in ein straffreies Leben, nicht die Reflexion der eigenen Geschichte.

Ich wende mich auch an die staatliche Anlaufstelle für alle Arten Suchtkrankheiten, die Jellinek-Klinik[83], die auch in kleinen Gruppen mit drogenabhängigen Frauen arbeitet, die Gewalt erfahren haben. Nach zahlreichen Vorgesprächen darf ich dort unter Aufsicht eine Introduktion des Projektes geben und den Frauen eine Zusammenarbeit vorschlagen. Die Frauen in dieser Gruppe fallen durch ihre extreme Ängstlichkeit auf, finden das Projekt zwar gut und richtig—sie erkennen sich in Rebeccas Biografie wieder—befürchten aber Ressentiments ihrer Umgebung, wie Ablehnung und Wut von Partnern, Eltern und Kindern.

Von den interessierten vier Frauen erscheinen zum zweiten Treffen nur noch zwei, die teilnehmen wollen, sie interessiert vor allem das Handwerkliche, das Porzellangießen der Baby Dolls. Das Erstellen der Biografie als Bestandteil des Projektes wird wohl eher als ›Preis‹ für das Herstellen-Dürfen der Püppchen erfahren. Was sie denn tun müssten? Was denn alles gesagt werden müsse in solch einer Biografie? Und ob sie die Baby Dolls behalten dürften?

Für die Projektausführung in der Jellinek-Klinik würde mir nur einmal pro Woche ein Arbeitsraum zur Verfügung gestellt werden, in dem ich am Nachmittag ein paar Stunden mit den Frauen arbeiten kann. Alles andere als ideale Voraussetzungen, sowohl für das Gießen und Bearbeiten der Porzellanteile wegen der viel zu langen Zwischenpausen, wie auch für das Aufbauen und Festhalten einer Konzentration, die mir für das Aufstellen der Biografie erforderlich scheint. Trotzdem würde ich mich auf die Arbeit dort mit den zwei Frauen einlassen.

Eine Woche später wird mir mitgeteilt, dass die beiden Frauen von der Teilnahme absehen.

80 Niederländische Frauengefängnisse (*Penitentiaire Inrichtingen voor Vrouwen*): P.I.V. Ter Peel in Evertsoord, P.I.V. Nieuwersluis, P.I.V. Breda und P.I.V. Zwolle

81 MDHG—*Medische Dienst Heroine Gebruikers*, Amsterdam

82 AMOC—*Drug assistance for non-resident European Citizen*—in Amsterdam ist seit 1997 eine Anlaufstelle für drogenabhängige, obdachlose BesucherInnen aus osteuropäischen Ländern. KlientInnen, die neu migrieren möchten, erhalten Hilfe bei der Beantragung eines Passes, beim Kauf eines Bustickets und bei der Organisation psychosozialer Unterstützung in ihrem Heimatland. Auszug, U. M., übersetzt und red. gekürzt: http://www.deregenboog.org

83 Die *Jellinek Klinieken* arbeiten im Auftrag des staatlichen Gesundheitsdienstes *Gemeentelijke Gezondheidsdienst* (GGD). In acht Städten befinden sich Kliniken, in denen Suchterkrankungen aller Art stationär und ambulant behandelt werden. https://www.jellinek.nl

2004–2005

TBDWBAJ DEUTSCHLAND

LÜSA Langzeit Übergangs- und Stützungsangebot, Unna

Ana Dias bittet mich im Namen von LÜSA um einen Beitrag zum Nationalen Gedenktag für verstorbene Drogenabhängige 2005 in Unna. Sie schlägt vor, die Biografie einer kürzlich verstorbenen Bewohnerin als Serie THIS BABY DOLL WILL BE A JUNKIE[84] in den öffentlichen Raum der Stadt zu bringen.
Aus Stapeln von Akten, Daten und Gesprächsnotizen mit ihren LÜSA-Begleiterinnen rekonstruieren Ana Dias und ich Karin Pauschs Lebenslauf. Ich versuche dabei, Rebeccas Wortwahl und Satzkonstruktion nachzuempfinden und im sogenannten szenischen Präsens zu formulieren; d. h. die Vergangenheit wird als Gegenwart wiedergegeben. Anders als in einer Erzählung verzichte ich auf Adjektive und Adverbien, die emotionale Nuancen festlegen. Es wird das Lebensalter angegeben, dann das Ereignis. Die Konstruktion der Biografie entspricht damit eher einem Protokollstil, ist faktisch und wirkt nüchtern, real und unabänderlich.
Von den wenigen Porträtfotos, die Karin hinterlässt, lasse ich Transfers für das Puppengesicht drucken. Angela Keumann-Kramer, ebenfalls wohnhaft im Haus LÜSA, leiht den Baby Dolls ihre Stimme für die Audioaufnahme der postumen Biografie.

84 Die Produktion der Baby Doll Serie Karin Pausch und die aufwendige Montage der Audiomodule erfolgt in kürzester Zeit dank dem EKWC-Mitarbeiter Matthias Keller, den MA-Studentinnen Veronika Beckh, Lucia Luptáková, Clara Moranta und Kuri Yorigami des Sandberg Institutes, den Audioexperten der Rijksakademie Amsterdam, der Kollegin Bastienne Kramer und meinem Sohn Salan Zijlstra.

Karin Pausch [1958–2002]

Mit 6 Jahren habe ich Angst vor meinen süchtigen Eltern

Mit 12 Jahren stirbt mein Vater

Mit 13 Jahren nehme ich Medikamente und Cannabis meiner Mutter

Mit 16 Jahren stirbt mein Bruder

Mit 17 Jahren spritze ich Heroin

Mit 18 Jahren stirbt meine Mutter an einer Überdosis

Mit 19 Jahren lebe ich obdachlos in Frankreich

Mit 25 Jahren werde ich zum ersten Mal inhaftiert

Mit 30 Jahren infiziere ich mich im Gefängnis mit HIV

Mit 31 Jahren flüchte ich vor neuer Inhaftierung in die Niederlande

Mit 32 Jahren verliebe ich mich in einen Drogenabhängigen und lebe mit ihm illegal in Rotterdam

Mit 40 Jahren kehre ich zur Polamidon-Behandlung zurück nach Deutschland, und beginne zu trinken

Mit 41 Jahren werde ich in eine psychiatrische Klinik eingewiesen

Mit 41 Jahren wird mein Geliebter erschossen

Mit 42 Jahren werde ich mit fortgeschrittener Leberzirrhose im Asyl für Junkies in Unna aufgenommen

Mit 44 Jahren sterbe ich in Begleitung meiner Betreuer

UNNA, JULI 2005

MAGDA GOMEZ FERRER

Magda ist gerade vom Heimaturlaub bei ihrer Mutter zurückgekehrt, ihr Vater ist inzwischen gestorben. Sie hat ihren Sohn besucht, den sie seit vier Jahren nicht gesehen hat. Ihre Betreuerin Tanja Boecker hat Magda begleitet, weil sie nicht mehr selbstständig reisen kann, inzwischen wird sie als physisch und psychisch schwerstbehindert eingestuft. Seit einem Jahr steht sie unter gesetzlicher Vormundschaft und wird betreut, da sie zunehmend orientierungsloser wird und Gedächtnisausfälle hat. Unter anderem kann sie ihre jährlichen Anträge zur Kostenübernahme ihrer Betreuung nicht mehr selbst stellen. Magda ist still und depressiv.

Es wird einfach nicht besser, es geht nicht

sagt sie immer wieder. Trotzdem beteiligt sie sich an den *Drop Off*-Vorbereitungen.

Sie will LÜSA verlassen und nach Hannover zurückkehren. Am 25. Juli bekommt sie einen Platz im Pflegeheim des Sozialpsychiatrischen Zentrums Seelberg[85] in Hannover.

85 Das Pflegeheim verfügt über 105 Betten in Einzel- und Doppelzimmern. Hier leben überwiegend pflegebedürftige Menschen in fünf Wohngruppen. http://www.seelberg-hannover.de/index.php

UNNA, 21. JULI 2005
NATIONALER GEDENKTAG FÜR VERSTORBENE DROGENABHÄNGIGE

INTERVENTION UNNA: *DROP OFF* SERIE KARIN PAUSCH

Die TBDWBAJ Serie Karin Pausch wird zum Anlass eines Expertentreffens mit PolitikerInnen der Region. Vorher werden die ExpertInnen, LÜSA-BewohnerInnen und -BetreuerInnen die 16 Baby Dolls im öffentlichen Raum der Stadt Unna aussetzen. Die Dropzonen wurden von den LÜSA-BewohnerInnen bestimmt.

Die Baby Dolls tragen am Handgelenk ein Label mit dem Titel des Projektes und einem Hinweis auf die erste Webseite TBDWBAJ, die an diesem Tag online gestellt wird.

Zum *Drop Off* versammeln sich LÜSA-BewohnerInnen, -BegleiterInnen und MitarbeiterInnen aller partizipierenden Hilfsorganisationen aus Stadt und Umfeld von Unna im Hof des Hauptgebäudes, wo die Baby Dolls zum *Drop Off* bereit liegen. Die BewohnerInnen gehen zärtlich mit ihnen um, hören sich jeden Satz an, betrachten eingehend die Gesichtsausdrücke, die Perforationen auf den Rücken und stellen Fragen. Das *Dropping* wird als heftig erfahren;

›eine von ihnen‹ soll erneut einer Bevölkerung ausgeliefert werden, in die hier niemand viel Vertrauen hat. Trotzdem finden sie es gut, dass der Lebenslauf einer Leidensgenossin öffentlich gemacht wird.

Für jeden Bestimmungsort bilden sich Gruppen von zwei bis fünf *Droppern* aus Junkies, PolitikerInnen, MitarbeiterInnen der Hilfsorganisationen und JournalistInnen. Die Gruppen nehmen sich viel mehr Zeit für den Akt des *Drop Offs,* als ich vermutet hatte, sie verweilen stundenlang neben der *gedroppten* Baby Doll, warten auf Reaktionen oder provozieren Kommentare von skeptischen Passanten, die spontan die Straßenseite wechseln.

Um 18:00 Uhr kehrt eine Gruppe mit einer zertrümmerten Baby Doll zurück. Ein Busfahrer der Städtischen Linien ist am Busbahnhof mit seinem Fahrzeug absichtlich vor aller Augen über ihre *gedroppte* Baby Doll gefahren. Alle anderen Baby Dolls sind um 19:00 Uhr aus der Stadt verschwunden.

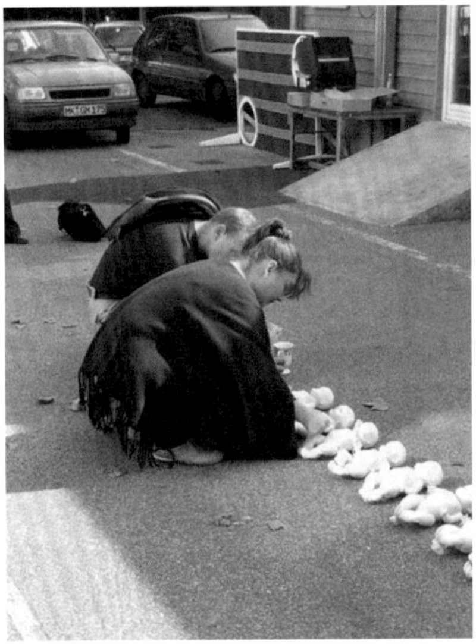

LÜSA Unna, Vorbereitungen zum *Drop Off.* Foto: Bastienne Kramer

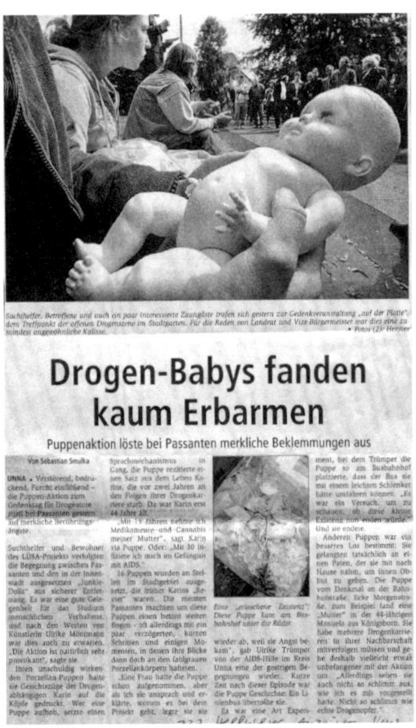

Drogen-Babys fanden kaum Erbarmen

Puppenaktion löste bei Passanten merkliche Beklemmungen aus

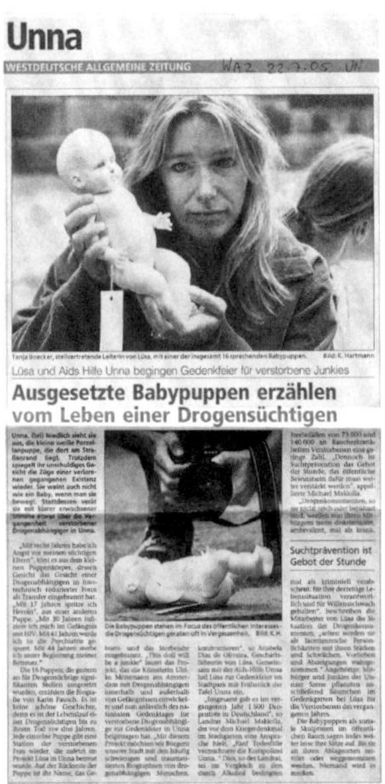

Unna

WESTDEUTSCHE ALLGEMEINE ZEITUNG

Lüsa und Aids Hilfe Unna begingen Gedenkfeier für verstorbene Junkies

Ausgesetzte Babypuppen erzählen vom Leben einer Drogensüchtigen

Suchtprävention ist Gebot der Stunde

Hellweger Anzeiger, 22.7. 2005. Westdeutsche Allgemeine Zeitung, 22.7. 2005

HANNOVER, 23. DEZEMBER 2005

MAGDA GOMEZ FERRER

Magda schickt eine Weihnachtskarte, sie entschuldigt sich, dass sie sich nicht eher gemeldet hat.

Hier habe ich so viel Ärger und Stress. Es war das Schlimmste, dass ich nach Hannover zurückgekehrt bin, in jeder Hinsicht. Werde versuchen, wieder in LÜSA aufgenommen zu werden. Das ist mein Wunsch fürs neue Jahr.

Wie in jedem Brief, erinnert sie an unsere gemeinsame Arbeit im Knast und bei LÜSA und die tiefe Freundschaft, die sie für Anneclaire und mich empfindet.

2005

EUROPA-KONGRESS ›FEMALE OFFENDER‹

Die ›European ESF / EQUAL Conference about Female Offenders in the woman prison‹ findet in der P.I.V. Nieuwesluis in den Niederlanden statt. Die Beiträge richten sich an AnstaltsleiterInnen, PsychiaterInnen und Hilfsorganisationen in west- und osteuropäischen Frauengefängnissen.

Kritische Beiträge verschiedener Institutionen bestätigen meine Vermutungen über die Unterschiede zwischen männlichen und weiblichen Insassen, es werden genderspezifische Richtlinien für den Frauenvollzug gefordert. In den Vorträgen, in denen es um drogenabhängige InsassInnen geht, höre ich von Problematiken, die sich mit meinen Erfahrungen decken.

Der ungarische Anstaltsleiter des Frauengefängnisses in Sopronköhida interessiert sich für die Baby Dolls, er will eine haben. Ja, ich solle mal in seinem Gefängnis vorbeikommen, sagt er, ich könne dort so etwas gerne mal machen und gibt mir seine Karte. Meine schriftlichen und telefonischen Ankündigungen, bzw. Anfragen später, die Anstalt zu besuchen, bleiben jedoch unbeantwortet.

2005–2007

TBDWBAJ NIEDERLANDE

ARTA Anthroposophisches Therapeutikum für Suchtkranke, Zeist

Ich wende mich an Jacques Michel Abas, Psychiater bei ARTA[86], der Suchtkranke der Psychiatrie in der Lievegoedkliniek behandelt. Wir treffen uns im Klinikum in der Abteilung für die ambulante Behandlung Drogenkranker in Zeist und sprechen über die Thematik, meine bisherigen Erfahrungen und mein Vorhaben, weiter mit drogenabhängigen Frauen zusammenzuarbeiten. Wir sprechen auch über die Bedeutung der Biografie, die sowohl in der anthroposophischen Pädagogik als auch in verschiedenen anderen Therapien als wichtige Reflexionsform gesehen wird[87].

Ich erzähle dem Psychiater von Rebeccas Beschreibung der wohltuenden Wirkung von Heroin, die Denken und Fühlen für einen Moment zusammenbringe. Jacques Michel erklärt, dass Denk-, Fühl-, Handlungs-, Kommunikations- und Wertestrukturen durch das Erleben traumatischer Ereignisse—wie sexuelle Gewalt in Kindheit und Jugend—anders aufgebaut und ausgestaltet würden als bei gesunden Heranwachsenden, vor allem, wenn dieser Prozess in einem gewaltgeprägten familiären oder sozialen Umfeld stattfinde.

Heroin bewirke eine zeitweise Befreiung aus dem quälenden Leiden am Trauma oder den Traumata.[88]

Wir vergleichen die Therapieansätze, die ich bisher kennengelernt habe, mit denen von ARTA. Wie werden in der Drogentherapie anthroposophische Behandlungsweisen praktiziert? Kann Rudolf Steiner für dieses heutzutage drängende Problem schon um 1920 Richtlinien formuliert haben? Nein, es gebe keine spezifischen Drogenbehandlungsrichtlinien, sagt Abas, auch hier werde das Prinzip der ganzheitlichen Betrachtung des Menschen angewendet—der aus welchen Gründen auch immer aus seiner Balance geraten sei.

ARTA behandelt drogenkranke Menschen in verschiedenen Phasen und begleitet sie, sowohl stationär als auch ambulant, wobei KlientInnen in verschiedenen Wohnkomplexen separat oder in Wohngemeinschaften untergebracht werden. ARTA unterscheidet sich von regulären Therapiestationen hauptsächlich durch das ›Nicht-Aufgeben‹ des Menschen. Drogenabstinenz als Ziel an sich zu erklären, verfehle die Behandlung und Betreuung traumatisierter Menschen. Wenn eine(r) abstürzt, rückfällig wird, kann er oder sie immer wieder in die Behandlung zurückkehren. Er erzählt von KlientInnen, die seit 30 Jahren mit oder ohne Unterbrechungen betreut werden. Außerdem gehe es den PatientInnen nicht um die ideellen Inhalte der Behandlungsweise. Nicht sie, sondern die BetreuerInnen folgten anthroposophischen Prinzipien der Gesundheitslehre.

Abas will die Ausführung des TBDWBAJ-Projektes in seiner Klinik unterstützen und uns für vier Wochen einen Arbeitsraum zur Verfügung stellen. Seiner Meinung nach bestehe sicher bei mehreren Patientinnen Interesse an der Teilnahme. Hans Kassens, ehemaliger Klient und heutiger ARTA-Mitarbeiter, soll die Organisation übernehmen, mit ihm kann ich Einzelheiten besprechen.

Hans Kassens ist seit 15 Jahren clean und seitdem wichtiger Ansprechpartner der Klientel.

Er ist direkt in dem, was er sagt, warnt vor Schwachstellen bei den Betreuten und der Institution ARTA. Er ist trotzdem überzeugt, dass wir das Projekt hinkriegen werden, er will es begleiten.

Wir besprechen die benötigte Ausstattung, einen leicht sauber zu haltenden Raum mit guten Lichtverhältnissen, Wasseranschluss, Arbeitstischen und genügend Platz zum Porzellangießen und Lagern der gegossenen Formen. Er findet in einer der Zeister anthroposophischen Arztpraxen einen Kunsttherapie-Raum, den wir vier Wochen lang täglich außer donnerstags benutzen können. Nun können wir die Introduktion des Projektes in der Klinik planen.

Nach beinahe zweijähriger Suche habe ich offenbar die Institution gefunden, in der ich die niederländische Edition TBDWBAJ ausführen kann. Die Bedingungen für die Projektausführung mit neuen Teilnehmerinnen sind gut; mit Unterstützung von Abas und Kassens wage ich es, mich auf eine neue Form der Zusammenarbeit mit Junkies einzulassen.

86 ARTA ist die ›Anthroposophische Versorgung Suchtkranker‹ der Lievegoedkliniek mit dem Hauptsitz in Bilthoven. Aus der Webseite:

Die persönliche Fähigkeit eines jeden, sich weiterzuentwickeln, ist viel größer als gemeinhin angenommen. Wir sehen jeden Klienten, jede Klientin als Individuum, arbeiten aber oftmals im Gruppenverband. So wird deutlich, dass niemand alleine in der Welt steht und nicht der oder die Einzige mit einem Problem solcher Art ist. Die Einzigartigkeit eines jeden Menschen ist von zentraler Wichtigkeit, nicht das Problem bestimmt den Ansatz, wir wählen die Form der Behandlung, die zu diesem Menschen passt. Wir arbeiten daran, die persönliche Weiterentwicklung und die sozialen Fähigkeiten zu fördern.

Psychiatrie und Suchthilfe: Depression oder Sucht—gemeinsam können wir die Unterschiede deutlich machen und Verhaltensweisen und -muster ändern. Wir können dabei helfen, ein neues Leben anzufangen. [...] Spiritualität, Kreativität, Zielstrebigkeit. Struktur, Tages- und Jahresrhythmen helfen, ein neues Gleichgewicht zu finden. Auszug, U. M., übersetzt und red. gekürzt: http://www.lievegoed.nl/verslavingszorg/

87 Pädagogik: In Waldorfschulen setzen sich Kinder in der Pubertät mit den Biografien berühmter Menschen—Helden und Anti-Helden—als Beispiel für die Verwirklichung von Idealen auseinander. Das Erstellen und Lesen von Biografien wirkt sich besonders in dieser Entwicklungsphase positiv auf das Einfühlungsvermögen in andere Lebensformen und -auffassungen anderer Zeiten und Gemeinschaften aus. Sich selbst im anderen zu erkennen, fördert die Fähigkeit zur kritischen Selbstreflexion.

88 In internationalen Studien werden in den 1980er Jahren erstmals Persönlichkeitsstörungen und Konsum von Drogen miteinander in Verbindung gebracht. Bei etwa einem Drittel der Kontrollpersonen mit problematischem Alkoholkonsum und bei der Hälfte der Personen mit einem problematischen Drogenkonsum wurde eine Persönlichkeitsstörung festgestellt. Die Vermutung, dass eine sehr enge Verbindung zwischen frühkindlichen Trauma-Erfahrungen und dem späteren Auftreten der Persönlichkeitsstörung besteht, kann seit Mitte der 1980er Jahre in verschiedenen psycho-neurologischen Untersuchungen bestätigt werden.

Frank W. Putnam veröffentlicht als einer der ersten die Ergebnisse seiner Kontrollgruppenuntersuchungen zu den psycho-biologischen Effekten sexueller Gewalt im Kindesalter und dem Entstehen dissoziativer Identitätsstörungen. 97% der insgesamt 100 Patienten berichten über schwere und schwerste traumatische Erlebnisse in ihrer Kindheit, wobei am häufigsten Inzest, aber auch andere sexuelle und physische Gewaltanwendungen genannt werden. Weitere Studien geben bei 85–95% der PatientInnen mit Identitätsstörungen erlebte physische Gewaltanwendung oder sexuellen Missbrauch an. Die am häufigsten übereinstimmenden Merkmale der Betroffenen sind: Zugehörigkeit zum weiblichen Geschlecht, die Fähigkeit, gut zu dissoziieren, schwerste Traumata in der Kindheit und keine Hilfe erhalten zu haben.

Vgl. u. a.: Frank W. Putnam, Diagnosis and Treatment of Multiple Personality Disorder, 1989, und Psychobiological Effects of Sexual Abuse: A Multi-Generational Study to the field of traumatic stress research. P. M. Coons; V. Milstein, Psychosexual disturbances in multiple personality: characteristics, etiology, and treatment, psycnet.apa.org, 1986, Michaela Huber, Multiple Persönlichkeiten—Überlebende extremer Gewalt. Ein Handbuch. Seelische Zersplitterung nach Gewalt. Paderborn 2010.

INTRODUKTION ARTA

Im Gemeinschaftssaal der ARTA-Klinik in Zeist sitzen etwa 15 Frauen zwischen 20 und 55 Jahren, im Laufe des Nachmittags kommen noch einige hinzu. Es herrscht eine vergleichbare Unruhe wie seinerzeit bei den Introduktionen im Knast; ich vermute, dass einige Frauen ein originäres Interesse an der Teilnahme haben und dass anderen sehr nahegelegt worden ist, ein solches Interesse zu zeigen.

Die visuelle Dokumentation der bisherigen Projekte kommt dennoch gut an, bis ich in meinem Vortrag bei den Biografien als Teil des Kunstwerkes ankomme und das Publikum beinah einstimmig aufstöhnt. Biografie wird als erweiterte ARTA-Therapiemaßnahme verstanden, die meisten haben mehr als genug von dem penetranten Stochern in ihren Biografien.

Es kostet mich einige Mühe, TBDWBAJ als Kunstwerk zu beschreiben und das Erstellen der Biografien und der Baby Dolls nicht als therapeutische, sondern als eine politische Arbeit zu erklären, als ein emanzipatorisches Aufstehen aus der passiven Outcast-Position. Fragen nach Details kann ich nicht beantworten, da ich ja noch nicht weiß, wie wir die Biografien erstellen werden, wie viel Zeit wir dazu benötigen und wie belastend die Arbeit sein wird.

Die Frauen finden die LÜCKEN und die KGK toll, ob wir nicht lieber so etwas machen könnten?

Zuletzt überzeugen die Baby Dolls, die Rebeccas Sätze aussprechen, diese Gruppe besser als meine Erläuterungen.

Am Ende der Introduktion entlassen Hans und ich innerlich aufgewühlte Frauen, die sich von meiner Einladung zur Teilnahme zwar positiv angesprochen fühlen, sich herzlich bedanken und mir viel Erfolg wünschen, die aber auch deutlich verunsichert sind, ob sie sich den Anforderungen einer solchen Unternehmung aussetzen wollen. Manche erwägen, teilzunehmen und bitten um Bedenkzeit.

Hans ist, noch mehr als ich, erstaunt über die zurückhaltende Reaktion der Frauen. Wir planen gleich eine Fortsetzung der Introduktion, nun außerhalb der Klinik in meinem Atelier in Amsterdam.

Zwei Wochen später chauffiert Hans acht Frauen in einem Kleinbus nach Amsterdam. Ich sehe einige, die bei der Introduktion in Zeist waren, wie auch einige neue Gesichter, neugierige und skeptische. Aus Erfahrung weiß ich, dass es keinen Sinn hat, geeignete Frauen zur Teilnahme am Projekt zu überreden. Man erkennt die ›Zwangsfreiwilligen‹ schon bei der Introduktion: fest verschränkte Arme und düsterer Blick demonstrieren Verweigerung. Heute ist das die junge koksabhängige Lisa; offenbar liegt Hans viel daran, sie einzubeziehen. Sie befinde sich aber—wie Hans es nennt—in der Phase der Verharmlosung: Sie meine, dass sie von den üblichen Folgen des Drogenkonsums, der Drogenabhängigkeit, nicht betroffen sei. Sie sei auch ohne Probleme aus der Entgiftung gekommen, sagt sie, sie schaffe das Weitere schon.

Nur einer, der aus Erfahrung spricht, ein Ex-Betroffener, kann so auftreten wie Hans: Er bohrt geradezu in den Wunden der jungen Frau, erinnert sie an ihr abgebrochenes Studium, den Rausschmiss aus ihrer Wohnung und an ihren lebensgefährlich desolaten Zustand, in dem fremde Menschen sie mehrmals von der Straße aufgesammelt haben.

Ich wende mich an die anderen Anwesenden, die nach meiner Einführung über ihre Teilnahme nachgedacht haben. Das sind Renske aus Friesland, Alter Anfang 30, Henriette aus Zeist, Mitte 30, Tessa, auch aus Friesland, Anfang 50. Hester aus Amsterdam, Ende 40, Tea, aus Utrecht, Mitte 20, Louise aus Bunschoten Spakenburg, Anfang 50 und Anja aus Groningen, Ende 30.

Sie sind *Soft*- und/oder *Harddrug*-abhängig, einige tabletten- und/oder alkoholabhängig. Wie im ersten Knastprojekt, ignoriere ich, welche Suchtmittel sie konsumieren und konzentriere mich auf die Menschen, die sich hier versammelt haben und angeben, dass Lebensumstände und Drogen sie in diesem Moment von einem selbstständigen und selbstbestimmten Leben abhalten.

ARTA ZEIST

HESTER VAN DE BEUKEN
LOUISE VAN DER LAAN
TESSA DE VRIES
RENSKE WESTRA

Vier Frauen melden sich zur Teilnahme an. Hans begleitet Louise, Tessa und Renske am ersten Projekttag in unseren Arbeitsraum. Zusammen schleppen wir gefühlte Tonnen von angerührtem Porzellan, Gießformen und Werkzeug in die zweite Etage und richten unseren Raum ein. Ich introduziere das ›Blitzlicht‹, wir legen Arbeitszeiten und Pausen fest und die Frauen melden die Termine, die sie während der Arbeitszeit in der Klinik haben. Wir können in der Kantine der Klinik zu Mittag essen.

Der Unterschied zum Arbeitsklima im Gefängnis wird schnell deutlich, den Frauen im Knast konnte die gemeinsame Arbeitszeit überhaupt nicht lang genug dauern, jede bewilligte Extra-Stunde wurde genutzt. Die ARTA-Klientinnen bezweifeln, lange Arbeitstage aushalten zu können, sie sind nicht an sechs bis acht Arbeitsstunden an einem Tag gewöhnt. Ich muss mich neu fokussieren, diese Teilnehmerinnen leben in einem anderen isolierten Raum, der Psychiatrie, sie sind Patientinnen. Ich kann noch nicht erkennen, ob diese Form der Isolation erträglicher, menschen- oder lebensfreundlicher ist und welche Vor- oder Nachteile diese spezifische Psychiatrie hat—wohl aber, dass Ausgrenzung auch das Leben dieser Frauen kennzeichnet.

Louise und Tessa sind beide Anfang 50. Louise ist mit Unterbrechungen seit ungefähr 30 Jahren in Behandlung bei ARTA, lebt aber selbststständig mit ihrem Freund in dem Dorf Bunschoten Spakenburg. Sie kann schon lange kein Heroin mehr spritzen und wird zur psychischen Stabilisierung mit einer Tagesdosis Sedativa behandelt, die 50 mal so hoch ist, wie gewöhnlich vorgeschrieben. Tessa ist körperlich fit. Ihre Abhängigkeit besteht seit ihrer Jugend im Gebrauch von halluzinogenen Mitteln und vorwiegend Haschisch und Marihuana. Ihre Behandlung begann im Alter von 37 Jahren mit ›Detox‹, sie lebt abwechselnd in der Obhut von ARTA oder selbstständig, drei Jahre nach ihrer ersten Behandlung bei ARTA arbeitete sie dort als Begleiterin, bis sie rückfällig wurde.

Renske lebt seit kurzem stationär in der psychiatrischen Abteilung, sie wurde wegen Depressionen und exzessiven Alkoholgebrauchs aufgenommen. Sie wurde mit einer körperlichen Behinderung geboren, ihre Speiseröhre funktioniert nur beschränkt und muss immer wieder operiert werden. Bei einer Körpergröße von ungefähr 1,70 m wiegt sie um die 45 kg.

Hester erscheint erst am zweiten Arbeitstag, es geht ihr schlecht. Sie ist alkoholabhängig, hatte einen Rückfall und war nicht aus dem Bett gekommen. Sie entschuldigt sich wegen ihrer Schweißausbrüche, ihr ist übel und sie kann sich kaum aufrecht auf dem Stuhl halten.

Der Arbeitsplatz in der Arztpraxis bietet eine sichere Umgebung, Kontinuität und gibt der Projektausführung einen offiziellen Rahmen. Der tägliche Gang durch das volle Wartezimmer der Hausarztpraxis wird zu einer stummen

Vorführung des Außenseiterdaseins der vier Teilnehmerinnen. Sie seien dran gewöhnt, sagt Louise.

Wir beginnen mit dem Porzellangießen. Tessa lernt es schnell, sie hat viel Erfahrung mit praktischen Arbeitsprozessen, sie besitzt Fingerfertigkeit, denkt logisch und übernimmt von Anfang an eine Vorbildfunktion. Renske hat Mühe mit der Grob- und Feinmotorik, sie ist ungeduldig, hat eine extrem niedrige Frustrationsschwelle und wird schnell wütend. Louise bezeichnet sich als eine Beobachterin von Natur aus, sie guckt erst mal zu und drückt sich, wenn es um das Gießen und Bearbeiten der Nähte geht. Sie zerdrückt mehr Puppenarme als angeliefert werden können, was sie aber eher lustig findet und weniger dramatisch auffasst als Renske.

Hester sucht sich Arbeiten, bei denen ihr Zittern keine Behinderung oder Belästigung für die anderen darstellt. Es fällt ihr schwer, sich täglich aufzuraffen und aufzustehen, sie kämpft gegen Depressionen und die Nebenwirkungen ihrer Medikation. Tessa bietet Hester an, sie morgens mit dem Fahrrad abzuholen, um gemeinsam zum Arbeitsraum zu fahren. Darauf lässt sie sich zwar ein, aber aus dieser Art Service entstehen regelmäßig Konflikte über Hilfsbereitschaft und Aufopferung einerseits und erwartete Dankbarkeit und Zuverlässigkeit andererseits.

Louise wird täglich von ihrem Freund gebracht, mit dem Bus und dem Weg zu Fuß brauchen sie eine Stunde. Jedes Mal beklagt sich Louise über den Freund, der sie so dringend zu unserem Arbeitsplatz hinbringen wolle. Renske kommt selbstständig.

Im Vergleich zu den Gefängnisprojekten, bei denen die Rahmenbedingungen vorgegeben und die Arbeitszeiten befristet sind, sich aber der Dauerstress auf ein hohes Arbeitstempo überträgt, geht die Porzellanarbeit in der Klinik extrem langsam voran. Der Vier-Tage-Arbeitsrhythmus ist anstrengend für die Frauen.

ARTA-KlientInnen werden offiziell krankgeschrieben, d. h. zeitweise oder endgültig als arbeitsunfähig erklärt. Ich frage mich, ob die Knast-Klientinnen gesünder sind, sie sind generell als arbeitsfähig eingestuft und werden äußerst selten krankgeschrieben—Strafe geht vor Krankheit. Manche ARTA-KlientInnen arbeiten in ehrenamtlichen Beschäftigungsverhältnissen. Sie sind—wenn überhaupt jemals ein Arbeitsverhältnis bestand—schon lange vom Arbeitsmarkt ausgeschlossen.

In den Gesprächen über das Erstellen der Biografien klären wir den Unterschied zwischen privat und persönlich: das Persönliche zum Ausdruck bringen, ohne das Private preiszugeben, sodass persönliche Mitteilungen gesellschaftlich relevant werden und öffentliche Aufmerksamkeit hervorrufen.

Wir reden und hören einander zu. Wir lernen einander kennen und geben zu, uns alle als etwas ›fremd‹ mitten auf dem Weg zu einem fernen Ziel zu erfahren. Wir tauschen Standpunkte aus, diskutieren gesellschaftliche Positionen. Die Frauen machen Notizen, formulieren Sätze, probieren Schreibweisen.

Hans Kassens schickt mir Nick Snaas, einen ehemaligen Klienten von ARTA, der seit 20 Jahren clean in einem der internen Wohnkomplexe lebt und die Klinik nicht mehr zur Behandlung, höchstens ›zur regelmäßigen Wartung seiner Abstinenz‹ in Anspruch nimmt.

Er ist Toningenieur und bereit, die Module für die Baby Dolls zum Materialpreis zu produzieren. Nick hat sich bereits die Biografien auf der Webseite angehört, er findet das Projekt sehr gut, darum will er es unterstützen. Er nimmt mehrere Porzellan-Babybäuche mit, um mit Modulen und Klang zu experimentieren. Neben der Optimierung der Audioqualität mit einem leistungsstarken Lautsprecher sucht er nach Lösungen, um den Energieverbrauch in Ruhephasen zu minimalisieren. Die Baby Doll soll nur in einer bestimmten Position sprechen, nämlich, sobald sie aufgehoben und in einer Neigung von 45° bis 70° gehalten wird. Die Power-Batterie soll erst und nur in dieser Position Energie abgeben, dann reicht sie aus, dass der Satz ungefähr 25.000 Mal ausgesprochen wird. Außerdem bringt er einen Schalter an der Batteriehalterung an, mit dem das Modul zum Beispiel während des Transports ausgeschaltet werden kann. Wir haben nun regelmäßig Kontakt, um die Vor- und Nachteile verschiedener Audioapparaturen zu testen. Es ist unbezahlbar, Nick als Experten und Teilnehmer im Projekt zu haben, der sein *know how*, seine Zeit und sein gesamtes Equipment zur Verfügung stellt. Nebenbei erzählt er, wie er zu ARTA gekommen ist und wie es ihm gelingt ›trocken‹ zu bleiben. In seinem alten Leben hatte er selbstständig als Techniker bei komplexen Produktionen verschiedener Theatergruppen gearbeitet. Alkoholexzesse auf Tourneen hatten dafür gesorgt »… dass nichts mehr von mir übrig blieb, außer Depressionen«.

Bei ARTA habe er Ruhe gefunden, eine neue Wohn- und Arbeitsgelegenheit und habe nicht das Bedürfnis, die schützende Umgebung der Einrichtung zu verlassen. Er kenne den Laden in- und auswendig. Und viele, die ARTA guten Mutes verlassen hätten, träfen sich irgendwann wieder dort. Heute macht er im Auftrag verschiedener NGOs Tonaufnahmen von Interviews mit AsylbewerberInnen.

Nach vier Wochen verlassen wir unseren Arbeitsraum in Zeist. 140 Baby Doll-Teile sind gegossen, bearbeitet und gebrannt. Anschließend müssen die Fotoporträts der Teilnehmerinnen mit keramischen Transferfolien auf die Puppengesichter gebracht und erneut gebrannt werden.

Das Erstellen der Biografien geht nur langsam voran.

SOMMER 2005

ARTA AMSTERDAM

Wir ziehen in mein Studio um, eine Turnhalle in einem ehemaligen Schulgebäude[89], in dem seit 30 Jahren 15 KünstlerInnen arbeiten und wohnen.

Zur Erarbeitung der Biografien werden wir an zwei bis vier Tagen pro Woche zusammenkommen. Hans regelt, dass ARTA die Reisekosten erstattet und die Behandlungstermine der Teilnehmerinnen und unsere Arbeitszeiten aufeinander abgestimmt werden.

Louise wird weiterhin von ihrem Freund gebracht und abgeholt, die anderen drei Frauen reisen zusammen an. Obwohl sie den Aufwand als beschwerlich empfinden und sie das In-der-Stadt-Sein an heftige Lebensphasen erinnert, genießen sie die neue Arbeitssituation, das Zusammensein, das im Garten *Lunchen*, meine Familie, die Haustiere und KollegInnen im Haus kennenzulernen …

Hester habe auch einen Garten wie diesen gehabt, sagt sie, ihn in jahrelanger Pflege zum Blühen gebracht. Dann habe sie den Garten zerstört. Vielleicht würde sie mir einmal ein Foto zeigen. Warum sie ihren Garten vernichtet hat, will sie der Gruppe nicht erzählen.

Louise bringt oftmals etwas Persönliches mit, z. B. riesige Zeichnungen, die sie früher gemacht hat und mir nun schenken will, Polaroid-Fotos, die sie als bildschöne junge Frau im Bikini (Typ Sophia Loren) mit ihrem Vater zusammen auf seinem *Speed Boat* zeigen. Ihre ihr sehr ähnlich sehende Schwester sei damals noch am Leben gewesen, sie habe das Foto gemacht.

Ab und zu spaziert sie zum *Coffeeshop* in der Nähe, was Tessa maßlos nervt. Sie hält Louises Benehmen für rücksichtslos und Louise empfindet Tessas Kommentare als Bevormundung. Die Frauen einigen sich auf Regeln im Atelier. Louise meint, das sei Quatsch, sie hält sich aber daran.

89 *Vereniging Woon- en Werkruimte Oostenburg* (VWWO), Vereinigung Wohn- und Arbeitsräume Oostenburg

NORMALITÄT

Die Lebensläufe der Frauen ähneln denen der in Vechta, obwohl keine jemals zur Gefängnishaft verurteilt worden ist. Trotzdem erfahren sie sich als Outcasts und sehnen sich bis zu einem gewissen Grad nach Normalität, besser gesagt, nach Zugehörigkeit ohne Fremdregulierungen. ›Normalität‹ ist bei der einen eine eigene Wohnung und Arbeit, bei der anderen die Genesung von der Sucht und bei allen besteht der Wunsch, sich von Beziehungsdramen fernhalten zu können.

Die Versuche der vier Frauen, ihre Biografien aufzuschreiben, bestehen überwiegend aus dem Benennen der Auswirkungen ihrer Abhängigkeiten auf ihr Leben, d. h. aus dem, was sie daran hindert, ein ›normales Leben‹ zu führen. Die Ereignisse zu fassen scheint schwer zu sein, ich wage trotz ihrer vielen Andeutungen nicht, genauer nachzufragen oder das, was sie formulieren, zu hinterfragen. Ich vermute, dass im Leben aller vier Frauen sexuelle Gewalt stattgefunden hat, aber ich überlasse die Entscheidung den Biografinnen, was sie benennen wollen und ob überhaupt.

Ana Dias hatte schon bei meinem ersten LÜSA-Besuch vor der Gefahr der Trauma-Wiederholung durch das Thematisieren jener traumatischen Ereignisse aus der Vergangenheit gewarnt bei jenen, die als ›austherapiert‹ gälten. Jacques Michel Abas jedoch arbeitet in Gesprächen mit PatientInnen aller Altersgruppen sehr wohl mit dem Benennen und dem Hinterfragen des Erlebten. Als ›austherapiert‹ oder ›zum hoffnungslosen Fall‹ erklärt zu werden, sei unmenschlich.

Vielleicht idealisiere ich Rebeccas Scharfblick oder missinterpretiere ihre Aufgeklärtheit als emanzipiertes Bewusstsein, das sie aus ihrer Misere und der Opferisierung gerettet hat. Rebeccas sachliche Lebensbetrachtung ohne

Selbstmitleid könnte in Wahrheit auch die Abgeklärtheit einer Hoffnungslosen sein. In ihrer Biografie hat Rebecca in jedem Satz eine reale Situation aufgezeichnet, die mit Gewalt in ihrer Umgebung, der regelmäßigen Begegnung mit der Polizei, dem Heim als Sicherungsort, dem Heroin als Überlebensmaßnahme und dem Gefängnis als Konsequenz ihres Handelns etc. zu tun hatte. Sie hat ihr Leben von außen betrachtet.

Bei den Niederländerinnen hingegen scheint das Problem in der Beurteilung bestimmter Ereignisse zu liegen, ob ein Ereignis ihrem Ermessen nach als wichtig genug gelten kann, um es als ›erheblich‹ zu klassifizieren. Die Grundhaltung der Frauen ist hier nicht anders als die der Frauen in Vechta. Ereignisse in ihrem Leben, die aus der Sicht der Psychologie als ›lebensbedrohlich‹ gelten, werden von den Teilnehmerinnen trotz jahrelanger Therapie immer noch als ›normal‹ empfunden. Das einzige ›Nicht-Normale‹ seien sie selbst. Dementsprechend nehmen sie, hier wie dort, ihren Outcast-Status als gerechtfertigt an und ordnen die Folgen traumatischer Erlebnisse außerhalb jeglicher Kausalität ein. Mehr noch, sie banalisieren sie und verhandeln sie als ›eigene Schuld‹. Wer sich jedoch als ›unwichtig und schuldig‹ zugleich betrachtet, kann Fragen nach entscheidenden und gewichtigen Ereignissen nicht beantworten. Das hieße, Selbstmitgefühl zuzulassen und Verletzungen in ihrer Kindheit als solche zu erkennen und zu bedauern. Das schafft keine. Nach einigen weiteren Arbeitswochen finden die Teilnehmerinnen es zwar im Atelier und im Garten urgemütlich und wir haben einander gut kennengelernt, aber Projekt TBDWBAJ–NL befindet sich in einer Sackgasse.

MATRIX ALS METHODE

Was wäre, wenn den Biografinnen anstelle des leeren Papiers eine Art Formular vorläge, mit dem der Überforderung, Geschehnisse mit Altersangaben in Sätzen formulieren zu müssen, entgegengewirkt würde? Ich entwerfe ein ›Matrix-Modell‹, d. h. eine Tabelle mit der vertikalen Anordnung der Zahlen 1–50, die die Lebensjahre angeben. Neben die Altersangaben könnten Wörter geschrieben oder besser, aus einem bestehenden Wörterkatalog ausgewählt werden. Die Wörter sollen den Status von ›Begriffen‹ erfüllen, einer Denkeinheit, die einen Wirklichkeitsausschnitt repräsentiert. Könnte sich aus deren An- und Zuordnung ein Gespräch über relevante Ereignisse oder deren Hintergründe ergeben?

Vor unserem nächsten Treffen liste ich Grundbegriffe und wichtige Personen auf, die in jedem Menschenleben eine Rolle spielen, im positiven wie im negativen Sinn. Begriffe, die spezifische Ereignisse, Personen, Perspektiven, Erwartungen und Gefühle fassen. Ich versuche, bei der Auflistung der Wörter Suggestionen zu vermeiden und das Verhältnis von positiv und negativ besetzten Begriffen im Gleichgewicht zu halten.

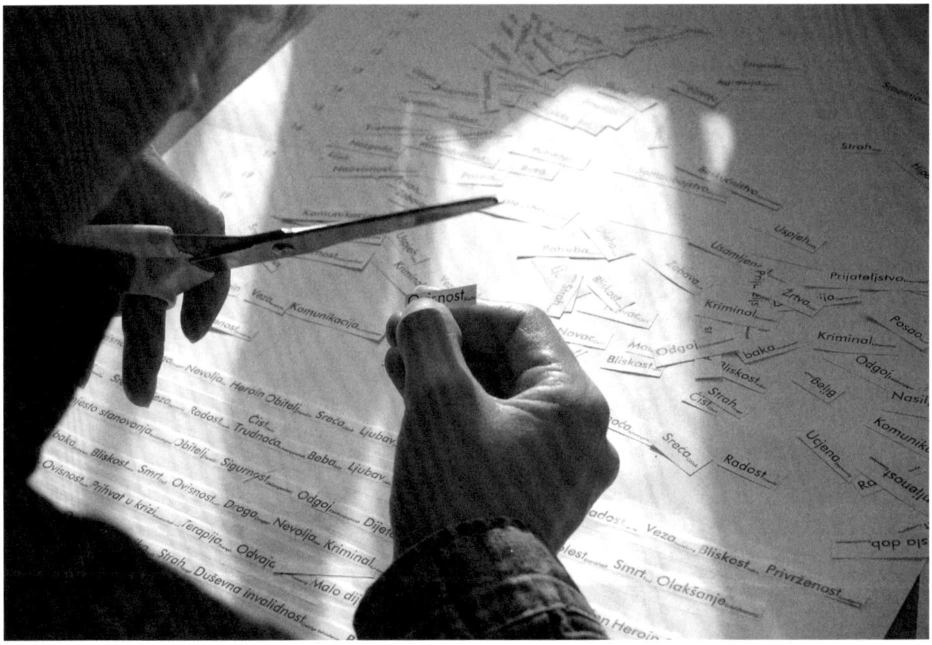

Matrix, Ženska Kaznionica Požega. Foto: Nina Glockner

Ich komme auf etwa 160 Basisbegriffe. Jedes Wort steht 20 × in mehreren Zeilen untereinander, Schriftgröße 16pt, *bold*. Es kommen 50 A3-Seiten zusammen, die sehen spannend aus: Ein imperativer Wortschwall.

Ich erkläre das neue Material und bitte die Frauen, ihre Matrix herzustellen: zutreffende Wörter aussuchen, ausschneiden und neben die Zahlen der Altersangabe kleben. Jede bekommt einen Begriffskatalog, ein Blatt mit Ziffern, eine Schere und Klebeband auf den Arbeitstisch.

Hester und Tessa vertiefen sich gleich in den Wörterkatalog und schneiden ohne zu zögern Wörter aus. Tessa schiebt ihre zuerst hin und her und probiert verschiedene Anordnungen aus. Hester klebt ihre sofort auf.

Louise schaut sich die Bögen stöhnend an, lacht, als sie zu den Begriffen aus Psychologie und Psychiatrie kommt, schneidet ganze Wörterblöcke aus, klebt sie mitten auf ihr Blatt, schreibt mit der Hand Zahlen daneben und zieht Linien zwischen Wörtern und Lebensjahren. Sie habe ›alles‹ gehabt, sagt sie. Die Zahlen geben an, wie oft ein Krankenhausaufenthalt, eine Notaufnahme, eine Psychose, eine Depression etc. in ihrem Leben vorgekommen ist. Darum herum klebt sie weitere Wörter.

Renske fragt und lässt sich Begriffe erklären, sie will sicher gehen, dass sie ihre Bedeutung richtig verstanden hat. Tessa will wissen, ob sie zum Beispiel das Wort ›Kind‹ nehmen könne für die Lebensphase, in der sie sich ein Kind gewünscht und keins bekommen hat. Ja, vielleicht in Kombination mit dem Wort ›Verlangen‹? Es geht darum, die Begriffe zu wählen, die angeben, was eine mit soundsoviel Jahren beschäftigt und was sich tatsächlich ergeben hat.

In den nächsten Arbeitstagen bleibt es still im Raum. Alle vier durchsuchen immer wieder ihre Wörterkataloge, schneiden, schieben, kombinieren und kleben Wörter neben, unter und über andere Wörter und Zahlen.

Hester will ihre Matrix neu machen, noch einmal von vorne anfangen. Sie wisse nun, was nicht stimme und welche Wörter in welchen Kombinationen wohin gehörten. Tessas Matrix wird immer dichter, aber ihre Anordnung lässt weitere Ergänzungen zu.

Ich schaue den Frauen nur über die Schulter oder setze mich neben sie. Bereits am ersten Tag sehe ich Wörterkombinationen, die Ereignisse vermuten lassen, über die bisher nicht gesprochen worden ist. Die Begriffscollagen ergeben ein völlig neues Bild von den Lebensläufen dieser vier Frauen. Ohne dass ich nachfrage, beginnen sie mir zu erklären, welche Ereignisse sich hinter welchen Kombinationen verbergen.

Louise erklärt ihre Matrix als fertig und meint, so viele Aspekte ihres Lebens hätte noch kein Psychiater aus ihr herausgequetscht. Ich weiß nicht, ob das gut oder schlecht ist. Sie möchte ihre Auswahl gerne mit mir besprechen: Die Matrix liegt zwischen uns. Es ist nun ganz leicht, über Geschehnisse zu reden. Sie oder ich weisen auf einzelne Wörter, sie springt beim Erzählen zwischen einzelnen Begriffen hin und her, stellt Zusammenhänge her und sagt immer wieder, dass sie ihr Leben bisher nicht so systematisch und geradezu ordentlich betrachtet habe. Nur gelegentlich frage ich, ob ich sie richtig verstanden habe. Dann ergänzt oder korrigiert Louise ihre Erläuterungen. Ich schreibe mit, was sie sagt.

Es ist phänomenal, wie selbstverständlich, klar und sachlich die Frauen nun über Ereignisse in ihrem Leben sprechen können. Mit dem Finger auf ein Wort pochend, zählen sie nicht länger die Effekte ihrer Suchtkrankheiten auf, sondern beschreiben Reales, Stattgefundenes, sie reden über Geschehnisse und über die Menschen, die darin eine Rolle gespielt haben. Sie können ihre Matrix mit Abstand betrachten und sich gleichzeitig mit ihr identifizieren: Das bin ich, das ist mit mir geschehen, das ist mein Leben.

In dieser einen Woche entsteht die Grundlage zu den vier niederländischen Biografien. Wir alle sind geradezu aufgeregt und überrascht über die Wirkung der simplen Methode, mit der die Blockaden der letzten Wochen überwunden werden konnten. Simpel sei das Herstellen der Matrix allerdings nicht, sagen die vier Frauen übereinstimmend, es sei höchste Konzentration nötig gewesen und die Resultate sind für sie überraschend bis konfrontierend, in jedem Fall seien sie aber ein *eye-opener*.

Um erneute Schreibblockaden beim Formulieren der Sätze zu verhindern, schreibe ich anhand der Matrix und der notierten Erläuterungen die Konzeptsätze. Die definitiven Sätze schreiben sich wie von selbst. Ich übernehme wortwörtliche Aussagen der Frauen—was zwar zu unorthodoxen Satzkonstruktionen führt, aber dem Anliegen der Biografinnen entspricht. Im ersten Satz spiegelt sich jeweils eine Art Motiv oder das Thema eines Lebens wider. Jede hat irgendwann in den Gesprächen deutlich gemacht, wer sie ist, wie sie sich erfährt, wo sie sich in der Welt sieht.

Es gelingt mir nicht, Rebeccas knappen Satzbau nachzubilden und auch nicht, mich auf 11 Sätze zu beschränken. Meine Sätze sind länger, denn die Erläuterungen der Frauen sind zu detailliert, als dass ich leichthin entscheiden könnte, was weggelassen werden kann. Die Frauen präzisieren meine Vorlagen mit wenigen Änderungen.

Die erste fertige Biografie, die wir ausdrucken können, ist die von Louise. Sie liest immer wieder ihre Sätze; still für sich und laut vor sich hin, stehend und sitzend, im Raum herumlaufend. So, wie sie das Papier dabei festhält, sieht es aus, als hielte sie ein Zertifikat oder eine Bescheinigung ihres Lebens in den Händen, jedenfalls etwas, das sie, trotz des heftigen Inhalts, entzückt. Die sachliche Benennung und das Auflisten von Ereignissen scheint die Selbstverurteilung oder Schuldannahme in diesem Moment außer Kraft zu setzen. Ab ihrem 40. Lebensjahr kommen Menschen ins Spiel, mit denen sie gelebt hat oder noch lebt und denen sie in Zukunft weiter begegnen wird. Wie ihre Tochter, die uns vor kurzem im Atelier besucht hat, die Tochter ihrer Schwester und ihr Freund. Louise soll entscheiden, ob sie diese Personen namentlich nennen will. Schließlich sollen die Biografien als Text und als Audioaufnahme veröffentlicht werden. Louise zweifelt keine Sekunde, ihre Sätze sollen aussagen, was geschehen ist und sie will auch nicht ihren Namen anonymisieren.

FRYSLÂN

Tessa und Renske wollen ihre Biografie in ihrer friesischen Muttersprache aussprechen. Wir schreiben die Biografien zunächst auf Niederländisch, die

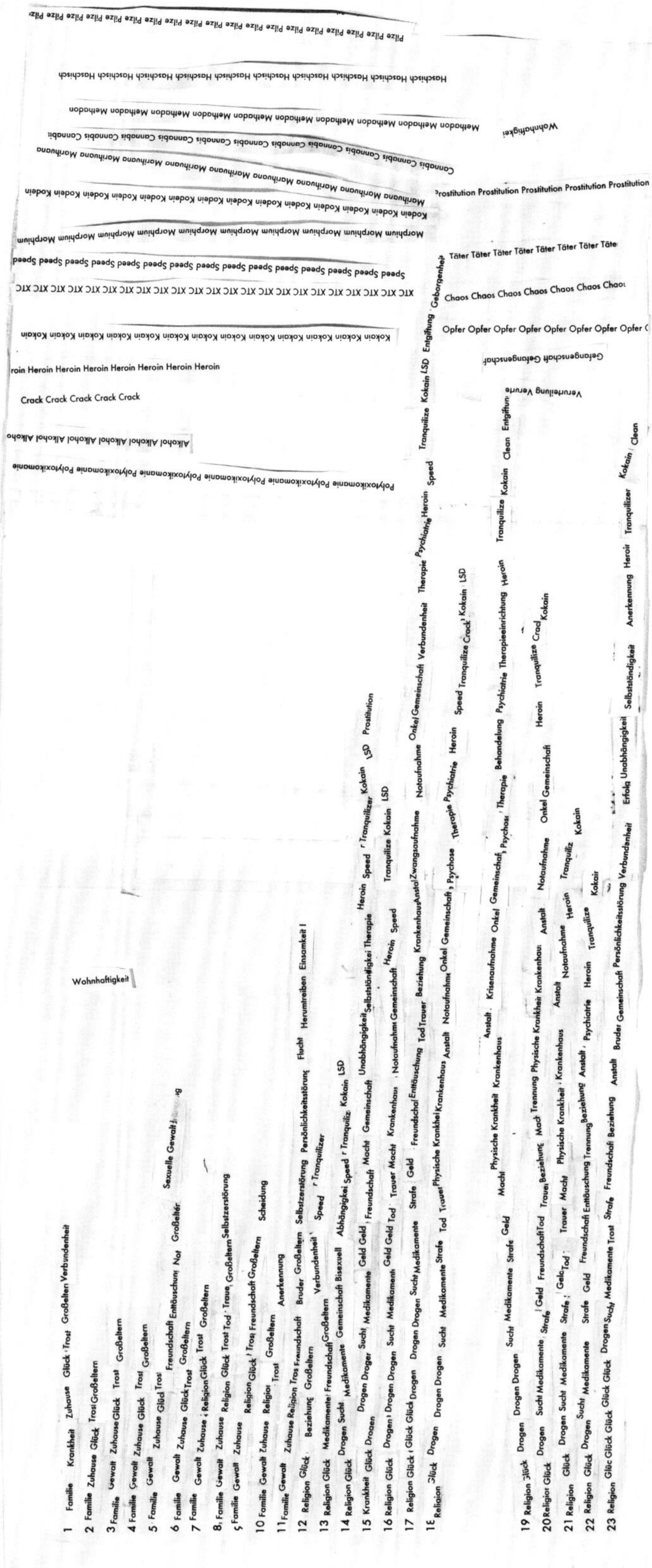

Matrix Ivana Landmann

Louise van der Laan [1955]

Ich werde mit Atemnot geboren und bin ein depressives Kind

Mit 10 Jahren werde ich mit Tranquilizern behandelt

Mit 12 Jahren nehme ich zusammen mit meiner Schwester Haschisch, Pilze und LSD

Mit 16 Jahren spritzen meine Schwester und ich Heroin

Mit 18 Jahren bin ich zum ersten Mal psychotisch

Mit 19 Jahren heirate ich einen Arzt und lebe als Bürgerfrau und Junkie

Mit 19 Jahren werde ich unter Zwang das erste Mal in eine psychiatrische Klinik eingewiesen zur Behandlung von Psychose, depressiver Störung, Drogensucht und Hysterie

Als ich 27 Jahre bin, stirbt meine Schwester an einer Überdosis Heroin

Mit 27 Jahren fange ich an, exzessiv Alkohol zu trinken

Mit 28 Jahren nehme ich das Heroinbaby meiner Schwester an, als mein geliebtes Kind

Mit 28 Jahren mache ich eine pädagogische Ausbildung und arbeite unter Drogeneinfluss mit Kindern

Mit 29 Jahren werde ich schwanger und höre auf zu fixen

Mit 29 Jahren werde ich neun Monate lang aufgrund postnataler Depression in sprachloser Apathie im Krankenhaus behandelt

Mit 34 Jahren nehme ich Kokain und Speed und treibe mich gelangweilt und ängstlich durch die Straßen

Als ich 36 Jahre bin, stirbt mein Mann

Mit 40 Jahren werde ich misshandelt und vergewaltigt von einem Junkie, der mich zur Prostitution zwingen will

Als ich 42 Jahre bin, wird mein Freund das erste Mal wegen an mir verübter Misshandlung verurteilt und inhaftiert

Mit 47 Jahren genieße ich es, mich auf der Straße herumzutreiben und gemeinsam mit meinem Freund Drogen zu nehmen

Als ich 50 bin, stirbt mein alkoholabhängiger Vater

Mit 50 bin ich zum zweiten Mal in meinem Leben clean und lebensmüde

Hester van de Beuken [1958]

Ich bin der Sündenbock meiner Mutter und ein widerspenstiges, depressives Kind

Mit 6 Jahren wollen meine Tante und mein Onkel mich adoptieren

Mit 7 Jahren mache ich noch in die Hose

Mit 7 Jahren werde ich vom behandelnden Arzt in der Klinik vergewaltigt und geschlagen

Mit 13 Jahren laufe ich zum ersten Mal von zu Hause weg

Mit 15 Jahren fange ich an, Alkohol zu trinken

Mit 16 Jahren endet meine Beziehung und ich versuche, mich zu erschießen

Mit 22 Jahren streife ich ziellos auf der Straße umher und gehe nach Hause, um Alkohol zu trinken

Mit 29 Jahren heirate ich meinen Geliebten

Mit 37 Jahren treibe ich mich herum, eingeschlossen in mir selbst

Mit 38 Jahren will ich im Meer ertrinken

Mit 39 Jahren breche ich mit meiner Familie und meinem Mann

Mit 39 Jahren leugne ich meine Abhängigkeit, widersetze mich der Behandlung und flüchte in angstpsychotischem Zustand vor Einsperrung

Mit 40 Jahren lebe ich depressiv in Verwahrlosung, Wut und Scham auf der Straße und trinke mich bewusstlos

Mit 41 Jahren werde ich ein Jahr lang schlafend gehalten

Mit 44 Jahren halte ich zum ersten Mal eine psychiatrische Behandlung durch, werde weggeschickt, ziehe umher und trinke

Mit 47 Jahren lebe ich in der Obhut der Drogenhilfe, kann mich selbst zum ersten Mal fühlen und binde mich an einen Mann

Mit 47 Jahren werde ich in der Psychiatrie für die Behandlung von Depressionen aufgenommen und erstarre bewegungslos vor Angst

Mit 47 Jahren werde ich von meinem Geliebten verlassen

Mit 48 Jahren lebe ich ohne Widerstand in Trübsinn

Mit 48 Jahren stirbt mein dementer Vater, mein Verbündeter

Frauen übersetzen sie mit Hilfe meiner Ex-Studentin und jungen Kollegin Jolanda Visser, die ebenfalls aus Friesland kommt. Friesisch, genauer gesagt Westfriesisch, gilt anders als die deutschen friesischen Dialekte als Sprache und ist seit 1969 sogar offizielle Amtssprache[90]. Da die Rechtschreibung eher variabel gehandhabt wird, wenden wir uns an die Fryske Akademie Ljouwert[91], um sie nach dem heutigen Standard überprüfen zu lassen.

90 Das Westfriesische, auch ›Westerlauwerssches Friesisch‹ genannt, wird in der niederländischen Provinz Friesland (Fryslân) von ca. 440.000 Menschen gesprochen, von denen es etwa 350.000 als Muttersprache sprechen. Es besteht aus vier Hauptdialekten und vier weiteren kleinen Dialekten. Als einziger der drei friesischen Sprachzweige hat Westfriesisch eine Standardvarietät entwickelt. Auszug, U. M., red. gekürzt: Wikipedia.

91 https: // www.fryske-akademy.nl /

AUDIOAUFNAHMEN UND DROPZONEN

Die Hochspannung der letzten Wochen nimmt nach der Fertigstellung der Biografien ab und wir treffen uns nun in größeren Abständen. Nick Snaas stellt uns seine Aufnahmegeräte zur Verfügung und wir bauen in meinem Atelier ein provisorisches Tonstudio. Jolanda Visser begleitet die Audioaufnahmen der Biografien.

Da wir mehr Sätze als geplant haben, und wir aus den 300 Porzellanpuppenteilen etwa 50 Baby Dolls montieren können, einigen wir uns darauf, eine niederländische und eine friesische Baby Doll Serie herzustellen, die in Amsterdam und Leeuwarden im Kunstraum ausgestellt und im öffentlichen Raum der Städte gedroppt werden sollen.

Die Frauen legen ihre Dropzonen fest. Tessa findet es wichtig, ihre Orte in Leeuwarden selbst zu fotografieren. Jede Baby Doll-Serie kommt mit Tonaufnahme auf die Webseite, die Biografien erscheinen in der Originalsprache sowie in deutscher und englischer Übersetzung. Die Wahl, welche Biografie als Baby Doll-Serie realisiert werden soll, ist mühsam. Jede ist repräsentativ für TBDWBAJ. Wir entscheiden uns für die von Hester und Tessa.

Nick hat inzwischen ein Audiomodul entwickelt, er wird uns die Einzelteile für 50 Stück liefern, sie mit uns zusammenbauen und auch das Montieren in die Puppenkörper begleiten.

Die Porträts der vier Biografinnen sind auf Transferfolien gedruckt und können auf die Puppengesichter aufgebracht werden. Beide Arbeitsprozesse, Module montieren und Transfers aufbringen, erfordern enorme Präzision und Geduld. Ich befürchte, dass die vier Frauen damit überfordert werden. Renskes Energie ist erschöpft, ihr steht eine neue Krankenhausaufnahme bevor. Tessa will sich nicht entziehen und bis zum Schluss dabeibleiben, obwohl sie von der Gruppendynamik eigentlich genug hat. Außerdem will sie umziehen und sich eine Arbeit suchen—außerhalb von ARTA.

Tessa de Vries [1954]

Als erstgeborenes Kind sorge ich für meine enttäuschte Mutter

Mit 15 Jahren gehe ich aus und verliebe mich manisch in Männer

Mit 16 Jahren fange ich an zu kiffen und entziehe mich dem Terror meiner Mutter

Mit 17 Jahren laufe ich von zu Hause weg

Mit 18 Jahren werde ich betrunken von einem Mann vergewaltigt

Mit 19 Jahren kann ich keine Kinder mehr bekommen

Mit 20 Jahren experimentiere ich mit Heroin, Kokain und Spiritualität

Mit 21 Jahren genieße ich Halluzinationen durch Pilze, LSD, Haschisch und Tranquilizer

Mit 25 Jahren breche ich gewaltsam die Verbindung zu meinem Mann und der Außenwelt ab

Als ich 26 Jahre bin, wird meine Schwester heroinabhängig

Mit 27 Jahren bin ich clean und allein

Mit 30 Jahren tröste ich mich mit Nederwiet und schließe mich monatelang in einem Schrank ein

Mit 32 Jahren bin ich abhängig und psychotisch ohne behandelt zu werden

Mit 37 Jahren mache ich einen Entzug, baue ein Schiff und lebe in meinen Gedanken an die Liebe

Mit 40 Jahren arbeite ich als Sozialarbeiter in der Drogenhilfe

Mit 43 Jahren werde ich rückfällig und nehme Nederwiet als Ersatz für einen Geliebten

Mit 51 Jahren bin ich zwanghaft verliebt und psychotisch

Mit 51 Jahren greife ich meine Mutter an

Mit 51 Jahren bin ich trocken

Renske Westra [1972]

Ich werde zu früh geboren und überlebe meine Behinderung

Mit 2 Jahren werde ich aus dem Krankenhaus nach Hause geholt

Als junges Kind werde ich von meinen Eltern als Behinderte behandelt und in der Schule für meinen Entwicklungsrückstand bestraft

Mit 8 Jahren fange ich an den Alkohol meines abhängigen Vaters zu trinken

Mit 17 Jahren verliebe ich mich in einen spielsüchtigen Mann

Mit 18 Jahren trinke ich exzessiv Alkohol

Mit 18 Jahren fange ich an systematisch Männer aufzureißen und mit nach Hause zu nehmen

Mit 20 Jahren werde ich für die Behandlung meiner Anomalie ins Krankenhaus eingewiesen

Mit 22 Jahren werde ich von meinem betrunkenen Mann misshandelt

Mit 23 Jahren werde ich unter Schmerzen und unterernährt im Krankenhaus aufgenommen

Mit 25 Jahren werde ich von meinem Mann wie ein minderwertiges Kind behandelt und vernachlässige mich selbst

Mit 26 Jahren beschließe ich mich zu zerstören

Mit 27 Jahren bin ich depressiv

Mit 28 Jahren kann ich mich nicht erinnern vielleicht betrunken vergewaltigt worden zu sein

Mit 28 Jahren werde ich von meinem Mann und meinen Eltern aus dem Haus gejagt

Als ich 28 Jahre bin wird die Drogensucht meiner Cousine in der Familie totgeschwiegen

Mit 28 Jahren fliehe ich aus Friesland, mache ich einen Entzug und lebe unter in der Obhut der Drogenhilfe

Mit 30 Jahren werde ich depressiv und unter Schock in der Psychiatrie aufgenommen

Louises Freund hat mir inzwischen telefonisch Schläge angedroht, über mehrere Tage hinweg lässt er nicht davon ab, seine Hasstiraden auf meinen Anrufbeantworter zu sprechen. Louise erscheint nicht an den verabredeten Tagen, ein paarmal ruft sie an und meldet, dass ihr Typ spinne und sie nicht kommen könne. Louises Freund ist ebenfalls Klient bei ARTA, ich bitte Hans Kassens, mal nachzuhören, was dort los sei. Hans warnt Louises Freund. Wenn er nicht aufhöre, Louise und mich zu attackieren, würde er bei ARTA rausgeworfen. Mir erklärt er, dass der Umgang der beiden miteinander die normale Härte sei.

Hans will Hilfstruppen schicken, die uns beim Aufbringen der Transfers helfen sollen. Das Projekt ist populär bei den ARTA-KlientInnen, man spricht über die seit Monaten stattfindende Arbeit und die Teilnehmerinnen, die so viele Privilegien genießen. Konkret wollen uns drei männliche Klienten unterstützen. Die drei bemühen sich sehr, sich nützlich zu machen und reden derweil meistens von sich. Die Gruppendynamik verändert sich dabei zum Nachteil der Frauen, die sich nun Erklärungen anhören müssen, wie man etwas besser oder schneller ausführen kann. Wir bedanken uns herzlich und sind uns einig, es bei der einmaligen Unterstützung zu belassen.

Zur Evaluation des Projektes treffe ich Jacques Michel Abas in Zeist. Ich berichte ihm über die Methoden, die wir während der Zusammenarbeit entwickelt haben und was gut und weniger gut funktioniert hat. Der Psychiater sieht sich jede Matrix und Biografie sorgfältig an. Viele, aber längst nicht alle Inhalte der Biografien kenne er, viele der benannten Ereignisse seien Bestandteil der Behandlung. In der Psychiatrie im Allgemeinen und bei der Erarbeitung der Biografie im Besonderen sei es nach anthroposophischen Richtlinien wichtig, dass die Klientin aus sich selbst heraus Ereignisse und Erfahrungen benenne. Es ist aufschlussreich, Motivationen, Vorgehensweisen und Ziele der Psychiatrie mit denen der Kunst zu vergleichen—gerade in Bezug auf die Bedeutung der Biografie.

Es dauert noch Wochen, bis die beiden Serien montiert sind. Wie verabredet, melde ich den Frauen weiterhin die TBDWBAJ-Agenda und überlasse es ihnen selbst, ob sie teilnehmen oder nicht. Tessa und Hester kommen häufig und arbeiten selbstständig an den noch anstehenden Aufgaben. Ich berichte von allen externen Unternehmungen, wie der Suche nach Ausstellungsmöglichkeiten und den Förderanträgen für die Interventionen in Amsterdam und Leeuwarden und der europäischen Fortsetzung des Projektes TBDWBAJ.

AMSTERDAM, SEPTEMBER 2005

HESTER VAN DE BEUKEN

Hester meldet eines Tages, sie müsse ihrer Biografie unbedingt noch einen Satz hinzufügen:

Mit 48 Jahren betreibt die Drogenhilfe trotz erfolgreich absolvierter Therapie meine Einweisung in die Psychiatrie und setzt mich ohne Angabe von Gründen auf die Straße.[92]

92 Hester ist sehr aufgebracht, als sie mir von den gerade stattgefundenen Ereignissen bei ARTA berichtet. Ihre Therapie sei vor Kurzem noch als ›erfolgreich abgeschlossen‹ bezeichnet worden. Trotzdem wolle man sie in die geschlossene Psychiatrie einweisen. Sie widersetzte sich der Maßnahme und blieb tagelang im Bett. Eines Morgens habe man sie gewaltsam aus ihrem Bett geholt und ihr gedroht, sie bei sich fortsetzender Weigerung auf die Straße zu setzen. Schließlich einigte Hester sich mit ARTA auf die Verlegung in eine alternative Einrichtung, die zusätzliche Wohnbegleitung bietet. Nick Snaas sorgt für die Audioaufnahme des Zusatzes in einem Tonstudio in Zeist.

W139

Ab März 2006 übernimmt Kollege Gijs Frieling die künstlerische Leitung von W139[93] in Amsterdam. Frielings eigene Kunstpraxis, in der seine sozialkritische Haltung eine wesentliche Rolle spielt, bildet eine ausgezeichnete Grundlage für gegenseitiges Verständnis. TBDWBAJ wird im diskursiven Format ausgestellt.

Die Säle eignen sich für Themenausstellungen, an denen mehrere KünstlerInnen beteiligt sind. Es ist auch, wie in unserem Fall, Platz für ein *Expert Meeting* in den Ausstellungsräumen selbst. Die Lage ›Op de Wallen‹ (Auf den Wällen, im Rotlichtbezirk) ist als Ausgangspunkt für die Intervention im öffentlichen Raum der Stadt besonders geeignet. Wir einigen uns darauf, TBDWBAJ innerhalb der geplanten Manifestation[94] über das Leben und die Lebensbedingungen in der Stadt auszustellen.

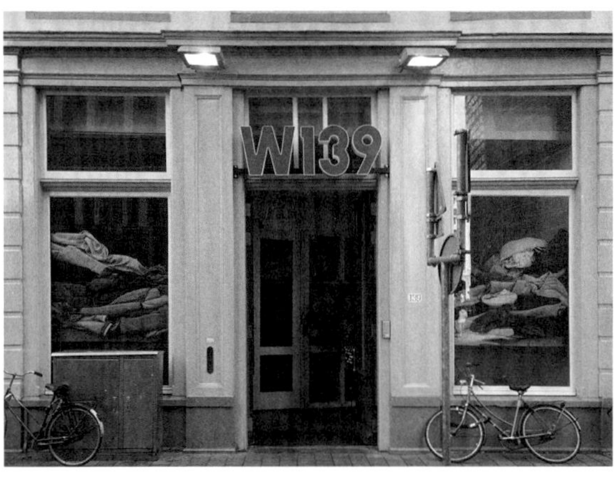

93 Das alte Theater in der ältesten Straße Amsterdams, in der Warmoestraat 139 wurde 1979 von einer Gruppe junger Künstler (ehemalige Rietveld-StudentInnen) besetzt. Die Räume sollen genutzt werden, um einerseits das Organisieren und Ausstellen eigener Arbeiten zu üben und andererseits, um in Amsterdam einen Raum als Gegenkultur zum geschlossenen, kommerziellen Kunstmarkt zu schaffen. Die künstlerische Leitung wechselt alle fünf Jahre. Auszug, U. M., übersetzt und red. gekürzt: http://w139.nl/nl/about

94 2007 unter dem Titel »Liefde in der Stad« realisiert.

JULI 2006

FIRST CONTACT SCHWEIZ

Die Anstalten Hindelbank, in einem ehemaligen Schloss untergebracht, ist das einzige Frauengefängnis in der Deutschschweiz. Ich wende mich an die derzeitige Direktorin und lade sie zur Teilnahme am Europa-Projekt TBDWBAJ ein.

1999 und 2000 hatten wir schon einmal indirekt Kontakt, die stellvertretende Anstaltsleiterin in Vechta und ihre schweizerische Kollegin hatten darüber gesprochen, das LÜCKE Projekt zum 100-jährigen Bestehen der Anstalten Hindelbank im Schloss auszustellen.

Am Telefon sagt mir die Direktorin, dass sie grundsätzlich mit der Teilnahme an TBDWBAJ einverstanden sei, vorausgesetzt, dass es in den Vollzugsplan passe. Sie gibt die zeitlichen und räumlichen Rahmenbedingungen vor, ich nehme sie in den Projektplan auf und schlage eine intensive 14-tägige Arbeitsperiode vor. Wir müssten mit der Zeit hinkommen, wenn ich mich auf die Basis-Produktion einer Serie Baby Dolls beschränke und das Erstellen der Biografien mit der Matrix-Methode funktioniert.

Im Herbst besuche ich die Direktorin und ihre Assistentin in den Anstalten Hindelbank.

Das erste Gespräch verläuft sehr sachlich, wir reden nicht über Motivationen, Inhalte oder Ziele des Projektes, auch nicht über den Strafvollzug, sondern über Organisatorisches. Eine zweiwöchige, künstlerische Zusammenarbeit mit zwei bis vier Inhaftierten sei durch die gesetzlichen Bestimmungen für kulturelle Angebote im Vollzug abgedeckt, daher brauche keine Extragenehmigung des Justizministeriums eingeholt zu werden.

Ich beschreibe die technischen Einzelheiten der Arbeitsvorgänge. Sie werden gemäß den vorgeschriebenen Arbeitsauflagen als tauglich oder untauglich bewertet. Untauglich heißt: nicht diskutabel. Wir legen die Bedingungen fest:

Arbeitsperiode	Maximal 14 Tage in der Anstalt, Arbeitszeit gemäß der Pflichtarbeitszeit acht Stunden pro Tag, fünf Tage pro Woche, von Montag bis Freitag. Also 10 Tage. Meine Abreise erfolgt spätestens am Samstag. Die Teilnehmerinnen dürfen am Samstag aufräumen und einpacken helfen.
Teilnahme	Zwischen zwei bis vier, maximal fünf Häftlingen. Teilnahme wird als Pflichtarbeit vergütet.
Projektbeschreibung und -erklärung TBDWBAJ	Nur schriftlich, Format Flyer. Das Personal sorgt für die Verteilung. Keine Introduktion vorab. Die Anstaltsleitung prüft die Tauglichkeit der Kandidaten.

Aufsicht und Begleitung	Mir genügt eine Person für den glatten, organisatorischen Ablauf zum Schließen und für die Kommunikation mit der Anstaltsleitung. Vorzugsweise kein(e) Justizbeamtin oder -beamter. Das werde später intern entschieden.
Arbeitsraum	Wird im Freizeitraum eingerichtet. Dieser hat Tageslicht, eine Wasserzufuhr und wird mit zusätzlichen Tischen und Stühlen ausgestattet. Außerdem mit Putzmitteln, damit der Raum täglich gesäubert werden kann. Zugang zur naheliegenden Toilette erhalten meine Assistentin und ich mit der Begleiterin.
Assistenz Künstlerin	Während der gesamten Projektausführung Kollegin Jolanda Visser, später soll Kollegin Bastienne Kramer dazukommen, um die keramischen Arbeitsprozesse fachlich zu begleiten. Für die Transfer-Porträtfotos muss erst eine Ausnahmeregelung erfolgen. Grundsätzlich ist fotografieren außerhalb der Projektausführung verboten.
Keramischer Ofen	Im Anstaltsbereich nutzbar.
Vergütung	
Honorare	Keine.
Material, Produktion, Transport	Keine.
Unterbringung	Ich bitte um die Unterbringung im Anstaltsgästehaus. Das gibt es nicht. Eventuell ist die Unterbringung in einer der leerstehenden Anstaltswohnungen in der Siedlung hinter dem Gefängnis möglich. Wird geprüft.

Anfang Januar einigen wir uns auf die Projektausführung vom 19. Februar bis zum 2. März 2007. Wir können eine Anstaltswohnung nutzen.

AUGUST 2006

FIRST CONTACT ÖSTERREICH

Wolfgang Zinggl (WochenKlausur) nennt mir Ansprechpartner in den beiden Frauengefängnissen in Österreich, den Justizanstalten Schwarzau und Wien Favoriten. Ich schreibe beiden Anstaltsleitern.

Der Anstaltsleiter der Justizanstalt Schwarzau antwortet, er stünde der Projektausführung in seiner Anstalt positiv gegenüber, da er jedoch in Kürze pensioniert werde und seinem Nachfolger keine Verpflichtungen hinterlassen wolle, werde er meinen Projektvorschlag dem zukünftigen Anstaltsleiter übergeben.

Aus Wien Favoriten erhalte ich zuerst keine Antwort. Im Dezember 2006 rufe ich den Anstaltsleiter an und frage, ob die Justizanstalt an der Teilnahme an TBDWBAJ interessiert sei. Ja, antwortet Dr. Werdenich und fügt hinzu, dass ihm die Inhalte des Projektes bekannt seien. Um Weiteres zu besprechen, verabreden wir für Anfang 2007 ein Treffen in der Justizanstalt in Wien.

OBERNWÖHREN, 5. NOVEMBER 2006

MAGDA GOMEZ FERRER

Magda lebt inzwischen in einem der Wohnheime von Ex + Job[95], in Obernwöhren werden hauptsächlich Alkoholkranke betreut. Sie entschuldigt sich, dass wieder so viel Zeit seit ihrem letzten Brief verstrichen sei.

Es ist so viel passiert. Das war der größte Fehler, aus Unna fortzuziehen. Viele Probleme, von einer miesen Einrichtung in die andere. Nur demnächst gibt es wieder Sonnenschein für mich. Ich werde mir in Hannover eine kleine Wohnung in der Nähe meiner Mutter suchen, einen Neuanfang wagen. Hoffentlich klappt es alles. Bin von den Drugs los, trinke nicht mehr und damit werde ich versuchen, normal zu leben.

Sie erzählt, dass sie ›unserer Häkeltante‹ Mari begegnet sei, was sie sehr gefreut habe und übermittelt auf Wunsch von Mari deren Adresse.

Natürlich würde ich gerne mit Dir weiterarbeiten an Deinen Plänen, meine Biografie zu machen, heißt aber nur, wenn Du noch Interesse daran hast. Ich weiß ja nicht, ob du daran noch arbeitest?

Meine weiteren Briefe bleiben unbeantwortet. Auf dem Weg nach Berlin besuche ich sie spontan im Pflegeheim. Ihr Pfleger teilt mir mit, dass Frau Ferrer sich entschuldigen lasse, es ginge ihr nicht gut. Ein andermal gerne.

95 EX + Job bietet Arbeitsplätze und betreibt zudem Wohnheime für Menschen mit Suchterkrankungen: ›Die Wohnheime für chronisch mehrfach geschädigte suchtkranke Menschen bieten in diversen Wohn- und Förderstufen vielfältige Möglichkeiten der Wiedereingliederung in ein ›normales Leben‹ nach den §§ 53/54 SGB XII an. Insgesamt werden derzeit 131 Wohnheimplätze an verschiedenen Standorten im Landkreis Schaumburg vorgehalten: Obernwöhren, Hörkamp-Langenbruch, Habichthorst, Stadthagen, Bergkirchen und Pollhagen. Aufgenommen werden suchtkranke Menschen mit den Diagnosen, wie z.B. Sucht- und psychische Folgeerkrankungen (CMA) – Substanzmittelmissbrauch mit illegalen Drogen, inkl. Substitution-, Sucht- und Korsakowsyndrom.‹ Auszug, U. M., red. gekürzt: www.exundjob.de

2007

TBDWBAJ SCHWEIZ

Anstalten Hindelbank
Justizvollzugsanstalt für Frauen, Hindelbank, Kanton Bern

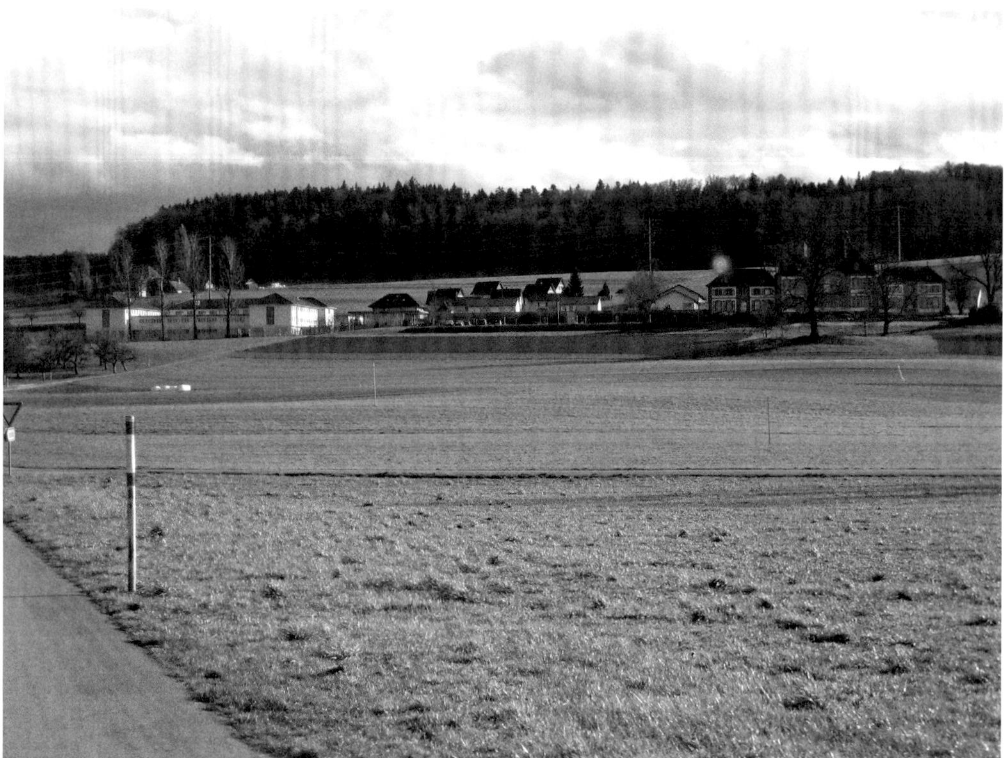

Anstalten Hindelbank, Kanton Bern, 2007. Foto: Jolanda Visser

›Die Anstalten Hindelbank sind die einzige Vollzugsanstalt für Frauen in der deutschsprachigen Schweiz. Sie dienen dem Justizvollzug gemäss StGB und ZGB im geschlossenen (inkl. Hochsicherheit) und offenen Bereich an eingewiesenen Frauen mit geringen bis höchsten Sicherheitsrisiken. Unter Wahrung der äusseren und inneren Sicherheit werden mit dem Ziel der Wiedereingliederung agogisch ausgerichteter Gruppenvollzug, medizinische Behandlung und geeignete Arbeitsmöglichkeiten gewährleistet. Ergänzend werden sinnvolle Weiterbildungs- und Freizeitmöglichkeiten angeboten. Die Anstalten Hindelbank können in beschränktem Umfang Mütter mit Kleinkindern aufnehmen.
Es stehen 107 Plätze in sieben Wohngruppen (inkl. Aussenwohngruppe) zur Verfügung. Ständig sind eingewiesene Frauen aus zirka 25 Nationen in den Anstalten Hindelbank untergebracht. In den Anstalten Hindelbank sind ca. 109 Mitarbeiterinnen und Mitarbeiter tätig, deren Pensum insgesamt 85,5 Vollzeitstellen ausmacht.‹[96]

96 Auszug, U. M., red. gekürzt: Webseite des Kantons Bern, http://www.pom.be.ch/pom/de/index/freiheitsentzug-betreuung/vollzugseinrichtungen_erwachsene/anstalten_hindelbank.html

GEFÄNGNIS SCHWEIZ

Ein Schild am Eingang des Parkplatzes informiert uns darüber, dass dieses Gebiet dem Amt für Freiheitsentzug und Betreuung (Amt FB) der Polizei- und Militärdirektion des Kantons Bern (POM) unterstellt ist und Unbefugte keinen Zutritt haben.

Meine Mitarbeiterin Jolanda Visser und ich parken und melden uns bei der Pforte, die in diesem Gefängnis ›Loge‹ genannt wird. Es handelt sich um ein hochaufragendes Glasgebäude mit 360° Panoramablick, das auch nachts hell erleuchtet ist. Der Beamte in der Loge checkt und registriert unsere Pässe und ruft Frau Karin Domenig an, die uns als Begleiterin und Kontaktperson zugewiesen worden ist. Während wir durch den großen Gefängniskomplex laufen, erklärt sie uns, wo sich was in der Anlage befindet. Rechts das barocke Hindelbanker Schloss mit dem umzäunten Park beherbergt die Küche und die Kantine für die MitarbeiterInnen. Links in den sechs weißen ein- bis zweistöckigen Gebäuden aus den 50er Jahren sind diverse Arbeitsstätten untergebracht, die Kartonage, die Töpferei, die Textilabteilung und die Schneiderei. Wie auch der Gesundheitsdienst und die vier Wohngruppen der Insassinnen mit der Mutter-Kind-Abteilung. Am hinteren Rand des Komplexes befindet sich der höhergelegene Hochsicherheitstrakt mit dem besonders gesicherten Hof.

Das gesamte Anwesen liegt außerhalb der Stadt Hindelbank, inmitten von landwirtschaftlichen Betrieben. Ein von Zäunen abgetrennter Bauernhof grenzt direkt an die Anstalt an. Früher sei er Teil des Gefängnisses gewesen und von den Häftlingen bearbeitet worden, erfahre ich. Im hinteren Teil der Außenanlagen befindet sich die Gärtnerei, hier arbeiten Insassinnen mit besonderer Befugnis. Auf dem Anstaltsgelände laufen fünf Esel und einige Schafe frei herum, drei Wollschweine suhlen sich vorzugsweise im Schlamm. Nah beim ca. fünf Meter hohen Zaun leben Enten auf einer Insel in einem kleinen Teich. Die Ziegenställe befinden sich mitten auf dem Anstaltsgelände. Die Tiere werden von Inhaftierten versorgt.

Unser Arbeitsraum befindet sich im Gebäude der Wohngruppen I und II. Die Wohngruppen sind mit einem Korridor verbunden, die Verwaltungs- und Schulungsräume und das WC der Insassinnen sind von hier aus erreichbar. Das Insassinnen-WC darf nur bei Bedarf geöffnet werden und muss sonst sicher verschlossen sein, da hier regelmäßig Urin-Kontrollen stattfinden. Auf dem Gang stehen Stühle und zwei kleine Tische, dazwischen Zimmerpflanzen. Das ist das sogenannte Bistro. Jeden Mittwoch nach der Arbeit bis zum Einschluss dürfen hier die Frauen beider Wohngruppen zusammensitzen, rauchen und reden. Unser Arbeitsraum ist effizient eingerichtet, mit großen Waschbecken und Tischen. Man kann von hier aus in den Garten der Wohngruppe I sehen, in dem sich die Frauen nach der Arbeit aufhalten dürfen.

Jolanda Visser und ich wohnen in der Siedlung für MitarbeiterInnen des Strafvollzuges, in zwei Apartments direkt hinter dem Gefängnis.

PROJEKTBEDINGUNGEN

Die Mitglieder der Anstaltsleitung erklären erneut die Bedingungen, unter denen TBDWBAJ in Hindelbank durchgeführt werden darf. Zunächst der Datenschutz: Die Frauen dürfen nicht mit ihrem eigenen Namen öffentlich genannt werden, weder auf der Webseite, noch darf er auf den Rücken der Puppen einperforiert werden. Die Identität der teilnehmenden Frauen muss unnachvollziehbar sein. Wir beschließen, Pseudonyme zu verwenden, das Geburtsjahr darf authentisch sein. Fotografiert werden dürfen nur die teilnehmenden Frauen, nicht jedoch die anderen Insassinnen oder gar das Gefängnis. Jede Veröffentlichung in Funk oder TV darf nur nach Rücksprache mit der Direktion erfolgen. Wir unterschreiben die Vereinbarungen.

Alle Phasen des Projektes werden im Zeitraum der vereinbarten 14 Tage durchlaufen. Einige komplizierte, zeitaufwendige Arbeitsschritte, wie das Aufbringen der Transfers und die Montage der Audio-Module, werden lediglich demonstriert und später in geeigneten Werkstätten in den Niederlanden durchgeführt. Die fertige Serie Baby Dolls wird den Frauen nach Rücksprache mit der Anstaltsleitung präsentiert werden. Die Frauen werden ihre Termine beim Gesundheitsdienst, bei ihrer Therapie und für Vollzugsbegleitungsgespräche einhalten.

19. FEBRUAR—2. MÄRZ 2007

PROJEKTAUSFÜHRUNG

MELLA AFFOLTER
MARIA VON BANK
RENÉE GASSER
NICOLETTE
KRISTINE STAM

Nachdem die formalen Rahmenbedingungen geklärt sind, beginnen wir mit einer Vorstellungsrunde und erfinden die Pseudonyme, obwohl auch die Schweizerinnen lieber ihre Klarnamen verwendet hätten.

Mich interessiert, aufgrund welcher Kriterien sich die Frauen für die Teilnahme an TBDWBAJ – ohne Einführung meiner Arbeit im Vorfeld—entschieden haben. ›Sich reflektierend mit der eigenen Situation auseinanderzusetzen‹ wird genannt. Auch ›Außerhalb der verordneten Therapie, den Zielstellungen und/oder Maßnahmen des Vollzuges, die eigene Situation zu betrachten‹.

In der nachträglichen Einführung zeige ich die visuelle Dokumentation bisheriger Knast-Projekte. Ich erzähle, wie ich mehr oder weniger zufällig in einem Frauenknast gelandet bin, wie sich durch die langjährigen Zusammenarbeiten mit Junkies in Deutschland und den Niederlanden, Fragen und Vermutungen über die Lebensbedingungen drogenabhängiger Frauen herausgebildet haben, die ich im und mit dem Projekt TBDWBAJ untersuchen will.

Wir machen einen *Deal*. Ich kann die Arbeit nicht ohne sie machen und sie sie nicht ohne mich. Unser gemeinsames Anliegen definieren wir so, dass wir die Lebensläufe drogenabhängiger Frauen in Europa zu einer öffentlichen Angelegenheit machen wollen.

PORZELLANGIESSEN

Während ich einen Gießvorgang demonstriere, erkläre ich die Eigenschaften des Materials. Von Gips, aus dem die Gussformen bestehen und von Porzellan. *Try out* aller Teilnehmerinnen: Porzellan anrühren, in Messbecher abfüllen, in die Formen gießen. Die Gipsformen schließen, umdrehen, auf schmale Holzlatten stellen und ruhen lassen. Die unterschiedlichen Ruhezeiten, in denen eine Gipsform rundum die Feuchtigkeit aus dem Porzellanteil zieht, festlegen. Das Volumen des Porzellanteiles bestimmt die Dauer des Aushärtungsprozesses (zwei bis viereinhalb Minuten). Dann folgt das Umdrehen und Öffnen der Formen. Das vorsichtige Ausgießen des Porzellans in einem konstanten Strahl muss das ›Glucksen‹, d. h. das Mitreißen der dünnen Porzellanlage, die sich gerade an der Gipswand gebildet hat, verhindern.

Das erste Öffnen der Gussformen ist aufregend, weil die nassen Rohlinge zum ersten Mal zu sehen sind und damit gleich ein Erfolg zu verzeichnen ist. Die geöffneten Gipsformen müssen etwas ruhen, bis das Porzellanteil sich leicht von der Gipswand lösen lässt und vorsichtig aus der Form herausgenommen werden kann. Die Teile werden nun zum Trocknen gelagert.

Die Frauen lernen schnell und gehen geduldig und konzentriert mit dem Material um. Sie helfen einander und stellen Fragen. Noch vor der Mittagspause liegen 20 gegossene Teile zum Trocknen da. Ich demonstriere die Bearbeitung der Gießnähte und wie die Öffnungen in Körper, Arme und Beine geschnitten werden, erkläre, wie die Werkzeuge dazu eingesetzt werden. Die ersten Namen können schon nach zwei Stunden Trockenzeit in die Rückenteile einperforiert werden. Die Stimmung ist enthusiastisch, wir befinden uns schon nach wenigen Stunden in einem gemeinsamen Arbeits-*Flow*.

Am Nachmittag äußert Nicolette jedoch Zweifel. Sie befürchtet, wegen ihres gesundheitlichen Zustands den Anforderungen nicht gewachsen zu sein und möchte darum nur halbe Tage arbeiten, wie in ihrem normalen Gefängnisalltag. Sie will um 10 Uhr kommen und am Nachmittag früh gehen. Damit würde sie allerdings beide ›Blitzlichter‹ verpassen. Ich gehe auf ihren Wunsch ein und mache alternative Vorschläge, dränge aber darauf, dass sie wenigstens bei einem Blitzlicht anwesend ist. Die anderen Frauen schalten sich in das Gespräch ein und kritisieren Nicolettes Haltung. Kristine arbeite wie Nicolette aus Gesundheitsgründen nur halbtags, habe sich aber zur Teilnahme am Projekt angemeldet und zwar ganz und nicht nur halb. Es stört sie, dass Nicolette eine *Extra-Wurscht* gebraten haben will. Schon am Morgen hatte sie bei der Findung der Pseudonyme erzwungen, dass sie nur mit ihrem ›Gassennamen‹ genannt werden will, obwohl sich alle darüber einig waren, einen Vor- und Familiennamen zu verwenden.

Nicolette meint, dass sie sich dann wohl abmelden müsse. Dem wird nicht widersprochen, sie wird von den vier anderen Teilnehmerinnen in etwas herablassendem Ton eingeladen: *zwüschedüürä go luegä* … Nicolette verlässt den Werkraum, ich kann nicht erkennen, ob sie erleichtert oder enttäuscht ist.

Ich bin beeindruckt, wie die Frauen sich das Projekt bereits nach einem halben Arbeitstag als ›ihr Ding‹ angeeignet haben. Sie haben auch unmissverständlich demonstriert, dass ich mich als Außenstehende nicht in ihre knastinternen Problemlösungen einmischen soll.

Nach der Mittagspause produzieren wir weitere Porzellanteile. Schon nach dieser ersten Erfahrung mit dem keramischen Arbeitsprozess verstehen die Teilnehmerinnen, dass eine Biografie ausgewählt werden muss, die von den Baby Dolls ausgesprochen werden wird. Wir können uns ausrechnen, wie viele Einzelteile in zwei Arbeitswochen produziert werden können und die werden nur für eine Serie ausreichen.

Die Teilnehmerinnen sind erstaunt, wie schnell die Zeit vergangen ist, sie sind begeistert, aufgewühlt, erschöpft und zufrieden mit sich und der geleisteten Arbeit. Um fünf Uhr beenden wir den ersten Arbeitstag mit rückschauendem Blitzlicht.

Beim Morgen-Blitzlicht erzählen sie zuerst, wie sie geschlafen haben, die meisten »sehr tief«, Mella »… wie immer gequält durch Alpträume«. Ab jetzt erzählen die Frauen einander täglich ihre nächtlichen Träume.

BLITZLICHT

Bei jeder neuen Projektausführung bin ich erstaunt, welch positive Wirkung die Mitteilung ihres Befindens und ihrer Gedanken bei den Frauen hat. Jede Frau meldet Unspektakuläres—dass der Freund sich immer noch nicht gemeldet habe, dass es Stress gegeben habe mit dieser und jener, was die Freundin über das Projekt gesagt habe, dass eine Einschluss gehabt hätte wegen positiver UK (Urinkontrolle), dass die Polizei zum Verhör gekommen sei wegen versuchtem Einschmuggeln von Haschisch in die Anstalt. Es entsteht ein Bild vom Alltag im Knast. Die Regel, dass die Aussagen nicht kommentiert werden, trägt zu einer ungewöhnlich entspannten Verständigung bei. Zwar wird im Laufe des Tages meistens direkt oder indirekt auf das Gesagte eingegangen, aber auch dann nicht in Form eines wertenden Kommentars, sondern als eigene Gedanken dazu, die die eine mit den anderen teilen will.

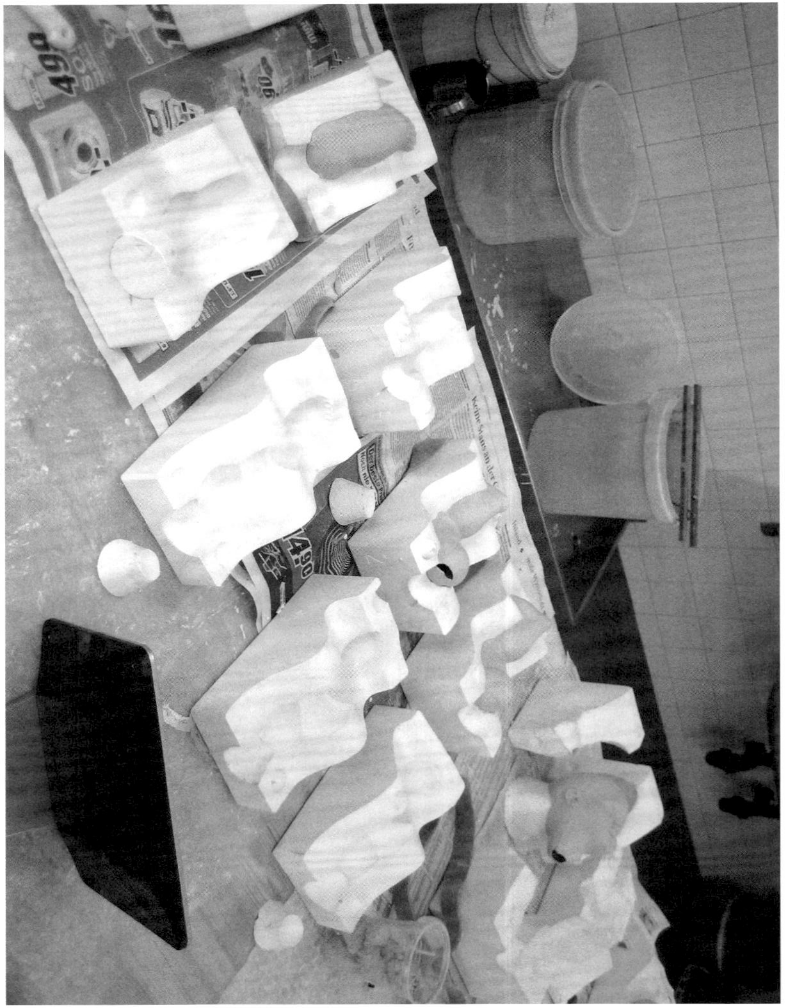

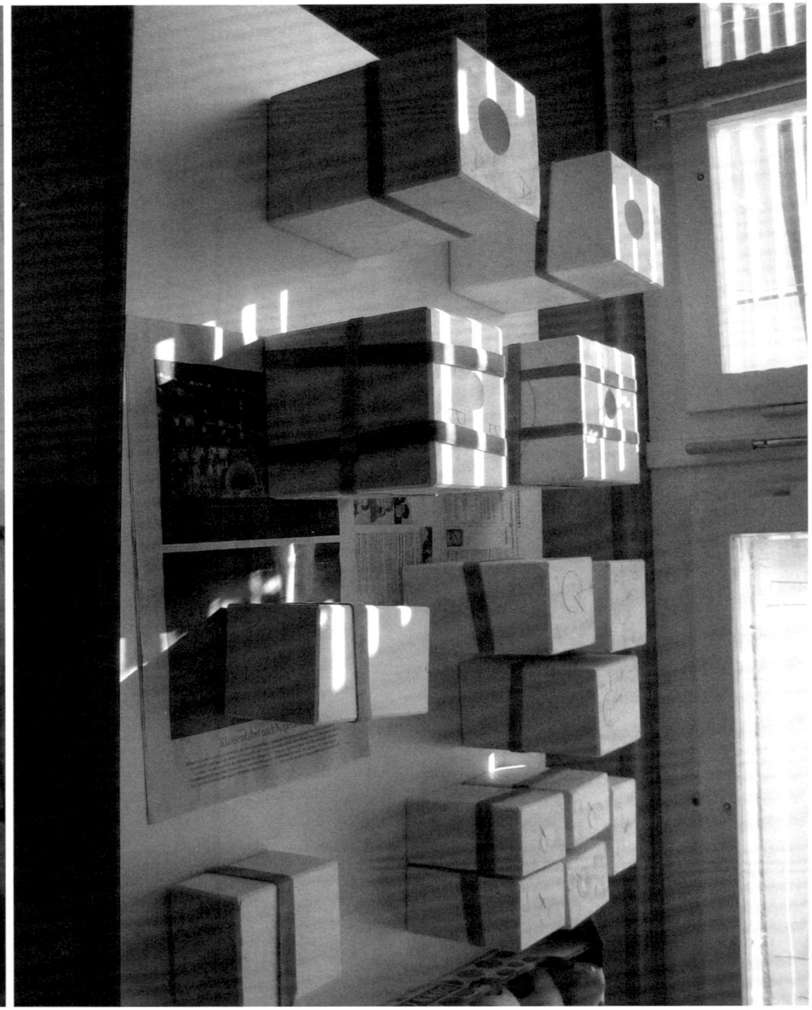

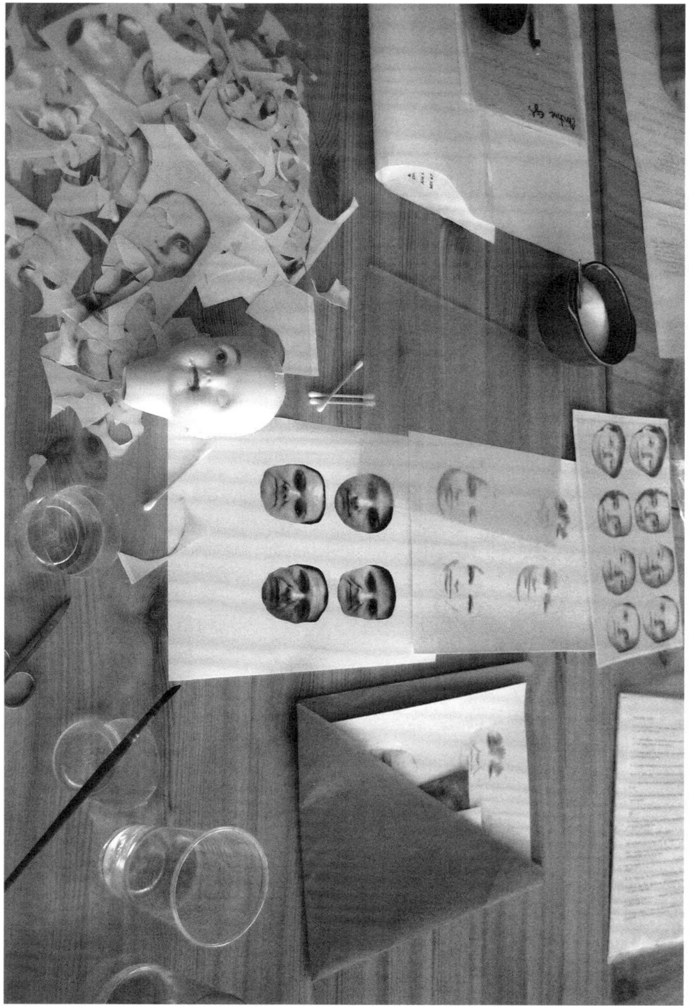

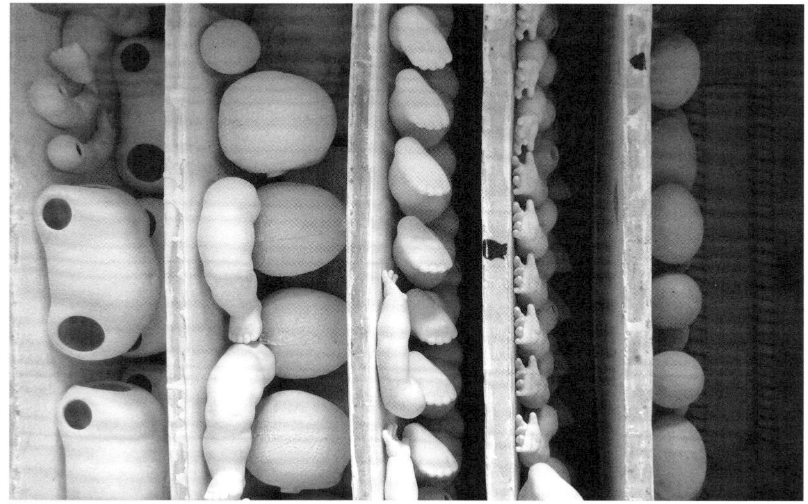

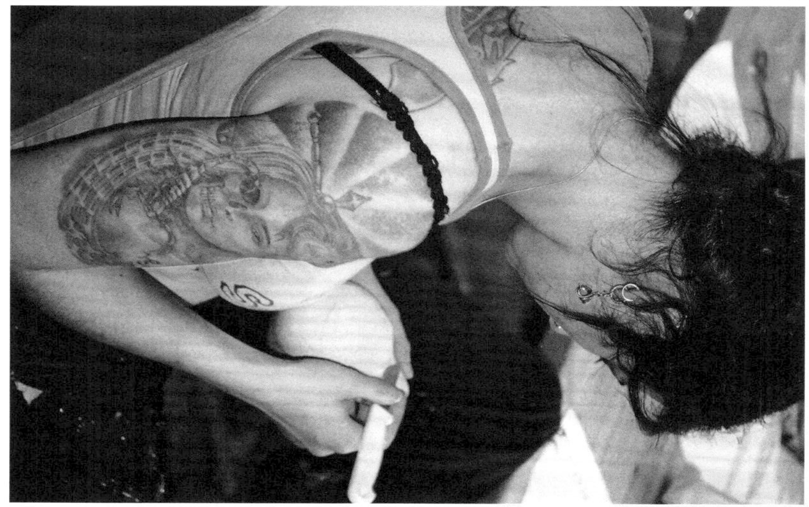

Jolanda und mir vermitteln sie Hintergrundwissen über die Schweizer Drogenszene und zur Drogenpolitik und klären uns auf über die rechtlichen Konsequenzen bestimmter Vergehen innerhalb und außerhalb des Gefängnisses. Das im Morgen-Blitzlicht erwähnte Schmuggeln in der Vagina kenne ich schon aus Vechta, als das übliche Ein- und Ausfuhrverfahren von Geld, Drogen und anderen illegalen Dingen. In Vechta hatte sich Weronika oft über die Vielzahl der Anfragen beklagt, die anlässlich ihrer Freigänge an sie herangetragen worden waren. Eine hätte ihr sogar einmal eine Handvoll Münzen andrehen wollen.

Ich frage, wieso bei Versuchen, Drogen einzuführen, die Polizei eingeschaltet wird und zum Verhör ins Gefängnis kommt. In Vechta erfolgen in diesem Fall nur gefängnisinterne Maßnahmen. In der Schweiz jedoch wird offenbar eine Verdächtige beim Verlassen oder Betreten der Anstalt sofort an Händen und Füssen fixiert und zur gynäkologischen Untersuchung gezwungen, obwohl dieses gesetzeswidrig sei, erfahre ich. Und wenn Schmuggelgut bei der Untersuchung gefunden wird, erfolgt die Einschaltung der Polizei und eine Anzeige. Wir fragen, warum von den Betroffenen keine Anzeige wegen der Übergriffe erstattet wird? Das sei so ganz praktisch, denn wenn der Verdacht sich nicht bestätigt, bekomme die Verdächtigte eine Wiedergutmachung von 200 Stutz, meint Maria. Nach einer kleinen Pause fügt eine andere hinzu, dass manche auch wüssten, wie man sich auffällig verhielte.

SCHLÜSSEL

Jolanda und ich haben einen Generalschlüssel für den Zugang zum Arbeitsraum, zu anderen Schulungsräumen und zur Personaltoilette bekommen. Alle Räume müssen nach jedem Gebrauch sofort wieder verschlossen werden. Wir sollen darauf achten, dass die Frauen sich nicht alleine im Arbeitsraum aufhielten, da sich dort ein Telefon befinde, das die Frauen nicht benutzen dürften. Mir wäre es lieber, keinen Schlüssel zu haben, denn damit einher geht die ›Schlüsselgewalt‹, mit der direkt und indirekt immer Kontrollfunktionen verbunden sind, die die Positionen in einer Gruppe sofort verändern. Da unsere hausinterne Projektbegleiterin Karin aber viel unterwegs ist, in der Schule und regelmäßig in Mitarbeiterbesprechungen, brauchen wir diesen Schlüssel. Die Frauen sagen, sie hätten kein Problem damit, sie fänden es gut, wenn wir unter uns seien. Natürlich werde keine das Projekt mit heimlichen Anrufen nach draußen aufs Spiel setzen.

Ich frage Karin, ob sie auch einschließe. Ja, außer in den Bunker, das mache die Direktion. An Sonntagen schließe sie erst später auf, gegen zehn Uhr, die Frauen können also ausschlafen. Auch für Karin ist die Schlüsselgewalt ein Problem, aber da es zur Zeit viel zu wenig JustizbeamtInnen im Strafvollzug gäbe, würden sie und die KollegInnen mit dem Einschluss belastet. Auch wenn sie nach Abschluss ihrer Ausbildung Sozialpädagogin ist, wird sich Karin als

Angestellte in keiner Schweizer Anstalt den exekutiven Funktionen entziehen können, sie wird immer auch als ›Schlüssel‹ fungieren müssen.

Obwohl Karin ›nur‹ Praktikantin ist, ist ihre Position in der Projektausführung vergleichbar mit jener der Justizvollzugsbeamtin, die die KGK Ausführung in Vechta betreut hatte. Zwar fanden die Frauen sie ganz nett, vergaßen aber keine Sekunde, dass alles, was gesagt wird, gegen sie als Inhaftierte verwendet werden konnte. In Hindelbank fällt mir bereits am ersten Tag auf, dass die Frauen automatisch das Thema wechseln, sobald Karins Schritte auf dem Korridor zu hören sind.

Zu Beginn der Projektausführung hatte Karin die Direktion gefragt, ob sie von der Mitteilungs- beziehungsweise Meldepflicht für die Dauer des Projektes enthoben werden könne. Ob sie den Frauen sagen dürfe, dass alles, was besprochen werde, im Projektrahmen bleibe, sodass offen geredet werden könne? Ob die Frauen sie duzen dürften und ähnliches mehr. Die Antwort schien zwar nicht eindeutig negativ, Karin solle sich jedoch dessen bewusst sein, dass sie in jedem Fall in erster Linie die Anstalt vertrete. Karin bittet mich, den Frauen auszurichten, dass im Arbeitsraum Gesagtes unter uns bleibe, es sei denn, es ginge um Illegales, das immer gemeldet werden müsse.

Während des Blitzlichtes gebe ich ihre Mitteilung weiter. Die Frauen murren und sind sich darüber einig, dass BetreuerInnen nicht zu trauen sei, seien sie nun Schlüssel oder Sozialpädagoginnen. Erstaunlich ist, mit welcher Offenheit sie dennoch über ihr Leben—ihr Doppelleben, wie sie es nennen—im Gefängnis erzählen: Wie sie versuchen, den Vorschriften entsprechend zu funktionieren, aber gleichzeitig nach Nischen suchen, um sich ein Minimum an Individualität zu bewahren. Manche sind dabei findiger als andere. Gleichwohl, sie müssen alle mit den Widrigkeiten des rigiden Systems klarkommen, manche über Jahre hinweg, bis sie ihre Strafe abgesessen haben. Vom eigentlichen Ziel des Vollzugs, der ›Besserung‹, fühlen sie sich jedoch fern oder scheinen damit nicht in Berührung zu kommen.

Renée fühlt sich zu Recht verurteilt. Ihre Probleme seien ihre Privatsache, die sie mit niemandem im Gefängnis teile, weder mit BetreuerInnen noch Inhaftierten. Genauso allein, wie sie draußen gewesen sei, sei sie auch in ihrer Zelle. Sie macht sich Sorgen um ihre Geliebte, eine junge Brasilianerin, die in Kürze abgeschoben würde. Sie macht sich Sorgen um ihre Töchter und um ihr Pferd, das wegen ihrer Inhaftierung anderswo untergebracht werden musste.

Mella hofft auf Strafminderung in ihrem laufenden Verfahren, im Hinblick darauf hat sie sich vorzeitig in Haft begeben. Oft sagt sie: »Ich will nach Hause.« Sie erzählt, wie unerträglich die erste Zeit in Hindelbank für sie gewesen sei. In eine Zelle eingeschlossen zu werden, entmündigt zu sein, den extrem drogenabhängigen Freund allein ohne ihre Fürsorge draußen zu wissen, den Eltern nach Jahren ohne Kontakt einen Brief schreiben zu müssen, dass sie nun inhaftiert sei und dass sie das Gefühl gehabt habe, mit 32 am Ende zu sein.

Mella spricht positiv über die medizinische Betreuung: vorläufig Methadon und einmal pro Woche Psychotherapie. Die Einsichten, die sie in dem Zusammenhang über ihre Sucht gewinnt, helfen ihr, sich selbst besser zu begreifen. Alles Neuland, sagt sie, sie habe nie verstanden, was in ihrem Leben schief gelaufen sei.

MATRIX INTERVIEW BIOGRAFIE DROPZONEN

Ich erkläre, wie wir die Biografien mit Hilfe der Matrix und dem darauf folgenden Gespräch verfassen und erzähle, wie diese Methode in der Zusammenarbeit mit den niederländischen Frauen entstanden ist. Ich zeige den Schweizerinnen die niederländischen Matrix, die sie sehr interessiert nach erkennbaren Begriffen durchsuchen; viele Wörter brauche ich nicht zu übersetzen. Anhand der Matrix- und Satzbeispiele erläutere ich die einzelnen textuellen Arbeitsschritte.

Matrix: Der Wortkatalog besteht aus zwei Teilen, dem ersten Teil mit Grundbegriffen, mit denen sich Herkunft, Umgebung bzw. die Art der Familienkonstellation zusammenstellen lassen und dem zweiten Teil mit Begriffen zur Angabe spezifischer Situationen und Personen, Um- und Zuständen, Beziehungsgefügen und existenziellen Positionen.

Interview: Fragen und Erläuterungen zu den gewählten Begriffen in der Matrix finden im individuellen Gespräch statt. Die Biografin erzählt mir die Ereignisse, die sich hinter den Wortkombinationen verbergen, welche Bedeutung sie für sie haben und in welchem Zusammenhang sie zu Folgeereignissen stehen. Die Biografin fängt irgendwo an, sie bestimmt den Verlauf des Gespräches, beginnt bei einem Ereignis oder bei ihrer Geburt oder ihrer Inhaftierung. Ich höre zu, frage nach, wenn ich etwas nicht verstehe.

Satzbau: Die Biografinnen entscheiden, mit welchem Nachdruck ihre Aussagen im Satz formuliert werden sollen.

Ich formuliere die biografischen Sätze vor und bespreche sie mit der Biografin. Zusammen korrigieren oder präzisieren wir, bis die Biografin zufrieden mit ihnen ist.

Die Frauen vertiefen sich gleich in den ersten Teil des Wörterkataloges. Kristine arbeitet rasend schnell, fest entschlossen schneidet sie ihre Begriffe aus und klebt sie auf. Mella, die neben Kristine sitzt, denkt augenscheinlich intensiv nach, wägt ab, schiebt die Wörter in immer andere und neue Reihenfolgen. Maria seufzt still vor sich hin, schneidet Unmengen von Wörtern aus, klebt jedoch keine gleich auf. Renée arbeitet die Blätter eher wütend durch, beginnt immer wieder von vorn.

Über Stunden hinweg herrscht volle Konzentration im Raum. Pausen und Rauchen werden vergessen. Es wird kaum gesprochen, außer über die Bedeutung von Wörtern, Fragen werden auf Schweizerdeutsch gestellt, ich antworte auf Deutsch, die Verständigung funktioniert gut.

Nach zwei Stunden ist Kristine mit ihrer ersten Phase fertig. Sie ist sehr zufrieden und will gleich weitermachen mit der nächsten. Wir schauen uns zusammen ihre Matrix an.

Alle beginnen an diesem Nachmittag schon mit dem zweiten Teil des Wörterkataloges, in dem das soziale Umfeld, die kulturelle Umgebung, die Gesundheit, die Drogen usw. behandelt werden.

Um zehn vor fünf Uhr erinnert Renée an das Blitzlicht, sie will gehen. Die anderen können sich kaum losreißen von der Unmenge von Wörtern, die vor ihnen auf den Tischen liegen.

Die Frauen arbeiten in den folgenden Tagen abwechselnd mit Porzellan und an der Matrix.

Kristine betrachtet ihre fertige Matrix und ist sichtbar zufrieden mit der Ordnung, die vor ihr liegt. In ihrer Wörterzusammenstellung sind alle Begriffe zu finden, die ich mittlerweile als Junkie-Klassiker lese, wie sexuelle Gewalt in früher Kindheit und Pubertät, früher Einstieg in den Drogengebrauch, schwere Lebererkrankung ... Dennoch kann ich bei ihr nicht erkennen, dass sie sich als Opfer empfindet, ihre disziplinierte Haltung entspricht eher der einer Geschäftsfrau.

Mella ist im Prinzip auch fertig, vertieft sich aber immer wieder in die Vorlagen. Sie vermisst das Wort: Kriminalität. Maria vermisst ›Morphium‹ und ›Polytoxikomanie‹. Außer Renée sind alle Teilnehmerinnen als ›polytoxikoman‹ diagnostiziert, als Konsumentinnen mehrerer und verschiedener Drogen gleichzeitig oder nacheinander. Wir fügen dem Wörterkatalog die fehlenden Begriffe hinzu.

Renée quält sich sichtlich mit ihren Schnipseln und schiebt sie unschlüssig hin und her. Ich frage, ob ich helfen kann. Nein, es sei halt schwer ... so stolz sei sie nicht auf das, was sie mit den Wörtern verarbeiten müsse. Sie sei eine Zweiflerin, jede Entscheidung falle ihr schwer, also auch die Wahl der Wörter. Außerdem habe sie beinahe ständig Kopfschmerzen, sie bettele dauernd um Schmerztabletten, die sie nicht kriege, weil im Knast alle Krankheiten von Kopfschmerz bis zur Depression mit suizidaler Neigung mit Tee behandelt würden.

Die ungleiche Verteilung von Medikamenten ist ein heißes Thema. Kristine zum Beispiel bekommt eine vierfach höhere Dosis Tranquilizer als Maria, obwohl sie auch dieses Mittel seit ihrer Kindheit gegen Depressionen braucht. Natürlich gönnt Maria Kristine ihre Pillen: »Aber ehrlich ist das nicht!«

Kristine hat ihre medikamentöse Versorgung ausgezeichnet geregelt, ihr Arzt draußen hat daran mitgearbeitet. Außerdem hat sie einen guten Anwalt. Ich frage, warum sie nicht alle zusammen ihre Interessen vertreten oder eine Person damit beauftragen. Kristine sagt klipp und klar, dass sie keinen Bock habe, sich im Knast außer für ihre eigenen Probleme oder die ihrer Freundinnen, für irgendetwas oder irgendwen einzusetzen. Wie am ersten Projekttag bei dem Vorfall mit Nicolette will sie, wenn sie sich für etwas entscheidet, nicht von Schlafmützen behindert werden. Nicht dass sie asozial sei, keineswegs, nur deutlich.

Sie ist während des ganzen Projektes schwer erkältet, klagt aber nicht ein einziges Mal darüber, ebenso wenig wie über ihr Strafmaß von vier Jahren. Sie hat sich im Gefängnis eingerichtet, widersetzt sich nicht dem, was sie nicht ändern kann und nutzt das wenige, das möglich ist, optimal. Alles, was wir brauchen, weiß sie zu finden: A3-Papier in der Verwaltung bei Frau Soundso, Kaffee, Lautsprecher, um die Audioaufnahmen zu testen, und Küchenrollen in großen Mengen. Sie hat verschiedene Telefonnummern der Töpferei parat, die Karin am ersten Tag nur beiläufig erwähnt hatte. Ein Dealer müsse alles auf dem Schirm haben, sagt sie.

Zum Interview ziehen Kristine und ich uns auf den Korridor zurück, ihre Matrix liegt vor uns. Sehr sachlich erzählt sie die Ereignisse hinter den von ihr ausgewählten Wörtern. Sie verteidigt sich nicht und beschuldigt niemanden, sie berichtet präzise und vermeldet jeweils, was ich im Gefängnis veröffentlichen darf und was nicht. Erst als sie erklärt, warum sie vor ein paar Jahren ihrem Vater seinen sexuellen Missbrauch an ihr verzeihen wollte, wird sie emotional. Sie habe ihn aufgesucht, nicht er sie.

Kristine hat jahrelang ein Doppelleben geführt, auf der einen Seite mit ihrem Sohn und auf der anderen Seite mit ihrem Drogenkonsum und -handel. Der Sohn wisse erst seit ihrer ersten Inhaftierung von ihrer Sucht. Er sei inzwischen längst erwachsen, führe ein erfolgreiches, bürgerliches Leben, drogenfrei, verstehe sich, er rauche nicht einmal.

Am Ende der Woche steht die erste Schweizer Biografie.

Wir verfassen die Biografien in Schriftdeutsch, für die Audioaufnahmen sollen sie übersetzt werden: Kristine spricht Schweizerdeutsch im Solothurner Dialekt, Maria den von St. Gallen, Mella Walliserdeutsch und Renée eine Mischung von Aargauer- und Züricher Dialekt.

Kristine widmet sich nun der Bestimmung der Dropzonen im öffentlichen Raum. Jeder Satz wird mit einem realen Ort in Verbindung gebracht, mit Städten, Straßen, Plätzen und Gebäuden. Kristines erste Baby Doll müsste demnach an ihren Geburtsort gebracht werden: »Ich bin das folgsame Kind meiner religionsbesessenen Mutter.«

Theoretisch müsste eine Serie also in verschiedenen Städten, eventuell sogar in verschiedenen Ländern *gedroppt* werden. Da wir aber bei TBDWBAJ von einem Kunstraum aus die Intervention, das *Drop Off* der Baby Dolls im öffentlichen Raum der Stadt realisieren wollen, zum Beispiel in Zürich, suchen wir anstelle der authentischen Dropzonen gleichbedeutende in Zürich. Beide, die authentische und diejenige, die sie repräsentiert, können fotografisch dokumentiert werden. Kristine organisiert Landkarten von der Schweiz, wie auch Stadtpläne von Solothurn.

Renée, deren Matrix ebenfalls fertig ist, vertieft sich in das Polieren der Babyärmchen und klebt zwischendurch immer wieder einige Wörter in ihre Matrix. Sie ignoriert Fragen und wehrt das Festlegen konkreter Orte als Dropzonen ab.

Maria wird noch einige Zeit für die Zuordnung ihrer Wörter brauchen. Das mache nichts, sagt sie, es gehe gut voran und ihr gehe es gut. Sie vermisst nur ihre Medikamente. Die Matrix zu machen findet sie gut. So sachlich und ordentlich.

Mella kontrolliert immer wieder, ob ihre Wörterkombinationen jeweils die Bedeutungen abdecken, die sie sich vorstellt. Nein, ihr fehlten keine Begriffe, das Angebot reiche, schwierig sei die Reihenfolge und Zuordnung der immer wieder auftauchenden Begriffe: Was kam zuerst, die Ausgrenzung oder die Traurigkeit?

Während der ersten Projekttage hatte Mella jeden Blickkontakt und jede persönliche Anrede vermieden, es war nicht erkennbar, ob sie schüchtern oder misstrauisch war. Weder noch, erklärt sie später, sie räume sich nur für jede neue Situation Bedenkzeit ein.

Inzwischen spricht sie freier, wenn sie versucht, einen komplizierten Gedankengang treffend zu formulieren oder eine Frage über ihr Leben als

Junk aufrichtig zu beantworten. Sie will verstehen, welche Entscheidungen sie wann getroffen hat und was sich daraus ergeben hat. Mellas außergewöhnliche Erscheinung und ihr scharfer Verstand lassen nicht vermuten, dass sie an einer tiefen Schwermut leidet. Auch nicht ihre Neugierde und ihre Bereitschaft, sich keiner Auseinandersetzung zu entziehen. Sie will TBDWBAJ in allen Aspekten, als Kunstwerk und als künstlerische Forschung verstehen und nachvollziehen können. Die Wahl eines Kunstraumes hinterfragt sie ebenso wie die Themen, die im *Expert Meeting* besprochen werden sollen. Ob sie an einer Diskussion teilnehmen wolle, wisse sie nicht, aber sie wäre gern anwesend.

Im Interview denkt Mella erzählend: »Nein, der Chef wollte sexuell nichts von mir, das heißt, er hat nie Anstalten gemacht. Ich war seine Muse, vielleicht, oder sein Wunschkind oder seine Hoffnung oder seine Projektion.«
Habe er Mella aus der Drogenabhängigkeit retten wollen?

»Nein, das war ihm nicht deutlich oder egal. Ich habe lange funktioniert, ohne dass mein Drogengebrauch auffiel. Es ging um meine Anwesenheit in seinem Leben. Erst war er übermäßig freundlich und hilfsbereit, dann wurde er immer zwingender, fordernder, irgendwann ging es um seine Kontrolle über mich, er wollte mich in seiner Macht haben. Zuletzt ließ er mich bespitzeln.«

Renée spricht im Interview lange über ihre frühe Kindheit, ihre Lernschwäche, die Probleme in der Schule und über das alles beherrschende Gefühl, allein gelassen worden zu sein. Sie hätte Hilfe gebraucht, aber niemand habe etwas unternommen. Ihren Eltern mache sie keine Vorwürfe, sie hätten für sie und ihre vier Brüder gesorgt und es habe keinen Anlass gegeben, ihnen ihre Sorgen mitzuteilen, die hätten in keinem Verhältnis zu den Sorgen der Eltern gestanden. Ihre früh einsetzende Menstruation habe sie vielleicht auch deshalb vor den Eltern verheimlicht. Und weil sie sich geschämt habe. Wie nach dem Unfall mit dem Mofa: Ein ortsbekannter Geschäftsmann hatte seine Hilfe angeboten, ihr kaputtes Mofa ins Auto geladen und sei direkt mit ihr in den Wald gefahren. Dort habe er sie bedroht, geschlagen und vergewaltigt. Eine Anzeige, sagt Renée, wäre sowieso nicht in Frage gekommen, also habe sie das Geschehene vor den Eltern verheimlicht, wie später auch ihre Schwangerschaft. Dass sie schwanger sei, habe sie selbst erst sehr spät realisiert. Später habe sie Beziehungen, Abhängigkeiten und ihre Versuche, sich zu retten, verheimlicht.

Renée stelle ich viele Fragen, mehr als Kristine und Mella. Nicht, weil ich denke, sie wolle etwas verheimlichen oder nicht aussprechen, eher, weil Ereignisse, Situationen, Positionen, Beziehungen irgendwie schweben bleiben, es fällt uns beiden schwer, Zusammenhänge herzustellen.

Mella hat einen Termin bei der Psychiaterin. Sie nimmt ihre Matrix mit in die Sitzung und berichtet, wie aufschlussreich das Gespräch über ihre Wortcollage war.

Maria hat ebenfalls einen Termin bei derselben Psychiaterin. Sie hofft, dass ihre Matrix zeigt, dass die Dosis ihrer Medikation erhöht werden muss. Enttäuscht und wütend kommt sie zurück. Die Frau habe sich ihre Matrix nicht einmal ansehen wollen. Nun fühlt sie sich abgewiesen, verraten und verkauft. Sie sei unheilbar drogenkrank und depressiv. Während dieser Haftzeit habe sie zweimal versucht, sich ihre Pulsadern aufzuschneiden, wenn das kein Hilferuf gewesen sei!

Sie ist sich der Ausweglosigkeit ihrer Situation sehr bewusst, Zukunft bedeutet für sie das Absitzen der Strafe und danach so weitermachen wie vor der

Inhaftierung. Rückblickend erlebt sie ihre Kapitulation und ununterbrochene Traurigkeit wieder. Nach Aufgabe ihres Traumes vom Zusammenleben mit ihren Kindern hat sie diese selbst in einer Pflegefamilie untergebracht. Jahrelang hat sie sie nicht besucht, obwohl es ihr nicht nur gestattet war, sondern sogar erwünscht. Sie sucht nicht nach Ausreden, sondern stellt die Tatsache einfach fest. Sie sei anders als Kristine, sagt Maria, sie könne die Verbesserung ihrer Situation nicht selbst organisieren und sei abhängig von der Gunst des Augenblicks und den Menschen, die bereit seien, sie in ihrer jetzigen Verfassung anzunehmen und zu unterstützen. Sie frage nicht nach Therapie, sondern nach Medikation, damit sie ihr Dasein überhaupt aushalten könne.

KERAMIKWERKSTATT HINDELBANK

Der Ofenmeister ist von den bisherigen Resultaten und den schnell erworbenen technischen Fähigkeiten der Teilnehmerinnen sehr beeindruckt. Wir planen, den Ofen am nächsten Abend zu laden. Vorher müssen die Perforationen auf den Rückenteilen mit einem Hochdruckkompressor ausgeblasen werden, verstopfte Löcher würden die Audio-Qualität beeinträchtigen. Am Nachmittag zählen wir die Porzellanteile, wir kommen auf 13 Puppensets, ungefähr 50 bearbeitete Teile. Eigenartigerweise haben wir viel mehr linke Ärmchen als rechte. Wir haben noch nicht genug Baby Doll-Teile für eine Serie TBDWBAJ, wir brauchen mindestens 26 weitere. Das Brennen wird zwei Tage dauern, Bastienne Kramer[98] wird den Brennprozess in der Werkstatt begleiten. Die erste Ladung muss früh am nächsten Morgen ofenbereit sein. Das bedeutet für uns, am Nachmittag im Akkord Porzellan gießen und bearbeiten zu müssen. Das Porzellan muss außerdem lederhart sein, um die Gießnähte abschneiden zu können, das heißt, es muss ausreichend lang getrocknet sein.

Die Betreuung und der Sicherheitsdienst erlauben, dass wir ausnahmsweise nach dem Abendbrot bis zum Einschluss um 21 Uhr weiterarbeiten dürfen.

Bastienne beurteilt den Zustand des Ofens als problematisch. Die Ofenplatten hängen durch, und es gibt keinen Silbersand, der das Festbacken auf den Ofenplatten verhindert. Sie schleift die verdreckten Ofenplatten ab und weißelt sie, damit die Glasurreste auf den Ofenplatten nicht mit dem Porzellan verschmelzen.

Die Porträtaufnahmen der Frauen machen wir am Nachmittag, sodass wir sie am Wochenende bearbeiten und als Keramik-Transfers drucken lassen können.

In der zweiten Arbeitswoche schließen wir alle Biografien ab, legen die Dropzonen fest und machen uns an die Audioaufnahmen. Außer Renée wollen die Frauen ihre Sätze auf Schweizerdeutsch aussprechen. Das Aufnahmestudio richten wir in einer leer stehenden Zelle ein, die Wände und die Tür isolieren wir mit Matratzen als Schallschutz. Das laute Vorlesen der Biografien

Kristine Stam [1959]

Ich bin das folgsame Kind meiner religionsbesessenen Mutter

Mit 8 Jahren werde ich von meinem Vater sexuell belästigt

Als ich 9 Jahre alt bin, versucht mein Vater mich zu vergewaltigen

Mit 10 Jahren verwunde ich mich mit Absicht und erpresse meinen Vater

Mit 15 Jahren werde ich von einem fremden Mann vergewaltigt, verwirrt von Polizisten aufgegriffen und von meiner Mutter beschuldigt

Mit 15 Jahren beruhige ich mich mit Medikamenten

Mit 16 Jahren entfliehe ich meinem Elternhaus, lebe mit einem Mann und werde schwanger

Mit 17 Jahren muss ich den Vater meines Kindes heiraten um nicht aus der Kirche meiner Mutter verstoßen zu werden

Als ich 18 Jahre alt bin, beginnt mein Mann mich zu misshandeln

Mit 18 Jahren spritze ich Heroin, bin drogenabhängig berufstätig und versorge mein geliebtes Kind

Mit 20 Jahren verlasse ich meinen Mann, lebe im Haus meiner Eltern und arbeite professionell als Dealer

Mit 24 Jahren führe ich zusammen mit meinem HIV-infizierten Geliebten ein Restaurant und betreue ihn bis zu seinem Tod

Mit 31 Jahren liebe ich eine drogenabhängige Frau und lebe glücklich

Mit 37 Jahren suche ich den Kontakt zu meinem Vater, um ihm zu verzeihen

Mit 38 Jahren habe ich Angst vor dem Leben allein

Mit 39 Jahren werde ich von der Polizei observiert und angeklagt wegen nachweisbarem Handel mit Heroin

Mit 40 Jahren werde ich verhaftet und zu vier Jahren Gefängnisstrafe verurteilt

Mit 40 Jahren gehe ich in gesetzlich auferlegte Therapie und gestehe meinem Sohn meine Drogenabhängigkeit

Mit 42 Jahren bin ich clean und depressiv und finde mich nicht zurecht in Nüchternheit

Mit 42 Jahren verliebe ich mich in einen Ex-Drogenabhängigen, erfahre ungekanntes Verständnis und wehre mich nicht länger mit verbaler Gewalt

Mit 43 Jahren breche ich die Therapie ab, werde rückfällig in polytoxikomanen Drogengebrauch

Als ich 46 Jahre alt bin, wird ein Jahr lang meine fortgeschrittene Leberzirrhose behandelt

Mit 47 Jahren lebe ich in Gefangenschaft

Mella Affolter [1976]

Bei meiner Geburt steht mein Herz still

Mit drei Jahren lebe ich regelmäßig getrennt von meinen Eltern

Mit 8 Jahren leide ich unter dem Rassismus[97] gegen meinen Vater und mich

Mit 10 Jahren werde ich wegen meiner Traurigkeit und Lebensmüdigkeit homöopathisch behandelt

Mit 12 Jahren überfordere ich meine Eltern mit meinem kranken Dasein und trinke exzessiv Alkohol

Mit 13 Jahren wollen meine Eltern vielleicht nicht sehen, dass ich Alkohol trinke

Mit 14 Jahren entziehe ich mich der Aufdringlichkeit von Männern durch Entstellung und Verletzung meines Körpers

Mit 15 Jahren treibe ich mich herum, trinke mich bewusstlos und will mit meinem Geliebten meiner Umgebung entfliehen

Mit 17 Jahren ertrage ich mein Hausfrauenleben neben meinem Freund

Mit 19 Jahren absolviere ich meine zweite Ausbildung und funktioniere durch Alkoholgebrauch

Mit 20 Jahren genieße ich meinen Männerberuf

Mit 22 Jahren arbeite ich drogenabhängig unter der terrorisierenden Fürsorge meines Chefs

Mit 24 Jahren versuche ich mich zu töten

Mit 24 Jahren lebe ich monatelang ohne die tröstende Wirkung von Alkohol, brauche mehr Drogen und fange an zu halluzinieren

Mit 24 Jahren flüchte ich vor der öffentlichen Bloßstellung meines Chefs zu meinen Eltern und versuche, mir helfen zu lassen

Mit 25 Jahren fühle ich mich wohl in der Gemeinschaft von Junkies

Mit 27 Jahren bin ich beliebt als Dealer und glücklich in meiner Beziehung zu einem drogenabhängigen Mann

Mit 29 Jahren beschaffe ich Tag und Nacht Drogen für meinen Freund und mich

Mit 30 Jahren veruntreue ich Geld eines Freundes und leide unter Schuld und Entzug

Mit 30 Jahren überfalle ich in Panik eine Tankstelle und werde verhaftet

Mit 30 Jahren begebe ich mich vorzeitig in Haft, werde mit Methadon behandelt und brauche weniger Drogen

Als ich 31 Jahre bin, wird zum ersten Mal in meinem Leben über die Ursache und Art meiner Sucht eine Diagnose gestellt

97 Mellas Vater stammt aus Süditalien. Sie berichtet, dass in ihrer Kindheit die Migranten mit etwas dunklerer Hautfarbe in ihrem urschweizerischen Wohngebiet massiv angefeindet wurden.

ist der performative Akt der Projektausführung. Wie vor zwei Jahren die Niederländerinnen, stehen jetzt die Schweizer Biografinnen buchstäblich auf, um ihr Leben mitzuteilen. Ich sehe sie hinter dem Mikrofon stehen, sie sprechen konzentriert und ohne Sentimentalität.

98 Bastienne Kramer ist bildende Künstlerin und leitet die Keramik-Abteilung der Gerrit Rietveld Academie, Amsterdam. Sie begleitet im Projekt TBDWBAJ sämtliche keramischen Arbeitsprozesse.

TRANSFERS

Alles verläuft planmäßig. Wir können den Ofen entladen, das Resultat ist gut. Die zweite Ladung kann nun gebrannt und der Ofen am Freitagmorgen entladen werden.

Wir demonstrieren den Umgang mit den Transfers. Weil die Proportionen des erwachsenen Gesichtes nicht mit denen des dreidimensionalen Baby-Gesichtes übereinstimmen, kann man eine Transferfolie also nicht platt auf den Puppenkopf kleben. Augen, Augenbrauen, markante Falten, Hautpartien, Haarsträhnen, Münder werden einzeln ausgeschnitten, alle Details, die den Gesichtsausdruck bestimmen. Danach werden Augen und Mund wiederum zerlegt in Augenlider, Ober- und Unterlippe, denn die Transfers haften nur, wenn sie auf planer Fläche aufgebracht werden. Dazu benötigen wir ganz kleine Teile. Bei zu großen Transferteilen entstehen Überspannungen in Augen- und Mundecken, sodass sie im Brand dort reißen und Löcher in der Grafik entstehen. Wir demonstrieren das Lösen der Fotofolien in Wasser, das Herausfischen der Millimeter-Teilchen mit Hilfe einer Pinzette, das Aufbringen der Folie auf dem präparierten Porzellan. Mit Wattestäbchen werden Wasserreste aus der Folie getrieben, mit Zahnstochern Luftblasen aufgestochen.

UNTERHANDLUNGEN

Selten entsteht beim gemeinsamen Mittagessen oder bei anderen Gelegenheiten im Schloss ein Gespräch mit den BetreuerInnen oder den MitarbeiterInnen der Verwaltung und der Direktion. Niemand erkundigt sich, wie das Projekt läuft. Am Dienstag laden wir die Mitglieder der Direktion ein, uns im Arbeitsraum zu besuchen, wir möchten auch die Präsentation des Projektes besprechen.

Nachmittags überlegen wir, wie die Präsentation am Ende der Woche vonstatten gehen soll. Was wollen die Frauen zeigen, was nicht, was ist ihnen am Wichtigsten? Sie wollen erzählen, was sie aus Porzellan hergestellt haben, wie sie an ihrer Biografie mit Hilfe der Matrix gearbeitet haben, sie wollen beschreiben, woraus die Matrix besteht, sie wollen die Audioaufnahmen vorführen, die Landkarten mit den Dropzonen zeigen und vor allem die Bedeutung und die Zusammenhänge erklären. Das gesamte Material soll ausgestellt werden, sodass das Projekt anhand der Methoden demonstriert werden kann. Wann wollen wir präsentieren, am Freitagmorgen oder am Nachmittag? Wenn wir es für den Vormittag planen, arbeiten die anderen Insassinnen noch. Nachmittags ist Freizeit, viele Frauen wollen dann nichts mehr hören oder sehen. Karin erinnert daran, dass der Arbeitsraum freitagnachmittags für den Nähkursus reserviert ist. Sie telefoniert mit der Direktionsassistentin und erfährt, dass die Präsentation für den Freitagmorgen geplant sei, nur für interessierte BetreuerInnen. Die Frauen sind entsetzt. Was sei mit den Inhaftierten? Sie wollen vor allem den Mitgefangenen ihr Projekt zeigen, jeden Tag haben sie in den Wohngruppen über ihre Arbeit erzählt und bereits zur Ausstellung eingeladen. Renée sagt kurz und bündig, dass sie zur Präsentation nicht kommen werde. Kristine weint tatsächlich, ich kann es kaum glauben. Sie komme auch nicht, nicht ohne ihre Freundinnen. Mella regt sich über den Nähkursus auf, der vorgehen solle. Wieso eigentlich? Maria versteht das Ganze als amtliche Sabotage: Macht man mal was richtig Wichtiges, gibt es keinen Raum, keine Zeit, keine Aufmerksamkeit. Typisch Knast. Zurück auf deinen Platz.

Zwei Mitglieder der Direktion —besuchen uns im Arbeitsraum. Wir erzählen vom Projektverlauf, die Frauen weisen auf die Matrix, die an der Wand hängen, die Biografien liegen auf einem Tisch, die Puppenfragmente auf dem Gießtisch. Ein Direktionsmitglied stellt Fragen, die abwechselnd von den Teilnehmerinnen beantwortet werden. Renée ist still, klebt weiter Transfers. Nach einer halben Stunde verabschieden die Besucher sich, wünschen uns eine gute Fortsetzung der Arbeit. Kein Wort über die Präsentation.

Karin bringt eine Mail von der Direktion: Die Anstaltsleitung mache ein Zugeständnis, die Präsentation könne am Freitag, dem 2. März 2007 von 14:30 bis 15:00 Uhr im Schulungsraum für interessierte Insassinnen und MitarbeiterInnen stattfinden. Die Präsentation finde auf Deutsch statt, es gebe keine Übersetzung, weil dies zu lange dauere.

Die Frauen empfinden dies nicht als Triumph. Nur eine halbe Stunde für zwei Wochen Arbeit. Ich versuche zu trösten und erzähle, dass ich regelmäßig bei Veranstaltungen vor großem Publikum in einer halben Stunde zehn Jahre Arbeit präsentieren müsse und das jedes Mal als eine sportliche Herausforderung betrachte. Was zählt, sei der Eindruck, den die Vorstellung beim Publikum hinterließe. Am Nachmittag besprechen wir, wie die inhaltlichen und technischen Seiten unserer gemeinsamen Arbeit praktisch am besten dargestellt werden können. Wir sehen uns den Schulungsraum an—ein neutral mit Tischen, Stühlen und Schränken eingerichteter Raum mit Beamer, einem Monitor und einem DVD-Player.

Karin druckt für die Präsentation Flyer und Ankündigungsplakate mit den Namen der Teilnehmerinnen. Fettgedruckt die Auflage der Anstalt: Wer nicht Punkt 14:20 Uhr an der Schleuse steht, kommt nicht mehr rein.

Mit dem Video-Equipment können wir eine Bilddokumentation zeigen, wie auch Fotos von den anderen Gefängnisprojekten. Wir besprechen, wie wir den Raum gestalten, damit die verschiedenen Arbeitsprozesse anschaulich werden. Die Tische werden in einer Reihe in der Mitte des Raumes aufgestellt, alles andere muss raus. Die Frauen entscheiden selbst, welche von ihnen welche Aufgabe übernimmt. Sie hängen die A3-Bögen mit den Matrix-Wörtern der ersten und zweiten Phase in unserem Arbeitsraum ab, sortieren sie und hängen sie im Schulraum an die Stahlschränke. An die hintere Wand kleben sie die Matrix und die Biografien. Dazu die langen Listen und Landkarten mit den Dropzonen. »Das sieht gut aus«, finden sie, »ein Raum voller Wörter«.

Auf den acht Tischen liegen noch Baby Dolls von Rebecca, Tessa, Hester, Karin und die unmontierte Schweizer Serie. Man soll um sie herum laufen können, damit sie von allen Seiten betrachtet und berührt werden können.

Renée hat sich entschieden, doch zu kommen, sie möchte aber nichts sagen. Sie werde sich um die Videotechnik kümmern. Die anderen drei sind sehr froh über Renées Entscheidung. Mit der Darstellung des Projektes im Schulungsraum sind die Frauen zufrieden, was natürlich fehlt, ist das *Drop Off*, die Intervention, die in Kürze Mellas, Kristines, Marias und Renées Biografien zur öffentlichen Angelegenheit machen wird. Das *Drop Off* ist auch für die Schweizer Frauen eine schmerzhafte Vorstellung. Sie halten es für unwahrscheinlich, dass sie von der Bevölkerung, die ihnen immer abwehrend begegnet ist, in Gestalt der Baby Dolls angenommen werden.

Eine schlägt vor, stellvertretend für die noch nicht fertigen Baby Dolls, die fertigen Biografien auf den Fußboden zu legen, sozusagen als imaginäres *Drop Off*. Zwischen Tisch und Wand will sie eine Straße, einen Weg mit einem Läufer anlegen. »Aber dann trampeln die Leute auf unserem Leben herum«, sagt eine andere. Vielleicht, man werde sehen, ob jemand das wage. Im Verlauf des Gespräches über den öffentlichen Raum einigen sie sich auf die Installation auf dem Gefängnisfußboden. Sie kleben ungefähr 30 A3-Prints der Biografien auf den Fußboden rund um die Tische.

Nach der Mittagspause kommen die vier Schweizer TBDWBAJ Teilnehmerinnen festlich gestylt. Wir trinken Kaffee, reden, schweigen und schlagen die Zeit bis 14:30 Uhr tot. Im Gang sitzen wir sieben abwechselnd auf drei Stühlen. Die Nähe zueinander überlagert die Abschiedsstimmung, die sich seit Mitte der Woche eingestellt hat. Es ist gut, die Zusammenarbeit an diesem Punkt abzuschließen. Renée wird in Kürze in die halboffene Anstalt überführt, Mella erwartet ihre Verhandlung und ist sich sicher, dass sie in 14 Tagen nach Hause gehen darf.

2. MÄRZ 2007, 14:30 UHR

PRÄSENTATION

Auf dem Gang von Wohnflur I finden sich einige inhaftierte Frauen ein, ein paar BetreuerInnen begeben sich in unsere Richtung. Die Mitglieder der Direktion stehen neben der Schleuse im Gang. Im Laufe der nächsten fünf Minuten kommen immer mehr BesucherInnen, betreten etwas schüchtern den Schulraum und warten ab. Die Inhaftierten begrüßen einander und stellen sich mit verschränkten Armen entlang der Schrankwand auf. Der Raum ist voll, ich schätze die Anzahl der BesucherInnen auf 40 bis 50, hauptsächlich inhaftierte Frauen.

Die Projekt-Frauen begrüßen die Gäste und stellen sich vor. Mella und Kristine beginnen zu erzählen. Auf dem Bildschirm erscheinen in chronologischer Reihenfolge die deutschen, niederländischen, friesischen und schweizerischen Biografien. Die einzelnen Biografien sind natürlich viel zu lang, um während der Präsentation verlesen zu werden, Mella nimmt sich jedoch die Zeit, über Rebecca Mertens zu reden und erklärt die besondere Rolle, die Rebecca in diesem Projekt hat. Anschließend demonstriert Maria die Sprechfunktion der Baby Dolls.

Nach der Präsentation entstehen lebhafte Gespräche, die Geräuschkulisse ist vergleichbar mit der bei Eröffnungen in Galerien oder Museen, nur hat hier keiner das obligatorische Glas Wein in der Hand. Es ist ein ungewöhnlich aufmerksames Publikum. Die Leute lesen die Biografien auf dem Fußboden nicht nur oberflächlich, sondern sorgfältig Satz für Satz. Mehrere knien sich dabei sogar hin. Unter Marias Anleitung heben Gäste die Baby Dolls auf, halten sie ans Ohr und versuchen, aus den fremden Sprachen Verständliches herauszuhören.

Wir unterhalten uns mit den Gästen, beantworten Fragen. Mehrere inhaftierte Besucherinnen sind an der Erstellung ihrer eigenen Biografie interessiert; eine Frau fragt, warum ich das Projekt nicht auch mit Mörderinnen und normalen Kriminellen mache. Ein Mitglied der Direktion führt Gespräche mit den Insassinnen und mit uns. Ich bekomme einen Gesprächsfetzen der Direktionsmitglieder mit, während sie die Biografien betrachten: Das wäre ja schrecklich für die Frauen gewesen. Alle Teilnehmerinnen müssten wohl nachtherapiert werden.

Da mir dieser Vorwurf über meine Arbeit mit den Frauen nicht direkt gemacht worden ist, merke ich mir vor, bei den Frauen selbst später nachzufragen, ob sich hier etwas ergeben hätte, um ein lückenloses Protokoll[99] vom Ablauf zu schreiben.

Kurz vor 15 Uhr richtet die Direktorin ihr Wort an das Publikum. Sie begrüßt alle und dankt im Besonderen den Teilnehmerinnen des Projektes für ihre mutige Mitarbeit an dieser anspruchsvollen Arbeit, die im Vorhinein nicht richtig hätte eingeschätzt werden können. Sie spricht über Arbeitsumstände, die im geschlossenen Vollzug nicht einfach einzurichten seien—wie wir alle bei dieser Projektausführung erfahren hätten. Und Ausnahmen zuzugestehen sei schwierig, da sie erfahrungsgemäß dann alle für sich beanspruchten.

Wie es weiterginge, wird gefragt. Ich spreche über die nun folgenden technischen Schritte und dass ich auf die weitere Unterstützung der Anstaltsleitung hoffe, damit wir zurückkommen könnten, um den Schweizer Teilnehmerinnen die fertigen Baby Dolls zu präsentieren. Wir einigen uns darauf, Kontakt miteinander aufzunehmen, wenn es soweit ist.

Ihr Schlusswort richtet die Direktorin nochmals an die Teilnehmerinnen; sie hofft, dass sie mit den Wunden, die das Projekt bei einzelnen geschlagen habe, zurechtkommen würden und bietet dafür anstaltsinterne professionelle Hilfe an.

99 Das Protokoll sende ich der Direktion einen Monat später zu. Ich erhalte keine Antwort. Von den Teilnehmerinnen, mit denen ich in Verbindung geblieben bin, erfahre ich, dass keine Nachtherapie stattgefunden habe und das Projekt auf anderer Ebene weiter nicht diskutiert worden ist.

ABSCHIED

Zum Abschied treffen wir uns in Karins Büro. Karin dankt den Frauen und lobt ihre fantastische Leistung. Maria wird wütend und fragt, was Karin denn erwartet habe, dass sie, die Junkies »… nie was hinkriegen«? Die Direktionsassistentin treffe ich in der Schleuse, bedanke mich für ihre Unterstützung. Sie sagt, sie glaube, dass das Projekt den Frauen viel gebracht habe und wünscht mir eine gute Heimreise.

Karin beendet ihr Praktikum in den Anstalten Hindelbank, um ihr Studium fortzusetzen. In ihrem Praktikumsbericht für die Uni erwähnt sie unter anderem unser Projekt als wichtiges Beispiel für eine erfolgreiche sozialpädagogische Betreuung Inhaftierter. Aus anderer Quelle erfahre ich, dass die Direktion zukünftig zurückhaltender auf diese Art Vorschläge für Kunstprojekte reagieren will.

Es gelingt mir in den folgenden Jahren weder, den Anlass für die ›Zurückhaltung‹ zu ergründen, noch den Teilnehmerinnen und der Direktion die vollendete Schweizer Serie Baby Dolls zu präsentieren.

BREMEN, 21. FEBRUAR 2007

REBECCA MERTENS

Rebecca hat sich von Vechta nach Blockland, die JVA für Frauen in Bremen, verlegen lassen.

Nicht, dass es dort besser ist als in Vechta

sagt sie,

aber hier kennt man mich nicht, weder Knackis noch Schlüssel, das ist schon mal ein Vorteil.

Sie schreibt, während sie in der Penne sitzt

… wo alles Mögliche getan wird, außer lernen. Zuallererst mal die guten Nachrichten. Meine Kostenzusage ist da. Mein Anwalt macht jeze erst mal 'nen Aufnahmetermin bei Moorkieker (das ist die Therapie in Oldenburg, wo ich hingehe) für Mitte / Ende März aus. Wenn alles glatt geht, bin ich in spätestens 6 Wochen draußen! Sobald es eben geht, werde ich Dich anrufen! Irgendwie schaffe ich es zur Zeit einfach nicht, das, was in mir vorgeht, aufs Papier zu bringen. Ich hab das Gefühl, dass ich randvoll

bin und mir das Wasser bis zum Hals steht. Ich bin so froh, dass ich endlich auf Therapie gehen kann, um das Chaos meiner Gefühle in eine Richtung zu bringen – keine Ahnung, ich bin noch nicht mal in der Lage, mich auszudrücken, geschweige denn in mich hinein zu fühlen. Alles ist mir aus den Händen geglitten. Ich ertrage den Knast einfach nicht mehr. Ich fühle mich so, als hätte ich weniger Haut! Irgendwann habe ich die Schicht verloren, die alles von mir weg hält. Auf Therapie ist das wohl ok, im Bau aber macht es mich fertig. Aber nicht nur hier, auch draußen ging es mir schon sehr schlecht.
19 Uhr, Einschluss
Ich bin sowas von aufgedreht! Ich habe von Moorkieker meinen Aufnahmetermin bekommen!!!!!
21. 3. 2007
Bestimmt hast Du davon in A'dam noch was gespürt. Mal seh'n, vielleicht kann ich ja schon 'ne Woche eher auf Entgiftung gehen – wieder nach Wehnen – Du erinnerst Dich? Nicht, dass ich 'ne Entgiftung brauche, aber der Gedanke 'ne Woche eher zu gehen ist einfach zu schön! Wie gesagt, mal seh'n!
Ich würde so gerne mit Dir reden! Und Dich wiedersehen! Mit Besuch ist das hier aber nicht so einfach. Du müsstest 'nen Besucherschein ausfüllen, den hier wieder hin schicken, dann werden Deine Daten überprüft – polizeilich, ob Du kriminell bist, Drogen nimmst oder sonst irgend 'n schlechter Umgang für mich bist. Und der Mist dauert! Das ganze lohnt sich nicht mehr. Außerdem ist der Besucherraum hier so winzig, dass der Beamte quasi mit am Tisch sitzt!

OLDENBURG, 20. APRIL 2007

REBECCA MERTENS

Wir telefonieren erst nach der Kontaktsperre während der Entgiftung.

Ja, ganz schön hier, also ganz ok, einiges ist vergleichbar mit Loxstedt, einiges anders, weiß noch nicht. Besser als Knast.

Rebecca darf mich im Sommer zum Besuch einladen. Wie der Therapiehof Loxstedt liegt auch Moorkieker[100], ein Fachwerkhof mit Reetdach, tief in der niedersächsischen Provinz, fern vom Drogendruck in den Heimatorten seiner Klientel.

Nach meinem ersten Besuch in Loxstedt, bei dem ich Rebecca in einer sehr enthusiastischen Stimmung angetroffen hatte, hätte ich geschworen: Das ist es. Gib Junkies einen Ort wie diesen und lass sie dort zeitlich unbegrenzt leben. In einer Gemeinschaft von Gleichgesinnten oder Leidensgenossen, umgeben von Tieren, Weiden und Gemüsegärten. Mit einem Dach über dem Kopf und einem therapeutischen Hilfsangebot. In einer funktionierenden Versorgergemeinschaft. Gemüse anbauen, Tiere streicheln, den Hof instand halten. Ein paar Regeln befolgen und sonst einfach nur Sein dürfen.

Noch einige Jahre zuvor hatte sich die stationäre Verweildauer in Therapie-Einrichtungen wie Loxstedt auf zwei Jahre belaufen, zu Rebeccas Zeiten wurden nur noch neun Monate Aufenthalt bewilligt. Ob KlientInnen, die erst nach zwei Jahren in die Clean-WG wechseln, seltener rückfällig werden, lässt sich nicht zuverlässig beantworten. Es gibt keine Statistiken darüber, die TherapeutInnen sagen übereinstimmend, eine längere Behandlungsdauer erhöhe auf jeden Fall die Chancen dafür.

Bereits nach drei Monaten stresst sich Rebecca wegen des bevorstehenden Abschieds in sechs Monaten. Wie ihre MitbewohnerInnen hat sie sich mit diesem Ort verbunden und der Blick auf den Abschluss der Therapie macht sie ängstlich, weil sie weiß: Ich kriege einmalig diese neun Monate und dann muss ich alles alleine schaffen. In einer fremden Stadt funktionieren, sie kennt die Qual des selbstständigen Lebens. Allerdings macht der Schutzraum mit seinen Kontroll- und Sanktionssystemen Rebecca nach einigen Monaten aufmüpfig, sie fängt an, etwas zu vermissen, zum Beispiel ihr Leben in Osnabrück, das Gerenne durch die Stadt und dort Leute zu treffen. Manchmal vergisst sie den Grund, warum sie ihre Lieblingsmucke nicht hören, nicht flirten und nicht ausgehen darf. Sie beginnt, Regeln in Frage zu stellen und kritisiert sie. Sie beginnt zu schummeln. Einmal ruft sie mich aus einer Kneipe in Loxstedt an, wo sie mit ein paar anderen KlientInnen heimlich ein einziges Bier getrunken habe – was wundervoll sei, das müsse doch möglich sein.

100 ›Fachklinik Moorkieker: Wir sind eine von allen Leistungs- und Kostenträgern des Gesundheitswesens anerkannte Rehabilitationseinrichtung für suchtmittelabhängige Frauen und Männer. Die Behandlung erfolgt unter Berücksichtigung wissenschaftlicher Erkenntnisse und Erfahrungen durch ein qualifiziertes Team, auf Basis eines ICF-konformen Behandlungskonzeptes und geprüften Behandlungsmodulen, die den individuellen Verläufen der Suchterkrankung, der persönlichen Problemlage unserer Patienten und ihren Bearbeitungs- und Lösungspotentialen optimal Rechnung tragen. Insgesamt bietet die Fachklinik Moorkieker 34 Behandlungsplätze für Männer, Frauen und Paare, 4 Behandlungsplätze ganztägig ambulant und 8 Adaptionsplätze in den Stadthäusern in Oldenburg.‹ Quelle: Ehemalige Webseite der Klinik. Nicht mehr aufrufbar, die Klinik wurde geschlossen und an anderen Orten in anderer Form weitergeführt.

OLDENBURG, AUGUST 2007

REBECCA MERTENS

Rebecca zeigt mir Hof Moorkieker. Es ist kaum jemand anwesend, die meisten BewohnerInnen haben Wochenendurlaub, ein Betreuer schaut am Nachmittag kurz vorbei. Nur Axel gesellt sich in der Küche zu uns, wir reden über Hepatitis C, die bei zwei der Klienten gerade behandelt wird, was der reinste Horror sei[101]. Bei der Gelegenheit erfahre ich, dass auch Rebecca infiziert ist – immer schon, sagt sie lakonisch, ebenso wie Axel, obwohl der erst vor ein paar Jahren mit dem Drogenkonsum begonnen habe. Axel ist Ende zwanzig, ein Informatik-Nerd. Er hatte sein Studium an der Technischen Universität immer mehr vernachlässigt zugunsten seiner Arbeit als anfangs viel gefragter und schließlich überforderter Programmierer, der sich eine Weile mit ›Uppern‹ und ›Downern‹ über Wasser gehalten hat, bis er Heroin als beste von allen Anti-Stressdrogen entdeckte.

Axel schlägt eine Kanufahrt auf dem Kanal vor. Rebecca springt immer wieder vom Boot aus ins Wasser. Trotz ihres offensichtlichen Vergnügens daran entgeht mir Rebeccas unterschwellige Nervosität nicht, die ich als Vorbote eines unbestimmten Verlangens kennengelernt habe. Sie weicht meinen Fragen nach ihrem Befinden nicht aus, antwortet wie immer ehrlich. Es geht ihr nicht so gut hier, sie findet keinen wirklichen Kontakt, weder zu den BegleiterInnen und TherapeutInnen noch zur Gruppe. Viel weiter kommen wir nicht. Sie will, das Axel endlich die Biege macht, er sei ja ganz nett, aber ich sei schließlich ihr Besuch. Wir reden zu zweit noch über die gefühlten Schwachstellen der Therapie an diesem Ort, aber sie ist sich durchaus bewusst, dass das alles nebensächlich ist, solange sie hier ihr Ding durchzieht und die therapeutischen Maßnahmen auf die Reihe kriegt. Sie benennt es noch nicht und probiert es noch abzuwehren, aber in der Junkie-Terminologie fällt dieser Zustand unter ›anfangen zu eiern‹.

Einige Wochen später kommt mein Brief mit dem handschriftlichen Vermerk zurück, dass die Adressatin hier nicht mehr wohnhaft sei.

101 Interferon wurde zu der Zeit hoch dosiert mehrmals wöchentlich subkutan gespritzt. Schwere Nebenwirkungen traten auf. Um die Heilungschancen zu erhöhen, wurde Anfang 2000 zusätzlich Ribavirin dazu gegeben. Ribavirin war als antivirales Medikament bereits unter anderem bei hämorrhagischem Fieber im Einsatz, z. B. ausgelöst von dem Hanta-Virus. 2002 wurde die Interferongabe vereinfacht. In Folge der PEGylierung des Interferons war die Halbwertzeit im Körper um ein Vielfaches erhöht und die Gabe konnte reduziert werden. Die Therapiezeit war je nach Genotyp zwischen 24 und 72 Wochen angesiedelt und eine Heilungschance lag bei der damals möglichen Behandlung bei ca. 50%. Die Nebenwirkungen der damaligen Standardtherapie waren gravierend. Von Blutbildveränderungen über Schilddrüsenprobleme bis hin zu starken Hautreaktionen und Depressionen. Auszug, U. M., red. gekürzt: http://www.hepatitis-c.de/behandlung

HINDELBANK, 4. MÄRZ 2007

MARIA VON BANK

Maria will uns nur eben wissen lassen, dass sie in vier Stunden unser Projekt einer interessierten Betreuerin vorstellen wird, unter anderem mit der digitalen Dokumentation, die wir den Frauen geschickt haben. Weil das Treffen im Büro der Betreuerin stattfindet, kann Maria ihr auch die Homepage TBDWBAJ zeigen, sie also auch die Schweizer Biografien hören lassen. Sie meldet später, dass die Präsentation ein voller Erfolg war und die Betreuerin nun besser verstehe, worum es bei TBDWBAJ ginge.

Renée Gasser [1960]

Ich bin die Tochter von arbeitenden Eltern, die wenig Zeit haben für fünf Kinder

Mit 9 Jahren bekomme ich meine Periode und verheimliche dies fünf Jahre lang vor meinen Eltern

Mit 15 Jahren werde ich vergewaltigt von einem Mann, der mich bedroht und schlägt

Mit 15 Jahren vermute ich keine Schwangerschaft

Als ich 16 Jahre bin, stirbt mein ungewolltes Kind

Mit 17 Jahren nehme ich die Beruhigungsmittel meiner Mutter

Mit 18 Jahren brenne und schneide ich meinen Körper und trinke Alkohol

Als ich 19 Jahre bin, scheitert mein Versuch mich zu töten

Mit 19 Jahren fühle ich mich geborgen im Zusammenleben mit meiner geliebten Frau

Mit 19 Jahren trinke ich exzessiv Alkohol

Mit 24 Jahren bin ich überfordert mit meinem Wunschkind

Mit 31 Jahren trenne ich mich von dem Vater meines zweiten Kindes und bin alkoholfrei

Mit 36 Jahren bin ich selbstständig und trinke heimlich und maßlos

Mit 40 Jahren ist mein Freund abhängig von Drogen und mir

Als ich 41 Jahre bin, vergewaltigt und misshandelt mein Freund mich jeden Tag

Mit 41 Jahren trinke ich und mein Freund verabreicht mir unbemerkt Kokain

Mit 41 Jahren werde ich mit einem Nervenzusammenbruch zwangsweise in die Psychiatrie eingewiesen

Mit 42 Jahren sniffe ich Heroin, trinke ständig Alkohol und wehre mich nicht länger gegen Vergewaltigungen und Misshandlungen

Mit 42 Jahren werde ich nach einem Schusswechsel mit meinem Freund wegen illegalem Waffenbesitz verurteilt

Mit 43 Jahren lasse ich mich in Apathie und Verwahrlosung von meinem Freund terrorisieren und erpressen, gebrauche Heroin und Kokain und handele mit Drogen

Mit 45 Jahren habe ich Todesangst, werde verhaftet, verurteilt und erdulde den Strafvollzug

Maria von Bank [1962]

Ich bin das ungewünschte Kind meiner lieblosen Mutter

Mit fünf Jahren leide ich unter der Gewalt meines Vaters, diktiert von meiner Mutter

Als ich sechs Jahre bin, wird in der Schule meine Hyperaktivität festgestellt

Mit 7 Jahren leide ich unter Einsamkeit und trinke den Alkohol meiner Eltern

Als ich 8 Jahre bin, wird mein Bruder in ein Erziehungsheim eingewiesen

Mit 13 Jahren finde ich Geborgenheit bei meinen Freunden und rauche zusammen mit ihnen Haschisch und Marihuana, nehme LSD

Als ich 15 Jahre bin, setzt ein Freund mir den ersten Schuss Morphium

Als ich 15 Jahre bin, setzen meine Eltern mich auf die Strasse

Mit 16 Jahren spritze ich Heroin und Morphium

Mit 17 Jahren beginne ich auf Wunsch meiner Eltern eine Ausbildung und werde wegen meiner Drogenabhängigkeit entlassen

Mit 19 Jahren nehme ich zusätzlich Kokain, Medikamente und Tranquilizer

Als ich 21 Jahre bin, wird mein Sohn mit geistiger Behinderung geboren

Mit 22 Jahren werde ich inhaftiert und verliere durch Einschreiten meiner Eltern das Sorgerecht für mein Kind

Mit 22 Jahren liebe ich eine Frau, brauche wenig Drogen und flüchte aus dem Gefängnis

Mit 24 Jahren falle ich zurück in polytoxikomane Drogensucht, deale mit Haschisch, um meine Sucht zu finanzieren.

Mit 27 Jahren konsumiere ich außer Methadon keine Drogen, um zwei Wunschkinder zu bekommen

Mit 32 Jahren kehre ich mit meinen Freund zurück in meine Sucht und bringe meine Kinder in einer Pflegefamilie unter

Mit 38 Jahren lebe ich in fataler Abhängigkeit von Mann und Drogen

Mit 40 Jahren bin ich obdachlos und lebe in Notunterkünften oder auf der Strasse

Mit 42 Jahren zwingt mein Freund mich zur Prostitution und ich steche ihn nieder

Mit 43 Jahren breche ich zusammen und werde unter Zwang in die Psychiatrie eingewiesen

Mit 44 Jahren werde ich inhaftiert

Mit 45 Jahren habe ich Angst vor Träumen, die meinen Tod ankündigen

Ansonsten gehe es ihr gut, der Besuch von ihrem Mann gestern sei eher langweilig gewesen.

HINDELBANK, 12. MÄRZ 2007

MARIA VON BANK

Maria bedankt sich für meinen Brief.

Der Tag war wieder mal beschissen und das an meinem Geburtstag. Das Wochenende, nachdem ihr gegangen seid, war total schlecht, weil mein Mann zuhause von zwei Bullen und einem Arzt empfangen wurde. Uns geht es den Umständen entsprechend MIES!! Der Knast macht mich sowas von fertig … Alle lassen euch grüssen.

Im PS meldet Maria, dass sie bezüglich der Medikamente noch einiges erreichen konnte und es ihr nun besser gehe. Sie habe auch Antwort auf ihren Brief an die Direktorin. Sie dürfe nun trotz Paketsperre Zigaretten empfangen.

HINDELBANK, 13. MÄRZ 2007

KRISTINE STAM

Kristine erkundigt sich ausführlich, ob wir alle gut heimgekommen seien. Das Einpacken und Abschiednehmen sei so schnell gegangen, alles was sie noch habe sagen wollen, schreibt sie nun ausführlich. Sie rede mit ihren Freundinnen oft über das Projekt und

… die unbeschreiblich tolle Zeit zusammen. Ich bin sehr stolz auf das, was wir geleistet haben und Teil eines Kunstwerkes zu sein, gibt Kraft und Energie. Ich fühle mich – bis auf den Freiheitsentzug – gut.

Kristine antwortet auf meine Frage, wie es allen ergehe und was mit der angekündigten Nach-Therapie sei:

Keine Ahnung, wer den Trouble macht. Ich habe auch mit Insassinnen diskutiert, einige fanden es schade, dass die Vorführung nur so kurz war, denn es ist schon auf Interesse gestossen. Es freut mich, dass die Aufnahmen so toll klingen. Ich hoffe, nächste Woche mir deine neue Webseite angucken zu dürfen.

Sie berichtet, dass ihr Freund letzten Montag ihren Hund einschläfern lassen musste.

Ich bin deswegen sehr traurig, ich habe dieses Tier so gern gehabt. Für mich ein grosser Verlust. Tiere sind so unkompliziert und treu.

Mella stehe kurz vor ihrer Verhandlung und sei optimistisch, dass sie danach nach Hause dürfe, Renée werde sich wohl im Steinhof inzwischen eingelebt haben – und dass sie wohl, ebenso wie alle anderen, weder eine Nachtherapie brauche noch wolle. Von Maria wisse sie nichts, aber extrem schlecht gehe es ihr sicher auch nicht.

HINDELBANK, 31. MÄRZ 2007

KRISTINE STAM

Kristine freut sich über unsere Post.

Ich höre dann Dinge von draussen, von euch.

Sie freut sich über die Fortschritte im Projekt und ist gespannt auf das fertige Werk.

Ihre Lieblingsjahreszeit habe begonnen, sie genieße das warme Wetter und die Frühlingsblumen.

Ab Pfingsten darf ich wieder raus am Wochenende, das ist gut für mich. Jetzt ist das Schlimmste überstanden und Ende September bin ich hier raus. ... Es hat neue, strengere Regeln für Drogenkonsum gegeben, wirklich hart. Bunker und bis zu zwei Monate Ausgangssperre – wenn sie nur bestrafen können. Sonst geht alles seinen gewohnten Gang, langweilig und mühsam. Ich muss mich immer wieder motivieren, um nicht in ein Loch zu fallen.

Mella sei immer noch sehr traurig über ihre Verhandlung, die so ganz anders ausgegangen war als erwartet:

Sie kommt nur mit viel Mühe aus ihrem Loch und ihren momentan schlechten Gefühlen. Zu Renée habe ich keinen Kontakt, aber soweit ich gehört habe, geht es ihr gut im Steinhof. Maria ist wie immer etwas trotzig, schlecht gelaunt und im Moment krank geschrieben.

Ansonsten gebe es nichts zu berichten, es sei immer dasselbe und Außergewöhnliches passiere selten, ab und zu ein Neuzugang oder eine Entlassung.

HILDESHEIM, 8. APRIL 2007

WERONIKA MAZUR

Weronika schreibt, dass sie zufällig im Internet meine Adresse wiedergefunden habe und sofort ein paar Zeilen schreiben wollte. Bei ihr sei alles okay. Seit dem 24. Januar 2005 ist sie in der JVA Hildesheim inhaftiert und kommt bald raus.

Die Rückführung des Kindes liefe seit dem letzten Monat, sagt sie, sie sehe Marvin zweimal im Monat und versuche, das Beste daraus zu machen. Eine 15-monatige ambulante Therapie habe sie bereits abgeschlossen und seit einem halben Jahr mache sie eine Behaviour-Therapie. Außerdem sei sie im dritten Semester an der VHS, um ihr Abitur nachzuholen.

Ich muss viel, viel lernen.

Offenbar hat sie die Karte nicht gleich abgeschickt, denn auf der anderen Seite schreibt sie, dass sie gerade aus dem Urlaub in die JVA zurückgekehrt sei und dementsprechend nervös und aufgeregt, weshalb sie (leider) immer noch viele Rechtschreibfehler mache. Sie nennt Telefonzeiten, eine Handy-Nummer, eine Hildesheimer Postanschrift und ihre Mailadresse. Ich solle meine Post an Weronika Menke richten, so heiße sie noch drei Wochen, dann wieder Zlotedziecko,

... weil ich drei Wochen verheiratet war und eine Namensänderung stattfand.

Ich berichte Weronika in einer ausführlichen Mail über das TBDWBAJ Projekt in Unna, den Niederlanden und der Schweiz. Ab jetzt mailen wir und ich lade sie ein, weiter beim Projekt mitzumachen.

STEINHOF, 10. APRIL 2007

RENÉE GASSER

Mein Brief an Renée wird retour geschickt, ›Empfänger unbekannt‹.

HINDELBANK, 17. APRIL 2007

MELLA AFFOLTER

Mella schreibt über die schockierende Verhandlung, die sie hinter sich hat. Alle, also Anwältin, Betreuer und andere Ratgeber seien, wie sie, optimistisch gewesen und von ihrer baldigen Entlassung ausgegangen.

Erstens haben sie mich schon vor der Verhandlung etwas fertig gemacht ... dass ich ein ganz böses Mädchen sei. Noch während der Verhandlung versicherte mir die Anwältin, ich solle mir keine Sorgen machen ... auch wenn die Richter mit ihrer Strafforderung über dem Strafmaß lägen, könne ich fast sicher nach Hause. Kurz zur Info: Die Opfer von der Tankstelle, welche ich zu überfallen versuchte, haben von Anfang an – nachdem sie wussten, wer ich bin (Stammkundin) und ich mich entschuldigt hatte – erklärt, dass sie keine Anzeige erstatten oder sonst was machen würden ... sie gaben bei ihren Aussagen zu Protokoll, dass sie zu keinem Zeitpunkt

Angst hatten oder sich wirklich bedroht fühlten … sie wurden nicht verletzt … haben sogar während meines Überfalles noch nen Kunden bedient – bis zu meiner Aufgabe … und so wurde es ans Gericht überwiesen, als ›Einfacher bewaffneter Raubversuch‹ – mindestens 12 Monate … … … der erste Teil der Verhandlung war fertig, ich wurde in die Zelle gebracht (wo ich eigentlich ca. 5 Stunden – bis zur Urteilsverkündung – zu warten hatte). Kaum in der Zelle, wurde ich wieder zurück geholt – sie hätten noch vergessen … sie hätten noch ›was zu erweitern‹ …!? Ich konnte es nicht glauben, die ›Erweiterung‹ war: das Gericht hatte sich entschieden, meinen Fall nicht mehr, wie bisher, als ›Einfachen Raubversuch‹ (12 Monate) anzusehen, sondern als ›Raubversuch unter Offenbarung besonderer Gefährlichkeit‹ ! ? ! ? ! ? (40 Monate) – Schock – Panik – hilflos – fassungslos – Hass !!!
Die Begründung war, dass ich dennoch mit meinem Messer (7 cm Klinge) das Risiko einging, jemanden zu verletzen – und das für eine eventuelle Beute von ca. sfr 300,– (das war von Anfang an bekannt, wurde sogar bisher als ›strafmindernd‹ angesehen) !?

Mella fragt, ob ich mir vielleicht in etwa vorstellen könne, was alles währenddessen in ihr vorgegangen sei.

Meine Anwältin ›forderte‹ 12 Monate bedingt … ich ›rechnete‹ mit 18 Monaten bedingt – schlimmstenfalls 18 Monate unbedingt. Das Urteil:
24 Monate unbedingt!!! (2 / 3 ≤ 16 Monate ca. 12. Juni / während + nach Knast Therapie) … ehrlich – ich brauchte ziemlich lange, das zu ›akzeptieren‹ – vor allem, weils echt zuviel ist. Genug davon.

Einige Tage später wird Mella mitgeteilt, dass einer ihrer zwei Hunde, Mori, 12 Jahre alt, einfach so, plötzlich gestorben sei. Ihr Baby! Hierzu müsse sie ja weiter nicht viele Worte verlieren.

Mella erkundigt sich nach dem Stand des Projektes und fragt, ob wir uns bereits für eine Biografie entschieden hätten.

Ach ja, du fragst noch nach der ›Nachtherapie‹ wegen des Projekts – Schwachsinn!!! Ich persönlich hab das ganze Projekt und die Arbeit mit euch als ›Therapie‹ empfunden … das war – nicht einfach, aber – gut so.

Sie fügt noch ihr Schokoladenkuchenrezept hinzu, für den Geburtstag meiner Tochter. Im PS antwortet Mella auf meine Frage, was ich aus Amsterdam schicken solle.

Weisst du, es ist schwierig, in der Schweiz schwarzen Lippenstift zu kaufen.

HINDELBANK, 19. APRIL 2007

MARIA VON BANK

Bei mir ist in der Zwischenzeit sehr, sehr viel Scheisse passiert, darum auch kein Schreiben von mir. Also, angefangen hat es vor Ostern. Ich hatte einen schrecklichen Traum und war auch sonst nicht gut drauf. Gut, dann kam ich für fünf Tage in das Insel-Spital, wo es mir dann auch wieder besser ging. OK. Dann kam ich hierher zurück, meine Zelle wurde in der Zeit meines Spitalaufenthaltes total leergeräumt und mich brachten sie dann in die HSI[102]. Es wäre nur für 3 Monate, damit ich mal ein wenig zur Ruhe käme!! Hier bin ich nun und kann fast immer noch nicht glauben, was die gemacht haben. Natürlich geht es mir hier total beschissen, ich gehöre bestimmt nicht hier hin. Ich habe schon zwei Briefe an die Direktorin geschrieben, hatte auch schon ein Gespräch mit ihr. Wenn ich Glück habe, werden es weniger als 3 Monate.

Maria will noch etwas anderes berichten, nämlich über die gemeine ›Knastdealerli‹, die bei den Insassinnen inzwischen nur noch ›Knasthexe‹ genannt werde,

… weil sie ja mit Tabletten dealt und knöpft den armen Leuten hier 7 Franken ab, für eine Tablette!! Normal kostet eine zwischen 4 + 5 Franken. Auch kam sie schon zurück ohne Tabletten, obwohl die Leute ihr Geld mitgegeben hatten. Niemand sah Geld oder Tabletten wieder. Jetzt haben sehr viele Streit mit ihr, ich natürlich auch. Würde ich nicht hier sitzen, wüsste ich was zu tun.

Mella gehe es gut, berichtet Maria, sie habe noch 3 oder 4 Monate vor sich, was anfangs ein Schock für sie gewesen sei. Dann berichtet sie noch vom Streit mit einer der Projektteilnehmerinnen, der sie ›zur Strafe‹ vorgelogen habe, dass sie bereits wisse, welche Biografie von den Baby Dolls ausgesprochen werden würde.

Sie meinte nämlich die ganze Zeit, dass sie die Auserwählte sein wird …

Sie bittet mich, ihr Hirse zu schicken, nach dem 28. April dürfe sie wieder Pakete empfangen.

102 Hochsicherheits-Integrations-Abteilung (Bunker)

HINDELBANK, 30. APRIL 2007

KRISTINE STAM

Kristine erkundigt sich nach dem derzeitigen Stand der Dinge in puncto Ausstellung und dem nächsten Projekt, das wir vielleicht in Ungarn ausführen können:

… einem tollen Land, in dem die Leute sehr offen sind. Mella darf am Samstag zum ersten mal fünf Stunden raus hier, sie freut sich sehr. Jetzt geht es bei ihr vorwärts. Ich hoffe, sie schreibt dir auch … jetzt, wo es ihr besser geht. Mit Maria kein Kontakt, zur Zeit ist sie noch auf der HSI. Kein schöner Ort.

Sie freut sich auf Jolandas Besuch, um eventuell zusammen mit ihr während eines Freigangs Dropzonen zu fotografieren.

Ab dem achtundzwanzigsten Mai darf ich wieder in Urlaub und in die fünf Stunden EXB[103]. Ich habe noch keinen Bescheid, ob ich Ende Mai nach Zürich in die Halbfreiheit kann, wenn ich es weiss, werde ich dich informieren. Dort darf ich dann jedes Wochenende nach Hause, ich rechne aber nicht damit, sollte es wider Erwarten trotzdem eintreten, werde ich mich doppelt freuen. Hier in HIBA ist alles beim Alten, […] man lässt uns immer wieder aufs Neue spüren, dass wir Knackies sind, böse, und sie halten uns für dumm.

Das Wetter sei gut und trostreich in der Freizeit.

Ab und zu habe ich was zum Kiffen, sonst zur Abstinenz gezwungen. Zum Glück ist mein Freiheitsentzug im Oktober fertig, ich habe noch vier Tage Haft bekommen, weil ich Hasch und Heroin in den Knast geschmuggelt habe. So kann es im Leben gehen. Trotz all dem bin ich gesund und habe gute Freunde, was die Zeit hier etwas erträglicher macht.

Morgen komme ihr Freund zu Besuch, sie freue sich drauf, auch um die Trauer über den toten Hund zu teilen, der noch immer ganz nah an ihrem Herzen sei.

Jetzt ist es bereits fünf Uhr und im Knast heisst das Essenszeit, Medikamente und bald Einschluss, man kann es auf keine Art schönreden, es bleibt scheisse. So, fertig Gejammer. Ich bin ja selbst schuld, ich habe gelernt, was Recht und Unrecht ist und man sollte sich nicht erwischen lassen, wenn man es trotzdem tut.

103 Ausgang ohne Begleitung

HILDESHEIM, 8. MAI 2007

WERONIKA MAZUR

Es geht mir gut, habe gerade nur sehr viel Stress bezügl. der Inhaftierung und mit dem Jugendamt. Verheiratet war ich nur drei Wochen, in der kurzen Zeit wollte mich mein Mann umbringen und es folgte eine Härtescheidung. Marvin geht es gut, er kommt sechs Monate nach meiner Entlassung zu mir. Wahrscheinlich werde ich bald in den Freigang verlegt, dann habe ich etwas mehr Freiraum als bisher. JVA Hildesheim ist nämlich sehr bescheiden. Bin heute nicht so gut drauf, habe Marvin gerade gesehen und habe Depri. Ich habe sehr viel Stress, heute wollte ich mich nur melden. Bin einverstanden, am Projekt teilzunehmen, während der Haft ist Urlaub im Ausland nicht möglich.

HINDELBANK, 23. MAI 2007

KRISTINE STAM

Leider habe ich das Paket von dir nicht bekommen, sie haben es in meine Effekten gegeben, weil kein vollständiger Absender drauf stand. Ich habe ihnen gesagt, es seien sicher Neuigkeiten über unser Kunstprojekt, aber das interessiert hier niemanden. Schade, ich freue mich immer, von euch alle Neuigkeiten zu hören.

Sie fragt nach dem Stand des Projektes, der Ausstellung in Amsterdam und wann Jolanda in die Schweiz komme.

Mella geht es gut, sie war im Ausgang und von Maria sehe ich nichts, sie wird noch im HSI sitzen. Schöne Scheisse für sie. Bei mir ist immer noch nicht klar, ob ich ins Neugut nach Zürich kann, aber es ist für mich auch nicht mehr so wichtig, im Oktober bin ich zu Hause, frei, das bedeutet für mich wieder Konzerte, ab und zu eine gute Party und Sex.

Die Betreuung sei krass, sie wüssten, dass das Paket von mir sei, wollten aber keine Ausnahme machen. Sie werde Mella aber sagen, dass ich etwas geschickt hätte.

AMSTERDAM, JUNI 2007

LIEFDE IN DE STAD

(Liebe in der Stadt)
Verschiedene Ausstellungen und Interventionen in Amsterdam

»Es geht nicht um romantische Liebe«, sagt Lisa Boersen von Paradiso[104], »sondern um Liebe als Gegenentwurf zur Angst. Jene Art von Liebe, die das Zusammenleben auf engem Raum so viel besser macht. Mit unorthodoxen Mitteln erforscht LIEFDE IN DE STAD an der Schnittstelle von Kunst und Wissenschaft das menschliche Verhalten in der urbanen Kultur und wie es beeinflusst werden kann.« Seit 2003 lädt Paradiso jährlich KünstlerInnen, WissenschaftlerInnen, SchriftstellerInnen und MusikerInnen ein, ihre Konzepte zu LIEFDE IN DE STAD im gesamten Stadtbereich zu realisieren. Gijs Frieling plant zusammen mit Paradiso und SKOR[105]. im W139 die Ausstellung LOVE IS LIKE OXYGEN: »Liebe entfaltet ihre Kraft nur in Verbindung mit Freiheit. In der Kunst scheint es manchmal allein um die persönliche Freiheit zu gehen. Liebe, Freiheit und Selbstbestimmung sind Bestandteile der *conditio humana*, die es in ihrer Gesamtheit KünstlerInnen ermöglicht, verbindliche Beziehungen mit Menschen und Ideen einzugehen. Einige der KünstlerInnen in dieser Ausstellung scheinen diesen Schritt vollzogen zu haben.«
Verschiedene KünstlerInnen[106] sollen ihre Beiträge im großen Saal von W139 zeigen. Zur gleichen Zeit bespielt Lucia Luptáková mit ihrer Installation ›Somewhere Else‹[107] alle Ebenen des Hauses und bezieht nicht nur das Publikum, sondern auch die ausstellenden KünstlerInnen und ihre Arbeiten in die Veränderung der Räume mit ein. Es entstehen bemerkenswerte Synergien.

Um jener Synergien willen wird das Konzept des niederländischen TBDWBAJ im Gespräch mit Gijs Frieling und der Kunstkritikerin Marjolein Schaap[108] neu gefasst. Für LOVE IS LIKE OXYGEN werden die Räume W139 zum ›Menschenpark‹ erklärt, in dem 82 sprechende Baby Dolls der deutschen Serien Rebecca Mertens, Karin Pausch, der schweizerischen Serie Mella Affolter, der niederländischen Serie Hester van de Beuken und der friesischen Serie Tessa de Vries aufgenommen werden.

Besucher können die Information zum Projekt auf der Webseite[109] abrufen, die Biografien anhören und sie in der englischen, deutschen und niederländischen Übersetzung lesen. Zum *Drop Off* der Serie Hester van de Beuken werden etwa einhundert populäre und unpopuläre Bürger des Landes aus Kultur, Subkultur, Politik und Wissenschaft zu einem *Expert Meeting* eingeladen, um anschließend über die Einmischung in gesellschaftliche Fragen mit den Mitteln der bildenden Kunst zu sprechen.

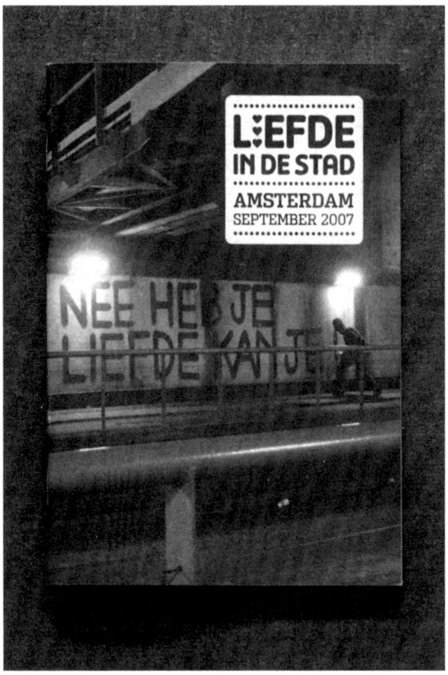

Ausstellungskatalog Liefde in de Stad, W139, Amsterdam, 2007

104 In den 1960er Jahren wurde die Kirche der Glaubensgemeinschaft ›Vrije Gemeente‹ (1879–1880 in Amsterdam erbaut) besetzt und 1968 als öffentlich bezuschusstes Jugendzentrum ›Paradiso‹ eröffnet, in dem spektakuläre Auftritte berühmter Rockmusiker stattfanden. Das Paradiso war einer der ersten Orte, an denen der Verkauf und die Einnahme weicher Drogen geduldet wurde. In den vergangenen Jahren nahm Paradiso auch Lesungen, Theaterstücke, Klassische Musik und Crossover-Veranstaltungen in sein Programm auf. Auszug, U. M., übersetzt und red. gekürzt: https://nl.wikipedia.org/wiki/Paradiso

105 SKOR—›Stichting Kunst en Openbare Ruimte‹ wurde 1999 gegründet, um außergewöhnliche Kunstprojekte im öffentlichen Raum zu entwickeln und zu realisieren. SKOR sondiert die Wechselwirkungen zwischen Kunst, Auftraggeber, Ort und Publikum mit dem Schwerpunkt Neue Medien, Architektur, Städtebau und Landschaftsarchitektur. Auszug, U. M., übersetzt und red. gekürzt: https://www.mondriaanfonds.nl/gehonoreerd/skor-stichting-kunst-en-openbare-ruimte-amsterdam/

106 Teilnehmende KünstlerInnen: Arno Coenen, Erin Dunn, Gil & Moti, Saskia Janssen, George Korsmit, Ulrike Möntmann, Jonas Ohlsson, Joel Tauber. www.liefdeindestad.nl, http://w139.nl/en/article/12557/love-is-like-oxygen/

107 Installation von Lucia Luptáková, Amsterdam. Vgl.: http://www.lucialuptakova.nl/index.php?/site-specific/somewhere-else/

108 Marjolein Schaap (1958–2014), Amsterdam, gründete 1992 die Stiftung ›Welcome Stranger‹ mit dem Zweck, künstlerische Interventionen im Grenzgebiet von privatem und öffentlichem Raum zu organisieren. Auszug, U. M., übersetzt und red. gekürzt: http://stichtingwelcomestranger.nl/about.html

109 www.thisbabydollwillbeajunkie.com, online 2007–2017. Grafische Gestaltung Webseite und Ausstellungskatalog: Yvonne van Versendaal, Amsterdam. Programmierung Webseite: Cheryl Gallaway, Micha Bakker (hexaplex), Amsterdam. Seit 2017 neue Webseite, Design Thonik, Programmierung Ru Nacken, Amsterdam: www.outcastregistration.com

HILDESHEIM, 2. JUNI 2007

WERONIKA MAZUR

Alles ist chaotisch, das Jugendamt macht Stress bezüglich der Besuchskontakte mit meinem Marvin. Schule habe ich täglich von 16:00 bis 22:30 Uhr, außerhalb der Anstalt bei der VHS Hildesheim, bekomme deshalb Ausgänge, es ist nicht so einfach vom Vollzug aus das Abi zu machen, ohne Internetzugang und Austauschmöglichkeit und Nachhilfe.

Schwierigkeiten habe sie vor allem in Englisch und Deutsch, weil sie in Polen nur Russisch als Fremdsprache gelernt habe, aber das reiche nicht für das Abiturniveau.

Ich hatte ihr angeboten, ihre biografischen Daten, die ich aus der Erinnerung aufgeschrieben habe, schon mal zu schicken, sodass sie einen Eindruck von der Form einer Biografie bekommt.

Ja, schicke mir die Sätze aber ich habe wenig Zeit. Alles läuft nicht so gut, viel Ärger mit der Anstaltsleiterin. Donnerstag kann ich mir höchstwahrscheinlich die Sätze anschauen. Sonntag, 23. 09. 2007 ist mein Entlassungsdatum, wahrscheinlich komme ich sechs Tage eher frei wegen der Freistellungstage, falls ich diese nicht zum Urlaub nutze.

Ich frage Weronika, ob ich ihr den Wörterkatalog ausgedruckt schicken soll, um eine Matrix zu erstellen.

HILDESHEIM, 5. JUNI 2007

WERONIKA MAZUR

Bei mir ist alles ok. Warte auf deine Matrixunterlagen. Habe sehr wenig Zeit.

Ich erreiche Weronika endlich telefonisch in der JVA. Am 13. Juni 2007 mailt sie mir die Entwürfe ihrer Biografie:

Weronika Mazur, Polen – Deutschland
Als Kleinkind werde ich misshandelt von meiner Mutter, mein Vater war Fußballspieler und hatte wenig Zeit für die Familie, er bekam nichts von den Misshandlungen mit oder er wollte es nicht wahrhaben. Meine Mutter, die mich mit 18 Jahren bekommen hat, war völlig überfordert mit meiner Erziehung. An Zeit bei meinen ›Eltern‹ habe ich kaum positive Erinnerungen. Als ich 12 war haben sich meine Eltern scheiden lassen. Ich blieb ca. 1 Jahr bei meiner Mutter und mein Vater wanderte nach BRD aus. Nach einem Jahr beschloss meine Mutter mich nach Deutschland zu meinen Vater zu schicken, ich hatte keine Wahl.
Mit 13 Jahren verließ ich Polen, eine Fahrt mit dem Geliebten meiner Mutter nach Deutschland. Sie hat sich nicht mal von mir verabschiedet, das werde ich nie vergessen. Seitdem frage ich mich warum?
In Deutschland war die erste Begegnung mit meiner Stiefmutter, sie war erst 24 Jahre alt und nicht besonders von mir begeistert. Mein Vater arbeitete sehr viel ›schwarz‹ im Hafen, leider bekam ich ihn kaum zu Gesicht. Er ist ein Mann, der im Kern ein guter Mensch ist, aber kein guter Vater. Er traf sich lieber mit seinen Arbeitskollegen zum Saufen als sich ein wenig meiner Person zu widmen.

Mit 13 Jahren arbeite ich für meinen Vater als Drogenkurier

Mit 13 Jahren beginne ich zu kiffen

Mit 14 Jahren nehme ich Kokain und lebe von Männern

Mit 17 Jahren bin ich HIV-positiv und denke, dass mein Leben keinen Sinn mehr hat

Als ich 18 Jahre bin, sorgt mein Freund für unseren Sohn

Mit 23 Jahren werde ich inhaftiert

Mit 24 Jahren bin ich clean und sorge für meinen geliebten Sohn

Mit 25 Jahren verwunde ich einen deutschen Polizisten und werde zu einer Gefängnisstrafe verurteilt

Mit 26 Jahren tötet mein Freund meinen Vergewaltiger und stellt sich der Polizei

Mit 27 Jahren absolviere ich Ausbildungen und entweiche damit erneuter Inhaftierung

Es ist ganz schwierig sich mit der Thematik auseinander zu setzen.

HINDELBANK, 7. JUNI 2007

KRISTINE STAM

Kristine berichtet über ihren ersten Ausgang, ein Wochenende zu Hause, was ohne ihren Hund sehr traurig gewesen sei. Also habe sie sich mit ›reichlich Medikamenten‹ versorgt, es aber trotzdem pünktlich ins Schloss zurück geschafft. Heute habe sie sich krankgemeldet, sie fühle zum ersten Mal die enorme Belastung ihres Gehirns durch die Medikamente.

Habe noch Nachwehen vom Wochenende, es geht dann alles langsamer, bis meine grauen Zellen wieder anlaufen und richtig funktionieren.

Sie hat mein 40 Seiten langes Protokoll unserer Projektausführung gelesen:

Wenn ich lese, sehe ich uns im Arbeitsraum.

Kristine lobt die kompakte Beschreibung und ergänzt Fehlendes im Protokoll, nennt mir die fehlenden Namen der Psychiaterin und der Psychotherapeutin, die das Projekt besucht haben.

Wie es momentan aussieht, bleibe ich hier bis zum 3. Oktober. Mella hat es bald geschafft, aber ihrem Freund geht es gar nicht gut, sie sorgt sich sehr. Maria sehe ich gar nicht mehr, auch nicht auf dem Weg zur Arbeit. Ich glaube, der Kontakt wird über dich bestehen, es ist schwierig, jede geht ihren Weg. Von Renée hört man gar nichts.

HINDELBANK, 1. JULI 2007

MELLA AFFOLTER

Mella schreibt über ihre bevorstehende Entlassung.

Weisst du, ich habe vor 3 Tagen die Verfügung nun erhalten … ich werde am 11. Juni entlassen!!! J U H U U U U !!!

Hhmm … es ist so total komisch zur Zeit – vor etwa 2 Tagen hatte ich das Gefühl, so glücklich wie noch nie gewesen zu sein … ansonsten bin ich seit Tagen eigentlich ± glücklich … traurig … hab etwas Angst … bin etwas unsicher … freue mich total … bin voller Energie … bin aufgeregt + nervös … na ja, ich freue mich ›wiä nä mora‹ endlich nach Hause gehen zu können! (ich bin ja sooo froh, dass ich die Wohnung noch hab …)

Ach ja – warum die letzte Zeit so schwierig war …? zum einen sicherlich diese Unsicherheit; werde ich nun entlassen nach 2 / 3 … oder doch nicht?

Zum anderen mache sie sich Sorgen um ihren Freund, der sie zwar immer schon sehr vermisst habe, aber als er sie am 26. Februar vergeblich zu Hause erwartet habe – wieso er ihr Entlassungsdatum falsch mitbekommen hatte, verstehe sie nicht – sei er total abgestürzt, sie habe ihn nicht erreichen können und er habe sogar Besuchstermine ›vergessen‹. Er sei von einem Auto angefahren, einige Male ins Spital eingeliefert worden und plötzlich in irgendwelche Schlägereien geraten, obwohl er der friedlichste Mensch sei und er rede von Selbstmord. Es sei soweit gekommen, dass er im letzten Monat zweimal in die Psychiatrie eingeliefert worden sei und da er Hund Loui immer bei sich habe, sei der ins Tierheim gesteckt worden. Als er den Hund nach seinem zweiten Psychiatrieaufenthalt habe abholen wollen, habe es geheißen, der Hund sei vom Tierschutz beschlagnahmt und werde nicht mehr rausgegeben.

R I E S E N - S C H O C K !!! Du weisst ja, wie das ist – diese Hunde … Katzen … diese Tierchen halt – sind unsere Kinder!!!

Nachdem beide Briefe geschrieben hatten und Mellas Anwältin den Fall untersucht habe, erhielten sie am Tag zuvor die Verfügung,

… dass der Verdacht der ›Misshandlung‹ nicht erhärtet werden konnte … aber doch eine gewisse ›Vernachlässigung‹ durch meinen Freund … aufgrund der eigenen labilen Verfassung … jedenfalls können wir Loui am Tag meiner Entlassung wieder abholen. Nun ja, das Ganze war für mich sehr schwierig … aber weisst du, Loui ist schon seit 12 Jahren bei meinem Freund und seit 3 bis 4 Jahren sind die zwei meine Familie.

Desweiteren habe sie vor 3 Wochen entschieden, ihren Eltern ›alles‹ zu beichten.

Es war so, natürlich hatte ich ihnen alles über unser Projekt erzählt … (ganz ehrlich eben, ohne genauer nachzudenken … weil weisst du, sie wussten / wissen nicht alles – unter anderem eben auch nicht, weshalb genau ich im Knast bin … hab ihnen immer erzählt, würde Bussen absitzen …) … war ja klar, dass sie mehr über das Projekt wissen wollten … immer wieder kam die Frage nach der Internetadresse – und bis da hatte ich immer ne Ausrede … mir war ja klar, irgendwann muss ich sie rausrücken … und dann werden sie das angucken und werden mal wieder nen Mega-Schock haben …!? … Also hab' ich mich ›überwunden‹, ihnen vorher zu beichten – damit sie vielleicht auch ein wenig ›verstehen‹ … hab ich auch über einiges in meiner damaligen ›Situation‹ / ›Lebensphase‹ erzählt …!!

… zwar hatte ich natürlich etwas Angst – war auch unsicher … aber eigentlich haben sie bisher noch besser reagiert als ich sowieso schon gehofft und auch angenommen hatte!! Sie kommen mich am 08. Juli nochmals besuchen …!

Ach ja, was ich bisher vom Projekt gesehen habe … auch im Internet, ist klasse. Ja, du sprichst Kristines und Marias Streit an, also was ich mitbekommen hab', ist halb so schlimm …! Ich war ganz schön geschockt, als ich hörte, dass Maria nun ›ganz‹ im HSI (Hochsicherheits-Integrations-Abteilung) ist. Renée hab' ich mal kurz durchs Fenster gesehen – es schien ihr gut zu gehen.

Sie werde ihnen auf alle Fälle schreiben und entschuldigt sich, wenn das zwischendurch mal länger dauere: »Ich werd mit euch allen Kontakt halten.«

Na, ok – mittlerweile ist schon wieder der 04. Juli … und es rückt immer etwas näher … aber herrje – ich sag dir, so die letzten 2 – 3 Wochen schleichen dahin … und die letzten Tage … bleiben fast stehen …!?

Ich freu mich total !!!

… fang schon mal gaaanz laaangsam an zu packen … und so!

HINDELBANK, 21. JULI 2007

KRISTINE STAM

Kristine findet es richtig, dass Mellas Biografie für das *Drop Off* ausgesucht worden ist. Mella bedeute dies sehr viel. Sie sei inzwischen entlassen und Kristine hofft, dass sie nicht in ihre alte Traurigkeit zurückfalle. Maria sei aus der Hochsicherheit entlassen, wohne nun in ihrer WG, sie redeten nicht viel miteinander, hielten Abstand und respektierten einander.

Bei mir geht nun alles langsam dem Ende zu, in zwei Monaten kann ich Hindelbank abschliessen. Ich werde in Brugg ins Heroinabgabeprogramm gehen und mit meinem Arzt eine 50 % Rente beantragen. Ich möchte dann nach Möglichkeit etwas nebenbei arbeiten, damit noch etwas Struktur in den Tag kommt. Träume hätte ich schon noch ein paar und einige lassen sich sicher auch verwirklichen.

Kristine hat einen neuen Arbeitsplatz in der Gefängnisküche, was ihr, trotz des geringeren Einkommens, gut tut.

Ich habe im Projekt viel gelernt – was ich auf meinem Weg mitnehmen werde. Die Freude über alles, das wir gelernt haben und die Entstehung eines europäischen Kunstwerkes, wo ich auch ein kleiner Stein im Ganzen bin ... einfach toll. Ich werde mir auch nach der Haft grosse Mühe geben, den Kontakt bestehen zu lassen weil Ihr und das Projekt mir wichtig seid. Es wird vielleicht am Anfang nicht so viel Post kommen, da es so viel gibt, was ich in Ordnung bringen muss. Ich werde aber bestimmt schreiben, nur nicht so regelmässig. Ich weiss aber auch, dass Du mir das nicht übel nimmst, ganz einfach weil Du das Leben kennst.
Wir haben alle keine Pakete von Dir ausgehändigt bekommen, das von Maria haben sie sogar weggeworfen, einfach entsorgt.
Glück und Geld
Liebe und Sinnlichkeit
Mut und Spontaneität
Freude und Rock and Roll, das wünsche ich Euch allen, meine Freunde.

5. SEPTEMBER 2007

WERONIKA MAZUR

Weronika schreibt, dass sie schon am 14. 9. 2007 entlassen wird!

Marvin kommt schon im November zu mir!!! Mir geht es gut. Bist du im September zu Hause? Werde wahrscheinlich mit zwei Leuten aus meinem Abi-Kurs für einen Tag nach Amsterdam kommen, würde gerne zu der Ausstellung kommen und dich besuchen???!!!

15. SEPTEMBER 2007

WERONIKA MAZUR

Bin frei!!!!!
Kann nicht nach Holland erstmal, weil ich meinen Marvin morgen sehe. Muss die Fahrt auf die Ferien verschieben. Läuft alles gut. Was ist ein ›Dropping‹?

Weronika berichtet in den folgenden Mails über ihren Start ins neue Leben. Anstrengend, weil die Wohnung noch nicht bezugsbereit sei. Sie lege nun selbst einen Laminatfußboden in Marvins Zimmer, was sich als schwierig erwiese, aber sie kriege das hin und sei stolz wie ein Pavian.

Sie schickt Fotos von Marvin. Es gehe ihm gut, er sei sehr gut in der Schule, wird nun zum Kampfsport angemeldet.

Er ist immer noch lieb und auch frech, beides, auch wenn es immer noch nicht unbedingt zusammen passt. Ich kann Marvin jeden Samstag zu mir holen.

AMSTERDAM, 21. SEPTEMBER 2007

INTERVENTION AMSTERDAM: *DROP OFF* UND *EXPERT MEETING* SERIE HESTER VAN DE BEUKEN

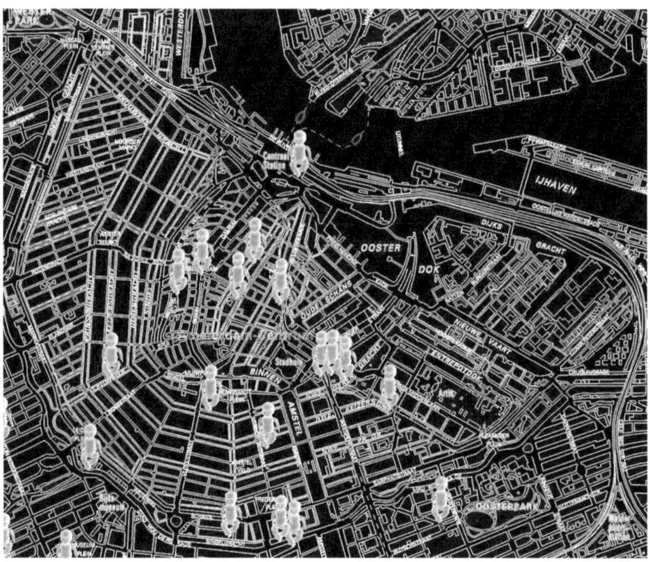

DROP OFF: SERIE HESTER VAN DE BEUKEN

Das *Drop Off* stellt die Intervention im öffentlichen Raum der Stadt Amsterdam dar, THIS BABY DOLL WILL BE A JUNKIE an Orten zu installieren, die zum Lebensbereich der Biografin gehören. Circa 100 populäre und unpopuläre Personen mit einem direkten oder indirekten Bezug zur Thematik sind eingeladen, die 22 Baby Dolls in 22 Taxen an ihre Bestimmungsorte zu bringen, dort auszusetzen und ohne weitere Aufsicht der Öffentlichkeit zu überlassen.

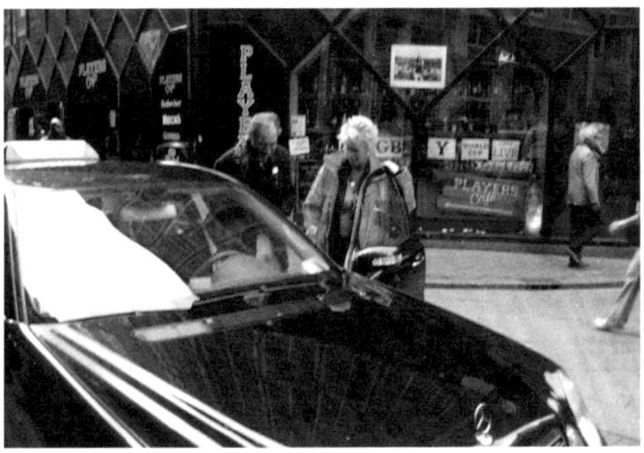

Ankunft 22 Taxen vor W139. Foto: Bastienne Kramer

Die Baby Dolls werden von den BewohnerInnen bzw. BesucherInnen einer Stadt angenommen oder abgewiesen, ignoriert oder zerstört:

1 Wenn die PassantIn die Baby Doll ignoriert, passiert nichts.
2 Wenn die PassantIn die Baby Doll aufhebt, wird ihr Biografie-Fragment hörbar.
3 Wenn die PassantIn die Baby Doll umdreht, wird auf derem Rücken der Name und das Geburtsjahr der Biografin lesbar.
4 Wenn die PassantIn die Baby Doll zurücklegt, hört sie auf zu sprechen.
5 Wenn die PassantIn die Baby Dolls mitnimmt, wird sich ihr weiteres Bestehen im privaten Raum der PassantIn abspielen, ebenso behütet oder schutzlos wie das Leben des Kindes innerhalb eines Familienverbandes, kaum wahrnehmbar für die Öffentlichkeit.
6 Wenn die PassantIn die Baby Doll zerstört, endet deren Dasein.

Nach dem Verschwinden der Baby Dolls aus dem öffentlichen Raum verbleiben die Serien als Teil der internationalen Sammlung von Biografien auf der Webseite www.thisbabydollwillbeajunkie.com

ZEITSCHEMA TAXIFAHRTEN, BABY DOLL, ADRESSEN, *DROPPER* PER TAXI

Taxi 1 — Baby Doll 10
Abfahrt — 15:00 Uhr
Retour-Fahrzeit — 62 Min.
Mentrum, Amstelveenseweg 7
Gehsteig vor dem Gebäude
Erica Wever, Hanneke Oberman

Taxi 2 — Baby Doll 14
Abfahrt — 15:02 Uhr
Retour-Fahrzeit — 62 Min.
Valerius Kliniek, Valeriusplein 9
Auf dem Platz vor dem Haupteingang
Jacobiene de Rooy, Rolf Möntmann

Taxi 3 — Baby Doll 17
Abfahrt — 15:05 Uhr,
Retour-Fahrzeit — 60 Min.
Vondelpark, Eingang Koningslaan/
Emmalaan, Fußgängerweg
Marion Cornelius, Berletta Scholten

Taxi 4 — Baby Doll 8
Abfahrt — 15:08 Uhr
Retour-Fahrzeit — 60 Min.
Schinkelkade Ecke Vaartstraat 259
Am Wasser, bei der Bank
Lies de Wolf, Titia Ex

Taxi 5 — Baby Doll 20
Abfahrt — 15:10 Uhr
Retour-Fahrzeit — 58 Min.
Olympia Stadion, Busparkplatz
am Stadionweg
Tijs van de Boomen, Irene Houthuijs

Taxi 6 — Baby Doll 15
Abfahrt — 15:12 Uhr
Retour-Fahrzeit — 54 Min.
Jellinek Kliniek, Jacob Obrechtstraat
Auf den Gehweg zum Haupteingang
Ingeborg Schlusemann, Leonie
Woidt-Wallisser

Taxi 7	Baby Doll 21
Abfahrt	15:15 Uhr
Retour-Fahrzeit	54 Min.
	Friedhof Huis te Vraag
	Ecke Sassenheimstraat/
	Rijnsburgstraat 51
	Inge Weber, Matthias Keller

Taxi 8	Baby Doll 19
Abfahrt	15:18 Uhr
Retour-Fahrzeit	50 Min.
	Cafe Wildschut Roelof Hartplein
	In der Nähe des Cafés auf dem Gehweg,
	dem Platz
	Jasperine Schupp, Loes Markenstein

Taxi 9	Baby Doll 18
Abfahrt	15:21 Uhr
Retour-Fahrzeit	48 Min.
	Ita Wegmanhuis, Weteringschans 72
	Auf dem Gehweg
	Rob Birza, Esther Vonk, Gatra Pesthas

Taxi 10	Baby Doll 7
Abfahrt	15:24 Uhr
Retour-Fahrzeit	48 Min.
	Barlaeus Gymnasium,
	Weteringschans 29–31,
	Gehweg vor dem Eingang
	Jonas Staal, Lucia Luptácová

Taxi 11	Baby Doll 13
Abfahrt	15:31 Uhr
Retour-Fahrzeit	36 Min.
	Nederlandse Bank, Sarphatistraat,
	auf dem Gehweg
	Janwillem Schrofer, Pauline de Bok,
	Bastienne Kramer

Taxi 12	Baby Doll 5
Abfahrt	15:34 Uhr
Retour-Fahrzeit	34 Min.
	Krankenhaus
	Onze Lieve Vrouwe Gasthuis
	Eerste Oosterparkstraat,
	Personaleingang
	Jolanda Visser,
	Praktikantin MDHG

Taxi 13	Baby Doll 4 – fehlt
Abfahrt	15:37 Uhr
Retour-Fahrzeit	34 Min.
	Krankenhaus Onze Lieve Vrouwe Gasthuis
	Ecke Blasisusstraat / Camperstraat, Personaleingang
	Greet Kuipers, Mitarbeiter MDHG
Taxi 14	Baby Doll 2
Abfahrt	15:40 Uhr
Retour-Fahrzeit	34 Min.
	Keizersgracht 726, Auf dem Gehweg
	Yvonne van Versendaal, John Peter Kools
Taxi 15	Baby Doll 16
Abfahrt	15:43 Uhr
Retour-Fahrzeit	24 Min.
	Cliffordstraat 42, Vor dem Gebäude
	Felix Meritis
	Nick Snaas, Anneclaire Kersten
Taxi 16	Baby Doll 6
Abfahrt	15:46 Uhr
Retour-Fahrzeit	22 Min.
	Hortus Botanicus, Plantage Middenlaan
	Auf dem Gehweg
	Hans Kassens, Margreet Snaas
Taxi 17	Baby Doll 3
Abfahrt	15:51 Uhr
Retour-Fahrzeit	20 Min.
	Grundschule De Witte Olifant
	Ecke Nieuwe Uilenburgerstraat /
	Nieuwe Batavierstraat,
	Spielplatz vor der Schule
	Willemijn Los, Mickey Jannink
Taxi 18	Baby Doll 22
Abfahrt	15:54 Uhr
Retour-Fahrzeit	18 Min.
	MDHG, Jonas Daniel Meijerplein 30
	Gehweg vor dem Eingang
	Marieke van Doorninck, Saramarie Zijlstra
Taxi 19	Baby Doll 12
Abfahrt	15:57 Uhr
Retour-Fahrzeit	14 Min.
	Ecke Kattengat, gegenüber Koggestraat 6
	Judith Vega, Koen van der Kroef

Taxi 20	Baby Doll 9
Abfahrt	16:00 Uhr
Retour-Fahrzeit	14 Min.
	Hauptbahnhof Centraal Station Amsterdam
	Bahnsteig 2
	Doede Hardeman, Holger Nickisch
Taxi 21	Baby Doll 11
Abfahrt	16:02 Uhr
Retour-Fahrzeit	8 Min.
	Heintje Hoeksteeg
	Auf dem Gehweg vor einem Wohnhaus
	Ruud Kaulingfreks, Puck Kniesmeijer
Taxi 22	Baby Doll 1
Abfahrt	16:05 Uhr
Retour-Fahrzeit	8 Min.
	Kindergarten Oudekerkplein 8
	Vor dem Schulgebäude
	Carolien Gehrles, Gijs Frieling, Hilda Roorda

16:30–19:00 UHR

EXPERT MEETING: W139

Podium

Carolien Gehrles	Politikerin, Gesetzgebendes Institut Kultur Amsterdam
Jonas Staal	Bildender Künstler
Ruud Kaulingfreks	Philosoph
Greet Kuipers	Psychiaterin

Im Saal u. a.: Judith Vega, Philosophin, Schwerpunkt Gender-Studies, Soziologie und Politik, Rijksuniversiteit Groningen, Jeroen Boomgaard, Kunsthistoriker/Lektorat Kunst und Öffentlicher Raum, Gerrit Rietveld Academie und Universität von Amsterdam, Willemijn Los, Direktorin MDHG Junkie-Hilfsorganisation, Doede Hardeman, Kunsthistoriker und Kurator Gemeentemuseum Den Haag, Erik Hagoort, Kunsttheoretiker, Michael Tedja, Bildender Künstler, Marieke van Doorninck, Historikerin und Politikerin, Stadträtin, Gemeinderatsleiterin.

Gijs Frieling und Marjolein Schaap leiten das Panel. Zu den Experten auf dem Podium kommen die Experten im Saal und im Publikum hinzu. Es besteht aus VertreterInnen verschiedener Kunstrichtungen, des allgemeinen Gesundheitswesens und desjenigen, das sich mit Suchtbehandlung befasst, wie auch aus VertreterInnen verschiedener Sozialwissenschaften und politischer Fachbereiche.

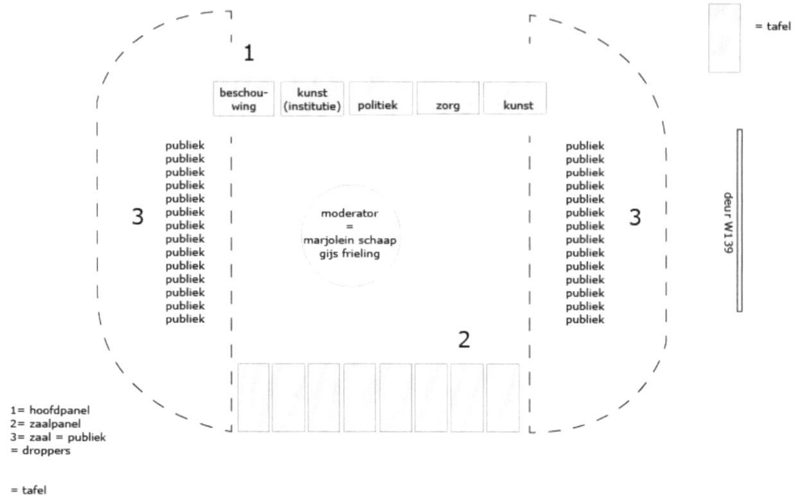

Panel W139. Skizze: Yvonne van Versendaal

Schaap spricht einleitend über Emmanuel Levinas Theorie des ›Anderen‹: »Der Andere ist mir immer fremd und kann nicht auf das Selbst zurückgeführt werden, aber doch kann das Andere mich treffen und bewegen, mich über meine Position hinausführen.«

Das Private, das Selbstzentrierte, brauche als Gegenpol Öffentlichkeit, Solidarität, Verantwortlichkeit. Stärker ausgedrückt, nach dem Scheitern der ›Großen Erzählungen‹ (Lyotard)[110] bleibe uns als letzte Wahrheit nur die unantastbare Würde des Anderen, bleibe nur noch das ethische Anliegen.[111]
Positionen und damit verbundene Fragen über die Entwicklung von Perspektiven werden zur Diskussion gestellt: Wie verhalten wir uns in Bezug auf Kriterien, die wir noch nicht kennen oder eigentlich nicht begreifen? Wie effektiv und wie legitim ist die Intervention in gesellschaftliche Themen mit den Mitteln der bildenden Kunst? Wie kann das Eingreifen, das Handeln definiert werden und welche Konsequenzen hat es für den Künstler, die Künstlerin und für ein—möglicherweise unerwartet—einbezogenes Publikum? Welche Verantwortungen werden von wem übernommen, wem auferlegt?

Es wird weiter über den Begriff ›Die Würde des Anderen‹ gesprochen und überlegt, wie die Trennung von Privatem und Öffentlichem, die als soziales Konstrukt betrachtet wird, verhindert werden kann.

Der Behauptung, dass die Gruppe der Drogenabhängigen von der Gesellschaft *per se* ausgeschlossen sei, wird von dem einen Teil der ExpertInnen im Publikum abgewehrt. Es gebe eine Reihe von Hilfsangeboten und Institutionen, die die Gesellschaft finanziere und die ihnen als Teilhabende an der Gesellschaft gewährt würden.[112]
Dem widersprechen ARTA- und MDHG-KlientInnen und BetreuerInnen, die Praxis ließe erheblich zu wünschen übrig und nicht alle Aspekte der Problematik seien darin berücksichtigt.

Frieling verlässt mit dem Mikrofon das Podium um die dazwischenrufenden ExpertInnen im Publikum in das Gespräch einzubeziehen.

Neben anderen weist Hans Kassens auf die Situation nach der Gesetzesnovelle hin, deren Konsequenzen noch nicht in das öffentliche Bewusstsein vorgedrungen und nicht lange genug erprobt sei, weshalb zur Zeit darüber nur spekuliert werden könne. Er führt aus, dass die davor geltende Gesetzgebung in den Niederlanden immer schon ebenso eindeutig gewesen sei wie in den Nachbarländern und die strafrechtliche Verfolgung von DrogenkonsumentInnen vorgeschrieben habe, die jedoch unterlassen worden sei. Die daraus folgende *Win-Win*-Situation, die sich aus der stillen Duldung ergeben habe, sei ebenfalls allgemein bekannt: Dadurch, dass der Staat es vorgezogen habe, die Suchtkranken medizinisch zu versorgen, seien ihm eine hohe Anzahl von sinnlosen und kostenintensiven Gefängnisaufenthalten der Betroffenen erspart geblieben und seit den 1990er Jahren sei die Anzahl der Drogentoten massiv gesunken.

Die konfrontative Diskussion im Saal, bemerkt ein ARTA-Klient, entspräche dem Zeitgeist. Seit Anfang der 2000er Jahre sei der Drogenkonsum immer mehr mit der Drogenbeschaffungskriminalität gleichgesetzt und als schädlich für die Wirtschaft in den Niederlanden erklärt worden. Angeblich sollten davon insbesondere die Einnahmen aus dem Tourismus in Amsterdam, Rotterdam und Den Haag betroffen sein.

Er hält das für Ausflüchte und rechnet den angeblich von der Allgemeinheit geforderten Wunsch nach ›*normen en waarden*‹ (Normen und Werten), nach Problemverdrängung anstelle nerviger und teurer Lösungsangebote, dem Einfluss der neuen Rechten zu, die widerspruchslos von der Regierung übernommen worden sei. Überhaupt sei allgemein in Europa mit dem Erstarken der reaktionären Bewegungen eine Tendenz zu null Toleranz festzustellen und speziell in den Niederlanden eine neue ›Anti-*Gedogen*-Haltung‹.

Eine Expertin aus dem Publikum ergänzt, nicht nur in Amsterdam, sondern auch in Zürich, Wien, Berlin und anderen europäischen Städten käme es zu einer ›Säuberung‹ der Innenstädte. Normen würden als standardisierte Vorgaben begrüßt, an die die Menschen anzupassen seien, zitiert sie Foucault.[113]

Die Politikerinnen Carolien Gehrles und Marieke van Doorninck bestätigen, dass ein Umdenken in der Drogenpolitik stattgefunden habe, weil sie insgesamt an Gesamt-Europa angepasst werden sollte. Wie z. B. die ›ISD-*strafmaatregel*‹[114] für sogenannte ›*veelpleger*‹, Wiederholungstäter. Von 2000 bis 2002 wurde der Gesetzesvorschlag geprüft und 2004 als Gesetz verabschiedet. Demnach kann ein Schwarzfahrer, der zehnmal erwischt und registriert worden ist, mit dem Ziel der Umerziehung zu zwei Jahren Gefängnishaft verurteilt werden.

Greet Kuipers, die Psychiaterin im Panel, und die Beauftragten diverser Hilfsorganisationen beklagen, dass mehr oder weniger alle Maßnahmen, wie auch ISD, auf das Profil drogenabhängiger Männer zugeschnitten sei, aber auch bei drogenabhängigen Frauen angewendet würde. Gestützt auf ihre Erfahrungen, heben sie die dringende Notwendigkeit hervor, dass für die Frauen genderspezifische Behandlungsrichtlinien formuliert und angewendet werden müssten. In der Praxis jedoch wird dieser Vorschlag nicht verfolgt, da diese Frauen, die insgesamt nur einen Anteil von 4 bis 5% aller Drogenabhängigen stellen, laut Ministerium nur ›eine vernachlässigbare Minderheit‹ seien.

VertreterInnen des MDHG bringen als wichtiges Beispiel, dass vor allem die weiblichen Junkies auf dem Nieuwmarkt, dem Zeedijk und den Wallen kaum mehr unterwegs und für sie schwerer erreichbar seien: »Obwohl illegale Prostitution ein Vergehen ist, werden die Frauen meistens nicht strafrechtlich verfolgt, sondern von der Polizei weggejagt. Damit verschwinden sie aus dem öffentlichen Blickfeld. Was es für die Frauen jedoch für Folgen haben kann, in *Tippelzonen* abgedrängt zu werden wie z. B. in menschenleere Hafengebiete ohne soziale Kontrolle und Schutz, wird ignoriert.«

Nach fast drei Stunden des lebhaften Austausches von Expertenwissen, persönlichen Erfahrungen und Meinungen, wird die Diskussion offiziell beendet und setzt sich in privaten Gesprächen in der Ausstellung noch lange weiter fort.

Ich fühle mich nach der Diskussion an Sloterdijks[115] Kommentare zur Globalisierung erinnert. Welche Konsequenzen hat eine Intervention in den ›gesäuberten‹ Menschenpark mitten in unserer Komfortzone? Der Humanismus, den jeder als gegeben annimmt und als seinen Besitz betrachtet, muss immer wieder neu bestätigt und erarbeitet werden, wie uns die Zeitgeschichte gezeigt hat.

Interventionen in gesellschaftlich sensible Themen scheinen mir eine Möglichkeit dazu zu sein. Wenn die gezähmte Welt der konsumierenden BildungsbürgerInnen sowohl Stress als auch Langeweile verursacht, werden diese zwei Grundtöne des Seins immer Diskrepanzen in der Verständigung erzeugen, eine Stimmung der chronischen Ambivalenz, changierend zwischen Alarmbereitschaft und Ruhigstellung. Eine Ruhigstellung, die einen der Künstler auf dem Podium zu dem Entschluss bringt, lieber einem Junkie in seiner Wohngegend ab und zu 25 Cent geben zu wollen, als den Aufwand eines solchen Projektes zu betreiben.

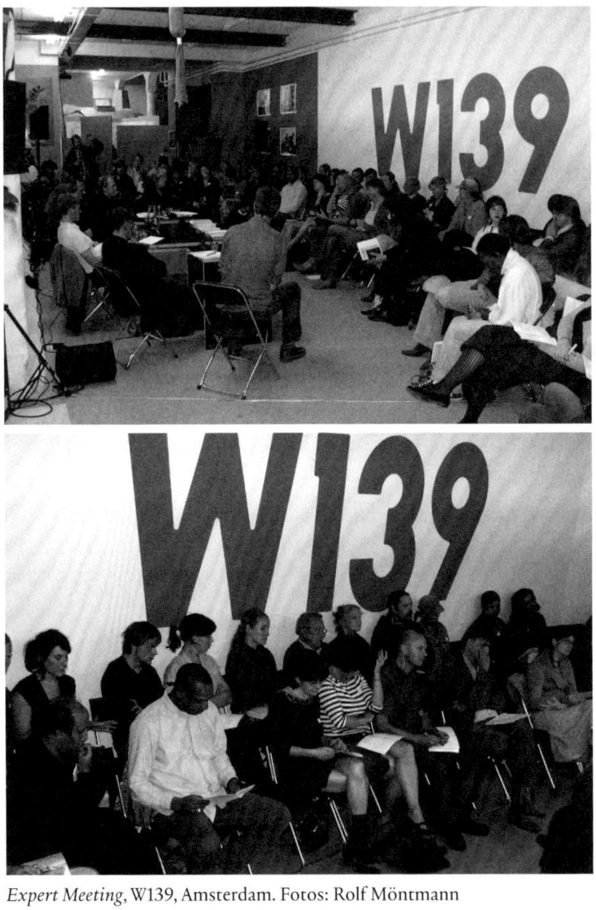

Expert Meeting, W139, Amsterdam. Fotos: Rolf Möntmann

110 Vgl.: Peter Engelmann (Hg): Jean-François Lyotard, Das postmoderne Wissen. Ein Bericht. Wien 2009. Für Jean-François Lyotard (1924–1998) korrespondiert das Scheitern des bisherigen Projektes der Moderne mit dem Scheitern der großen Metaerzählungen der Moderne. Diese Erzählungen diskreditieren sich selbst, weil sie nicht in der Lage sind, die Werte der Moderne zu realisieren—im Gegenteil: Die Großen Erzählungen führen zu Terror und Vernichtung, da ihr ›Verlangen nach einer einheitlichen und totalisierten Wahrheit‹ auf einem Herrschaftsanspruch über die Gesellschaft beruht, der Heterogenität negiert. Es handelt sich bei den Großen Erzählungen um allumfassende Ideen, die Gesellschaft als ein abstraktes Modellzu konstruieren. Lyotard sieht die Anerkennung von Heterogenität und Individualität dadurch verletzt; die Normativität der modernen Erzählungen und die damit einhergehende Entwertung des Heterogenen führe zur Liquidation der Idee der Moderne.

111 Aus einem Artikel über Emmanuel Levinas von Jan Keij: Plaats en voorbij-de-plaats, wonen en tijd bij Emmanuel Levinas (1906–1995). Kunst en Wetenschap, Nr. 2, 2004. Keij bezieht sich auf Levinas Kernthese, nach der das menschliche Ich die ›eigentliche Würde‹ erst dann erlangt, wenn es ›Verantwortung für den anderen Menschen‹ übernimmt. Dazu wird es berufen von ›einem Gott‹, der sich ›im Gesicht des anderen Menschen‹ offenbart, im ›Antlitz‹ jenes ›Anderen‹, der einzigartig ist und dessen Sterblichkeit jedermanns Zuwendung erfordert.

112 Zu Beginn hatten hauptsächlich lokale Hilfsorganisationen ihre Direktmaßnahmen vorgestellt, wie beispielsweise die niederschwellige, tägliche Versorgung mit Substitutionsmitteln in ›*methadonbussen*‹, d. s. ausrangierte Stadtbusse an öffentlichen Haltestellen. In sogenannten ›*spuitruimtes*‹ (Spritzzimmern / Fixerräume) können Drogen hygienisch und privat konsumiert werden. Die ersten ›Fixerstüblis‹ wurden in Zürich bereits 1986 eingeführt; die Schweiz und die Niederlande sind sich bis heute nicht darüber einig, welches von beiden Ländern als erstes versucht hat, progressive Lösungen zu entwickeln und zu etablieren. Es wurden neue Therapieansätze diskutiert und erprobt, wie zum Beispiel, wenigen unheilbaren oder todkranken Drogenabhängigen in Amsterdam gratis Heroin zu verabreichen—eine Maßnahme, die europaweit als vorbildlich galt. 1999 wurde in Rotterdam die erste Einrichtung eines Pflegeheims für unheilbar erkrankte Alt-Junks eröffnet. Was in den Nachbarländern als Akt der Menschlichkeit bewundert wurde, galt in den Niederlanden als realpolitische Maßnahme.
Aus den operativ agierenden Hilfsorganisationen entwickelten sich interdisziplinär arbeitende Institute, die im Dienste der Volksgesundheit das Problem Drogenkonsum nun gezielt untersuchen und Lösungsvorschläge unterbreiten sollten. Wesentlich dazu beigetragen hat das Trimbos-Institut, entstanden 1996 und benannt nach seinem Gründer, dem Psychiater Kees Trimbos (1920–1988). Zitat: »[…] Umfang und die Art der psychischen (Un)Gesundheit ist eine der größten Herausforderungen unserer Gesellschaft in der Evolution.« Kees Trimbos, Antrittsrede 1969. In: sociale evolutie en psychiatrie. Auszug, U. M., übersetzt und red. gekürzt: https: // www.trimbos.nl / over-trimbos / organisatie

113 Die ›disziplinarische Normalisierung‹, sagt Foucault, ›ist der Entwurf eines optimalen Modells, die Operation der Disziplin besteht darin, die Leute an dieses Modell anzupassen‹. Vgl. R. Anhorn, F. Bettinger, J. Stehr (Hg), Foucaults Machtanalytik und Soziale Arbeit. Wiesbaden 2008.

114 ›Inrichting voor Stelselmatige Daders‹ (ISD) betrifft TäterInnen, die sich wiederholt mit kleinen Delikten, wie Ladendiebstählen im Wert von ein paar Euro, schuldig machen.

115 Vgl.: Peter Sloterdijk, Regeln für den Menschenpark. Ein Antwortschreiben auf Heideggers Brief über den Humanismus. Frankfurt am Main 1999. Peter Sloterdijk, Im Weltinnenraum des Kapitals. Für eine philosophische Theorie der Globalisierung. Frankfurt am Main 2005.

NACHTRAG *DROP OFF*

Überraschend für mich erscheint in verschiedenen digitalen Amsterdamer *News* am Tag nach dem *Drop Off* ein Foto, auf dem eine Teilnehmerin mit Baby Doll im Taxi zu sehen ist. Das Foto wurde anonym und ohne Kommentar gepostet. Es wird hunderte Male als ›gesehen‹ markiert.
Auf dem Foto ist eine junge Frau zu sehen, die mir kurz vor dem *Drop Off* von ihrer Begleiterin als Ronnie Honcoop vorgestellt wurde. Ronnie war an diesem Tag aus dem Gefängnis entlassen worden und wollte sehr gerne an der Intervention teilnehmen. Sie und ihre Betreuerin schließen sich der nächstfolgenden Drop-Formation an. Ronnie Honcoop repräsentiert die relativ große Gruppe niederländisch-surinamischer Junkies, die zu Gefängnisstrafen verurteilt worden sind—die ich weder bei ARTA, noch in der Jellinek Kliniek, noch bei anderen Hilfsorganisationen angetroffen habe. Sie ist bis jetzt die einzige Frau *of colour*, die dank ihrer Betreuerin an TBDWBAJ teilgenommen hat.

Am Tag nach dem *Drop Off* erhält das MDHG eine wütende Mail von einer für einen Kinderspielplatz Verantwortlichen. In dessen Nähe, in der Unterführung am Waterlooplein sei eine Puppe gefunden worden. Das ›abscheuliche Ding‹ betrachtet sie als Zumutung für die unschuldigen Kinder, die dort spielen. Was, wenn eines dieser Kinder so eine Puppe gefunden hätte?

Willemijn Los lässt die Baby Doll abholen. Büro MDHG will Baby Doll Nr.6 aufnehmen.

Einige Tage später meldet Willemijn, dass eine ihrer Klientinnen eine weitere Baby Doll in ihr Büro gebracht habe. Die verwirrte Frau hatte die Baby Doll aus der Ausstellung in W139 entwendet (Baby Doll 4) und mit nach Hause genommen. Sie hatte sie sorgfältig angekleidet und wollte sie eigentlich im Wald begraben, hatte es sich aber vor Ort anders überlegt und sie dem MDHG übergeben.

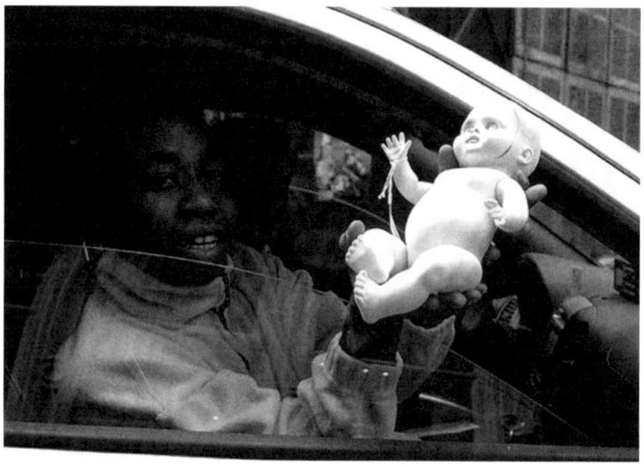

3. NOVEMBER 2007

WERONIKA MAZUR

Bin voll im Stress zur Zeit.
Am 13. 11. 07 weiß ich wann Marvin endgültig zu mir kommt
sonst 3 Therapien gleichzeitig
Ämterstress
Geldnot
Sehnsucht nach Marvin
Er schläft bei mir im 14-tägigen Rhythmus 3 Tage
Wollte nur Hallo sagen. Ich hoffe, bis bald.

9. NOVEMBER 2007

WERONIKA MAZUR

Weronika will uns mit Marvin am 17. und 18. November besuchen kommen.

14. NOVEMBER 2007

WERONIKA MAZUR

Ich habe halt einen Jungen aus der Schule, der bereit wäre Marvin und mich zu fahren.
Er ist nur ein guter Freund.
Kein Arschloch
Keine falschen Ambitionen
Mein Abi muss ich 3 Monate bis zum 20. 02. 08 unterbrechen, damit Marvin schnellstmöglich bei mir leben kann.
Die Matrix etc. machen wir selbstverständlich.
Freue mich sehr!

OSNABRÜCK, WINTER 2007

REBECCA MERTENS

Ich bekomme eine SMS von Rebecca mit der Mittteilung, dass sie im Osnabrücker Klinikum AMEOS[116] sei:

Du weißt schon, das ist das ehemalige LKH, auf dem Gertrudenberg.

Im Frühjahr 2008 werde ihr Sohn Ben geboren.

Am Telefon erzählt sie, dass sie ja immer davon ausgegangen sei, keine Kinder kriegen zu können. Das jedenfalls hätten ihr die Ärzte gesagt, die ihr mit einer Not-Bauchoperation Anfang 20 das Leben gerettet hatten. Darum sei sie wohl auch erst im fünften Monat auf die Idee gekommen, schwanger sein zu können.

Sie ist sofort in die Suchtabteilung der Psychiatrie überwiesen worden, um sie dort stationär auf Methadon einzustellen. Die Schwangerschaft wird im Klinikum Osnabrück auf einer Spezialabteilung für Suchtkranke begleitet. Dort wird sie auch entbinden und das Kind entgiftet werden, weil es süchtig, das heißt mit Entzugserscheinungen, geboren werden wird. Das Entgiften dauert einige Wochen, in denen sie in die Behandlung einbezogen wird.

Sie sagt mir, wer der Vater ist, der das Kind übrigens gerne annehmen wolle. Erst müsse aber die Frage, wie sie für Ben sorgen kann, geklärt werden, bis dahin wolle sie sich auf niemanden einlassen.

116 http://www.ameos.eu/standorte/ameos-west/osnabrueck/ameos-klinikum-osnabrueck/leistungen/suchtmedizin/

OSNABRÜCK, FRÜHJAHR 2008

REBECCA MERTENS

Ich besuche Rebecca und Ben. Rebecca pendelt seit ihrer Entlassung von der Entbindungsstation zwischen AMEOS und dem Klinikum, um Ben zu füttern und zu versorgen.

Es geht ihm den Umständen entsprechend gut

sagt Rebecca.

Schau, am Niesen erkennst du den Entzug

erklärt sie mir. Ben ähnelt Rebecca, er ist ein zartes, sehr blasses, schönes Baby mit roten Haaren. Als wir ankommen, informiert sich Rebecca über die Medikation, Blutergebnisse und alles, was beachtet werden muss. Das Pflegepersonal kümmert sich liebevoll um Ben und um Rebecca, ihre Betreuerinnen geben beiden Zeit und Raum, damit sie zusammen sein können. Sie verhalten sich unterstützend und nicht bevormundend.

Als Ben unruhig wird, gibt sie ihn mir und wir laufen zusammen auf dem Korridor der Entbindungsstation hin und her. Woher ich denn wisse, was ich mit einem Baby tun müsse, fragt sie, und wie sie das jeweils wissen müsse oder wissen könne? Sie scheint es zu genießen, ihr Kind auf dem Arm einer anderen anzuschauen, das Phänomen ›Kind‹ zu studieren.

Erst nach einer abgeschlossenen Therapie hält Rebecca es für realistisch, dass sie für Ben sorgen kann. In ihrem jetzigen Zustand könne sie dieses nicht und sie will sich auf keine Experimente auf Kosten des Babys einlassen.

Ich muss weiter sein, ich brauche mindestens ein halbes Jahr, um intensiv an einer stabilen Basis zu arbeiten. Das sieht das Jugendamt auch so. Sie unterstützen mich, wir haben das bereits während der Schwangerschaft besprochen. Wir werden zusammen nach einer akzeptablen Überbrückung suchen. Hauptsache ist, dass ich bald irgendwo aufgenommen werde und ich nicht zur Endstrafe verknackt werde.

22. MÄRZ 2008

WERONIKA MAZUR

Weronika schickt Ostergrüße an einen großen Verteiler. Die Adressaten sind Privatpersonen und Hilfsinstitutionen, darunter Sweethedgies http://afrikanische-weissbauchigel.com:

Hallo,
ich wünsche Ihnen ein frohes und schönes Osterfest

27. MÄRZ 2008

WERONIKA MAZUR

Es geht mir gut, ich habe nur sehr wenig Freiraum zur Verfügung.
Ich arbeite in einem Therapieinstitut in Dinklar bis Mittag und dann Schule, also Abi.
3 Therapien
Marvin wurde getauft
Tausend Arzttermine usw ...
Ich schlage mich schon durch
Wenn ich etwas Zeit finde, schreibe ich dir mehr.

2. APRIL 2008

WERONIKA MAZUR

Mein Leben besteht nur aus Marvin, afrikanischem Weißbauchigel, arbeiten und Schule.

Ich habe nicht mal Zeit zum essen, du kennst das sicher, ich bin es aber nicht wirklich gewohnt und fühle mich oftmals überfordert.

Sie arbeitet in einem Therapieinstitut in Dinklar, wertet die Daten von Therapeuten aus und erstellt Grafiken.

Interessanter Job, der viel Konzentration erfordert, es wär ja blöd, wenn ein Patient, der depressiv ist, Pillen gegen Aggressivität bekäme, oder so ... lach. Jetzt kommt gerade der Babysitter und ich habe Termine und muss zur Schule ... immer auf der Flucht ...

15. APRIL 2008

WERONIKA MAZUR

Weronika schickt Fotos und erzählt von ihrem verwöhnten Igel.

Er isst ab und zu eine Garnele und ein paar Würmer mag er am liebsten. Zudem ist er etwas frech, aber sehr zahm. 1,5 Stunden Ausgang braucht er und natürlich auch Wärmelampen.

22. JUNI 2008

WERONIKA MAZUR

Weronika will dieses Jahr ihren Führerschein machen und dann endlich mit Marvin vorbei kommen. Sie arbeite allerdings viel im Moment.

Am 5. Juli werde ich am Flughafen in Amsterdam sein, auf der Durchreise, für eine Stunde.

Ob ich Zeit hätte für einen gemeinsamen Kaffee ...

VECHTA, 4. JUNI 2008

REBECCA MERTENS

Es ist mal wieder so weit, Du bekommst Post aus Vechta, juhuuu! Hast Du eigentlich schon mal 'nen Brief von mir bekommen, der nicht von hier kam?

Rebecca hat wegen des Aufgesetzten in ihrer Zelle eine Woche Einschluss, eine Woche Arbeitsverbot und 25% Einkaufssperre.

Die neue Abteilungsleiterin hier jeze ist echt der Burner, frisch von der Schule! Du kennst sie nicht, hast aber auch nichts verpasst. Ich habe übrigens 2 / 3 am 12. 7. 08! Hoffe soooo, dass ich dann rauskomme. Bin dafür bereit, ins Methaprogramm zu gehen und außerdem schiebe ich grad Betreutes Wohnen in Hagen aTW an. Momentan bin ich ganz guten Mutes, eigentlich geht's mir sogar recht gut! Ben ist in einer Pflegefamilie, wie Du Dir sicher schon gedacht hast … Er kommt mich nächste Woche besuchen. Na ja, angelaufen kommt er noch gerade nicht … Mit der Entscheidung, dass Ben in Pflege ist, komme ich ziemlich gut zurecht. Es ist einfach das Beste für ihn. Ich meine, wer kann meine Situation besser einschätzen als ich selbst!? Schwierig wird's nur, wenn ich meine 2 / 3 nicht bekomme, weil ich ihn dann wohl länger nicht sehen werde. Ich vermisse den kleinen Kerl! Dass die ganze Sache mich nicht so fertig macht, liegt wohl daran, dass ich Zeit meines Lebens Profi im Verdrängen bin. Was meinste?
Aber in jedem Fall ist er top versorgt und es geht ihm wirklich gut. Ob ich mein Leben jemals auffe Reihe kriege – keine Ahnung. Es waren so gute Ansätze da, die jeze wieder wie weggeblasen sind!

Auf meine Frage, ob ich etwas für sie tun könne, antwortet sie im PS, sie bitte darum, ihr Karten zu schicken:

Du weißt schon, einfach coole, abgefahrene, witzige, freakige, schöne Karten. Meine Hütte ist einfach ätzend kahl!

2007

TBDWBAJ ÖSTERREICH

Justizanstalt Wien Favoriten
Anstalt mit Behandlungsauftrag für StraftäterInnen

WILLKOMMEN IN FAVORITEN

Die sonst übliche Überzeugungsarbeit erweist sich schon beim ersten Gespräch mit dem Anstaltsleiter Wolfgang Werdenich und der Frauenabteilungsleiterin Corinna Obrist als überflüssig, TBDWBAJ kommt sogar den Behandlungsansätzen der beiden Psychologen entgegen. Wir können gleich klären, wie die Projektausführung mit dem Vollzugsalltag in Übereinstimmung zu bringen ist. Dass die zukünftigen Teilnehmerinnen ganztägig von der regulären Arbeit freigestellt werden, ist ebenso selbstverständlich, wie dass sie weiterbezahlt werden. Im bescheidenen Rahmen der Begleitung von Freizeitbeschäftigung soll auch ich eine Aufwandsentschädigung erhalten. Für meine Mitarbeiterin Nina Glockner und mich wird die sogenannte Ledigenwohnung[117] der Anstalt reserviert.
Das neugebaute Bezirksgericht Favoriten mit angeschlossenem Gefangenenhaus für 200 Häftlinge wurde im Jahr 1914 bezogen und 1975 im Zuge der Großen Strafrechtsreform umgewidmet in eine therapeutische Sonderanstalt mit etwa 100 Therapieplätzen für Alkohol- und Drogenabhängige in Haft. Gemäß § 22 StGB[118] unterziehen sich hier Insassen mit einer richterlichen Weisung einer therapeutischen Behandlung. Auch suchtkranken Insassen ohne richterliche Weisung kann während der Haft eine Therapie angeboten werden.
Die angewendeten Therapiekonzepte sind auch außerhalb der Gefängnismauern bewährt und gelten international als *state of the art*[119].

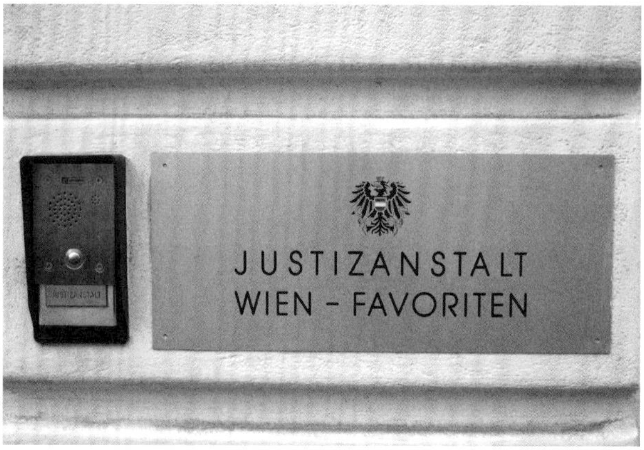

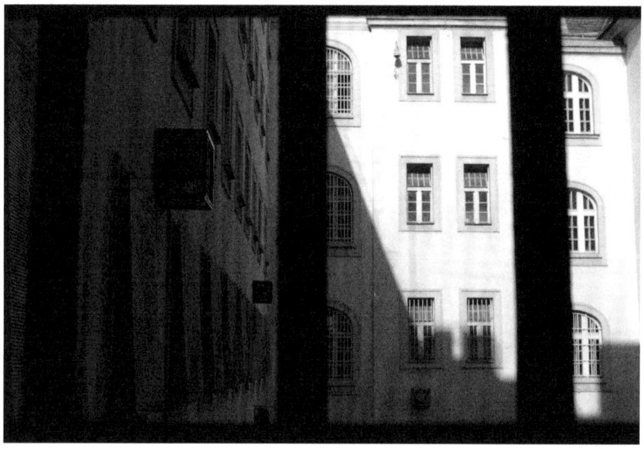

Klingel Hardtmuthgasse 40–42, Wien Favoriten
Innenhof Justizanstalt Favoriten, Wien. Fotos: Nina Glockner

117 In der gut ausgestatteten Dreizimmerwohnung können MitarbeiterInnen von außerhalb bei Bedarf für kurze Zeit einquartiert werden.

118 § 22 StGB Unterbringung in einer Anstalt für entwöhnungsbedürftige Rechtsbrecher. Siehe: https://www.jusline.at/22_Unterbringung_in_einer_Anstalt_f%C3%BCr_entw%C3%B6hnungsbed%C3%BCrftige_Rechtsbrecher_StGB.html

119 https://www.justiz.gv.at/web2013/ja_wien-favoriten/justizanstalt_wien-favoriten/de.html

WIEN, OKTOBER 2007

ZENTRALE HAFTANSTALT FÜR DROGENENTZUG IN ÖSTERREICH

Die Prozedur, in die Justizanstalt in Wien eingelassen zu werden, unterscheidet sich nicht von der in deutschen oder schweizerischen Gefängnissen. Es geht durch mehrere Schleusen und als klarer Hinweis, dass wir uns im Männervollzug mit allenfalls einer kleinen Frauenabteilung befinden, steht

Alma Kahn [1983]

Ich bin die Tochter eines gewalttätigen Trinkers und meiner verängstigten Mutter

Mit 3 Jahren werde ich zum ersten Mal wegen der Misshandlungen meines Vaters ärztlich behandelt, ich bin ohne den Schutz meiner Mutter

Mit 6 Jahren vergewaltigt mein Vater mich und meine Mutter schickt mich für ein Jahr ins Heim

Mit 9 Jahren vergewaltigt mich mein 16-jähriger Cousin und meine Mutter beschuldigt mich als Lügnerin und Verräterin der Familie

Mit 11 Jahren lerne ich kiffen und fühle ich mich wohl in der Gemeinschaft von Outsidern

Mit 11 Jahren lassen mich meine Eltern in die geschlossene Psychiatrie einweisen, ich wehre mich verzweifelt und werde mit Tranquilizer ruhig gestellt

Mit 13 Jahren überlebe ich meinen ersten Selbstmordversuch, werde von meinen Vater verstoßen und flüchte mit meiner Freundin aus der Stadt

Mit 13 Jahren setzt meine drogensüchtige Freundin mir den ersten Schuss Heroin und nimmt mich mit auf den Strich

Mit 13 Jahren bin ich drogenabhängig, ziehe zu meinem gewalttätigen Zuhälter und lebe in Scham

Mit 15 Jahren hoffe ich auf die Aufnahme von meiner geschiedenen Mutter und werde abgewiesen

Mit 16 Jahren heirate ich meinen Zuhälter

Mit 17 Jahren verliebe ich mich in einen drogenabhängigen Mann, bin glücklich, clean und werde Mutter

Mit 19 Jahren kehre ich zurück zu Heroingebrauch und Prostitution

Mit 21 Jahren unterhalte ich meinen inhaftierten Geliebten und meinen Sohn durch Dealen

Mit 21 Jahren breche ich den Kontakt zu meinem Vater ab

Mit 22 Jahren wird meine Leberzirrhose diagnostiziert und ich breche meine erste Therapie ab

Mit 23 Jahren wird mein Freund aus der Haft entlassen und wir fliehen vor meiner Verurteilung nach Deutschland

Mit 23 Jahren werde ich verhaftet, verurteilt und langjährig inhaftiert

Mit 23 Jahren werde ich von meinem Freund verlassen

Mit 23 Jahren verstehe und vergebe ich den Verrat meiner Mutter

Mit 24 Jahren bin ich schwermütig, verletze mich absichtlich und suche Hilfe

Kara Linasielka [1987]

Ich bin das Enkelkind meiner alkoholabhängigen Großmutter

Mit 6 Jahren holt meine Mutter mich mit ihrem Freund nach Österreich, um der Armut in Polen zu entfliehen

Mit 12 Jahren alarmiert meine Lehrerin das Jugendamt wegen der Misshandlungen von meinem Stiefvater

Mit 12 Jahren genieße ich die Zuneigung der Betreuer im Krisenzentrum

Mit 13 Jahren laufe ich von zu Hause weg und suche den Schutz des Kinderheimes

Mit 14 Jahren will meine Mutter den Vater meines Bruders meinetwegen nicht verlassen

Mit 14 Jahren besucht meine Mutter mich regelmäßig und bringt mir Süßigkeiten ins Heim

Mit 15 Jahren bin ich ein aggressives Kind, wehre mich gegen meine Fürsorger und weigere mich, mich anzupassen

Mit 15 Jahren rauche ich zusammen mit anderen Heimkindern Marihuana und trinke Alkohol

Mit 16 Jahren nehme ich XTC und Speed, werde in einer schulischen Wohngemeinschaft untergebracht und passe mich dem Drogenkonsum der anderen Bewohnerinnen an

Mit 16 Jahren stehle ich das Haschisch eines Dealers, eifere seinem Vorbild nach, bin stolz auf meine Souveränität als Drogenhändlerin und kann mir maßlosen Heroingebrauch leisten

Mit 17 Jahren werde ich zu einer Gefängnisstrafe verurteilt und meine Geliebte verlangt die Änderung meines Lebens

Mit 18 Jahren treibe ich mich herum, suche die Gemeinschaft anderer ausländischer Abhängiger und brauche immer mehr Drogen

Mit 18 Jahren suche ich Hilfe bei meiner Mutter, lasse mich in der geschlossenen Psychiatrie aufnehmen, werde entgiftet und auf Drogenhemmer eingestellt

Mit 18 Jahren breche ich die Therapie ab, bin rückfällig und richte meine Aggression auf meine Mutter

Mit 18 Jahren verlasse ich die WG

Mit 19 Jahren werde ich inhaftiert und meine Freundin trennt sich von mir

Mit 19 Jahren habe ich Angst vor dem Alleinsein, besorge mir eine Waffe und mache mich wichtig auf der Drogenszene

Mit 19 Jahren werde ich inhaftiert und nehme erstmals Behandlung an

Mit 20 Jahren bin ich clean und überwinde meine Verletztheit als Sündenbock und Außenseiter

Mit 20 Jahren bete ich zu Gott um ein giftfreies Leben

gegenüber der Rezeption der Waffenschrank mit 80 gläsernen Schließfächern, in dem Pistolen, Schlagstöcke und Handschellen des Wachpersonals außerhalb der Dienstzeiten aufbewahrt werden. In der Wachstube sitzen mehrere Beamten in Uniform, die sich mit militärischen Titeln ansprechen. In der Regel gibt es in reinen Frauengefängnissen diese Sicherheitsvorkehrungen nicht. Das Wachpersonal trägt keine Uniform und es ist nicht bewaffnet.

Zur Zeit sind hier ungefähr 90 Männer und 14 Frauen in Haft. Ungefähr ein Dutzend halboffene Haftplätze für Männer bestehen in der Außenstelle Münchensdorf.[120]

Die Frauenabteilung befindet sich im obersten Stock des Gebäudes. Die Zugänge zu den Wohngruppen und Arbeitsplätzen sind so gelegt, dass Begegnungen zwischen Männern und Frauen nicht stattfinden können. Auf dem Innenhof ›lüften‹ entweder Frauen oder Männer, der Blick- und Sprechkontakt wird von Sichtblenden auf den Fenstern zum Hof verhindert. Dass die Drogenabhängigen untereinander ›Giftbeziehungen‹ eingehen, gilt als Gefährdung therapeutischer Zielstellungen. Obwohl sie sich nie sehen und sprechen, ist die Anziehungskraft so groß, dass Männer wie Frauen selbst die allerkleinste Chance wahrnehmen, miteinander in Kontakt zu kommen, indem sie beispielsweise zusammengeknüllte Briefe durch die Oberlichter auf den Hof werfen.

Vom Innenhof her zugänglich liegt die Holzwerkstatt. Hier werden Frauen ausgebildet und beschäftigt, die Männer arbeiten hauptsächlich in der Wäscherei. Alle Inhaftierten sind in Wohngruppen mit jeweils einer Gemeinschaftsküche untergebracht. Da sie auch lernen sollen, sich selbst zu versorgen, stellen sie Haushaltspläne auf, in denen jede(r) abwechselnd fürs Kochen, Putzen oder die Wäsche verantwortlich ist. Die Lebensmittel, die sie brauchen, listen sie auf, nach Genehmigung der Verwaltung werden diese angeliefert.

120 Die Außenstelle Münchendorf bietet als halboffene Therapiestation spezielle Betreuungsmaßnahmen für ausgesuchte Insassen der Justizanstalt Wien-Favoriten an. Gekürzter Auszug: https://www.justiz.gv.at/web2013/ja_wien-favoriten/justizanstalt_wien-favoriten/de.html

WIEN, OKTOBER 2007

PROJEKTAUSFÜHRUNG

IVANA LANDMANN
DAGMAR LEICHTHART
KARA LINASIELKA
ALMA KAHN
INGEBORG KLEINBERG

Unsere Einführung halten wir im Gruppentherapieraum in Anwesenheit der Abteilungsleiterin Corinna Obrist und der Psychologiepraktikantin Monika

Domjan vor der gesamten Frauenabteilung. Monika Domjan wird uns später bei der Projektausführung begleiten.

Mit den Techniken der Biografie-Erarbeitung sind alle vertraut, biografische Gespräche werden sowohl in Einzel- wie Gruppentherapien geführt, die Frauen sind nun neugierig auf den Mehrwert der Matrix-Methode. Sie betrachten kritisch ihre inneren und äußeren Lebensumstände, sie versuchen, Zusammenhänge mit ihrer Suchterkrankung herzustellen und zu erkennen, wodurch ihr Verhalten geprägt wird. Mir fällt die Offenheit auf—nicht nur jetzt, sondern während der gesamten Zusammenarbeit und darüber hinaus—mit der die Inhaftierten im Beisein der Psychologin sprechen, die gleichzeitig Anstaltsleiterin und Therapeutin ist.

Vier junge Frauen wollen teilnehmen, weil sie die Veröffentlichung ihrer Lebensläufe, gerade in dieser aktiven Phase der Reflexion und im Rahmen des europäischen Vergleiches, wichtig und richtig finden. Die zur Zeit älteste Inhaftierte der Abteilung, Dagmar, würde zwar gerne etwas über die Porzellanherstellung lernen, mit der Thematik Drogensucht habe sie jedoch nichts zu tun. Corinna Obrist widerspricht ihr nicht, ermutigt sie aber nachdrücklich, mitzumachen.

Dagmar entschließt sich zuletzt doch zur Mitarbeit, erarbeitet ihre Matrix aber sozusagen im Verdrängungsmodus. Weder ihre Drogen- und Medikamentenabhängigkeit, noch solche Wahnsinnstaten, wie ihr Haus in Spanien unter Einfluss von Drogen anzuzünden oder ihr geradezu zwanghaftes Bedürfnis, sich plastischen Operationen zu unterziehen, sieht sie im Kontext einer psychischen Erkrankung. Als einzige der Teilnehmerinnen ist sie davon überzeugt, zu Unrecht verurteilt und ohne Grund in die Sonderanstalt eingewiesen worden zu sein. Trotzdem, hier gefalle es ihr besser als in den anderen Gefängnissen, vor allem denen in Spanien, sagt sie.

Die vier sehr jungen Frauen und Dagmar, die Anfang 50 ist, bilden eine ebenso inhomogene Gruppe wie die Frauen in den vorherigen Projektausführungen auch.

Ivana und Alma haben sich in dieser Haftzeit angefreundet. Beide sind—trotz zahlreicher Narben von früheren Piercings und Verletzungen—Schönheiten, die sich ganz ähnlich *stylen* und offenbar auch untereinander die Kleider tauschen. Sie bilden eine starke Einheit, ihr Auftreten wirkt wie eine Behauptung.

Ingeborg wirkt geradezu wehrlos. Ihr ausweichendes Auftreten macht sie zum potenziellen Mobbingopfer. Sie muss sich für alles, was sie einbringt, unverhältnismäßig stark einsetzen oder verteidigen. Aber sie macht ihr Ding und lässt sich nicht von den anderen daran hindern.

Die jüngste Teilnehmerin Kara, eine selbstbewußte Rapperin, irritiert absichtlich alle anderen. Als Ausländerin und homosexuelle Frau begreift sie sich als Außenseiterin und provoziert wo sie kann: Sie nimmt mehr als ihren Anteil der mitgebrachten Schokolade, verschwendet den kostbaren Gefängniskaffee und so weiter.

Wir arbeiten in zwei Räumen, die Porzellanbearbeitung findet in einem provisorisch eingerichteten, winzigen Raum statt, alle ›sauberen‹ Tätigkeiten im Schulungs- und Computerraum der Frauenabteilung.

Da es in der Haftanstalt keinen keramischen Ofen gibt, dürfen wir das Porzellan im Atelier von Eva Werdenich brennen, der Schwester des Anstaltsleiters, die uns den ihren freundlicherweise zur Verfügung stellt.

Die 300 ungebrannten Teile bringen wir in Kisten in einem Polizeitransporter in ihr Atelier. Wir nehmen zu dritt neben einem Inhaftierten in Handschellen auf der Rückbank Platz und versuchen, die fragilen Teile während der rasenden Fahrt durch Wien so still wie möglich zu halten. Beim Aussteigen wünscht uns der Mann noch einen schönen Tag. Es tut ihm leid, dass er uns bei der Sicherung unserer Fracht wegen seiner Handschellen nicht helfen konnte.

Die Präsentation des Workshops findet in einem Raum einer karitativen Organisation außerhalb statt, weil es in der Justizanstalt keinen dafür geeigneten gibt. Die fünf Frauen dürfen sich alleine dorthin begeben, Corinna Obrist wird eine der Inhaftierten begleiten. Nicht, um sie zu bewachen, sondern, weil jene sich in Wien nicht gut auskennt. Wenn sie weglaufe, renne sie ihr sicher nicht hinterher, meint Corinna Obrist.

Es kommt überraschend viel Publikum. Vorwiegend Frauen aus dem Bekanntenkreis der Projektteilnehmerinnen, die sich zwangsweise oder freiwillig in einer therapeutischen Institution befinden, wie auch interessierte Betreuerinnen. Das, was die Frauen von dem Projekt berichten und das ausgestellte Material geben Anlass zu ausführlichen Fragen. Nach dem offiziellen Teil bleiben alle noch zusammen und führen Gespräche in kleineren Gruppen weiter.

WIEN, 19. DEZEMBER 2007

DAGMAR LEICHTHART

Dagmar hofft, dass sie bald in den gelockerten Vollzug verlegt wird. Sie bedankt sich für die Briefe, Fotos und Geschenke und unsere Zusammenarbeit und freut sich auf ein Wiedersehen.

WIEN, WEIHNACHTEN 2007

IVANA LANDMANN UND ALMA KAHN

Ivana und Alma wünschen uns frohe Weihnachten und alles Gute für das neue Jahr und vor allem für die Fortsetzung der Arbeit

... die hoffentlich auch nach dem Abschluss unserer Zusammenarbeit viele erreichen wird.

Ingeborg Kleinberg [1980]

Ich bin das zweite Kind meiner alleinstehenden minderjährigen Mutter

Mit 6 Jahren bin ich der Sündenbock meines Stiefvaters und er beginnt mich zu misshandeln

Mit 12 Jahren versucht mein Bruder vergeblich Anzeige wegen meiner Misshandlung zu erstatten

Mit 13 Jahren verliebe ich mich in meinen Freund

Mit 13 Jahren hänge ich herum mit älteren Jugendlichen, fange an Haschisch zu rauchen und trinke Alkohol

Mit 14 Jahren gebrauche ich zum ersten Mal Kokain und andere Drogen

Mit 14 Jahren wird im Krankenhaus monatelang mein Nierenversagen behandelt

Als ich 14 Jahre bin, beginnt mein Freund Drogen zu nehmen

Mit 16 Jahren beschließt meine Mutter den Abortus meines Kindes

Als ich 17 Jahre bin, erschießt sich mein Freund mit einer Pumpgun

Mit 17 Jahren verliere ich meine Mutter und meine Zuversicht

Seit dem Tod meines Freundes versuche ich mit allen Mitteln Selbstmord zu verüben und meine Großmutter leidet unter meiner Traurigkeit

Mit 17 Jahren lasse ich mich auf Morphium einstellen und nehme zusätzlich illegal Methadon

Mit 18 Jahren lebe ich in Isolation und Depression und übernachte auf dem Grab meines Geliebten

Mit 19 Jahren wird meine Leberzirrhose festgestellt und behandelt

Mit 20 Jahren werde ich in die Psychiatrie gesperrt und flüchte nach zwei Monaten in erneute Selbstmordversuche

Mit 20 Jahren werde ich wegen eines Gewaltdeliktes zu Gefängnis verurteilt und gehe nicht in die auferlegte Therapie

Mit 21 Jahren absolviere ich eine Zwangstherapie und lasse mich nach Rückfall auf Methadon einstellen

Mit 22 Jahren wehre ich mich nicht länger gegen eine neue Beziehung mit einem Mann

Mit 24 Jahren bin ich glücklich über die Geburt unserer Tochter, werde drei Tage später inhaftiert und psychiatrisch behandelt

Als ich 24 Jahre bin, ist mein Kind verschwunden und ich erfahre von dessen Unterbringung bei einer Pflegemutter

Mit 27 Jahren hoffe ich auf die Bewältigung meiner Vergangenheit und meiner Isolation

Ivana Landmann [1984]

Ich bin das wissbegierige, religiöse Kind geliebter Eltern

Mit 3 Jahren erzwingt mein Vater mein Zuschauen bei den Vergewaltigungen meiner Mutter

Mit 5 Jahren beginnt der Liebhaber meiner Mutter mich sexuell zu missbrauchen

Mit 8 Jahren entführt mich mein Vater und erklärt meine Mutter für tot

Mit 9 Jahren terrorisiert mein berauschter Vater meine Mutter und mich mit sexueller Gewalt

Mit 10 Jahren befiehlt mein Vater mir, ihn körperlich zu strafen und er versucht uns beide zu töten

Mit 11 Jahren wird mein Bruder geboren und mein Stiefvater hört auf mich zu vergewaltigen

Mit 11 Jahren muss ich das Gymnasium verlassen, leide an Anorexie und werde in der Psychiatrie medikamentös gegen Halluzinationen behandelt

Mit 13 Jahren gebrauche ich Speed, Tranquilizer, Alkohol und Methadon

Mit 14 entdecke ich meine Bisexualität

Mit 14 Jahren führe ich ein intensives, ruheloses Leben ohne zu wissen wie ich mich beweisen kann

Bis zu meinem 15 Lebensjahr laufe ich weg aus Internat, Wohngemeinschaften, Heimen und prostituiere mich für maßlosen Heroingebrauch

Mit 15 Jahren suche und finde ich Bindung in der Gemeinschaft von Außenseitern

Mit 15 Jahren beschuldigt mein Stiefvater mich vor Gericht, ihn sexuell verführt zu haben, und er wird vorzeitig aus der Haft entlassen

Mit 16 Jahren leide ich bei Drogenminderung an Verfolgungswahn, Psychose und Halluzinationen

Mit 16 Jahren wird meine Leberzirrhose diagnostiziert

Seit meinem 16 Lebensjahr wird mir regelmäßig nach polytoxikomanem Drogengebrauch in Notaufnahmen das Leben gerettet

Mit 17 Jahren lässt mein Vater mich zwangsweise in der Jugendpsychiatrie entgiften

Mit 17 Jahren werde ich zum ersten Mal zur Gefängnisstrafe verurteilt

Seit meinem 17 Lebensjahr werde ich verurteilt zu Gefängnisstrafen wegen illegaler Prostitution, Drogenhandel, räuberischem Diebstahl und Hehlerei

Mit 17 Jahren lebe ich zur Miete in der Villa meines Onkels und seinen Huren

Mit 22 Jahren endet die Giftbeziehung zu meinem geliebten Mann

Mit 23 Jahren bin ich clean und erkenne nicht die Ausrichtung meiner grenzenlosen Energie

2007–2009

TBDWBAJ KROATIEN

Ženska Kaznionica Požega Staatsgefängnis für Frauen Požega

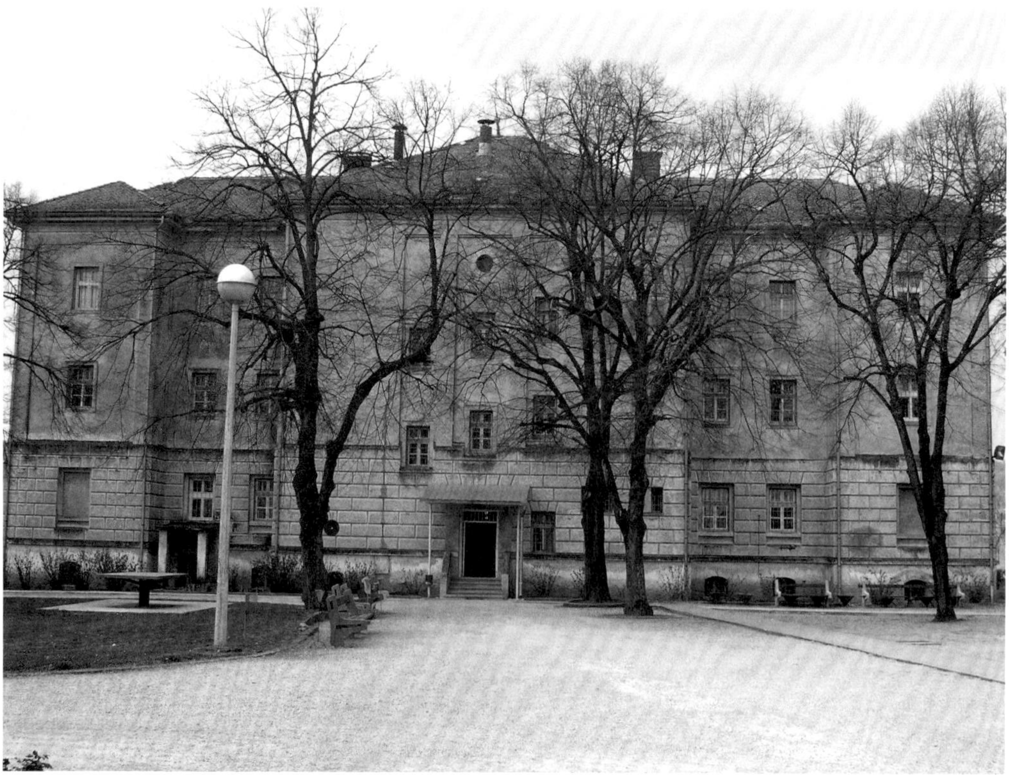

Ženska Kaznionica Požega. Foto: Ivana Borovnjak

Bereits während der österreichischen Projektausführung startet Kollegin Ivana Borovnjak[121] von Amsterdam und Zagreb aus den Versuch, eine weitere TBDWBAJ Edition in Kroatien zu realisieren. Sie wendet sich telefonisch und schriftlich an das einzige Frauengefängnis in Požega, an das Justizministerium, an befreundete Anwälte und die einzige Frauenorganisation in Zagreb, bis ihr nach vielen vagen Auskünften und Hinweisen auf andere Stellen eine konkrete Ansprechpartnerin genannt wird. Die Beauftragte des Justizministeriums, Frau Vesna Babić, versteht in etwa unser Anliegen und lädt uns nach Zagreb ein, um Näheres zu besprechen und uns dann zusammen mit Herrn Zvonimir Penić vom Gesundheitsministerium in das Frauengefängnis in Požega zu begleiten.

ZAGREB, MÄRZ 2008

FIRST CONTACT KROATIEN

Beim ersten Treffen in Zagreb unterstreicht Frau Babić Europas gemeinsame Interessen und sieht in unserer Anfrage eine ausgezeichnete Möglichkeit für den kulturellen Austausch zwischen den Niederlanden und Kroatien. Am folgenden Tag fährt uns der Chauffeur des Ministeriums 175 km nach Požega ins Frauengefängnis, wo Direktor Slavko Orešković uns mit seinem Stab zum üppigen Mittagessen erwartet.
Die Reise durch das Land weckt in mir Erinnerungen an die Städte und Landschaften, die ich auf einer Ferienreise als Jugendliche noch als ein intaktes Jugoslawien kennengelernt hatte. Die dunklen Seiten

wurden zu dieser Zeit in dem Deutschland, in dem ich aufwuchs, überhaupt nicht wahrgenommen. Bei den Orten und Landschaften, die wir passieren, sehe ich nun die ›schuldigen Landschaften‹, die der Krieg hinterlässt, von denen meine jungen serbischen, bosnischen und kroatischen Rietveld-StudentInnen berichten und die sie in ihren Arbeiten immer wieder thematisieren.

Der Besuch im Gefängnis ist für mich ein rein visuelles Erlebnis, niemand spricht hier Englisch, Niederländisch oder Deutsch. Ohne Ivanas Vermittlung wäre das Vorhaben TBDWBAJ in Požega gescheitert. Die Stimmung ist glänzend, Ivana übersetzt mir, manchmal etwas peinlich berührt, die Scherze des Anstaltsleiters, während er und Frau Babić die Ausführungsbedingungen genau regeln. Alles ist kein Problem. Wenn ich es richtig verstehe, wird die Projektausführung vor Ort nicht als Option, sondern als Tatsache besprochen. Sie beschließen auch für uns als wichtige europäische Gäste ein Besichtigungsprogramm in der Umgebung.

Meine Frage, wie viele drogenabhängige Frauen inhaftiert seien, können weder Anstaltsleiter noch Personal beantworten. Die Psychologin Magdalena Zivkovic meint, dass es viele Drogenabhängige in der Ženska Kaznionica Požega gäbe, dass sich Drogenabhängigkeit aber nicht auf die Haftumstände auswirke und darüber keine Statistiken geführt würden.

Das Staatgefängnis Ženska Kaznionica Požega, ein ehemaliges feudales Landgut, das in den 70er Jahren in ein landwirtschaftliches Kollektiv umgewandelt worden war, liegt neben dem Männervollzug, den wir aber von hier aus nicht einmal sehen können. Zum Frauengefängnis mit derzeit 82 Inhaftierten, gehört noch ein riesiges Gebiet mit Feldern, Gärtnereien und vielen Gebäuden, in denen das Provinzgericht, die Gefängnisverwaltung, mehrere Fabrikhallen, das Schulungshaus und der geschlossene Vollzug untergebracht sind.

Zur Führung begeben wir uns entlang den Nebengebäuden in den geschlossenen Vollzug, der sehr viel weniger gesichert scheint als die Frauengefängnisse in Westeuropa. Wir passieren einen kleinen Kontrollposten, hinter dessen Fenster ein Wachmann sitzt, der die Identität der Häftlinge und BesucherInnen überprüft und ihre Mobiltelefone an sich nimmt. Eine Schleuse gibt es weder hier noch am Haupteingang, nur alte Mauern und schwere Eisentore. In einem der Nebengebäude befinden sich die Unterrichtsräume, die uns für die Projektausführung zur Verfügung gestellt werden.

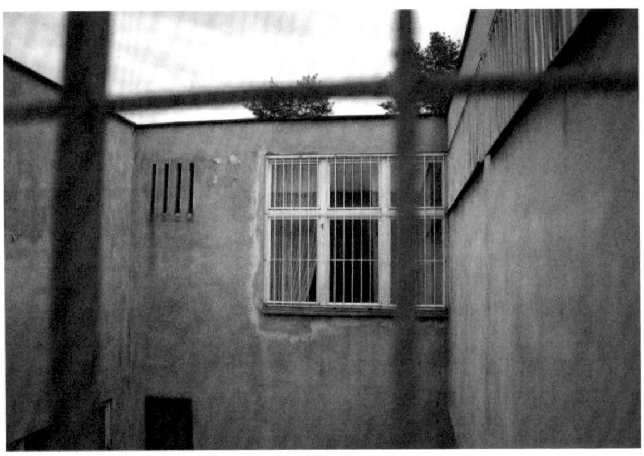

Arbeitsraum im Schulungsgebäude Ženska Kaznionica Požega.
Foto: Nina Glockner

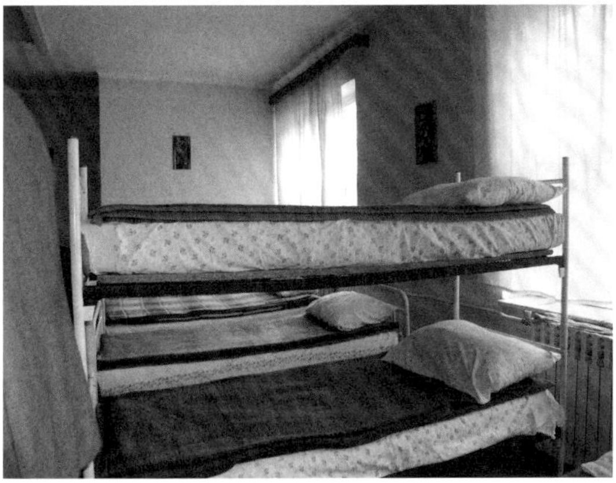

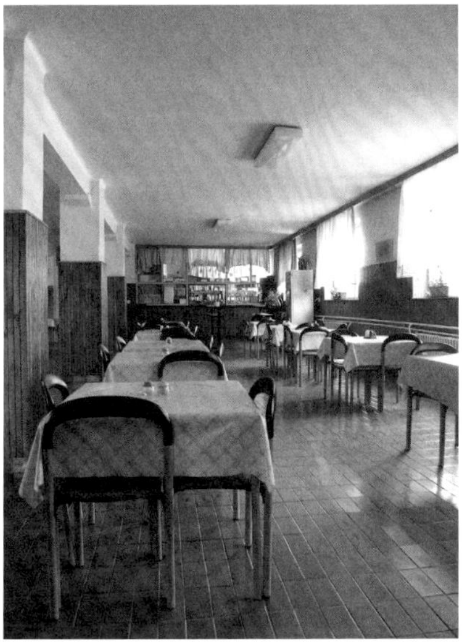

Ženska Kaznionica Požega. Schlafsaal, Speisesaal. Fotos: Ivana Borovnjak

Der geschlossene Vollzug befindet sich im Herrenhaus des ehemaligen Landgutes. Die Einrichtung erinnert eher an eine Jugendherberge als an Zellenblöcke im Gefängnis. Inhaftierte schlafen in Gemeinschaftssälen mit jeweils 12 bis 15 eisernen Etagen- oder Feldbetten. Es gibt Gemeinschaftswaschräume mit großen, niedrigen Waschbecken und kaltem Wasser. Im Erdgeschoss befinden sich ein Gemeinschafts-Speisesaal und der Laden, in dem die Inhaftierten zu bestimmten Zeiten einkaufen können. Wie in allen Gefängnissen, in denen ich bisher war, scheinen hier die begehrtesten Artikel Haarfärbemittel zu sein.

Wichtigster Arbeitsplatz ist die Textilfabrik, die sich in einer riesigen Halle außerhalb des ummauerten Gefängniskomplexes befindet. Hier wird Oberbekleidung genäht, hauptsächlich Männeranzüge, Krawatten und Frauenkostüme, aber es werden auch Spitzendeckchen gehäkelt und andere Handarbeiten hergestellt. Die Produktion ist für den Export bestimmt, ein kleiner Teil davon wird im gefängnisinternen Laden dem Personal preisgünstig zum Kauf angeboten.

Zurück in Zagreb treffen wir Sanja Sarnavka, die Vorsitzende der ältesten Frauenorganisation Kroatiens, die sie auch mitbegründen half. Die NGO B.a.B.e.[122] verbündet sich mit Künstlerinnen[123], um in groß angelegten

Kampagnen auf gesellschaftliche Missstände aufmerksam zu machen. Sanja Sarnavka bietet uns an, mit ihrer NGO zu kooperieren, denn damit erfüllen wir die formalen und inhaltlichen Bedingungen für das Kulturaustauschprogramm der Niederländischen Botschaft, MATRA[124] und können Fördergelder beantragen.

Mit den Kuratorinnen Marta Kiš und Karla Pudar besprechen wir die Ausstellung des Projektes in der SC und HDLU Galerie. Im riesigen Ausstellungssaal dieser Galerie für experimentelle Kunst kann auch das *Expert Meeting* stattfinden.

121 Designerin, BA Studium Design, Zagreb, MA Conceptual Design in Context an der Design Academie Eindhoven

122 ›Be Active Be Emancipated‹. Geleitet von Sanja Sarnavka, Koraljka Dilić, Mirjana Hrga, Zdravka Sadžakov.

123 Z. B. mit Sanja Ivekoviæ und Barbara Blasin.

124 MATRA: Dutch support to Croatia's accession to the EU: Since 1996, the Netherlands actively supported Croatia's efforts to build institutions of civil society and government with the so-called Matra social transformation programme, the Matra-Kap and G2G programme. This was done to help Croatia meet the EU's entry standards. The Dutch support was aimed at, amongst others, the modernisation of the social security administration, the establishment of a new Real Property Registration and Cadastre Joint Information System, and a strengthened Border Veterinary Inspection in Croatia. Auszug: http://croatia.nlembassy.org/you-and-netherlands/matra-dutch-support-to-croatia's-accession-to-the-eu.html [Webseite nicht mehr online]

SPRACHE UND KOMMUNIKATION

Wir stellen für die erste Projektausführung in einer Fremdsprache ein sechsköpfiges Team zusammen:

Ivana Borovnjak übernimmt die Supervision, Organisation und die Kommunikation mit der Anstaltsleitung, dem Ministerium, B.a.B.e. und die Ausstellungsplanung. Nina Glockner begleitet und dokumentiert, wie in Wien, die gesamte Projektausführung. Mirela, die serbische BA Rietveld Studentin, begleitet uns eine Woche lang als Praktikantin im Projekt.

Die bilinguale Kunsthistorikerin Iva Prosoli aus Zagreb wird uns in der zweiten Woche unterstützen, die Biografien in kroatischer und deutscher Sprache zu formulieren. Um die kroatischen Wortcollagen mitlesen zu können, schreiben wir neben jeden Begriff in kleinerer Schriftgröße die deutsche Übersetzung. Die Interviews werden Ivana und ich gemeinsam auf Kroatisch und Englisch führen.

Die Gefängnispsychologin Magdalena Zivkovic wird uns täglich Zugang zu allen Arbeitsräumen ermöglichen und steht als Kontaktperson auf Abruf zur Verfügung.

Zur Unterbringung des Teams wird uns die Staatsvilla, eine halbe Autostunde von Požega entfernt, zur Verfügung gestellt, inklusive Lebensmittellieferung auf Bestellung.

VOKABULAR UND VERSTÄNDIGUNG

Wie wichtig die präzise Übersetzung des ›kalten‹ TBDWBAJ-Wörterkataloges bei der Vermittlung des Projektes ist, zeigt sich bereits bei der Introduktion vor 36 inhaftierten Frauen, die uns im Schulungsraum erwarten. Ivana muss Mirela, die Praktikantin, immer wieder korrigieren. In die Erklärungen der begeisterten *Newcomerin* in der Thematik ›Projekt und Gefängnis‹, schleichen sich gut gemeinte Verharmlosungen der Inhalte ein.

Der Teilnahme geht ein *Deal* voraus, alle Beteiligten müssen sich aufeinander einlassen—was auch Konfrontation und Einmischung mit sich bringt. Denn nur, wenn wir uns als gleichwertige Partnerinnen, wenn auch in unterschiedlichen Positionen, in der gemeinsamen Unternehmung begegnen, kann sich ein Erfahrungs- und Gedankenaustausch entwickeln, der Verurteilung und Opferisierung ausschließt.

POŽEGA, OKTOBER—NOVEMBER 2008

PROJEKTAUSFÜHRUNG

JOSIPA BOŽIĆ
JUSTINA KRALJ
PIA HERC
VANA KNEZ

32 Frauen melden sich zur Teilnahme an. Zum ersten Mal sind wir gezwungen, eine Auswahl unter den Teilnehmerinnen zu treffen. Wir entscheiden uns für die jüngste Mutter (vier Kinder) aus Zagreb, für die älteste Frau ohne Kinder von der südlichen Inselgruppe Kroatiens, für die junge Dealerin mit einem Kind und eine in Kroatien und Deutschland aufgewachsene Fremdsprachenkorrespondentin, die fließend Deutsch, Kroatisch und Englisch spricht.

Wir sind die Einzigen im Schulungsgebäude, wir treffen uns jeden Morgen zu acht in unserem Arbeitsraum. Die vier Teilnehmerinnen kleiden sich im

Nebenraum um, sie müssen ihre Anstaltskleidung ab- und ihre Arbeitskleidung anlegen.

Pausen verbringen wir in einem Balkon-Käfig, zum Mittagessen trennen wir uns. Es wird von uns erwartet, dass wir mit der Direktion essen, die Teilnehmerinnen gehen in die Inhaftierten-Kantine. Nur einmal versuchen wir, diese Ordnung zu unterlaufen und melden uns bei der Vollzugsküche als Gäste an, was weder vom Personal, noch von den Inhaftierten begrüßt wird.

Das indirekte, weil übersetzte Gespräch während der Arbeit ist zwar etwas umständlich, behindert aber keineswegs Kommunikation und Verständigung. Justina wird zur dritten Übersetzerin, ohne dabei ihre Position als Teilnehmerin zu verändern. Sie ist ein Profi, übersetzt neutral, ohne Suggestion in Frage und Antwort.

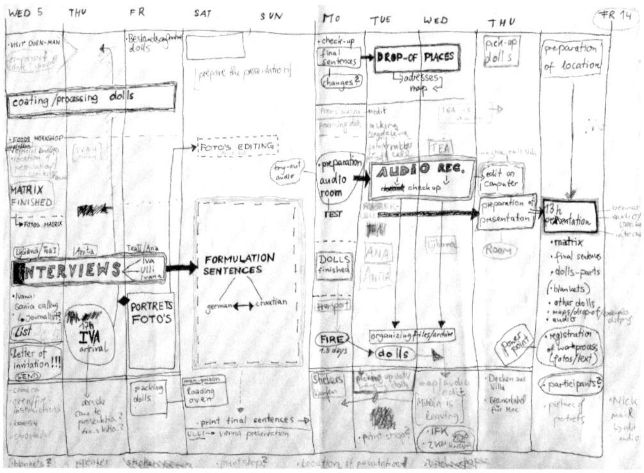

Visualisierung der Projektplanung: Nina Glockner

Die Probleme, mit denen die Frauen hier zu tun haben, unterscheiden sich nicht wesentlich von denen der Biografinnen in den Nachbarländern. Die Bindung zu ihren Familien scheint im Leben der kroatischen Drogenabhängigen länger und intensiver intakt zu bleiben, ein Ausschluss oder ein endgültiger Bruch kommt seltener oder später vor als in den Lebensläufen der Biografinnen in westeuropäischen Ländern. Eltern schicken ihre Töchter öfter zu Verwandten, damit diese Einfluss auf die Situation nehmen oder Verwandte holen ihre Enkelinnen oder Nichten aus festgefahrenen Situationen zu sich. Sexuelle Gewalt, genauer: alle Formen von Gewalt und Drogenprostitution werden kaum thematisiert und schweben in der Grauzone des Unsagbaren. Dabei wird nicht klar, ob sexuelle Gewalt und Prostitution stattfinden oder nicht, ob sie als selbstverständlich angenommen oder selbstverständlich verschwiegen werden. In den Gesprächen und Interviews beschränken wir uns auf das, was im Wörterkatalog der Matrix vorgegeben ist.

Die Drogenproblematik hat für die Anstaltsleitung und BetreuerInnen keine Priorität. Sie sehen Drogenkriminalität weder als großes noch als spezifisches Problem in dem noch relativ jungen kroatischen Staat, für sie ist sie mehr oder weniger eine schlechte Begleiterscheinung, nachdem die Teilstaaten des ehemaligen Jugoslawien autonom geworden sind und sich westlichen Einflüssen weiter geöffnet haben. Die Teilnehmerinnen halten diese Erklärung für eine der vielen, typischen Verdrängungsversuche in der Auseinandersetzung mit der jüngsten Geschichte.

Wie in allen Projekten ist das Herstellen der Baby Doll der Ruhepol. Den erheblichen Zeitaufwand, den wir für die Arbeit an den Biografien brauchen, kompensiert das Team mit einer überdurchschnittlich hohen Produktion von Porzellanteilen.

Vesna Babić hat im Vorfeld für die diversen Arbeitsprozesse den Zugang zu den benötigten Gerätschaften angeordnet und den keramischen Ofen im benachbarten Männervollzug für uns reserviert. Als wir die keramische Werkstatt besichtigen, erfahren wir, dass die Männer den großen Ofen bereits seit unserem Projektbeginn nicht mehr benutzen dürfen, weil er uns jederzeit zur Verfügung stehen soll, obwohl das den kommerziellen Betrieb seit einer Woche lahmlegt. Wir verabreden einen Probebrand und den Brand aller Prozellanteile in einem Durchgang.

MATRIX UND INTERVIEWS

Für die Übersetzungen der Interviews tauschen wir uns detailliert über mögliche (Fehl-)Interpretationen in den Aussagen aus. Abends diskutieren wir weiter über Begriffe der Tagesagenda, wägen verschiedene Übersetzungen gegeneinander ab und vergleichen die kroatische Junkie-Terminologie mit der uns bekannten Szenesprache in Deutschland, den Niederlanden, der Schweiz und Österreich. Im Zweifelsfall lassen wir uns immer wieder von Experten beraten. Bestimmte Ausdrücke, wie beispielsweise ›Giftbeziehung‹, scheinen bisher nur im deutschsprachigen Raum im Therapiejargon zu existieren.

Drei kroatische Frauen—Pia, Vana und Justina—wollen unbedingt ›Giftbeziehung‹ einsetzen, weil der Begriff ganz bestimmte drogenspezifische Beziehungskisten fasst. Manchmal entsteht so eine neue kroatische Wortkreation und manchmal muss etwas mit anderen Worten umschrieben werden.
Wir kontrollieren in allen uns zur Verfügung stehenden Sprachen die biografischen Sätze und übersetzen lange hin und zurück. Bis wir feststellen, dass die Aussagen nur authentisch sind, wenn wir nicht nur Unschärfen stehen lassen, sondern sogar die Sprache auf ein Skelett reduzieren, Brüche und ihre Hässlichkeit zulassen. Wie auch, dass wir in diesem Zusammenhang die Interpunktionsregeln außer Kraft setzen. Die Irritationen beim Lesen und Aussprechen rufen weiterführende Bedeutungsfelder auf.

TONSTUDIO GUMMIZELLE

Für die Audioaufnahmen können wir die Gummizelle im Hauptgebäude benutzen. Das Equipment passt kaum in den 100 × 200 cm kleinen, schmalen düsteren Raum. Ivana hockt auf dem Boden, um die Technik zu bedienen, während die Biografin in der Ecke steht und ihre Sätze ins Mikrofon spricht.

DROPZONEN

Wir legen die Dropzonen in Zagreb-Stadt fest. Zum Teil sind sie authentisch und zum Teil stehen sie stellvertretend für weiter weg liegende Orte, die wir nicht erreichen können.

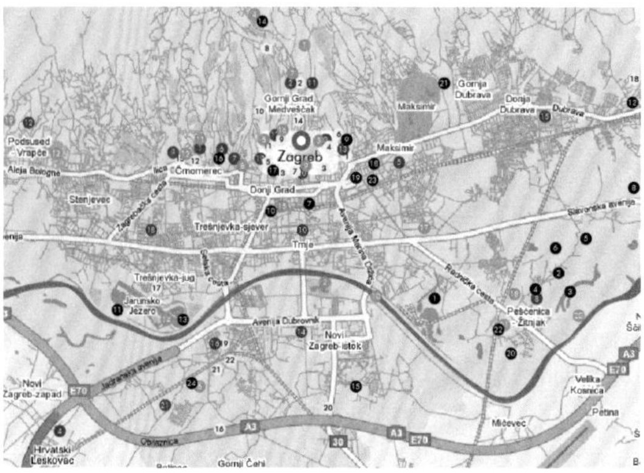

POŽEGA, 14. NOVEMBER 2008

PRÄSENTATION IM KNAST

Die Präsentation des Workshops darf ausnahmsweise außerhalb des geschlossenen Vollzugs im zentralen Saal des Versammlungsgebäudes stattfinden. Während des Aufbaus der Ausstellung und der Präsentation stehen Wachtposten vor dem verschlossenen Saal. Die vier Frauen üben ihren von Bild und Ton begleiteten Vortrag. Jede von ihnen übernimmt bestimmte Teilaspekte des Projektes und wird darüber sprechen.

Zwar lassen sich die eingeladenen Staatsbediensteten vom Ministerium und der Niederländischen Botschaft, wie auch die Vertreterinnen von B.a.B.e. und

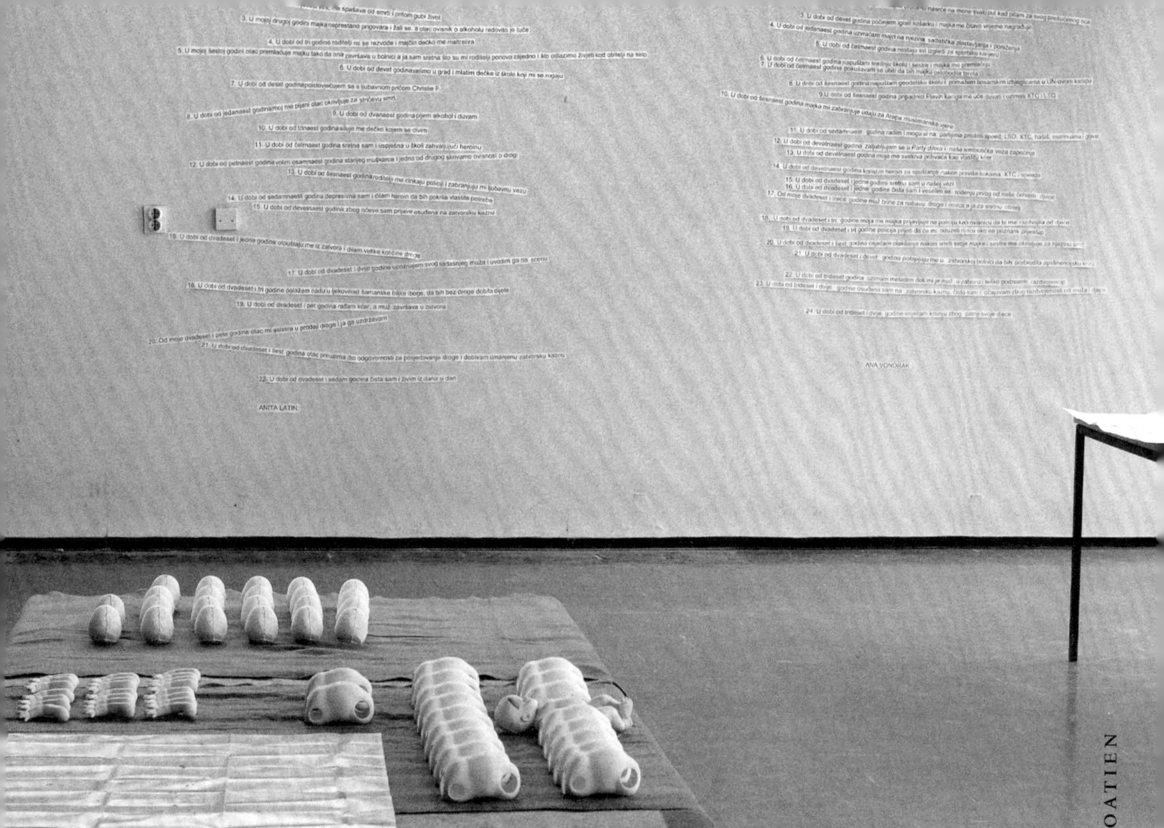
ANITA LATIN
ANA VONDRAK

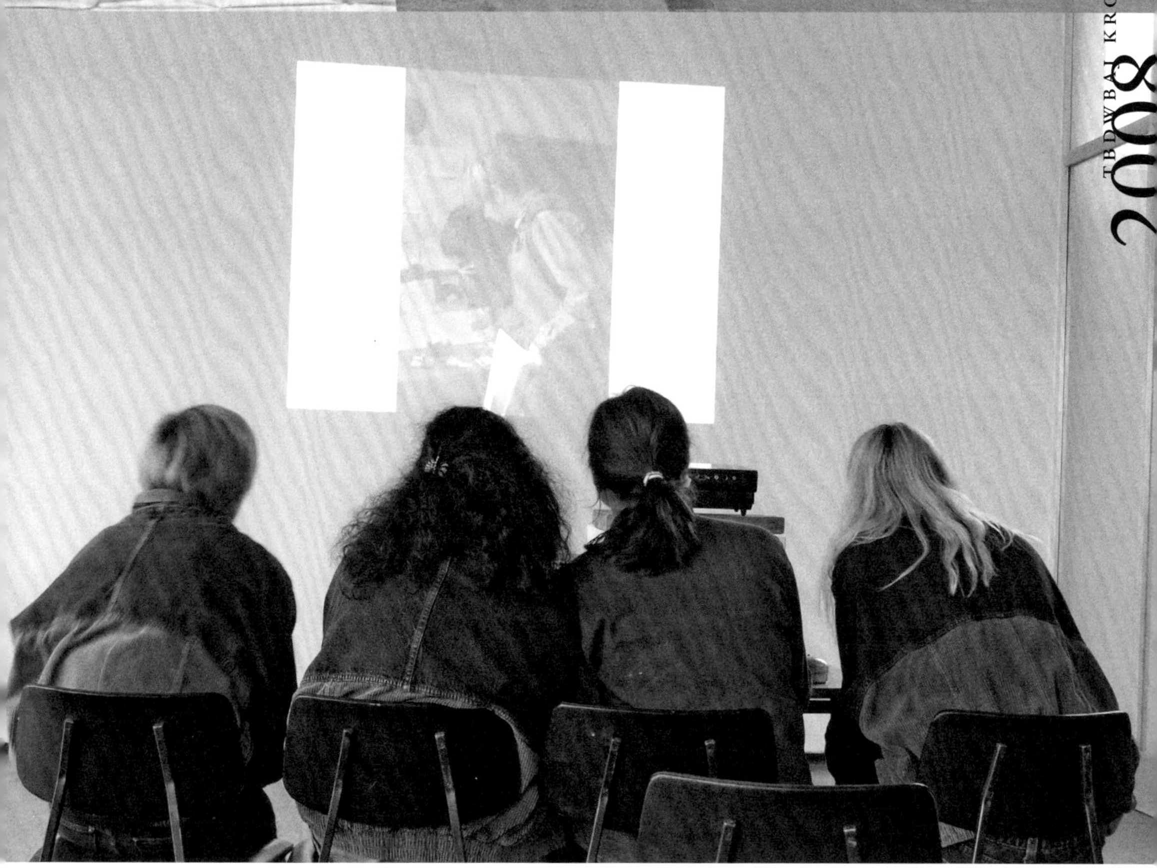

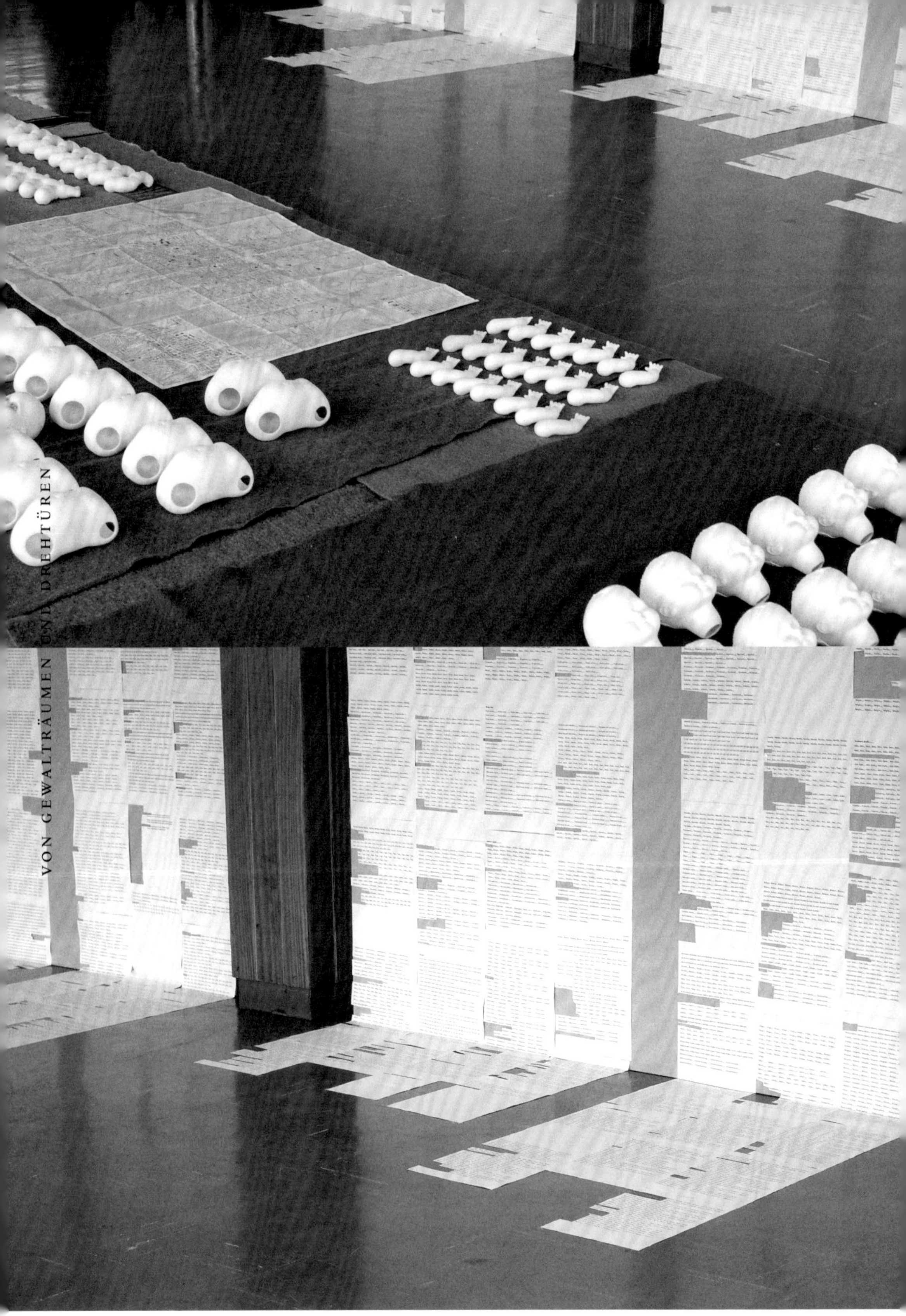

Präsentation in Ženska Kaznionica Požega. Fotos: Nina Glockner

die Kuratorinnen wegen der zu langen Anreise entschuldigen, aber interessierte MitarbeiterInnen und Häftlinge sind zahlreich gekommen. Der Vortrag der vier Frauen im vollen Saal klingt beeindruckend flüssig, seriös und souverän und geht ganz zwanglos über in inspirierte Gespräche zwischen den Gästen und den Biografinnen.

VECHTA, 24. NOVEMBER 2008

REBECCA MERTENS

Ich bin 'ne schreibfaule Sau. Es fällt mir aber auch wirklich schwer, einen vernünftigen Brief zu schreiben! Ich starre dann auf das Blatt – so wie jeze gerade – und überlege krampfhaft was ich schreiben soll. Meine Gedanken wandern dann mal hier hin, mal da hin und so denke ich an tausend Sachen, nur geschrieben habe ich immer noch nichts!
Mittlerweile ist es Samstagabend. Am WE ist doch schon um 17:45 Einschluss, also 'ne Menge Zeit zum absoluten Nichtstun! Ich liege auf'm Bett, höre Pink Floyd, saufe meinen millionsten Kaffee und zwinge mich, diesen Brief endlich fertig zu kriegen. Ich habe keine Ahnung, warum mir das Schreiben so viel Mühe bereitet. Wahrscheinlich weil das mit Nachdenken zu tun hat. Verdrängen ist grad mehr so mein Ding! Ich werde hier auch jeze einfach aufhören, sonst landet der Brief auch noch bei den 1000 anderen angefangenen Briefen.
Alles gleicht einem einzigen riesigen Chaos. Was soll ich Dir sonst so großartig erzählen? Mein Job ist zum Kotzen und die Weiber hier sind scheisse. Der neue Anstaltsleiter hat kein Interesse, den Frauen auch nur irgendwas nahe zu bringen. Hab ich jemals auf den alten geschimpft? Kann gar nicht sein, der Mann war ein Heiliger!
Wenn ich Ela nicht hätte, würde ich hier glaub ich kaputt gehen. Gott, ich liebe diese Frau! Sie ist echt der Hammer!!! Ich weiß gar nicht, wann ich das letzte Mal so viel gelacht habe wie mit ihr. Aber noch viel wichtiger ist, dass ich ihr vertrauen kann!
Es ist bei halb vier nachts, schlafen ist irgendwie nicht drin. War echt schön, mal wieder mit Dir zu telefonieren, würde gerne öfter bei Dir anrufen, aber die Scheisse ist echt teuer.
Möchtest Du eigentlich immer noch zu Besuch kommen? Du musst mir genaue Daten geben, damit ich den Besuch beantragen kann. Montags, dienstags, donnerstags oder sonntags. Ich müsste es so 3–4 Wochen vorher wissen, damit dann auch 'n Termin frei ist.

NOVEMBER 2008

WERONIKA MAZUR

Weronika meldet mit einem umfangreichen Verteiler an Ämter, Ärzte, Hilfsorganisationen, Ausbildungs- und Therapieinstitute, Sport- und Tierschutzvereine ihre neue Emailadresse.

Im Dezember kommt sie auf meine Frage nach ihrer Biografie zurück. Sie habe bereits weitere Passagen aufgeschrieben!

Am 12. 12. werde sie sich einer weiteren Brust-OP unterziehen (davon hatte ich vorher noch nie gehört) und hofft auf ein baldiges Wiedersehen.

Es gehe ihr gut, außer dass sie in Arbeit versinke.

Ich berichte über das Projekt in Kroatien und schlage ihr den Januar als Besuchstermin vor.

ZAGREB UND WIEN, 2008–2009

INTERVENTIONEN

18 Biografinnen aus fünf Ländern geben Auskunft über ihr Leben und über die ›Drehtüren‹, durch die sie sich aus privaten in öffentliche und institutionelle Gewalträume begeben.

Um den Diskurs, der im isolierten Raum der Gefängnisse mit Wortcollagen begonnen hat, auf europäischer Ebene fortzusetzen, und um die gewonnenen Erkenntnisse zu registrieren, zu archivieren und im Zusammenhang zu evaluieren, stellen sich Fragen nach kulturellen, sozialen und politischen Übereinstimmungen und Unterschieden: Wer entscheidet nach welchen Kriterien über den Status von In- und Outcast.

Ich suche Kontakt zu Institutionen und Plattformen[125], die sich mit der Thematik im unmittelbaren und weiteren Sinn auseinandersetzen, sowie mit Personen[126], die ihre Expertise in das Gespräch einbringen wollen.

125 Bereits 2007 hatte ich mich an Helmut Lethen vom IFK gewandt, um mit ihm das Gespräch zu suchen und TBDWBAJ als Forschungsprojekt vorzuschlagen. ›Das Internationale Forschungszentrum Kulturwissenschaften an der Kunstuniversität Linz (IFK) in Wien war bis 2011 ein außeruniversitäres und unabhängiges Wissenschaftskolleg mit dem Ziel, interdisziplinäre Formen von Kulturanalyse und Kulturstudien zu entwickeln und zu fördern.‹ Auszug: http://www.ifk.ac.at/index.php/home.html

126 Seit Anfang 2008 treffe ich mich regelmäßig mit dem Künstler und Kurator Peter Weibel. Wir sprechen über die Wechselwirkungen zwischen Kunst und Politik und die Notwendigkeit der Intervention, des Aktivismus und des Handelns.

Pia Herc [1976]

Ich bin geboren weil meine Mutter Abtreibung als Todsünde verurteilt

Seit meinem 4. Lebensjahr schlägt meine Mutter brutal auf mich ein, sobald ich nach meinem totgeschwiegenen Vater frage

Seit meinem 9. Lebensjahr spiele ich Basketball und werde belohnt von meiner Mutter

Mit 11 Jahren wehre ich mich gegen sadistische Misshandlungen und Demütigungen meiner Mutter

Mit 14 Jahren endet meine Aussicht auf eine Sportkarriere

Mit 14 Jahren breche ich die Mittelschule ab und werde von Schwestern und Mutter zusammengeschlagen

Mit 14 Jahren versuche ich mich zu töten, um meine Mutter von mir zu erlösen

Mit 16 Jahren verlasse ich die Berufsschule und helfe bosnischen Flüchtlingen in UN-Auffanglagern

Mit 16 Jahren lerne ich von Blauhelmen kiffen und XTC und LSD zu gebrauchen

Mit 16 Jahren verbietet mir meine Mutter, einen muslimischen Araber zu heiraten

Mit 17 Jahren arbeite ich und kann mir Speed, LSD, XTC, Haschisch, Marihuana und Pilze auf Techno Partys leisten

Mit 19 Jahren verliebe ich mich in den Party Dealer und beginnt unsere symbiotische Beziehung

Mit 19 Jahren nimmt meine Schwiegermutter mich an als geliebte Tochter

Mit 19 Jahren nehme ich Heroin als Downer bei extremem Konsum von Kokain, XTC und Speed

Mit 22 Jahren bin ich glücklich in unserer Giftbeziehung

Mit 22 Jahren bin ich clean und glücklich über die Geburt des ersten unserer vier Kinder

Seit meinem 23 Jahren sorgt mein Mann für Drogen und Geld und ich für ein heiles Zuhause

Mit 23 Jahren zeigt meine Mutter mich bei der Polizei an als Junkie, um mir meine Kinder wegzunehmen

Mit 23 Jahren droht mir die Polizei mit Kindesentzug, falls ich den Tatvorwurf nicht zugebe

Mit 26 Jahren bin ich erleichtert nach dem Tod meiner Mutter und kann den Streit mit ihr nicht weiterführen

Mit 29 Jahren bin ich in U-Haft und werde in ein künstliches Koma versetzt, um den Entzug zu überleben

Mit 30 Jahren nehme ich während der Inhaftierung meines Mannes Methadon und leide unter der unerträglichen Trennung

Mit 32 Jahren werde ich verurteilt zu einer Gefängnisstrafe, bin clean und verzweifele an der Trennung von Mann und Kindern

Mit 32 Jahren fühle ich mich schuldig an dem Leid meiner Kinder

KUNSTRAUM UND ÖFFENTLICHKEIT

Thomas Mießgang, Hauptkurator der Kunsthalle Wien, bringt mich in Kontakt mit der Wiener Organisation KÖR–Kunst im Öffentlichen Raum[127]. Die Kunstprojekte, die die Institution im öffentlichen Raum Wien fördert und mitveranstaltet, müssen die KünstlerInnen in Eigenregie organisieren.

Wir diskutieren mit der Projektkoordination, welcher Kunstraum für die Ausstellung, das *Expert Meeting* und als Ausgangspunkt für das *Drop Off* geeignet wäre.

In der U-Bahn Station Karlsplatz befindet sich die Passage-Galerie, die als Kunstraum vom ›Künstlerhaus‹[128] akquiriert wurde und für Projekte angemietet werden kann. Der Raum ist wegen seiner Lage im Souterrain interessant: Durch die schmalen Oberlichter sieht man auf das Pflaster des Karlsplatzes und auf die sich ständig bewegenden Beine der Passanten. Direkt vor den Ausgang können Taxis vorfahren. Nachteil sei die derzeitige Situation auf dem Karlsplatz, höre ich von verschiedenen Seiten. Der Platz und die zentrale U-Bahn Station werden saniert und die Drogenszene soll verdrängt werden, was nicht ohne erhebliche Unruhe vor sich geht und gehen wird.

127 ›Die Aufgabe der KÖR ist die Belebung des öffentlichen Raums der Stadt Wien mit permanenten bzw. temporären künstlerischen Projekten. Dadurch soll die Identität der Stadt und einzelner Stadtteile im Bereich des Zeitgenössischen gestärkt sowie die Funktion des öffentlichen Raums als Agora—als Ort der gesellschaftspolitischen und kulturellen Debatte—wiederbelebt werden.‹ Auszug http://www.koer.or.at

128 ›Das Künstlerhaus—von und für Künstlerinnen und Künstler. Das Künstlerhaus ist eine autonome, interdisziplinäre und international orientierte Vereinigung von Künstlerinnen und Künstlern. Das Künstlerhaus fördert die Produktion sowie den Austausch und die Vermittlung von zeitgenössischer Kunst und erarbeitet mit seinen Communities relevante Programme, die künstlerische und gesellschaftliche Entwicklungen reflektieren und vorantreiben.‹ Auszug http://www.k-haus.at

KARLSPLATZ WIEN

Der Karlsplatz gilt seit den 1990er Jahren als eine der Hauptszenen der Drogenproblematik in Österreich. Nach Aussagen der Polizei und der Sucht- und Drogenkoordination Wien (SDW)[129] ist der Karlsplatz nicht mit *Drug Spots* wie der Gumpendorfer Straße oder dem Schottenring zu vergleichen. Während es auf dem Karlsplatz in den 1980ern tatsächlich noch in allererster Linie um Heroingebrauch und -verkauf ging und man dort täglich hunderte Suchtkranke treffen konnte, waren es in den späten 1990er und 2000er Jahren fast ausschließlich Medikamente und Substitutionsmittel, die die Suchtkranken untereinander tauschten. Der Karlsplatz habe, nach Aussage der SDW,

Vana Knez [1981]

Bei meiner Geburt bin ich glücklich über mein Leben

Mit neun Monaten rettet mein Onkel mich vor dem Tod und verliert dabei sein Leben

Als ich 2 Jahre bin, schlägt mein alkoholkranker Vater regelmäßig meine tadelsüchtige Mutter

Mit 3 Jahren lassen meine Eltern sich scheiden und der Liebhaber meiner Mutter quält mich

Mit 6 Jahren schlägt mein Vater meine Mutter krankenhausreif und ich bin froh über die Wiedervereinigung meiner Eltern und unseren Umzug in die Landkommune der Familie

Mit 9 Jahren ziehen wir in die Stadt und ich verprügele die Jungen, die mich in der Schule verspotten

Mit 10 Jahren identifiziere ich mich mit der Liebesgeschichte der Christiane F

Als ich 11 Jahre bin, bezichtigt mein betrunkener Vater mich der Schuld am Tod meines Onkels

Mit 12 Jahren trinke und kiffe ich

Mit 13 Jahren vergewaltigt mich der Junge, den ich bewundere

Mit 14 Jahren bin ich glücklich und leistungsfähig in der Schule dank Heroin

Mit 15 Jahren liebe ich einen 18 Jahre älteren Mann und wir verschweigen einander unsere Drogenabhängigkeit

Mit 16 Jahren zeigen meine Eltern mich bei der Polizei an und verbieten mir die Beziehung

Mit 17 Jahren bin ich depressiv und deale mit Heroin, um meinen Bedarf zu decken

Mit 19 Jahren werde ich wegen der Anzeige meines Vaters zu einer Gefängnisstrafe verurteilt

Mit 21 Jahren werde ich aus der Haft entlassen und deale mit großen Mengen Drogen

Mit 22 Jahren lerne ich meinen Ehemann kennen und führe ihn ein in die Drogenszene

Mit 23 Jahren hoffe ich auf die heilsame Wirkung der Schamanenpflanze Iboga, um drogenfrei ein Kind zu bekommen

Mit 25 Jahren wird meine Tochter geboren und mein Mann inhaftiert

Seit meinem 25 Lebensjahr unterstützt mein alleinstehender Vater mich im Drogenhandel und ich sorge für seinen Lebensunterhalt

Mit 26 Jahren übernimmt mein Vater einen Teil der Verantwortung für den Drogenbesitz und vermindert dadurch das Ausmaß meiner Verurteilung

Mit 27 Jahren bin ich clean und lebe von Tag zu Tag

eine vollkommen andere Struktur als alle anderen Drogenadressen, weil es dort viel weniger um das klassische Dealen mit Heroin, Kokain und Marihuana gehe. Der Karlsplatz sei die Hauptanlaufstelle für Suchtmittelkranke und vielen BürgerInnen ein Dorn im Auge.

Obwohl KÖR meinem Projektvorschlag prinzipiell positiv gegenübersteht, erscheint ihnen das Konzept der Intervention als problematisch. Wegen der Sanierung der sogenannten Suchtmittel-Treffpunkte nehme die Intervention im öffentlichen Raum zwar eine, wie gewünscht, politische Bedeutung an, die könne jedoch in der gegenwärtigen Situation in einer gänzlich anderen Richtung wirken als beabsichtigt. Es müsse auch sorgfältig geprüft werden, ob und in welcher Form die Intervention möglich sei, ohne städtische Interessen zu konterkarieren. KÖR empfiehlt die Einbeziehung des Wiener Drogenkoordinators bei der Überarbeitung meines Konzeptes, das ich dann gerne zur nächsten Jurysitzung im Spätsommer nochmals einreichen könne.

Im Gespräch mit dem Geschäftsführer und Koordinator der Sucht- und Drogenkoordination Wien (SDW), versichern wir uns zuerst unserer Gemeinsamkeiten. Er lobt die Sensibilität des Projektes und nimmt gerne meine Einladung zum Wiener *Expert Meeting* an. Die SDW will das Projekt auch finanziell unterstützen. Die geplante Intervention im öffentlichen Raum müsse aber noch genauer besprochen werden, auch mit seiner Stadträtin, die dem Projekt ebenfalls prinzipiell positiv gegenüber stehe.

129 Vgl.: Untersuchungsrapport Andrea Jäger, Sucht- und Drogenkoordination Wien. Die SDW ist seit 2006 mit der Umsetzung der strategischen und operativen Ziele der Wiener Sucht- und Drogenpolitik und der damit verbundenen Mittelvergabe betraut. Dabei erfolgt die Umsetzung der einzelnen Maßnahmen in enger Abstimmung mit den EntscheidungsträgerInnen und Magistratsabteilungen der Stadt Wien, der Exekutive, den Bundesdienststellen und den operativ tätigen Einrichtungen des Sucht- und Drogenhilfenetzwerkes (SDHN), bestehend aus der SDW, ihrer Tochtergesellschaft, der Suchthilfe Wien gemeinnützige GmbH, sowie ihren FördernehmerInnen und PartnerInnen aus dem stationären und ambulanten Bereich. Der SDW kommt in diesem Netzwerk die Aufgabe zu, die Einrichtungen zu koordinieren und die verschiedenen Maßnahmen und Angebote aufeinander abzustimmen. Auszug, U.M., red. gekürzt: https: // sdw.wien

ZAGREB, NOVEMBER 2008

ZUSAGEN KROATIEN

Bei Ivana Borovnjak gehen nun die Zusagen eingeladener ExpertInnen aus den Bereichen Psychiatrie und Psychologie, der Soziologie und den Rechtswissenschaften, von MitarbeiterInnen des Ministeriums, von Hilfsorganisationen und NGO-Interessensvereinen von Drogenkranken, von sozialpolitisch engagierten KünstlerInnen, KunsttheoretikerInnen und KuratorInnen ein. In Abstimmung mit allen beteiligten Institutionen legen wir die Termine für die Ausstellung in der SC Gallery, dem *Expert Meeting* und dem *Drop Off* auf Ende April 2009 fest.

Justina Kral [1968]

Ich bin die kleine Schwester meiner toten Schwester

Mit 1 Jahr hinterlassen meine Eltern mich wütend bei meiner Großmutter auf dem jugoslawischen Land

Mit 5 Jahren holen meine Eltern mich in ihr Gastarbeiter-Deutschland und überfordern mich mit einsamer Anpassung an Unbekanntes.

Mit 11 Jahren ist mein Vater mein Vertrauter und trotz Heimweh leben wir im Wohlstand

Mit 14 Jahren habe ich keine Angst vor dem Kokainkonsum in der Clique von Kindern reicher Leute

Mit 16 Jahren flüchte ich in eine städtische Ausbildung, weit weg von der Kontrolle meiner Eltern

Mit 18 Jahren liebe und heirate ich einen jugoslawischen Kriminellen und füge mich in traditionelles Dasein als Ehefrau

Als ich 19 Jahre bin, findet mein Mann sich nach der Flucht aus dem deutschen Gefängnis in Jugoslawien nicht zurecht und ich hole ihn zu mir in die Schweiz

Mit 20 Jahren lebe ich in Luxus und Langeweile und wasche Schweizer Franken aus dem Drogen- und Waffenhandel meines Mannes

Mit 25 Jahren terrorisiert mein Mann mich mit Gewalt und Tötungsdrohungen und ich fange an regelmäßig Kokain zu gebrauchen

Mit 25 Jahren treibe ich mein ungewünschtes Kind ab und versuche mich zu töten

Mit 26 Jahren holen meine Eltern mich aus der Schweiz, sperren mich in die Psychiatrie und mein Vater droht meinem Mann

Mit 26 Jahren schießt mich mein Mann aus der Psychiatrie frei und ich nehme sein Kokain, Alkohol, Crack, Heroin

Mit 26 nutze ich meine Macht als Ehefrau, Dealer unter Druck zu setzen und akzeptiere Liebhaber mit Geld und Drogen

Mit 28 Jahren verliere ich meine Aufenthaltsgenehmigung in der Schweiz und handele mit Schweizer Drogen in Deutschland

Mit 29 Jahren werde ich in Deutschland zu 5 Jahren Haft verurteilt und lasse mich nach Kroatien abschieben

Mit 30 und 31 Jahren bin ich clean, lebe regulär und habe Angst

Mit 34 Jahren deale ich und nehme Unmengen von Heroin und Kokain

Mit 34 Jahren folge ich meinem Mann an die See, bin wehrlos in fatalem Drogenkonsum und lasse mich tyrannisieren, vergewaltigen und misshandeln

Mit 37 Jahren verlasse ich meinen Mann und binde mich an einen jungen kroatischen Kriegsinvaliden

Mit 40 Jahren sitze ich meine Gefängnisstrafe ab, leide an Hepatitis C, bin drogenfrei und werde Kick durch Familienglück ersetzen

Josipa Božić [1972]

Mein Vater ist der einzige, der froh ist über meine Geburt als Mädchen

Mit 2 Jahren bin ich umgeben von den frommen Tanten meines Vaters und meiner fremdgehenden Mutter

Mit 4 Jahren will ich Priester werden und finde mich nicht zurecht in der Mädchenwelt

Mit 6 Jahren schäme ich mich für meinen trinkenden Vater, der meine Mutter beschimpft als Schlampe und Hure

Mit 12 Jahren flüchte ich zu meiner Tante und erlebe Normalität

Mit 14 Jahren muss ich zurück nach Hause und kann mich in der Schule nicht konzentrieren

Mit 14 Jahren wird mein Vater in die Klinik eingewiesen und ich gebe meiner Mutter die Schuld

Mit 15 Jahren treibe ich mich herum, klaue, fange an zu trinken und nehme die Tranquilizer meiner Tanten

Mit 16 Jahren verlasse ich die Schule, gehe arbeiten und das Gericht droht mir mit der Zwangseinweisung ins Erziehungsheim

Mit 17 Jahren habe ich Mitleid mit meinem rückfälligen kranken Vater

Als ich 20 Jahre bin, stirbt meine acht Monate alte Schwester, für die ich sorge wie für mein eigenes Kind, an Meningitis

Als ich 20 Jahre bin, verfällt meine Mutter in eine tiefe Depression und wir sind alle untröstlich

Mit 22 Jahren bin ich alkoholabhängig und meine Mutter schickt mich zur Tante nach Deutschland

Mit 23 Jahren versuche ich meine Freunde auf der Insel von den Drogen abzuhalten

Mit 25 Jahren verliebe ich mich in einen Jungen aus der Drogenszene

Mit 25 Jahren teile ich im Briefwechsel mit meinem inhaftierten Freund das Gefühl von Einsamkeit und Isoliertheit

Als ich 27 Jahre bin, dealen wir beide mit Marihuana, werden verurteilt und ich bin geschockt über das Gefängnissystem

Mit 29 Jahren werde ich aus der Haft entlassen, gebrauche Heroin und deale

Mit 30 Jahren besteht mein Leben aus Heroin, Depression, Vorwürfen, endloser Einsamkeit, Chaos und Verbundenheit mit meinem Freund

Als ich 31 Jahre bin, werden wir nach Spanien in eine Drogenhilfe-Kommune geschickt und meine Mutter droht mir, mich bei Abbruch der Therapie anzuzeigen

Mit 31 Jahren ist meine psychische Abhängigkeit von Kokain größer als die physische Abhängigkeit von Heroin

Mit 36 Jahren wird meine Hepatitis C im Gefängnis behandelt

Mit 36 Jahren bin ich zum vierten Mal in Haft, erwartet mich eine weitere Verurteilung und ich lebe in Angst vor dem Leben mit und ohne Drogen, vor Krankheit, Isolation und Freiheit

Die zweisprachige Moderation übernehmen die Amsterdamer Kuratorin Alexandra Landré und die Zagreber Journalistin der Tageszeitung Slobodna Dalmacija, Nataša Škaričić.

Ich recherchiere im Internet—so gut es geht, da die Webseiten in der Mehrzahl auf Kroatisch verfasst sind—die Personen, die Ivana als ExpertInnen vorschlägt. Einige habe ich bereits persönlich kennengelernt, wie Vesna Babić, Sanja Sarnavka, die Künstlerin Iva Kovač, die Kuratorinnen Marta Kiš und Karla Pudar. Die Künstlerin Barbara Blasin hat zusammen mit B.a.B.e. bereits gesellschaftskritische Projekte in Zagreb realisiert.

Ich freue mich über die Zusage Ljubica Matijević-Vrsaljkos, die sich als Juristin auf die Einhaltung internationaler Menschenrechte im Umgang mit Randgruppen spezialisiert hat. Drei Experten der Drogenproblematik, zwei Psychiater und eine Psychologin vertreten sehr unterschiedliche Auffassungen und Behandlungsmethoden.

WIEN, JANUAR – MÄRZ 2009

FINANZIERUNG

Ende Januar 2009 bittet KÖR um weitere Unterlagen zu meinem neu eingereichten, überarbeiteten Antrag: Außer der Stellungnahme der Drogenkoordination möchten sie noch Empfehlungs- bzw. Unterstützungsschreiben der Beteiligten, PartnerInnen und Institutionen, auf offiziellem Briefpapier. Es sollte auch darin stehen, in welcher Form sie sich am Projekt und auch eventuell an den Kosten beteiligen.

Wolfgang Werdenich und Corinna Obrist, Peter Weibel und Helmut Lethen befürworten in ihren Schreiben das Projekt und die Intervention im öffentlichen Raum in Wien.

WochenKlausur kommentiert die Anforderung von Empfehlungsschreiben: »Die WochenKlausur hat so etwas bisher noch nie gemacht und wir sind nach langer Diskussion überein gekommen, dass wir das auch in Zukunft lieber so handhaben möchten. Es kann nicht sein, dass öffentliche Geldgeber von den KünstlerInnen Empfehlungsschreiben einfordern. Das ist genau genommen sogar eine demokratische Zumutung. Einerseits erkunden sie damit das Netzwerk (wer unterstützt wen), andererseits stärken sie damit die, die die meisten UnterstützerInnen finden und schon eine Lobby haben, während genau die, die (noch) keine haben, durchfallen. Wer bei diesem System mitmacht, unterstützt es. WochenKlausur lehnt ein Big-Brother-System in der Kunst ab, in denen sich die KünstlerInnen gegenseitig ›selbst rauswählen‹.«

Anfang März 2009 schickt der Koordinator der SDW zuerst mir und etwas später KÖR auf offiziellem Briefpapier seine ausdrückliche Befürwortung des Projektes plus seine Einwände zum *Drop Off* in Wien.

ZAGREB, 27. APRIL 2009

INTERVENTION ZAGREB: *DROP OFF* UND *EXPERT MEETING* SERIE PIA HERC

Obwohl ich in TBDWBAJ Publikationen und Dokumentationen eher zurückhaltend mit Abbildungen der Artefakte Matrix und Baby Doll umgehe, verwendet Ivana für die Ankündigung der Intervention in der Broschüre, in Flyern und auf Postern die Abbildung des Gesichtes einer Pia Herc-Baby Doll und übersetzt den Titel TBDWBAJ. Es ist in Kroatien üblich, Kunstprojekte auf Plakaten bildbezogen visuell und auf Kroatisch anzukündigen.

Die Taxizentrale Zagreb sponsert die Hin- und Rückfahrten der Taxen für das *Drop Off*.

24 Limousinen stehen ab 14:30 Uhr vor der Galerie. Marta Kiš und Karla Pudar koordinieren die Austeilung der Baby Dolls an die Drop-Gruppen.

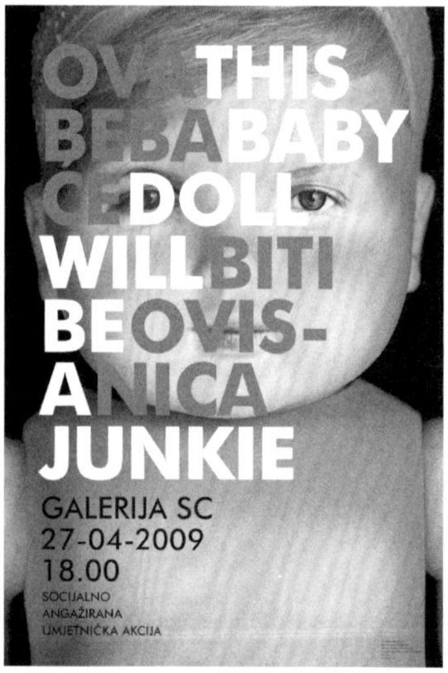

Billboard, *Drop Off*, Zagreb

EXPERT MEETING: GALERIJA SC, ZAGREB

Moderation
Alexandra Landré und Nataša Škaričić

TeilnehmerInnen

Vesna Babić — Leiterin des Regierungsamtes gegen Drogenmissbrauch

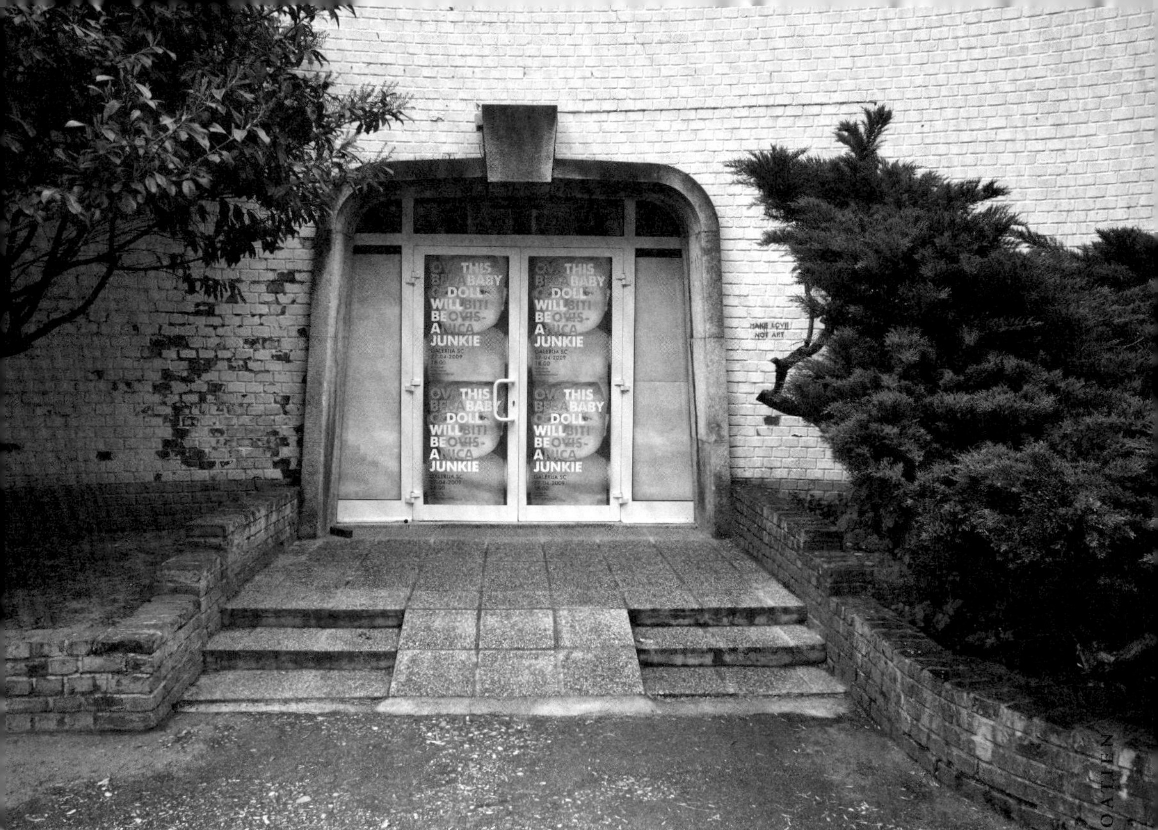

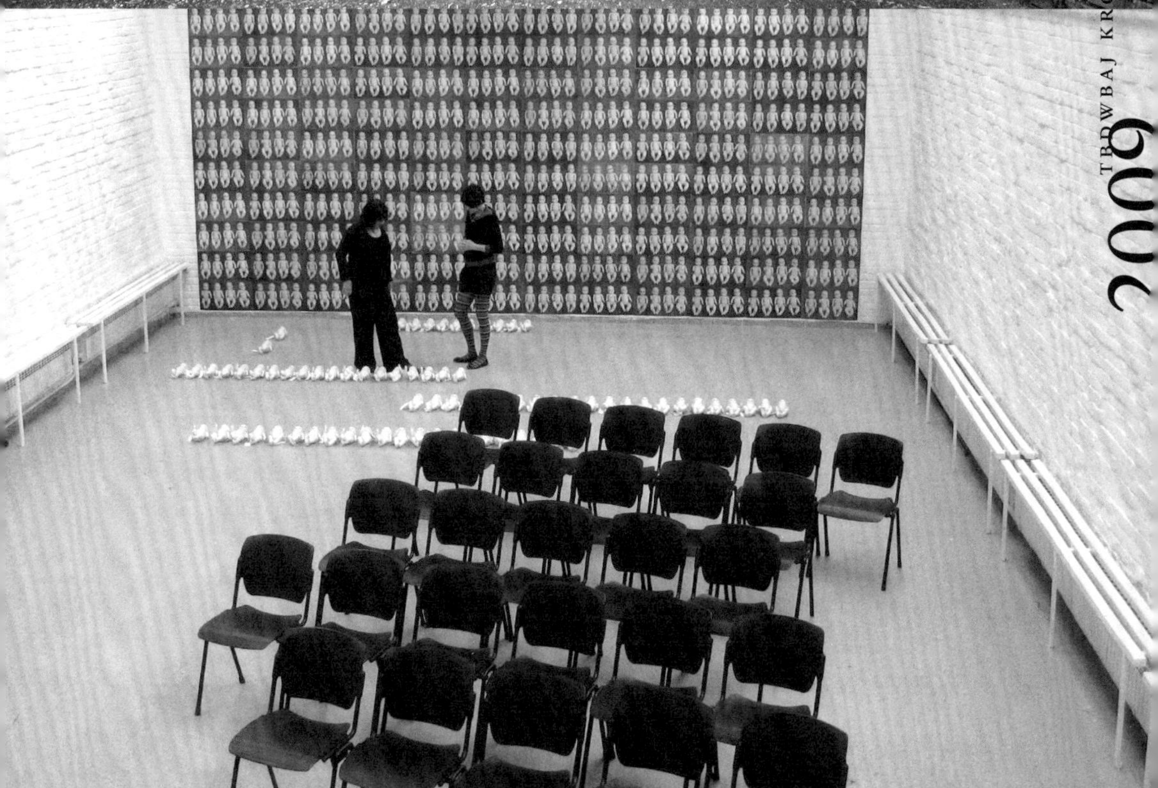

Galerija SC, Zagreb. Fotos: Borko Vukosav, Ivana Borovnjak

Barbara Blasin	Künstlerin
Dubravko Klarić	Berater des Regierungsamtes gegen Drogenmissbrauch
Iva Kovač	Künstlerin
Kristina Leko	Künstlerin
Željko Mavrović	ehemaliger Box-Schwergewichts-Europameister, heute tätig in Hilfsorganisationen für Drogenabhängige
Benjamin Perasivić	Soziologe
Slavko Sakoman	Arzt
Sanja Sarnavka	Vorsitzdende der NGO B.A.B.E.
Robert Tore	Psychiater
Ljubica Matijević Vrsaljko	Rechtsanwältin und ehemalige Ombudsfrau für Kinder
Maja Vučić	Psychologin

Transkription
Iva Prosoli

Alexandra Landré gibt eine Einführung in das Projekt und fasst unsere Beobachtungen und Fragen aus fünf Projektausführungen TBDWBAJ zusammen:

Beobachtung I

Auffallend in der Matrix aller Teilnehmerinnen ist, dass sie schon in der frühesten Jugend Gewalt erlebt haben und das selbst Jahre später für sich nicht als abweichendes Verhalten ihrer Umgebung betrachten, sondern als ›normal‹. Die Schuld an ihrer Lebenssituation als Drogenabhängige im Gefängnis schreiben sie sich selbst und ihrer Lebensführung zu.

Fragen
Muss diese Gewalt als eine gängige Umgangsform innerhalb unserer Gesellschaft gesehen werden? Inwiefern kann man von einer kollektiven Akzeptanz von Gewalt im privaten Raum oder von einer allgemeinen Ignoranz der Vorgänge sprechen?
Wie übertragbar sind die Verhältnisse der privaten, geschlossenen Räume auf die gesellschaftspolitischen Strukturen der Länder, diskutiert anhand der Stichworte

Macht	Staatsgewalt / Macht	Selbstbestimmung
Staatsgewalt	Erziehungsgewalt	
Wertschätzung	Trauer	

bzw. die gesellschaftliche Zustimmung, Betrauernswertes erfahren zu haben.

Beobachtung II

TBDWBAJ erzielt seine Ergebnisse und Erkenntnisse nicht zu dem Zweck, kurzfristig emotionale Betroffenheit oder Mitleid beim Betrachter auszulösen, das folgenlos bleibt—bereits vorhandene schiefe Ebenen oder Hierarchien würden damit nur verfestigt. Deshalb verzichtet TBDWBAJ auch auf schockierende Visualisierungen wie sensationelle *Images* aus dem Gefängnis oder von ihrem Leiden gezeichnete Junkies. Vielmehr geht es in dem Projekt um das Herausfinden und Benennen von Fakten, damit das Thema In- und Outcast von verschiedenen Perspektiven aus betrachtet, eingekreist und in einen umfassenderen Diskurs weitergetragen werden kann. Gleichwohl ist dieses Herausfinden und Benennen von Fakten nur dann möglich, wenn sich die Beteiligten aufeinander einlassen und eine Beziehung und Vertrauen zueinander entstehen. Der Austausch soll einen Weg aus dem Intimen heraus finden hin zum menschlichen Intervenieren, was Reflexion und Stellungnahme voraussetzt und einbezieht.

Fragen

Inwiefern kann das Weitertragen des Diskurses, die Erweiterung des Handlungsraumes und daraus erworbenes Wissen den Umgang mit einer Randgruppe und deren Mitgliedern im Einzelnen beeinflussen oder verändern, und kann eine kritische Reflexion über als gegeben angenommene oder etablierte Positionen einsetzen?

Beobachtung III

Handeln ist eines der Mittel, durch das sich eine demokratische, pluralistische Gesellschaft kontinuierlich selbst realisiert und neu formiert. Dieser Prozess spiegelt sich im öffentlichen Raum wider, wie zum Beispiel in dem Vorgang, in welchem entschieden wird, welche Gruppen willkommen sind, zugelassen oder abgedrängt werden—In- und Outcast. Das Ausschließen einer Gruppe stellt beides, Pluralität und Demokratie, gleichermaßen in Frage. Weiterhin wäre nach den Kriterien zu fragen, anhand derer die Entscheidung getroffen wird, welches Individuum welcher Gruppe zugeordnet wird, ob jemand erwünscht oder unerwünscht ist, oder gar abgewehrt wird. Kann in diesen Prozess eingegriffen werden?

Fragen

Kann noch von einer demokratischen Öffentlichkeit die Rede sein, wenn Randgruppen einer Gesellschaft hier der Zugang verwehrt oder sie ausgeschlossen werden, und wer entscheidet wie darüber?

Folgt aus der Ent-Demokratisierung des öffentlichen Raumes die Ent-Demokratisierung der Gesellschaft?

Beobachtung IV

TBDWBAJ agiert an der Schnittstelle von Gewalt/Macht, Handeln und Öffentlichkeit. Sich auf eine gesellschaftlich isolierte Randgruppe zu beziehen

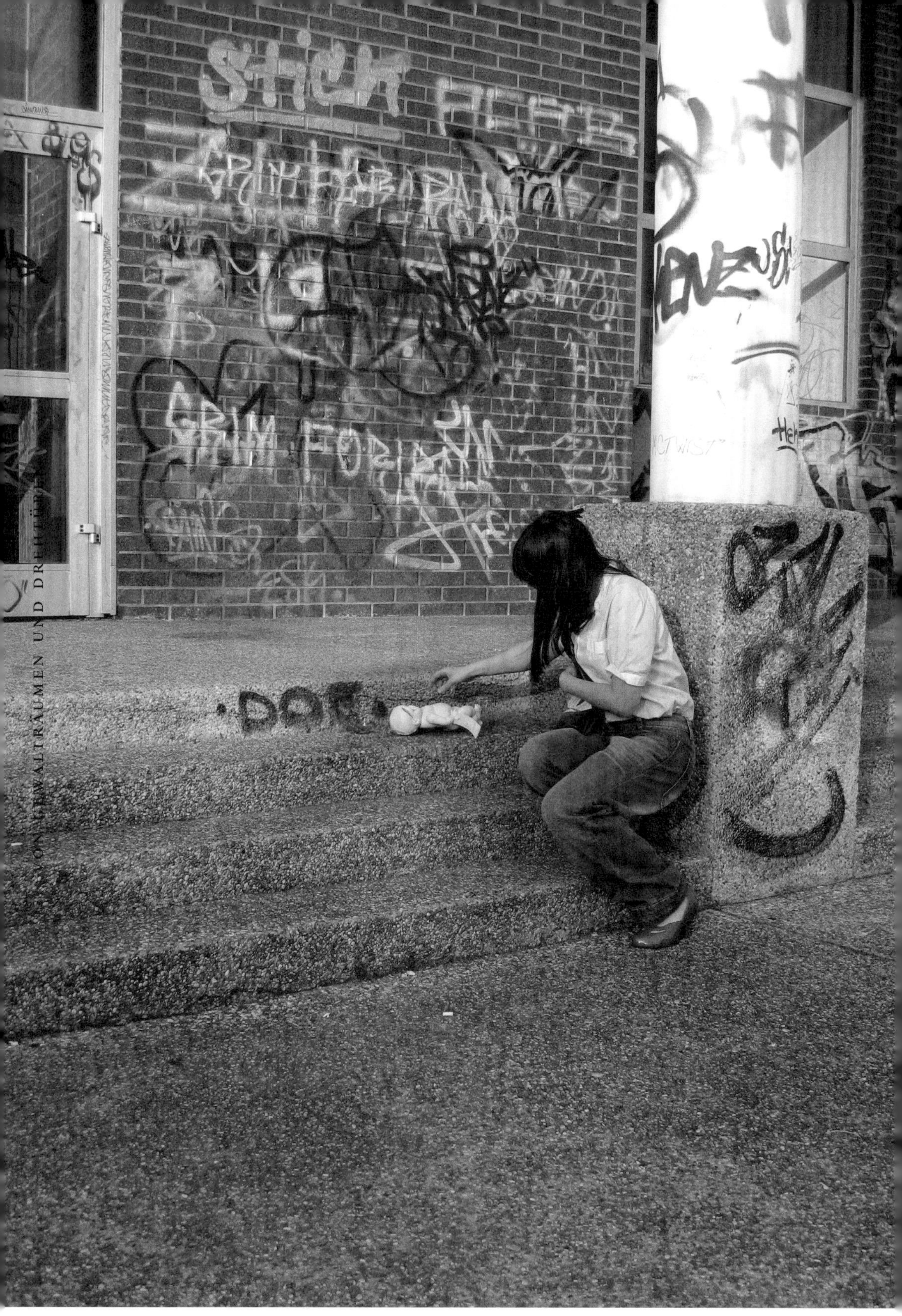

Drop Off Baby Doll 14, Zagreb. Foto: Bastienne Kramer

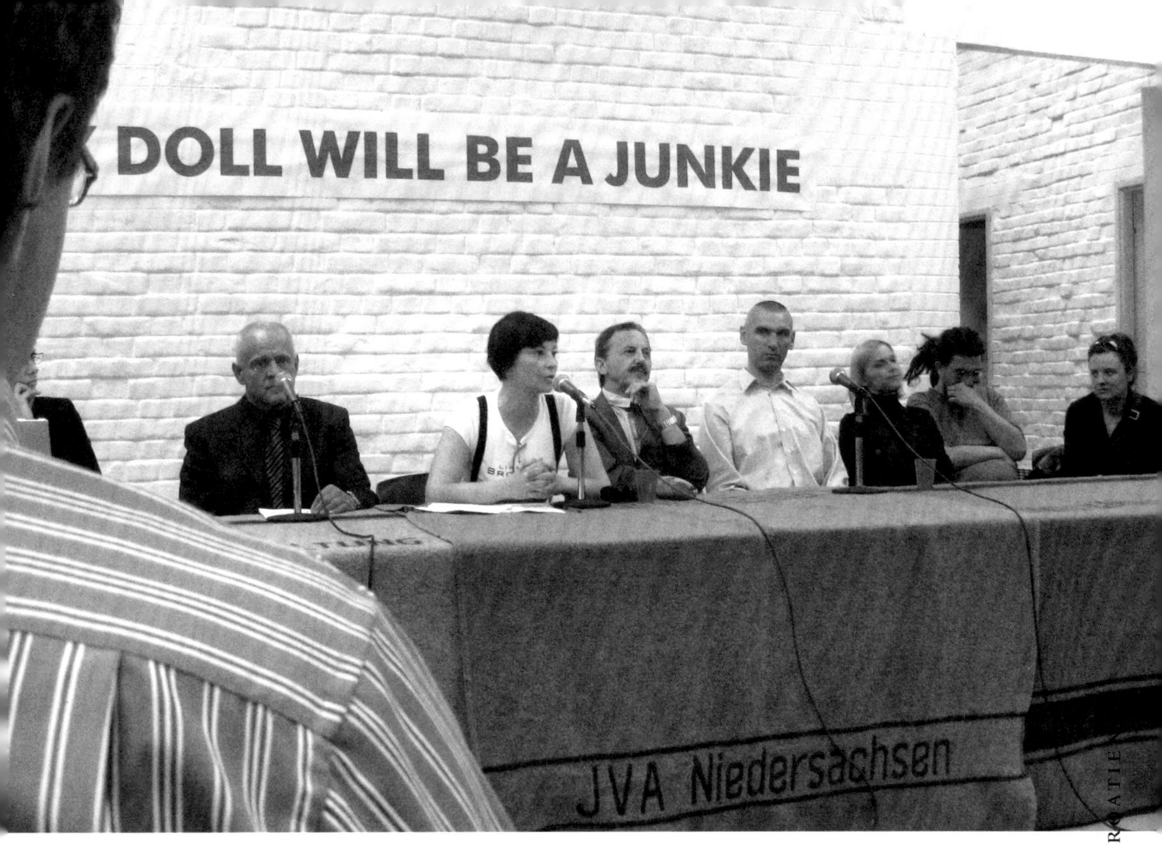

Expert Meeting Zagreb, Galerija SC. Foto: Bastienne Kramer

und die ›Unsichtbaren‹ über ihre Biografien in einem Kunstprojekt sichtbar zu machen, ist ein sensibles Thema in jeder Gesellschaft, weil sich sofort Schuldzuweisungen einstellen. Eine vorherrschende Mehrheit vertritt die Meinung, Drogenabhängigkeit beruhe—wie jedes Nicht-Funktionieren—auf persönlicher Unfähigkeit und die Verantwortung für die Folgen der Sucht hätten prinzipiell und ausschließlich die Abhängigen zu tragen. Der Einsatz künstlerischer Mittel im Forschungsprozess und die Schaffung eines Objektes, das die Ergebnisse repräsentiert, gibt andere Informationen weiter und deckt das im Verborgenen Geschehene auf. Ein anderer und differenzierterer Umgang mit dem Thema kann damit eingeleitet werden.

GESPRÄCH

Nataša Škaričić dankt der niederländischen Kuratorin für ihre Beobachtungen und Fragen.

Die Moderation und die anschließende Diskussion findet in kroatischer Sprache statt. Die später gelesene, von Iva Prosoli übersetzte Transkription hält den Verlauf des Gespräches fest, in dem vorwiegend die Bedeutung des Projektes TBDWBAJ für das kroatische Justiz- und Gesundheitssystem diskutiert wird: Ist solch eine Kunstpraxis ein Luxus oder eine gute Alternative zum derzeitigen Umgang mit Drogenabhängigkeit? Können künstlerisch-emanzipatorisch wirksame Projekte die Schwächen der Institutionen ersetzen? Was könnte in die Praxis übernommen werden und verändern die Ergebnisse bisherige Auffassungen?

Slavko Sakoman gilt als Autorität auf dem Gebiet der psychiatrischen Behandlung von Drogenabhängigen. Auch er unterstreicht die Wichtigkeit eines geschlechtsspezifischen Ansatzes in der Suchtbehandlung. Frauen seien im hohen Maße Opfer von psychischer, physischer, oft auch sexueller Misshandlung.

Eine kürzlich stattgefundene Untersuchung in vielen europäischen Ländern—u. a. in Kroatien—zu Opfern von gesellschaftlicher Intoleranz bestätige, dass an erster Stelle der verschiedenen sozialen Kategorien die Drogenabhängigen stünden, wobei Frauen stärker als Männer betroffen seien. Besonders im Fall von Schwangeren oder Müttern sei ihre Rehabilitierung mit zu vielen negativen Faktoren beschwert, sodass sie nahezu unmöglich sei.

Für Robert Tore, praktizierender Psychiater für Drogenabhängige, ist TBDWBAJ keine Kunsttherapie, sondern eines der ersten Projekte, in denen zeitgenössische Kunst sich kommunikativ, gesellschaftlich und politisch zugleich für dieses Thema engagiert.

Der Soziologe Benjamin Perasović befürwortet alles, was zur ›Evolution des Bewusstseins‹ beiträgt: »TBDWBAJ verdeutlicht, dass wir in einer Gesellschaft leben, in der Sozialisationsmuster des Patriarchats und des Traditionalismus unhinterfragt angenommen werden.«

Seine ersten Erfahrungen mit Strategien zum Umgang mit Drogenmissbrauch habe er vor etwa zehn Jahren in Kalifornien und in den Niederlanden bei von Frauen organisierten Initiativen gemacht: »... und wenn TBDWBAJ einige Frauen im Knast oder draußen dazu bringt, sich auf ähnliche Weise zu organisieren, werde ich dieses unterstützen.«

Vesna Babić, Abteilungsleiterin im Regierungsamt für Drogenmissbrauch, lobt, dass die Insassinnen des Gefängnis Požega ihre Lebenserfahrungen so optimal geteilt haben: »Wenn etwas von außen in das geschlossene System Gefängnis eingebracht werden kann, ist die Wirksamkeit für die Teilnehmerinnen im therapeutischen Sinne ausgezeichnet und legitimiert so das Projekt.«

Der Polizeichef Dubravko Klarić verteidigt das bestehende institutionelle Angebot in Kroatien. Die Institutionen seien nicht unfähig, sich mit dem Problem des Drogenmissbrauchs auseinanderzusetzen. Er sei in seiner fast 40-jährigen Karriere bei der Polizei viel mit Drogenabhängigkeit und Beschaffungskriminalität konfrontiert worden. Die Regierung investiere zunehmend mehr Geld für Resozialisierung, Edukation und Hilfe und setze seit 2009 auf eine neue Strategie mit Schwerpunkt Prävention und Resozialisierung.

Die Rechtsanwältin Ljubica Matijević Vrsaljko findet sehr wohl, dass TBDWBAJ ›Unfähigkeiten der Institutionen‹ demonstriere. Sie habe oft die in dem Zusammenhang angeklagten Frauen sowohl im strafrechtlichen als auch im allgemeinen Sinne verteidigt. Sie nennt Stichworte: Vergewaltigung, Armut, Drogen. Und es sei wichtig, die Frage nach den Kindern dieser drogenabhängigen Frauen zu stellen. Welche Chancen habe ein solches Kind überhaupt?

»Wenn Frauen aus einer solchen Institution herauskommen, stehen sie vor Problemen wie Arbeitslosigkeit, Stigmatisierung und Armut. Das Sorgerecht für ihre Kinder wird ihnen oft entzogen. Wie sehen ihre Chancen und die ihrer Kinder aus?«

Sie glaubt, dass dieses Projekt eine neue Sensibilität beim Publikum hervorrufen könne: »Es ist extrem wichtig, dass die Gesellschaft den Problemen dieser Frauen und ihrer Kinder nicht gleichgültig gegenübersteht.«

Nataša Škaričić fragt nach der Bedeutung von sozial-engagierter Kunst in Kroatien und bemerkt, dass hier gleich zwei Bereiche angesprochen würden, wo die kroatische Gesellschaft nicht besonders sensibilisiert sei: Kunst und soziale Probleme.

Die Künstlerin Barbara Blasin widerspricht. Sozial engagierte Werke seien in der zeitgenössischen Kunstpraxis Kroatiens keineswegs ungewöhnlich und spielten eine wichtige Rolle bei der Sensibilisierung der Öffentlichkeit, sie würden jedoch von den Medien sehr selten als künstlerische Projekte verstanden. Sie bezeichnet die Verortung des Projektes TBDWBAJ in verschiedenen Räumen als wirkungsvoll, weil die persönlichen Geschichten der Frauen auf so einprägsame Weise aus dem isolierten Raum hinaus und in den öffentlichen hineingetragen würden.

Die Künstlerin Kristina Leko bestätigt das Interesse an *Community Art*. Auch wenn sie ihre eigenen Projekte hauptsächlich im Ausland ausführe, realisiere sie auch in Kroatien Arbeiten mit sozial gefährdeten Gruppen wie zum Beispiel Immigranten und Arbeitern. Dabei sei das Konzept der ›Kunst-Demokratisierung, der gesellschaftlichen Teilnahme an der Kunstwerkverwirklichung‹ von großer Bedeutung. In der kroatischen Situation habe sich dies als eine kollektive Kunstpraxis gut entwickelt, es fehle allerdings die Zusammenarbeit mit Institutionen. Sie lobt, dass die Projektausführung TBDWBAJ im Gefängnis gestattet worden sei und dies sei ein gutes Zeichen dafür, dass es in den entsprechenden gesellschaftlichen Strukturen überhaupt Interesse gebe.

Die Künstlerin Iva Kovač achtet bei Projekten im öffentlichen Raum sehr darauf, wie sich ein Kunstwerk artikuliert: »Es ist von wesentlicher Bedeutung, das passende Modell für die Kommunikation mit der Öffentlichkeit zu finden.« Das Agieren von TBDWAJ in mehreren Räumen sei ihrer Meinung nach die geeignete Methode, um Knastarbeit und den dazu gehörigen Diskurs am besten zu artikulieren. Sie fragt sich allerdings, ob es den Menschen, die nach dem *Drop Off* die Baby Doll fänden, klar würde, worum es eigentlich gehe.

Kristina Leko glaubt, dass alle dafür verantwortlich seien, was mit den Baby Dolls geschehe. Ihr Kollege und sie hatten die Baby Doll nicht einfach auf dem Boden liegen lassen können: »Unser *Drop Off-Spot* war vor einem Polizeibüro. Wir haben mit dem Polizeichef vereinbart, dass die Puppe künftig als Demonstrationsobjekt für die Polizeiarbeit dienen wird.«

Sanja Sarnavka erklärt die Vorgehensweise der NGO B.a.B.e. und betont in dem Zusammenhang, wie wichtig ihnen die Zusammenarbeit mit den Institutionen sei, weil damit Projekte wie TBDWBAJ ermöglicht würden und sie nennt weitere erfolgreiche Beispiele von Kooperationen mit Künstlerinnen wie Sanja Iveković und Barbara Blasin.

Frau Babić eilt nach der Diskussion in die Stadt. Sie hatte gehofft, eine Baby Doll adoptieren zu können. Alle Dolls waren bereits fort.

WIEN, JUNI 2009

FINANZIERUNG 2

In der dritten Beurteilungsrunde wird mein KÖR-Antrag positiv entschieden, mit der einschränkenden Bedingung, die ursprünglich geplanten Dropzonen am Karlsplatz, am Stephansplatz, vor dem Stephansdom und nahe anderen Touristenattraktionen, die zukünftig nicht mehr mit Junkie-Treffpunkten assoziiert werden sollen, woandershin zu verlegen. Die Änderungen der Drop-Adressen sollten mit der Drogenkoordination abgestimmt werden und es wird darum gebeten, dafür zu sorgen, dass die Intervention und das *Expert Meeting* nicht unbemerkt vonstatten gingen, sondern angemessen in der Öffentlichkeit bekannt gemacht werden sollten. Wir entschließen uns zu einer Bewerbung des Projektes in den *City Lights* in Wien.

ÖFFENTLICHKEIT

Die Frage nach der Öffentlichkeit stellt sich in dem ganzen TBDWBAJ-Komplex immer wieder in anderen Zusammenhängen und nicht erst, wenn die Intervention stattfinden soll. Bereits während jeder Projektausführung im Gefängnis oder Therapeutikum entscheidet sich die Biografin, Ereignisse, die sich im Verborgenen abgespielt haben und über die sie Stillschweigen bewahrt hat, auszusprechen und damit den privaten Raum zu verlassen. Es gibt nun Zeugen.

Die Baby Doll, das Artefakt, das mit dem privaten und geheimen Wissen über ein Menschenleben entstanden ist, wird im wahrsten Sinne des Wortes ›in die Welt gelegt‹. Aber ohne die willentliche oder unwillentliche Mitwirkung des Publikums, das sie findet, ohne sein Vorstellungsvermögen und das Urteil des Einzelnen, würde keine Öffentlichkeit entstehen.

Die erstrebte Öffentlichkeit, sagt Hanne Seitz in ihrer Betrachtung ›Unerbetene Gaben‹[130] solle im Sinne der ›Polis‹ verstanden werden. Dazu zitiert sie Hannah Arendt: ›Der Begriff des Öffentlichen bezeichnet [...] ein Gebilde von Menschenhand wie der Inbegriff aller nur zwischen Menschen spielenden Angelegenheiten, die handgreiflich in der hergestellten Welt zum Vorschein kommen. In der Welt zusammenleben heißt wesentlich, daß eine Welt von Dingen zwischen denen liegt, deren gemeinsamer Wohnort sie ist, und zwar in dem gleichen Sinne, in dem etwa ein Tisch zwischen denen steht, die um ihn herum sitzen; wie jedes Zwischen verbindet und trennt die Welt diejenigen, denen sie jeweils gemeinsam ist.‹[131]

Sie fährt fort: ›Als ob der Tisch durch irgendeinen Trick zum Verschwinden gebracht worden wäre, säßen sich die Menschen heutzutage gegenüber und seien durch nichts mehr getrennt, aber auch durch nichts Greifbares verbunden und hätten daher die Kraft verloren, sich zu versammeln. Ihr scheint, dass Latour mit seiner ›Dingpolitik‹ diesem (fehlenden) Zwischen auf der Spur ist.‹[132] Mit Blick auf die Ausstellung der Baby Dolls, deren serielle Anordnung ja eine Art *Assemblage* ist, und das *Expert Meeting*, das eine *Assembly* darstellt, ist seine Spurensuche durchaus erhellend: Ding (oder das alte Wort Thing/Ting) bedeutet ursprünglich ›Zusammenkunft‹, wird dann zur ›Sache, Angelegenheit‹ und erst später der heutige ›unbelebte Gegenstand‹. So könnten die Baby Dolls als ein solches Ding verstanden werden, um das herum sich Menschen versammeln, die aufgrund einer Uneinigkeit und Entzweiung, also › ... durch Streitsachen an einem neutralen, isolierten Ort zusammengeführt worden sind, um zu irgendeiner Art von improvisierter provisorischer (Nicht)Übereinkunft zu gelangen.‹

130 Vgl.: Hanne Seitz, Unerbetene Gaben—Die Kunst des Einmischens in öffentliche Angelegenheiten. In: Ingrid Hentschel, Klaus Hoffmann und Una H. Moehrke (Hg), Im Modus der Gabe. Bielefeld 2011.

131 Vgl.: Hannah Arendt, Vita activa oder Vom tätigen Leben. München/Zürich 1958.

132 Hanne Seitz: ›Dinge (im Sinne Latours ›nicht-menschliche Aktanten‹) im sozialen Handeln nicht nur als Mittler, sondern als unmittelbar Beteiligte anzusehen, wäre für Hannah Arendt vermutlich ein Ding der Unmöglichkeit. Obwohl sie also das öffentliche Leben als eine durch und durch menschliche Angelegenheit versteht, sehe ich gleichwohl Verbindungen zu ihrer ›Vita activa‹—umso erstaunlicher, dass sich Latour nicht darauf bezieht.‹ Vgl. Bruno Latour, Von der Realpolitik zur Dingpolitik. Berlin 2005 und Latour, Eine neue Soziologie für eine neue Gesellschaft. Einführung in die Akteur-Netzwerk-Theorie. Berlin 2010.

ORGANISATION KUNSTRÄUME UND SEMI-ÖFFENTLICHKEIT

Die Stadterneuerungsorganisation VIEW—Vision Entwicklung Westgürtel— arbeitet an der sozialräumlichen und imagepolitischen Aufwertung der Gebiete entlang des Wiener Westgürtels und will den vernachlässigten Gebrauch des Kubus EXPORT[133] Lerchenfelder Gürtel, Bogen 48, als Aktionsraum feministischer Kunst reaktivieren.

VIEW lädt mich ein, die Wiener Edition TBDWBAJ zur Eröffnung der Wiederaufnahme des Kunstraumprogrammes im Kubus auszustellen. Diese begehbare Vitrine ist genau der richtige Ort, um die 23 Baby Dolls auf ihrem Weg vom isolierten in den öffentlichen Raum zwischenzulagern. KÖR schätzt den Junkie-Treffpunkt Währiger Gürtel als Ausstellungsort problematisch ein. Das *Expert Meeting* wird in den zentral gelegenen Projektraum der KUNSTHALLE Wien am Karlspatz verlegt. Im Anschluss kann von hieraus das *Drop Off* beginnen, die 23 Taxen können sich in der Treitlstraße neben der KUNSTHALLE versammeln, ohne den Durchgangsverkehr zu behindern.

133 ›Die permanente Glasinstallation von VALIE EXPORT hat eine starke Wirkung. Die Skulptur ist ein Kunst-Raum. Sie ist jedoch auch als Aktiv-Raum, als Raum für Ereignisse zu sehen. Das Projekt wurde 2001 aus Mitteln des Europäischen Fonds für Regional Entwicklung (EFRE) im Rahmen der EU-Gemeinschaftsinitiative URBAN mitfinanziert.‹ Auszug: https://www.wien.gv.at

14. MÄRZ 2009

WERONIKA MAZUR

Mir geht es gut, habe gerade meinen THC-Entzug hinter mir und lebe vollkommen drogenfrei. Ich schreibe seit kurzem an meiner Biografie weiter.

Da sie bis Mai krankgeschrieben sei, wolle sie mich zusammen mit Marvin zwei bis drei Tage besuchen.

Ab 9. 04. hätte ich Zeit, wir würden dann mit der Bahn kommen. Bei mir hat sich vieles verändert, werde nach Hannover umziehen wegen neuem Job usw.

Sie habe ein großes Bedürfnis, mit mir zu sprechen.

Ich sortiere gerade ›Unsere Leben, Ich und Marvin‹. Marvin ist prima in der Schule, er entwickelt sich ganz gut, ist nur etwas frech, was vermutlich normal ist bei Jungs.

Ab dem 1. Juni machten die beiden eine Mutter-Kind-Kur, worauf sie sich freuten. Ich könne sie auch ab September in Hannover, in ihrer neuen großen Wohnung besuchen – falls ich nicht wolle, dass sie mich in Amsterdam besuchen komme.

21. MÄRZ 2009

WERONIKA MAZUR

Weronika freut sich über meine Rückmeldung und will einfach nur sagen, dass es Zeit würde, uns wieder einmal zu sehen. Sie habe allerdings zur Zeit viel Stress, weil sie in mehreren Projekten gleichzeitig arbeite und diese MPU[134] wegen des Führerscheins machen müsse.

Außerdem muss ich ständig zum Arzt. Mir geht es viel besser, seit ich nicht mehr kiffe.

Sie freue sich riesig auf ein Wiedersehen. Jetzt müsse sie lernen, Englisch, mit einer Freundin zusammen.

134 Medizinisch-Psychologische Untersuchung, in dem die Fahrtüchtigkeit getestet wird.

17. JULI 2009

WERONIKA MAZUR

Weronika schreibt, dass die Justiz ihr einen Strich durch die Rechnung gemacht habe, der geplante Kurztrip nach Amsterdam müsse verschoben werden, sie könne wegen der MPU erst in drei Monaten zur Fahrlizenz zugelassen werden.

Das ärgert mich sehr, kann aber nichts daran tun. Marvin hat sich gut eingelebt in Hannover, er hat neue Freunde und ist in einem Fußballverein. Nach den Ferien wird er zum Kung Fu angemeldet. Die neue Wohnung liegt in einer schönen Gegend von Hannover.

Wir verabreden uns für den Nachsommer in Hannover, sobald ich aus Zagreb zurück bin.

POŽEGA, AUGUST 2009

VANA KNEZ

Vana schreibt auf Englisch, sie habe jemanden gebeten, ihr beim Übersetzen zu helfen. Sie habe den Ausstellungskatalog erst nach der Intervention in

Zagreb erhalten und sei enttäuscht gewesen, dass sie aus der Zeitung habe entnehmen müssen, wie es war. Nach den zwei Wochen intensiver Zusammenarbeit falle es ihr so unsagbar schwer, in den Gefängnisalltag zurückzukehren und sich zurechtzufinden. Darum habe sie dumme Sachen gemacht, Drogen genommen, ohne darüber nachzudenken. Jetzt habe sie das Schlimmste überstanden und betont nochmals, wie schwer es sei, dieses Leben im Gefängnis auszuhalten, nun schon seit einem Jahr.

Sie habe meine Adresse verloren, aber ihr Bruder habe sie endlich herausgefunden. Sie bittet mich um Fotos von allem, was in Zagreb stattgefunden habe und auch weitere Farbfotos von dem Workshop und der Präsentation in Požega. Ivana habe ihr letztens eine Postkarte geschickt und sie hoffe so sehr, dass wir alle, auch Nina, Mirela und Iva manchmal zurück in ihr Leben kämen.

WIEN, SEPTEMBER 2009

ALMA KAHN

Ich besuche Alma in der JA Favoriten und darf sie eine Stunde im Besucherraum sprechen. Alle anderen TBDWBAJ Teilnehmerinnen sind verlegt, rückfällig oder entlassen. Alma sitzt das letzte Jahr ihrer vierjährigen Haftstrafe ab.

Es gehe ihr richtig gut, sagt sie und das ist auch zu sehen. Sie erzählt begeistert von ihrer neuen Tätigkeit, dem Wand-Hochlaufen. Ein Akrobat habe letztes Jahr einen Kursus angeboten, in dem sie dieses in ihr verborgene Talent entdeckt habe. Nach Abschluss des Kursus habe sie weiter trainieren dürfen und laufe inzwischen die Mauer im Innenhof hoch genug hinauf, um mit einem doppelten Salto rückwärts auf den Boden zu springen. Es tue ihr gut, immer besser zu werden und sich täglich neuen Herausforderungen zu stellen. Sie zeigt mir ihre Muskeln. Clean-Sein falle ihr nicht schwer und der Kontakt zu ihrem Sohn sei sehr gut. Sie sehe ihn regelmäßig, wenn ihre Mutter sie besuche. Mit Ivana habe sie leider keinen Kontakt mehr, die beiden hatten während der letzten Wochen Streit bekommen. Ivana sei dann entlassen worden und sie seien, ohne den Konflikt zu lösen, auseinander gegangen.

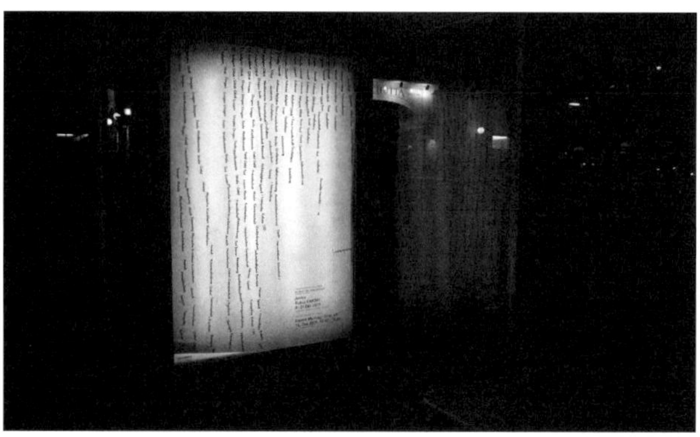

Auf den 36 *City Lights Postern* und Vitrinen wird in der unmittelbaren Nähe der Dropzonen auf die Ausstellung, das *Expert Meeting* und das *Drop Off* hingewiesen

WIEN, 8.–21. OKTOBER 2009

AUSSTELLUNG KUBUS EXPORT

Titel und Text auf der Glasfront sind bereits vom Währinger Gürtel aus sichtbar. Nur die Glasscheibe des Kubus trennt die Baby Dolls von ihrem nächsten Bestimmungsort, der Straße.

Der transparente Raum eignet sich nicht nur als begehbare Vitrine, sondern auch als Mega-Klangkörper. Ivana Landmanns biografische Sätze ertönen beim Aufheben der Baby Dolls, während alle vier österreichischen Biografien über Lautsprecher im Raum zu hören sind—abhängig vom Standort des Betrachters, einzeln oder in der Mitte des Raumes, als Chor, ein ›Outcast Choir‹.

WIEN, 15. OKTOBER 2009

ENTFÜHRUNG

Ein Tag vor der Intervention werden die Baby Dolls aus dem Kubus entführt. Die Entführer in Overalls mit dem Logo der Kunsthalle geben sich als interne Transportgesellschaft aus, die die Objekte zum *Drop Off* in die KUNSTHALLE Wien zu bringen haben. Die Aufseherin im Kubus schöpft keinen Verdacht—zumal der Transport, wenn auch erst für den nächsten Morgen, angekündigt war. Die Entführer melden sich am Nachmittag telefonisch und per Mail bei mir, um mitzuteilen, dass sie das *Drop Off* verhindern wollen. Die angesprochene Problematik erscheint ihnen ungeeignet für den Kunstkontext. Ich könne mich aber schriftlich an die Emailadresse thisbabydollwontbeajunkie@gmx.at hierzu äußern. Mir wurde versichert, dass die Objekte nicht beschädigt werden würden.

Erst abends erstatte ich Anzeige bei der Polizei und die Polizisten diskutieren bis tief in der Nacht, welche Tatbezeichnung bei der Entführung eines Kunstwerkes korrekt wäre, wenn die Entführer keinerlei Lösegeld gefordert haben und wahrscheinlich nicht fordern werden? Sollte die Repräsentantin der Biografie, Ivana Landmann, Anzeige erstatten, sozusagen wegen des zu erwartenden emotionellen Schadens? Wenn ja, müsse das Verfahren geprüft werden, wie eine Inhaftierte Anzeige erstatten könne. Oder könne von einem kollektiven Schaden gesprochen werden, da es sich um ein Europaprojekt mit vielen AutorInnen handele? Wie könnte der Schaden ermessen werden und wer ist der oder die Geschädigte? Ist es heute die Künstlerin, die angibt,

Eigentümerin der Objekte mit dem Materialwert von 20.000 Euro zu sein? Oder ist es ab morgen die Stadt Wien, da die Objekte dann öffentliches, bzw. Eigentum der Stadt werden? Die Rechtslage muss geprüft werden, man wird mich informieren.

WIEN, 16. OKTOBER 2009

INTERVENTION WIEN: *EXPERT MEETING* UND *DROP OFF* SERIE IVANA LANDMANN

TeilnehmerInnen	
Ivana Borovnjak	Designerin, Designtheoretikerin, Zagreb
Christine Hohenbüchler	Künstlerin, Technische Universität, Wien
Marty Huber	Sprecherin, Dramaturgin und Queer Aktivistin, IG Kultur, Wien
Alexandra Landré	Kunsttheoretikerin, Kuratorin, Amsterdam (Moderation)
Tina Leisch	Regisseurin, Journalistin und politische Aktivistin, Wien
Lucas Lenglet	Künstler, Amsterdam
Thomas Mießgang	leitender Kurator Kunsthalle Wien (2000–2011), Publizist, Wien
Ulrike Möntmann	Künstlerin, Amsterdam und Wien
Corinna Obrist	Psychologin und Psychotherapeutin, Frauenabteilung JA Favoriten, Wien
Iva Prosoli	Kunsthistorikerin, Museum Zagreb, Zagreb
Eva von Rahden	Kommunikations- und Theaterwissenschaftlerin, Volkshilfe Wien, SOPHIE-Bildungsraum für Prostituierte, Wien
Shird-Dieter Schindler	Psychiater, Leiter des Sozialmedizinischen Zentrums Baumgartner Höhe, Zentrum für Suchtkranke, Wien
Hanne Seitz	Professorin am Fachbereich Sozialwesen der FH Potsdam für Ästhetische Praxis und Ästhetische Bildung, Fachhochschule Potsdam

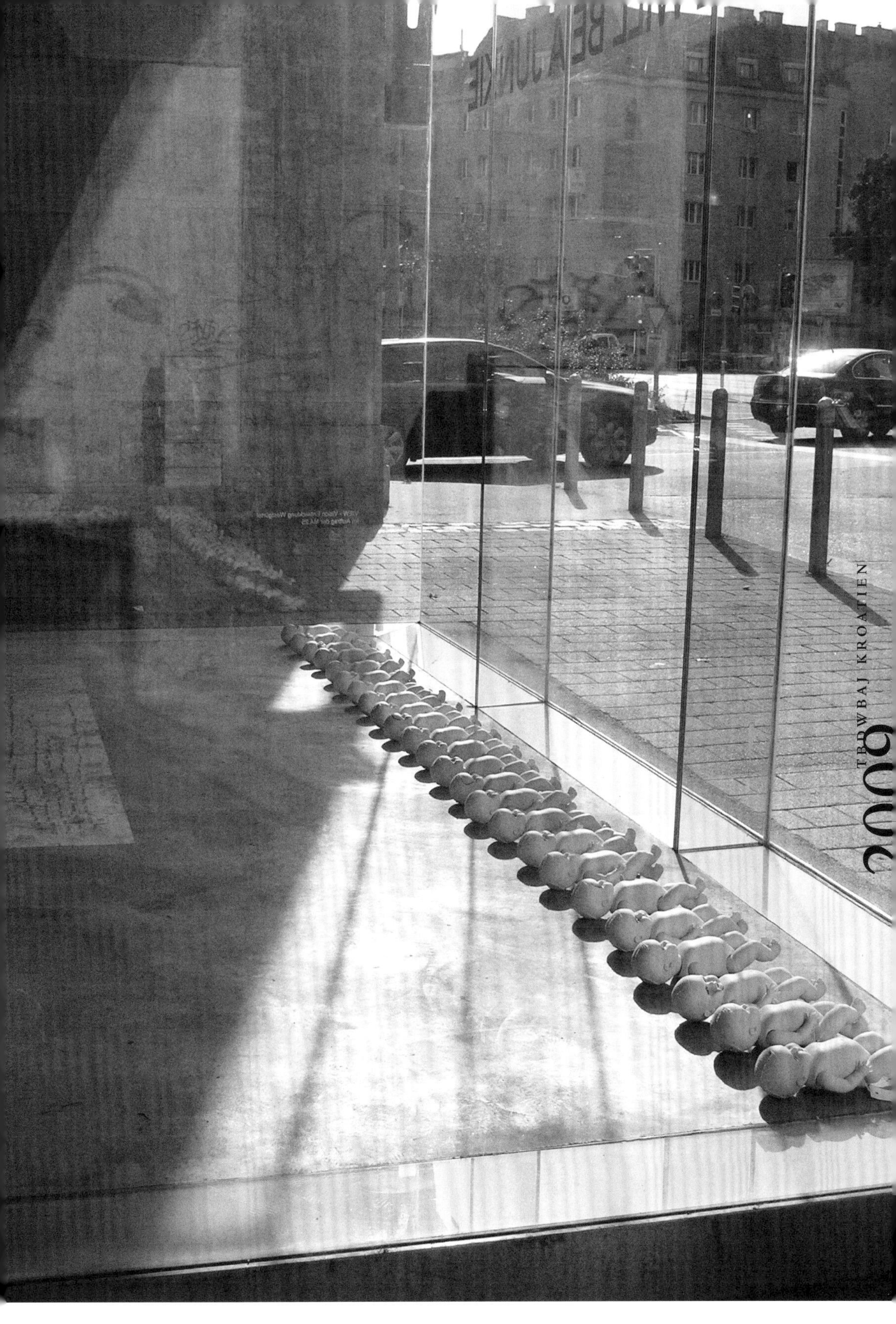

TBDWBAJ im Kubus EXPORT, Wien. Foto: Ivana Borovnjak

Peter Weibel	Künstler, Kurator, Kunsttheoretiker, Fakultät Medientheorie, Universität für Angewandte Kunst, Wien und Zentrum für Kunst und Medientechnologie, Karlsruhe (Keynote Speaker)
Wolfgang Zinggl	WochenKlausur, Kultur- und Minderheitensprecher, Abgeordneter für die Grünen, Wien

Transkription und Zusammenfassung
Nina Glockner

Der folgende Text gibt die Diskussion, die sehr lebhaft und detailreich geführt wurde, nur in Auszügen wieder.

Zu Beginn des Gespräches fasst Hanne Seitz, die sich als Kunsthistorikerin ›mit künstlerischen Verfahren und Vorgehensweisen, die Wirkung zeigen‹ beschäftigt, das Projekt TBDWBAJ zusammen, indem sie den formalen Weg der Baby Dolls als Bewegung durch vier markante Räume beschreibt:

Der erste Ort der Intervention ist das Gefängnis, das als ›Isolierter Raum‹ einen Mikrokosmos gesellschaftlicher Verhältnisse darstellt. In diesem Raum wird die Baby Doll hergestellt, um als Träger der erarbeiteten Biografien der drogenabhängigen, inhaftierten Projektteilnehmerinnen weiterzuwandern.

Im ›Kulturellen Raum‹ nehmen die Baby Dolls als ›Stellvertreter‹ der Frauen temporär einen Ort ein, den die Frauen so vorher in der Gesellschaft nicht bekommen haben. Von hier werden diese als Intervention im ›Öffentlichen Raum‹ an Orten ausgesetzt, die die Frauen passend zu den eigenen Lebensereignissen festgelegt haben. Nach dem *Drop Off* werden die Biografien (Text, Audio, Orte) im ›Virtuellen Raum‹ auf der Projektwebseite OUTCAST REGISTRATION archiviert und öffentlich zugänglich gemacht.

Hanne Seitz erkennt in der Entscheidung, die der/die FinderIn einer Baby Doll im öffentlichen Raum trifft, den potenziellen Weg in einen fünften Raum, den ›Privaten Raum‹: »Mit der Bewegung in diesen imaginären, der Öffentlichkeit unzugänglichen Raum, schließt sich der Kreis. Die Biografien kommen aus dem privaten Raum und gehen auch wieder in den privaten Raum.«

Outcast und Gesellschaft

Peter Weibel, dem das Projekt aus der Sicht des Künstlers und Theoretikers sehr wichtig zum Verständnis zeitgenössischer Kunstpraktiken und auch zum Verständnis der zeitgenössischen Gesellschaft erscheint, hinterfragt zum Einstieg ins Gespräch den Begriff Outcast: »Wie wird man zum Outcast? Ist das etwas, wozu man verdammt ist, benannt mit dem Wort ›Schicksal‹, wie der Projekttitel THIS BABY DOLL WILL BE A JUNKIE nahe legt oder ist Outcast eine soziale Konstruktion?«

Mit dem verwandten Begriff ›Outlaw‹, der eine Person bezeichnet, die außerhalb des Gesetzes steht oder gestellt wird, weist Weibel auf die inhärente Verbindung zwischen ›Outcast‹ und ›Gesetz‹ hin und wie sie weiterführt zu Gewalt, Macht und Gleichheit: »Outcasts, in diesem spezifischen Fall Drogenabhängige, werden in vielen Fällen mit Polizeigewalt von Orten entfernt, an denen sie sichtbar sind und ins Gefängnis bzw. in die Psychiatrie gebracht.«

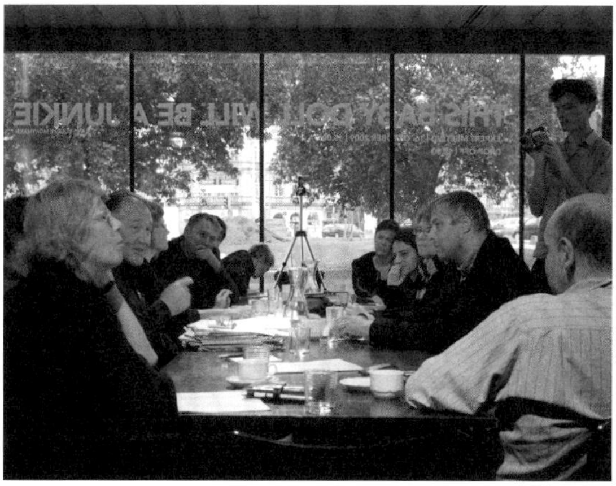

Expert Meeting Kunsthalle Wien, Karlsplatz. Foto: Bastienne Kramer

Sich auf Foucault beziehend, hinterfragt Weibel die seit dem 19. Jahrhundert eingeführte Unterteilung in Verbrecher und Patient, die »... nicht im Geringsten die Gleichheit vor dem Gesetz« erfülle.

»Probleme«, fährt Weibel fort, »liegen in der Forderung der Demokratie, wie sie auch von der Frankfurter Schule bis hin zu Judith Butler formuliert wird, darin, jeden als ›gleich‹ anzuerkennen. Ist es praktisch möglich, jeden als ›gleich‹ zu betrachten?«

Unsere Gesellschaft, führt Weibel weiter aus, lebe von einer ›Ideologie des Begriffes der Gleichheit‹. Die Konstruktion von Randgruppen jedoch, also von Gruppen, die bis zur Unsichtbarkeit an den Rand gedrängt würden, sieht er als Versuch, den Gleichheitsgrundsatz aufzuheben.
Es ergibt sich für ihn die dringende Frage, »... wie wir in der Demokratie, als Aufgabe der Demokratie, Outcasts im Allgemeinen und diese Frauen im Spezifischen als Subjekte des Rechts und nicht als psychiatrische Fälle schützen können vor den Zugriffen von Gewalt und Autorität.«

Künstlerische Intervention

Neben der gesellschaftspolitischen Annäherung an die Inhalte des Projektes fragt Weibel nach der Möglichkeit der gesellschaftlichen Intervention mit den Mitteln der Kunst, einem der Ziele des Projektes.

Er stellt fest, dass die Einmischung in eine als Unrecht beurteilte Situation in der ›Kunst der Repräsentation‹ gemeinhin verpönt sei: »Die Kunstform der ›Sozialen Intervention‹ wird als kunstfeindlich betrachtet.«

Hier handele es sich nicht nur um Widerstände der Institutionen, sondern um Widerstände der Gesellschaft insgesamt, denen man begegne »... wenn man versucht, die Kunst aus dem Reich der Repräsentation, dem Schein des Bildes, in das Reich der Realität zu übertragen, wo wir intervenieren, wo wir, wie Frau Seitz gesagt hat, eine temporäre Komplizenschaft eingehen mit den handelnden Personen.«

Seiner Meinung nach biete Kunst schon noch, wie Foucault das genannt habe, Heterotopien: »Orte, an denen alternatives Handeln möglich ist.«
Womit es auch eine Frage der Kunst selbst sei, wie mit bzw. in der Kunst etwas geschaffen werden könne, das Handeln ermögliche, es favorisiere, um somit »... extrem unterschiedliche Erfahrungen der Pluralität in der Demokratie durch Handeln erfassen zu können.«

In Anbetracht einer Gesellschaft, in der Randgruppen konstruiert und aus der Öffentlichkeit ausgeschlossen würden, könnten künstlerische Interventionen als Handlungen die Öffentlichkeit de- und rekonstruieren—›erobern und verwerten‹—und die Hierarchie dessen, was als öffentliches Interesse anerkannt sei, anfechten.

Konsequenzen der Kunst als Intervention

Im Anschluss wird erörtert, welche Konsequenzen bzw. Auswirkungen, Kunstprojekte mit und über Randgruppen nach sich zögen oder mit sich brächten—sowohl spezifisch für die einbezogenen ProjektteilnehmerInnen, als auch für die Gesellschaft im Allgemeinen.

Die Psychologin Corinna Obrist bleibt sehr kritisch, auch wenn ihr Arbeitgeber, die Sonderanstalt Wien Favoriten, grundsätzlich aufgeschlossen gegenüber Kunstprojekten sei. Sie sei verantwortlich für die Insassinnen und wolle vor allem vermeiden, dass diese im Rahmen kultureller Projekte ›vorgeführt‹ würden. Von Ulrike Möntmanns Angebot im Gefängnis und über die Reaktionen der Frauen ist sie begeistert, hält sich aber zurück bei einer definitiven Beurteilung der Auswirkung des Projektes: »Ich würde mich nicht trauen zu sagen, dass sich etwas verbessert hat. Aber was ich gemerkt habe: Das Projekt hat verstört. Und die Ordnung des Gefängnisses gestört.«

Für Hanne Seitz hat ein Kunstprojekt nicht die Aufgabe, für eine individuelle Person eine Veränderung oder Besserung herbeizuführen. Es sei gut, wenn es gelinge, aber letztendlich sei relevanter, dass es um die Öffentlichkeit gehe. Mittels der Kunst könne die Einteilung der Gesellschaft in ›Outcasts‹ und ›Incasts‹ öffentlich wahrnehmbar gemacht werden: »Wir sprechen zwar nicht von ›Incasts‹, aber wir setzen voraus, dass es eine Mitte, ein Zentrum und den Rand gibt, bzw. die identische Mehrheit und diejenigen, die nicht dazu gehören und das Bild einer ›guten Gesellschaft‹ stören.«

Ihrer Ansicht nach liege die Aufgabe von Kunst darin, auf einer ganz allgemeinen Ebene zu stören und Hierarchien von Sichtbarkeit deutlich zu machen. Sie weist auf das Projekt ›Platform 1: Democracy Unrealized—Demokratie als unvollendeter Prozess‹ der Documenta 11 hin, wo darüber diskutiert wurde, dass Demokratie ein nicht zu vollendender Prozess sei, »... weil sie immer vom Außen abhängt, von dem, was nicht zu einer Gesellschaft gehört, dass dies aber dennoch ein Projekt ist, das immer wieder angegangen werden muss. Und genau bei diesem Prozess geht es ums Handeln.«

Kunst könne ihrer Meinung nach die Aufmerksamkeit auf ›wunde Stellen‹ lenken und stehe mit dem Versuch zu Handeln im Einklang mit dem ›Projekt Demokratie‹.

»Mit TBDWBAJ wird eine Frage so gestellt, dass man sie nicht unbedingt beantworten will.«

Starke Beweggründe, sich für das Projekt TBDWBAJ zu engagieren, sind für Thomas Mießgang aus der Perspektive des Subventionsbetriebes Kunsthalle Wien die Erschließung anderer Räume und RezipientInnen, da es so auf die inhärente ›Barriere‹ der Kunstinstitutionen—abgespaltene Räume—reagiere, die selbst bei Präsentationen von avantgardistischer zeitgenössischer Kunst existiere.

»Seit den 1960er Jahren hat die Kunst längst die Notwendigkeit entdeckt, in andere Räume gehen zu müssen und interventionistische Kunst zu realisieren, die auf den ungeschulten Betrachter trifft. […] Gerade bei politischer Kunst, die im ›White Cube‹ präsentiert wird, habe ich letztendlich immer nur ein bestimmtes Segment Rezipienten, das vorhersehbar ist und relativ homogen.«

Damals seien viele subversive Kunst-Aktionen im öffentlichen Raum gegen die Staatsdoktrin durchgeführt und mit der ›vollen Wucht des Gesetztes‹ beantwortet worden. Auch wenn TBDWBAJ im institutionellen, subventionierten Rahmen stattfinde, attestiert Mießgang dem Projekt einen Erkenntnisgewinn auf der strukturellen Ebene: »Mit diesem Projekt werden wir sicher nicht die Gesellschaft verändern, wir werden auch keinen direkten Einfluss auf individuelle Schicksale haben, aber wir können symbolpolitisch zumindest auf einen Sachverhalt aufmerksam machen, der weitergehende Diskussionen produzieren kann.«

Das Projekt könne zudem—sowohl in Bezug auf den ›bürokratischen Hürdenlauf‹ im Vorfeld als auch auf dessen Ausführung—als ›Toleranzbarometer‹ einer Gesellschaft betrachtet werden.

Drogenabhängigkeit—Eigenverantwortung oder Folge gesellschaftlicher Strukturen?

Weibel fragt an dieser Stelle, inwieweit Drogenabhängige zur Rechenschaft gezogen bzw. bestraft werden könnten, wenn sie sich als Folge der eigenen Abhängigkeit strafbar gemacht hätten: »Meiner Meinung nach bewegt sich das Gesetz terminologisch auf nicht nur extrem schwankendem, sondern sogar metaphysischem Boden. Es gibt kein einziges, stichhaltiges juristisches Argument. Außer man geht davon aus, dass der oder die Drogenabhängige ein freies Subjekt ist, das jederzeit entscheiden kann, was es tut oder was es nicht tut.«

Um die Frage nach der Eigenverantwortung zu vertiefen, bezieht sich Thomas Mießgang auf den Kern des Projektes TBDWBAJ: »Handelt es sich bei den Frauen der Biografien um Menschen, die ein subjektiv-individuelles Fehlverhalten zeigen und somit aus dem Gesellschaftskörper herausgebrochen und für ihr individuelles Fehlverhalten bestraft werden? Oder geht es um ein strukturelles Problem, bei dem bestimmte gesellschaftliche Rahmenbedingungen einen bestimmten Prozentsatz von Leuten produziert, die fast unweigerlich diesen Lebensweg einschlagen müssen, weil sie gar nicht anders können?«

Die Individualbiografien wiesen untereinander starke Ähnlichkeiten bei Erlebnissen von Gewalt in der Familie, Institutionen usw. auf: »Damit geht es auch um strukturelle Gewalt, die letztendlich von der Gesellschaft aus geht.«

Wolfgang Zinggl nimmt Bezug auf Weibels Überlegung am Anfang. Welche Gesellschaft welche Outcasts produziere, warum sie das tue und was auch seitens der Kunst dagegen getan werden könne. Auch wenn ihm Kunstproduktionen, die gesellschaftliche Zusammenhänge aufdeckten, wichtig sind—als Beispiel nennt er Michael Hanekes Film ›Das weiße Band‹ (2009), der den »… ewigen Kreislauf von Gewalt und legitimierter gesellschaftlicher Unterdrückung analytisch aufzeigt«—sieht Zinggl Möglichkeiten für die Kunst, unabhängig von der Darstellung dieser Zusammenhänge, in einer direkten Veränderung bzw. Intervention. Für ihn ist ein Zuwachs dieser Aktivitäten der Kunst aufgrund der gesamtgesellschaftlichen, politischen Verhältnisse unabdinglich.

Als Beispiel für die strukturelle Problematik nennt Zinggl die Korrelation von sozialer Ungerechtigkeit und Gewalt, die sämtliche Studien belegen: »Länder mit einer relativ guten Umverteilung weisen weniger Kriminalität, weniger Gewaltausübung, weniger soziale Probleme auf als solche mit großen Differenzen zwischen Armen und Reichen.« Die Bewegung der zunehmend auseinandergehenden Schere zwischen Arm und Reich innerhalb der Gesellschaft würde verstärkt durch staatliche Sparmaßnahmen mit der Konsequenz, dass auf individuelle Probleme nicht eingegangen werden könne und somit Outcasts vermehrt ›produziert‹ würden.

Die Folgen der Verzahnung von struktureller Gewalt und der Gesetzeslage für die Akteurinnen des Projektes TBDWBAJ beschreibt Eva van Rahden so: »Dieses Projekt hat mit Drogen und Anschaffen zu tun. Die Frauen, die anschaffen gehen, würden sich nicht als Prostituierte bezeichnen. […] Grundsätzlich wird bei dieser Gruppe genau darauf geachtet, dass sie nicht in den bürgerlichen Raum kommt, d. h. sie erbringen zwar eine Dienstleistung, die sehr wohl in der bürgerlichen Gesellschaft nachgefragt wird, aber die Frauen oder auch Männer, die diese Dienstleistung anbieten, sollen nach Möglichkeit nicht sichtbar sein.«

Die Konsequenzen der Drogenbeschaffungsmaßnahmen in einem von struktureller Gewalt beherrschten Raum, zeigten sich u. a. in Verwaltungsstrafen für die anschaffenden Frauen: »Verwaltungsstrafen, die nicht bezahlt werden, werden zu Freiheitsersatzstrafen für diese Frauen, das heißt also: Gefängnis. […] Es handelt sich um eine Gruppe, die man nicht als zugehörig empfindet und deshalb glaubt man, dass man ihr auch keine Rechte zugestehen muss.«

Die Frauen selbst, so van Rahden, nähmen die Strafen an und bezahlten sie, wenn sie könnten: »Es gibt keine Widerstände dagegen, weil sie sich als rechtlos, entmachtet und als schuldig empfinden.«

Die Frauen machten sich schon strafbar, wenn sie die für ihre Situation oft zu hochschwelligen Auflagen für die Prostitution nicht erfüllen könnten: »Sie schaffen es oft nicht, sich einmal wöchentlich der verpflichtenden Kontrolluntersuchung zu unterziehen und sind damit sofort im Illegalen.«

Nicht-professionelles Anschaffen, um ihren illegalen Drogenkonsum zu finanzieren, liege im ›juristischen Graubereich‹ und bringe die Frauen in Situationen, in denen mit hoher Wahrscheinlichkeit erneute Gewalterfahrungen möglich seien. Dies müsse im Rahmen der genderspezifischen Strukturprobleme diskutiert werden, so Eva von Rahden: »Wie könnte Beschaffungsprostitution mit der damit einhergehenden Kriminalisierung und Gefährdung der Frauen verhindert werden?«

Auch Corinna Obrist, die im Gefängnis mit der ›Spitze des Eisberges‹ zu tun hat, ist der Meinung, dass struktureller Gewalt mit einem genderspezifischen Ansatz begegnet werden müsse. Gewalterfahrungen seien in den Biografien vieler Frauen enthalten und vergleichbar mit den Bedingungen, denen Frauen im Allgemeinen unterworfen wären. Sie beklagt weiterhin den Mangel an frauenspezifischen Therapieangeboten: Die traditionellen Drogeneinrichtungen seien üblicherweise an der männlichen Klientel orientiert.

Shird Schindler beschreibt die Position der Psychiatrie in Bezug auf Drogenabhängigkeit: »Wir wissen meiner Ansicht nach immer noch nicht wirklich, was die Probleme sind.«

Für die veröffentlichten Biografien des Projektes introduziert er den Begriff ›Life Events‹ als Schicksalsschläge bzw. wichtige Ereignisse des Lebens. Auch Schindlers PatientInnen wiesen sechs bis acht dieser ›Life Events‹ auf—was sicherlich über dem gesamtgesellschaftlichen Durchschnitt liege.

In der Drogenbehandlung sei Abstinenz lange das ›heilige Ziel‹ gewesen, aber die Realität zeige, dass dies für viele Patienten unrealistisch sei: »Wir versuchen auch immer bei den Patienten eine Art Hypothese zu bilden: Warum sind Drogen aus Sicht des Patienten/der Patientin in dieser Situation für ihn/sie sinnvoll? Es gibt ganz wenige, bei denen wir die Beweggründe nicht nachvollziehen können. Natürlich gibt es bessere Alternativen zum Drogenkonsum, aber grundsätzlich ist dies eine von vielen Möglichkeiten.«

Genderspezifische Moralvorstellung

Thomas Mießgang fragt danach, warum die ›Abstinente Gesellschaft‹ eine solch verbreitete Vorstellung sei: »Was ist das Reizvolle an dem unerreichbaren Ideal einer abstinenten Gesellschaft? […] Welches Rauschmittel ist akzeptabel, welches nicht und warum?«

Dem ›gesellschaftlichen Imperativ‹, der von den Medien und der Politik artikuliert würde, nicht Folge zu leisten, definiere die Outcasts einer Gesellschaft.

Auch Obrist hinterfragt den gesellschaftlichen Umgang mit Rauschmitteln und Berauschung, wie die Unterscheidung von harten und weichen Drogen und die Duldung von Alkohol. Es gibt ihrer Meinung nach wenig kulturelle Modelle für den Umgang mit Berauschung: »Berauschung ist etwas, das in jeder Kultur irgendwie einen Platz hat. Wir Westeuropäer reagieren darauf sanktionierend und fast ein wenig lustfeindlich. Die, die es tun, sollen es nicht vor unseren Augen tun. Wenn sie es doch tun und wir erwischen sie, dann sollen sie es nicht mehr gut haben.«

Sie verweist überdies auf den starken geschlechtsspezifischen Unterschied bei der moralischen Wertung von weiblichen und männlichen Junkies.

Eva van Rahden konstatiert ebenfalls, dass der moralische Maßstab, den die Gesellschaft auf den Umgang mit Drogen, Abstinenz und den Bereich der Sexualität anwende, für Frauen und Männer sehr unterschiedlich sei: »Diese Tabuisierung, diese scharfe moralische Trennlinie zwischen der ›Hure‹ und der ›anständigen Frau‹, funktioniert auch sehr stark als ein Kontrollinstrument.«

Aus psychiatrischer Sicht sei Abstinenz ein fragwürdiges Ziel, da sie, so Shird Schindler, hirnphysiologisch gar nicht möglich sei. Das Gehirn schaffe es nur drei Monate lang, etwas nicht tun zu wollen. »Wir können uns nur eine sehr beschränkte Zeit motivieren, etwas nicht zu tun—das ist ein Problem *per se*. Man kann andere Ziele wählen, die positiv besetzt sind und die Drogen somit höchst unwahrscheinlich machen.«

Shird Schindler bezeichnet Substanzabhängigkeit als eine tendenziell chronische Krankheit mit verschiedenen, einander abwechselnden Phasen. Er bezieht sich u. a. auf eine Langzeituntersuchung in Amerika, in der 30 Jahre lang Drogenpatienten begleitet worden waren: »Die Probanden wechselten zwischen diesen Phasen: Abstinenz, Behandlung mit Medikation, dann Phasen, wo sie auf der freien Wildbahn unterwegs waren. Es gibt zwar die abstinente Phase, aber das heißt nicht, dass sie ewig andauert, sondern dass sie vermutlich irgendwann ein Ende haben wird. Bei den Rückfällen gibt es meistens passende ›Life Events‹. […] Trotz Interventionen wird nicht immer das hehre Ziel der Abstinenz erreicht.«

Trotz vieler Argumente für eine Liberalisierung der Drogenpolitik, sei für ihn dieser Ansatz grundsätzlich problematisch, da jeder Drogenkontakt eine nicht rückgängig machbare Erfahrung darstelle: »Wenn ich einmal die Erfahrung gemacht habe, dass es mir durch eine Substanz plötzlich besser gehen kann, dann ist das nicht mehr aus dem Hirn auszulöschen. Es wird ein biologisches Programm eingeschaltet.«

Diese Erfahrung schaffe gerade für anfällige Menschen massive Schwierigkeiten und der Grad der jeweiligen Suchtanfälligkeit sei erst *a posteriori* feststellbar.

Die Ursache für eine geringere Stigmatisierung von AlkoholikerInnen ist für Schindler überwiegend volkswirtschaftlich begründet: »Alkoholiker sind—das ist jetzt sehr böse formuliert—volkswirtschaftlich günstig, weil sie zwar schon mit 15, 16 zu trinken beginnen, aber generell bis ungefähr Mitte 40 einigermaßen arbeitsfähig bleiben. Erst dann stellen sich die Folgeerkrankungen ein, an denen sie relativ früh sterben. Sie belasten somit nicht die Pensionen oder Rentenkassen und finanzieren sich lange selbst. Aber Drogenabhängige fallen sofort aus, wegen der Wirkung der Drogen und weil sie sozial nicht akzeptiert sind, sodass sie meistens gar nicht erst in den Erwerbsprozess hineinkommen und sofort von der Gesellschaft mitgetragen werden müssen.«

Mit der Frage nach der Möglichkeit eines verantwortungsvollen Drogenkonsums bzw. -rausches wird erneut die Bedeutung von Drogen für Frauen mit meist sexualisierten Gewalterfahrungen thematisiert.

Laut Corinna Obrist, die im Kontext ihrer Funktion als Gefängnistherapeutin etliche Gespräche mit den betroffenen Frauen geführt hat, ermöglichten Drogen oft deren Überleben. »Der Drogenkonsum ist auch immer wieder eine ganz aktive und bewusste Entscheidung dafür, das erlittene Leid in irgendeiner Form zu bekämpfen.«

Sie spricht sich dafür aus, die Frauen nicht auf eine Opferrolle zu reduzieren: »Letztlich sind sie alle Überlebenskämpferinnen.«

»Mit den Konsequenzen der Eigendynamik des Rauschmittelkonsums wird eine Gesellschaft konfrontiert«, fährt sie fort, »sei es in der Psychiatrie, in den Drogenberatungseinrichtungsstellen oder bei uns im Gefängnis als letztes Glied der Kette: Was bei den Betroffenen nicht funktioniert hat oder eben nicht gut oder lang genug gelungen ist, landet mit ihnen bei uns.«

Folgend auf die Diskussion über die vom Niederländischen Künstler Lucas Lenglet thematisierte Wechselbeziehung zwischen dem Individuum und der Gesellschaft, bezüglich Gewalterfahrungen und Drogenkonsum, besteht Corinna Obrist erneut darauf, dass sich diese Debatte nicht ohne Berücksichtigung der Ungleichbehandlung der Geschlechter führen lasse, da diese letztlich Mit-Ursache der Problematik sei. Frauen seien statistisch gesehen überwiegend bis ausschließlich Opfer männlicher Gewalt: »Dieses Ausmaß an inhärenter struktureller Gewalt, das die individuelle bzw. häusliche Gewalt überhaupt ermöglicht, muss thematisiert werden – als politische Frage und letztlich auch als Frage der Zivilcourage der Einzelnen.«

Kunst als Symbol oder Intervention?

Mit der Kardinalfrage, ob Kunst die Welt verbessern könne, wird im letzten Teil des Gespräches erneut das Verhältnis von Kunst und Gesellschaft thematisiert.

Wolfgang Zingl erwähnt die Intervention ›Schlafplätze für drogenabhängige Frauen‹ der Künstlergruppe WochenKlausur, die 1994 auf Einladung der Shedhalle in Zürich realisiert worden war: »Für Frauen, die der Gewalt der Freier, der Polizei, der Zuhälter, der Dealer ausgesetzt sind, gibt es kaum Angebote sozialer Natur, keine Möglichkeiten, irgendwo Ruhe zu finden. Wir haben eine Art Hotel-Pension entwickelt, die—mitten in Zürich und ausschließlich für Frauen—ein Angebot geschaffen hat, wo Frauen tagsüber schlafen konnten. Und diese Institution hat es immerhin elf Jahre lang gegeben, bevor sie wieder aufgelöst wurde.«

Als Vertreter einer Kunst, die in bestehende gesellschaftliche Strukturen aus dem Kunstkontext heraus nachhaltig eingreift, kritisiert er den Standpunkt, Kunst könne alles Mögliche, außer zu intervenieren. »Das verstehe ich überhaupt nicht. Warum soll Kunst genau das, was das Wichtigste ist, nicht können? Es ist eine meiner Lebensaufgaben zu zeigen, dass das sehr wohl geht.«

Während Eva von Rahden beim Projekt TBDWBAJ das Aufbrechen und Verstören der jeweiligen Räume als einen Ansatz hervorhebt, der die Doppelmoral einer Gesellschaft zeige, bemerkt Marty Huber dessen potenzielle Gefahr, dass der Differenzdiskurs auf ein individuelles Problem heruntergebrochen würde, wie es vielfach in den Medien vorkomme. Beide fragen nach möglichen medialen und künstlerischen Strategien, die sowohl das Individuum als auch strukturelle Probleme berücksichtigten.

Als eine mögliche Strategie nennt Wolfgang Zinggl die kritische mediale Auseinandersetzung mit dem bestehenden Kunst- und Kulturkonsens: »Das bedeutet, dass wir von diesem Kultur-Schulterschluss wegkommen müssen. Es ist nicht alles gut, was Kunst und Kultur ist. Wir müssen innerhalb des Kunst- und Kulturdiskurses politischer werden und überlegen, was wir überhaupt wollen.«

Nach Wolfgang Zinggls Frage, ob Kunst tatsächlich der Ort sei, wo heute noch oder wieder gesellschaftliche Eingriffe stattfänden, benennt Hanne Seitz ein Dilemma: »Das, was Kunst ist, verhandeln wir—auch jetzt und hier. Es ist ein gesellschaftlicher Diskurs. Aber dieser Diskurs lebt davon, dass es einen Ort gibt, der der Kunst zugeschrieben wird, der frei ist, und der besagt: Kunst ist autonom. Wenn der Bereich nicht mehr wäre, könnte auch WochenKlausur so nicht mehr funktionieren. Das ist sozusagen ein inneres Dilemma. WochenKlausur kann sich leisten, so zu arbeiten, glücklicherweise gibt es dieses Modell, aber es basiert auf etwas, das die Gruppe eigentlich ablehnt. Das ist ein Widerspruch, mit dem ich sehr gut leben kann. Ich merke nur, dass es dadurch schwierig ist, zu verallgemeinern.«

Da das Kunstsystem ›extrem lernfähig‹ sei, drängt sich Thomas Mießgang die Frage auf, ob Kunst nicht prinzipiell außerhalb der Subventionssysteme stehen müsse, um gesellschaftskritisch wirksam sein zu können: »In der sozialen Demokratisierung der Kunst seit den 70er Jahren sind sowohl in Deutschland als auch in Österreich viele der ehemals illegitimen Kunstavantgarden sozusagen wieder eingemeindet worden. [...] Gesellschaftskritik, die das Fundament des Staates nicht ins Wanken bringen konnte, wurde absorbiert und das kulturelle künstlerische Handlungsfeld erweitert.«

Peter Weibel verneint diese These. Auch wenn es ihm mit Unterstützung des Staates gelungen sei, Projekte wie die der Hohenbüchlers und WochenKlausur auf die Biennale in Venedig zu bringen—»einer hoch kommerziellen Sache«—sei diese Manifestation stark kritisiert worden und sei nach 2000 untergegangen.

Christine Hohenbüchler schlägt an dieser Stelle vor, Kunst als eine Praxis zu definieren, die beanspruche, eingefahrene Diskurse zu verlassen und andere Sprach- und Ausdrucksformen zu finden: »Ulrike Möntmanns Projekt im Gefängnis ist Kunst, weil es sich zwischen institutionell Verfestigtes legt und versucht, einen anderen Raum zu finden und damit die verschiedenen Tragsysteme, die dort eigentlich gelten, außer Kraft setzt. Was WochenKlausur macht, ist für mich Kunst, weil die Gruppe versucht, in Räume einzudringen und diese mit einem anderen Blick zu sehen, als mit dem üblichen dort geltenden. Kunst ist das, was beansprucht, eine andere Art des Verhaltens in einem bestimmten gesellschaftlichen Raum hervorzurufen und zu realisieren. Das Kriterium ist nicht, ob ein Projekt gefördert wird, sondern wie weit es sich wagt, die institutionellen Formen und bestehenden Diskurse zu hinterfragen und zu untergraben.«

Der ›verschobene‹ Kunstbegriff

Wolfgang Zinggl fügt hinzu, Kunst sei ein soziales Konstrukt, das seit jeher in steter Veränderung begriffen sei. Seiner Meinung nach sei die Gesellschaft dafür verantwortlich, in welche Richtung der Kunstbegriff verschoben würde und er warnt davor, Fachleuten die Begriffshoheit zu überlassen: »Wenn wir in der Gesellschaft etwas über die Kunst verändern wollen, können wir tatsächlich etwas über einen Kunstbegriff verändern, also, wenn wir uns nicht mehr das sich ewig Wiederholende, ewig Gleiche bieten lassen und anbeten, sondern wenn wir gemeinsam Kunst politisieren.«

»Kunst kann«, fährt Zinggl fort, »verschiedene Funktionen haben—philosophisch, kritisch, anregend, emotional, beruhigend etc.—die wir wählen, verhandeln und damit den Kunstbegriff verschieben: Die Arbeit am Kunstbegriff kreiert unweigerlich einen gesellschaftlichen Dissens, denn es treten Menschen mit ihren Meinungen und ihren Wünschen, was Kunst sein soll, gegeneinander an. Automatisch. Und das ist auch gut so.«

An dieser Stelle präzisiert er, dass es nicht um eine Erweiterung des Kunstbegriffes gehe. »In Wirklichkeit wird der Begriff nur verschoben. Es kann nicht alles Kunst sein, sonst löst sich der Begriff auf.«

Dass also der Kunstbegriff verändert werden muss um die Welt zu verändern, bzw. um einen bestimmten Einfluss haben zu können, ist für Lucas Lenglet eine nachvollziehbare These. Er zweifelt jedoch daran, dass ein Verständnis von Kunst verändert werden könne, wenn die Gesellschaft etwas nicht als Kunst rezipiere oder verstehe.

»Wenn dem so wäre«, entgegnet Zinggl, »dann hätte sich die Kunst nie verändert. Es hat immer Avantgardisten gegeben, die etwas Bestimmtes einbringen wollten, probiert haben, die von der Gesellschaft verachtet wurden, bis die Gesellschaft dann nachgezogen ist.«

Auch Hanne Seitz bestätigt, dass »… was an Neuem aus der Kunst kommt, immer erst auf Ablehnung stoßen wird. Das ist vielleicht auch eines der Kriterien: dass es Zeit braucht, bis etwas verallgemeinert wird und sich innerhalb der Gesellschaft manifestiert. Gerade für diese Veränderungen brauchen wir auch die Kunst.«

DROP OFF

Kurz nach dem *Expert Meeting*, um 18:15 Uhr bringt ein Taxifahrer die unversehrten Baby Dolls, sorgfältig eingepackt in originaler Verpackung, in die Kunsthalle. Nein, er könne nicht den Namen seines Auftragsgebers nennen, er solle diese sechs Schachteln lediglich abgeben, die Fahrt sei bezahlt. Das *Drop Off* findet planmäßig statt.[135]

OHNE ENDE

Wenn der ›Erweiterte Kunstbegriff‹[136] überdehnt und Unverbindlichkeit das Subjekt im Meer der Möglichkeiten ertrinken lässt, sollte, wie Zinggl vorschlägt, der Kunstbegriff verschoben bzw. verlagert werden, nämlich dorthin, wo das öffentlich geführte Gespräch zu einer gemeinsamen gesellschaftlichen Angelegenheit wird. Ich gehe davon aus, dass das Material TBDWBAJ während des Zirkulierens in den gesellschaftlichen Räumen—vom isolierten bis hin zum virtuellen Raum—Begegnungen zwischen ExpertInnen, deren Fachbereiche in der Regel nicht direkt miteinander in Berührung kommen, zuwege bringt. SpezialistInnen informieren einander über Denk- und Vorgehensweisen, tauschen Erfahrungen aus und stellen Fragen. Dieser Gedankenaustausch kann nur stattfinden, wenn sich die *Experts* kennengelernt haben, sie sich den aufgeworfenen Fragen stellen und wenn sie bereit sind, sich mit einer in der öffentlichen Wahrnehmung als irrelevant geltenden, genderspezifischen Problematik auseinanderzusetzen. Idealiter führt ein *Expert Meeting* zur Verständigung unterschiedlicher Positionen, sowohl bei den TeilnehmerInnen, als auch beim Publikum.

Zur Weiterführung der o. g. öffentlich debattierten Fragestellungen organisiere ich seit 2012 außeröffentlich stattfindende, sogenannte Komplizinnentreffen, zu denen ich SpezialistInnen verwandter oder sich ergänzender Fachbereiche einlade, wie der Kunst und Kunsttheorie, der Philosophie, Psychiatrie und Psychologie, Soziologie und Anthropologie, den Rechtswissenschaften und VertreterInnen von Hilfsorganisationen. Der intensive Diskurs, der parallel auf verschiedenen Ebenen entsteht, öffnet einen zusätzlichen gesellschaftlichen Raum, den Interpretations- oder Reflexionsraum.

Die Projektausführungen in West- und Mitteleuropa betrachte ich als abgeschlossen. Ich hatte vor, noch mit weiteren über die Ränder jener geografischen Zone vorzudringen und hier zu forschen, was sich zum Teil als Folge tagespolitischer Ereignisse organisatorisch als zunehmend komplizierter darstellt. Dennoch halte ich mir diese Option offen.

Was sich, anders als ein Buch, nicht einfach beenden lässt und ich auch nicht beenden will, sind die Beziehungen zu den Frauen, denen ich im Verlauf der Jahre in den Gefängnissen begegnet bin, mit denen sich Freundschaften entwickelt haben. Ihren Lebensläufen folge ich auch weiterhin. Was sie beschäftigt, wie es ihnen ergeht, wie sich ihre Lebensumstände verändern als Folge von privaten, persönlichen Konstellationen oder im Zusammenhang mit gesellschaftspolitischen Einflüssen, seien es Novellen von Gesetzen oder die Schaffung von neuen Behandlungskonzepten. Und es ergeben sich immer wieder neue Aspekte, wenn nicht gar Themenkomplexe, die hinterfragt, erforscht und herausgearbeitet werden wollen. Ich schließe oder schließe eigentlich nicht, mit einem Ausblick.

135 Ein halbes Jahr nach der Intervention erhalte ich den Untersuchungsbericht der Wiener Polizei. Die Entführer konnten namentlich ausfindig gemacht werden. Es handelte sich um eine kleine Gruppe Studenten der TU Wien, die zugaben, die Entführung ebenso wie die rechtzeitige Rückgabe der Baby Dolls geplant und ausgeführt zu haben. Ich verzichte auf eine weitere Strafverfolgung.

136 Ende der 1970er Jahre prägt Joseph Beuys den Terminus ›Erweiterter Kunstbegriff‹ als Bestandteil einer neuen Kunsttheorie und Sozialphilosophie. Eine sozial engagierte Kunst soll das traditionelle, an Institutionen gebundene Denken über den Wirkungsbereich der Kunst ablösen.

POŽEGA, MAI 2010

VANA KNEZ

Vana entschuldigt sich, dass ihre Antwort auf meinen Brief so lange gedauert hat. Sie arbeite sehr hart in der Fabrik und nach sieben Stunden Arbeit sei sie nur noch müde und total erschöpft. Ein paar Monate lang habe sie starke Medikamente nehmen müssen, jetzt glücklicherweise nur noch Schlaftabletten und in einigen Monaten wolle sie überhaupt keine mehr nehmen.

Sie sei sehr froh, dass es uns gut gehe und hoffe, dass wir unsere Kommunikation fortsetzten, für kurze Zeit weiterhin in Briefen, aber in nicht allzu langer Zeit live in Amsterdam oder Zagreb. Unsere Unterstützung und Herausforderung bedeute ihr sehr viel, sie verstehe, dass wir sie ermutigen wollen, das Leben im Gefängnis auszuhalten. Nur ... wie könne sie die Herausforderung des täglichen Gefängnislebens meistern? Sie tue ihr Bestes, um jeden Tag nachzudenken, was sie heute für sich tun könne.

Gibt es etwas, das ich heute erreichen kann ... ein Telefongespräch mit jemandem, einen Brief ... einer Person schreiben ... ich kann reden, aber was werde ich damit erreichen? Ich weiß, ich muss lernen, ein neues Leben mit meiner Familie zu führen. Ich weiß, dass ich es kann.

Vana weiß, dass Justina mir manchmal mailt. Sie könne sich vorstellen, wie schwer es für sie sei, einen Job zu finden und wie verzweifelt sie sich da draußen fühle, aber sie sei wirklich davon überzeugt, dass Justina es schaffen könne.

Vana antwortet auf meine Frage, wie es ihr inzwischen gehe:

Nun, ich fühle mich gut und ich versuche sehr, mich auf die erfreulichen Dinge zu konzentrieren. Ich bin zufrieden mit meiner Situation hier und hoffe, bald einen Wochenendurlaub machen zu dürfen. Ich denke viel an meine Tochter Silvija. Ich habe mich verändert, ich verbessere mein Leben und gestehe, dass ihr mir dabei sehr helft. ... Ich denke viel über meine Zukunft nach und mache mir Sorgen darüber. Vielleicht kannst du mir helfen. Ich sah dich auf den Fotos zusammen mit Z. Mavrović, während der Debatte in Zagreb. Ich habe gehört, dass er Ex-Inhaftierten, Drogensüchtigen Arbeit verschafft. Vielleicht kann er auch mir Arbeit geben?

Vana hat eine Freundin in der gleichen Situation wie sie und sie fragen sich regelmäßig:

Was können wir tun, das weiter führt, als den heutigen Tag zu überleben?

Sie wolle auch Ivana schreiben und sie um Hilfe bitten.

Auf den Fotos erkenne sie alle Personen – Leute von B.a.B.e., Z. Mavrović, Dr. Sakoman. Das sei toll, sie genieße es zu sehen, wie sehr wir uns bemühten, das Projekt all diesen Leuten zu zeigen.

Du fragst nach meinem Mann und meiner Tochter: Mein Mann besuchte mich vor einigen Wochen für 3 Stunden und ich denke, das ist nicht genügend Zeit, um unsere Probleme zu lösen. Ich vermisse meine Tochter, ich habe sie wegen meiner finanziellen Situation nur alle 2 Monate gesehen. Sie fragt oft: ›Mama, wo bist du, komm nach Hause.‹ All unsere Begegnungen sind heftig und voller Emotionen und ich weiß nicht, was zu sagen ... ich würde am liebsten sagen: ›Hoffnung stirbt zuletzt‹. Ich soll dir sagen, dass es Pia gut geht, sie wird schreiben. Josipa sitzt im Gefängnis in Split.

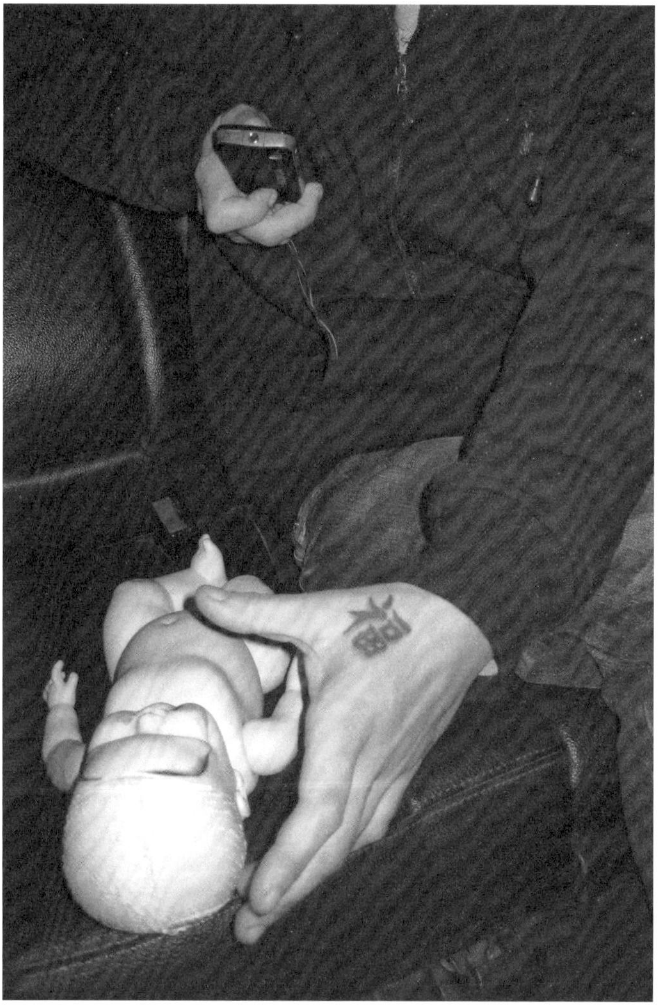

Drop Off Wien. Foto: Lies de Wolf

HANNOVER, SOMMER 2010

MAGDA GOMEZ FERRER

2010 stirbt Magdas Mutter. Ich finde im Internet die Traueranzeige, unterzeichnet von Magdas Kindern.

Um zu erfahren, wo Magda sich befindet, reiche ich schließlich eine öffentliche Anfrage beim Bürgeramt Hannover ein. Auf diesem Weg erfahre ich, dass Magda in Hannover gemeldet war und verstorben ist. Wann genau, kann ich nirgendwo in Erfahrung bringen.

OSNABRÜCK JUNI, 2010

REBECCA MERTENS

Rebecca meldet sich sporadisch telefonisch oder per SMS. Einmal ruft sie an, als ich zufällig in Osnabrück bin. Wir wollen einander unbedingt treffen.

Ja, super, aber du weißt ja, ich arbeite abends, heute von 10 bis 12.

Ich schlage vor, sie um 12 abzuholen. Sie nennt Straßennamen und beschreibt mir den Weg. Ich mache mich rechtzeitig auf den Weg. In dem Stadtteil, den sie nannte, kenne ich mich überhaupt nicht aus. Ich muss an einer Tankstelle noch einmal nach dem Weg fragen. Sie ist die einzige hell erleuchtete Stelle in der düsteren Gegend und scheint mehr ein Treffpunkt für motorisierte Jugendliche zu sein, als ein Ort, an dem man Benzin kauft.

Schließlich sehe ich die ersten Frauen am Straßenrand in dem Gewerbegebiet, in dem kaum jemand zu wohnen scheint. Viele Frauen stehen hier, die meisten sind ziemlich jung. Ich fahre bis zu einem mitten auf der Straße stehenden Auto. Rebecca steht gebeugt am offenen Fenster und unterhält sich lachend mit dem Fahrer. Sobald sie mein Auto erkennt, verabschiedet sie sich und steigt zu mir ein.

Sie schlägt vor, zu ihr nach Hause zu fahren, d. h. zu Janne, bei dem sie wohnt. Den Namen Janne kenne ich seit Jahren aus Rebeccas Erzählungen, er ist Freund oder Kumpel, je nach Situation. Manchmal trennen sich ihre Wege, wegen Knast, Therapie oder anderen Partnern. Janne ist älter als Rebecca, ebenfalls drogenabhängig, führt aber ein reguläres Leben mit festem Wohnsitz, er arbeitet seit 15 Jahren als Mechaniker in einer festen Anstellung. Er hat seinen Drogengebrauch unter Kontrolle und ist immer bereit, für Rebecca zu sorgen, sie zu unterstützen, sie bei sich aufzunehmen. Rebecca sorgt ihrerseits für das Geld, das beide für Drogen brauchen. Trotzdem habe Janne manchmal Mühe mit ihrer Arbeit, erzählt Rebecca, aber schließlich gäbe es keine Alternative außer Diebstahl. Sie würde nie auch nur eine Minute länger ackern als für die Tagesdosis Heroin erforderlich. Da könne ihr jemand 500 Euro bieten – sie würde es nicht tun.

Janne wohnt im Schinkel, Rebecca findet es toll, dass ich endlich einmal bei ihr vorbeikomme, sie eilt voraus in die zweite Etage. Zweizimmerwohnung mit Küche, Bad. Alles picobello in der Wohnung und ich frage mich, was ich erwartet hatte.

Nur die Pflanzen fehlen zur Zeit, die sind leider auf dem Balkon erfroren, als wir die Wohnung das letzte Mal gestrichen haben.

Janne hat die aufgezogene Spritze für Rebecca auf einem Tellerchen bereit gelegt und Rebecca entschuldigt sich für einen Moment, sie will nicht, dass ich sie spritzen sehe. Als sie zurückkommt, schaut sie abwechselnd Janne und mich an und freut sich riesig, dass ihre beiden liebsten Menschen hier zusammen auf diesem Sofa sitzen! Janne ist eher zurückhaltend, vielleicht schüchtern. Er hat im Auftrag von Rebecca Rotwein für mich gekauft. Rebecca macht Selfies von uns auf dem Sofa. Sie will nun alles wissen über meine jetzigen Gefängnisprojekte und die nächsten Länder, die ich besuchen werde.

Die beiden müssen aber eben noch was regeln, sagt sie, telefoniert ziemlich hektisch mit verschiedenen Personen und trifft Verabredungen.

Ich frage nach Ben. Ben sei seit 2009 in einer anderen, festen Pflegefamilie, die erste sei ja nur eine Übergangslösung gewesen. Nein, sie kenne weder Namen noch Adresse, das Jugendamt habe den direkten Kontakt mit Ben untersagt. Das habe sie sich selbst verbockt, für Ben sei es besser so. Das Jugendamt informiere sie auf Nachfrage, wie es ihm geht. Zum Beispiel über die Stoffwechselerkrankung, die er als Säugling hatte. Für die Behandlung dieser selten vorkommenden Krankheit hatte sie im ersten Jahr regelmäßig sehr teure Medikamente gekauft, die in der Schweiz bestellt werden mussten und von der Krankenkasse nicht erstattet wurden.

Es scheint, dass er über die Krankheit hinweggewachsen ist

sagt sie.

LANDKREIS HANNOVER, 24. DEZEMBER 2010

WERONIKA MAZUR

Weronika schickt im Verteiler einen Weihnachtsgruß mit Foto. Jemand hat sie wie ein Model fotografiert, sie lehnt an einer Birke im Wald, im Design-Abendkleid, mit Design-Sonnenbrille und gestyltem Haar. Sie sieht toll aus.

LANDKREIS HANNOVER, 29. DEZEMBER 2010

WERONIKA MAZUR

Weronika will endlich ein paar Zeilen schreiben, weil wir lange nichts von einander gehört haben.

Bei mir und Marvin ist alles ok, ist zwar nicht einfach, im Arbeitsleben zu bestechen, aber Hauptsache wir sind gesund! Ich habe mich fast komplett von meinem Schlaganfall November letztes Jahr erholt und bin fast wieder gesund, bin echt froh. Wenn ich weiterhin halbseitig gelähmt wäre – das würde ich auf die Dauer nicht verkraften. Gesundheitlich geht es mir ganz gut, außer dass ich öfter müde und schlapp bin, merke ich kaum etwas von meiner Krankheit :-)

Ich bin schon wieder umgezogen, hatte Ärger mit dem Nachbarn, wegen meines Hundes. Leider kann ich bis 2014 nicht wirklich die Tätigkeit ausüben in dem Bereich, in dem ich arbeiten möchte.

Marvin geht es gut, ist etwas faul in der Schule, aber das hält sich im Rahmen, Empfehlung für Realschule. Marvin genießt seit zwei Wochen Skiurlaub in Österreich über Zebratours, die sollen ziemlich gut organisiert sein für Kinderreisen.

Frohes Neues!

2010–2017

HANDLUNGS-RÄUME UND WISSENS-ZIRKULATION

Ein Kommunikationsraum entstehe dort, so Hanne Seitz, wo in ›Temporären Komplizenschaften‹[137] partizipatorisch und interventionistisch ausgerichtete Kunstpraktiken zunehmend auch ›außerkünstlerisch brauchbar‹ werden und die Hoffnung auf eine kompetenzförderende, gemeinschaftsbildende und identitätsstiftende Wirkung nähren.

137 Vgl.: Hanne Seitz Temporäre Komplizenschaften. Künstlerische Intervention im sozialen Raum.
In: Maria A. Wolf/Bernhard Rathmayr, Helga Peskoller (Hg): Konglomerationen. Produktion von Sicherheiten im Alltag. Theorien und Forschungsskizzen. Transkript: Bielefeld 2009

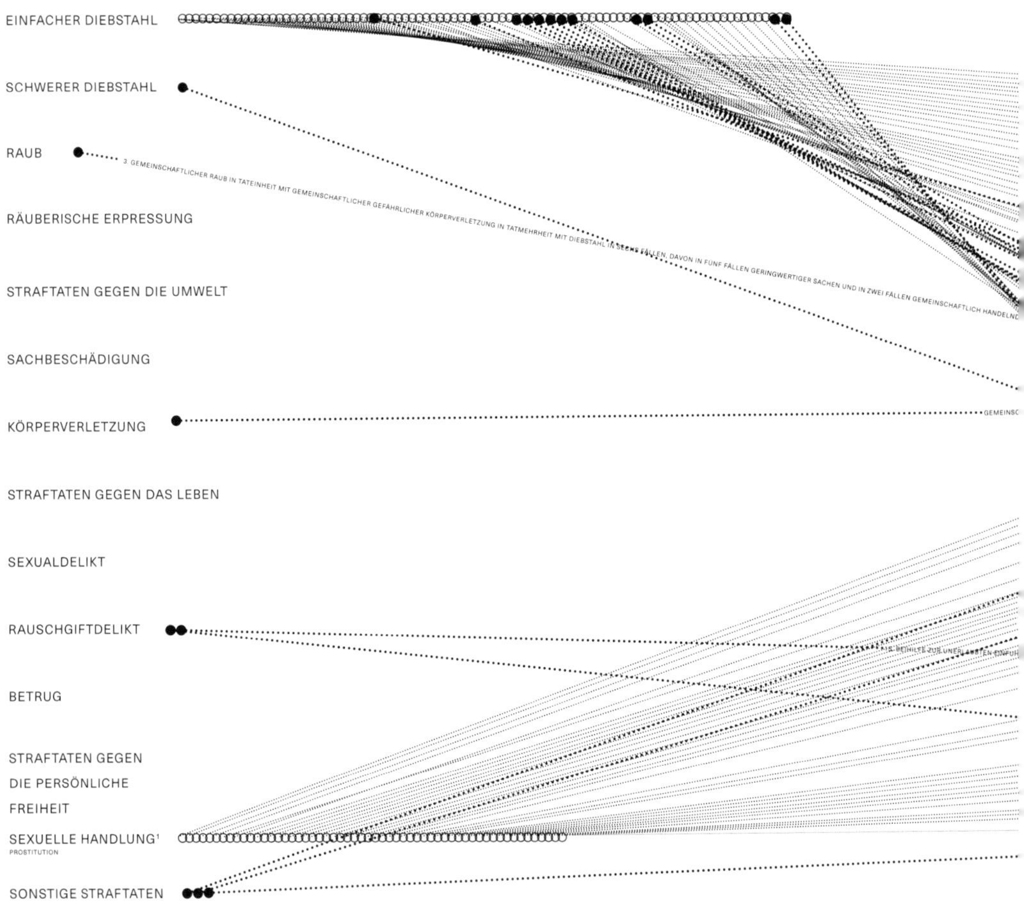

Dieses Diagramm (Ausschnitt) visualisiert die Straftaten von Rebecca Mertens und deren gesellschaftliche Konsequenzen (ebenfalls in Chronologie der betreffenden Jahreszahlen und Alter). Zusätzlich werden das jeweilige Strafmaß und die Gesetze, auf denen die strafrechtlichen Urteile basieren, aufgelistet.

TAT HANDLUNG

MASSNAHME

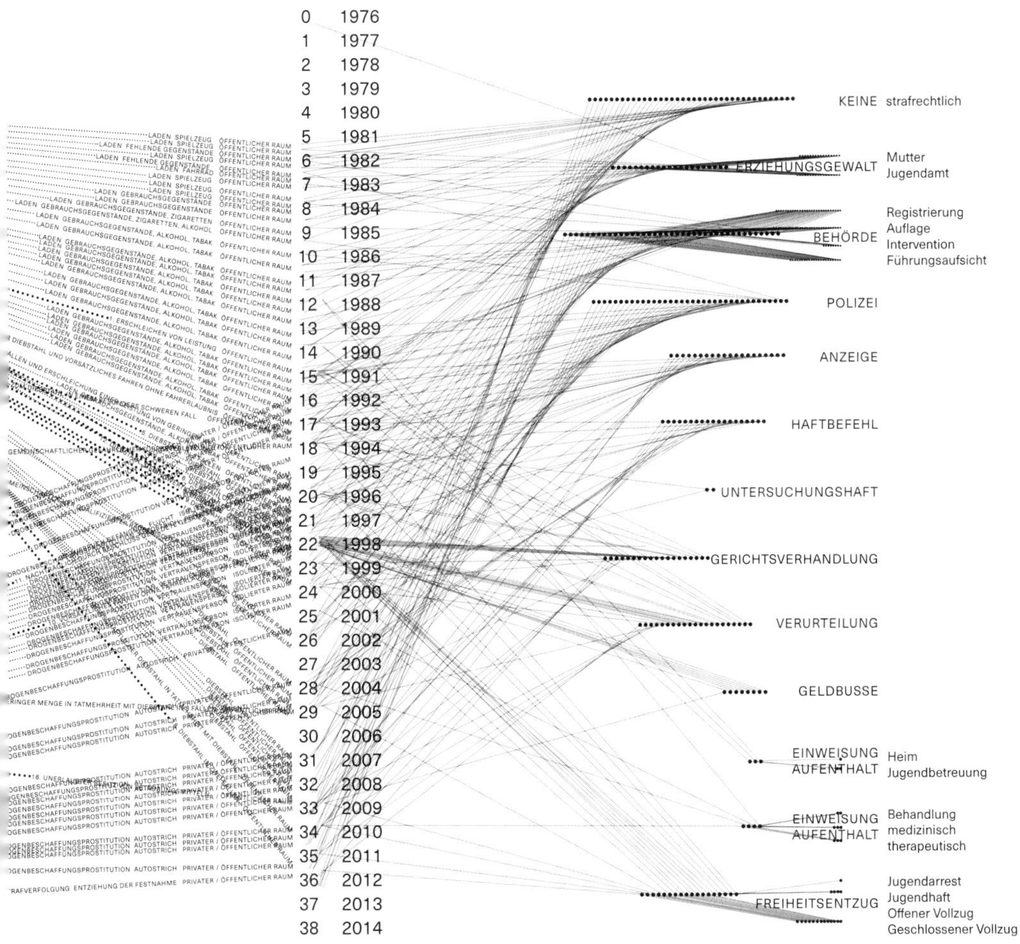

●········ ein Tatbestand, der zur öffentlichen Anzeige geführt hat

○○○○··· unbestimmte Anzahl gleicher Tatbestände

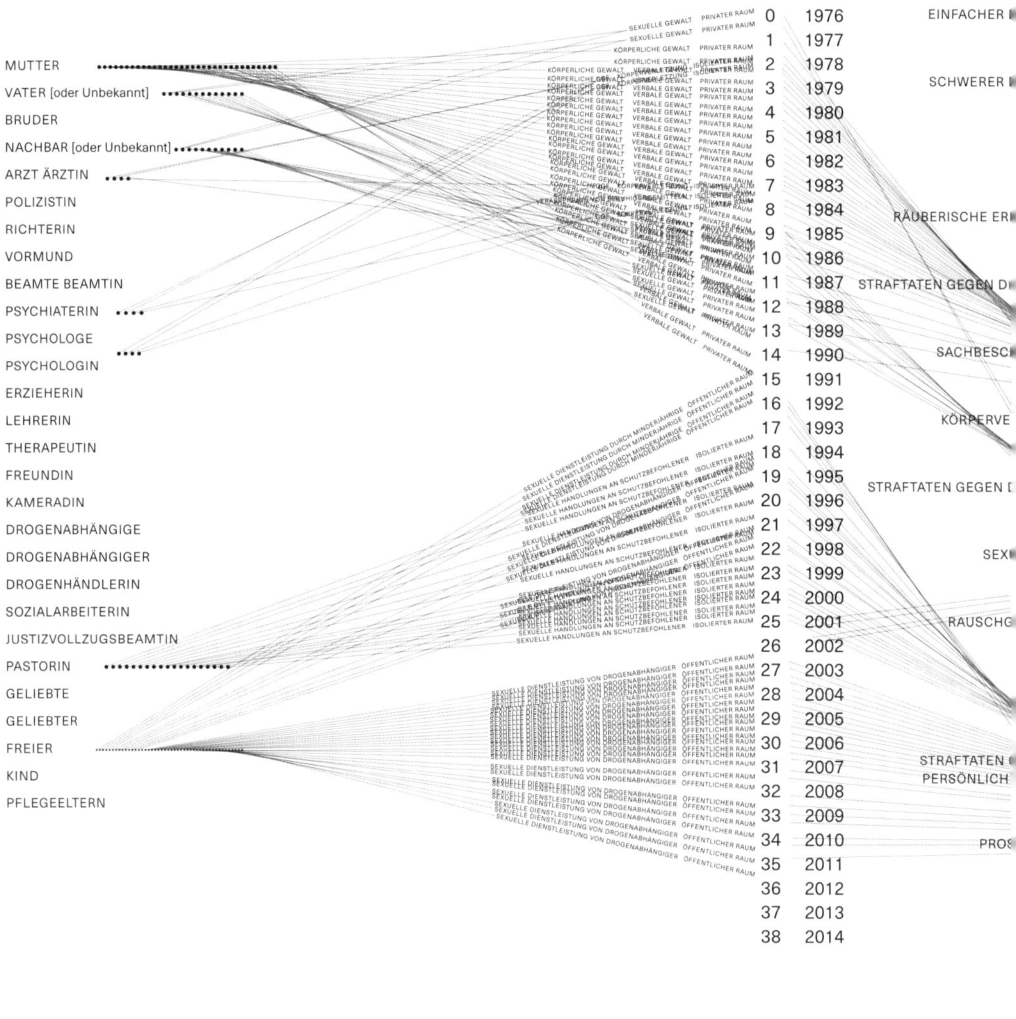

Dieses Diagramm (Ausschnitt) visualisiert die Straftaten, die an Rebecca Mertens verübt wurden und zeigt die gesellschaftlichen Konsequenzen für die TäterInnen (ebenfalls in Chronologie der betreffenden Jahreszahlen und Alter). Zusätzlich werden die Gesetze und das jeweilige Strafmaß, die hätten angewendet werden können, aufgelistet.

MASSNAHME

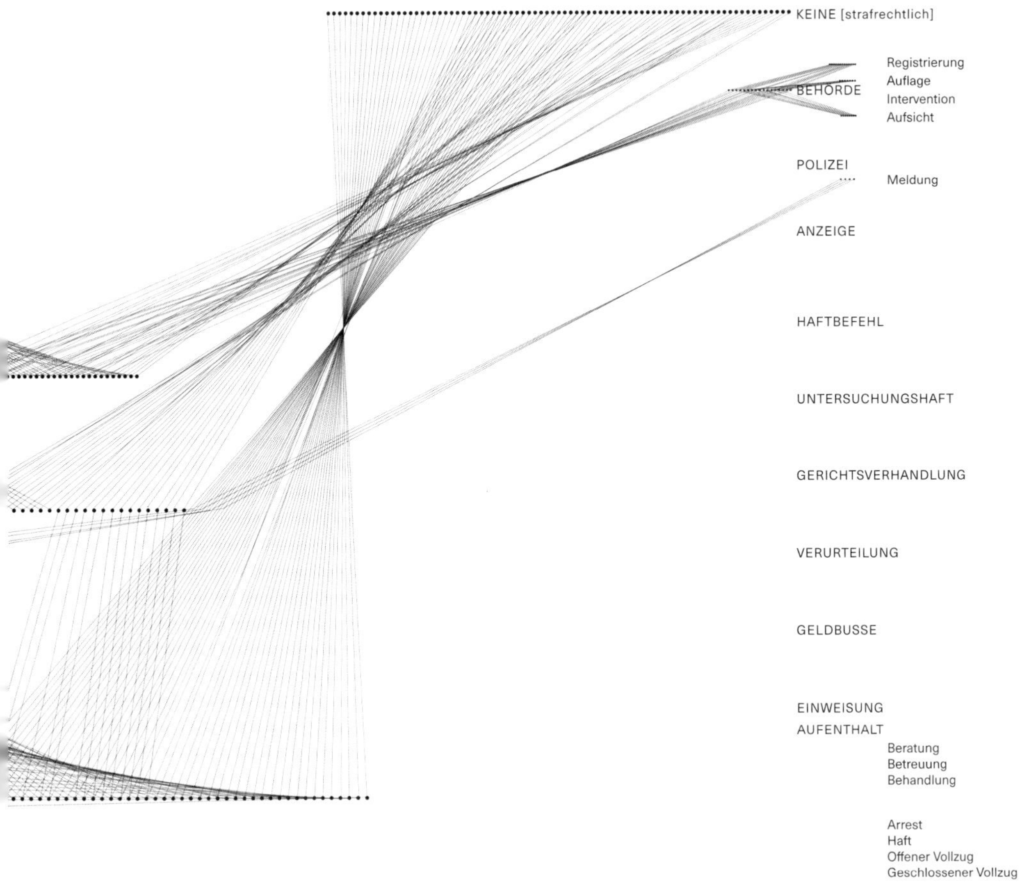

••••••••• Tatbestand inzidentell

Tatbestand regelmäßig

VECHTA, 2012

REBECCA MERTENS

Helmut König lässt mich wissen, dass er Rebecca kurz im Sporthof gesehen habe. Sie sehe ganz gut aus, er habe sie aber noch nicht gesprochen. Ich bespreche mit ihm die Möglichkeiten, im Rahmen meiner Untersuchung ein Projekt mit Rebecca in der JVA auszuführen, unter anderem, um die Hintergründe ihrer Verurteilungen und die Daten ihrer Inhaftierungen anhand der Strafakten zu inventarisieren.

Der Anstaltsleiter[138] befürwortet meine Untersuchung. Ich muss sie aber offiziell beim zuständigen Kriminologischen Dienst im Bildungsinstitut des niedersächsischen Justizvollzuges Celle beantragen.

Ich telefoniere mit Rebecca, erkläre ihr, was sie ihrerseits schriftlich und mündlich unternehmen und beantragen muss.

138 Oliver Weßels übernimmt November 2005 die Leitung der Justizvollzugsanstalt für Frauen Niedersachse, Vechta.

VECHTA, 9. SEPTEMBER 2012

REBECCA MERTENS

Als erstes möchte ich Dir sagen, dass ich natürlich total gerne mit Dir zusammenarbeiten möchte. Da Du das ja schriftlich eventuell beim Anstaltsleiter vorlegen willst – dieses also vorweg!

erklärt Rebecca auf der ersten Seite ihres Briefes.

Nun zu mir, ich liege auf dem A-Flur, da wo ich eigentlich immer während meiner Aufenthalte hier war. Zwei Hütten neben der, wo ich damals während des Projektes lag. Aber jeze gibt's hier ja nur noch Einzelhütten, was ich ziemlich gut finde, denn wenn man Pech hat, liegt man mit so'ner Oll'n auf Hütte, die man am liebsten mit'm Kopf ins Klo stecken würde – was auf ungefähr 50 % der Weiber hier zutrifft. Ich bin seit ca. 2 Jahren im Metha. Puuh, so lange hab ich den Kram noch nie genommen! Ich weiß nicht ob das gut oder schlecht ist. Es raubt mir viel meiner Lebendigkeit und es macht so verdammt bequem, auf der anderen Seite nimmt es den Druck Geld zu beschaffen, da man ja keinen körperlichen Entzug hat wenn man keine anderen Sachen nimmt. Was soll ich sagen, für den Moment ist es wohl ok, auf ewig will ich das aber nicht. Also, da möchte ich doch schon auf jeden Fall mehr Leben spüren.

Rebecca erzählt über ihre Arbeit in der Hauptküche:

Die Arbeit ist echt ok, macht mir Spaß. Die Chefs sind top und meine Kollegen sind auch toll. Davor hab ich 'nen sechsmonatigen Malerkursus gemacht, den ich mit ›gut‹ abgeschlossen hab. Der war auch ok, aber in der Küche verdiene ich weitaus besser! …

Übrigens werde ich am 5. Dezember entlassen, das ist ja nicht mehr lange hin. Das heißt, dass ich doch bestimmt schon entlassen bin, bevor du überhaupt herkommen kannst, darfst??? Aber das macht die Sache doch eigentlich nur leichter, oder? Nur in Sachen Knastakte sieht es dann schlecht aus, obwohl ich eh meine Zweifel hab, dass ich da überhaupt reingucken darf. Ich geh ja wieder zurück nach Osnabrück. Ich bin immer noch mit Janne zusammen und wohne auch nach wie vor mit ihm zusammen – obwohl ich mir eine eigene kleine Wohnung suchen möchte. Einfach für den Fall der Fälle einen Ort zu haben, wo man hin kann. ...
Es würd mich freuen, wenn wir das Projekt machen, auch wenn ich dann entlassen bin. Ich weiß, in der Vergangenheit hab ich das nicht hingekriegt, aber dank des Methadons kann man sich ganz gut auf mich verlassen. Äh, das hört sich jeze gerad ziemlich schräg an. Was ich damit meine ist, dass ich dank Methadon nicht alles plötzlich über den Haufen schmeiße, weil sich alles nur um Drogen dreht. Wenn Du mir die Chance dazu gibst, zeig ich Dir, dass man sich momentan ganz gut auf mich verlassen kann! Ok, das zu dem Zeitpunkt nach meiner Entlassung.

AMSTERDAM, 28. UND 29. OKTOBER 2012

KOMPLIZINNENTREFFEN I [ART]

KUNSTTHEORIE / KUNSTGESCHICHTE / PHILOSOPHIE

TeilnehmerInnnen

Elke Bippus	Kunsttheorie / -geschichte, ZHdK Zürcher Hochschule der Künste, Zürich (kommt später hinzu, nicht anwesend beim folgenden, transkribierten Gespräch)
Sabeth Buchmann	Kunsttheorie / -geschichte, Akademie der bildenden Künste, Wien
Alexandra Landré	Kunstgeschichte und Kuratorin, Amsterdam
Ulrike Möntmann	Künstlerin, Amsterdam und Wien
Ruth Sonderegger	Philosophie und Kunsttheorie, Akademie der bildenden Künste, Wien

Transkription und Zusammenfassung

Nina Glockner

Das erste Komplizinnentreffen bringt Disziplinen zusammen, die mit dem Projekt
THIS BABY DOLL WILL BE A JUNKIE
als einer in der Kunst verorteten Intervention am direktesten verbunden sind. Dieses Treffen findet an zwei Tagen statt und umfasst—ausgehend von der detaillierten Projektbeschreibung und Einführung in die von der Künstlerin verwendeten Terminologie und theoretischen Rahmung—ein weitreichendes Spektrum von Themen bzw. Fragestellungen. Diese Zusammenfassung erhebt keinen Anspruch auf Vollständigkeit, sondern beschränkt sich auf die fragmentarische Wiedergabe der Themen, die hinsichtlich der Entwicklung des Projektes (Praxis / Forschung) von größtem Belang sind.

›Kollaboration ist ein Kernelement meiner Vorgehensweise: in Kooperation mit strafrechtlich verurteilten drogen-konsumierenden Frauen, mit KollegInnen, WissenschaftlerInnen und Institutionen. Im Austausch mit SpezialistInnen werden Fachgebiete der Philosophie, Kunst(-theorie), Psychiatrie, Soziologie, Politologie, Rechtswissenschaften betreten und Personen direkt oder indirekt miteinander in Kontakt gebracht. Das Zusammenbringen spezifischer Expertise mündet in eine Wissenszirkulation, die das *Outcast Registration*-Netzwerk bildet.‹ (Projektbeschreibung U. M.)

Zu Beginn des Gespräches introduziert Ulrike Möntmann das Prinzip des Staffellaufs als Methode ihrer Praxis und Forschung seit Beginn ihrer im Gefängnis stattfindenden Projektarbeit. Die von ihr regelmäßig durchgeführten Komplizinnentreffen sind wichtige Bausteine dieser Methode. Die Erzählungen, Erfahrungen und Methoden des Projektes sollen, als Staffeln weitergereicht, einen »... Anstoß für Experten—KunsttheoretikerInnen, PsychiaterInnen und SoziologInnen geben.«

Da es erfahrungsgemäß schwierig ist, fachspezifische Perspektiven in einem interdisziplinären Austausch auf hohem Niveau zu teilen, sollen die konzentrierten Komplizinnentreffen einen zu isolierten Umgang mit dem (Forschungs-)Material und eine ›Verwässerung von Expertisen‹ in zu großer Gesprächsrunde vermeiden.

Die Staffellauf-Methode impliziere eine strenge Transdisziplinarität als mögliche Antwort auf den ›Tod des Ein-Autor-Subjektes‹ und greife damit, so Sabeth Buchmann, in bestehende Forschungspraktiken ein—»... spannend und gleichzeitig innerhalb der Institutionen oft so nicht vorgesehen.«

Tagungen, Konferenzen, Debatten u. ä. werden von allen Gesprächsteilnehmerinnen in ihrer herkömmlichen Form oft als unbefriedigend erfahren und es ergibt sich die folgende, längerfristige Fragestellung, ob und wenn ja, wie ein konstruktiver interdisziplinärer Wissenstransfer möglich sei? Ulrike Möntmanns Methode könnte ein Ansatz für eine ›bezugs-mögliche Wissenstransformation‹ sein.

Sonderegger fügt hinzu, dass die Staffellauf-Vorgehensweise eine Offenheit erfordere, die wichtig für politisches Agieren sei: »[...] Es ist nicht immer von vornherein klar, was folgt und was das große Ziel ist, [...] sondern das gemeinsame Arbeiten oder Dranbleiben ist—gerade in so kompetitiven Kontexten wie *Artistic Research*—schon Teil der Kritik, der politischen Handlung.«

Schon zu Beginn des Projektes TBDWBAJ schließt das Staffellaufprinzip neben etablierten ExpertInnen auch die Projektteilnehmerinnen mit ein: z. B. formuliert die drogenabhängige Rebecca Mertens für die ersten Baby Dolls ihre eigene Biografie in 11 Sätzen, womit sie die zukünftige Artikulationsform der Biografien prägt. Ihre nüchterne Konstatierung von Lebensereignissen, emotional scheinbar völlig unbeteiligt, bestätigt eine ganz bestimmte Selbstbetrachtung, die symptomatisch für die inhaftierten Projektteilnehmerinnen und deren generelle Annahme von Schuld erscheint. Sie war für Ulrike Möntmann der Anlass, auch die Biografien anderer Frauen im internationalen Kontext zu vergleichen, um die Rolle sozialer, kultureller und politischer Bedingungen zu untersuchen.

Verortung des Künstlerischen bei TBDWBAJ

›TBDWBAJ begibt sich in Situationen und agiert in gesellschaftlichen Räumen: Dem isolierten Raum, dem kulturellen Raum, dem *öffentlichen Raum* und dem virtuellen Raum.

Das Erschließen und Passieren dieser verschiedenen Räume ermöglicht die Zirkulation von Wissen über die Lebensbedingungen politisch nicht-repräsentierter Bevölkerungsgruppen.‹ (Projektbeschreibung U. M.)

Die bisher gehandhabte, aus dem Prozess entstandene Gliederung des Projektes in Raumbegriffe ist für Ulrike Möntmann noch immer überzeugend; die ›Komplizinnen‹ weisen sie jedoch auf begriffsimmanente Einschränkungen hin: »›Raum‹ ist begrenzt, mit Mauern gedacht, somit werden die impliziten Übergänge nicht ausreichend verbildlicht.«

Sabeth Buchmann schlägt in diesem Zusammenhang ›Topologie‹ als begriffliche Alternative vor, da diese Betrachtung raumüberschneidende Bewegungen und Infrastrukturen berücksichtige. Somit könnten die verschiedenen Ebenen von Handlung, Praxis, Artikulation und Narration in einem dynamischeren Verhältnis beschrieben und auf diese Art der Komplexität des Projektes gerecht werden.

Entscheidungsprozesse

Hinsichtlich des künstlerisch-forschenden Charakters des Projektes wird die Relevanz der innerhalb des Prozesses getroffenen Entscheidungen thematisiert.

»Ein großer Teil von klassischer Forschung besteht darin, zu sagen, warum man bestimmte Entscheidungen trifft oder getroffen hat«, führt Ruth Sonderegger an. »Worin unterscheidet sich deine Praxis von den klassischen wissenschaftlichen Zugängen [...] mit künstlerischen oder—in jedem Fall, nicht klassisch-soziologischen, nicht klassisch-wissenschaftlichen Interaktionspraktiken, für die du Raum lässt oder kreierst?«

Es sei interessant, den Beginn dieser Arbeit und die Vorgehensweise auf den verschiedenen Stufen nach den einzelnen künstlerischen und methodischen Entscheidungen und Überlegungen zu untersuchen. Das so gewonnene Material ermögliche einen Vergleich mit der klassischen Sozialwissenschaft: »Wo trifft Ulrike innerhalb des Projektes andere Entscheidungen als SozialwissenschaftlerInnen und aus welchen Beweggründen heraus?« Gerade eine Analyse, Betrachtung und Erzählung dieser Entscheidungsprozesse mache —laut Sonderegger—die ›Verortung des Künstlerischen‹ möglich und eröffne wiederum andere Fragestellungen für Außenstehende.

Die Entwicklung der Methode habe schon bei der ersten Gefängnisarbeit (Projekt LÜCKE, 1997) begonnen und werde, so Möntmann, als umfangreiche Beschreibung und Analyse aller Projekte ein Bestandteil der 2017 erscheinenden Publikation, um die bewusst bzw. akzidentiell getroffenen künstlerisch-methodischen Entscheidungen innerhalb des Arbeitsprozesses und der Konfrontation mit institutionellen Gegebenheiten offenzulegen.

Auch für Sabeth Buchmann ist gerade bei kollaborativen Arbeiten die Vermittlung der durch den Arbeitsprozess bedingten Entscheidungen wichtig, da sie eine bessere und produktivere Lesbarkeit des Materials bewirkt (z. B. der visuell starken Diagramme).

Sie verlangt in diesem Zusammenhang jedoch eine Spezifizierung der Verortung des Künstlerischen. Ob es sich hier um eine an den *visual studies* orientierten ästhetischen Kritik handele, ob es ein erweitertes künstlerisches Projekt oder ob es ein soziologisches Verfahren mit künstlerischen Mitteln sei? Ist bereits die Konzeption im Vorfeld die künstlerische Praxis? Oder liegt diese vor allem in einer ›Bedeutungsproduktion‹ innerhalb des Kommunikations- und Interaktionsprozesses mit den Projektteilnehmerinnen? »Wobei das strukturell hierarchische Therapieverhältnis aufgehoben ist, da es um einen gemeinsamen Prozess der Herstellung geht, z. B. einer von beiden Seiten geäußerten Kritik einerseits an der Frage der Repräsentation von Frauen, die Drogen nehmen und ihre Knastkarrieren haben, andererseits an der Verweigerung, sich mit den Bedingungen auseinanderzusetzen?« Es sei gerade für die Publikation der Arbeit wichtig, Entscheidungen dahingehend zu treffen, was man ›lesbar‹ machen will.

Ruth Sonderegger konstatiert ›institutionelle Hartnäckigkeit als künstlerische Praxis‹ in Ulrike Möntmanns Arbeit, wobei der Begriff des Einmischens eine essenzielle Rolle spielt.

Im Kontext von TBDWBAJ bezöge sich das Einmischen sowohl auf die Institutionen als auch auf den direkten Kontakt mit den Frauen im Gefängnis.

Da TBDWBAJ nicht innerhalb einer Auftragssituation ausgeführt, sondern selbstständig initiiert werde, betont Möntmann, sei die Vorbereitung relevanter Teil der künstlerischen Intervention. Spezifische politische, gesellschaftliche und kulturpolitische Strukturen jedes Landes bzw. jeder Institution, müssten vor der Kontaktaufnahme gründlich recherchiert werden. Diese Vorverhandlungen zwischen Ulrike Möntmann und der Institution im Vorfeld jeder Projektetappe könne man—so Sonderegger—als ›institutionelle Zusatzforschung‹ bezeichnen.

Kritische Masse

Im Zusammenhang mit Möntmanns Agieren aus dem Kunstkontext heraus stellt Sabeth Buchmann die Frage nach der adressierten Öffentlichkeit:

»Würdest du sagen, dass […] der Kunstbegriff schlichtweg auch einer ist, den man strategisch besetzt? […] Weil mit dem Begriff der Kunst und diesem Claim auch eine bestimmte Öffentlichkeit mit eingefordert, mit besetzt oder mit adressiert ist? […] Ist es die Öffentlichkeit, die letztendlich deine Bereitschaft, dich einzumischen, mit dir teilen würde, also eine partizipierende Öffentlichkeit? Und wenn ja, in welchem Sinne? […] Oder wird hier etwas auf die Ebene der Repräsentation verschoben und damit der Raum des Konflikts, wo die tatsächliche Veränderung stattfinden könnte, umgangen?«

Sich eher vom Begriff des öffentlichen Raumes ab- und den Praktiken zuwendend, führt Buchmann fragend fort: »Wie bildet man eine kritische Masse […] eine Konstellation von Leuten, politischen Subjekten […], die nicht über Identität, Interessenspolitik, strategische Gemeinschaften organisiert ist, sondern eine, die tatsächlich eine Form von politischer Kritik, von Analyse als Grundlage von Widerstand leistet?«

An dieser Stelle kommt erneut die Frage nach Autorenschaft auf, diesmal jedoch in Bezug auf die Zusammenarbeit zwischen Ulrike und den Teilnehmerinnen bei der Entwicklung der Biografien. Sabeth Buchmann: »Wie wird gesprochen? In welcher Form wird gesprochen? Welche Informationen werden weitergegeben? [...] Und in welchem dynamischen Wechselverhältnis stehen artikulatorische Praktiken mit der Raumproduktion? Wie bedingen diese sich wechselseitig?«

Den Frauen würden, erklärt Möntmann, zunächst keine Fragen zu ihren Biografien gestellt, sondern ein Wörterkatalog zur Erstellung einer ›Matrix‹ vorgelegt, um eine mögliche Trauma-Wiederholung zu vermeiden: »Keine Suggestivfragen, sondern eine metaphorische Ordnung des Lebens.« Die Zusammenstellung der ca. 160 Wörter des Kataloges sei relativ neutral und werde gegebenenfalls mit fehlenden ergänzt. Die erarbeitete Matrix bilde die Grundlage für das darauffolgende Interview. Nach den Interviews formulieren Möntmann und die Biografin die Sätze der ‚kalten' Biografien, wobei der stichwortartige, fragmentarische Stil wegen der stärkeren Authentizität beibehalten wird.

Das alles sind eigentlich Erfindungen, bzw. hier findet künstlerisches Denken eine Form: die Matrix, das Interview, der Stil der Sprache der Biografien. Und das finde ich den schwierigsten Aspekt der Zusammenarbeit, weil ›ich‹ in dem Moment etwas formuliere, bzw. festlege. Und doch ist es in 98% der Fälle so, dass die Frauen, wenn sie es zum ersten Mal ausgedruckt lesen, geradezu glückselig sind—vielleicht, weil etwas schwarz auf weiß dasteht, wie eine ›Existenzberechtigung‹.« Gerade das Sichtbarmachen dieser ›Existenzberechtigung‹ sei eine Zielstellung der Arbeit und es sei ihr sehr darum gegangen, eine Methode zu entwickeln, die Wahrgenommenes sichtbar machen kann.

Buchmann erkennt in dem Zusammenhang »... Mischformen, die zu allererst aus deinem künstlerischen Wissen und deiner künstlerischen Erfahrung resultieren, Formen einer Sichtbarkeit auch bezüglich der Frage, warum etwas sichtbar ist und etwas anderes nicht. [...] Dein Projekt funktioniert ja nicht nur über Sichtbarmachung, sondern ganz stark auch über Verschlüsselung durch diagrammatisch organisierte Informationen: Aus guten Gründen, weil eine ungeschützte Sichtbarmachung auch eine erhöhte Kontrolle von unerwünschter Stelle mit sich bringen kann.«

An dieser Stelle wird die Bedeutung der Grafiken, Diagramme und Statistiken bei TBDWBAJ diskutiert, die sich überwiegend auf die Projektteilnehmerin Rebecca Mertens beziehen. Worin liegt die Bedeutung der Grafiken, in welchem Verhältnis stehen diese zu schriftlichen Erläuterungen und in welcher Form können diese die Ergebnisse am besten vermitteln? Die Grafiken seien laut Sonderegger sowohl (End-)Resultate der Forschungsarbeit, als auch ein Mittel künstlerischen Denkens. Ihrer Meinung nach formten die Diagramme nicht nur Beispiele bzw. Illustrationen der Kenntnis, sondern bildeten den ›visuellen Ausgangspunkt der nachträglichen Reflexion‹, wobei die Frage bestehen bleibe, ob die Grafiken selbsterklärend seien oder Begleitinformationen benötigten: »Das ist, glaube ich, die Gefahr der Grafiken, dass sie deine unkonventionelle Frageweise zu wenig herausarbeiten, während der reine Text wiederum dein systematisches Vorgehen nicht so deutlich machen kann.«

Die Problematisierung der Vermittlung der Grafiken eröffnet die Frage nach einer geeigneten Präsentationsform künstlerischer Forschung im Allgemeinen und des Projektes im Speziellen. Ulrike Möntmann sieht das geplante Buch als ihren ›Lieblingsort‹ zur Vermittlung der gesamten Arbeit: »Eine Ausstellung TBDWBAJ deckt die Informationen nicht bis in die Tiefe ab. Selbst bei einer ›vorbildlichen‹ Ausstellung vermittelt das Ausgestellte nur Oberflächenwissen, wenn der Gehalt einer Arbeit nicht nachvollziehbar ist.« Um einen Vergleich deutlich machen zu können, seien sowohl die Erzählung der Erfahrungen und Prozesse, wie auch die Diagramme und anderes visuelles Material notwendig, um »... eine Form zwischen Sprache und Zeichen zu finden, die die zugrundeliegende Information genügend vergegenwärtigt.«

Das Umfeld dieses ›neuen Wissens, dieser neuen Methodik‹ brauche den Text, die Erzählung und die Visualisierung der Daten, um als Ergebnis funktionieren zu können. Geplant sei zudem eine Präsentation, in der das Buch im musealen Kontext ›ausgefaltet‹ werden solle.

Sabeth Buchmann versteht diese Vorgehensweise, da ein Buch auf vielen Ebenen rezipiert werden könne und es somit ermögliche, den ›Charakter der Verknüpfung, der Vermischung, der Verflechtung‹ unterschiedlicher Praktiken und Diskurse zu verdeutlichen: »Ich glaube, was dein Projekt sehr toll leisten kann und jetzt schon leistet, ist einerseits, etwas in die Diskurse und Methoden und Felder zurückzugeben, aus denen du deine *tools* und dein Wissen usw. bezogen hast. Und zu sagen: du hast es daraus bezogen, aber jedes einzelne Element reicht nicht, um mit diesem Phänomen umzugehen, um es abzubilden, um eine neue Artikulation herzustellen. Es braucht die Verbindung von allem.«

Der Stellenwert der Baby Dolls in TBDWBAJ

›Die Projektausführungen in den Gefängnissen finden statt in Zusammenarbeit mit jeweils einer kleinen Gruppe inhaftierter drogenabhängiger Frauen, mit denen ich einerseits deren Biografien erarbeite und anderseits eine Serie identischer Porzellan-Baby Dolls produziere, die später die biografischen Sätze aussprechen, d. h. entscheidende Ereignisse aus den Leben der Biografin mitteilen (werden).

Eine Serie Baby Dolls wird im jeweiligen Land in einem Museum oder Kunstraum ausgestellt. Parallel dazu findet ein *Expert Meeting* statt [...] und es werden die Baby Dolls im öffentlichen Raum der jeweiligen Stadt an den Orten ausgesetzt, die zum Lebensraum der Biografinnen gehören, und dort ohne Aufsicht hinterlassen.‹ (Projektbeschreibung U. M.)

Nach einer ausführlichen Beschreibung der Projekte, die Ulrike Möntmann seit 1997 in diversen Gefängnissen und therapeutischen Einrichtungen realisiert hat, kommt das Gespräch auf die Bedeutung bzw. den Ursprung der Baby Dolls und des *Drop Offs* in TBDWBAJ.

Während des Projektes Kollektion Gefängnis Kleidung (1999–2002) ergibt sich als Resultat einer Parallel-Untersuchung der Mitarbeiterin Anneclaire Kersten, dass die Spielpuppe ein fehlendes Objekt im Leben der Teilnehmerinnen war. Keine der Frauen hat in ihrer Kindheit eine eigene Puppe oder ein eigenes

Kuscheltier gehabt. Eine der Frauen berichtet über die Porzellanpuppen der Mutter, die sie nur in der Glasvitrine betrachten, aber niemals berühren durfte. Im Zuge des Projektes Dutch Souvenirs entsteht 2002 die erste Baby Doll Serie, die unter dem Titel THIS BABY DOLL WILL BE A JUNKIE die Biografie einer Drogenabhängigen als Souvenir der Niederländischen Drogenpolitik vergegenwärtigt.

Diese Arbeit bildet anschließend die Basis zur Weiterentwicklung des Projektes TBDWBAJ.

Das Objekt im Verhältnis zur Gesamtarbeit und Forschung

»Die Baby Doll ist ein ›Träger‹ […], sie ist kulturell und emotionell aufgeladen, sie entspricht einem idyllischen Klischee und eignet sich damit bestens als ›Transportmittel‹«, erklärt Möntmann.

Die Produktion der Dolls besitze, so Möntmann, eine große Relevanz bei der Projektausführung im isolierten Raum als Ergebnis eines gemeinsamen Arbeitsprozesses. Der gesamte Produktionsvorgang, einschließlich des Umgangs mit dem Rohmaterial Porzellan, der neu zu erlernenden Gießtechnik bis hin zum Resultat, schaffe eine notwendige komplementäre Erfahrung zur theoretischen Arbeit.

Ruth Sonderegger sieht in dieser Praxis als Art und Weise des gemeinsamen Arbeitens und Denkens eine ›unglaubliche Artikulationsmöglichkeit‹ und bezeichnet sie als eine ›Reflexion von Arbeit‹. Dennoch zweifelt sie am Status der Dolls während des *Drop Offs* im öffentlichen Raum. Als isoliertes Objekt bliebe ihrer Meinung nach das Mitliefern des Kontexts der gesamten Forschung und Praxis aus: »Das Spannende bei dir ist ja, wie du Strukturen erforschst und es trotzdem extrem an einzelnen, singulären Personen festmachst«, aber in der *Drop Off*-Situation sei die Doll zu sehr ein ›einzelnes schönes Objekt‹, das so dem Projekt nicht gerecht werde. Für Sonderegger spielt die Baby Doll eine ganz präzise Rolle als Teil der diversen Zirkulation innerhalb der Arbeit und solle daher keinen Endpunkt für die Öffentlichkeit markieren, sondern eher den Status von Arbeitsmaterial haben: »… wie ein *Expert Meeting* oder ein Zwischenergebnis, das du grafisch präsentierst.«

Sabeth Buchmann versteht die Baby Doll »… als *tool*, als eine Möglichkeit, etwas zu artikulieren« und erkennt im erweiterten Sinne darin eine artikulatorische Praxis. Doch wie Sonderegger problematisiert sie deren isolierte Bedeutung: »Ich glaube, es ist sehr schwer, den Status des Objektes zu rezipieren. Also, wenn das der künstlerische Output ist, […] wenn man ganz simpel da heranginge, würde man den allenfalls als Symbolisierung lesen. Und nicht als das, was er ist—weil man nämlich diese Information nicht hat—als eine Form der Abstraktion.«

Drop Off im öffentlichen Raum —Diskussion um den Handlungsbegriff bei Hannah Arendt

›*Drop Off* ist der Akt der Installation von THIS BABY DOLL WILL BE A JUNKIE im öffentlichen Raum. Die Baby Dolls einer Serie werden an verschiedenen öffentlichen Orten, die zum Lebensbereich Drogenabhängiger gehören, ausgesetzt und ohne weitere Aufsicht in der Öffentlichkeit zurückgelassen. Die

Baby Dolls werden von den BewohnerInnen bzw. BesucherInnen einer Stadt angenommen oder abgewiesen, ignoriert oder zerstört.‹ (Projektbeschreibung U. M.)

Die Baby Doll—erklärt Möntmann—wird über den öffentlichen Raum in den unsichtbaren privaten Raum zurückgeführt, in dem ebenso unsichtbar die Übergriffe auf die Biografinnen stattgefunden haben. Da dem Finder der Baby Doll im öffentlichen Raum eine Entscheidung abverlangt wird, führe so die Konfrontation der Baby Doll mit dem Finder in jedem Fall zu einer Entscheidung, einer ›Handlung‹.

Für Sonderegger ist diese Konfrontation fast ›zu individualistisch‹ gedacht. Und ›zu wenig strukturell‹. Das *Drop Off* sei zu isoliert vom Rest der Arbeit, die als Ganzes Aufschluss gebe »… über verschiedene topografische Bewegungen, über den Zusammenhang von Missbrauch und Drogenabhängigkeit und im Knast zu landen« und der es gelinge, eine Reibung von Strukturen und individuellen Geschichten zu erzeugen. Daher sei die individuelle Entscheidung der BürgerInnen in Bezug auf die ausgesetzte Baby Doll eher uninteressant: »Zu denken, da passiert noch etwas Wichtiges oder Entscheidendes in der Übergabe oder Rückgabe, das sehe ich nicht.«

Ulrike Möntmann bringt die Relevanz dieser eingeforderten individuellen Entscheidungen in Verbindung mit dem Begriff der ›Handlung‹ im Sinne von Hannah Arendt, da »… gerade das Handeln die einzige Tätigkeit ist, […] in der man frei ist, eine Entscheidung zu treffen, die also nichts mit der Tätigkeit und der Beschäftigung zu tun hat, sondern die etwas verursacht.«

Weder Sonderegger noch Buchmann stimmen dieser Interpretation uneingeschränkt zu.

Die Arendtsche ›Handlung‹ richte sich, so Buchmann, an eine Öffentlichkeit und sei keine individuelle Handlung. »Ein Einzelner, der irritiert ist, stößt keinen Diskurs an.«

Aus dieser Stellungnahme erwächst die Frage, wie das *Drop Off* eine Öffentlichkeit produziert, bzw. produzieren könne. Ausgangspunkt bei Arendt sei laut Sonderegger das Formulieren eines Anliegens in der Auseinandersetzung mit Anderen und sei dabei *per definitionem* »… extrem anti-monologisch. Das Handeln eines Individuums ist kein wirkliches Handeln, […] das Kontroversielle ist bei Arendt immer verbunden mit Anderen. […] Die Macht der Öffentlichkeit ist die Macht der Handlung vieler. Es ist da, wo man es schafft, innerhalb einer Konsens-Kultur einen kontroversen Raum aufzumachen. […] Da muss eine andere Stimme sein. Eine Gegenhandlung.«

Sabeth Buchmann stellt daraufhin die Frage, »… inwieweit diese Interaktion eine Öffentlichkeit im Sinne einer Kunstöffentlichkeit, einer politischen und/oder am Diskurs teilnehmenden Öffentlichkeit herstellt und wie jene die Doll rezipiert. Ich verstehe sie aus dem Produktionsprozess heraus besser denn je, aber ein Kunstpublikum wird sie wahrscheinlich als Symbolisierung von etwas oder als therapeutisches Mittel verstehen und wird sie nicht als eine eigenständige […] ästhetische Produktion anerkennen. In dem Sinn hat sie einen schwierigen Stellenwert, obwohl ich sie als artikulatorische Praxis und als etwas, das zwischen dir und den Frauen passiert, vollkommen nachvollziehbar finde. Und auch richtig und wichtig, auch was die materielle Praxis daran betrifft. Aber wenn ich mit einer Öffentlichkeit kommuniziere, müsste viel mehr mitkommuniziert werden, um diese Ebenen deutlich zu machen. In dieser anonymisierten Form gehen diese vielen Informationen einfach verloren.«

Für Ulrike Möntmann ist Nicht-Reden symptomatisch für Desinteresse, d. h. Nicht-Teilen und Nicht-Teilnehmen an gemeinschaftlicher Verantwortung und bildet somit einen wesentlichen Aspekt des Projektes. Sie erkläre mit der Präsentation der Biografien im Zuge des *Drop Offs* im öffentlichen Raum und der Registrierung im virtuellen Raum die Thematik zur öffentlichen Angelegenheit.

Doch auch für Buchmann bleibt die Übersetzung der Information zu abstrakt und sie schlägt—als Gedankenspiel und in Bezug auf die Entstehung des Objektes—einen Souvenirladen bzw. Museumsshop als einen geeigneten öffentlichen Raum vor: »Sie müsste eigentlich dahin, wo sie wirklich eine Störung, einen Konflikt erzeugt. [...] Auf der Straße erzeugt sie keinen Konflikt, aber wenn du sie in einen Souvenirladen bringst, da erzeugt sie einen Konflikt, weil es hier einen Kontext gibt. [...] Ich finde es richtig, die Doll als Medium zu betrachten. Das Medium ist in dem Sinn nicht Teil der unmittelbaren Produktion, sondern Teil der Zirkulationssphäre. Dort, wo Zeichen ausgetauscht werden. Du willst ja keine Produktion, die sich auf einer Konsumptionsebene kurzschließt, sondern du willst eine Zirkulation von Zeichen und Bedeutungen. [...] Die müsste auf jeden Fall auf der Ebene stattfinden, wo die Symbolik, die dem Objekt innewohnt, beheimatet ist, also der Ebene der nutzlosen Fetisch- oder Dekorationsobjekte. Und auf dieser Rezeptionsebene erzeugt sie eine Störung.« Anschließend fragt sie, an welcher Stelle ›standardisierte naturalisierte Diskurse‹ eine Wendung nehmen und in etwas anderes transformiert werden können.

Ulrike Möntmann betont, dass die Situation für denjenigen, der eine Entscheidung bezüglich der gefundenen Baby Doll treffe, sehr wohl Konfliktpotenzial berge, auch wenn sie selbst dessen Konsequenzen nicht weiterverfolge.

Der Konflikt, den man mit sich selbst austrage, ist für Ruth Sonderegger kein öffentlicher, kein politischer Konflikt, da er auf der individuellen, privaten Ebene stattfinde. Er stoße den Diskurs nicht an, sondern sorge eher dafür, dass alles bleibe wie es sei.

Buchmann sieht darin die Gefahr, dass die Einzelnen in ihrer bürgerlichen Identität eher noch bestätigt würden: »Ich habe ein schlechtes Gewissen, ich betrachte jemanden hierarchisch, sehe mich in meiner besseren Position bestätigt und habe Mitleid, statt auf gleicher Augenhöhe mit jemandem in einen Diskurs einzutreten. Für mich beginnt das Öffentlich-Werden, wo Akteure strukturell—wie Rancière das nennt—in die Position eines Sprechers kommen. Wo ist das Sagbare? Sonst bleiben die Verhältnisse in ihren Positionen und nichts verschiebt sich.«

Privatraum = Schutzraum/Gefängnis = Gewaltraum?

Ulrike Möntmann problematisiert im Kontext dieser Analyse die Definition des Privatraumes als anerkannten Schutzraum, der sich jedoch gerade bei den Teilnehmerinnen ihres Projektes oft als Tatort entpuppt habe: »Wo hören öffentliche Interessen auf und wo beginnt dieser private Raum? Es ist ja mehr oder weniger legal, was diesen Leuten im privaten Raum angetan wird. Wie dieser Konflikt abläuft, können wir kaum formulieren. Wir brauchen und wollen den privaten Raum, aber haben wir auch das Bewusstsein, dass es sich hier potenziell um eine ausgelieferte Situation für Schutzbedürftige handeln kann? Und inwieweit muss man sich dort einmischen?«

Ruth Sonderegger sieht die Trennung zwischen ›öffentlich‹ und ›privat‹ nicht als unveränderbar festgelegte Grenze: »Das sind ja eingespielte und z. T. rechtlich kodifizierte Grenzen. [...] Auch ist vielleicht nicht ausgeschlossen, dass manchmal ein Privatraum ein Schutzraum ist. Dass man das in mancherlei Hinsicht so ja auch will. Aber das Erste, was für mich sehr wichtig wäre, ist, dass man noch etwas bewegen kann. [...] Ich denke, im bürgerlichen Privatraum [...] gibt es unter Umständen Möglichkeiten, Teile öffentlich zu machen; z. B. Gewalt in der Ehe oder Kinderrechte. Dagegen ist der Knast als Privatraum so zu-kodifiziert und überinstitutionalisiert, dass es viel schwerer ist, etwas aus diesem Raum hinauszutragen, was du aber ja zum Teil tust. Und deswegen wäre es für mich auch wahnsinnig wichtig, politisch wichtig, aus dem Knastraum Informationen, Wissen hinaus zu bringen und zu zeigen, dass es sich bei den sogenannten Fällen nicht um individuelles Fehlverhalten handelt, sondern dass eine Struktur sichtbar wird. [...] Es gibt sowieso keine in Stein gemeißelten Grenzen zwischen öffentlich und privat. Ich glaube, es ist gut, dass es beides gibt, aber das kann man verhandeln. Nur für mich sind die Räume, die man fast gar nicht verhandeln kann, wie Knäste, die geballte Gewalt. Eine Gewalt, die überhaupt keine Gegenartikulation zulässt. Und allein, dass man da so wenig hinaus transportieren kann, zeigt, was das für ein Gewaltraum ist.«

CELLE, 20. NOVEMBER 2012

BILDUNGSINSTITUT DES NIEDERSÄCHSISCHEN JUSTIZVOLLZUGES KRIMINOLOGISCHER DIENST

Die Soziologin beim Kriminologischen Forschungsinstitut prüft meine Anfrage. Sie befürwortet meine Untersuchung, schickt mir die Unterlagen und stimmt der Dauer und dem Zeitraum meines Aufenthalts in der JVA zu, obwohl mein polizeiliches Führungszeugnis noch auf dem Postweg ist. Nach zehn Jahren darf ich mich nun erstmals wieder in dieses Gefängnis begeben.

WORKSHOP MIT REBECCA MERTENS

Rebecca wird zwar nicht von der Pflichtarbeit freigestellt, wir können aber täglich ab 13:30 bis zum Einschluss um 19:00 Uhr im Behandlungsraum des Werkbereiches zusammenarbeiten.

Am Wochenende und falls sie nicht arbeiten müsse, könnten wir bereits am Vormittag beginnen. Die Arbeit darf unbeaufsichtigt stattfinden. Ich bekomme bei Antritt an der Pforte ein Mobiltelefon, um mich gegebenenfalls melden zu können, bzw. um mich abholen zu lassen. Rebecca erklärt mehrmals schriftlich, mir die Einsicht in alle vorhandenen Akten über sie zu gewähren. Helmut König liefert die gefragten Akten, die teilweise im Keller gesucht werden müssen. Ich solle angeben, welche Papiere kopiert werden müssten, das mache er dann.

Rebeccas Daten befinden sich in verschiedenen Administrationssystemen, in unterschiedlichen Typen Akten, angefangen bei handschriftlichen und mit Schreibmaschine getippten ausführlichen Beschreibungen von Straftaten, bis hin zur digitalen Auflistung der angewendeten Paragrafen. Im Laufe des Tages stapeln sich auf zwei Tischen verstaubte, verblichene rosa JVA-Mappen mit losen Papieren. Ich werde Tage brauchen, um die Akten zu sichten und zu entscheiden, welche Papiere kopiert werden sollen.

Ziel der Zusammenarbeit ist es, die Straftaten, die richterlichen Entscheidungen, die Anwendung von Gesetzen und Paragrafen und die tatsächlichen Haftperioden zu betrachten, um diese den Ereignissen, die Rebecca in ihrer Biografie benannt hat, gegenüber zu stellen. Mich interessiert zunächst, was der Begriff ›Beschaffungskriminalität‹ alles enthält und in welchem Verhältnis Tat und Strafmaß stehen. Welche Fakten zum sogenannten ›Drehtüreffekt‹ führen.

Um die Straftaten zu inventarisieren, habe ich riesige Tabellen mit Kategorien vorbereitet. Wir listen Rebeccas (Straf)Taten auf und spezifizieren erstens, in welchem gesellschaftlichen Raum sie stattfanden (privat, öffentlich, isoliert); zweitens, um welche Objekte, welchen Wert es sich bei Diebstahl und Raub handelt; drittens, ob die Tat geahndet wurde; viertens, zu welcher Strafe die Tat führte (keine, Intervention durch Behörden, Verwarnung, Anzeige, Strafverfolgung, Verurteilung, Haft) und fünftens, welcher Institution sie übergeben worden ist (keine, Heim, Jugendarrest, Jugendgefängnis, Gefängnis – zur Bewährung, in den halboffenen oder geschlossenen Vollzug) und wo die Strafe verbüßt wurde.

In die Tabellen setze ich die Oberbegriffe von Straftaten: Einfacher Diebstahl, Schwerer Diebstahl, Raub, Räuberische Erpressung, Straftaten gegen die Umwelt, Sachbeschädigung, Körperverletzung, Straftat gegen das Leben, Sexualdelikt, Rauschgiftdelikt, Betrug, Straftat gegen die persönliche Freiheit. Ich füge auch Prostitution als indirekte Straftat hinzu, weil sich die Gesetzgebung während der letzten 20 Jahre in Bezug auf Faktoren wie Altersgrenzen, Definition, Bedingungen der (Straf-)Mündigkeit und Legalität verändert hat. Dass Rebeccas Aktivität immer illegal ist, da sie als Prostituierte nicht registriert ist und über kein Gesundheitszeugnis verfügt, ist klar, aber die spezifische Sachlage ist zu diesem Zeitpunkt zu komplex, um genau sagen zu können, mit was wer sich wann schuldig macht. Ich werde dazu später die Gesetzestexte prüfen müssen. Jetzt halte ich mich lediglich an Rebeccas Angaben.

Uns fehlt der Platz auf dem A0-Format, um allein die geahndeten (nur ca. 10%) der begangenen einfachen Diebstähle einzutragen. Mit den weiteren Vergehen ist es einfacher: Eine Verurteilung wegen schweren Diebstahls, einmal wegen Raub, einmal Körperverletzung, zweimal Rauschgiftdelikte.

Auf einem anderen Blatt mit denselben Koordinaten gibt Rebecca die (Straf-) Taten an, die an ihr verübt worden sind: Von ihrem ersten bis zum 11. Lebensjahr chronische Körperverletzung, im ersten Lebensjahr – mit Fragezeichen – Sexualdelikt(e), vom neunten bis zum 14. Lebensjahr regelmäßige Sexualdelikte. Wir setzen uns mit dem Thema Vertrauensperson und dem Geschäft mit Sex im Gefängnis auseinander, juristisch definiert als ›Ausnutzung Schutzbefohlener‹. Auf diesem Gebiet bleibt Rebecca stur, die sexuellen Handlungen mit der Vertrauensperson im Gefängnis sieht sie nicht als eine Straftat, die gegen ihren Willen stattfand. Erst nachdem ich ihr den Gesetzestext vorlese, fügt sie – ungern – die Deals mit der Vertrauensperson als Sexualdelikte zwischen dem 18. und 24. Lebensjahr hinzu. Auf diesem Blatt bleibt die Rubrik ›Konsequenzen | Verurteilungen‹ leer.

In einer weiteren Tabelle listen wir die Art der Drogen, der Medikamente und des Alkohols auf, die Rebecca bis jetzt konsumiert hat, daneben stehen Angaben zur Diagnose, der Situation und in die dritte Spalte kommen die Dosierungen und der Mengenbedarf.

Nach dem Feststellen der Menge können wir die Kosten, bzw. den jeweiligen Marktwert berechnen, wobei diese in verschiedenen gesellschaftlichen Räumen variieren: Heroin kostet im Gefängnis ungefähr das Doppelte vom Straßenpreis. Wir kalkulieren und vergleichen Einkommen und Ausgaben.

VECHTA, 26. NOVEMBER 2012

GESPRÄCH MIT OLIVER WESSELS

Ich hatte den Anstaltsleiter Oliver Weßels um ein Gespräch gebeten, am dritten Projekttag besucht er uns im Arbeitsraum. Der Anstaltsleiter bittet Rebecca, den Arbeitsraum für die Dauer des Gespräches zu verlassen.

Gedächtnisprotokoll: Bei seinem Amtsantritt 2005 hat Oliver Weßels sich zunächst in die Problematik des Frauenvollzugs vertiefen müssen, inzwischen kann er sich gedanklich in die Situation der betroffenen Frauen hineinversetzen und den Strafvollzug von dieser Position aus betrachten.

Meiner Ansicht nach ist der Frauenvollzug heute nach wie vor gesicherter als nötig.

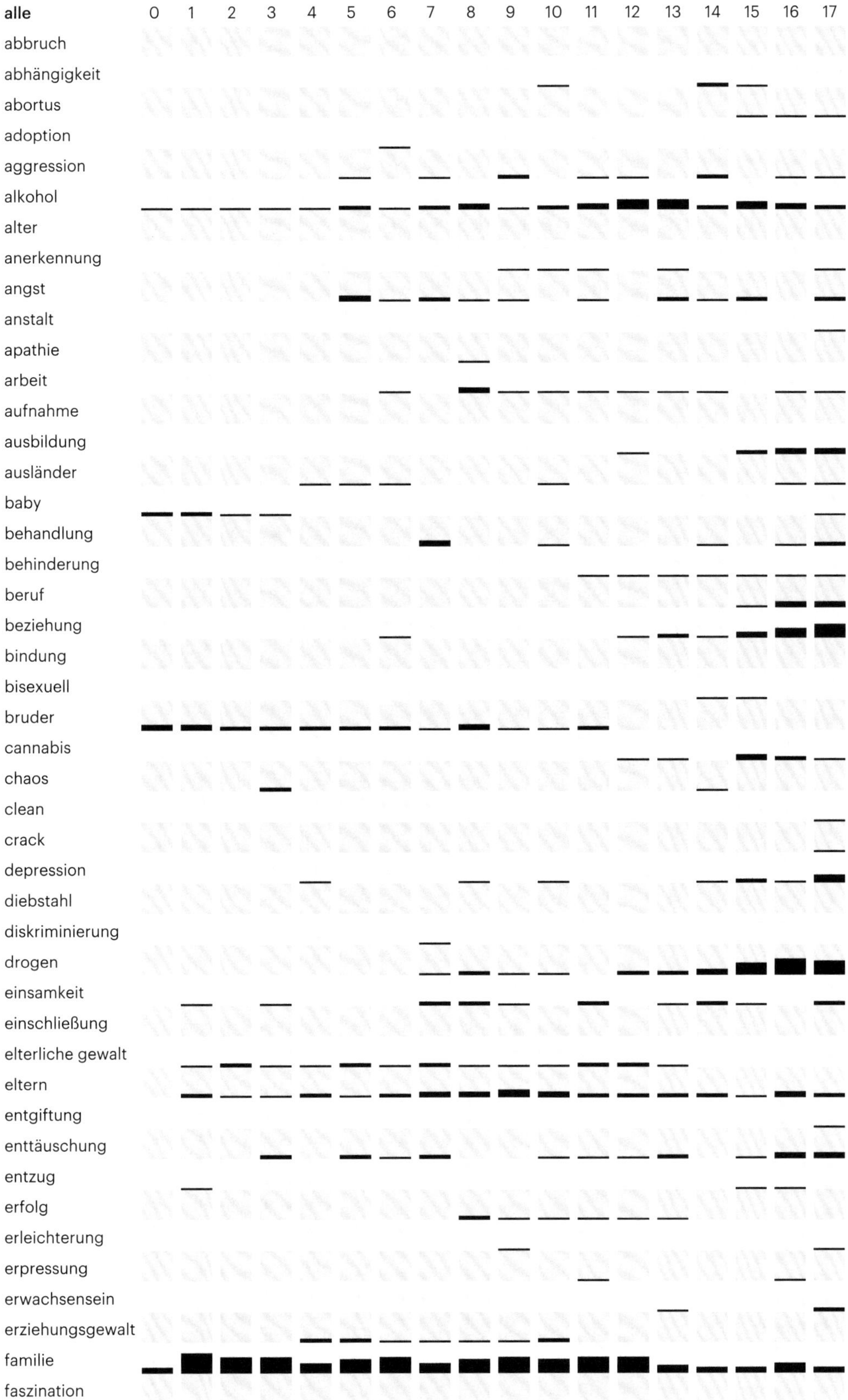

Auswertung aller Worte (Wort, Anzahl und Alter), die von 16 Teilnehmerinnen bei deren MATRIX–Erstellung während der TBDWBAJ Projektausführungen verwendet wurden. Diagramm (Ausschnitt): Niels Schrader

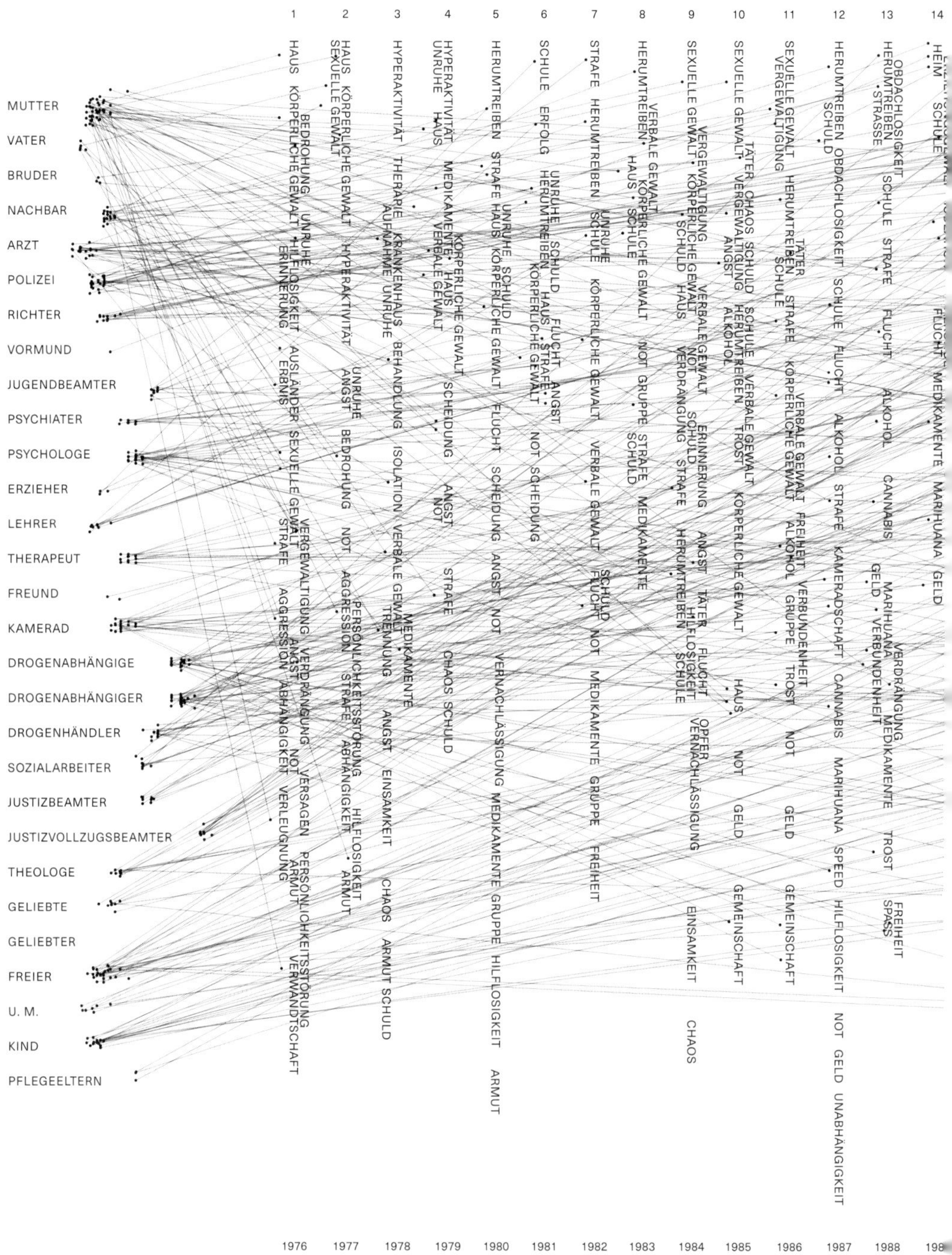

Bezugspersonen im Leben von Rebecca Mertens werden bestimmten Ereignissen und den jeweiligen Jahreszahlen / Alter zugeordnet.

BEZUGSPERSON EREIGNIS

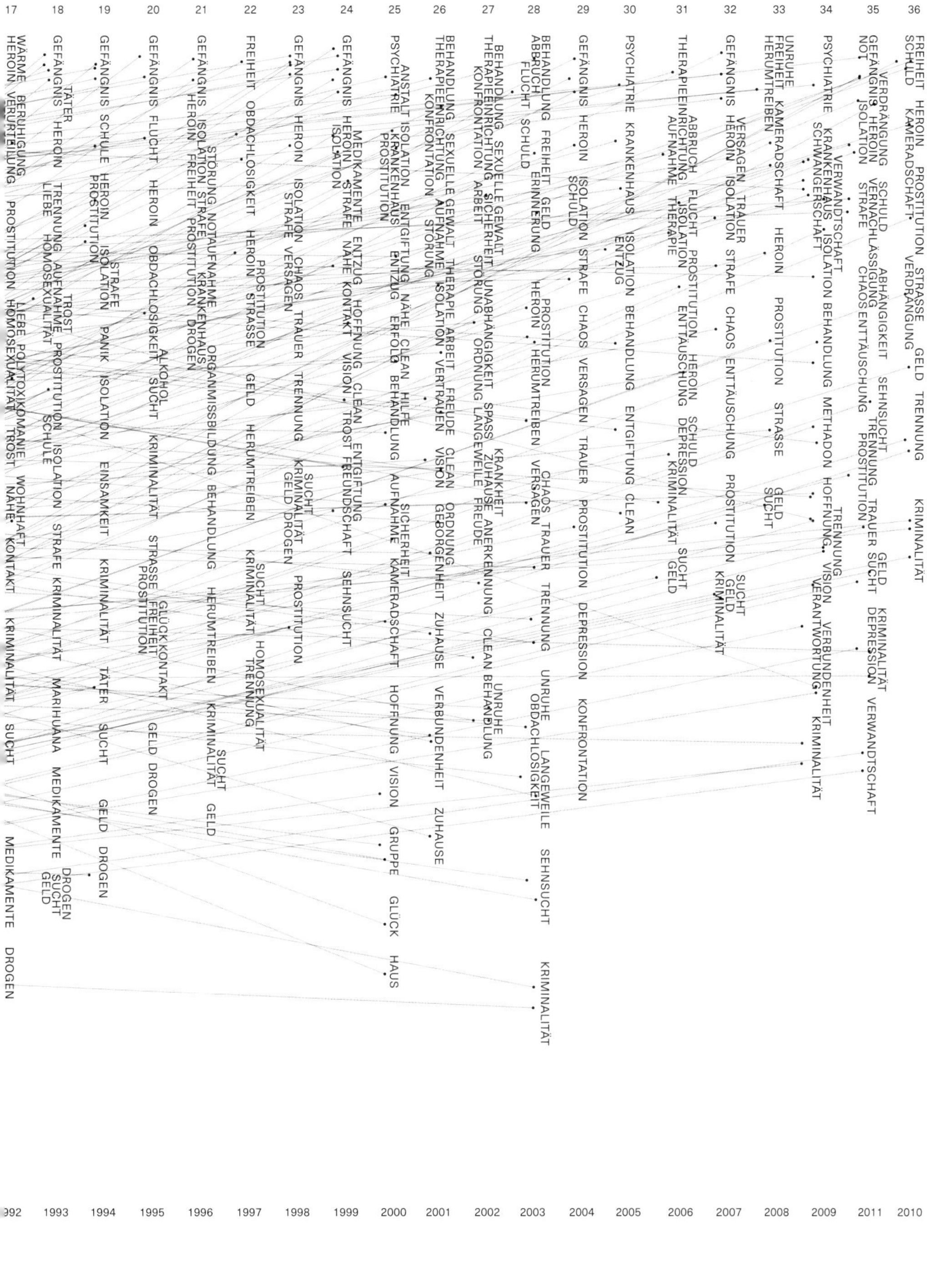

Weßels stimmt mir zu, er teilt die Auffassung seines Vorgängers und seiner AmtskollegInnen, dass sich Frauen in der Haft sehr angepasst verhalten und dass geringere Sicherheitsanforderungen eigentlich ausreichen würden. Die rechtlichen Rahmenbedingungen und der organisatorische Aufbau des Frauengefängnisses unterscheiden sich jedoch immer noch nicht wesentlich von denen der Männergefängnisse, obwohl die umfassende Verwirklichung einer *Gender Mainstreaming Strategy* im Strafvollzug bereits 2008 im Europäischen Parlament als dringend notwendig gefordert worden ist.

Verwaltungsvorschriften im Sinne eines *Gender-Impact-Assessment* sollten die besondere Situation von Frauen berücksichtigen. Hierzu finden sich nur vereinzelt Ansätze, wie in der JVA Vechta, in der es z. B. keine Schusswaffen gibt und das Tragen von Dienstkleidung abgeschafft ist.

Inhaftierte Frauen haben häufig diskriminierende und demütigende Sozialisierungserfahrungen gemacht, die dazu führen, dass Frauen ihre Probleme eher resignativ verarbeiten—mit Alkohol- und Drogenmissbrauch, körperlichen Erkrankungen und viele zeigen Symptome psychischer Störungen wie posttraumatische Belastungsstörungen, Bindungsstörungen, *borderline*-Erkrankungen, Depressivität und Versagensgefühle.

Weiterzubedenken bei der besonderen Situation von Frauen im Gefängnis ist die Auswirkung ihrer Inhaftierung auf ihre Familie, speziell auf ihre Kinder. Oliver Weßels weist mich auf seinen Aufsatz[139] zu diesem Thema hin, in dem er ausführlich Stellung bezieht, die aktuelle Praxis des Strafvollzugs kommentiert und Alternativen aufzeigt.

Zitat: ›Ausgehend von der Erkenntnis, dass inhaftierte Frauen vielfach in ihrem Leben vor der Inhaftierung durch sexuelle Übergriffe, Misshandlung und Ausbeutung traumatisiert wurden und damit häufig Opfer wurden, bevor sie als Täterin strafrechtlich in Erscheinung traten, leitet das Europäische Parlament eine Vielzahl von Forderungen ab, die sich im Kern auf Unterbringung, Behandlung, quantitative und qualitative Arbeits- und Ausbildungsangebote, weitgehende Öffnung des Vollzuges, Möglichkeiten der gemeinsamen Unterbringung von inhaftierten Müttern mit ihren Kindern und Schulung des Personals für die besonderen Bedürfnisse und Situationen der weiblichen Gefangenen zurückführen lassen.‹

Die Lebenszusammenhänge von Frauen und ihr Erscheinungsbild im Strafvollzug finden weder in den gesetzlichen Regelungen noch in den Verwaltungsvorschriften Beachtung: ›Ebenso wie andere Gruppen—z. B. Ausländer oder Behinderte—fallen sie wegen ihrer geringen Zahl im Verhältnis zur großen Mehrheit der männlichen Gefangenen als eigenständige Gruppe mit besonderen Bedürfnissen und Anforderungen an den Vollzug nicht auf und folglich nicht ins Gewicht.‹

Wie bei Rebecca, kommt es bei inhaftierten Frauen wegen der oftmals kurzen Haftstrafen i. d. R. nicht einmal zum Erstellen eines Vollzugsplans, weshalb sich die übrigen Behandlungs- und Disziplinarmaßnahmen dann nach den im Männervollzug gültigen Prinzipien richten.

Frauen scheinen insgesamt weniger gewalttätig: 47,5% der weiblichen Strafgefangenen verbüßen eine Freiheitsstrafe wegen Diebstahls, Unterschlagung oder Betrugs. Der Anteil der Frauen mit Straftaten nach dem BtMG ist allerdings mit 18,2% im Verhältnis zu 14,8% bei Männern relativ hoch. Die Zahl der

Straftaten, die im mittelbaren Zusammenhang mit der Suchtmittelabhängigkeit (Beschaffungskriminalität) steht, muss hinzugerechnet werden. Der Anteil der Opiatabhängigen liegt im Frauenvollzug bei über 50% und es befinden sich mehr männliche und weibliche DrogenkonsumentInnen im Vollzug als in Therapieeinrichtungen.

Weßels bedauert, dass sich die ›besonderen Vorschriften für den Frauenstrafvollzug‹ nur auf Geburt, Aufenthalt und Erziehung von Kindern in den ersten Lebensjahren bezögen. Die Situation könne verbessert werden, wenn die erwähnten Vorschriften auf die Situation von Eltern zugeschnitten würden. In der Praxis bedeute das mehr Lockerungen, angepasste Ausgangs- und Besuchsregelungen bis dahin, dass Müttern zur Versorgung ihres Haushalts oder ihrer Kinder Freigang gewährt werde.

Weßels plädiert für den Offenen Vollzug bei Frauen, von denen keine Sozialschädigung ausgeht. Oft hätten die wegen Betruges verurteilten Frauen z. B. nur kurzfristig die Kontrolle verloren und mehr aus dem Internet bestellt, als sie bezahlen können. Solle man deshalb eine Familie auseinanderreißen? Man könne bei Verfahren gegen Frauen schon früher daran denken, wie die Haftstrafe vermieden werden könne und bei Frauen mit minderjährigen Kindern solle grundsätzlich die Gerichtshilfe hinzugezogen werden, damit frühzeitig konkrete Hilfe angeboten werden könne.

139 Vgl.: Oliver Weßels Besondere Vorschriften für den Frauenstrafvollzug. In: Johannes Feest / Wolfgang Lesting, (Hg), Strafvollzugsgesetz: StVollzG. Kommentar, Köln 2012. StVollzG liefert Kommentare zum Strafvollzugsrecht. Ausgehend von den Regeln des Strafvollzugsgesetzes des Bundes erläutert der Kommentar die in den einzelnen Bundesländern gültige Rechtslage und beschreibt die Besonderheiten, die sich aus den bis dato in vereinzelten Bundesländern erlassenen Landesstrafvollzugsgesetzen ergeben. Die Kommentierung orientiert sich ganz besonders an den Bedürfnissen der Praxis und spannt dabei einen Bogen zu den Erkenntnissen anderer wissenschaftlicher Disziplinen wie der Soziologie, Psychologie und Theologie. Auch der zunehmenden Europäisierung des Strafrechts tragen die Autoren durch die verstärkte Einbeziehung der Europäischen Menschenrechtskonvention, der Europäischen Gefängnisregeln etc. Rechnung. Auszug, U. M., red. gekürzt: Herausgeberbeschreibung.

OSNABRÜCK, MAI 2013

REBECCA MERTENS

Nach Rebeccas Entlassung treffen wir uns in Osnabrück, um offen gebliebene Untersuchungsfragen durchzunehmen. Ich zeige ihr den aktuellen Stand der Diagramme zu Straftaten / Konsequenzen und sie überprüft die Richtigkeit der Angaben.

Rebecca ist immer noch im Methadonprogramm, baut aber bereits die Dosis ab. Die obligatorische Frage nach Ben beantwortet Rebecca ebenso obligatorisch:

Ja, da muss ich demnächst mal was entscheiden.

KOMPLIZINNENTREFFEN III [ART]

KUNSTTHEORIE / KUNSTGESCHICHTE / PHILOSOPHIE

TeilnehmerInnen

Elke Bippus	Kunsttheorie / -geschichte, ZHdK Zürcher Hochschule der Künste, Zürich
Nina Glockner	Künstlerin, Amsterdam und Wien
Alexandra Landré	Kunstgeschichte und Kuratorin, Amsterdam
Ulrike Möntmann	Künstlerin, Amsterdam und Wien
Shird-Dieter Schindler	Psychiater, Leiter des Sozialmedizinischen Zentrums Baumgartner Höhe, Zentrum für Suchtkranke, Wien
Ruth Sonderegger	Philosophie und Kunsttheorie, Akademie der bildenden Künste, Wien
Felix Stalder	Medienwissenschaften, ZHdK Zürcher Hochschule der Künste, Zürich und Wien

Transkription und Zusammenfassung
Nina Glockner

Das dritte Komplizinnentreffen der Kunsttheorie, Kunstgeschichte und Philosophie findet als semi-öffentliche Veranstaltung im Rahmen der Ausstellung ›Out of the Box—10 Fragen an künstlerische Forschung‹[140] im Museum für angewandte Kunst statt. Das Projekt TBDWBAJ ist eines der zehn ausgestellten Projekte künstlerischer Forschung. Ulrike Möntmann zeigt hier u. a. ihre neue Audio-installation EUROPEAN OUTCAST CHOIR (EOC). Während die Diskussion sich im ersten Teil auf das Verhältnis der künstlerischen Praxis Möntmanns im (kunst-)therapeutischen Kontext fokussiert, werden im zweiten Teil—ausgehend von der Ausstellung vor Ort—Fragen bezüglich der Präsentation künstlerischer Forschung im Allgemeinen und der (Re-)Präsentation des Projektes TBDWBAJ im Besonderen erläutert.

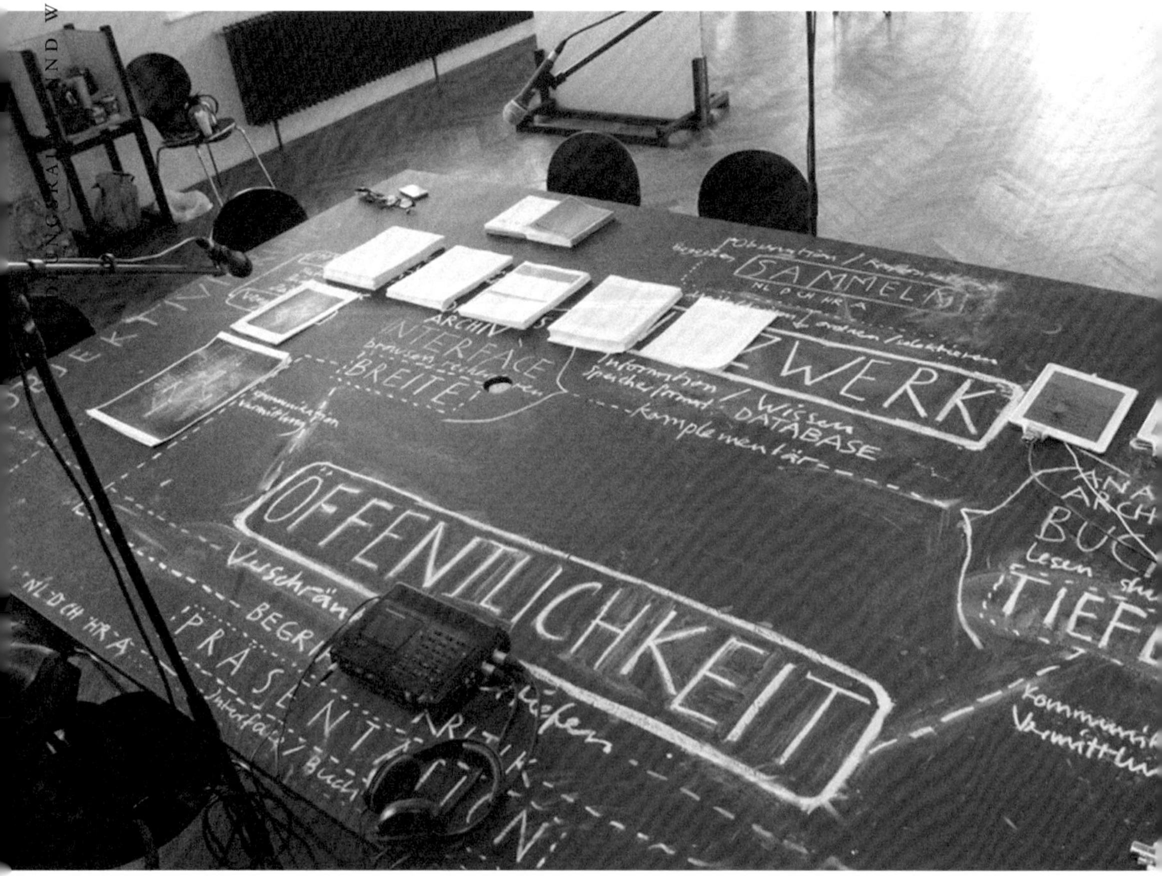
SAMMELN
ZWERK
ARCHIV
INTERFACE
BREITE
Information / Wissen
DATABASE
komplementär
ÖFFENTLICHKEIT
PRÄSENTATION
TIEFE

›Das Audioarchiv besteht aus den 18 Biografien der Teilnehmerinnen, die jeweils von der Biografin in ihrer Muttersprache, bzw. ihrem Dialekt, ausgesprochen werden. Das Archiv kann variabel installiert werden.

Die Installation EOC besteht aus einem an der Decke hängenden Lautsprecher-Kreis, in den die ZuhörerInnen eintreten können. In der Mitte des Kreises sind die Sprechfragmente aller Biografien wie eine Art Chor zu hören. Wer sich in Richtung eines Lautsprechers bewegt, hört die vollständige Biografie einer Person. Die Übersetzungen der kroatischen, niederländischen, friesischen und schweizerdeutschen Sätze werden außerhalb des Zirkels synchron zur Aussprache als Untertitel projiziert.‹ (Projektbeschreibung U. M)

Elke Bippus beschreibt die Wirkung der Arbeit EOC als etwas »... Vertrautes, auch womöglich ästhetisch Vertrautes. [...] Es ist nicht so, dass die Schicksale uns entgegen schreien, es ist keine ästhetisch eingesetzte Überrumpelung, sondern hier öffnet sich mir etwas Vertrautes. Und dann kann ich zuhören.«

Alexandra Landré erfährt den Chor als eine ›vertraute Geräuschkulisse‹, die einen alltäglich gewordenen Ausnahmezustand vermittele. Die Installation komme ohne Schockelemente aus, fordere dabei jedoch die Empathie der BesucherInnen stark ein. Trotz der sachlichen und distanzierten Aussprache der Biografien nimmt Bippus gerade bei den einzelnen Stimmen wahr, dass sich »... eine andere ›Gebrochenheit‹, ein anderes Leben mit vermittelt.«

Möntmann und Glockner beschreiben die Methode, mit der die Biografien und die Audioaufnahmen erarbeitet worden sind. Die Biografien sind immer aus der Ich-Perspektive und im Präsens geschrieben. Im Gefängnis werden sie dann—von den Teilnehmerinnen selbst gesprochen—aufgenommen. Während dieses Arbeitsschrittes finde keine inhaltliche Auseinandersetzung statt, die einzelnen Sätze würden als Material behandelt und das Ziel sei, sie so gut wie möglich einzusprechen, führt Glockner aus. Die sachliche Aussprache der Biografien, ohne Dramatik in der Stimme, entspreche, so Möntmann, dem Selbstverständnis der Frauen in Bezug auf die Ereignisse in ihrem Leben. In der EOC-Installation, so Landré, transportierten die Stimmen ein Paradox von Inhalten der Erinnerung und Distanz zur Erinnerung selbst.

Shird Schindler erkennt in eben diesem Paradox ein charakteristisches ›Normalitätsempfinden‹ von Suchtpatienten: »Dass diese Dissoziation, diese Entkoppelung von mir selbst stattfindet, passiert, wenn man Sachen erlebt hat, die quasi unvorstellbar [...] sind. Da ist etwas, das es gibt, aber wenn ich den Bezug dazu immer aufrecht erhalte, dann zerbreche ich wahrscheinlich. Deshalb muss ich diese Schutzbarriere einbauen als eine wichtige Maßnahme, nicht im Sinne von ›krank‹, sondern von überlebensnotwendig.«

Er beschreibt daraufhin die Wirkung von Drogen als ›Lautstärkeregler‹, mit dem sich die Erinnerung an traumatische Ereignisse—die belastende ›Hintergrundmusik‹—so reduzieren ließe, dass man glaube, sie sei verschwunden: »Gewisse Erinnerungen haben mit gewissen Trägersubstanzen zu tun und deshalb sind die Drogen auch wichtig, weil sie genau in diese Kreisläufe hineinwirken«.

Es sei für den Therapeuten wichtig, diese Hintergrundmusik zu erkennen, im Hinblick auf das Ziel einer positiven Überschreibung. Das Erinnern, führt Schindler aus, sei im Allgemeinen ein sehr aktiver Prozess, bei dem eine ständige Über- bzw. Umschreibung der alten Erinnerung stattfinde. So würden in Therapien oft zusätzlich zum Angebot eines Sicherheit bietenden, psychotherapeutischen *settings* Medikamente eingesetzt, um während des Erinnerungsprozesses negative körperliche Erscheinungen wie Unruhe, Herzklopfen usw., die an die ursprünglichen Erlebnisse gekoppelt seien, zu unterdrücken, womit die Erinnerungen weniger negativ abgespeichert werden könnten: »Solange ich immer wieder dieselbe körperliche Reaktion habe, kann ich die Erinnerung nicht ändern. [...] Wenn ich es schaffe, positive Emotionen dazu zu kriegen, dann kann ich die Erinnerungen ins Positive wenden.« Statt einer Fixierung durch Re-Traumatisierung sei somit also eine ›Umschreibung‹ möglich.

An dieser Stelle fügt Bippus hinzu, dass der Kunst oft eine ähnliche Wirkung zugeschrieben werde: »Die Ästhetisierung befähigt dich, dich einer Sache anzunähern. Sonst würdest du dich davor schützen. Man kann sich dem Schrecken annähern, man kann sich Kriegsgeschichten annähern, allem, was man sonst eher verdrängen würde, durch eine gewisse ästhetische Übersetzung.«

Es gehe, führt Schindler weiter aus, in jedem Fall um das Aufladen der Erinnerung mit einem zusätzlichen—nicht unbedingt ästhetischen—Element, um Abstand zu generieren. Im Gegensatz zu anderen Therapieformen baue gerade die Kunsttherapie verstärkt diesen ›Moment der Distanz‹ ein: Nicht der Therapeut werde hier zur direkten ›Projektionsfigur‹, sondern die entstehende Gestaltung wirke sowohl während der Tätigkeit, als auch in der darauffolgenden (gemeinsamen) Reflexion als ›Projektionsfläche‹ zwischen TherapeutIn und PatientIn.

Daraufhin wird die Frage diskutiert, inwiefern Möntmanns künstlerische Praxis in der Peripherie von Kunsttherapie verortet werden könne. Sie selbst »... würde nie den Anspruch erheben, kunsttherapeutisch zu arbeiten.« Im Gegensatz zur Kunsttherapie, bei der das gestaltete Material bei der Therapeutin/dem Therapeuten und PatientIn verbleibe, bringe sie die generierte Information in die Welt: »Ich ordne die Lebenswege der Frauen dem ›Normalen‹ zu, weil ich es wichtig finde, den Ausschluss, der moralisierend schon stattgefunden hat, sichtbar zu machen. [...] Und das Mittel dazu ist aufzustehen und die Stimme zu erheben. Es ist geradezu physisch sichtbar, wie in der Zusammenarbeit ein Bewusstsein dafür entsteht: Die Frauen richten sich auf und breiten ihre Schultern aus.«

Auch wenn es sich bei dem Projekt nicht um eine kunsttherapeutische Arbeit handele, könne es, so Elke Bippus, gleichzeitig kunsttherapeutische Effekte haben. »Dadurch, dass sich das Material, das entsteht, wieder loslöst von der Beziehung zwischen der Frau und dem Material, kann es in einem anderen Kontext bedeutsam und anders genutzt werden. [...] Eigentlich hat man eine Form, in der sich etwas artikuliert oder realisiert hat, zu der man immer wieder zurückkehren und sie befragen kann.«

Für Schindler geht das Projekt viele Schritte weiter als Kunsttherapie und beinhalte trotzdem therapeutische Elemente, gerade da es sich—wie in fast jedem therapeutischen Ansatz zu finden—mit der Selbstwertproblematik der Suchtkranken beschäftige. »Die Aussagen der Frauen werden in die Welt getragen und sind auch ein Teil des Lebens. Ich tue mich schwer, das ›Normalität‹

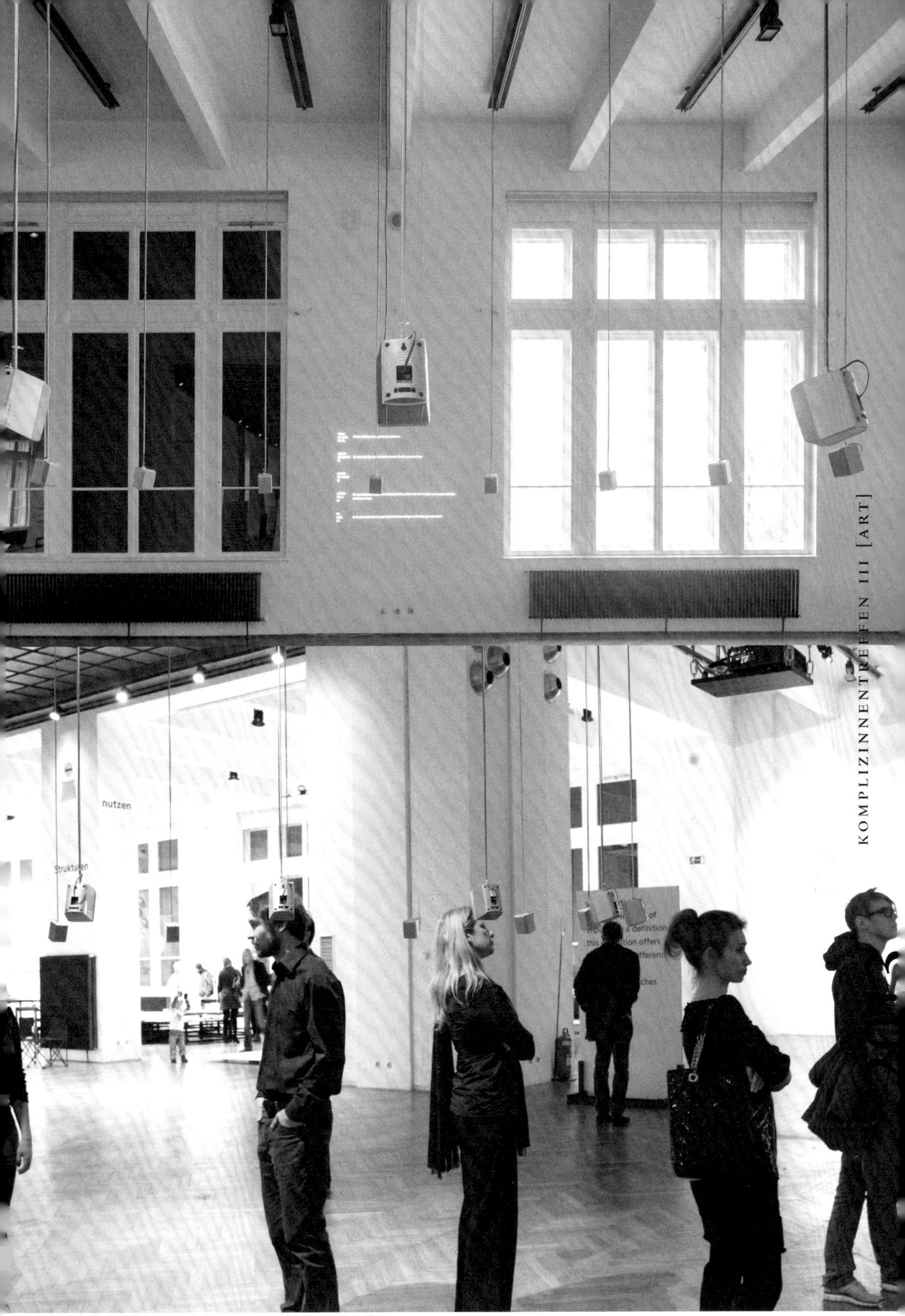

European Outcast Choir, Museum für angewandte Kunst Wien. Alle Fotos EOC: Luuk Kramer

zu nennen. Teil der Normalität ist auch das Kranke, so wie der Tod Teil des Lebens ist.« Für ihn bestehe schon mit dem Status der Künstlerin, von dem aus die Zusammenarbeit realisiert werde, ein großer Unterschied zum therapeutischen Ausgangspunkt.

Möntmann betont zudem die unterschiedlichen Zielstellungen: Während es in der Therapie um eine Veränderung bzw. Verbesserung gehe, oft bis hin zum drogenfreien Leben als Ziel, richte sich ihr Projekt auf eine Erweiterung des (Selbst-)Bewusstseins. Die Sätze der Biografien und die Matrix nähmen die Teilnehmerinnen trotz der inhaltlichen Heftigkeit als Dokumentation ihrer ›Existenzberechtigung‹ wahr.

Für Schindler wirkt das Projekt somit auch auf Existenzprobleme ein, die generell eine wichtige Rolle im therapeutischen Kontext spielen: »Manche haben mit der Frage zu tun, ob sie überhaupt existieren. Das sind pränatale Probleme, die Abtreibungsversuche oder irgendwelche dramatischen Zeiten vor der Geburt zum Anlass haben. In solchen Fällen besteht für die Betroffenen eine gewisse Unsicherheit: ›Gibt es mich wirklich? Denn, bevor ich überhaupt da war, existierte eine feindliche, gegen mich gerichtete Energie.‹ Dann kommt als nächster Schritt mit der Geburt: ›Ich bin da, ich bin auf der Erde.‹ Aber auch dort kann es Probleme gegeben haben, eine schwierige Geburt, Kaiserschnitt usw., auch dort kann ein Moment eines psychischen Knackpunktes angesiedelt sein. Und danach stellt sich die Frage: ›Bin ich so, wie ich bin, wertvoll?‹ Das Thema des ›Auf-der-Welt-Seins‹. Und ich denke, die ganze Arbeit TBDWBAJ hat sehr viel damit zu tun, dass eine Bestätigung dessen erfolgt.«

Methode Matrix

›Jede Matrix ist die formale Beschreibung eines Lebens, eine Ordnung. Basisbegriffe, die auf separaten Vordrucken zur Verfügung stehen, werden ausgeschnitten und auf einem Blatt den betreffenden Lebensjahren zugeordnet.‹ (Projektbeschreibung U. M.)

Schindler nennt die Begrenzung von Möglichkeiten als ›haupt-kunsttherapeutisches Element‹ und kommt damit auf die von Möntmann entwickelte Matrix-Methode zu sprechen, mit der die Biografien erarbeitet werden und die für ihn deutlich dieses therapeutische Element enthält: »Nichts ist unendlich verfügbar, man muss sich mit dem Gegebenen abfinden, kann vielleicht darum kämpfen, das eine oder andere dazuzubekommen. Und das wird gestaltet und es entsteht eine gewisse Form, eine gewisse Struktur.« Im therapeutischen Sinne sei diese Begrenzung notwendig: »Wenn man immer alles möglich macht, dann kommt man nie an diese Grenzen.«

Während diese Begrenzung, die in der Matrix-Methode gehandhabt wird, als unentbehrliches Mittel der Therapie gelte, werde, so Bippus, im Kunstkontext teilweise Kritik am standardisierenden Charakter geäußert.

Felix Stalder fragt in diesem Zusammenhang nach dem direkten Effekt dieser Methode auf die Teilnehmerinnen: »Wie stark spielt es eine Rolle, dass das Formular für alle gleich ist? Dass sich ihr Leben quasi in gleicher Weise darstellen lässt wie andere Leben, dass es keine Ausnahme ist, dass es genauso hineinpasst in dieses hochgradig standardisierte Format wie alle anderen auch. Ist das etwas Positives?«

Ulrike Möntmann beschreibt die Wirkung als ›beruhigend‹, Schindler hält sie für ›entkrampfend‹. An dieser Stelle vermutet Elke Bippus einen an die Zielsetzung des Projektes anschließenden Effekt: »Ich glaube, dass es die Matrix erlaubt, sich und das Erlebte in so etwas wie Normalität einzutragen. Die Frauen sind nicht gezwungen, ihr eigenes, individuelles Schicksal zu rechtfertigen, zu verurteilen oder darzulegen, wie sie es bearbeiten müssten oder bearbeitet haben, sondern sie können es über die Matrix als Teil einer ›Normalität‹ beschreiben. Und damit entsteht eine Möglichkeit, es zu fassen.« Ursprünglich zur Vermeidung einer Re-Traumatisierung entwickelt, ermögliche diese Methode, so Möntmann, neue Formulierungen für das eigene Leben zu finden. »Bei der Matrix wird man mit dem Zerfallen einer standardisierten und früher erfolgten Beurteilung konfrontiert. Plötzlich bestehen diese Festlegungen nicht mehr und du kommst zu neuen Gedankengängen.«

Schindler sieht hier erneut den Effekt der Überschreibung: »In einem neuen Kontext überschreibe ich die Erinnerung [...] mit einer neuen Kombination selbstgewählter Worte. Und ›selbstgewählt‹ ist hierbei etwas sehr Wichtiges. Dass ich die Kontrolle darüber habe, welche Worte ich auswähle.«

Diese Neuformulierung sieht Felix Stalder nicht nur als Überschreibung der eigenen Darstellungsweise, sondern auch der internalisierten Fremdzuschreibungen »... also von dem, was andere für mich formuliert haben.« Standardisierungen geben seiner Meinung nach »... auf einer Ebene Freiheit und auf einer anderen nicht. Du legst gewisse Dinge fest, standardisierst, um damit gewisse andere Dinge auszulösen.«

Institutionalisierung künstlerischer Forschung

Ruth Sonderegger thematisiert mit Bezug auf den musealen Kontext, in dem dieses Komplizinnentreffen stattfindet, die Institutionalisierung der künstlerischen Forschung: »Man muss noch einmal ganz neu fragen, ob es künstlerische Forschung in diesem administrativen Raum überhaupt geben soll und um welchen Preis [...] und ob man unter diesem Begriff arbeiten will, ob man unter diesen Institutionen arbeiten will.« Welchen Einfluss, fragt sie weiter, haben die Rahmenbedingungen des PEEK-Formates und das Eingebunden-Sein in die Universitätsstruktur der Angewandten auf das Projekt, bzw. die Forschung? Obgleich der Einfluss institutioneller Rahmenbedingungen kein Spezifikum von Kunst&Forschung sei, bestehe die Notwendigkeit, diesen zu problematisieren, auch am aktuellen Beispiel MAK. Im Namen sogenannter Synergieeffekte kuratiere in diesem Fall ein MA-Studiengang der Universität für angewandte Kunst ein Ausstellungsprojekt mit dem Thema ›Künstlerische Forschung‹, so Ulrike Möntmann, wobei die der Universität verbundenen Forschungsprojekte in diesen Rahmen ›eingesetzt‹ würden. »Was macht das mit den einzelnen Projekten? Ist es ein forscherisches *Surplus* oder gerade nicht?«

Alexandra Landré interessiert dabei vor allem die Frage, wie man mit bestehenden Kontexten, ›Machtgefügen‹, umgehen könne, um eine funktionierende Zusammenarbeit im institutionellen Raum, bzw. mit Kuratoren, zu ermöglichen. »Im Zuge der Forschung muss ein Freiraum kreiert werden [...], eine andere Form der kreativen Koproduktion oder des Austausches.« Für Landré hat die Besetzung dieses Raumes einen Stellenwert innerhalb der Struktur von Möntmanns Arbeit und sie plädiert für die Umkehrung des Dilemmas in eine »positive Definition der benötigten Konditionen«.

Ausstellungen zu machen und Synergieeffekte zu nutzen, sei nicht generell das Problem, schließt Bippus an, sondern dieses liege eher darin begründet, dass Ausstellungen auf Repräsentation ausgerichtet und auf bestimmte Zeit beschränkt seien, sodass keine Zusammenarbeit entstehen könne. Für sie sei die Frage entscheidend, ob ein sich Einlassen (auch finanziell) auf den institutionellen Rahmen ein ausschließlich pragmatisches und strategisches Handeln erzwinge und ob in diesem aufgestellten Rahmen überhaupt etwas entwickelt werden könne.

Felix Stalder erläutert, dass sich verändernde institutionelle Strukturen—nicht nur in Kunst&Forschung—dazu führten, dass jeder, um funktionieren zu können, viel zu viel parallel machen müsse und somit ein ›enges Effizienzdenken‹ entstehe.

Als Konsequenz dessen nennt Sonderegger die wachsende Bedeutung der eigenen ›Zeitpolitik‹, wobei sie selbst versuche, so viel wie möglich auf Inhalte zu achten. Zurückblickend auf die bisherigen Komplizinnentreffen, die außerhalb der Institutionen stattgefunden hatten, betont sie deren besondere inhaltliche Auseinandersetzung, auch im Vergleich zum ›gewöhnlichen Forschungsalltag‹: »Wenn man die ›Ästhetik der Existenz‹[141] von Foucault ernst nimmt, dann stellen sich genau diese Fragen: Welche Angebote nehme ich an? Oder warum nicht? Und jeden Tag wieder.« Sonderegger betont im Weiteren, dass gerade die (temporäre) Aneignung von Räumen essenziell für das Projekt TBDWBAJ sei und plädiert für eine Erweiterung der bestehenden Raumstudien bzw. Raumdiagramme: »Außer den Knästen und den Straßen gibt es jetzt die PEEK-Räume, es gibt Institutionen für Kunst&Forschung [...] und ich glaube, über die müsste man jetzt genauso sorgsam nachdenken, wie über die anderen Räume.«

Für Bippus geht es ebenfalls um ein Nachdenken über den ›Raum der Kunst, auch der Wissenschaft‹. Die Zusammenarbeit zwischen Bippus als *Visitor* des Projektes und Möntmann als Projektleiterin, seien innerhalb der PEEK-Vorgaben definiert: »Irgendetwas muss nach diesen drei Jahren vermittelbar sein. Damit kann man dann arbeiten, aber schon ist man in dieser Schleife drin. Und das ist, was ich mit Involviertheit meine: Wir sind Teil dieser Struktur. Das muss man sich jedes Mal klar machen und dann auch fähig sein zu entscheiden: Wo macht man etwas pragmatisch, wo strategisch und wo müssen freie Räume sein?«

Künstlerische Forschung und Ausstellung

An dieser Stelle wird erneut über die Ausstellung ›Out of the Box—10 Fragen an künstlerische Forschung‹ gesprochen. Alexandra Landré erkennt eine › Überschreibung‹ der einzelnen Arbeiten von Vorgaben für die Präsentation und der Verwendung starker grafischer Mittel wie z. B. der strategisch überlegten Positionierung von Wörtern ausschließlich an den Wänden: »Meiner Meinung nach funktioniert eine Ausstellung als *facility*, die einer Arbeit ermöglicht, den Raum zu besetzen. Und hier ist es anders, das Raumkonzept dominiert die einzelnen Arbeiten.«

Felix Stalder sieht hier einen direkten Zusammenhang mit der institutionellen Struktur von Kunst&Forschung, in der seiner Meinung nach die Institution viel stärker und früher in die Arbeit, bzw. den Entstehungsprozess eingreife als bei anderen Ausstellungssituationen.

Dieses Eingreifen sieht Bippus vor allem auf der Vermittlungsebene: »Im Unterschied zu anderen Ausstellungen wird hier eine Vermittlungsstrategie angewendet, die die einzelnen Arbeiten als Forschungen markiert und so dem Gebiet der künstlerischen Forschung zuschreibt.«

Sonderegger bringt die Frage ein, ob künstlerische Forschung generell ausgestellt werden wolle. Während Möntmann einer Ausstellung von künstlerischer Forschung kritisch gegenübersteht, ist für Bippus die Entscheidung für eine geeignete Präsentation davon abhängig, was sich aus spezifischen Prozessen und Fragestellungen ergibt. Ihr geht es nicht um die ›Illustration von Forschung‹ sondern um die Verknüpfung verschiedener Felder und Qualitäten.

Felix Stalder bezieht sich erneut auf die Wirkmächtigkeit der Institutionen, die die Dinge vereinnahme, die eigentlich einmal einen emanzipatorischen Charakter gehabt hätten, wie z. B. die Verschiebung des fertigen Werkes hin zum Prozess: »Ist Forschung eine Methode oder eine zwischengeschaltete Tätigkeit, die irgendwo zwischen dem Anfang mit der Frage und dem Ende in Form des *Outputs* liegt und damit eigentlich unsichtbar ist für die Öffentlichkeit? Oder ist das eine Art Dauerperformance? [...] Soll die Forschung ausgestellt werden, was ich seltsam finde, oder soll eine künstlerische Arbeit ausgestellt werden, die als künstlerische Arbeit auftritt, aber durch den Prozess des Forschens eine spezifische andere Form und Ausrichtung hat, die es ohne den Forschungsanteil nicht hätte?«

Während Bippus die Form der Ausstellung als möglichen weiteren Bearbeitungsschritt innerhalb des künstlerisch forschenden Prozesses sieht, erkennt Landré im Ausstellungsformat potenziell »... eine Methode, eine Versuchsanordnung, bei der es nicht um die Illustration oder Materialisierung der eigenen Ideen [...]« gehe, sondern darum, diese in der Auseinandersetzung mit einem Publikum weiter zu entwickeln.

Ruth Sonderegger hinterfragt die Notwendigkeit der musealen Repräsentation von Möntmanns Arbeit: »In den ganzen Prozessen trittst du in verschiedene (Halb-)Öffentlichkeiten, gehst in geschlossene Räume—und das ist ein komplexes Ineinander. Ich frage mich bei deiner Arbeit [...] was darüber hinaus, dass du Knastarbeit machst, dass du deine Arbeit in die Öffentlichkeit bringst, muss man noch repräsentieren? [...] Bislang stand im Zentrum deiner Arbeit die Verweigerung eines Großteils des Kunstraumes [...] und dass du mit Knastfrauen ganz neue Fragestellungen und Arbeitsformen entwickelt hast. So habe ich es mir immer vorgestellt: Du möchtest mit den Frauen etwas entwickeln. Und das kommt vor allem den Frauen zugute, du hast davon aber auch selbst etwas und möchtest mit allen möglichen Mitteln über diese Institution forschen. Aus dieser Arbeit heraus entsteht zum Beispiel das Objekt der Puppen, nicht weil du die Puppen toll findest. Das Besondere an ihnen resultiert aus der Auseinandersetzung mit den Knastfrauen. Es geht vor allem um die. Vielleicht geht es auch noch um eine *Scientific Community* von Psychiatern und Knastmitarbeitern. Und wenn du an einem Projekt arbeitest, dann denkst du wahrscheinlich nicht an ein Ausstellungspublikum. Ich glaube, sobald man anfängt, für einen musealen Raum zu planen, muss man auch an andere Leute denken, denen sich etwas erschließen soll. […] Ich habe noch keine Antwort, aber bislang hat sich mir dein Projekt präsentiert als extrem intelligente, verantwortungsvolle Form, ein Zwischending von Sozialarbeit, von Forschung mit kreativen, künstlerischen Mitteln […] aber nicht als etwas, das mit einer Ausstellung aufhört.«

Als Beispiel einer gelungenen Präsentation nennt sie das veröffentlichte Gespräch zwischen Bippus und Möntmann[142], dort seien Forschungsergebnisse eingespielt, in Form von Fotos, von Grafiken, von Begegnungen. Obgleich es für Sonderegger spannend bleibt, das Projekt einer größeren Öffentlichkeit zu vermitteln, sei der Kunstraum nicht die einzige Möglichkeit, sondern man könne auch einen anderen öffentlichen Raum andenken (z. B. Rathaus, Medizinmuseum, Straße …?).

Hinsichtlich des geeigneten Präsentationsformates und Geltungsanspruches des produzierten Wissens konstatiert Bippus eine Trennung des Projektes in zwei Phasen: Die vorläufig abgeschlossene, ausführende Projektphase und die Auswertungsphase in Zusammenarbeit mit verschiedenen WissenschaftlerInnen, GrafikerInnen etc. Sie erwähnt hier erneut die Eigendynamik der PEEK-Förderung, die mit der Bestimmung eines zeitlichen Rahmens und wegen gewisser Organisationsstrukturen eine Abschlusspräsentation der Forschungsjahre indirekt einfordere.

Ulrike Möntmann teilt diese Meinung nur bedingt, da die Projektmethoden und -ziele schon vor PEEK konzipiert gewesen seien und die Forschungsarbeit einer projektinhärenten Logik folge. Mit den Mitteln von PEEK finde keine Kursänderung, sondern eine beschleunigte und stabilisierte Fortführung des Projektes statt, wobei Begegnungen, Experimente und eine Intensivierung von Zusammenarbeit einfacher habe realisiert werden können. Das Buch bleibe, wie schon vor der Gewährung der PEEK-Mittel festgelegt, die zentrale Präsentationsform und bilde die Grundlage für die geplante Ausstellung: »Das Buch ist der freieste Raum für diese Arbeit. […] Und das kann man dann *auffalten*. Und zwar in der Reihenfolge.«

Landré erkennt ebenfalls eine Intensivierung der Produktion durch die PEEK-Mittel: »Es findet mehr Reflexion, mehr Forschung statt, die eine bestimmte Form von Material generiert.« Wobei es für sie wichtig sei, im Verlauf des Prozesses immer wieder die Notwendigkeit einer Ausstellung des Materiales zu reflektieren.

Doch auch beim ›Auffalten‹ des Materials gälten, so Nina Glockner, die Parameter der Ausstellungsform: »Z. B. ist die EOC-Installation eine Übersetzung des Web-Archives; da sind die Stimmen, die Biografien; der übersetzende Eingriff ist minimal und trotzdem kommuniziert die Installation andere Aspekte der Arbeit, wie z. B. die Bedeutung des Kollektivs. […] Bei all den einzelnen Bereichen des Buches werden Übersetzungsaspekte relevant werden.«

Auch Stalder spricht die Bedingungen an, die eine räumliche Präsentation, eine Ausstellung mit sich bringen: »Wenn du das Buch ausbreitest, ist das die Präsentation. Wenn sie audio-visuell oder textuell ist, kommt der spezifische Raum hinzu und wird daher zu einer installativen Präsentation. […] Du überträgst das in einer heterogenen Materialform vorliegende Buch auf den Raum. Also Material, das im Buch, im Text, im Diagramm oder in welcher Form auch immer vorliegt, geht über in eine andere Materialität, du erzeugst einen neuen Aggregatzustand im Raum, um alle Aspekte zugänglich zu machen.« In Bezug auf die spezifische Bedeutung des Raumes erwähnt Möntmann ihr Interesse »Raum zu besetzen, in Anspruch zu nehmen«. Dies gelte für alle Aspekte ihrer Arbeit.

Sonderegger bleibt kritisch und hinterfragt erneut die Bedeutung der geplanten Ausstellung: »Warum nicht ein Buch machen, das super Webarchiv *open access* stellen, zwischendurch mit Leuten verschiedener Art reden, warum noch den Kunstkontext hinzufügen? Dafür spricht bei vielen Leuten und bei vielen Arbeiten viel. Bei dir scheint es mir nicht unbedingt zwingend. [...] Wo willst du hin? Wo sind Medien, Öffentlichkeiten, von denen du dir etwas versprichst und was für Entscheidungen erfordern sie?«
Auch Möntmann selbst verortet den Schwerpunkt der Projektveröffentlichung in Buch und Webarchiv, sieht aber in einer räumlichen Präsentation eine Erweiterung der Vermittlungsmöglichkeiten. Im Gegensatz zu der ›hierarchischen, linearen Struktur‹ eines Buches könne man, so Möntmann »... in einem Raum eine ganz andere Wahl treffen. Man kann diese Ordnung wieder auseinandernehmen und anders gestalten, weil bei der Betrachtung des Auffaltens innerhalb eines Raumes weniger eine Hierarchie, eine Blickrichtung vorgegeben wird.«

Felix Stalder erweitert diesen Gedanken: »Das Buch auffalten, so wie ich das verstanden habe, heißt nicht, die Ordnung des gesamten Materials dreidimensional zu machen, sondern das Material, das im Medium Buch geordnet ist, anders zugänglich zu machen. [...] Es kann verschiedene Arten geben, wobei jeweils gewisse Dinge hervorgehoben, aber notwendigerweise andere Elemente, die enthalten sind oder enthalten sein können, quasi verschlossen werden. Deswegen willst du nicht ein System, sondern du eröffnest ein Spannungsfeld von verschiedenen Ordnungen.« Er betont, dass dieses Spannungsverhältnis, das sich aus dem Nebeneinanderstellen von Material ergebe, die vorhandene Menge erahnen lasse, ohne sie als Ganzes sichtbar zu machen. Das Material sei nur innerhalb eines Ordnungssystems, aber nie für sich alleine erfassbar. »Das Material gibt es ja als Material gar nicht, sondern immer nur in einer spezifischen Ordnung, die auch eine andere sein könnte.«

In diesem Zusammenhang interessiert ihn der Gedanke, wie sich künstlerische Arbeit zum Forschungsprozess verhalte: »Der Forschungsprozess ist für mich das Generieren von Material nach einem Set von Methoden. Dann stellt sich die Frage, welche Möglichkeiten es gibt, um dieses Material zugänglich zu machen und das ist es, was künstlerische Forschung eben kann, da sie ein breiteres Repertoire an Formaten hat.«

Aktionismus/Interventionismus in TBDWBAJ

Ruth Sonderegger erkennt neben dem Anliegen zu forschen, Material zu generieren und dem tendenziell »künstlerischen Interesse an verschiedenen Ordnungen und Präsentationsformen« in Möntmanns Arbeit mindestens noch eine dritte wichtige Ebene, nämlich die ›interventionistische‹ oder ›aktionistische‹.

Hinsichtlich der Ebene der Polit- und Öffentlichkeitsarbeit gehe es darum »... Einspruch gegen Knastordnungen zu erheben, und—manchmal auch ganz wörtlich / real—Lebensbedingungen für diese Frauen zu verändern. Und dann ist man jenseits von autonomer Kunst. Weil man einen Eingriff schaffen möchte, hat man einen Zweck oder ein Ziel. Und das finde ich gerade spannend bei deiner Arbeit, dass es autonome Partien gibt, aber auch ganz klar interventionistische. Es stellt sich ja nicht nur die Frage, was für verschiedene Ordnungssysteme ich haben, sondern was ich bewirken kann.« So betont sie als wichtiges Potenzial der Arbeit, Öffentlichkeiten zu verschieben, zu durchkreuzen, zu mischen—z. B. indem ›geschlossene Räume, in denen wenig Austausch zirkuliert‹ in die Öffentlichkeit gebracht würden: »Ich sehe für deine Arbeit viele Wege in die Öffentlichkeit und die führen tendenziell nur bedingt in Kunsträume.«

Da Elke Bippus ihr eigenes Aktionsfeld innerhalb der Kunst und der Wissenschaft verortet, stellt sich ihr die Frage, wo dort der Raum für Aktionismus, für Interventionen sei. In ihren Handlungsspielraum könne sie zum Beispiel Ulrikes Arbeit durch Vorträge anders in den Diskurs hineintragen. Sie richtet sich an Sonderegger mit dem Gedanken, ob ein politisches Momentum des Projektes verloren gehe, wenn man ›sehr akademisch‹ im Kunst- und Wissenschaftsfeld agiere »… und damit eine andere Öffentlichkeit erreicht? […] Deswegen wollte ich über die Involviertheit sprechen, das Politische unseres eigenen Handelns innerhalb der Projektstruktur.« Für sie habe das Vorgehen, »… dass bestimmte Themen ins Feld der Kunst, ins Feld der Wissenschaft getragen werden, wie auch gewisse Verfahrensweisen und dass ein bestimmtes Wissen hervorgebracht wird, ein politisches Momentum.«

Wissenschaft und Kunst bezeichnet Sonderegger als ›große, hartnäckige Apparate‹, in denen es für sie nicht einfach sei, sich zu bewegen. Ihrer Meinung nach werde es »… dann politisch, wenn es keine Konsensräume mehr sind. […] Da stimme ich auch mit Rancière überein. Konsensverweigerung als Mikropolitik zu bezeichnen, damit kann ich eine Menge anfangen Die kann im Ausstellungsraum zwar wahrnehmbar sein, ist aber eine andere Form von Widersetzlichkeit als diejenige, mit der ich versuche, durch alle möglichen Instanzen zu gehen und dafür kämpfe, dass Knastfrauen z. B. andere Möbel bekommen, wie Du, Ulrike, das getan hast und weiterhin tust. […] Politik ist dort, wo Dissens ist oder wo man überhaupt einen herstellen kann, ohne dass er gleich integriert wird.«

140 ›Out of the Box—10 Fragen an künstlerische Forschung‹, eine Ausstellung der Universität für angewandte Kunst Wien, 28. 11. 2013–05. 01. 2014, Museum für Angewandte Kunst, Wien, A. Alle ausgestellten Projekte werden vom FWF / PEEK gefördert und sind der Universität für angewandte Kunst angeschlossen.

141 Michel Foucault, Ästhetik der Existenz. Schriften zur Lebenskunst. Frankfurt am Main 2007.

142 T:G\10. Bippus, Huber, Nigro (Hg), Ästhetik der Existenz. Lebensformen im Widerstreit. ith/ Institut für Theorie. Zürich 2013. ›Das Institut beschäftigt sich mit Forschung im Bereich des Ästhetischen. Das schließt die Philosophie der Künste ebenso ein wie Fragen nach dem Wissen und der Politik der Künste und der künstlerischen Forschung.‹ https: // www.zhdk.ch/ ueber-uns-998

REBECCA MERTENS

Ich bekomme zum ersten Mal eine Nachricht über *WhatsApp* von Rebecca.

Es geht mir richtig gut, wann sehen wir uns?

Wir bringen uns gegenseitig auf den aktuellen Stand. Sie habe einen neuen Freund, Stefan heiße er und er sei

... echt toll und lieb. KEINE DROGEN!!!! Er hat nix mit Drogen zu tun. Früher Alkohol, aber schon lange nicht mehr.

Er ist so alt wie ich und dauerhaft krankgeschrieben, litt früher an Depressionen.

Sie werde mir alles erzählen, müsse nun eben zum Bauern, Eier holen, um Brownies für Stefan zu backen. Außerdem müsse der Hund raus.

Bis wir uns einige Monate später in Osnabrück treffen, tauschen wir uns regelmäßig über Alltägliches aus, bis hin zu ihren Backrezepten. Sie habe sogar eine eigene Wohnung und werde die demnächst mal einrichten. Jetzt wohne sie bei Stefan, der ein Haus am Stadtrand Osnabrücks besitzt. Das heißt, es gehöre seiner Mutter, um die er sich kümmere und die im ersten Stock wohne.

Stefan und nun auch Rebecca verkaufen Kleinmöbel und Trödel auf Flohmärkten. Sowohl das Ausbessern der Objekte, das Herumreisen im Kleintransporter im Norddeutschen Raum, wie das Verkaufen der Ware gefällt Rebecca richtig gut.

Ich soll sie bei Stefan besuchen. Zusammen mit ihm holt sie mich an einem Treffpunkt ab. Rebecca fährt in meinem Auto mit, sie muss mir noch etwas sagen:

Stefan weiß nichts von meinem früheren Leben.

Bzw. er solle nichts wissen, bzw. er wolle nichts wissen. Er könne nichts anfangen mit Junkies, wahrscheinlich habe er Schiss vor ihnen. Ich frage, wie das denn in der Praxis gehen solle, nicht über ihr Leben reden? Ich solle halt etwas aufpassen, was ich in seinem Beisein sage.

Er kapiert allerdings auch gar nicht, worum es geht. Er weiß auch nichts vom Ackern und so.

Wir trinken zu dritt Kaffee in der Küche und essen Rebeccas neueste Backsensation Frankfurter Kranz. Es ist sehr merkwürdig, erstmals außerhalb des Gefängnisses nicht offen mit Rebecca reden zu können. Wir sprechen trotzdem über die Projekte, ohne Institutionen zu nennen. Rebecca zeigt Stefan sogar ihre Kleidungsobjekte in verschiedenen Katalogen und Büchern. Er scheint den Kontext Gefängnis ausblenden zu können.

Ich begleite Rebecca auf dem Spaziergang mit Stefans Hund im nahe gelegenen Wald. Sie scheint sich in dieser Gegend gut auszukennen, grüßt Nachbarn und Passanten und erzählt von den Wegen, die sie hier regelmäßig läuft. Sie sei heilfroh, das Methadon auf eine minimale Dosis reduziert zu haben, demnächst dürfe sie sogar eine Wochenenddosis mit nach Hause nehmen. Im Lauf des Jahres wolle sie es dann ganz absetzen. Die täglichen Besuche in der Ausgabestelle, d. h. Arztpraxis seien nervig.

Ich frage, wie alt Ben jetzt ist. Er sei sechs und lebe noch immer in derselben Pflegefamilie, es gehe ihm vermutlich gut. Es scheint mir wahrscheinlich, dass die Pflegeeltern ihn gerne adoptieren würden. Ja, das scheine ihr auch wahrscheinlich. Ob sie ihn nicht zur Adoption freigeben wolle, frage ich und bin mir bewusst, wie sehr sie dieses Thema nicht besprechen will.

Ich kann nicht darüber nachdenken. Etwas blockiert, sobald ich es versuche, etwas im Hirn oder sonst wo erlahmt, schaltet sich aus, ich weiß nicht, was. Ich kann den Gedanken an Ben einfach nicht denken.

Ob ich morgen mit ins Marienhospital komme, fragt sie, sie müsse Resultate von Untersuchungen abholen, es dauere nicht lange.

Die Untersuchungsresultate sind im normalen Bereich. Wir fahren in die Stadt, sie muss kurz beim Amt vorbei, sich bei ihrem Bewährungshelfer melden. Das Amt liegt gegenüber dem Schlosspark. Rebecca erkennt aus der Ferne bereits Kumpel von früher, die dort auf Bänken sitzen.

Komm, ich will dich ihnen vorstellen.

Wir setzten uns zu ihnen, Rebecca redet wie ein Wasserfall von unserer gemeinsamen Untersuchung und den Projekten, den Baby Dolls und den Biografien. Die drei Männer wissen nicht, was sie mit den Informationen anfangen sollen, loben aber Rebeccas strahlendes Aussehen, selbst ginge es ihnen weniger gut.

Später gehen wir in der Stadt essen und die Hektik der letzten eineinhalb Tage löst sich etwas auf. Nach und nach kommen wir in unserem vertrauten Gesprächsmodus an. Sie ist daran gewöhnt, dass ich sie mit Fragen über Drogen, zu ihren Ansichten und Lebensrealitäten löchere. Ich frage sie auch, ob und wie sie sich eine Beziehung vorstelle, in der eine von beiden ihr bisheriges Leben verleugnen müsse. Sie wisse es nicht. Es habe schon manches Mal Krach gegeben deshalb, letztens noch, als sie mit ihm zusammen in der Stadt gewesen und sie einem Freund begegnet seien.

Da wird er total sauer. Er hasst Junkies! Er findet sie unakzeptabel als meine Freunde.

Wenn Rebecca alleine unterwegs ist und alte Bekannte trifft, geht sie schon mal mit denen in ihre noch leerstehende Wohnung, um zusammen was zu trinken.

Also nicht exzessiv, halt normal.

Am Nachmittag besuchen wir Inge und Rolf[143] in demselben Haus, in dem wir während der Loxstedter Arbeitsphase ein Wochenende logiert haben. Rebecca vermisst die Hunde dort, die inzwischen gestorben sind.

Wir ergänzen einige Listen mit aktuellen JVA-Aufenthalten, Rückfällen, Therapieansätzen der letzten Jahre. Ich frage Rebecca, ob wir zusammen bei ihrer Mutter vorbeischauen wollen. Rebecca hatte mir vor einiger Zeit erzählt, dass ihre Mutter unseren ersten Besuch als bedrohlich erfahren hatte. Zwar kann ich mich daran nicht erinnern, aber vielleicht hatte die erste Loxstedt-Euphorie über Rebeccas Entzugserfolg zu vorwurfsvollem Nachfragen mit impliziten Schuldzuweisungen geführt. Gerade bei der Begegnung mit ihrer Mutter. Ich würde ihr gerne sagen, dass es nicht meine Absicht war, sie unter Druck zu setzen oder zur Rechenschaft zu ziehen.

Rebeccas Mutter freut sich über unseren Besuch, wieder ist bei unserer Ankunft der Küchentisch gedeckt und der Kaffee fertig. In den letzten 14 Jahren scheint sich in der Wohnung nichts verändert zu haben. Die Mutter ist froh über meine Erklärung und nimmt meine Entschuldigung gerne an. Wir führen zu dritt ein Gespräch über Rebeccas Aufenthalte in den verschiedenen

Kinderpsychiatrien. Ich frage nach den Institutionen und sie schreibt mir die Namen der Krankenhäuser auf, wir rekonstruieren Jahreszahlen.

Die Mutter wiederholt einen Satz aus der Abschlussbesprechung damals mit dem behandelnden Psychiater im Wichernstift[144] wortwörtlich:

Wahrscheinlich wird Ihre Tochter drogenabhängig werden.

An Details, eine Erläuterung der Prognose erinnert sie sich aber nach wie vor nicht.

Ich schlage vor, bei den Krankenhäusern, in denen das Kind Rebecca behandelt wurde, Akteneinsicht zu beantragen. Aber weder Rebecca noch ihre Mutter glauben, dass so etwas nach mehr als 30 Jahren noch möglich sei. Beide fänden es allerdings gut, etwas zu unternehmen, bzw. dass ich etwas unternehme.

Wir verabreden, dass ich herausfinde, wie wir Einsicht in Krankenakten erhalten können und dass Rebecca mich wieder dazu bevollmächtigt.

143 Mein Bruder Rolf lernt bei dieser Gelegenheit Rebecca live kennen. Seit Beginn der Knastprojekte redigiert er nicht nur Konzepttexte, offizielle Schreiben und die Biografien, sondern unterstützt auch die Ausführung meiner Projekte praktisch und finanziell.

144 Rebecca war Ende der 1970er Jahre in der Klinik für Kinder- und Jugendpsychiatrie Wichernstift behandelt worden. Das Stift wurde 1974 vom Diakonischen Werk der Ev.-Luth. Kirche in Oldenburg e. V. gegründet und spezialisierte sich bereits früh auf Suchtbehandlungen, bzw. die Folgeschäden von Entwicklungsstörungen bei Kindern.

OSNABRÜCK, JUNI 2014

REBECCA MERTENS

Es erweist sich ziemlich schnell, dass es genügend Präzedenzfälle für unser Anliegen gibt, Krankenakten auch nach 30 Jahre noch einzusehen. Ich berichte Rebecca die Zwischenergebnisse, frage, wie wir weiter vorgehen sollen, mache konkrete Vorschläge, aber sie ist seit Wochen nicht mehr so mitteilsam.

Sie schreibt, dass sie viel Stress mit Stefan habe. Dass sie nicht verstehe, wieso er sich so kleinlich benehme. Sie tue schließlich alles, um ihn zufrieden zu stellen.

WIEN, 5. JUNI 2014

KOMPLIZINNENTREFFEN I [PSYCH]

PSYCHIATRIE / PSYCHOLOGIE

TeilnehmerInnen

Gabriele Fischer	Universitätsklinik für Psychiatrie und Psychotherapie, Wien
Ulrike Möntmann	Künstlerin, Amsterdam und Wien
Shird-Dieter Schindler	Leiter des Sozialmedizinischen Zentrums
Baumgartner Höhe	Zentrum für Suchtkranke, Wien

Transkription und Zusammenfassung

Nina Glockner

Im ersten Komplizinnentreffen der Psychiatrie/Psychologie sucht Ulrike Möntmann das Gespräch mit dem Psychiater Shird-Dieter Schindler und der Psychiaterin Gabriele Fischer.
Zu Beginn spricht Gabriele Fischer den spezifischen Umgang und die auftretenden gesellschaftlichen Probleme bei der Behandlung von drogenabhängigen Schwangeren an. Sie kritisiert, dass suchtkranke Schwangere—wobei die Gruppe der Alkoholabhängigen die Mehrheit bilde, aber nicht vom System erfasst werde—größtenteils von AllgemeinmedizinerInnen behandelt werde. Sie plädiert dafür, wie es auch bei anderen Risikoschwangerschaften üblich sei, dass jene von SpezialistenInnen behandelt würden. Weiterhin bemängelt sie das Fehlen eines ›ganzheitlichen Blickes‹ auf das Suchtproblem hinsichtlich der Beurteilung, ob Suchtkranke zur Erziehung ihres Kindes in der Lage seien. Hinzu komme in diesem Zusammenhang der Mangel an Kommunikation zwischen dem Jugendamt und der Psychiatrie: Die Doppelrolle des Jugendamtes sei eine Kontradiktion, da es einerseits Hilfestellung leisten und als Schutzbeauftragte/Vertrauensperson agieren müsse und andererseits eine Behörde mit Kontrollverpflichtungen sei, die weitreichende Entscheidungen treffe. Eine größere Distanz und Professionalität seien erforderlich, auch um die bestehende Gefahr einer Perpetuierung der Stigmatisierung von Personen, die seit der Kindheit im institutionalisierten Kreislauf gefangen seien, zu vermeiden.

Die Drogenpolitik Österreichs ist föderalistisch organisiert: Das Bundesministerium vergibt den Beitrag an die Landes- und Dienstdirektion der Länder und diese verteilen, gemäß der Bestimmungen für die Grundförderung des Bundes, Gelder an §15-Einrichtungen[145], die verantwortlich sind für gesundheitsbezogene Maßnahmen bei Suchtgiftmissbrauch. In Wien selbst findet gegenwärtig ein Paradigmenwechsel hin zur substituierten Therapie und einer besseren Abstimmung der einzelnen Angebote statt. Das Gesamtsetting wird vom SDW (Sucht und Drogen Wien) koordiniert.

Shird Schindler bemerkt hierzu, dass diese Institution bisher oft die psychische Situation eines Menschen als Konsequenz seiner sozialer Situation beurteile, während aus psychiatrischer Sicht eher das Umgekehrte der Fall sei, dass die Abhängigkeit eher als Ursache für ein soziales Nicht-Funktionieren gelte.

Nur langsam setze sich, so Fischer, das Anerkennen einer Doppeldiagnose bei Drogenabhängigen durch. Sie bemerkt, dass neuesten Studien zufolge 60% der Suchtkrankheiten hereditär seien. An diesem Punkt müsse ganzheitlich angesetzt werden.

Schindler fügt hinzu, dass die Suchtkrankheit eine komplexe psychiatrische Erkrankung sei und als solche auch gesellschaftlich wahrgenommen werden müsse.

Fischer bezeichnet den Verwaltungsapparat der Drogen- und Suchtpolitik in Österreich als »... unglaubliche Geldverbrennungsmaschine und gleichzeitig riesigen Machtapparat mit antiquierten Strukturen.« Um eine Fehlsteuerung der Ressourcen zu vermeiden, fordert sie ein zentralisiertes System. Gerade bei der Versorgung von drogenabhängigen Schwangeren sähe sie in einem zentralisierten Kooperationsmodell, bei dem Krankenhäuser mit gynäkologischen Abteilungen, AllgemeinmedizinerInnen und psychosozialen Einrichtungen zusammenarbeiteten, die Möglichkeit, ein Behandlungsmodell mit effektivem Frühwarnsystem—mit Schwerpunkt Prävention—zu entwickeln.

Gabriele Fischer nennt Portugal als Beispiel, das ein erfolgreiches Modell entwickelt habe. Der lokale Apparat sei dort zugunsten einer linearen Kooperation von Spezialeinrichtungen, Niedergelassenen, Nacht- und Tageskliniken etc. abgeschafft und die Grenzmenge für den Eigenbedarf (z. B. bei Heroin auf bis zu 5 Gramm) erhöht worden. Die Einsparungen, die durch die verringerte Verfolgung und Repression beim Etat des Innenministeriums, bzw. der Justiz und Exekutive entstünden, führt Fischer aus, flössen direkt in dessen Finanzierung.

Diese progressive Drogenpolitik sei u. a. damit zu erklären, dass die europäische Drogenbeobachtungstelle EMCDDA ihren Standort in Lissabon habe. Dem gegenüber stellt sie die Zahlen einer kürzlich erschienenen Studie in Österreich, in der das Verhältnis von Bestrafung und Behandlung unter finanziellem Gesichtspunkt betrachtet wurde: »Eine Jahresbehandlung Opiattherapie kostet 4.000 Euro, ein Jahr im Gefängnis kostet 36.000 Euro.«

Unter Berücksichtigung der föderalistischen Drogenpolitik Österreichs stellt Ulrike Möntmann die Frage, wie unabhängig beide PsychiaterInnen bei der Wahl und Umsetzung der Behandlung seien.

Das Ministerium selbst greife nicht direkt in Behandlungen ein, da—anders als z. B. in Deutschland—die Ausübung der Behandlung dem Ärzte- und

Arzneimittelgesetz unterliege: »Das Ärztegesetz sagt, wir müssen die neueste Therapie für die PatientInnen anwenden und nach dem Arzneimittelgesetz die neueste Medikation.« Jedoch könne die Politik regulieren, indem sie z. B. Einrichtungen schließe und über die Genehmigung von neuen Medikamenten entscheide. Als lang verbeamtete Universitätsprofessorin ist Gabriele Fischer relativ unabhängig mit einer—wie Schindler es nennt—›hart erkämpften Narrenfreiheit.‹

Shird Schindler steht ebenfalls nicht im direkten Abhängigkeitsverhältnis zum SDW, da seine Institution dem Krankenanstaltsverbund angehört. Seit der Umstrukturierung bestehe allerdings ein Kooperationsauftrag mit dem SDW ›auf Augenhöhe‹. Der Einfluss der Politik werde dadurch deutlich, dass Teilbereiche geschlossen, Behandlungsaufträge vergeben und Zuständigkeiten verändert worden seien. Im Zuge dessen könnten PatientInnen mit einer Drogenerkrankung nicht mehr länger als 28 Tage behandelt werden und müssten danach, wenn nötig, an eine Therapiestelle des SDW verwiesen werden. Schindler kann der Umstrukturierung trotz der erheblichen Einschränkungen auch etwas Positives abgewinnen, da nun, aufgrund der Zusammenarbeit mit dem SDW, eine Folgebehandlung bzw. -betreuung nach der Krisenaufnahme eher gewährleistet sei.

Ulrike Möntmann interessiert, ob die verschiedenen Zugehörigkeiten und (Un-)Freiheiten zu einer Isolation innerhalb des Fachgebietes führten. Inwiefern könnten in diesem Rahmen die fachspezifischen Erkenntnisse und auch Informationen zu Behandlungserfolgen überhaupt zirkulieren?

Gabriele Fischer spricht von ihrer Situation als ›selbstgewählter Isolation‹ gegenüber gewissen Instanzen, sieht aber kein Problem bezüglich der ausreichenden Verbreitung ihrer Kenntnisse.

Gabriele Fischer verlässt aus Termingründen die Gruppe, das Gespräch wird fortgeführt und der Fokus auf die Entstehungsgeschichte verschiedener Institutionen in Wien gerichtet. Auf die Frage, wie sich Schindlers jetziges Praktizieren zu seiner Ausbildung verhalte, antwortet dieser: »Das hat eher etwas mit Religion zu tun, nicht im Sinne von Glauben. [...] Alle wollten den Leuten helfen, alle hatten unterschiedliche Konzepte und Ansichten, wo das Problem lag, alle haben sich mit sehr viel Energie und Aufwand dieser PatientInnen angenommen. Das waren schon charismatische Personen, die begonnen haben, vor 30, 35 Jahren in Österreich Institutionen aufzubauen.«

Er nennt Beispiele Wiener Institutionen (das ›Anton Proksch Institut Wien‹, mittlerweile die größte Suchtklinik Europas, das ›Sozialmedizinische Zentrum Baumgartner Höhe, Zentrum für Suchtkranke‹, ›Der Grüne Kreis—Verein zur Rehabilitation und Integration suchtkranker Personen‹), die alle ungefähr zur gleichen Zeit mit wenig Mitteln und von einem humanistischen Hilfsgedanken ausgehend entstanden seien, sich aber aufgrund von ideologischen, therapeutischen Differenzen unterschiedlich entwickelt hätten. Infolge ideologischer Abspaltungen seien hieraus wieder verschiedene andere, kleinere Institutionen entstanden wie z. B. die analytische Einrichtung ›Zukunftsschmiede‹ (stationäre Psychotherapie im Umland Wien).

Über die unterschiedlichen ideologischen Auffassungen in Bezug auf den Umgang mit Suchterkrankungen kommt das Gespräch auf die progressive Drogenpolitik der sonst eher konservativen Schweiz. Aufgrund extremer Zustände, vor der die Politik dort lange die Augen verschlossen habe, so Schindler, habe in der Schweiz ein sehr langsamer, aber konstanter Umdenkungsprozess stattgefunden, der ein Verständnis von ›Sucht als Erkrankung‹ in der Bevölkerung durchgesetzt habe. Trotz mancher zurückgenommener Liberalisierungsmaßnahmen, wie den ›Fixerstüblis‹, liege in der Schweiz die Gruppe der Bevölkerung, die Sucht als psychiatrisches Problem definiere—und nicht als ›moralische Schädigung‹ oder ›selbstgewähltes Vergnügen‹—bei 80–90%. Für den Psychiater ist die Manifestierung dieser Auffassung als *Common Sense* ein wesentlicher drogenpolitischer Zielparameter.

In Österreich, mit Ausnahme von Wien, sei man davon allerdings noch weit entfernt. Auch für Gesetzesänderungen zur Umsetzung vieler drogenpolitischer Maßnahmen, fehle aufgrund der gesellschaftlichen Nicht-Akzeptanz von Sucht als Krankheit die politische Basis.

Für Ulrike Möntmann basiert z. B. die niederländische Drogenpolitik, die von außen oft als progressiv wahrgenommen werde, eher »... auf einer unglaublich pragmatischen Anschauung von Leben«. Mit Beispielen wie der ›Karlsplatzsäuberung zur Volksberuhigung‹ sieht Schindler diesen pragmatischen Ansatz auch teilweise in Wien praktiziert: Das ›Problem Sucht‹, in Form der Abwesenheit von Drogenabhängigen im Stadtbild ist nicht gelöst, die Drogenabhängigen seien nur aus einem bestimmten Teil des öffentlichen Raumes ›entfernt‹ worden und die Situation werde von den Bürgern im Sinne eines ›Nicht-belästigt-Werden‹ als positiv erfahren.

145 Die Kundmachung über Therapieeinrichtungen für suchtgiftabhängige Personen liegt in § 15 SMG begründet: ›Das Suchtmittelgesetz (SMG), Bundesgesetz über Suchtgifte, psychotrope Stoffe und Vorläuferstoffe, ist ein österreichisches Bundesgesetz, das den Verkehr und die Gebarung mit Suchtmitteln (illegalen Drogen und psychotropen Substanzen) und Vorläuferstoffen regelt. Es zählt [...] zu den strafrechtlichen Nebengesetzen.‹ Auszug, N. G., red. gekürzt: Wikipedia.

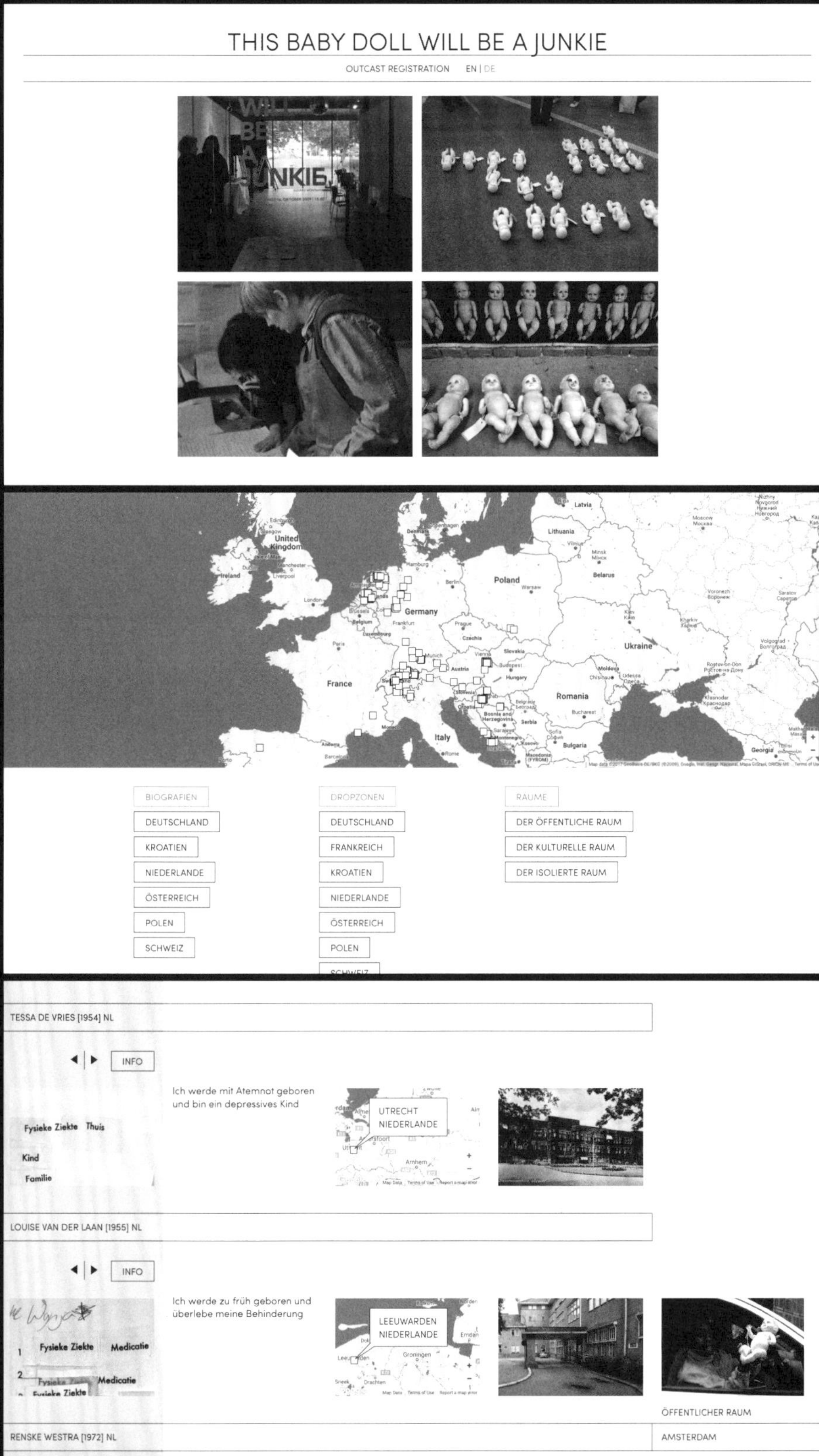

Projektwebseite www.outcastregistration.com, Design: Thonik, Amsterdam

WIEN, 12. JUNI 2014

KOMPLIZINNENTREFFEN II [PSYCH]

PSYCHIATRIE / PSYCHOLOGIE

TeilnehmerInnen

Nina Glockner	Künstlerin, Amsterdam und Wien
Ulrike Möntmann	Künstlerin, Amsterdam und Wien
Corinna Obrist	Psychologin und Psychotherapeutin, Frauenabteilung, JA Wien Favoriten, Wien
Shird-Dieter Schindler	Psychiater, Leiter des Sozialmedizinischen Zentrums, Baumgartner Höhe, Zentrum für Suchtkranke, Wien

Transkription und Zusammenfassung
Nina Glockner

Zeitnah zum ersten Komplizinnentreffen Psychiatrie/Psychologie findet eine erneute Begegnung mit Shird-Dieter Schindler statt, diesmal im Gespräch mit der Psychologin und Psychotherapeutin Corinna Obrist, die u. a. in der JA Wien Favoriten[146] tätig ist, einer Sonderanstalt mit Behandlungsauftrag für Strafgefangene mit Suchtproblematik.

Behandlung und Umgang mit Sucht—eine Entwicklung

Shird Schindler teilt die Entwicklung des Umgangs mit Sucht rückblickend in vier Phasen ein: Während in den 1980er Jahren noch die Heilungskonzepte im Vordergrund stehen, verschiebt sich in den 1990er Jahren mit dem Einsatz von Substitution der Schwerpunkt auf die Behandlungskonzepte. Die 2000er Jahre sind seiner Meinung nach von der ernüchternden Erkenntnis gekennzeichnet, dass beide vorherigen Konzepte keine wirkliche Lösung erbracht hätten. Die gegenwärtige Situation, in den 2010er Jahren, beschreibt er als einen Rückzug. Man sei zu der realistischeren Einschätzung gekommen, die Sucht als chronische Krankheit zu betrachten.

Der Umgang mit Sucht als chronischer Krankheit erfordert nach Meinung des Psychiaters »… eine phasenadäquate individualisierte Behandlung. […] Ich brauche für jede Phase der chronischen Krankheit eine passende Interventionstiefe und adäquate Angebote. Diese Angebote zu differenzieren, […] ist die Aufgabe, vor der wir jetzt stehen.« Ein Vorteil liege im nun erweiterten Spektrum der anerkannten Therapieformen.

Corinna Obrist schließt sich dem an und plädiert für die Anerkennung der Vielfältigkeit (*Diversity*) und die Reduzierung eigener therapeutischer Ansprüche, die oft von ›gutbürgerlichen Vorstellungen‹ geprägt seien.

Das Einbeziehen eines gender-spezifischen Konzeptes ist ihrer Meinung nach ein wichtiger Aspekt dieser individualisierten Behandlung. Es gebe, so Obrist, in den einschlägigen Ausbildungseinrichtungen (Universität, Therapie-Ausbildungsinstitutionen u. ä.) keine längsschnittgemäße Verankerung der *gender*- und *queer*-Thematik. Die Zuschreibungen der Geschlechterrollen würden sich auch in der Suchtentwicklung niederschlagen und müssten somit unbedingt auch bei Behandlungskonzepten und -modellen berücksichtigt werden, vor allem hinsichtlich der Ausstiegsangebote.

Substitution als ›Leidlinderung‹?

Die Auffassung von Sucht als chronischer Krankheit ruft komplexe gesellschaftliche und fachspezifische Fragen auf, die sich u. a. auf den Umgang mit Substitution und die Zielsetzungen von Behandlungen und der Prävention beziehen.

Warum, gibt Obrist zu bedenken, müsse z. B. bei der Substitution bzw. Medikation von Abhängigen immer auch ein Veränderungswille der Betroffenen vorhanden sein? Schwer traumatisierten Menschen könne ja ein Recht auf medikamentöse Linderung ihrer Schmerzen unter menschenwürdigen Bedingungen zugestanden werden, ohne dass bei ihnen immer ein Wille zur Veränderung vorausgesetzt werden müsse. Gleichzeitig sollten individualisierte Ausstiegsangebote formuliert werden, die unterschiedlich hoch- und niederschwellig seien: »Darf ich mich nicht einfach nur dämpfen, um den Schmerz nicht mehr zu spüren, ohne dass ich sonst auch noch etwas wollen muss oder so tun muss, als ob ich etwas wollte und trotzdem ein würdevolles Leben haben?«

Während Corinna Obrist in diesem Zusammenhang auch eine stärkere Entkriminalisierung einfordert, tendiert Shird Schindler eher dazu, die akzeptierten legalisierten Rauschmittel zu reduzieren, statt die härteren Drogen zu legalisieren. Dabei spielt für ihn Prävention eine wichtige Rolle: »Ein frühes Erkennen und Behandeln von Leid, um Suchtmittel nicht zu benötigen.«

Kontrolle, innerer Freiraum und Sucht

Trotz der diversen Formen des ›Krankheitsbildes Sucht‹ zeigt Shird Schindlers Langzeitforschung gewisse signifikante Übereinstimmungen der PatientInnen im Laufe der Behandlung. Auffällig sei vor allem, dass »… sich die Selbstdistanzierung der PatientInnen in der ›Existenzskala‹ selbst nach acht Monaten Psychotherapie auf unserer Station nicht signifikant ändert, also quasi stabil bleibt auf schlechtem Niveau, was für uns letztlich ein *trait marker* war: Von allen Werten war er der einzige, der nicht oder kaum veränderbar war.«

Die Selbstdistanzierung markiert das Ausmaß des inneren Freiraums: »Wieviel Freiraum gebe ich mir, wie darf ich sein? Wenn ich mir einen minimalen Freiraum gebe, dann kriege ich schnell Probleme. Schon in Momenten von Müdigkeit, wenn ich ein bisschen durchhänge, überschreite ich meine eigenen Grenzen und bin mit mir unzufrieden. Das Ausmaß dessen, wieviel Freiraum ich mir gebe, ist für mich eines der Hauptkriterien dafür, wie streng das Über-Ich ist. Ab wann ich eins auf die Finger kriege, weil ich dem nicht entspreche. Das hat für mich schon viel mit Sucht zu tun. […] Was verwunderlich war: Alle anderen Merkmale haben sich im Laufe der Behandlung geändert—manchmal innerhalb von wenigen Wochen, manchmal im Laufe von ein paar Monaten—aber der ›Freiraum‹ war der einzige, der stationär eng geblieben ist.«

Die Studie zeigt, dass auch die Transzendenz bei den PatientInnen eher konstant niedrig ist, doch in der Ausweitung sieht Schindler—als Umweg über eine Relativierung des Selbst gegenüber etwas ›Größerem‹ (z. B. Religion oder die *12-Step*-Programme)—eine Möglichkeit, den inneren Freiraum zu vergrößern.

In diesem Zusammenhang spiele ›Kontrolle‹ als »… größter Mythos in der Suchtbehandlung« eine wichtige Rolle. Während PatientInnen z. B. mittels Transzendenz eine Alternative zur Kontrolle hätten, glaubten in der Praxis sowohl Betroffene als auch behandelnde oder helfende Beteiligte, das ›Problem Sucht‹ mit andauernder Kontrolle (Selbstkontrolle, Kontrolle von außen wie Harnkontrollen, Visitationen etc.) lösen zu können.

Corinna Obrist ist überzeugt, dass es notwendig sei, über neue Modelle nachzudenken: »Das ist ja auch ein Paradigma in der Suchtbehandlung: Dass die Suchtkranken sich selber kontrollieren können müssen und auch selber daran glauben müssen, dass ihre Sucht kontrollierbar ist. Nur ist die Sucht nicht kontrollierbar. Wir tun ja nichts anderes, als sie zu kontrollieren. Im Gefängnis sowieso, wir visitieren ununterbrochen: Harnabgabe, Haaruntersuchung usw. […] Mir kommt es manchmal vor, als hätten die Betroffenen und der Rest der Menschheit dieselbe Idee von Kontrolle. Kontrolle hat aber etwas mit ›Zusammenreißen‹ zu tun und mit ›willentlicher Beherrschung‹, und das widerspricht komplett dem Gedanken, dass Sucht eine Erkrankung ist.«

Ein Rückfall beispielsweise, sei ein Symptom der Erkrankung, der auch als ein solcher offen reflektiert werden müsse, ohne ihn auf der einen Seite zu verheimlichen oder auf der anderen Seite direkt zu bestrafen. Dem gegenüber stehe die Notwendigkeit der Kontrolle, um ein möglichst sicheres, drogenfreies Umfeld bieten zu können, sowohl auf der Therapiestation als auch im Gefängnis.

Shird Schindler: »Man versucht eben, einen Schutzraum zu bieten, aber man muss genauso Rückfälle akzeptieren. Das Skurrile ist ja, dass Suchteinrichtungen über einen langen Zeitraum Rückfälle als sehr problematisch wahrgenommen haben, obwohl der Rückfall das Charakteristikum der Suchtkrankheit ist: Hätte jemand keine Suchterkrankung, hätte er auch keinen Rückfall. Das habe ich schon immer sehr paradox gefunden.«

Übereinstimmend wird der Fall des Abstinenzparadigmas in der Behandlung drogensüchtiger Menschen als wichtige positive Veränderung erfahren, die Schindler jedoch in der Praxis noch nicht optimal umgesetzt sieht: Dort bestehe noch ein Mangel an Erfahrung im Umgang mit Rückfällen als Symptom oder gar als Chance: »Die Empörung und der Ärger, wenn jemand dann tatsächlich rückfällig wird, entspricht nicht ganz jener Überzeugung.«

So bliebe die Enttäuschung von den Menschen selbst, die sich stark negativ auswirke und die Abwärtsspirale in Gang hielte, was wiederum das Abstinenzverletzungssyndrom usw. *triggere*.

146 ›Die Justizanstalt Wien Favoriten hat einen Behandlungsauftrag für jene Straftäter/innen, die im Zusammenhang mit dem Konsum von berauschenden Substanzen ein Delikt begangen haben und durch ein Strafgericht eingewiesen wurden (§ 22 Strafgesetzbuch). Außerdem können sich auch Strafgefangene anderer Justizanstalten auf eigenen Wunsch um eine Aufnahme zur Suchtbehandlung bewerben (§ 68a Strafvollzugsgesetz).‹ Auszug: https://www.justiz.gv.at/web2013/html/default/2c94848542ec49810144724ed61d5a38.de.html

2014

WIEN, 14. JUNI 2014

KOMPLIZINNENTREFFEN IV [ART]

KUNSTTHEORIE / KUNSTGESCHICHTE / PHILOSOPHIE

TeilnehmerInnen

Elke Bippus	Kunsttheorie/-geschichte, ZHdK Zürcher Hochschule der Künste, Zürich
Sabeth Buchmann	Kunsttheorie/-geschichte, Akademie der bildenden Künste, Wien
Nina Glockner	Künstlerin, Amsterdam und Wien
Ulrike Möntmann	Künstlerin, Amsterdam und Wien
Ruth Sonderegger	Philosophie und Kunsttheorie, Akademie der bildenden Künste, Wien

Transkription und Zusammenfassung
Nina Glockner

Dieses vierte Komplizinnentreffen der Kunst befasst sich—ausgehend von Möntmanns Konzept der Intervention ›*parrhesia in the city*‹ als Teil ihrer *Outcast Registration*—u. a. mit Foucaults Problematisierungen der *parrhesia* und deren möglicher Anwendung auf die Kunst, wobei ein aktueller Öffentlichkeitsbegriff hinterfragt und verschiedene Strategien der Kritik vor dem Hintergrund einer Rückläufigkeit praktizierter Kritik thematisiert werden.

Intervention ›*parrhesia in the city*‹ —Gegenwerbung, Vermittlung und Öffentlichkeitsbegriff

Nach einem kurzen Rückblick auf diverse Aktivitäten ihres laufenden Forschungsprojektes erläutert Ulrike Möntmann ihre geplante Intervention ›*parrhesia in the city*‹. Für dieses nach Foucaults Erläuterungen der *parrhesia*[147] genannte Projekt plant sie—in Zusammenarbeit mit ExpertInnen des Kommunikationsdesigns—die Umsetzung ihres spezifischen Wissens der *Outcast Registration* in eine groß angelegte Plakat-Intervention im öffentlichen Raum als sogenannte Gegenwerbung. Gemeinsam mit drogenabhängigen Frauen sollen die Aussagen bzw. Motive für die *City Light Poster*[148] in einer neuen Projektausführung erarbeitet werden. Die Intervention soll jeweils parallel zu geplanten Buchpräsentationen stattfinden. »Ist es die richtige Form, auf Werbeflächen eine Gegenwerbung zu machen?« fragt Ruth Sonderegger und bringt in diesem Zusammenhang die Problematik der Vermittlung komplexen Wissens zur Sprache. Sie findet es spannend, »… die maximale Öffentlichkeit mit der maximalen Professionalität zu bearbeiten.« Allerdings stehe das in einem merkwürdigen Gegensatz zu Möntmanns differenzierter Wissensproduktion. »Es müsste eine Möglichkeit von Wissensvermittlung, Wissenspräsentation geben, ohne die Komplexität zu verlieren. […] Komplexität kann man nicht einfach mit professioneller Werbung herstellen und verbreiten. Komplexe Wahrheiten zu äußern braucht stets mehr Zeit, als man sie unter Bedingungen der professionellen Profitmaximierung hat und braucht immer mehr Raum als man hat.«

Auch Elke Bippus äußert Skepsis gegenüber dieser Intervention als nachhaltiges Vermittlungsmedium: »Du kannst bestimmte Affekte auslösen und dafür sorgen, dass etwas wahrgenommen wird. Aber wie geht es dann weiter? Wo reicht es über den Affekt hinaus, sodass sich die Tiefe dessen, was du gemacht hast, auch vermittelt?«

Für Möntmann selbst sind die Umsetzung und das zu erwartende Resultat dieses Konzeptes noch sehr offen, doch die Frage, von der sie in diesem Zusammenhang ausgeht, betrifft vor allem den Begriff der *parrhesia* in Bezug auf ihre künstlerische Praxis: »Kann so eine Projektausführung mit all den Etappen, die die Frauen—aber auch ich—durchlaufen haben unter *parrhesia* fallen? Könnte das ein Mittel sein, der heutigen Demokratie gemäß, um wahr zu sprechen?«

Das ›Selber-dafür-Einstehen‹ der Sprechenden sei, so Sonderegger, nach der *parrhesia* das Allerentscheidendste und stünde somit im totalen Widerspruch zu dem, was eine Werbeagentur gemeinhin leiste: »Ich sehe in deiner langfristigen Praxis mit ihren Problemen und Schwierigkeiten—gerade auch denen der Kommunikation, ein *parrhesiastisches* Leben, dem du dich verpflichtet hast. Du machst immer weiter. Die Befragung von *parrhesia* ist eine spannende Sache, aber für mich ist die Frage in Bezug auf die Werbeagentur schon beantwortet: Die schaffen nicht das, was du willst. […] Die Differenz zu deiner Wahrheitspraxis, deines *parrhesiastischen* Lebens und dem, was auf dem ›Banner‹ steht, diese Differenz müsste irgendwo sichtbar werden.«

Für Ulrike Möntmann liegt die Spannung gerade in der Befragung des Möglichen und Unmöglichen innerhalb dieses Genres. Sie sieht ein Risiko, ein Wagnis in ihrem Anliegen, diese spezifische Randgruppe offensiv in die Stadt zu bringen, um eine Öffentlichkeit zu erreichen. Deutlich wird, dass nach Möntmanns Institutionsarbeit in Gefängnissen mit dem Konzept ›*parrhesia in the city*‹ die Frage nach der Vermittlung künstlerischer Forschung in den Fokus rückt, obgleich diese schon in anderen Aspekten Möntmanns Arbeit (z. B. dem *Drop Off* und den *Expert Meetings*) präsent gewesen ist. Doch kann diese Intervention genügend Tragfläche für die Komplexität des Projektes bieten? Leuchtvitrinen oder *City-Light-Poster* als Ausstellungsraum könnten, so Möntmann, immer nur Teilaspekte des Projektes vermitteln, aber hätten das Potenzial, eine Bewegung zu initiieren, um medial-repräsentierte ›Normalität‹ in Frage zu stellen. Diese Bewegung müsse im Weiteren an das Gesamtprojekt gekoppelt werden.

Für Sabeth Buchmann ergibt es strukturell-inhaltlich Sinn, dieses Wissen zu dessen Ausgangspunkt, der Straße als öffentlichem Raum, zurückzutragen. Sie hinterfragt aber gleichzeitig, inwiefern es auf dem Gebiet der Werbung als Form einer gesellschaftlichen und sozialen ›Konsensproduktion‹ überhaupt noch möglich sei, Unterscheidungen sichtbar zu machen. Während in den 1980er und 1990er Jahren im Zuge der *Act-up*-Bewegung Billboardstrategien eingesetzt worden seien, um auf Themen mit fehlender politischer Repräsentation aufmerksam zu machen und um Formen der Partizipation und Kollektivbildung zu initiieren, also »… Leute im wahrsten Sinne des Wortes auf die Straße zu bringen«, stelle sich die Frage, inwiefern diese Strategie vor der heute geltenden Idee von Öffentlichkeit noch wirksam sein könne. In dem Zusammenhang sei eine Analyse des aktuellen Öffentlichkeitsbegriffes notwendig: Öffentlichkeit finde heute nur mehr peripher in den ›Konsumzonen der Innenstadt‹ statt und funktioniere maßgeblich über ein ›mediales Geflecht‹ (Internet, soziale Medien etc.).

Elke Bippus zweifelt nicht daran, dass ein ›öffentlicher Anstoß‹ mittels der Affektkraft, mit der Werbung arbeitet, erzeugt werden könne, fragt sich allerdings, was passieren müsse »… um die Leute in ihrem ›Angestoßensein‹ nicht stehen zu lassen, sondern mit ihnen Öffentlichkeit herzustellen? […] Öffentlichkeit ist da, wo ein Dissens stattfindet. Aber der Dissens muss auch diskutiert werden.« Es gelte, die Rolle der Akteurinnen des Projektes nicht aus dem Auge zu verlieren, so Sabeth Buchmann, denn auch wenn diese Intervention im Sinne der Verschiebung eines bestimmten Bildes wichtig sei, liege genau da der Konflikt: »Wo passiert eine öffentliche Debatte, wenn es in diesen Bildern kracht?«

Ruth Sonderegger hinterfragt generell die Wirkmächtigkeit einer medialen Repräsentation der Akteurinnen im Kontext einer visuellen Reizüberflutung im öffentlichen Raum, unabhängig von einer professionellen Umsetzung. »Eine bettelnde Person, eine obdachlose Person vor dem Stephansdom hat ein anderes Gewicht als jedes Plakat.«

Sie nennt als Beispiel einer Einmischung in den öffentlichen Raum das Projekt *Quantitative Easing (for the street)* von Axel Stockburger in der Innenstadtzone Wien (2014 realisiert). Der Künstler installierte auf dem sogenannten ›Graben‹ in der Nähe des Stephansdoms eine goldene Säule, die regelmäßig eine Euromünze ausspuckte (wofür fast der gesamte Förderbetrag von KÖR-Kunst im Öffentlichen Raum, einer staatlich finanzierten Förderagentur, verwendet wurde). Während der Eröffnung und auch danach versammelte sich

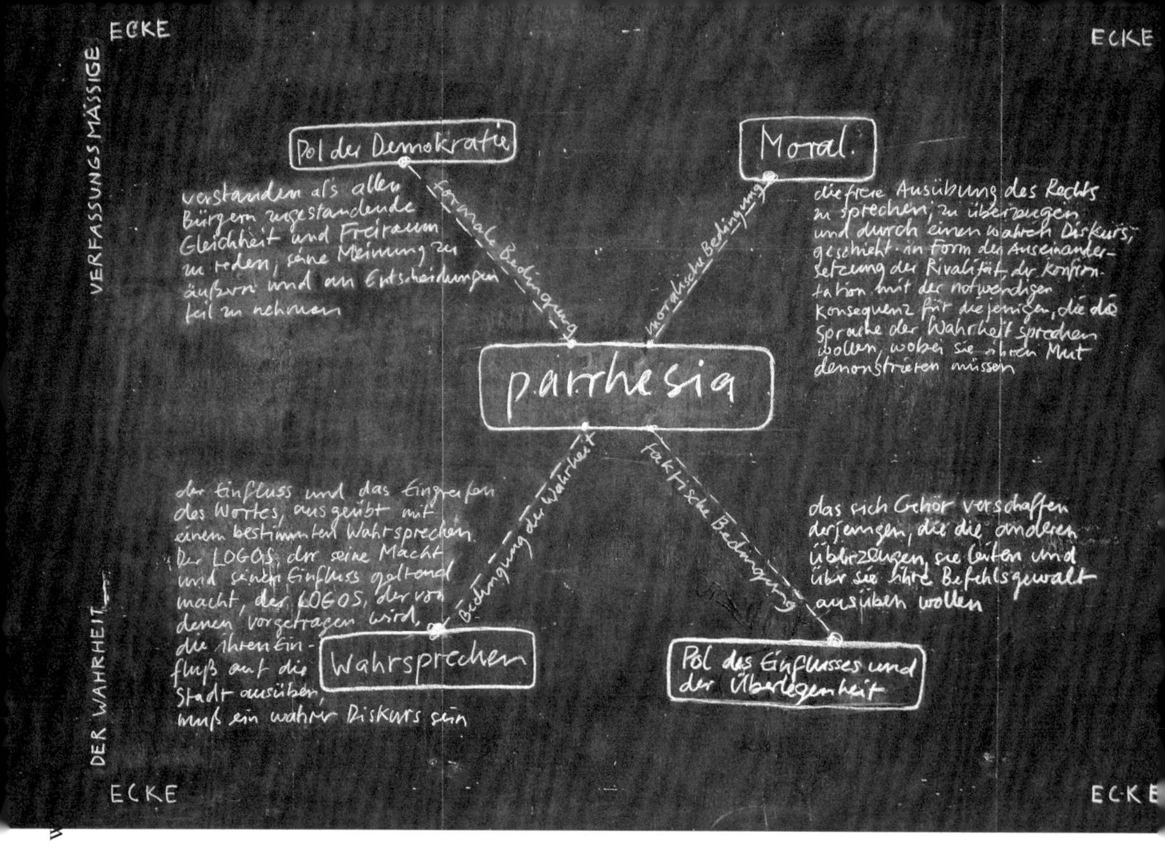

Das Rechteck der *parrhesia* nach M. Foucaults Vorlesung 5, 2. Februar 1983.
Kreidezeichnung auf Wandtafel, 250 × 180cm, 2014, U. M.
Vgl.: Michel Foucault, Discourse and Truth: The Problematization of Parrhesia, Sechs Vorlesungen an der University of California, Berkeley, 1983

ein diverses und für diesen Ort teilweise ›unerwünschtes‹ Publikum—bestehend u. a. aus Obdachlosen und Junkies. Diese temporäre Installation erreichte eine Verschiebung der Präsenzdominanz einer bestimmten gesellschaftlichen Gruppe an einem bestimmten öffentlichen Ort: »Im Grunde kannst du da hinschreiben, was du willst, du kannst Elendsplakate hinhängen usw. Aber die Leute, die als elend und arm gelten, die sollen da nicht sein.«

Foucaults *parrhesia*

Als Vertiefung des Ausgangspunktes ihres Interventions-Konzeptes stellt Ulrike Möntmann die Frage, inwiefern Kunst *parrhesiastische* Eigenschaften haben könne und bringt so das Gespräch erneut auf Foucaults *parrhesia*. Ruth Sonderegger fasst die drei unterschiedlichen Formen der *parrhesia,* die Foucault problematisiert, zusammen:

Politisch-demokratische *parrhesia*

Diese ist mit der griechischen Demokratie entstanden. Foucault beschreibt sie in Form eines Vierecks und thematisiert damit auch die Probleme der Demokratie. »Er umarmt nicht jede Form von Demokratie, sondern sagt, dass Demokratie, die allen das gleiche Recht gibt, sich immer auch auf der Grenze befindet, wo alles verwässert wird [...], und er diskutiert damit in meinen Augen schon alle Probleme von Populismus.«

Ethische *parrhesia*, bzw. die *parrhesia* der Freundschaft

Die ethische *parrhesia* besteht in kleinen Kreisen unter Freunden, in Zweierbeziehungen und wird immer deutlicher auch das Modell für politische Beratung.

Kynische *parrhesia*

Die kynische *parrhesia* äußert sich nicht allein über das Sprechen, sondern in Handlungen der KynikerInnen, die Bedürfnislosigkeit und Natürlichkeit anstreben und beispielsweise Konventionen wie Scham ablehnen und »... sich öffentlich dazu radikal bekennen.« (Beispiel Diogenes, der auf dem Marktplatz masturbiert). Den KynikerInnen gehe es um spektakuläre Aktionen und zugleich um den Versuch, solche Körperübungspraktiken zu politisieren. Interessant sei dabei, dass bei den KynikerInnen auch Frauen und SklavInnen zugelassen waren, die sonst in der übrigen Gesellschaft ausgeschlossen waren.

Wenn Foucault im Zusammenhang seiner Problematisierung der *parrhesia* Stellung bezieht, werde deutlich, dass er Anhänger der kynischen *parrhesia* sei. Er sehe in ihr die Möglichkeit zur Öffnung »... beinahe als ein Gegenmodell zur demokratischen *parrhesia*, nur nicht so stark normiert.« Sonderegger führt aus, dass Foucault offenbar vorhatte, die Geschichte der europäischen Denksysteme unter der Berücksichtigung des Kynismus neu zu schreiben. Seiner Auffassung nach sei der Kynismus in verschiedenen geschichtlichen Perioden zu finden: »In den Ketzerbewegungen im Mittelalter, in der Vorzeit der französischen Revolution und nach der französischen Revolution im 19. Jahrhundert, wo er teilweise von der künstlerischen Avantgarde aufgenommen wird: Nicht zuletzt als Reaktion auf das Scheitern der französischen Revolution, wird die Stafette an die Kunst weitergegeben.«

Foucault setze über den Kynismus die Ästhetik der Existenz fort, und zwar als »... Versuch, die Ästhetik der Existenz zu politisieren und die Ästhetik der (privaten) Freundschaftsbeziehung zu überschreiten. [...] Zu schauen, inwiefern es um ökonomische Dinge geht, die uns einschränken, inwieweit um Konventionen. Es geht darum, kollektiv herauszufinden, was das gute Leben, ein Leben in Freiheit unmöglich macht. Das sind krass asketische Praktiken, Armutspraktiken, aber keine erzwungenen. [...] Was ich spannend finde, ist, dass es bei diesem ›Leben des Austestens‹ immer darum geht, sich nicht zu verhärten. [...] Wie machst du das? Auch in der Auseinandersetzung mit Anderen? Wie bleibst du sozusagen ›testend‹ und machst nicht aus der Askese das neue Dogma?«

Rückläufigkeit der praktischen Kritik

Buchmann betont an dieser Stelle die politische Relevanz von Sondereggers Arbeit zur *parrhesia*, hinsichtlich der wahrzunehmenden Rückläufigkeit kritischer Positionierungen in Kunst und Wissenschaft unter den ›Bedingungen von Kollaborations-Imperativen, Netzwerk-Imperativen‹.

Während die Allgegenwärtigkeit der Kritik als Thema zunehme, so Sonderegger, schwinde gleichzeitig deren Praxis. Buchmann ergänzt: »Es ist die Metakritik an der Kritik, die so tut, als würde sie superkritisch mit der kritischen Tradition aufräumen, die aber gleichzeitig auch die Spielräume der praktischen Kritik absolut einschränkt.« Sie thematisiert den möglichen Einfluss objektorientierter Diskurse auf eine fehlende künstlerische Verantwortung: »... dass sozusagen die Form, die ja durchaus ein richtiger Ansatz von Autorschaftskritik im Sinne auch von Humanismuskritik war, im Gewand dieser objektorientierten Diskurse um Latour etc. dazu führt, dass eine Verantwortung [...] auf einer künstlerischen Ebene, in der immer schon mitgedachten Verflechtung mit politischen Feldern, wieder abgeschoben werden kann. Also, dass man als KünstlerIn in eine Position kommt, in der man sich, wenn man Partei ergreift, sich politisch positioniert, fragwürdig macht. Oder ideologieverdächtig.«

In dem Kontext werden die zunehmende Evaluationskultur und eine wachsende Forderung nach (interdisziplinärer) Vernetzung in künstlerischer und wissenschaftlicher Praxis als mitursächlich für den Rücklauf kritischer Positionierung diskutiert. Der ständige Evaluationsmodus, aus dem heraus man sowohl als Begutachtete(r), wie auch als GutachterIn agiere, verstärke Spannungen, Konkurrenzdenken und ein vorsichtigeres, höflicheres Verhalten, weswegen man »... eigentlich niemals mehr frei spricht.«

Elke Bippus beobachtet, dass »... in der Kunst die Kritik selbst zum Gegenstand und Thema geworden ist. Man agiert nicht kritisch und reflektiert seine Position innerhalb des Feldes, sondern übt Kritik und wählt dabei häufig den Modus der Ironie, der Parodie. Kritik wird also wie ein Gegenstand behandelt, über den gesprochen und nachgedacht wird und weniger als etwas, das praktiziert wird.«

Buchmann erkennt in diesem Umgang eine potenzielle Selbstlegitimationsstrategie, die oft mit dem ›unangenehmen‹ Impetus einherginge, Kritik von einer erhabeneren Position herab zu äußern. An dieser Stelle gibt Sonderegger Peggy Piesche recht, die sage, dass das Bilden einer ›KritikerInnen-Elite‹ häufig

Ziel dieser Strategie sei. Hinter der Problematik einer ›Problemzonenkunst‹ ohne längerfristige Auseinandersetzung, erkennt Buchmann eine weitgehende ›Verwertungslogik‹. KünstlerInnen gerierten sich als »... Teil von Problemlösungsstrategien [...]. Das ist auch eine perfekte Legitimation.« Auch wenn sie weit davon entfernt sei, kritische Praktiken herabsetzen zu wollen, liege für sie viel Potenzial darin, »... den Kritikbegriff noch einmal anders zu begründen. Aber eben auch—und das finde ich das Wichtige daran—das Riskante für einen selbst mit auszustellen.«

Kritikstrategien

Vom Kritikbegriff in Kunst und Wissenschaft kommt das Gespräch auf Sondereggers Text ›Vom Wahrmachen der Gleichheit‹ und führt dazu, dass die Bedeutung unterschiedlicher Strategien im philosophisch-aktivistischen Feld und insbesondere Jacques Rancières Position diskutiert wird.

»Wo es gelingt, aus einem Unvernehmen einen Streit und damit Politik zu machen, verändern sich alle Seiten der Auseinandersetzung. In eins mit den geforderten Verhältnissen oder Objekten, bekommen auch die Gleichheit fordernden Wesen einen Ort im sinnlichen Raum des Bestreit- und damit Besprechbaren; und die VertreterInnen der bislang gültigen ›Aufteilung des Sinnlichen‹, die die Ungleichbehandlung der anderen Seite nicht gesehen haben, müssen ihre habituellen Wahrnehmungsformen als solche der fundmentalen Ungleichbehandlung sehen lernen.«[149]

Elke Bippus bringt mit diesem Zitat das Anliegen von Möntmanns Projekt in Verbindung mit Rancières Forderung nach einer ›Neuaufteilung des Sinnlichen‹, die Sonderegger sodann kurz erläutert: Rancière gehe davon aus, dass es »... in jeder Gesellschaft einen Konsens über eine grundsätzliche Aufteilung gibt. Was ist eine Handlung, was zählt als Handlung, was sieht man, was sieht man nicht. Das betrifft die Wahrnehmung, das Denkbare und das, was sich als Handlung manifestieren kann. Bestimmte Dinge können wir nicht denken, bestimmte Dinge sehen wir nicht, bestimmte Akte sind für uns keine Handlungen. Rancière meint, dass immer aufgeteilt sei, was drinnen, was draußen ist [...]. Darüber gibt es einen Konsens. Und dieser jeweilige Konsens, man könnte ihn auch eine Norm nennen, findet nicht nur im Sprechen oder im Gesagten statt. Auch Bewegungen und Wahrnehmungen sind normativ. Den jeweiligen Konsens nennt er die ›Aufteilung des Sinnlichen‹. [...] Bei Rancière geht es daher auch immer darum, dass Politik dort ist, wo dieser Konsens thematisiert oder bestritten wird.«

Anhand von Sondereggers Text leitet Bippus die Diskussion hin auf einen möglichen Vergleich zwischen Rancières Position, nicht für andere sprechen zu wollen, sondern sie selbst schreiben zu lassen und so als ›Schreibende‹ wahrnehmbar zu machen, mit Chakravorty Spivaks Position, die als politische Handlung ein bestimmtes Feld, bestimmte Bedingungen schaffen möchte, sodass andere »... schreibend werden können. [...] Dass es möglich wird, dass sie selbst praktizieren, produzieren und sprechen.« Mit diesem Vergleich gelangt das Gespräch auf die Hinterfragung der Kennzeichen wirksamer Kritik, wobei Sonderegger zunächst folgende Einteilung von Strategien bezüglich der Problematik skizziert:

Als erste Strategie nennt sie das Analysieren und Dokumentieren, anhand des Beispiels des französischen Soziologen und Sozialphilosophen Pierre Bourdieu, der die Ursachen bestimmter Missstände feststelle, also die Gründe, warum ›Betroffene‹ selbst nicht immer handeln könnten. Es sei eine wichtige Strategie, die jedoch die Gefahr berge, »… ein neues intellektuelles soziologisches Kapital zu werden.«

Als zweites bezieht sie sich auf den Philosophen Jacques Rancière und seine Strategie der Veröffentlichung: Er suche nach den wenigen emanzipatorischen Momenten wie z. B. jene der Leute, von denen man denke, sie könnten nicht schreiben und die es doch könnten. Er feiere diese wenigen Momente, die er dann auch veröffentliche und als ganz wichtig hervorhebe.

Als drittes beschreibt Sonderegger die Strategie der Philosophin und Literaturwissenschaftlerin Chakravorty Spivak: »Auf der einen Seite versucht sie, Akte, die für uns tatsächlich nicht wahrnehmbar sind, in die Wahrnehmbarkeit zu bringen, mittels *case studies*. Aber sie zieht auch die Konsequenz, dass sie sagt, ich muss die Kontexte so verändern, dass die Subalternen nicht länger Subalterne sind. Insofern hat sie eine aktivistische Komponente, eine praktisch-aktivistische. […] Und das bedeutet natürlich auch, das intellektuelle Feld zu verlassen.«

Buchmann spricht sich anschließend gegen die Einheit von Theorie und Praxis als ausschlaggebendes Kriterium für wirksame Kritik aus und führt folgende Überlegung als möglichen Maßstab an: »Was führt in einem theoretischen Diskurs so weit, dass Politik auch wirklich mit denkbar wird?« Dabei betont sie, dass beide—sowohl Rancière als auch Spivak—innerhalb der eigenen Disziplin das politische Feld beschrieben.

Sonderegger sieht in den frühen herausgeberischen Arbeiten und der Archivforschung Rancières (u. a. ›Die Nacht der Proletarier‹) neben einem gewissen ›Heroismus des Ausnahmefalls‹ sehr wohl eine Praxis, einen Aktivismus. Aber verglichen mit der Radikalität seiner frühen, aktivistischen Wissenschaftskritik und Wissensproduktion, beschreibt sie seine Arbeit der letzten zehn, fünfzehn Jahre als weniger ›mutig‹ oder ›prononciert‹. Sie fordert von Rancière, die radikale Praxis seiner Wissenschaftskritik auch auf seine Aktivitäten innerhalb des Kunstfeldes anzuwenden.

Als Gegenargument weist Buchmann als Beispiel seiner gegenwärtigen Praxis auf Rancières radikale Auseinandersetzung mit dem Kurator Nicolas Bourriaud bzw. mit der ›selbsternannten linken Kulturszene‹ in Frankreich hin, und definiert sie sehr wohl als »… eine Form der Institutionskritik im besten Sinne des Wortes.« Sie merkt als Besonderheit an, dass Rancière nicht einzelne ›hochproduktive Künstlerfiguren‹ heroisiere, sondern sich—als einer der wenigen bekannten Philosophen—wirklich mit der zeitgenössischen Kunst und dem Kunstgeschehen auseinandersetze, Ahnung vom Kunstfeld habe und Kriterien entwickele, die zur Kritikbildung beitrügen.

Auch wenn Sonderegger Rancières Partizipation am Kunstfeld und seine seriöse Position als Kunstkritiker respektiert, vermisst sie seine Auseinandersetzung mit der Frage, wie man das Feld der Kunst(-kritik) selbst reflektieren bzw. ändern könne, sodass ein feld-immanenter ›ExpertInnendiskurs‹ überwunden werden könne.

Rancière ließe sich auf größere weitere Konflikte ein als viele aus dem theoretisch-aktivistischen Feld, so Buchmann: Diese tendierten dazu, »… kritische

Inhalte dort in die Institution zu pumpen, wo sie auch vom Kunstfeld erwartet und angefragt würden, oft aber frei von jeglichem Wissen über künstlerische Praktiken. [...] Dieser Aktivismus *triggert* zwar Machbarkeitsphantasmen, die aber die Realität innerhalb des Kunstfeldes komplett außen vor lassen und suggerieren, dass künstlerische Praktiken dann politisch sind, wenn sie sich mit aktivistischen Formen verbinden. Was natürlich in den an *Live*-Aktionen interessierten Kunstinstitutionen höchst willkommen ist. Da sehe ich oftmals überhaupt gar keine Kritik, oder eine sehr dienstbare Kritik, die du auch ›gratis‹ anwenden kannst, weil es die Institution selber am Ende gar nicht ankratzt, sondern nur mit dem Image des Kritischen ausstattet.«

Obgleich Sonderegger Rancières Kritik an Bourriaud teilt und dessen Engagement im Kunstfeld zu schätzen weiß, meint sie bei ihm den ›Philosophenwunsch‹ zu erkennen, an einem möglichst allgemeinen »... Begriff der ästhetischen Erfahrung oder des Kunstwerkes mitzubasteln«. Dabei beschränke er sich ihres Erachtens nach auf Ausstellungskunst und ließe sich nicht auf Phänomene wie Mikropolitiken und andere ästhetische Praktiken ein, bei denen die Frage, ob etwas Kunst sei oder nicht, zweitrangig sei und die im Rahmen von Institutionskritik Verschiebungen aus den klassischen Kunsträumen problematisierten.

Buchmann konstatiert daraufhin eine dem Kunstfeld z. T. immanente Negation der Unterscheidung von Kunst und Nicht-Kunst am Beispiel der Kuratorin Carolyn Christov-Bakargiev, die mit ihrer Haltung im Rahmen der documenta 2012 die institutionseigene Definitions- und Realitätsmacht ausblende und somit eine Auseinandersetzung mit der Institution selber verhindere. Hingegen gelänge es Rancière »... Kriterien für eine Politisierbarkeit vom Sag- und Sichtbaren innerhalb dieses Rahmens« aufzustellen.

An dieser Stelle hinterfragt Bippus die Art und Weise, wie er mit dem Komplex umginge. Er mache zwar »... einen Begriff von Kunst auf, also entwickelt spezifische Kriterien und Beschreibungen von Kunst«, doch fraglich sei, inwieweit er sich kritisch mit den Effekten seiner Philosophie auseinandersetze, denn »... auch er produziert mit seiner allgemein gehaltenen Konzeption von ästhetischer Erfahrung einen normativen Kunstbegriff und teilt auf in das, was Kunst und was Aktivismus genannt wird.«

Buchmann sieht diese Selbstreflektion in Rancières Unterscheidung zwischen den ›öffentlichen und privaten Bühnen‹ als gegeben, wenn er differenziere »... in welchem Rahmen etwas zur Erscheinung, zur Darstellung kommt und an die Bewertung der Form der Arbeit gebunden ist.«

Für Sonderegger findet diese Selbstreflektion nicht ausreichend, nicht konkret genug statt: »Diese Art der Selbstbefragung oder gar Selbstdekonstruktion, und damit auch die Befragung der eigenen Situation, findet ganz stark in seinen Frühschriften statt, wo es um Wissenschaftsstandards geht.« Als Antipädagoge in Wissens- und Ausbildungskontexten erreiche Rancière ihrer Meinung nach eine ›Sprengkraft‹, die mit dem ihm zur Verfügung stehenden Instrumentarium auch auf das Kunstfeld übertragbar sei.

Als eine denkbare Rancièrerianische Perspektive auf Kunstausbildung paraphrasiert sie Linda Nochlins Antwort auf die Frage ›What is Great Art for Feminists?‹: »›Great Art‹ bedeutet, Kontexte zu produzieren—als Künstlerin, als Lehrerin—wo Leute, die Mut haben, zu ihren Praktiken kritisch zu stehen und sie kritisch zu reflektieren, ›Great Artists‹ werden. […] Dafür zu sorgen, dass Leute, die einen bestimmten Mut, eine bestimmte Reflexivität haben, ›Great Artists‹ werden können—das ist feministischer LehrerInnenaktivismus.«[150]

Dem steht Buchmann positiv gegenüber und sieht durchaus die Möglichkeit, Rancières Position damit in Verbindung zu bringen, »… auch, wenn er selbst es nicht tut.«

Kunst als ›Unvernehmensproduktion‹

›Eine Problematisierung ist immer etwas Schöpferisches; aber in dem Sinn, dass Sie bei einer gegebenen Situation nicht folgern können, dass diese Art von Problematisierung folgen wird. Angesichts einer bestimmten Problematisierung können Sie nur verstehen, warum diese Art von Antwort auftaucht als Erwiderung auf einige konkrete und spezifische Aspekte der Welt. Es gibt eine Beziehung zwischen Denken und Realität im Prozess der Problematisierung. Und aus diesem Grund denke ich, dass es möglich ist, eine Analyse einer spezifischen Problematisierung als die Geschichte einer Antwort vorzunehmen—der ursprünglichen, spezifischen und einzigartigen Antwort des Denkens auf eine bestimmte Situation. Und diese Art von spezifischer Beziehung zwischen Wahrheit und Realität versuchte ich in den verschiedenen Problematisierungen der *parrhesia* zu analysieren.‹[151]

Dieses Zitat Foucaults bringt Möntmann am Ende der Diskussion in Zusammenhang mit ihrer eigenen Praxis und der Kunst im Allgemeinen: Was sind die Bedingungen für ein Handeln oder ein Problematisieren? »Im Grunde kreierst du in der Kunst ein Problem, das es da noch nicht gibt und du arbeitest dich ins Problem hinein und dann arbeitest du dich wieder heraus.«

Diese Beschreibung sei nach Buchmann nicht nur kunstspezifisch, sondern könne auch für ein wissenschaftliches Problem gelten. Ruth Sonderegger beschreibt Möntmanns Aussage als »… eine tolle Formulierung dessen, was Rancière damit meint, das Unvernehmen sichtbar zu machen. Wo niemand ein Problem sieht, wo es nur Konsens gibt, zu sagen: Hey, da ist ein Problem. Und dann daran zu arbeiten, dass andere das Problem auch sehen, was ja meistens unglaublich schwierig ist. […] Ich glaube, es gibt so etwas wie eine gesellschaftliche Unvernehmensproduktion. Deshalb ist es auch nicht so erstaunlich, dass man daran bzw. dagegen künstlerisch arbeiten kann, dass die Problematisierung von Unvernehmensproduktion auf künstlerische Weise erfolgen kann […]—aber auch in der Wissensproduktion, auch vielleicht im politischen Aktivismus—in ganz verschiedenen Formen.[…] Es ist ja da, dieses Unvernehmen, nur meistens sieht oder hört man es nicht. Es öffentlich zu machen, wäre dann eher so was wie ›Unvernehmensbearbeitung‹, sodass es zu einem Stolperstein wird.«

Unvernehmensbearbeitung könne für Sabeth Buchmann ein Kriterium sein »… wenn es um Kunst geht, die auch politisch wirksam sein oder in ein politisches Feld hinein agieren will«, jedoch nicht als ein Merkmal künstlerischer Praktiken *per se* gelten: »Es ist heute leider eher charakteristisch bei politischer Kunst, dass sie für Problemlösungsstrategien in Anspruch genommen wird. Und—wie Patrizia Grzonka, eine Kunstkritikerin aus Wien, es nennt—dass KünstlerInnen als *Universal Soldiers* zu den sozialen Brennpunkten der Welt geschickt werden: Kurzfristige Projekte, keine Strukturen, keine Probleme, sondern alle an den Tisch bringen usw. Das kann eine gute Geste sein, das kann aber genauso eine Harmonisierungsstrategie sein, die eher zu einer Harmonisierung, Pazifizierung des Kunstbegriffes beiträgt. Und da müsste Unvernehmensproduktion im vorgetragenen Sinne ganz anders laufen. Das ist es von der Tendenz her nicht. Aber ich glaube, es gibt etliche Praktiken, wo man gute Anknüpfungspunkte dafür finden kann. Gerade da, wo oftmals das Politische als Label gebraucht wird—wie es die Künstlerin Stefanie Seibold zum Ausdruck bringt: ›Man muss Feminismus nicht nur als Label, sondern immer wieder als offenes, streitbares Feld sehen.‹ Mit dem Begriff allein ist noch nichts gewonnen.«

147 ›... *parrhesia* ist eine verbale Tätigkeit, bei der der Sprecher seine persönliche Beziehung zur Wahrheit ausdrückt und z. B. bereit ist, sein Leben aufs Spiel zu setzen, weil er das Wahrsprechen als eine Pflicht erkennt, um anderen Menschen (so wie sich selber) zu helfen oder sie zu verbessern. Bei *parrhesia* gebraucht der Sprecher seine Freiheit und wählt Offenheit anstelle von Überredung, die Wahrheit anstelle von Falschheit oder Schweigen, das Risiko des Todes anstelle von Leben und Sicherheit, die Kritik anstelle von Schmeichelei, und die moralische Pflicht anstelle von Eigennutz und moralischer Gleichgültigkeit.‹ In: Joseph Pearson (Hg), Berlin 1996. Michel Foucault, Diskurs und Wahrheit. Berkeley-Vorlesungen 1983.
148 *City Light Poster* sind hinterleuchtete, hinter Glas geschützte Werbeträger im innerstädtischen Bereich.
149 Ruth Sonderegger, Vom Wahrmachen der Gleichheit. Journal Phänomenologie 38, Wien 2012.
150 Linda Nochlin, Why Have There Been No Great Women Artists? In: ARTnews, 1971.
151 In: Joseph Pearson (Hg), Berlin 1996. Michel Foucault, Diskurs und Wahrheit. Berkeley-Vorlesungen 1983.

OSNABRÜCK, 1. JANUAR 2015

REBECCA MERTENS

Ich gratuliere Rebecca in der Neujahrsnacht zu ihrem 39. Geburtstag. Ein paar Stunden später reagiert sie, bedankt sich für meine Wünsche und klagt über Stefan. Sie habe doch Geburtstag und da ginge es doch wohl erstens um sie. Sie geht nicht auf meine Frage ein, was los sei.

Das einzige, was Stefan an mir gefällt ist Sex, dafür bin ich gut genug, den zu liefern, wann immer es ihm auskommt.

Eine ungekannte Bitterkeit spricht aus dem, was sie sagt. Ich kann sie kaum erreichen, nicht trösten. Meine Versuche, sie an alles andere, was ihr wichtig ist, zu erinnern, beantwortet sie mit Schweigen.

WIEN, 3. MÄRZ 2015

KOMPLIZINNENTREFFEN III [PSYCH]

PSYCHIATRIE / PSYCHOLOGIE

TeilnehmerInnen	
Nina Glockner	Künstlerin, Amsterdam und Wien
Ulrike Möntmann	Künstlerin, Amsterdam und Wien
Corinna Obrist	Psychologin und Psychotherapeutin, Frauenabteilung, JA Wien Favoriten, Wien
Shird-Dieter Schindler	Psychiater, Leiter des Sozialmedizinischen Zentrums, Baumgartner Höhe, Zentrum für Suchtkranke, Wien

Transkription und Zusammenfassung
Nina Glockner

Beim dritten Komplizinnentreffen der Psychiatrie/Psychologie trifft Ulrike Möntmann erneut auf die Psychologin und Psychotherapeutin Corinna Obrist, u. a. tätig in der JA Wien Favoriten und den Psychiater Shird-Dieter Schindler.

Frauen- und Männervollzug im Vergleich

Zu Beginn des Gespräches blickt Corinna Obrist zurück auf ihre langjährige Arbeitserfahrung im Frauenvollzug und sieht dort einige ihrer Ziele erreicht. Gerade in der Arbeit mit jungen Kolleginnen der JVA ist es Obrist wichtig, die große Bedeutung von Engagement und Solidarität unter Frauen in einer Männergesellschaft zu vermitteln. So könnten – trotz der Bedingungen des Vollzugs und der impliziten Machtposition der TherapeutInnen – eine Solidaritätsgemeinschaft und ein gemeinsames Verständnis entstehen, die u. a. auch vor Frustrationen schützten: »Die Frauen, die mit Frauen arbeiten [...] tun das mit großem Engagement und sind auch interessiert, die geschlechterspezifischen Phänomene zu durchschauen. Und Ungerechtigkeit ist für sie auch ein Thema. Es macht die Arbeit erträglich, wenn man von sich die Idee hat, man geht über diese ›Anpassungsmaschinerie‹ von Psychotherapie hinaus und es geht um etwas viel Wichtigeres, nämlich das Ungerechte. [...] Es geht auch darum, sich mit den Insassinnen zu ›komplizieren‹ und um das Wissen, dass es eine Gemeinsamkeit gibt, unausgesprochen, denn Frauen sind wir alle.«

Der Frauenvollzug bleibe trotz widriger Umstände, wie den Folgen von Umstrukturierungen, autonom vom Männervollzug und sei in der Therapiearbeit im Vergleich weitaus stärker. Dieses ließe sich auch, so Obrist, mit der Neigung von Männern erklären, sich schneller zu fraternisieren, Subkulturen zu etablieren und somit gegen die therapeutischen Strukturen des Wohngruppenvollzugs zu arbeiten. Frauen hingegen seien oftmals ›brüchiger‹ und somit offener für einen therapeutischen Zugang.

Ulrike Möntmann bringt als Gedankenspiel die Frage ein, wie sich die Situation darstellen würde, wenn das Mengenverhältnis im Gefängnis umgekehrt, also die Gruppe der weiblichen Inhaftierten größer wäre.

Im Gefängnis herrsche, führt Obrist aus, eine ›Dominanz- und Mehrheitskultur‹ und die Justiz an sich sei ein männlich geprägtes System, so würde es schon von der Justizwache repräsentiert. Wenn Männer die Minderheit im Gefängnis stellen würden, wären sie vielleicht ›vorsichtiger‹, aber im Ganzen bliebe die Wirkungsmacht der Männergesellschaft im Allgemeinen bestehen, »... sodass Männer sich auch in der Minderheit immer ein Stück mehr erlauben können. [...] Die Frauen könnten sich untereinander vielleicht etwas mehr ausleben. [...] Aber die Dominanzkultur wird von Männern bestimmt und getragen und Frauen sind da sozusagen Mitläuferinnen, Zuträgerinnen, manchmal Rebellinnen, Miterhalterinnen.«

Europaweiter Psychiatermangel

Dass europaweit Mangel an PsychiaterInnen herrscht, kommt über die aktuelle Diskussion zur Umsetzung eines neuen Arbeitszeitgesetzes für Ärzte und Ärztinnen in Österreich zur Sprache. Gerade im Vollzug sei die Versorgung schlecht. Corinna Obrist erwähnt, dass es in der JA Wien Favoriten nur einen Psychiater gäbe, der sich etwa einmal im Monat die kritischen Fälle anschaue: »Das hat zur Folge, dass viele Leute vom Zugang gleich wieder weggeschickt werden, weil sich das Personal nicht zutraut, mit ihnen umzugehen und hier also eher ängstlich, unsicher, vermeidend reagiert.«

Mögliche Ursachen für den generellen Mangel an PsychiaterInnen sei die sehr lange, im Schnitt 15 Jahre dauernde Ausbildungszeit und der im Verhältnis zu anderen Spezialisierungen geringe Verdienst für »... eine Arbeit mit PatientInnen, die nicht die einfachsten sind.« Zumindest im Vollzug sei die Rolle des Psychiaters, der Psychiaterin risikobehaftet und Gefährlichkeitsprognosen, die sie für PatientInnen erstellten, hätten, so Obrist, oft schwerwiegende Konsequenzen.

Auch Shird Schindler bestätigt dies: »Früher hat es Studien gegeben, die besagt haben, ein Psychiater sei um keinen Deut besser als jeder andere Bürger bei der Vorhersage der Entwicklung des Patienten. Das Instrumentarium hat sich verbessert und ist überarbeitet, sodass es statistisch zumindest gegenüber dem der Laien überlegen ist.«

Gesellschaftliche Wertekonflikte—Funktionalität als Behandlungsziel?

Doch auch die Auswirkungen des Neoliberalismus auf das Feld der Psychologie und Psychiatrie spielen in diesem Zusammenhang eine große Rolle: Ausbildung, Praxis und Zielvorstellungen der Behandlungen sind von Einsparungen und gesellschaftlichen Wertekonflikten betroffen: »Da gibt es die Idee des neoliberalen Menschenbildes: ›Die sollen sich zusammenreißen, die sollen einfach arbeiten und Ruhe geben.‹ Und so *softe* Berufsgruppen wie Psychiatrie, Psychologie verkommen zum Anpassungsmittel. [...] Das ist zumindest im Ansatz das, was in den Ausbildungen gelehrt wird«, sagt Corinna Obrist. Die Analyse gesellschaftlicher Zusammenhänge und Strömungen—»... also dass etwas hergestellt wird und dass es Gewinner und Verlierer gibt«—sei kein Bestandteil des Curriculums.

Corinna Obrist diagnostiziert eine extrem hohe ›Anpassungs- und Ausbeutungsbereitschaft‹ im Allgemeinen und erkennt dies auch bei den Psychologinnen der JVA: »Frauen ›dressieren‹ die Frauen, damit sie gut in die Dominanzkultur passen. [...] Wann ist jemand gesund, wie viel braucht es, dass eine Heilung, eine Linderung, eine Besserung anerkannt wird?«

Ulrike Möntmann hinterfragt die gesellschaftlich akzeptierten Kriterien hinsichtlich einer erfolgreichen Behandlung und vermutet, dass eine ›relative‹ Besserung des Menschen nicht genüge, sondern die Funktionalität eines Menschen zum Standardprüfstein werde. In Bezug auf die immensen Einsparungen im Bereich der Suchthilfe sieht Ulrike Möntmann einen deutlichen Zusammenhang zwischen der Drogenproblematik, »... die eine der Randgruppen der Gesellschaft repräsentiert« und einem systematisch angezielten ›Unsichtbarmachen‹ der Randgruppen in Innenstädten.

Schindler bestätigt, dass die verordneten Sparmaßnahmen aufgrund der Finanzkrise vor allem die Bereiche ohne starke Lobby träfen, also die Randgruppen. Die veränderten Rahmenbedingungen erschwerten die Qualitätsarbeit massiv und das Erhalten eines funktionierenden Angebotes werde so mehr oder weniger der Eigeninitiative der Mitarbeiter überlassen: »Viele gute Einzelinitiativen werden jetzt blockiert, es wird sehr eng. Dass es die zeitintensive Qualitätsarbeit ist, die die Leute weiterbringt, ist offenbar schwer zu begründen.«

WIEN, 13. MÄRZ 2015

KOMPLIZINNENTREFFEN V [ART]

KUNSTTHEORIE / KUNSTGESCHICHTE / PHILOSOPHIE

TeilnehmerInnen

Elke Bippus	Kunsttheorie / -geschichte, ZHdK Zürcher Hochschule der Künste, Zürich
Sabeth Buchmann	Kunsttheorie / -geschichte, Akademie der bildenden Künste, Wien
Nina Glockner	Künstlerin, Amsterdam und Wien
Ulrike Möntmann	Künstlerin, Amsterdam und Wien

Transkription und Zusammenfassung
Nina Glockner

Dieses Komplizinnentreffen befasst sich mit dem interdisziplinären Ansatz, den Möntmann in ihrer Praxis anwendet, wobei der Schwerpunkt auf der geplanten Publikation und den damit verbundenen methodischen Entscheidungen liegt.
Zu Beginn des Gespräches nennt Elke Bippus die Notwendigkeit der Bildung einer Diskursgemeinschaft von AkteurInnen der künstlerischen Forschung und der Kunsttheorie, in der eine andere Arbeitsteilung vorgenommen würde als bisher im Verhältnis von Kunst und Kunsttheorie.
Ulrike Möntmann sieht in ihrem geplanten Buch als einem der verschiedenen Publikationsformate ihrer *Outcast Registration* diesen Ansatz gegeben: Wie in einem Staffellauf sollen methodisch alle Fachgebiete, mit denen sie ›Komplizenschaften‹ eingegangen ist, aufgenommen werden und gleichzeitig als ›Material‹ in diese Felder einfließen.
Als mögliche Strategie nennt Elke Bippus hier das Nebeneinanderstellen der einzelnen Fachbeiträge als Alternative zu einer direkten Interpretation »… so dass alles, was bisher parallel nebeneinander herlief, zusammenkommt. […] Forschungen von anderen, die natürlich mit der Fragestellung Berührungen haben, […] Artikel, die das Projektmaterial nicht interpretierend betrachten, sondern als Material ihres eigenen Fachgebietes: Drogenkonsum, Prostitution, sexueller Missbrauch.« Diese Herangehensweise sei ungewohnt, aber funktioniere, um die angewendete Staffellaufmethode und den interdisziplinären Aspekt der Arbeit explizit zu unterstreichen.

Als Beispiel nennt Nina Glockner das Buch der Erziehungswissenschaftlerin Antje Langer ›Klandestine Welten. Mit Goffman auf dem Drogenstrich‹, in der sie die Akteurinnen, drogenabhängige Prostituierte, selbst zu Wort kommen lässt und so »... nicht ausschließlich interpretiert, analysiert sondern überwiegend ediert.«

Diese Herangehensweise sei, so Buchmann, aus der wissenschaftlich-theoretischen Perspektive legitim »... vor dem Hintergrund deines partizipatorischen Ansatzes, wo es tatsächlich darum geht, gleichberechtigte Sprecherpositionen zu etablieren—nicht nur über die Betreffenden zu sprechen, sondern jene auch selber sprechen zu lassen, sie als Handelnde anzuerkennen und agieren zu lassen, die sich dann auch als souveräne Subjekte in einer Weise äußern, die sich jetzt nicht nur in diesen verschiedenen diskursiven Zugängen aufnehmen lässt, sondern wo sich vielleicht auch mal etwas querlegt.«

Sabeth Buchmann beschreibt als methodische Möglichkeit die Entwicklung eines ›topologischen Modells‹, ein ›*mapping* mit Verknüpfungen‹: »Das muss nicht in einem linearen, argumentativen, sukzessive aufeinander aufbauenden Argumentationsgang geschehen. Das kannst du auch in einer Simultanität anordnen, [...] als ein vernetztes Verweissystem.«

Das kollektive Gespräch als Praxis

In diesem Kontext stellt Ulrike Möntmann die Frage, wie das bestehende Material der Komplizinnentreffen in die Publikation einfließen könne, solle und dürfe: »Ich würde nicht sofort so mutig sein, das zu interpretieren oder zusammenzufassen, was ihr gesagt habt.[...] Ich kann nicht sagen, dass ich mir an dieser Stelle soviel Freiheit nehmen würde wie in der Kunst.«

Für Buchmann liegt die Antwort in: »... *Copyleft*: Nutze was du nutzen kannst! Ich muss nicht aus Gesprächen heraus zitiert werden, wenn es um Erkenntnisgewinn geht. Natürlich wäre z. B. bei der *parrhesia* Ruth Sonderegger klar zu nennen oder bei künstlerischer Forschung und Kunst als Forschung, Elke Bippus als Stichwortgeberin usw. Aber sonst würde ich sagen: Benutze alles als Material. Und da steht ja auch irgendwo, dass dein Text auf bestimmten Gesprächen basiert, dass zu deiner Praxis auch das kollektive Gespräch gehört. Ich mache das oft. Auch mein Thema ›Probe‹, an dem ich gerade forsche, hat etwas damit zu tun, dass es sich eigentlich um einen kollektiven Diskurs handelt, und dann verweise ich darauf, dass ich darüber mit verschiedenen Leuten im Gespräch bin. Und an der Stelle, wo Leute einen dezidierten Begriff oder dezidierte Theorien gebrauchen, sollte man das auch als Zitat kenntlich machen, das gehört zu einer guten wissenschaftlichen Praxis.«

Auch Bippus pflichtet dem bei, doch ihrer Meinung nach könne auch bei wortwörtlichen Zitaten leicht etwas ›entstellt‹ werden: »Wann kann man wirklich wortgetreu bleiben und etwas im ursprünglichen Kontext lassen? Entsteht nicht immer eine Transformation, eine weitere Formung?«

Das Integrieren des Materials in den Kontext von Möntmanns Fragestellungen scheine sinnvoller als die Veröffentlichung der Diskussionen als Transkript. »Es ist«, führt Buchmann aus, »so modifiziert, wie wir sprechen. Wir kennen uns so gut, das hat auch etwas Ausschließendes. Das merken wir teilweise selbst nicht mehr. Aber in dem Moment, wo du im Schreibprozess bist, bist du im Vermittlungsprozess. Du wirst immer einem Leser, einer Leserin erklären wollen, warum jener Begriff, jene Erklärung benutzt wird und von wem. Im Gespräch machen wir das nicht.«

Narration oder Information, Nähe oder Distanz?

Anhand der neuen Diagramme am Beispiel der Projektteilnehmerin Rebecca Mertens werden verschiedene Möglichkeiten der Wissens- bzw. Erfahrungsvermittlung erläutert.

Rebecca Mertens, von der Merkmale ihres Lebens einerseits in eine Statistik, ein Diagramm übertragen werden, ist andererseits eine Einzelfigur, von deren persönlicher Lebensgeschichte aus ›direkter Nähe‹ erzählt werden kann. Elke Bippus hinterfragt die Bedeutung der Narration als Form der Darstellung in der geplanten Publikation: »Ich glaube, die Narration spielt auch eine Rolle dabei, wie ich mich auf die statistische Darstellung einlasse. Was passiert, wenn ich ›nur‹ dieses Diagramm habe?«

Für Buchmann wird das Diagramm im Zusammenhang mit einer Erzählung selbst eine Narration: »Es ist ja nicht nur ein Leben in Daten aufgeschlüsselt, sondern es erzählt auch einen Verlauf. Man fängt an, Beziehungen zwischen den einzelnen Daten herzustellen, es bleiben so keine abstrakten Daten.«

Anschließend fragt Bippus Möntmann, ob sie in der Publikation eine ›rein objektivierende Darstellung‹—eine Darstellungspraktik der Wissenschaft—handhaben werde oder ob »... das Narrative, das Subjektive, das Interesse einen Platz erhält?« Es gehe also, so Buchmann, um eine Entscheidung zwischen einer ›relativierenden subjektiven Position‹—der Narration, die eine ›Form der Relativierung‹ sein könne—und einer stark objektivierenden, wissenschaftlichen Form.

Möntmann sieht für ihre Praxis die Narration als notwendige Form: »Ich denke, dass ich diese Geschichte, wie ich immer tiefer ins Innere der Gefängnisse vorgedrungen bin, auch wirklich erzählen muss. [...] Ich weiß sicher, dass das rein Objektivierende, Wissenschaftliche nicht mein einziges Interesse ist und auch nicht sein kann. Ich bin ja keine Wissenschaftlerin. [...] Du brauchst das Persönliche, um herauszufinden, was wir füreinander bedeuten können. Was interessiert jemanden, was können wir voneinander lernen, was einander berichten?« Jedoch gäbe es Teile des Projektes, wie z. B. das Webarchiv, die in ihrer Sachlichkeit ohne Erzählung auskämen. Alle Publikationsformate stünden nebeneinander und träten mit unterschiedlichen Schwerpunkten miteinander in Beziehung und »... sorgen so dafür, dass ich einen Eindruck, eine Sichtweise vermittle.«

Der produktive Widerspruch—Widersprüche aufzeigen und aushalten

Das Aufeinandertreffen verschiedener Perspektiven, das Möntmann mit ihrer interdisziplinären Arbeitsweise bezweckt, offenbart oft starke ideologische Widersprüche.

Als Beispiel nennt Nina Glockner die Komplizinnentreffen mit der Psychologie und Psychiatrie, wo trotz der dicht beieinander liegenden Professionen ein Dilemma deutlich zum Vorschein tritt: »Während die Psychologin immer wieder soziale und genderspezifische Aspekte betont, reduziert der Psychiater/die

Psychiaterin, die Problematik teilweise auf das Medizinische und lässt dabei die Ausgangspunkte der Arbeit, die Ulrike macht und die die Psychologin im Gefängnis praktiziert, außen vor. Da entsteht für mich ein krasses Dilemma: Einerseits hilft es zwar auf gesellschaftlicher Ebene, Drogenabhängigkeit als Krankheit zu definieren, doch andererseits ergibt sich daraus die Gefahr einer erneuten Stigmatisierung der Drogenabhängigen.«

Buchmann bezeichnet diese Problematik als einen ›extrem produktiven Widerspruch‹, dessen Darstellung sie als gesellschaftlich relevante Herausforderung betrachtet: »Was kann man gesellschaftlich beanspruchen? Dieses Sowohl-als-auch-Denken, das Entweder-Oder, die Ambivalenz, die Ambiguität, [...] genau dieser Widerspruch zieht sich auch durch meine ganzen Überlegungen, Praktiken. Immer wieder weder in die eine noch in die andere Richtung auflösen, immer wieder die neuen Verhältnisformen ausloten. Was ist wo gut, wie gut, strategisch, gesellschaftlich, wissenschaftlich, medizinisch, juristisch. Und das muss immer wieder neu bestimmt werden.« Sie sieht hier ein potenzielles Handlungsfeld für die Kunst bzw. künstlerische Forschung: »Vielleicht könnte gerade das Künstlerische die Fähigkeit, diesen Widerspruch überhaupt auszuhalten, unterstützen.«

In diesem Zusammenhang erwähnt Bippus die Position der Soziologin und Wissenschaftstheoretikerin Karin Knorr Cetina, die Widersprüche innerhalb einer Argumentation als unumgänglich sieht. Buchmann bezeichnet diese Haltung als »... eine höchst politisch-ethische Leistung. [...] Es bedeutet ja auch nicht, dass man sich nicht positioniert, wenn man mit Widersprüchen zu tun hat, sondern dass man sich gerade ›innerhalb‹ der Widersprüche oder ›zum‹ Widerspruch positioniert. Aber gemäß der Forderung, den Widerspruch nicht auszublenden. Und es gibt eben keine einfache Lösung.«

Möntmann sieht innerhalb ihrer Praxis das Aufzeigen des Widerspruchs als Ziel an sich: »Ich will ja auch nicht mit einem Lösungsvorschlag kommen, sondern sichtbar machen, was ›zielgerichtet unsichtbar‹ bleibt. Aus welchen Gründen auch immer.«

Glockner erfährt diesen Widerspruch auch direkt während der Projektausführungen im Gefängnis, wo man die eigenen Vorurteile nicht verleugnen kann, sondern wo deren Bewusstwerdung ein erster Schritt zur Annäherung ist: »Die Begegnung schafft keine Lösung, aber erzwingt die Konfrontation: Wenn wir nebeneinander leben, müssen wir diesen Widerspruch aushalten können.«

LANDKREIS HANNOVER, 5. JANUAR, 2017

WERONIKA MAZUR

Weronika wünscht

... mit ganz viel Liebe ein frohes 2017!

Nachdem ich jahrelang nichts von ihr gehört hatte, meine Mails und Briefe als unzustellbar zurück kamen und ich nicht wusste, wo sie lebt, bzw. ob sie ihren Infarkt wirklich überlebt hat, stelle ich in Hannover einen Antrag auf eine Melderegisterauskunft. Weronika und Marvin wohnen in der Nähe von Hannover. Ich schreibe ihr und Marvin und bitte sie, sich mal zu melden, ich wolle die beiden gerne besuchen kommen.

Hatte ein paar Wochen gesundheitliche Schwierigkeiten, die ich mittlerweile überwunden habe

schreibt sie.

Mir geht's einigermaßen gut. Marvin ist inzwischen 16 Jahre alt und wächst zu einem prachtvollen jungen Mann. Würde dich auch mal gerne sehen, jedoch bei mir ist Besuch derzeit nicht möglich wegen meinem Partner ... bin dabei Fahrschule zu besuchen und hoffe im Frühling mobil zu sein und umzuziehen...

APPENDIX

p.164 Louise van der Laan [1955] | Sprache Niederländisch / Nederlands

Ik word benauwd geboren en ben een depressief kind

Op mijn 10e word ik behandeld met tranquillizers

Op mijn 12e gebruik ik samen met mijn zus hasjiesj, paddos en LSD

Op mijn 15e heb ik anorexia en snijd ik mezelf

Op mijn 16e beginnen mijn zus en ik heroïne te spuiten

Op mijn 18e ben ik voor het eerst psychotisch

Op mijn 19e trouw ik met een arts en leef als burgervrouw en junk

Op mijn 19e word ik voor het eerst onder dwang in een psychiatrische inrichting behandeld voor psychose, depressieve stoornis, verslaving en hysterie

Op mijn 27e sterft mijn zus aan een overdosis heroïne

Op mijn 27e begin ik excessief alcohol te drinken

Op mijn 28e neem ik de heroïnebaby van mijn zus aan als mijn geliefd kind

Op mijn 28e volg ik een opleiding tot pedagoog en werk gedrogeerd met kinderen

Op mijn 29e ben ik zwanger en stop het heroïnegebruik

Op mijn 29e word ik negen maanden lang in het ziekenhuis behandeld voor een postnatale depressie in sprakeloze apathie

Op mijn 34e gebruik ik cocaïne en speed en zwerf verveeld en angstig op straat

Op mijn 36e sterft mijn man

Op mijn 40e word ik mishandeld en verkracht door een junk die me probeert te dwingen tot prostitutie

Op mijn 42e wordt mijn vriend voor het eerst veroordeeld en gedetineerd wegens mishandeling van mij

Op mijn 46e dwingt mijn vriend me tot seks met andere mannen

Op mijn 47e geniet ik het rondzwerven op straat en het drugsgebruik samen met mijn vriend

Op mijn 50e sterft mijn alcoholverslaafde vader

Op mijn 50e ben ik voor de tweede keer in mijn leven clean, en levensmoe

p.165 Hester van de Beuken [1958] | Sprache Niederländisch / Nederlands

Ik ben de zondebok van mijn moeder en een onhandelbaar, depressief kind

Op mijn 6e willen mijn tante en oom me adopteren

Op mijn 7e ben ik nog niet zindelijk

Op mijn 7e word ik door de behandelende arts in een ziekenhuis verkracht en geslagen

Op mijn 13e loop ik voor het eerst weg van huis

Op mijn 15e begin ik alcohol te drinken

Op mijn 16e eindigt mijn relatie en probeer ik mezelf dood te schieten

Op mijn 22e loop ik doelloos op straat en ga naar huis om te drinken

Op mijn 29e trouw ik mijn geliefde

Op mijn 37e zwerf ik op straat, afgezonderd in mezelf

Op mijn 38e wil ik verdrinken in zee

Op mijn 39e breek ik met mijn familie en mijn man

Op mijn 39e ontken ik mijn verslaving, verzet me tegen behandeling en ontvlucht opsluiting in angst-psychotische toestand

Op mijn 40e zwerf ik depressief, verwaarloosd, woedend en beschaamd op straat en drink me bewusteloos

Op mijn 41e word ik een jaar lang in slaap gehouden

Op mijn 44e houd ik voor het eerst een psychiatrische behandeling uit, word weggestuurd en ga zwerven en drinken

Op mijn 47e leef ik onder de hoede van de verslavingszorg, kan mezelf voor het eerst voelen en bind me aan een man

Op mijn 47e word ik opgenomen in de psychiatrie voor de behandeling van depressie en verstijf bewegingsloos in angst.

Op mijn 47e word ik verlaten door mijn geliefde

Op mijn 48e leef ik zonder verweer en in somberheid

Op mijn 48e sterft mijn demente vader, mijn bondgenoot

p.167 Tessa de Vries [1954] | Sprache: Friesisch / Frysk

As earste bern soargje ik foar ús teloarstelde mem

Op myn 15e gean ik op stap en wurd manysk fereale op manlju

Op myn 16e begjin ik hasjys te brûken en ûntwyn ik my oan de terreur fan ús mem

Op myn 17e rin ik fuort

Op myn 18e wurd ik yn dronkenens ferkrêfte troch in man

Op myn 19e kin ik gjin bern mear krije

Op myn 20e eksperimintearje ik mei heroine, kokaine en spiritualiteit

Op myn 21e brûk ik poddestuollen, LSD, hasjys en tranquillizers, en genietsje myn hallusinaasjes

Op myn 25e ferbrek ik mei geweld de bân mei myn man en de bûtenwrâld

Op myn 26e is myn suske ferslave oan heroine

Op myn 27e bin ik clean en allinne

Op myn 30e fyn ik treast by nederwiet en slút my moannen oanien op yn in kast

Op myn 32e bin ik ferslave en psygoatysk sûnder behanneling

Op myn 39e kick ik ôf, bou in skip en tar op it tinken oan de leafde

Op myn 40e wurkje ik as helpferliener yn 'e ferslavingssoarch

Op myn 43e ferfal ik wer ta it brûken fan nederwiet as myn leafste

Op myn 51e bin ik twangmjittich fereale en psygoatysk

Op myn 51e fal ik ús mem oan

Op myn 51e bin ik sober

p.168 Renske Westra [1972] | Sprache: Friesisch / Frysk

Ik wurd te ier berne en oerlibje myn handikap

Op myn 2e wurd ik út it sikehûs nei hûs helle

As jong bern wurd ik troch myn âlden behannele as misfatsoen en op skoalle straft foar de efterstân yn myn ûntwikkeling

Op myn 8e begjin ik de alkohol te drinken fan myn heit dy't ferslave is

Op myn 17e wurd ik fereale op myn man dy't gokferslave is

Op myn 18e drink ik eksessyf alkohol

Op myn 18e begjin ik systematysk mannen te fersieren en mei nei hûs te nimmen

Op myn 20e wurd ik opnommen yn it sikehûs foar behanneling fan myn ôfwiking

Op myn 22e wurd ik tramtearre troch myn beskonken man

Op myn 23e haw ik pine en wurd ik ûnderfuorre opnommen yn it sikehûs

Op myn 25e wurd ik troch myn man behannele as in minderweardich bern en lit ik mysels ferrinnewearje

Op myn 26e beslút ik mysels te fernielen

Op myn 27e bin ik depressyf

Op myn 28e heucht it my net mear miskien yn dronkenens ferkrêfte te wezen

Op myn 28e wurd ik troch myn man en myn âlden it hûs útjage

Op myn 28e wurdt de drugsferslaving fan myn nicht stil hâlden yn 'e famylje

Op myn 28e flechtsje ik Fryslân út, kick ôf en libje ûnder beskerming fan 'e ferslavingssoarch

Op myn 30e wurd ik mei in skok en depressyf opnommen yn 'e psychiatry

SCHWEIZ

p.189 Kristine Stam [1959] | Sprache: Schweizer Mundart Soluthurnerdeutsch

I bes folgsame Chind vo minerä religionsbesässene Muetter

Mit 8 Johr wirdi sexuell beläschtigt dur min Vater

Wo ni 9 Johr alt bi, versuecht min Vater mi z'vergwaltige

Mit 10 Johr verwundi mi mit Absicht um min Vater z'rpressä

Mit 15 Johr wird i vergwaltiget dur en frömde Ma, verwirrt vo de Polizei ufgriffe und vo minerä Muetter beschuldigt

Mit 15 Johr beruhig' mi mit Schlofmittel

Mit 16 Johr flieh ig us mim Elterehuus, läbe mit mim Fründ und wirde schwanger

Mit 17 Johr muss i de Vater vo mim Sohn hürote um ned us de Chile vo miner Muetter verschtosse z`wärde

Wo ni 18 Johr bi, fangt min Ma a mi z`misshandle

Mit 18 Johr sprützi i Schuger und läbe drogeabhänig,brufstätig und versorge mis gliebte Chind

Mit 20 Johr verloni min Ma, läbe im Huus vo mine Eltere und schaffe professionell als Dealerin

Mit 24 Johr füehri zäme mit mim HIV-infizierte Gliebte es Reschtorant und betreü ihn bis zum Tod

Mit 31 Johr lieb i e drogesüchtigi Frou und bi sehr glücklech

Mit 37 Johr suchi de Kontakt zu mim Vater um ihm z`verzeihe

Mit 38 Johr ha ni Angscht vor em ellei si

Mit 39 Johr wirdi obserwirt dur Polizei, aklagt wäge nochwisbarem Handel mit Schuger

Mit 40 Johr wird i verhaftet, verurteilt und bechume vier Johr Knascht

Mit 40 Johr muss i in e vorg`schriebni Therapie und gsschtand mim Sohn mini Drogesucht

Mit 42 Johr bi ni s'erscht mol clean und sehr depressiv und finde mi in Nüchternheit ned z`rächt

Mit 42 Johr verliebi mi in en Exjunkj, erfahre ungekennts Verständnis und wehre mi nüm i verbaler Gwalt

Mit 43 Johr brich i mini Therapie ab, wirde rückfällig in polytoxikomanie Drogesucht

Wo ni 46 Johr bi,wird i es Johr lang wäge fortgschrittener Läberzirrose behandlet

Mit 47 Johr läb i jetzt in Gfangenschaft

---

p.190 Mella Affolter [1976] | Sprache: Schweizer Mundart Walliserdeutsch

---

Bi minär Giburt bliibt mis Härz staa

Driijehrig läbi regelmässig va minu Ältru gitränt

Mit achti liidi unnärum Rassismus gägu mi Papa und mich

Mit 10 wirdi, wägu minär Trüürigkeit und Läbunsmiädigkeit, homöopatisch bihandlut

Mit 12 ubärfordri mini Ältru mit mim chranku Dasii und triichu exzessiv Alkohol

Wani 13 bi, wällunt minu Ältru vilii nit gseh, dassi Alkohol friichu

Viärzähjehrig entziänimi där Üüfdringlichkeit vanu Männer, indäm ich mich entställu ung minä Körpär värlätzu

Mit 15 triibi mi umänand, bitriichu mi bewusstlos und will mit minum Gliäbtu, minär Umgäbig entfliäh

Mit 17 ärträgi mis Hüüsfröiwuläbu näbu mim Fründ

Ninzäjehrig absolviäri mi zweiti Üsbildig und funktioniäru durch Alkoholgebrüch.

Mit 20 gniässi mi Männertbrüäf

Wanii 22 bi, bügli droguabhängig, unnär där terrorisiärundu Fürsorg va mim Chef

24jehrig probiäri mi z`tetu

Wani 24 bi, läbi monatilang ohni di trestundi Wirkig vam Alkohol, brüchu meh Drogä und fa aa, z'halluziniäru

Mit 24 flüchti vor där öffentlichu Blossställig durch minu Chef, zu minu Ältru und probiäru mär la z'hälfu

Mit 25 fühli mi wohl, inär Gmeinschaft va Junkies

Wani 27 bi, bini beliäbt als Dealer und bi glücklich in minär Beziähig zum ä drogusüchtigu Ma

29jehrig beschaffi Tag und Nacht Drogä fär mi Fründ und mich

Mit 30 veruntreui Gäld vamä Koleg und liidu unnär Schuld und Entzug

30jehrig ubärfalli ä Tankställ und wärdu värhaftut

Mit 30 gani vorziitig in Haft, wärdu mit Methadon bihandlut und brüüchu wenigär Drogä

Wani 31 bii, ställt mu mär zum erstu Mal in mim Läbu ä Diagnosu ubär Ursach und Art va minär Sucht

p.199 Renée Gasser [1960] | Sprache: Schweizer Mundart Aargauerdeutsch, Zürichdeutsch

Ich bi d'Tochter vo Eltere wo schaffed und wenig Zit für all füf Chind hend.

Mit nüni überchummi mini Periode woni mine Eltere füf Johr lang verheimlichä

Mit füfzähni würri vergwaltigt von'eme Maa wo mi bedroht und schlot

Mit füfzähni han i nid dänkt, dass ich chönnt schwanger si

Wo'ni sechzähni bi schtirbt mis Chind, wo'ni nid ha welle

Mit siebzähni nimm'i Tablette vo min'ere Muetter

Mit achzähni schnid ich mi und füeg mir Brandwunde zue und trink Alkohol

Mit nünzähni versuech ich mi umzbringe

Mit nünzähni füehl ich mich geborge und läbe mit enere Frau zämme

Mit nünzähni trink ich viel Alkohol

Mit vierezwanzgi bin ich z'jung für ä Chind

Mit einedrissgi trenn ich mich vom Vatter vo mim zweite Chind und bin alkoholfrei

Mit sexedrissgi bin ich selbstschtändig und trink heimlich Alkohol

Mit vierzgi isch mi Fründ abhängig vo mir und Droge

Mit einevierzgi vrgwaltigt und misshandelt mich min Fründ tagtäglich

Mit einevierzgi trink ich und min Fründ git mir heimlich Koks

Mit einevierzgi würri zwangswiis igliefered dur Polizei i Psychi

Mit zweivierzgi schnupf ich Heroin, trink viel Alkohol und wehr mi nümmi gege d' Gwalt vo mim Fründ

Mit zweivierzgi würri vrurteilt wege Waffebsitz nach emene Schuss uf min Fründ

Mit drüevierzgi triebt mi min Fründ in ä Glichgültigkeit, erpresst und droht mer, ich deal und bruch Heroin und Kokain

Mit füfevierzgi han i Todesangscht, würr verhaftet und vrurteilt

p.200 Maria von Bank [1962] | Sprache: Schweizer Mundart St. Galler-Deutsch

Ich bin s'Chind vonere Muetter, wo nid hed chönne liebe

Mit füfi liid ich under de Gwalt vo mim Vatter, diktiert vo de Muetter

Mit sechsi , wird i de Schuel mini Hyperaktivität veschtgschtellt.

Mit 7 Johr trink ich Alkohol vo mine Eltere und liede under Einsamkeit.

Wo n' ich 8 Johr alt bin, wird min Brüeder in äs Erziehigsheim gschteckt

Mit 13 Johr find ich Geborgeheit bi mine Fründ, zämme mit ihne rauch ich Hasch, Marihuana und schmeisse Tripps

Wo n' ich 15 Johr alt bin, setzt mir än Fründ min erschte Schuss Morphium

Wo n' ich füfzähni bin, setzed mini Eltere mich uf d'Schtross.

Mit sechzäh Johr schprütz ich Heroin und Morphium

Mit siebezähni fang ich uf Wunsch vo mine Eltere än Usbildig a und werde entloh wäge Droge

Mit nünzähni nim ich zuesätzlich Kokain, Medis und Tranquilizer

Wo n' ich einezwanzgi bin, wird min Sohn mit'ere geischtige Behinderig gebore

Mit zwoäzwanzgi werd ich inhaftiert, verlüre s'Sorgerächt für mis Chind dur mini Eltere

Mit zwoäzwanzgi lieeb ich ä Frau, nimm wenig Droge und flüchte us äm Gfängnis

Mit vieräzwanzgi fall ich zrugg id'Polytoxikomanie und deale mit Hasch um mini Sucht chönne z'finanziere

Mit siebenezwanzgi konsumier ich usser s'Methi kcheini Droge um zwei Wunschchind chönne z'becho

Wo n' ich zweiedrissgi bin, cher ich mit mim Fründ zrugg id'Drogesucht und bring mini Chind in ä Pflegefamilie

Mit achtedrissgi läb ich i fataler Abhängigkeit vo Maa und Droge

Mit vierzgi bin ich obdachlos, läbe uf de Schtross oder i Notunterkchünft

Mit zweievierzgi zwingt min Fründ mich zur Proschtitution und ich schtich ihn abe

Mit drüevierzgi han ich än Närvezammebruch und werde under Zwang id'Psychi igwiese

Mit vierevierzgi werd ich inhaftiert

Mit füfevierzgi han ich Angscht vor Träum wo mir min Tod akchündiget

---

KROATIEN

---

p.260 Josipa Božić [1972] | Sprache: Kroatisch / hrvatski

Moj je otac jedini sretan što sam rođena kao djevojčica

U dobi od dvije godine oko mene su pobožne očeve sestre i majka koja ga vara

U dobi u četiri godine želim postati svećenica i ne snalazim se u društvu djevojčica

U dobi od šest godina sramim se oca koji pije i viče na majku da je drolja i kurva

U dobi od dvanaest godina bježim tetki i živim normalnim životom

U dobi od četrnaest godina moram se vratiti kući i teško se koncentriram u školi

U dobi od četrnaest godina oca šalju na liječenje i ja krivim majku

U dobi od petnaest godina vucaram se uokolo, kradem, počinjem piti i uzimam tetkina sredstva za umirenje

U dobi od šesnaest godina napuštam školu, počinjem raditi i sud mi prijeti da će me prisilno smjestiti u popravni dom

U dobi od sedamnaest godina žao mi je bolesnog oca koji ponovo pije

U mojoj dvadesetoj godini od meningitisa mi umire osmomjesečna sestra o kojoj brinem kao da je moje dijete

U mojoj dvadesetoj godini majka pada u tešku depresiju i svi smo neutješni

U dobi od dvadeset i jedne godine ovisna sam o alkoholu i majka me šalje tetki u Njemačku

U dobi od dvadeset i četiri godine pokušavam svoje prijatelje s otoka odvratiti od droge

U dobi od dvadeset i pet godina zaljubljujem se u dečka s drogeraške scene

U dobi od dvadeset i pet godina dopisujem se s dečkom koji je u zatvoru i s kojim dijelim osjećaj usamljenosti i izolacije

U dobi od dvadeset i sedam godina oboje dilamo marihuanu, osuđeni smo, i ja sam u šoku od zatvorskog sustava

U dobi od dvadeset i devet godina puštena sam iz zatvora, uzimam heroin i dilam

U dobi od trideset godina život mi se svodi na heroin, depresiju, predbacivanja, beskrajne samoće, kaos i povezanost s dečkom

U mojoj trideset i prvoj godini šalju nas u komunu u Španjolsku i majka mi prijeti da će me prijaviti ako prekinem terapiju

U dobi od trideset i jedne godine moja je psihička ovisnost o kokainu veća od fizičke ovisnosti o heroinu

U dobi od trideset i šest godina liječim hepatitis c u zatvoru

U dobi od trideset i šest godina po četvrti put sam u zatvoru, čekam novu presudu i živim u strahu od života sa ili bez droge, bolesti, izolacije i slobode

p.259 Justina Kralj [1968] | Sprache: Kroatisch / hrvatski

Ja sam mlađa sestra svoje mrtve sestre

U dobi od godine dana roditelji me ljutu ostavljaju kod bake u Jugoslaviji

U dobi od pet godina roditelji me uzimaju sebi u svoju gastarbajtersku Njemačku i prisiljavaju da se sama prilagođavam nepoznatom

U dobi od jedanaest godina otac mi postaje saveznik, a čežnju za domom nadomještava blagostanje

U dobi od četrnaest godina ne bojim se konzumacije kokaina u društvu djece iz dobrostojećih njemačkih obitelji

U dobi od šesnaest godina bježim u školu u drugi grad, što dalje od roditeljske kontrole

U dobi od osamnaest godina zaljubljujem se i udajem za kriminalca iz Jugoslavije i prilagođavam tradicionalnom životu u ulozi supruge

U mojoj devetnaestoj godini muž se nakon bijega iz njemačkog zatvora ne snalazi u Jugoslaviji, pa ga dovodim sebi u Švicarsku

U dobi od dvadeset godina živim u luksuznoj dokolici i dnevno perem 20 000 švicarskih franaka od trgovine drogom i oružjem koju vodi moj muž

10. U dobi od dvadeset i pet godina muž me terorizira nasiljem i prijetnjama smrću i počinjem redovito konzumirati heroin

U dobi od dvadeset i pet godina abortiram neželjeno dijete i pokušavam se ubiti

U dobi od dvadeset i šest godina roditelji me odvode iz Švicarske, zatvaraju u ludnicu, a otac prijeti mojem mužu

U dobi od dvadeset i šest godina muž me iz ludnice izvlači pod oružanom prijetnjom, trošim heroin, alkohol, crack, kokain

U dobi od dvadeset i šest godina koristim moć supruge da bih vršila pritisak na dilere i biram ljubavnike s puno novaca i droge

U dobi od dvadeset i osam godina gubim dozvolu boravka u Švicarskoj i u Njemačkoj trgujem švicarskom drogom

U dobi od dvadeset i devet godina u Njemačkoj me osuđuju na 5 godina zatvora i prebacuju u Hrvatsku

U dobi od trideset i jedne godine sam čista, učim hrvatski, radim i bojim se

U dobi od trideset i četiri godine dilam i trošim gomilu heroina i kokaina

U dobi od trideset i četiri godine dolazim za mužem na more, bespomoćno se odajem kobnoj konzumaciji droge, puštam da me tiranizira, siluje i zlostavlja

U dobi od trideset i sedam godina napuštam muža i vežem se za mladog ratnog invalida iz Hrvatske

U dobi od četrdeset godina odrađujem zatvorsku kaznu, bolujem od hepatitisa c, ne trošim drogu i namjeravam kick zamijeniti obiteljskom srećom

---

p.257 Vana Knez [1981] | Sprache: Kroatisch / hrvatski

Pri rođenju sretna sam zbog svog života

U dobi od devet mjeseci stric me spašava od smrti i pritom gubi život

U mojoj drugoj godini majka neprestano prigovara i žali se, a otac ovisnik o alkoholu redovito je tuče

U dobi od tri godine roditelji mi se razvode i majčin dečko me maltretira

U mojoj šestoj godini otac premlaćuje majku tako da ona završava u bolnici a ja sam sretna što su mi roditelji ponovo zajedno i što odlazimo živjeti kod obitelji na selo

U dobi od devet godina selimo u grad i mlatim dečke iz škole koji mi se rugaju

U dobi od deset godina poistovjećujem se s ljubavnom pričom Christie F.

U dobi od jedanaest godina moj me pijani otac okrivljuje za stričevu smrt

U dobi od dvanaest godina pijem alkohol i duvam

U dobi od trinaest godina siluje me dečko kojem se divim

U dobi od četrnaest godina sretna sam i uspješna u školi zahvaljujući heroinu

U dobi od petnaest godina volim osamnaest godina starijeg muškarca i jedno od drugog skrivamo ovisnost o drogi

U dobi od šesnaest godina roditelji me cinkaju policiji i zabranjuju mi ljubavnu vezu

U dobi od sedamnaest godina depresivna sam i dilam heroin da bih pokrila vlastite potrebe

U dobi od devetnaest godina zbog očeve sam prijave osuđena na zatvorsku kaznu

U dobi od dvadeset i jedne godine otpuštaju me iz zatvora i dilam velike količine droge

U dobi od dvadeset i dvije godine upoznajem svog sadašnjeg muža i uvodim ga na scenu

U dobi od dvadeset i tri godine polažem nadu u ljekovitost šamanske biljke Iboge, da bih bez droge dobila dijete

U dobi od dvadeset i pet godina rađam kćer, a muž završava u zatvoru

Od moje dvadeset i pete godine otac mi asistira u prodaji droge i ja ga uzdržavam

U dobi od dvadeset i šest godina otac preuzima dio odgovornosti za posjedovanje droge i dobivam umanjenu zatvorsku kaznu

U dobi od dvadeset i sedam godina čista sam i živim iz dana u dan

p.235 Pia Herc [1976] | Sprache: Kroatisch / hrvatski

Rođena sam jer moja majka pobačaj smatra smrtnim grijehom

Od moje četvrte godine majka brutalno nasrće na mene svaki put kad pitam za svog prešućenog oca

U dobi od devet godina počinjem igrati košarku i majka me čitavo vrijeme nagrađuje

U dobi od jedanaest godina uzvraćam majci na njezina sadistička zlostavljanja i poniženja

U dobi od četrnaest godina nestaju svi izgledi za sportsku karijeru

U dobi od četrnaest godina napuštam srednju školu i sestre i majka me premlaćuju

U dobi od četrnaest godina pokušavam se ubiti da bih majku oslobodila tereta

U dobi od šesnaest godina napuštam geodetsku školu i pomažem bosanskim izbjeglicama u UN-ovom kampu

U dobi od šesnaest godina pripadnici Plavih kaciga me uče duvati i uzimati XTC i LSD

U dobi od šesnaest godina majka mi zabranjuje udaju za Arapa muslimanske vjere

U dobi od sedamnaest godina radim i mogu si na partijima priuštiti speed, LSD, XTC, hašiš, marihuanu i gljive

U dobi od devetnaest godina zaljubljujem se u Party dilera i naša simbiotička veza započinje

U dobi od devetnaest godina moja me svekrva prihvaća kao vlastitu kćer

U dobi od devetnaest godina koristim heroin za spuštanje nakon previše kokaina, XTC i speeda

U dobi od dvadeset i jedne godine sretna sam u vezi sa sadašnjim mužem

U dobi od dvadeset i jedne godine čista sam i veselim se rođenju prvog od naše četvero djece

Od moje dvadeset i treće godine muž brine za nabavu droge i novca a ja za sretnu obitelj

U dobi od dvadeset i tri godine moja me majka prijavljuje na policiju kao ovisnicu da bi me razdvojila od djece

U dobi od dvadeset i tri godine policija prijeti da će mi oduzeti djecu ako ne priznam prijestup

U dobi od dvadeset i šest godina osjećam olakšanje nakon smrti svoje majke i sestra me okrivljuje za njezinu smrt

U dobi od dvadeset i devet godina potapljaju me u zatvorskoj bolnici da bih prebrodila apstinencijsku krizu

U dobi od trideset godina uzimam metadon dok mi je muž u zatvoru i teško podnosim razdvojenost

U dobi od trideset i dvije godine osuđena sam na zatvorsku kaznu, čista sam i očajavam zbog razdvojenosti od muža i djece

U dobi od trideset i dvije godine osjećam krivnju zbog patnji svoje djece

BIBLIOGRAFIE

A

AGAMBEN, GIORGIO: Homo sacer. Die Souveränität der Macht und das nackte Leben. Frankfurt am Main, 2002

ANHORN, ROLAND, BETTINGER, FRANK, STEHR, JOHANNES (Hg): Foucaults Machtanalytik und Soziale Arbeit. Wiesbaden, 2008

ARENDT, HANNAH: Vita activa oder Vom tätigen Leben. Stuttgart und München, 1967

ARENDT, HANNAH: Macht und Gewalt. München und Zürich, 1970

ARENDT, HANNAH: Das Urteilen. Texte zu Kants Politischer Philosophie. Dritter Teil zu »Vom Leben des Geistes«. München und Zürich, 2012

ARENDT, HANNAH: Denken ohne Geländer. Texte und Briefe. München und Zürich, 2006

ARLOTH, FRANK: Medizin hinter Gittern – Gefangene als Patienten. In: Forum Strafvollzug. Wiesbaden, Heft 5, 2013

ASTEL, ARNFRID: Ingestalt und Inkraft bei Gerard Manley Hopkins. In: Neue Deutsche Hefte 93, 1963

B

BECKER, HOWARD: Außenseiter. Zur Soziologie abweichenden Verhaltens. Wiesbaden, 2014

BECKER, JOCHEN: Kunst und Politik. In: Kunstforum International, Bd.132. Ruppichteroth, 1996

BELTING, HANS, BIRKEN, JACOB, BUDDENSIEG, ANDREA, WEIBEL, PETER (Hg): Global Studies. Mapping Contemporary Art and Culture. Ostfildern, 2011

BENJAMIN, WALTER: Kleine Geschichte der Photographie. 1931. Verschiedene Ausgaben

BENJAMIN, WALTER: Das Kunstwerk im Zeitalter seiner technischen Reproduzierbarkeit. 1936. Verschiedene Ausgaben

BENJAMIN, WALTER: Das Passagen-Werk. In: Tiedemann, Rolf, Schweppenhäuser, Hermann (Hg) unter Mitwirkung von Theodor W. Adorno und Gershom Scholem: Gesammelte Schriften. Band V. Frankfurt am Main, 1982

BENJAMIN, WALTER: Der Autor als Produzent. In: Gesammelte Schriften Bd.2. Frankfurt am Main, 1982

BENJAMIN, WALTER: Zur Kritik der Gewalt und andere Aufsätze. Frankfurt am Main, 1993

BERNARD, CHRISTIANE: Frauen in Drogenszenen. Drogenkonsum, Alltagswelt und Kontrollpolitik in Deutschland und den USA am Beispiel Frankfurt am Main und New York City. Wiesbaden, 2013

BETTELHEIM, BRUNO: Kinder brauchen Märchen. Stuttgart, 1977

BIANCHI, PAOLO (Hg): Lebenskunstwerke (LKW). Schmid, Wilhelm: Das Leben als Kunstwerk. In: Kunstforum International, Bd. 142. Ruppichteroth, 1998

BIANCHI, PAOLO: Lebenskunst als Real Life, Schmid, Wilhelm: Ethik der Selbsterfindung, Schroer, Markus: Ethos des Widerstands. In: Kunstforum International, Bd. 143. Ruppichteroth, 1999

BIESENBACH, KLAUS: Zur Vorstellung des Terrors. In: KW Institute for Contemporary Art. Göttingen, 2005

BISHOP, CLAIRE: Antagonism and Relational Aesthetics. In: October Magazine. Ltd. and Massachusetts Institute of Technology, 2004

BISHOP, CLAIRE: Participation. Cambridge (Massachusetts), 2006

BIPPUS, ELKE: Kunst des Forschens. Praxis eines ästhetischen Denkens. Zürich, 2009

BIPPUS, ELKE, HUBER, JÖRG, NIGRO, ROBERTO (Hg): T:G\10. Ästhetik der Existenz. Lebensformen im Widerstreit. Institut für Theorie. Zürich, 2013

BONHOEFFER, DIETRICH: Widerstand und Haft 1940–1945. München, 1964

BUCHMANN, SABETH, SONDEREGGER, RUTH: (Warum) Hat die Rede vom Ästhetischen heute Konjunktur? In: Bippus, Elke, Huber, Jörg, Nigro, Roberto: Magazin Institut für Theorie. Gegenwart : Ästhetik : Theorie. Zürich, 2012

BUTLER, JUDITH: Gefährdetes Leben. Politische Essays. Frankfurt am Main, 2005

BUTLER, JUDITH: Kritik der ethischen Gewalt. In: Adorno–Vorlesungen 2002. Frankfurt am Main, 2007

BUTLER, JUDITH: Kritik Dissens Disziplinarität. Zürich und Berlin, 2011

BUTLER, JUDITH: The Psychic Life of Power. Theories in Subjection. Stanford, 1997

BUTLER, JUDITH: Opgefokte taal. Een politiek van de performatief. Amsterdam, 2007

D

DE CERTEAU, MICHEL: Kunst des Handelns. Berlin, 1988

DE MONTAIGNE, MICHEL: Complete Essays, vol. III. In: J.M. Cohen, Michel de Montaigne, Essays, London, 1959

E

ENGELMANN, PETER: Jean-François Lyotard. Das postmoderne Wissen. Ein Bericht. Wien, 2009

F

FOUCAULT, MICHEL: Überwachen und Strafen. Die Geburt des Gefängnisses. Frankfurt am Main, 1994

FOUCAULT, MICHEL: Die Regierungen des Selbst und der Anderen I. Vorlesungen am Collège de France 1982–1983. Frankfurt am Main, 2009

FOUCAULT, MICHEL: Der Mut zur Wahrheit. Die Regierung des Selbst und der anderen II. Vorlesungen am Collège de France 1983–1984. Frankfurt am Main, 2009

FOUCAULT, MICHEL: Ästhetik der Existenz, Schriften zur Lebenskunst. Frankfurt am Main, 2007

FOUCAULT, MICHEL: Was ist Kritik? Berlin, 1992

FOUCAULT, MICHEL: Wahnsinn und Gesellschaft. Frankfurt am Main, 1973

FOUCAULT, MICHEL: Die Abnormalen. Vorlesungen. Frankfurt am Main, 2007

FOUCAULT, MICHEL: Andere Räume. In: Barck, Karlheinz u.a. (Hg): Aisthesis. Wahrnehmung heute oder Perspektiven einer anderen Ästhetik. Leipzig, 1992

FOUCAULT, MICHEL: Parrèsia. Vrijmoedig spreken en waarheid. Amsterdam, 2004

FOUCAULT, MICHEL: Politics, Philosophy, Culture. Interviews and Other Writings 1977–1984, L. D. Kritzman (Hg). New York und London, 1988.

G

GAREIS, SIGRID, SCHÖLLHAMMER, GEORG, WEIBEL, PETER (Hg): Moments. Eine Geschichte der Performance in 10 Akten. Köln, 2012

GIESEKE, FRANK, MARKERT, ALBERT: Flieger, Filz und Vaterland. Eine erweiterte Beuys Biografie. Berlin, 1996
GOERTZ, STEPHAN: Parrhesia – Über den »Mut zur Wahrheit« (Michel Foucault) in der Moraltheorie. Mainz, 2011
GOFFMAN, ERVING: Interaktion und Geschlecht. Frankfurt am Main, 2001
GOFFMAN, ERVING: Interaktionsrituale. Über Verhalten in direkter Kommunikation. Frankfurt am Main, 2013

H

HITZLER, RONAALD: Gewalt als Tätigkeit. Vorschläge zu einer handlungstypologischen Begriffserklärung. In: Neckel, Sighard, Schwab-Trapp, Michael (Hg): Ordnungen der Gewalt. Beiträge zu einer politischen Soziologie der Gewalt und des Krieges. Opladen, 1999
HOERSTER, NORBERT: Was ist eine gerechte Gesellschaft? Eine philosophische Grundlegung. München, 2013
HOLERT, TOM: Künstlerische Forschung: Anatomie einer Konjunktur. In: Texte zur Kunst. Juni 2011/11. Jahrgang/Heft 82. Berlin
HUBER, MICHAELA: Multiple Persönlichkeiten—Überlebende extremer Gewalt. Ein Handbuch. Seelische Zersplitterung nach Gewalt. Paderborn, 2010
HUBER, JÖRG, STOELLGER, PHILIPP, ZIEMER, GESA, ZUMSTEG, SIMON (Hg): Ästhetik der Kritik. Verdeckte Ermittlungen. Wien und New York, 2007

I

IMBUSCH, PETER: Moderne und Gewalt. Zivilisationstheoretische Perspektiven auf das 20. Jahrhundert. Wiesbaden, 2005

K

KNEER, GEORG, SCHROER, MARKUS, SCHÜTTPELZ, ERHARD (Hg): Bruno Latours Kollektive – Kontroversen zur Entgrenzung des Sozialen. Frankfurt am Main, 2008
KURZE, MARTIN: Bewährungshilfe, Soziales, Strafrecht, Kriminalpolitik. Kunst und Straffälligenhilfe. Godesberg, Heft1, 2009
KURZE, MARTIN: Bewährungshilfe, Soziales, Strafrecht, Kriminalpolitik. Frauen und Kriminalität. Godesberg, Heft1, 2014

L

LANGER, ANTJE: Klandestine Welten: Mit Goffman auf dem Drogenstrich. Frankfurt am Main, 2003
LATOUR, BRUNO: Von der Realpolitik zur Dingpolitik. Berlin, 2005
LATOUR, BRUNO: Eine neue Soziologie für eine neue Gesellschaft. Einführung in die Akteurnetzwerk-Theorie. Berlin, 2010
LATOUR, BRUNO: Iconoclash. Gibt es eine Welt jenseits des Bilderkrieges? Berlin, 2002
LATOUR, BRUNO: Wir sind nie modern gewesen. Versuch einer symmetrischen Anthropologie. Frankfurt am Main, 2008
LATOUR, BRUNO, WEIBEL, PETER (Hg): Making Things Public. Atmospheres of Democracy. Cambridge (Massachusetts) und London, 2005
LEEB, SUSANNE: Materialität der Diagramme. Kunst und Theorie. Berlin, 2012
LEWIS, MARC: Memoires van een verslaafd brein. Amsterdam, 2012

M

MAELICKE, BERND: Keine Macht den Drogen! In: Forum Strafvollzug. Wiesbaden, Heft1, 2013

MOUFFE, CHANTAL: Art and Democracy. Art as an agonistic Intervention in Public Space. 2008

P PRÄTOR, SUSANN: Basisdokumentation im Frauenvollzug. Situation von Frauen in Haft und Auswirkungen auf die Legalbewährung. 2013

PUTNAM, FRANK W.: Handbuch Dissoziative Identitätsstörung. Diagnose und psychotherapeutische Behandlung. Lichtenau, 2013

R RANCIÈRE, JACQUES: Ist Kunst widerständig? Berlin, 2008

RANCIÈRE, JACQUES: Politik der Bilder. Zürich und Berlin, 2009

RANCIÈRE, JACQUES: Der emanzipierte Zuschauer, Wien, 2009

RANCIÈRE, JACQUES: Das verzeichnete Mädchen. Zur Darstellung des bürgerlichen Mädchens in Photographie, Puppe, Text im ausgehenden 19. Jahrhundert. Marburg, 1988

RANCIÈRE, JACQUES: Visuelle Gewalt. Menschenbilder aus der Psychiatrie des 20. Jahrhunderts. Bielefeld, 2010

S SARTRE, JEAN PAUL: Die Wege der Freiheit. Hamburg-Reinbek, 1985

SEITZ, HANNE: Unerbetene Gaben—Die Kunst des Einmischens in öffentliche Angelegenheiten. In: Hentschel, Ingrid, Hoffmann, Klaus, Moehrke, Una H. (Hg): Im Modus der Gabe. Bielefeld, 2011

SEITZ, HANNE: Temporäre Komplizenschaften. Künstlerische Intervention im sozialen Raum. In: Wolf, Maria A., Rathmayr, Bernhard, Peskoller, Helga (Hg): Konglomerationen. Produktion von Sicherheiten im Alltag. Theorien und Forschungsskizzen. Bielefeld, 2009

SEITZ, HANNE: Kunst als soziale Herausforderung. Zur Praxis künstlerischer Interventionen im öffentlichen Raum. In: Messner, Bettina, Wrentschur, Michael (Hg): Soziokulturelle Praxis – Chancen, Grenzen. 2009

SLOTERDIJK, PETER: Regeln für den Menschenpark. Ein Antwortschreiben auf Heideggers Brief über den Humanismus. Frankfurt am Main, 1999

SLOTERDIJK, PETER: Im Weltinnenraum des Kapitals. Für eine philosophische Theorie der Globalisierung. Frankfurt am Main, 2005

SONDEREGGER, RUTH: Vom Wahrmachen der Gleichheit. In: Journal Phänomenologie 38, Wien, 2012

SPIVAK, GAYATRI CHAKRAVORTY: Can the Subaltern Speak? Postkolonialtität und subalterne Artikulation. Wien und Berlin, 2008

U UNODC, WHO, EUROPE: Gesundheit von Frauen im Strafvollzug. Beseitigung von Ungleichheit zwischen den Geschlechtern im Strafvollzug, 2009

W WACQUANT, LOÏC: Bestrafen der Armen. Zur neoliberalen Regierung der sozialen Unsicherheit. Opladen, Berlin, Toronto, 2009

WEIBEL, PETER: Lebenssehnsucht und Sucht. Berlin, 2002

WESSELS, OLIVER: Besondere Vorschriften für den Frauenstrafvollzug. In: Johannes Feest, Wolfgang Lesting (Hg): Strafvollzugsgesetz: StVollzG. Kommentar. Köln, 2012

WHW: What Keeps Mankind Alive? Istanbul, 2009

WIRTH, WOLFGANG: Bewährungshilfe, Soziales, Strafrecht, Kriminalpolitik. Opferbezogene Vollzugsgestaltung. Godesberg, Heft1, 2013

DANK

Die spezifische Untersuchung der Projektresultate seit 2013 bis heute ist in intensivster Kooperation mit Nina Glockner entstanden.

Ich möchte allen, die an der Realisierung dieser Outcast Registration in der Form des Buches und des Audio-Webarchivs beteiligt waren und sind, für ihr Vertrauen und ihre Unterstützung danken:

Den AusstellerInnen, KooperationspartnerInnen, den einzelnen Institutionen und Therapieeinrichtungen in den europäischen Ländern, sowie den Förderern, deren finanzielle Unterstützung oder Sachleistung die Durchführung der Projekte ermöglicht hat.

Deutschland

Justizvollzugsanstalt
für Frauen Niedersachsen, Vechta
LÜSA e.V.—Langzeit Übergangs-
und Stützungs- Angebot Unna

Kroatien

Galerija SC Zagreb
NGO B.a.B.e.
Niederländische Botschaft Zagreb/
MATRA KAP Programm
Staatsgefängnis für Frauen
Ženska Kaznionica Požega
Taxizentrale Zagreb

Niederlande

AFK Amsterdams Fonds
voor de Kunst
ARTA Lievegoed Zeist
—Ambulante Therapie
Fonds BKVB—Fonds voor
beeldende kunsten, vormgeving
en bouwkunst
Fonds Kwadraat/Materiaal Fonds
Mama Cash Foundation
MDHG—Interessenverband
Drogenkonsumenten
Mondriaan Fonds
Sundaymorning@ekwc
W139 Amsterdam

Österreich

Frauenabteilung Justizanstalt
Wien Favoriten

FWF Der Wissenschaftsfonds:
Projektnummer AR 211-G21 im PEEK
—Programm zur Entwicklung und Erschließung der Künste
GEWISTA Wien
KÖR—Kunst im öffentlichen Raum
Kubus EXPORT. VIEW
—Vision Entwicklung Westgürtel
Kunsthalle Wien
SDW—Sucht- und Drogenkoordination Wien
WochenKlausur
Universität für angewandte Kunst Wien
—Medientheorie, Support Kunst und Forschung und Information, Publikationen, Veranstaltungen

Schweiz

Frauengefängnis Anstalten Hindelbank

Jede einzelne Zusammenarbeit mit den Teilnehmerinnen und Biografinnen in Gefängnissen, in Therapieinstitutionen und mit den »Komplizinnen«—KollegInnen und ExpertInnen—in Phasen der Reflexion der Projekte hat ermöglicht, dass sich das Projekt TBDWBAJ in Praxis und Theorie in einer unorthodoxen Multi-Autorenschaft entwickeln konnte.

Das Netzwerk TBDWBAJ ist immens, ich danke:

Jacques Michel Abas, Mella Affolter, Silvia Altmann, Stefan Auberg, Vesna Babić, Andrea Bachmeyer, Maria von Bank, Dr. Gerald Bast, Dr. Christiane Bernard, Hester van de Beuken, Prof. Dr. Elke Bippus, Tanja Boeker, Peter Bogers, Ivana Borovnjak, Josipa Bożić, Prof. Dr. Sabeth Buchmann, Peter Budde, Anna Bürkli, Eva Bürkli, Gloria Custance, Isaac Custance, Dr. Alexander Damianisch, Prof. Dr. Michael Daxner, Michael Dressel, Franziska Echtinger, Claudia Eipeldauer, Benedikt Fischer, Prof. Dr. Gabriele Fischer, Conny Fredemann, Gijs Frieling, Nicole Frisch, Nina Glockner, Magda Gomez Ferrer, A. G., Renée Gasser, Nikki Gonnissen, Joost Grootens, Ulrike Häßler, Pia Herc, Hildegard Holkemann, Dr. Anett Holzheid, Dr. Renée C. Hoogland, Angelika Huter, Beverley Jackson, Alma Kahn, Hans Kassens, Jutta Kaußen, Matthias Keller, Anneclaire Kerstens, Sabrina Kimmeskamp, Marta Kiš, Ingeborg Kleinberg, Cornelia Kneier, Vana Knez, Silke Koeck, Helmut König, Elisabeth Kopf, Justina Kralj, Bastienne Kramer, Luuk Kramer, Ullrich Krenz, Koen van der Kroef, Moniek van der Kroef, Greet Kuipers, Louise van der Laan, Ivana Landmann, Alexandra Landré, Prof. Dr. Antje Langer, Anna Leer, Dagmar Leichthart, Kara Linasielka, Lucas Lenglet, Willemijn Los, Loes Markenstein, Weronika Mazur, Rebecca Mertens, Dr. Thomas Mießgang, Wiebke Miljes, Rolf Möntmann, Brigitte Möser, Nicolette, Annette Note, Mari Njie, Mag. phil. Corinna Obrist, Anabela Dias de Oliveira, Simon Poelstra, Iva Prosoli, Karla Pudar, Diederich Radder, Kees Reedijk, Karin Pausch, Prof. Dr. Susanne Regener, Prof. Dr. Ingeborg Reichle, Martina Reuter, Ulrike Rieger, Cornelia Rosenberg, Ellen Salzer, Sanja Sarnavka, Sheila, Dr. Shird-Dieter Schindler, Niels Schrader, Marlies Schröder, Zuzanna Schula, Linda Marie Schulhof, Karin Schumacher, Prof. Dr. Hanne Seitz, Nick Snaas, Prof. Dr. Ruth Sonderegger, Kristine Stam, Prof. Dr. Felix Stalder, Gesa Steinbrink, Dirk Stoop, Ingrid Truxa, Yvonne van Versendaal, Jolanda Visser, Tessa de Vries, Inge Weber, Prof. Dr. Peter Weibel, Dr. Wolfgang Werdenich, Oliver Weßels, Prof. Dr. Janneke Wesseling, Renske Westra, Lies de Wolf, Mag. phil. Angelika Zelisko, Akke Zijlstra, Salan Zijlstra, Saramarie Zijlstra, Dr. Wolfgang Zinngl.

Ich danke meiner Familie—meiner Partnerin, meinen Kindern, meinem Bruder—und meinen Freunden für ihre Geduld und konstruktive Kritik.

Ohne die großzügige Unterstützung folgender Institutionen und Stiftungen wäre dieses Buch nicht zustande gekommen:

Wissenschaftsfonds FWF Österreich:
Projektnummer AR 211-G21 im PEEK—Programm zur Entwicklung und Erschließung der Künste
Mondriaan Fonds, Amsterdam
Frankfurter Stiftung maecenia für Frauen in Wissenschaft und Kunst
Universität für angewandte Kunst Wien
Fonds Kwadraat, Amsterdam